東京大學史料編纂所編纂

普及版

史料綜覽

巻一

財團法人 東京大學出版會發行

史料綜覽

例言

一、本書ハ、大日本史料ノ骨幹ヲ成セルモノニシテ、モト史料綱文ト題シ、大日本史料稿本約八千冊ヨリ抄出シテ、大日本史料編纂修正ノ便宜ニ備ヘタルモノナリ、

一、大日本史料ハ、政治經濟等ヲ始メ、社會各般ニ亙ル國史上ノ事件ヲバ、年月日ノ順ヲ逐ヒテ掲記シ、之ニ關スル材料ハ、卽チ日記古文書等ヨリ、隨筆雜著ノ類ニ至ルマデ、細大トナク、原文ノマヽ收載セリ、而シテ各事件ノ條首ニハ、其等ノ材料ニヨリテ事件ノ大綱ヲ提擧シ、之ヲ綱文トシ、次ニ材料ヲバ目文トシテ排列シタリ、本書ハ卽チ此大日本史料ノ綱文ヲ抄出シ、其下ニ目文タル材料ノ書名ヲ注記セルモノニシテ、一種ノ編年體日本歷史ヲ成セリ、

一、大日本史料ハ、上ハ六國史ニ接シテ、宇多天皇仁和三年ヨリ起リ、下ハ明治天皇慶應三年、王政維新ニ至リテ止ム、凡九百八十年、本書收ムル所ノ年代、亦之ニ同ジ、

一、大日本史料ノ綱文ニハ、天皇ノ御言動、朝廷ノ行事ニ限リ、主格ノ文字ヲ著ハサズシテ、直ニ其事件ヲ掲記シタリ、本書マタ之ニ從フ、

一、大日本史料ハ、未定稿ニ屬スルトコロ少カラズ、殊ニ仁和三年ヨリ、萬壽元年ニ至ル百四十餘年

間ハ、塙保己一ノ編纂ニ係ル「史料」ヲ底本トシテ、之ニ増訂ヲ加フルコト、ナセリ、故ニ今後大日本史料ノ順次修正刊行セラルヽニ及ビテハ、其綱文ハ、本書ニ一致セザルモノアルベシ、

一、大日本史料稿本ノ綱文ハ、明治三十三年以前ノ修正ニ係リ、其後一部ニ多少ノ改訂ヲ加ヘタルノミ、從ツテ本書ハ時代ニヨリテ修正ノ完全ナルト然ラザルトアリ、マタ體裁用語等ニ統一ヲ缺ク所ナキニアラズ、然レドモ大日本史料ハ、其豫定册數約八百册ニ近ク、其完成ハ尙數十年ノ後ニ俟タザルベカラズ、仍リテ其不完全ナルニモ拘ラズ、コヽニ本書ヲ出版シ、以テ斯界ノ急需ニ充テントス、

大正十二年五月

史料編纂掛

目次

史料綜覧 巻第一

宇多天皇

仁和三年

八月小 壬寅朔 盡

廿六日、御踐祚アラセラル、 日本紀略 西宮記 扶桑略記 踐祚部類鈔 皇年代略記 職事補任 政事要略 愚管抄 神皇正統記 世繼物語

廿七日、東宮ニ移御アラセラル、 日本紀略 西宮記 踐祚部類鈔

廿八日、地震、左大辨橘廣相等ヲシテ、殿上ニ侍セシム、 扶桑略記 日本紀略

是月、齋宮繁子内親王、御退出アラセラル、 神廷紀年 日本紀略 類聚符宣抄 齋宮記 一代要記

九月大 辛未朔 盡

二日、倚廬ニ移御アラセラル、 日本紀略 西宮記

先帝ヲ山城葛野郡田邑郷立屋里小松山ニ葬リ奉ル、 日本紀略 西宮記 扶桑略記 歴代編年集成 延喜式 江次第 〔參考〕雍州府志 前王廟陵記 山州名跡志 山陵志 山陵圖誌 山陵考 諸陵要記 陵墓一覽 御陵墓見取實測圖 歴朝山陵圖

三日、先帝ノ初七日ニ依リ、使ヲ近陵七箇寺ニ遣シテ、諷誦ヲ修セシム、 日本紀略 師茂記

六日、地震、 日本紀略

九日、流星、 日本紀略

十二日、先帝七七日ノ御齋會ヲ中務省ニ行ハセラル、 日本紀略

十五日、御縗麻ヲ釋キ給フ、因リテ使ヲ五畿七道ニ遣シテ、大祓ヲ修セシム、 日本紀略

十八日、鎭星逆行ス、 日本紀略

十九日、石清水八幡宮護國寺別當安宗寂ス、 石清水八幡宮末社記 石清水八幡宮記錄 朝野群載 石清水文書 石清水八幡宮祠官系圖 紀氏系圖 三代實錄 〔參考〕扶桑京華志 菟藝泥赴

廿九日、日食、 日本紀略

是秋、讃岐守菅原道眞上京ス、尋デ、歸任ス、 菅家御

傳記　菅家文草

十月小盡 辛丑朔

一日、政始、　師茂記

五日、地震、　日本紀略　扶桑略記

先帝ノ御爲メニ、僧百口ヲ宮中ニ請ジテ、大般若經ヲ轉讀セシム、　日本紀略　扶桑略記　元亨釋書

十日、興福寺維摩會、　維摩會講師研學竪義次第　三會定一記　僧綱補任

十四日、先帝七七日ノ御齋會ヲ西寺ニ修ス、　日本紀略

廿二日、禁中ニ於テ御修法アリ、　日本紀略　扶桑略記　元亨釋書

倚盧ヨリ、第三殿ニ移御アラセラル、　日本紀略　扶桑略記

廿七日、先帝ノ新陵鳴動ス、　日本紀略

十一月大盡 庚午朔

二日、伊豆國、新生島ノ圖ヲ獻ズ、　日本紀略　扶桑略記

〔參考〕　伊豆七島志髓

五日、前例ニ依リ、近衛兵衛兩府ヲシテ、日次御贄ヲ貢進セシム、　類聚符宣抄

十三日、勅使ヲ伊勢大神宮ニ遣シテ、卽位ヲ告ゲシム、　日本紀略

十五日、敍位、　日本紀略　敍位除目執筆抄

十七日、大極殿ニ於テ、御卽位ノ儀ヲ行ハセラル、

是日、御生母班子女王ヲ皇太夫人ト爲シ、左大臣正二位融ヲ從一位ニ、右大臣從二位多ヲ正二位ニ敍ス、　日本紀略　扶桑略記　天祚禮祀職掌錄　北山抄　中右記　大鏡裏書　除目部類　公卿補任　外記補任　歷代殘闕日記

廿一日、月、軒轅ヲ犯ス、　日本紀略

太政大臣基經ニ勅シテ、萬機ヲ關白セシメ、尙侍正三位藤原淑子ヲ從一位ニ敍ス、　日本紀略　政事要略　公卿補任　濫觴抄　皇代曆　愚管抄

廿二日、權少僧都源仁寂ス、　日本紀略　僧綱補任　東寺長者補任　元亨釋書　諸師印信　北院御室拾要集　醍醐報恩院血脈　血脈類集記　眞言傳法灌頂師資相承血脈　密宗血脈鈔　南都高僧傳　諸宗章疏錄　東國高僧傳

廿四日、女敍位、日本紀略

廿七日、伊勢大神宮ノ別宮瀧原宮ノ內人石部千永、同忠良等ヲ復任ス、大神宮諸雜事記　壬生文書

廿八日、僧常全ヲ權律師ニ任ズ、僧綱補任

閏十一月小　庚子朔　盡

五日、諒闇ニ依リテ、淡路ノ御贄ヲ停ム、日本紀略

十五日、御外祖父故二品式部卿仲野親王ニ一品太政大臣ヲ、御外祖母當麻氏ニ正一位ヲ贈ル、日本紀略　三代實錄　尊卑分脈　延喜式

廿六日、太政大臣基經、上表シテ關白ヲ辭ス、日本紀略　政事要略　扶桑略記〔參考〕壒史料

廿七日、基經ニ勅答ヲ賜フ、日本紀略　政事要略　扶桑略記

十二月大　己巳朔　盡

十一日、月次祭、神今食、北山抄

是歲、僧相應、日吉社ノ寶殿ヲ造立ス、日吉山王新記　天台南山無動寺建立和尙傳

日吉社司秋主、弘津等、大行事新行事ノ二社ヲ造營ス、日吉社禰宜口傳抄〔附錄〕耀天記　日吉山王利生記

少僧都眞然ヲシテ、高野山ニ、眞言堂、及ビ多寶塔ヲ建立セシム、東寺長者補任　高野山文書　高野春秋〔參考〕紀伊續風土記

源富有卒ス、尊卑分脈　本朝皇胤紹運錄

仁和四年

正月大　己亥朔　盡

一日、朝賀ヲ停ム、日本紀略

十七日、六衞府ヲシテ、豐樂院、及ビ太政大臣基經ノ第ニ於テ、射ヲ行ハシム、日本紀略

十八日、東二條院飄風アリ、日本紀略

廿七日、參議橘廣相、意見十四條ヲ奏ス、十世王等モ亦、各意見ヲ上ル、日本紀略

二月小　己巳朔　盡

三日、待賢門ノ南扉顚倒ス、日本紀略

四日、春日祭、春日祭歷名部類　小野宮年中行事

中納言兼民部卿従三位藤原山陰薨ズ、日本紀略 公卿補任 一代要記 三代實錄 尊卑分脈 四條家譜 大鏡 朝野群載 今昔物語 菅家文草 源平盛衰記 建武年中行事 應永廿二年大嘗會記〔參考〕雍州府志 山城名勝志 山州名跡志 伽藍開基記 寺門傳記補錄 攝津名所圖會 峯相記〔附錄〕榻鴫曉筆 三國傳記

十日、除目、日本紀略 除目部類 公卿補任 外記補任 三十六人歌仙傳 古今和歌集目錄

壬生益成、及ビ其女乙ノ事蹟、古今和歌集目錄 三代實錄 古今和歌集

十一日、列見、西宮記

十九日、太政大臣基經ヲ三宮ニ准ズ、日本紀略 公卿補任 河海抄 扶桑略記 攝關傳

廿五日、御即位ニ依リテ、大神宮及ビ諸社ニ奉幣ス、日本紀略 小右記

三月大盡 戊戌朔

一日、日食、日本紀略 本朝統曆

七日、除目、日本紀略 公卿補任

十三日、暴風雨、東寺新塔角木雷火ニ燒ク、東寶記

高野春秋

十八日、在原行平、奬學院ヲ以テ勸學院ニ准ジ、學館ト爲サンコトヲ請フ、日本紀略 本朝文粹 西宮記 拾芥抄

三十日、僧綱ヲ任ズ、日本紀略 僧綱補任 東寺長者補任 高野春秋

四月小盡 戊辰朔

八日、灌佛、日本紀略 年中行事祕抄

五月大盡 丁酉朔

六日、讃岐旱ス、是日、守菅原道眞、雨ヲ城山神社ニ祈ル、菅家文草 菅家御傳記〔參考〕讃岐國城山神社記 金毘羅參詣名所圖會

八日、信濃洪水、日本紀略 類聚三代格

十五日、是ヨリ先、太政大臣基經、勅答ニ阿衡ノ句アルヲ以テ、久シク官奏ヲ覽ズ、是日、奏狀ヲ上リテ、官奏及ビ雜務ヲ行フ事ヲ定メ、萬機ノ壅滯セザランコトヲ奏ス、日本紀略 政事要略 北山抄 十訓抄

廿八日、去年ノ震災水害ニ依リテ、今年ノ租調ヲ免ズ、 類聚三代格 日本紀略

廿九日、左大臣融ヲシテ、參議橘廣相、左少辨藤原佐世等ノ勘文ニ據リ、阿衡ノ疑義ヲ判セシム、 政事要略 北山抄

六月小 丁卯朔 盡

一日、參議橘廣相、左少辨藤原佐世等ヲ召シテ、阿衡ノ義ヲ對論セシム、 政事要略 北山抄 菅家文草

二日、太政大臣基經ニ詔シテ、阿衡ノ文、叡旨ニ乖クノ意ヲ以テシ、更ニ萬機ヲ關白セシム、 公卿補任 政事要略 日本紀略 十訓抄

五日、參議左大辨橘廣相、書ヲ上リテ、阿衡ノ義ヲ辨疏ス、 政事要略

十一日、月次祭、神今食、 北山抄 西宮記

廿三日、是ヨリ先、備中採銅使弓削秋佐、採銅數ノ實檢ヲ待タズシテ、役夫料物ヲ充行セシコトヲ請フ、是日、宣旨ヲ下シ、先例ニ依リテ、之ヲ充行セシム、 類聚三代格

廿九日、大祓、 政事要略

七月大 丙申朔 盡

一日、大和丹生河上神社ニ奉幣シテ、止雨ヲ祈ル、尋デ、又奉幣ス、 日本紀略

廿三日、前司以往ノ雜事、未ダ辨濟セザルニ依リテ、後任國司ヲ拘絆スルコトナカラシメ、又國司任中、調庸雜物未進アル者ハ、其解由ヲ返却セシム、 類聚三代格

山城ノ官田ヲ以テ、內膳司番上ノ料ニ給セシム、 類聚三代格

八月小 丙寅朔 盡

二日、雪降ル、 日本紀略

十五日、信濃駒牽、 西宮記

石淸水放生會、 榊葉集 石淸水祠官系圖

十七日、西山御願寺仁和寺ノ金堂ヲ供養シ、又同寺ニ於テ、先帝ノ周忌御齋會ヲ行フ、 日本紀略 類聚三

代格　仁和寺堂院記　本要記　仁和寺御傳　北院御室拾要集　仁和寺諸堂記　伊呂波字類抄　花鳥餘情　報恩抄　〔參考〕雍州府志　山城名勝志　山州名跡志

廿三日、灌頂經法ヲ神泉苑ニ修ス、　日本紀略

廿七日、御生母班子女王、先帝ノ御爲メニ法華經ヲ讀誦セシメラル、　日本紀略

廿九日、素服ヲ脱ギ給フ、是日、大祓ヲ朱雀門ニ行フ、　日本紀略

是月、安倍興行ヲ文章博士ニ任ズ、　二中歴

九月大盡乙未朔

一日、日食、　日本紀略　本朝統曆

三日、大嘗會ニ依リテ、御燈ヲ停ム、　小右記　北山抄

九日、除目、　日本紀略　公卿補任　敍位除目執筆抄

重陽宴ヲ停ム、　日本紀略

十三日、右中辨平季長ヲ東大寺俗別當ニ還補ス、
東大寺別當次第　正倉院文書

十五日、巨勢金岡ヲシテ、弘仁以後、詩ヲ善スル鴻儒ノ影像ヲ御所ノ障子ニ畫カシム、　扶桑略記　日本紀略

金岡ノ事蹟、　官職祕鈔　菅家文草　巨勢氏系圖　系圖纂要　花鳥餘情　江次第抄　台記　經光卿記　玉蘂　平家物語　古今著聞集　後愚昧記　二水記　看聞御記　野山名靈集　拾芥抄　異本後撰和歌集

十七日、阿衡ノ事ニ依リテ、使ヲ太政大臣基經ニ賜フ、　政事要略

廿二日、橘義子、藤原胤子ヲ更衣ト爲ス、　日本紀略　大鏡裏書

三十日、大嘗會ニ依リテ、大祓ヲ行フ、　日本紀略

十月小盡乙丑朔

二日、殿上侍臣ヲ雅院ニ召シテ、詩ヲ賦セシム、日本紀略

六日、太政大臣基經ノ女溫子ヲシテ、入内セシム、尋デ、女御ト爲ス、　日本紀略　一代要記

七日、大神宮、及ビ諸社ニ奉幣ス、　日本紀略

九日、大學博士善淵愛成、周易ヲ進講ス、　日本紀略　大鏡裏書　田氏家集　康富記　職原抄　江談抄　新儀式

十日、興福寺維摩會、　維摩會講師研學竪義次第　三會定一記　僧綱補任　扶桑略記　天台宗延曆寺座主圓珍和尙傳　智證大師年譜

十三日、大判事惟宗直宗等ヲシテ、參議左大辨橘廣相ノ罪名ヲ勘申セシム、尋デ詔ヲ下シテ其罪ヲ免ス、　日本紀略　政事要略　北山抄　濫觴抄

十七日、右大臣正二位多薨ズ、尋デ、從一位ヲ贈ル、　日本紀略　扶桑略記　公卿補任　北山抄　三代實錄　菅家文草　尊卑分脈　本朝諡號雜記　續日本後紀　政事要略　天慶六年日本紀竟宴和歌後付

十八日、貞數親王御元服、　日本紀略

十九日、四方ノ天神地祇ヲ拜シ給フ、是日ヨリ毎朝御拜アリ、　年中行事祕抄

廿六日、右大辨從四位下藤原遠經卒ス、　日本紀略　職事補任　尊卑分脈

廿八日、大嘗會御禊、　日本紀略　大嘗會御禊日例　皇年代略記　扶桑略記　本朝世紀　範國記　中右記　暇服事

廿九日、大祓、　日本紀略

十一月大　甲午朔盡

八日、大神寶使ヲ發遣ス、　日本紀略

九日、地震、　日本紀略

十日、大嘗會ヲ行フベキ由ヲ伊勢大神宮ニ奉告ス、　北山抄

二十日、敍位、　日本紀略

廿二日、大嘗會、　日本紀略　扶桑略記　歷代編年集成　北山抄　江次第　小右記　大嘗會和歌　公卿補任　外記補任　敍位除目執筆抄　符宣抄

廿七日、始メテ五位藏人ヲ置ク、　職事補任　河海抄　公卿補任　〔參考〕官職祕鈔　職原鈔

十二月小　甲子朔盡

七日、信濃從五位上夜坂神ニ正五位下ヲ授ク、　日本紀略

十一日、穢ニ依リテ、神今食ヲ停ム、　日本紀略

十五日、讚岐從五位下飯天神ニ從五位上ヲ授ク、　日本紀略

廿三日、神祇伯雅望王等ヲ勅使トシテ、伊勢神宮ニ發遣ス、　大神宮諸雜事記

廿五日、山城、河内、攝津三國ノ官田五十七町餘ヲ以テ、陰陽寮官人以下ノ月料ニ給シ、山城官田二十一町餘ヲ以テ、主殿寮殿部ノ粮料ニ給セシム、 類聚三代格

是歳、諸國登ラズ、 日本紀略

延暦寺ノ衆徒、禪院ヲ西坂本ニ建ツ、 慈覺大師傳 扶桑略記 濫觴抄 叡岳要記

權律師延壽寂ス、 東寺長者補任 歴代皇記 釋家初例抄

寛平元年

正月大 癸巳朔 盡

一日、齊中親王御元服アラセラル、 日本紀略

八日、後七日御修法、 東寺長者補任

十六日、節會、踏歌アリ、 日本紀略 菅家文草 年中行事祕抄 年中行事抄

除目、大納言藤原良世ヲ左大將ニ、中納言源能有ヲ右大將ニ任ズ、 日本紀略 公卿補任 外記補任 古今和歌集目錄

基世王ノ事蹟、 三代實錄 古今和歌集目錄 尊卑分脈

廿四日、仁子內親王薨ズ、 日本紀略 一代要記 類聚國史 皇胤系圖 本朝皇胤紹運錄

廿六日、大僧都平恩寂ス、 日本紀略 僧綱補任 三代實錄 本朝高僧傳

是月、內宴、 日本紀略 菅家文草 田氏家集 西宮抄

二月小 癸亥朔 盡

十日、地震、 日本紀略

十六日、元子女王ヲ齋宮ト爲ス、 日本紀略 齋宮記

廿五日、服御常膳ヲ節シ、諸司ノ所供四分ノ一ヲ減ズ、 日本紀略 菅家文草

廿七日、直子女王ヲ齋院ト爲ス、 日本紀略 河海抄

廿八日、除目、 日本紀略 公卿補任 外記補任 敍位敍目執筆抄

三月大 壬辰朔 盡

一日、地震、 日本紀略

四日、服御常膳、及ビ馬寮ノ秣ヲ減ズ、 日本紀略

六日、大宰府ヲシテ、鹿毛脯蹄皮御贄ノ貢進ヲ停メシム、 日本紀略

七日、外記、內記兩局ノ文人ヲ侍從局ニ召シテ、詩ヲ賦セシム、 日本紀略

十三日、大神宮ニ伊勢飯野郡ヲ寄ス、 日本紀略 類聚三代格

東宮ニ於テ賭弓アリ、是日、諸臣上表シテ、封祿ヲ減ゼンコトヲ請フ、 日本紀略

廿四日、射禮、 日本紀略 小野宮年中行事

廿五日、尚侍藤原淑子圓成寺ヲ建ツ、 日本紀略 菅家文草 類聚三代格 伊呂波字類抄 〔參考〕山城名勝志

是月、內給、及ビ院、宮、親王、公卿、女官等ノ年給ヲ定ム、 柳原家記錄 江次第抄

四月小 壬戌朔 盡

七日、始メテ河內當宗氏神祭ニ奉幣使ヲ發遣ス、 日本紀略 年中行事祕抄 世俗淺深祕抄 公事根源

杜本祭ヲ行フ、 師光年中行事 公事根源 諸神根元抄

十三日、皇太后宮權亮平維範ニ雜袍ヲ聽ス、 公卿補任

十九日、殿上賭射負態アリ、 小野宮年中行事 日本紀略

廿二日、包子內親王薨ズ、 日本紀略 一代要記 本朝皇胤紹運錄 皇胤系圖 歷代編年集成 三代實錄

廿四日、賀茂祭、 小野宮年中行事

廿六日、大東寺修理料ノ內ヲ以テ、四天王像、及ビ東西兩塔ヲ修造セシム、 東大寺要錄

廿七日、寛平ト改元ス、 日本紀略 公卿補任 一代要記 菅家文草

廿九日、霖雨ニ依リ、宮中、及ビ京畿七道諸國ヲシテ、仁王會ヲ修セシム、 日本紀略

是月、是茂王ニ源朝臣ノ姓ヲ賜フ、 日本紀略 尊卑分脈

東國盜起ル、 扶桑略記 日本紀略

五月大 辛卯朔 盡

五日、端午ノ節ヲ停ム、 日本紀略 本朝世紀 菅家文草

九日、四衞府騎射、 日本紀略

十三日、高望王等ニ平朝臣ノ姓ヲ賜フ、 日本紀略 源平盛衰記 本朝皇胤紹運錄 尊卑分脈脫漏 平家勘文錄 佐野本系圖

廿八日、石清水八幡宮ノ震動ニ依リ、神祇官陰陽寮ヲシテ、之ヲトセシム、 扶桑略記 元亨釋書

六月大 辛酉朔 盡

六日、周防大前驛家ヲ停ム、 日本紀略

十一日、月次祭、神今食、 日本紀略 西宮記

廿八日、除目、 公卿補任 一代要記 二中歴

是月、霖雨洪水、翌月ニ至ル、 扶桑略記

七月小 辛卯朔 盡

二日、地震、 日本紀略

七日、乞巧奠、 日本紀略

十四日、盂蘭盆、 扶桑略記 元亨釋書

式部省ノ勘文ニ依リテ、歴名帳ノ次第ヲ訂正セシム、 政事要略 法曹類林

十七日、甲斐、越前、因幡等ノ國神ニ、各位一階ヲ授ク、 日本紀略

廿一日、五位以上ノ封祿四分ノ一ヲ減省ス、 日本紀略

廿五日、流星アリ、紫微宮ノ西蕃星ヨリ出デ、、五車星ニ入ル、 日本紀略

圓成寺ヲ以テ定額寺ト爲ス、 扶桑略記 類聚三代格

廿八日、相撲召合、 日本紀略 北山抄 扶桑略記

八月大 庚申朔 盡

五日、先帝ニ諡號ヲ上リテ、光孝天皇ト曰フ、 日本紀略 西宮記

六日、流星アリ、南斗ノ魁ヨリ出デ、、尾星ニ入ル、 日本紀略

八日、月、箕星ヲ食ス、 日本紀略

二十日、地震、 日本紀略

廿二日、越中正五位上雄山神ニ從四位下ヲ、正六位上熊野神、脇子神ニ從五位下ヲ授ク、 日本紀略

九月小 庚寅朔 盡

九日、重陽宴、 日本紀略 田氏家集

十一日、穢ニ依リテ例幣ヲ停メ、建禮門ニ於テ大祓ヲ行フ、 西宮記

十七日、東宮ニ於テ、従三位採子女王ノ四十賀ヲ行ハセラル、 日本紀略

二十日、齋宮元子女王御禊、 日本紀略

廿三日、月、軒轅星ヲ犯ス、 日本紀略

齋院直子女王御禊、 日本紀略

廿四日、光孝天皇ノ御爲ニ、法華八講ヲ嘉祥寺ニ修ス、是日、律師祥勢ヲ少僧都ニ任ズ、 日本紀略 花鳥餘情 扶桑略記 顯文集 僧綱補任

廿五日、月、塡星ヲ食ス、 日本紀略

是月、萬木花開ク、 日本紀略 扶桑略記

殘菊宴、 日本紀略 雜言奉和

十月大己未朔盡

一日、旬儀、 日本紀略 扶桑略記

十日、興福寺維摩會、 維摩會講師研學竪義次第 三會定一記 僧綱補任

十九日、太政大臣基經ニ腰輿ヲ聽シ、式部卿本康親王、及ビ左大臣融ニ輦車ヲ聽ス、 公卿補任 日本紀略 西宮記 攝關傳 古今和歌集目録 一代要記

廿一日、鑄錢司返抄ヲ以テ、備中、長門、豐前三國ノ稅帳採銅料物ノ數ヲ勘會セシム、 類聚三代格

廿三日、光孝天皇ノ皇女某薨ズ、 大鏡裏書

山城ノ官田ヲ以テ、主鈴典鑰等ノ要劇料ニ給ス、 類聚三代格

廿八日、河內大縣郡ノ地三百町ヲ後院ノ領ト爲ス、 日本紀略

是月、豐受大神宮遷宮、 日本紀略 柳原家記錄 西宮記 神廷紀年

藏人ヲ補ス、 職事補任

十一月小己丑朔盡

七日、公卿ヲシテ、五節舞姬ヲ進ラシム、 年中行事祕抄

廿一日、始メテ賀茂上下社臨時祭ヲ行フ、 日本紀略 鴨脚秀文文書 古今和歌集 大鏡 賀茂皇太神宮記 扶桑略記

十二月大戊午朔盡

二日、攝津安倍山ヲ以テ、陽成上皇ノ禁野ト爲ス、

扶桑略記

五日、紀伊從五位下大位神ニ從五位上ヲ授ク、日本紀略

廿四日、石淸水八幡宮寺ニ菩薩裝束佛具等ヲ獻ズ、扶桑略記　元亨釋書

廿五日、遠江從四位上雄神ニ正四位下ヲ、筑前正二位市杵島姬神、湍津姬神、田心姬神ニ、從一位ヲ授ク、日本紀略　〔參考〕延喜式

年終帳ニ要劇、竝ニ番上ノ田ヲ載セシム、類聚三代格

廿六日、宇佐八幡ノ行事四十九箇條ヲ定ム、石淸水文書

廿七日、左右衞門ノ定員ヲ舊ニ復ス、日本紀略

廿八日、皇子維城、齊世、維蕃等ヲ以テ、親王ト爲ス、日本紀略　本朝皇胤紹運錄

是歲、始メテ金剛峯寺ニ座主職ヲ置キ、權少僧都壽長ヲ以テ之ニ補ス、金剛峯寺座主次第　東寶記　高野山文書

眞言宗年分試度ノ制ヲ改ム、東寶記

元慶寺ニ令シテ、三部經ヲ總讀セシム、類聚三代格

初メテ瞿麥ヲ禁苑ニ植ウ、田氏家集　菅家文草

寛平二年

正月小 戊子朔盡

一日、四方拜、是日、朝賀ヲ停ム、日本紀略　年中行事祕抄　江次第抄

五日、律師隆光寂ス、日本紀略　僧綱補任　三會定一記　三代實錄　本朝高僧傳

七日、節會、敍位、日本紀略　公卿補任　外記補任　敍位除目執筆抄

十九日、僧正遍照寂ス、日本紀略　扶桑略記　三十六人歌仙傳　續日本後紀　文德實錄　僧綱補任抄出　僧綱補任　園城寺文書　三代實錄　本朝皇胤紹運錄　良峰氏系圖　慈覺大師傳　阿娑縛抄　胎藏大法對受記　園城寺傳法血脈　假避囉鈔　師資相承　元亨釋書　寺門傳記補錄　先德略名　遍昭集　古今和歌集　大和物語　今昔物語　寶物集　續日本往生傳　類聚國史　西宮記　二中歷　勅撰作者部類　萬代和歌集作者部類　拾遺和歌集　本朝文粹　八雲御抄　近代秀歌　耳底記　體源抄　諸宗章疏錄　類聚三代格　醍醐雜

事記　群書類從目錄　續古今和歌集　續後拾遺和歌集　後撰和歌集
拾遺抄　門葉記　後奈良院宸記〔參考〕佛弟子圖　京羽二重　京
羽二重織留　雍州府志　山州名跡志　京都府寺志稿

遍照ノ法弟安然ノ事蹟、明匠略傳　元亨釋書　寺門傳
記補錄　類聚三代格　師資相承　儼避囉鈔　諸師印信　阿娑縛抄
金剛界大法對受記　胎藏大法對受記　靑蓮院文書　溪嵐拾葉集　悉
曇師資相承　諸阿闍梨眞言密敎部類惣錄　和漢諸師先德御釋目錄
諸師製作目錄　密宗書籍目錄　本朝台祖撰述密部書目　天台霞標
山家祖德撰述篇目集　增補諸宗章疏錄　悉曇目錄　華頂要略　悉曇
藏　初夢記　胎藏金剛菩提心義略問答抄　大般若理趣分私記　第一
瓦迦瓦迦章　悉曇八家請來幷本朝諸製作見定目錄　唐房行履錄　蘇
磨呼童子經　二中歷　素絹記　山密往來　三代實錄　自在金剛集
山家正統學則　寶物集　三國傳記　扶桑略記　大毗盧遮那成道經義
釋目錄　山家正統宗門尊祖議　園城寺傳記　濟北集　本朝高僧傳
悉曇三密鈔　佛弟子圖　近江國輿地志略

遍照ノ法弟最圓ノ事蹟、三代實錄　扶桑略記　師資相
承　諸師印信　吉水藏目錄　金剛界生起

廿一日、內宴、日本紀略　田氏家集

廿五日、太政大臣基經、年給ヲ延曆寺ノ禪院ニ施
入ス、尋デ、天皇モ亦、內給ヲ施入シ給フ、慈覺大師
傳　歷代皇記

廿八日、除目、日本紀略　公卿補任　外記補任　敍位除目執筆
抄　江次第抄　小野宮年中行事

二月大盡丁巳朔

一日、日食、日本紀略

十一日、釋奠、田氏家集

十三日、基經ノ子仲平ヲ殿上ニ召シテ、手ヅカラ
首服ヲ加ヘ給フ、日本紀略　西宮記　扶桑略記　公卿補任
古今和歌集目錄

十六日、月食、日本紀略　本朝統曆

廿五日、參議從三位源冷薨ズ、日本紀略　公卿補任　續
日本後紀　文德實錄　尊卑分脈

廿七日、除目、日本紀略　公卿補任　外記補任

三十日、諸節供ヲ定ム、師光年中行事

三月小盡丁亥朔

三日、御燈、曲水宴、日本紀略　年中行事抄　西宮抄　菅家文
草　田氏家集

廿三日、大法師勝皎ヲ東大寺別當ニ補ス、正倉院文

書　東大寺別當次第　醍醐雜事記

廿九日、客星現ル、　一代要記

是月、藏人ヲ遣シテ、大學博士善淵愛成ノ病ヲ慰問セシメ給フ、　明文抄

愛成ノ事蹟、　三代實錄　菅家文草　類聚國史　二中歷　職原抄

是春、讃岐守菅原道眞、任滿チテ歸京ス、　菅家文草　菅家御傳記

四月大丙辰朔盡

一日、旬儀、　九條年中行事　江談抄

八日、灌佛、　扶桑略記　僧綱補任　元亨釋書　釋家初例抄

廿八日、寛平大寶錢ヲ鑄ル、　日本紀略　拾芥抄　寛平大寶錢　〔參考〕泉貨鑑　錢錄　大日本貨幣史

五月小丙戌朔盡

五日、騎射、　日本紀略　小野宮年中行事

十一日、山城海印寺ニ夏講、供講ヲ置ク、　類聚三代格

十六日、參議正四位上橘廣相薨ズ、明日、中納言從三位ヲ贈ル、　日本紀略　扶桑略記　公卿補任　康富記　皇代曆　田氏家集　三代實錄　本朝文粹　江吏部集　尊卑分脈　政事要略　江談抄　今鏡　十訓抄　柱史抄　二中歷　和漢朗詠集　新撰朗詠集　神護寺鐘銘　本朝文粹目錄　本朝文集目錄　拾芥抄　本朝書籍目錄　〔參考〕正倉院文書　本朝書籍目錄

廣相ノ子公廉ノ事蹟、　本朝文粹

廿二日、東大寺別當勝皎寂ス、　東大寺別當次第

廿三日、政アリ、遠江檢損使ノ勘定公文ヲ所司ニ下サシム、　西宮記

致仕大納言藤原冬緒薨ズ、　日本紀略　公卿補任　一代要記　田氏家集　文德實錄　三代實錄　百練抄　尊卑分脈　菅家文草　西宮記　法曹類林　政事要略

六月大乙卯朔盡

一日、地震、　日本紀略

四日、宇佐八幡宮、香椎廟ニ幣帛使ヲ發遣ス、　日本紀略

十三日、石清水八幡宮、松尾、賀茂、平野等ノ諸社ニ幣帛使ヲ發遣ス、　石清水文書

十四日、政アリ、 西宮記 北山抄 洞院家記
十六日、京都、地大ニ震フ、 日本紀略
十九日、太政大臣基經ノ厨神ニ從五位下ヲ授ク、 日本紀略
貢調郡司ノ程限ヲ過テ返抄ヲ進メザル者ヲ解任セシム、 類聚三代格

七月小盡 乙酉朔

五日、除目、 日本紀略 西宮記
七日、七夕宴、 日本紀略
十三日、立秋、御拜ノ儀アリ、 小野宮年中行事
廿二日、左大臣融ニ腰輿ヲ聽ス、 公卿補任 日本紀略
廿八日、相撲召合、 日本紀略 小野宮年中行事

八月大盡 甲寅朔

四日、釋奠、 田氏家集
五日、因幡掾藤原菅根等、上總藻原庄、田代庄ヲ興福寺ニ施入ス、 朝野群載
十一日、大法師聖寶ヲ貞觀寺座主ニ補ス、 扶桑略記 醍醐寺縁起
廿七日、熒惑、輿鬼ヲ犯ス、 日本紀略
廿九日、甲斐正六位上金神ニ從五位下ヲ授ク、 日本紀略

九月大盡 甲申朔

五日、齋宮元子女王野宮ニ入リ給フ、 日本紀略
九日、重陽宴、 日本紀略 政事要略 撰集祕記 菅家文草 田氏家集
十五日、大和正六位上瀧倉神、常陸正六位上飯石神ニ從五位下ヲ授ク、 日本紀略
大法師惠ヲ[illegible]東大寺別當ニ補ス、 東大寺別當次第 正倉院文書 東大寺要錄
後任國司ヲシテ、前司任中、調庸雜物ノ未進ヲ辨濟セシム、 政事要略
十七日、伊勢例幣、 日本紀略
二十日、除目、 職事補任
廿一日、大和室生佛隆寺ヲ定額寺ト爲ス、 日本紀略 大和志料 弘法大師弟子譜

閏九月小 甲寅朔盡

十二日、文人十二人ヲ殿上ニ召シテ、詩ヲ賦セシム、日本紀略 菅家文草

十五日、陸奥黒沼神、安達嶺神ニ位ヲ授ク、日本紀略

二十日、除目、公卿補任 外記補任 敍位除目執筆抄 日本紀略 河海抄

廿九日、密宴、日本紀略 菅家文草

是秋、御不豫、天台南山無動寺建立和尚傳 元亨釋書

十月大 癸未朔盡

一日、旬儀、日本紀略

三日、僧綱召、日本紀略 僧綱補任 東寺長者補任 僧官補任 權中納言兼輔卿集

十日、興福寺維摩會、維摩會講師研學竪義次第 三會定一記 僧綱補任

十五日、尾張守藤原村椙、熱田縁起ヲ進ム、熱田宮縁起

廿一日、初雪ニ依リ、菅原道眞ヲ召シテ詩ヲ賦セシム、菅家文草

三十日、太政大臣基經病ニ依リテ、度者ヲ賜ヒ大赦ヲ行フ、日本紀略 攝關傳 菅家文草

是月、修理左右坊城使ヲ停メテ、修理職ニ併ス、日本紀略

十一月小 癸丑朔盡

二日、歳星守ヲ犯ス、日本紀略

十三日、修理職ヲ木工寮ニ隷ス、日本紀略

十五日、新嘗祭ヲ停ム、日本紀略 西宮記 權記

十六日、外記局ニ於テ諸大夫ノ事ヲ錄ス、日本紀略

廿一日、除目、公卿補任 二中歴

廿三日、仁和寺、圓成寺ニ年分度者各二人ヲ置ク、類聚三代格

廿六日、南無寺ヲ定額寺ト爲ス、扶桑略記 本朝高僧傳

廿八日、藏人ノ服裝容儀ノ亂猥ヲ禁ジ、宿直ヲ嚴ニセシム、西宮記

從四位上藤原時平ヲ從三位ニ敍ス、公卿補任 職事

補任

廿九日、使ヲ遣シテ京中ノ盜賊ヲ捜捕セシム、 日本紀略

是月、太政大臣基經ノ病ニ依リテ、其第ニ行幸シ給ハントス、基經之ヲ拜辭ス、 菅家文草

十二月小 壬午朔 盡

四日、地震、 日本紀略

近江崇福寺ノ寶幢ヲ修補セシム、 菅家文草

十四日、關白太政大臣基經上表ス、優詔シテ許サズ、 公卿補任 日本紀略 中右記

十七日、維城親王御名ヲ敦仁ト改メ、維蕃親王亦敦慶ト改メラル、 日本紀略

廿六日、天台座主圓珍一切經ヲ補寫センコトヲ奏ス、之ヲ聽ス、 扶桑略記

廿七日、天台座主圓珍ヲ少僧都ニ任ズ、 僧綱補任 扶桑略記 天台宗延暦寺座主圓珍和尚傳

是歲、山城珍皇寺燒亡ス、 東寺百合文書

園城寺ニ始テ二會竪義ヲ置ク、 扶桑略記 濫觴抄

參議左大辨橘廣相ヲシテ藏人式ヲ撰バシム、 西宮記 本朝書籍目錄

寛平三年

正月大 辛亥朔 盡

一日、節會、 日本紀略 西宮記 伏見宮御記錄

七日、節會、 日本紀略

八日、御齋會、後七日御修法、 左經記 北山抄 東寺長者補任

九日、太政大臣基經ノ第ニ行幸ヲ止メラル、 日本紀略

十三日、太政大臣從一位基經薨ズ、尋デ、正一位ヲ贈リ、越前ニ封ジ、昭宣公ト諡ス、 日本紀略 扶桑略記 公卿補任 西宮記 古今和歌集 三代實錄 二中歷 尊卑分脈 大鏡 文德實錄 大鏡裏書 年中行事秘抄 菅家文草 江談抄 田氏家集 花鳥餘情 續教訓抄 慈覺大師傳 九院佛閣抄 政事要略 拾芥抄 續本朝文粹 延喜式（參考） 仁和寺文書 扶桑京華志 都名所圖會

十六日、節會ヲ停ム、 實隆公記

十七日、射禮、 日本紀略

十八日、賭射、 北山抄

廿八日、官始、 日本紀略

三十日、除目、 日本紀略 西宮抄 公卿補任 古今和歌集目録 本朝續文粹 天台宗延暦寺座主圓珍和尚傳 職事補任 敍位除目執筆抄 菅家文草

二月大盡 辛己朔

四日、祈年祭ヲ停ム、是日、大祓ヲ行フ、 日本紀略

十一日、列見、 日本紀略

十四日、皇子敦固、齊邦ヲ親王ト爲ス、 日本紀略 本朝皇胤紹運錄

十九日、七社奉幣、東宮ヨリ內裏ニ遷御アラセラル、 日本紀略 西宮記 平戸記 新儀式

廿六日、是ヨリ先、新羅ノ人隱岐ニ漂著ス、是日、米鹽ヲ賜フ、 日本紀略

廿九日、菅原道眞ヲ藏人頭ニ補ス、 職事補任 公卿補任 菅家文草 菅儒侍讀年譜

三月小盡 辛亥朔

三日、曲水宴、 日本紀略 菅家文草 田氏家集

五日、甲斐正六位上膝上神ニ從五位下ヲ授ク、 日本紀略

九日、除目、 日本紀略 公卿補任 敍位除目執筆抄

十日、大和從五位下菅田神、河內從五位下感古佐美神ニ從五位上ヲ授ク、 日本紀略

十九日、大納言藤原良世ヲ右大臣ニ、中納言源能有ヲ大納言ニ、參議源是忠、源光、藤原諸葛ヲ中納言ニ任ズ、 日本紀略 公卿補任 職掌部類

廿五日、一分召、 西宮抄

廿六日、淡路從五位上湊口神、伊賀正六位上伊上神、播磨正六位上安志神ニ各位一階ヲ授ク、 日本紀略

廿九日、客星出現、 日本紀略 明月記

公卿著座、 西宮記

右大臣良世ヲ藤氏長者ト爲ス、 公卿補任

是春、長門大風雨アリ、官舍顚倒ス、日本紀略

四月小庚辰朔盡

一日、旬儀、日本紀略

九日、始テ漢書ヲ讀ミ給フ、日本紀略

十一日、隱岐從四位上健金萱神ニ正四位下ヲ、正六位上比奈麻治比賣神ニ從四位下ヲ、下總正六位上子相神ニ從五位下ヲ授ク、日本紀略

除目、日本紀略　公卿補任　中古歌仙三十六人傳

十五日、齋院直子女王、紫野院ニ入リ給フ、日本紀略

廿八日、伊賀正五位下敢國津大社神、肥前從五位下溫泉神ニ各位一階ヲ授ク、日本紀略

五月大己酉朔盡

二日、熒惑大微ニ入リ、右執法ヲ犯ス、日本紀略

九日、傳燈大法師位猷憲、同康濟ニ阿闍梨位ヲ授ク、寺門傳記補錄　古經跋語　園城寺傳法血脈

廿九日、諸司、諸家ノ徵物使ヲ停メ、貢調使郡司等ヲシテ進納ノ事ヲ務メシム、類聚三代格

是月、旱ス、日本紀略

六月小己卯朔盡

二日、諸社ニ奉幣シ、京畿ノ諸寺ニ讀經セシメテ雨ヲ祈ル、日本紀略

十六日、大神宮月次祭、大神宮諸雜事記

公卿ヲ諸陵ニ遣シテ雨ヲ祈ル、日本紀略

十七日、院宮諸家使等ノ諸國ニ闌入スルコトヲ禁ズ、類聚三代格

十八日、伊勢賀茂石淸水三社ニ奉幣シ、大極殿ニ大般若經轉讀ヲ行ヒ、神泉苑ニ祈雨經法ヲ修ス、日本紀略

十九日、失火ノ百姓ヲ賑給ス、中右記

廿六日、獄囚ヲ赦ス、日本紀略

七月大戊申朔盡

二日、畿內百姓ノ調物ヲ貢セザル者ノ戶田ヲ沒シテ、國寫田ト爲ス、類聚三代格

七日、公宴、 日本紀略 本朝文粹 菅家文草 田氏家集

宮城附近ノ山上ニ燎火アリ、連日ニ亘ル、是日、修理職、及ビ諸衞ニ勅シテ、之ヲ防ガシム、 日本紀略

十四日、從四位下藤原興世卒ス、 尊卑分脈 文德實錄 三代實錄

二十日、常陸ノ史生一員ヲ停メテ、陰陽師ヲ置ク、 類聚三代格

廿一日、方略試、 類聚符宣抄

廿三日、中納言左衞門督源是忠ヲ檢非違使別當ニ補ス、 公卿補任

廿八日、中宮、東宮ヨリ內裏ヘ入御シ給フ、 日本紀略

三十日、相撲召合、 日本紀略 樗囊抄 西宮記

八月大盡 戊寅朔

三日、修理職ノ官位ヲ定ム、 類聚三代格

官田ヲ以テ、中宮職ノ宮主、戶座等ノ月料ニ給セシム、 類聚三代格

不動倉ノ遺穀ヲ塡補セシメ、又當任雜用ノ殘稻、及ビ前司分付ノ古稻ヲ糙納セシム、 類聚三代格

十日、釋奠、 田氏家集

十一日、定考、內論義、 政事要略 西宮記

廿一日、伊勢正五位上椿神、備中從五位上笠目神、長門正四位下住吉荒魂神、正六位上智波野神ニ、各位一階ヲ進ム、 日本紀略

廿八日、伊勢正五位下堀坂神、丹生內神、丹生外神、上野從三位貫前神、長門從五位下宗形神ニ、各位一階ヲ進メ、同正六位上饗尋神、傍野神ニ、各位二階ヲ進ム、 日本紀略

九月大盡 戊申朔

四日、敍位、齋宮元子女王群行、是日、例幣使ヲ發遣ス、 日本紀略 西宮記 園太曆

九日、重陽宴、 日本紀略 菅家文草

十日、參議宮內卿源興基卒ス、 日本紀略 一代要記 公卿補任 三代實錄 尊卑分脈

十一日、結政、園太暦

京戸ノ子弟、諸國ニ居住スルコトヲ禁ズ、類聚三代格

諸國ノ百姓、京戸ニ奸入スルコトヲ禁ズ、類聚三代格

諸國ノ綱領、所領ノ官物ヲ犯スコトヲ禁ズ、類聚三代格

舎人帳内資人ノ外、官家ニ仕フルコトヲ禁ズ、類聚三代格

東寺長者僧正法印眞然寂ス、尋デ、律師益信ヲ以テ之ニ補ス、日本紀略 僧綱補任 一代要記 東寺長者補任 高野春秋 東寺長者幷高野撿挍等次第 三代實錄 東寺文書 高野山文書 眞言傳法灌頂師資相承血脈 諸師印信 血脈類集記 密宗血脈鈔 南都高僧傳 石山文書 別本高野山撿挍帳 元亨釋書 北院御室拾要集 弘法大師傳裏書 高野山奥院興廢記 高野山勸發信心集 江談抄 諸師製作目錄 中院流傳授目錄 諸家章疏錄 點圖 日本高僧傳要文抄 東國高僧傳 本朝高僧傳 弘法大師弟子譜 〔參考〕東寺文書 紀伊續風土記

廿四日、長門從五位上宮城神、讚岐從五位下宇夫階神、甲斐正六位上白根神ニ各位一階ヲ進ム、日本紀略

廿五日、賀茂奉幣、日本紀略

十月小 戊寅朔

一日、旬儀、日本紀略

八日、除目、日本紀略 公卿補任 二中歷

諸國ノ田租、及ビ傜役ノ半ヲ免ズ、政事要略

十日、興福寺維摩會、維摩會講師研學竪義次第 三會定一記

傳燈大法師位長聆ヲ法琳寺別當ニ補ス、京都御所東山御文庫記錄

十三日、齊中親王薨ズ、日本紀略 西宮記 本朝皇胤紹運錄

廿四日、太白土星ヲ犯ス、日本紀略

廿六日、伊豫正六位上大國主神ニ位一階ヲ進ム、日本紀略

廿八日、調庸ノ徴率ヲ定ム、類聚三代格

廿九日、天台座主十禪師兼少僧都法眼和尚位圓珍寂ス、扶桑略記 日本紀略 僧綱補任 寺門傳記補錄 園城寺文書 北白川宮御所藏文書 園城寺長吏次第 華頂要略 諸嗣宗脈

記　園城寺傳法血脈　園城寺傳記　大毘盧遮那大教王相承師資血脈圖　師資相承　餘芳編年雜集　三國佛法傳通緣起　嚴神抄　阿娑縛抄　吉水藏目錄　大悲藏瑜伽記　灌頂儀軌　義釋更問抄　日新錄　溪嵐拾葉集　儼避囉鈔　天台宗延曆寺座主圓珍和尚傳　明匠略傳　元亨釋書　智證大師年譜　天台霞標　行歷抄　聖護院文書　福州溫州台州求得經律論疏記外書等目錄　青龍寺求法目錄　兩界曼荼羅　止觀科節　雜抄　玄義略要　緣生論　阿字祕釋　批記集　彌勒經疏　三寶繪詞　眞宗大谷大學圖書館所藏文書　本朝神仙傳　古今著聞集　古今和歌集目錄　古今集序注　續古今和歌集　諸神根元抄　九院佛閣抄　祈雨記　三代實錄　青蓮院文書　和漢諸師先德御釋目錄　諸師製作目錄　諸宗章疏錄　大毘盧遮那成道經心目　大毗盧遮那經義釋　大毘盧遮那成道經義釋目錄　大日經義釋批記　勝鬘經疏義私鈔　雜私記　比叡山延曆寺元初祖師行業記　法華論四種聲聞日記　授決集　支佛義集　佛說觀普賢菩薩行法經文句合記　金剛頂瑜伽成身私記　建立曼荼羅大壇儀式略攝行法　法華囑累前後問答　諸家教相同異略集　五字文殊　諸家點圖　勅撰作者部類　新古今和歌集　山王院大師德行年次記　授菩薩戒儀　都氏文集　三彌勒經疏　和長卿記　祖記雜篇　後奈良院宸記　特別保護建造物及國寶目錄　兵範記　百練抄　濟北集　東國高僧傳　本朝高僧傳

新羅明神ノ事、　諸神記　〔參考〕金藏寺文書　讃陽綱目　讃州府志　寺門傳記補錄　天台宗延曆寺座主圓珍傳　天台宗延曆寺座主珍和尚傳　吾妻鏡　看聞日記　近江國輿地志略　淡海府志

是月、内供奉惟首ヲ園城寺ノ長吏ニ補ス、　僧官補任　園城寺長吏次第

十一月大盡　丁未朔

五日、檢非違使ヲシテ、禁色ヲ正サシム、　政事要略

十九日、當年ノ徭十日ヲ復ス、　政事要略

廿四日、賀茂臨時祭、　日本紀略　政事要略　康富記

廿五日、月、心星及ビ少人星ヲ犯ス、　日本紀略

廿九日、大搜、　日本紀略　西宮記

十二月大盡　丁丑朔

六日、殿上ニ於テ御外舅中務大輔十世王ノ六十賀ヲ行フ、　西宮記　公卿補任　〔參考〕本朝皇胤紹運錄

十日、闌遺ノ牛馬沒收、及ビ同所有者處科ノ法ヲ定ム、　政事要略

十五日、諸衞府員外舍人ノ數ヲ定ム、　類聚三代格

十六日、大雪、是日、故太政大臣基經ノ墓ヲ荷前班幣ニ列ス、　日本紀略

廿九日、光孝天皇ノ皇子中納言源是忠等ヲ親王ト爲シ、皇女源爲子等ヲ內親王ト爲ス、 日本紀略 西宮記 公卿補任 一代要記

是月、侍醫菅原善綱、名論要抄ヲ撰上ス、 日本紀略

是歲、陽成天皇、二條院ニ於テ母后ノ五十ノ御賀ヲ行ハセ給フ、 明匠略傳 興風集

敦仁親王ノ封戸ヲ半減ス、 日本紀略

典藥頭島田忠臣卒ス、 本朝文粹 菅家文草 三代實錄 外記補任 類聚國史 田氏家集 江談抄 二中歷 本朝文粹 本朝文集目錄 拾芥抄 通憲入道藏書目錄 群書類從目錄

寬平四年

正月小 丁未朔盡

七日、節會、敍位、 日本紀略 公卿補任 職事補任 外記補任 三十六人歌仙傳 敍位除目執筆抄

八日、後七日御修法、 東寺長者補任

十一日、是ヨリ先、渤海人出雲ニ來ル、是日、少內記藤原菅根等ヲ渤海客存問使ト爲ス、 日本紀略

參議藤原有實ヲシテ、太皇太后宮大夫ヲ兼ネシム、 公卿補任

廿二日、左近衞ノ陣外ニ於テ內印ノ儀アリ、 西宮記

廿三日、除目、 日本紀略 公卿補任 中古歌仙三十六人傳 敍位除目執筆抄

二月小 丙子朔盡

四日、祈年祭延引、 日本紀略

十九日、地震、 日本紀略

二十日、肥後健磐龍命、比咩神社ニ神封五烟ヲ寄ス、 日本紀略

廿一日、除目、 日本紀略 公卿補任 外記補任 敍位除目執筆抄

廿九日、常平所ノ門扉倒ル、 日本紀略

三月小 乙巳朔盡

三日、御燈ヲ停ム、 日本紀略

五日、修理大夫從四位下巨勢文雄卒ス、 日本紀略 三代實錄 二中歷 本朝文粹 扶桑略記 撰集祕記 江談抄 菅家文草 本朝文集目錄 〔參考〕 東寺文書

十三日、常寧殿ニ於テ、中宮六十ノ御賀ヲ行ハセラル、 日本紀略 伏見宮御記錄 西宮記 公卿補任

廿二日、諸國ニ勅シテ、國分寺、定額寺ニ讀經シ、幷ニ境內ノ諸社ニ奉幣シテ、疫癘ヲ鎭メシム、 東大寺要錄

廿九日、右中辨源昇ヲ東大寺俗別當ニ補ス、 東大寺別當次第 正倉院文書

四月大 甲戌朔盡

七日、祈年祭ヲ追行ス、 北山抄 日本紀略

八日、灌佛、 北山抄

十一日、除目、 日本紀略

廿六日、官奏、 西宮記

廿八日、左大辨藤原保則ヲ參議ニ任ズ、 公卿補任

五月小 甲辰朔盡

一日、大納言源能有等ニ勅シテ、國史ヲ編修セシム、 日本紀略 三代實錄

四日、左衞門督藤原時平ヲ檢非違使別當ニ補ス、 公卿補任

十日、大納言源能有ヲシテ、始メテ辨官ノ雜事ヲ奏セシム、 公卿補任

左中辨菅原道眞、勅ヲ奉ジテ、類聚國史ヲ撰進ス、 菅家御傳記 菅家文草 西宮記 本朝書籍目錄 拾芥抄 桃花蘂葉 〔參考〕撰類聚國史考 安齋隨筆 群書一覽 比古婆衣

十三日、月、心中央星ヲ犯ス、又流星アリ、 日本紀略

十五日、公私ヲ論ゼズ、江河池沼等ヲ點領スルヲ禁ズ、 類聚三代格

十六日、神泉苑ノ鹿鳥ヲ比叡山ニ放ツ、 菅家文草

廿二日、內供奉惟首ヲ天台座主ニ補ス、 日本紀略 扶桑略記 座主宣命 僧綱補任 寺門傳記補錄 華頂要略

廿三日、除目、 公卿補任 外記補任

六月大 癸酉朔盡

十六日、大神宮月次祭、 大神宮諸雜事記 園太曆

廿四日、勅書ヲ渤海國ニ賜ヒ、尋デ、太政官モ亦牒書ヲ與フ、 日本紀略

是夏、僧昌住新撰字鏡ヲ著ス、 新撰字鏡 〔參考〕桂林

漫錄　玉かつま

七月小　癸卯朔盡

十六日、雨ヲ雨師神社ニ祈ル、　日本紀略

十九日、造橋所ヲ廢シテ、穀倉院ニ隸ス、　日本紀略

廿五日、熒惑、輿鬼ヲ犯ス、尋デ、質星ヲ食ス、　日本紀略

元慶寺年分度者修行ノ例ヲ定ム、　類聚三代格

廿八日、相撲召合、　日本紀略　樗囊抄　北山抄

八月大　壬申朔盡

四日、虹、紫宸殿ノ巽角ニ現ル、　日本紀略

寅時、火、輿鬼ヨリ出ヅ、尋デ、軒轅ニ至ル、　日本紀略

十日、豐樂院ニ於テ、始メテ試經ヲ行フ、　日本紀略　政事要略

弓削是雄ノ事蹟、　三代實錄　類聚國史　政事要略

十四日、旱魃、怪異ニ依リテ、諸社ニ奉幣ス、　日本紀略　西宮記

廿六日、光孝天皇國忌、　政事要略

九月大　壬寅朔盡

一日、宇佐香椎使ヲ發遣ス、　日本紀略

九日、重陽宴、　日本紀略　菅家文草

十一日、神嘗祭奉幣、　日本紀略

十月小　壬申朔盡

二日、大粮申文、　年中行事秘抄

九日、敦仁親王ニ、山城相樂郡ノ荒廢地ヲ賜フ、　日本紀略

十日、興福寺維摩會、　維摩會講師研學竪義次第　三會定一記　僧綱補任

十一日、讃岐正六位上射田神社ニ位一階ヲ進ム、　日本紀略

二十日、少僧都義叡寂ス、　日本紀略　僧綱補任　三代實錄　本朝高僧傳

十一月大　辛丑朔盡

十日、地震、　日本紀略

平時望ニ雑袍ヲ聽ス、　公卿補任

十三日、玄蕃允橘茂實ヲ因幡ニ遣シテ、守藤原郡直ノ罪ヲ推問セシム、日本紀略

三十日、大宰府ヲシテ、警固ヲ嚴ニセシム、日本紀略

十二月大盡 辛未朔

一日、賀茂齋院直子女王薨ズ、日本紀略 本朝皇胤紹運錄

五日、熒惑大微左腋門ヲ出ヅ、日本紀略

式部少輔菅原道眞ヲシテ、左京大夫ヲ兼ネシム、公卿補任 辨官至要抄

十一日、月次祭、神今食、西宮記

新嘗祭、西宮記

廿一日、忠子內親王等、中宮ノ御算ヲ祈ラセラル、日本紀略 菅家文草 〔參考〕本朝皇胤紹運錄

廿二日、律師房忠、同益信ヲ少僧都ニ任ズ、僧綱補任 東寺長者補任 興福寺別當次第

廿九日、皇女柔子、君子ヲ內親王ト爲ス、日本紀略

是歳、天台舍利會、天台南山無動寺建立和尚傳

郡司讀奏、北山抄

國司ノ得分ヲ半減シテ、去年ノ田租ヲ免ゼシム、政事要略

疫癘行ハル、菅家文草

京中大雪、日本紀略

寛平五年

正月小盡 辛丑朔

十一日、怪異ニ依リテ、諸國ノ神社ニ奉幣シ、國分寺定額寺等ニ讀經ス、日本紀略

除目、日本紀略 公卿補任 敍位除目執筆抄 三十六人歌仙傳 職事補任

廿一日、內宴、是日、右大臣良世ヲ從二位ニ、女御藤原溫子ヲ正三位ニ敍ス、日本紀略 菅家文草 一代要記 公卿補任

廿二日、更衣橘義子、藤原胤子等ヲ女御ト爲ス、日本紀略

廿九日、熒惑大微ヲ犯ス、日本紀略

是月、宴ヲ宮人ニ賜フ、日本紀略 菅家文草

二月大盡 庚午朔

八日、釋奠、菅家文草

十六日、除目、日本紀略　公卿補任　敍位除目執筆抄　菅家文草　葉黄記

廿二日、除目、日本紀略　公卿補任　外記補任　古今和歌集目錄

廿九日、太白度ヲ失ス、日本紀略

天台座主内供奉惟首寂ス、扶桑略記　歴代編年集成　僧綱補任　三代實錄　園城寺長吏次第　師資相承　眞言傳法灌頂師資相承血脈　華頂要略　寺門傳記補錄　本朝高僧傳

是月、内供奉猷憲ヲ園城寺長吏ニ補ス、僧官補任　諸寺別當座主次第

三月小盡 庚子朔

一日、内裏火ヲ失ス、日本紀略

二日、諸國ノ社司神主等ニ檢察ヲ加ヘ、四箇祭ヲ敬祀セシム、類聚三代格

三日、御燈ヲ停ム、日本紀略　西宮記

是ヨリ先、新羅僧長門ニ漂著ス、是日、粮ヲ給ヒテ之ヲ放還ス、日本紀略

六日、除目、是日、公卿著座ノ儀アリ、公卿補任　西宮記

十四日、君子内親王ヲト定シテ、賀茂齋院ト爲ス、日本紀略　賀茂齋院記

十五日、除目、日本紀略　公卿補任

十六日、牧監ヲシテ闕失ノ牧馬ヲ塡償セシム、類聚三代格

廿五日、園城寺長吏猷憲ヲ天台座主ニ補ス、日本紀略　扶桑略記　僧綱補任　華頂要略　座主宣命

是月、僧中瓘唐國ノ彫弊ヲ告グ、菅家文草

四月大盡 己巳朔

二日、敦仁親王ヲ立テ、皇太子ト爲ス、日本紀略　伏見宮御記錄　西宮鈔　公卿補任　寛平御遺誡　菅家文草

十日、使ヲ山陵ニ遣シテ、立太子ノコトヲ告グ、日本紀略　伏見宮御記錄

十四日、皇太子參覲アラセラル、依リテ壺切ノ御劒ヲ授ケ給フ、西宮記　續古事談

壺切御劍ノ由來、西宮記　江談抄　有職抄　禁祕御抄階梯

二十日、除目、公卿補任　中古歌仙三十六人傳

廿六日、皇太子、始メテ東宮ニ入御セラル、日本紀略

五月小盡 乙亥朔

三日、熒惑大微南端門ヨリ出ヅ、日本紀略

十一日、新羅ノ賊、肥前松浦郡ニ寇ス、尋デ、大宰帥是忠親王、大貳安倍興行等ヲシテ、之ヲ追討セシム、日本紀略

安倍興行ノ事蹟、三代實錄　菅家文草　撰集祕記　中右記　二中歷　本朝文粹　系圖纂要　田氏家集

十七日、諸國調庸未進徵率ノ分法ヲ定ム、類聚三代格

十九日、右兵衞督從四位下藤原高經卒ス、尊卑分脈　古今和歌集目錄　三代實錄　職事補任　倭歌作者部類　後撰和歌集　菅家文草

高經ノ女兵衞ノ事蹟、古今和歌集目錄　古今和歌集

二十日、權律師慶壽寂ス、僧綱補任

閏五月小盡 戊辰朔

一日、除目、日本紀略　公卿補任

三日、是ヨリ先、新羅ノ賊、肥後飽田郡ニ入寇シテ民家ヲ燒ク、是日、勅シテ之ヲ追討セシム、日本紀略　小右記

十一日、三社奉幣、是日、讃岐封戸ヲ以テ國神兩社ヲ修造セシム、日本紀略

十四日、諸國ニ勅シテ、相撲人ヲ貢スルヲ停ム、日本紀略

十五日、是ヨリ先、渡島ノ蝦夷、奥地ノ俘囚ト戰ハントス、是日、國司ヲシテ、城塞ヲ警固シ軍士ヲ選練セシム、日本略紀

十八日、臨時仁王會ヲ行ヒ、疫癘ヲ祈禳ス、日本紀略　菅家文草

六月大盡 丁酉朔

一日、日食、日本紀略　本朝統曆

十五日、但馬白鷰ヲ獻ズ、日本紀略

十九日、斎院君子内親王御禊、 日本紀略

七月小盡 丁卯朔

七日、公宴、 日本紀略 菅家文草

十九日、京畿七道ヲシテ、陸奥出羽兩國人ノ他郷ニ逃入スルモノヲ捜括シテ、之ヲ本郷ニ送還セシム、 類聚三代格

致仕中納言正三位在原行平薨ズ、 日本紀略 一代要記 公卿補任 三代實錄 本朝皇胤紹運錄 在原氏系圖 西宮記 本朝文粹 二中歷 勅撰作者部類 八雲御抄 古今和歌集 後撰和歌集 續古今和歌集 玉葉和歌集 撰集抄 伊勢物語 〔參考〕京羽二重 雍州府志

行平ノ家ノ歌合、 在民部卿家歌合 新勅撰和歌集 玉葉和歌集 續後拾遺和歌集 夫木集 〔參考〕和歌合略目錄 墨水遺稿 うた日記

廿一日、興福寺別當少僧都房忠寂ス、尋デ、仙忠ヲ別當ニ補ス、 日本紀略 興福寺寺務次第 僧綱補任 三會定一記 興福寺別當次第

廿三日、除目、 日本紀略 公卿補任

八月大盡 丙申朔

二日、釋奠、 菅家文草

十五日、大宰府ヲシテ、在唐ノ僧弘擧ニ衣粮ヲ給セシム、 入唐五家傳

廿三日、東宮參內アラセラル、 日本紀略

九月小盡 丙寅朔

九日、重陽宴、 日本紀略 菅家文草

十五日、山城鴨川合神、始メテ相嘗祭ニ預ル、 師光年中行事 年中行事祕抄

廿五日、參議菅原道眞、新撰萬葉集ヲ撰進ス、 日本紀略 新撰萬葉集 和歌現在書目錄 奥儀抄 八雲御抄 〔參考〕玉かつま

是秋、文章生ヲ補ス、 公卿補任 二中歷

十月大盡 乙未朔

十日、興福寺維摩會、 三會定一記 維摩會講師硏學竪義次第

十一日、僧綱召、 僧綱補任

廿五日、式部省熟食ヲ調進ス、 日本紀略 西宮記

是ヨリ先、新羅人、長門阿武郡ニ漂著ス、是日、來由ヲ問ハシム、日本紀略
大和宗像神社修理ノ料ニ賤代ノ傜丁ヲ充テ行ハシム、類聚三代格

十一月大乙丑朔盡

一日、日食、日本紀略
三日、諸國ノ神社ニ各位一階ヲ進ム、日本紀略
十五日、新嘗祭、西宮記
十六日、女御橘房子卒ス、日本紀略
廿一日、諸國擬任郡司ノ內外官家司等ニ遷任スルヲ停ム、類聚三代格
廿七日、豊受大神宮ノ近域ニ人民ノ居住スルコトヲ禁ズ、神宮雜例集 皇字沙汰文

十二月大乙未朔盡

五日、京中ノ火災ハ、散齋以外直ニ之ヲ奏セシム、濤獅眼抄
十日、雜役免除ノ人ト雖モ、荷前幣使ヲ奉仕セシム、類聚符宣抄
十一日、月次祭、神今食、西宮記
二十日、中宮、皇女忠子內親王四十ノ賀ヲ行ハセラル、菅家文草
廿九日、越前氣比神社ノ神封ヲ分チテ、神宮寺料ト爲スコトヲ停ム、類聚三代格
是冬、老僧ニ綿襖ヲ施與ス、菅家文草
是歲、檢非違使、山城愛宕郡錦部鄉百姓等ノ鴨河堤ノ邊ニ耕作スルコトヲ禁ズ、類聚三代格
群飲ヲ禁ズ、類聚三代格
備中、疫癘流行シテ死スル者多シ、政事要略

寛平六年

正月小乙丑朔盡

三日、卯杖、是日、東宮拜覲アラセラル、日本紀略 公卿補任
七日、敍位、公卿補任 職事補任 外記補任 古今和歌集目錄
貞登ノ事蹟、古今和歌集目錄 尊卑分脈 三代實錄 古今和

歌集

宗于王ニ源朝臣ノ姓ヲ賜フ、三十六人歌仙傳

十五日、除目、公卿補任　外記補任

十七日、大射、日本紀略

是月、內宴、日本紀略　菅家文草

二月大甲午朔盡

八日、祭主神祇大副大中臣有本卒ス、類聚大補任　二所大神宮例文　大中臣氏系圖

廿二日、耕田ノ數ニ准ジ、正稅ヲ班擧セシム、類聚三代格

大宰府、新羅賊來寇スト奏ス、勅シテ之ヲ追討セシム、日本紀略

廿八日、除目、三十六人歌仙傳

是月、彗星現ハル、扶桑略記

三月小甲子朔盡

三日、上巳宴、菅家文草

六日、踏歌後宴、日本紀略

十三日、大宰府、新羅賊邊島ヲ侵スト奏ス、勅シテ之ヲ追討セシム、日本紀略

廿一日、夜狂人アリ、紫宸殿ニ昇ル、日本紀略

廿四日、地震、日本紀略

四月小癸巳朔盡

一日、旬儀、日本紀略

七日、擬奏階、九條年中行事

十日、新羅賊來寇スルニ依リ、大宰府管內ノ諸社ニ奉幣ス、日本紀略

十三日、太白東井ヲ犯ス、日本紀略

十四日、大宰府、新羅賊對馬ニ寇スト奏ス、尋デ、大宰府ニ勅シテ、之ヲ討ゼシメ、又北陸山陰山陽諸國ニ令シテ警固ヲ嚴ニセシム、日本紀略　公卿補任　小右記

十八日、大中臣安則ヲ祭主ニ任ズ、類聚大補任

東山東海兩道ノ勇士ヲ召ス、日本紀略

十九日、新羅賊追討ニ依リ、伊勢大神宮ニ奉幣シ、

尋デ、諸社ニ奉幣ス、 日本紀略 師守記

二十日、陸奥出羽ヲシテ警固セシム、 日本紀略

廿二日、山陵使ヲ發遣ス、 日本紀略

廿五日、是ヨリ先、大江千里ニ勅シテ古今ノ和歌ヲ上ラシム、是日、千里之ヲ獻ズ、 句題和歌 古今和歌集 〔參考〕群書一覽

五月大盡 壬戌朔

一日、日食、 日本紀略

五日、參議藤原國經ヲ權中納言ニ任ズ、 公卿補任 古今和歌集

七日、大宰府、新羅賊ノ逃去ヲ奏ス、尋デ、勅シテ警固ヲ嚴ニセシム、 日本紀略

十二日、貴賤ノ乘車ヲ禁ズ、 政事要略

是月、渤海使裴頲等入朝ス、 日本紀略 扶桑略記

六月小盡 壬辰朔

一日、紀伊ノ神戸官戸ノ課丁ヲ同率ニセシム、 類聚三代格

十一日、月次祭、 日本紀略 類聚符宣抄

廿七日、傳燈大法師位濟棟ヲ東大寺別當ニ補ス、 正倉院文書 東大寺別當次第

七月小盡 辛酉朔

一日、右大臣融、右大臣良世等ノ乘車ヲ聽ス、 公卿補任 古今和歌集目錄 古今和歌集

七日、七夕御會、 菅家文草

十六日、尾張、參河、遠江、駿河、近江、美濃、越前、加賀、能登、越中等ノ諸國ヲシテ、諸院宮ノ使等、往還ノ舟車人馬ヲ強雇スルコトヲ禁ゼシム、 類聚三代格

廿二日、太政官、在唐僧中瓘ニ報牒ヲ與フ、 日本紀略 菅家文草

廿八日、相撲召合、 日本紀略 西宮記 北山抄

八月大盡 庚寅朔

四日、雜米未進ニ依リ、國郡司ヲ斷罪シ、且ツ其解由ヲ返サシム、 類聚符宣抄

九日、舊ニ依リテ、對馬ニ防人ヲ差遣セシム、 類聚三代格

十九日、除目、 公卿補任 外記補任 華黄記 僧綱補任

僧忠戒ヲ權律師ニ任ズ、 僧綱補任

二十日、甲斐正六位上在樹神ニ位一階ヲ進ム、 日本紀略

廿一日、參議菅原道眞ヲ遣唐大使ニ、左少辨紀長谷雄ヲ副使ニ補ス、 日本紀略 扶桑略記 公卿補任 古今和歌集

能登ノ史生一員ヲ停メ、弩師ヲ置ク、 類聚三代格

廿二日、天台座主園城寺長吏猷憲寂ス、尋デ、大法師康濟ヲ以テ之ニ補ス、 扶桑略記 園城寺長吏次第 華頂要略 寺門傳記補錄 園城寺傳法血脈 師資相承 天台宗延曆寺座主圓珍和尚傳 僧官補任 諸寺別當座主次第

九月大盡 庚申朔

三日、伊勢大神宮、及ビ諸社ニ奉幣ス、 日本紀略 西宮記 小右記

九日、重陽宴、 日本紀略 菅家文草 類聚句題抄

十一日、穢ニ依リテ、例幣ヲ停ム、 日本紀略 西宮記

十二日、法橋康濟ヲ天台座主ニ補ス、 日本紀略 扶桑略記 華頂要略 座主宣命

十三日、從五位下備前權介藤原玄上ヲ下總介ニ任ズ、 公卿補任

大宰府ノ史生一員ヲ減ジテ、弩師ヲ加ヘシム、 類聚三代格

十七日、是ヨリ先、新羅ノ賊對馬ヲ侵ス、是日、守文室善友等、防戰シテ之ヲ破ル、 扶桑略記 小右記

諸國檢非違使ノ秩限ヲ定メ、無位ノ人ヲ以テ之ニ補スルコトヲ停ム、 類聚三代格

十九日、舊ニ依リテ、出雲隱岐兩國ニ烽燧ヲ置ク、 類聚三代格

大宰府、新羅賊擊破ノ狀ヲ奏ス、仍リテ飛驛使ニ勅符位記等ヲ賜ヒ、又諸國ニ令シテ警固ヲ停メシム、 日本紀略 北山抄

廿三日、新羅ノ來寇ニ依リテ、山陵ニ奉幣ス、 日本紀略 西宮記

廿七日、參議菅原道眞、東宮ノ令旨ヲ奉ジ、詩ヲ賦シテ之ヲ獻ズ、 菅家文草

廿九日、直物、是日、宇佐使ヲ發遣ス、 日本紀略

正税帳ヲ勘ヘザル諸國司ヲ科責セシム、 類聚三代格 政事要略

三十日、對馬正四位下和多都美神等ノ神位各一階ヲ進ム、 日本紀略

是月、遣唐使ノ發遣ヲ停ム、 日本紀略 菅家文草 菅家御傳記 拾芥抄

十月小盡 庚寅朔

一日、旬儀、 日本紀略

五日、左右檢非違使廳ヲ定メテ、毎日政ヲ行ハシム、 政事要略

檢非違使別當源光等、新補官人ノ加階ヲ奏請ス、 政事要略

六日、大宰府、新羅ノ賊船ノ退去ノ由ヲ奏ス、 日本紀略

權律師豐藝寂ス、 僧綱補任 維摩會講師研學竪義次第

八日、筑前從一位勳八等田心姫神等ニ勳七等ヲ授ク、尋デ又、勳六等ヲ授ク、 日本紀略

十日、興福寺維摩會、 維摩會講師研學竪義次第

十八日、東宮霜菊ヲ天覽ニ供セラル、 日本紀略

廿六日、律師常全ヲ少僧都ニ任ズ、 僧綱補任

是月、公宴、 日本紀略

十一月大盡 己未朔

一日、日食、 日本紀略 本朝統暦

三日、地震、 日本紀略

十一日、畿內、近江、紀伊ノ諸國ヲシテ、祈年月次ノ兩祭ヲ敬祀セシム、 類聚三代格

郡司所帶ノ左右近衞、門部、兵衞等ヲ解却セシム、 類聚三代格

三十日、未ダ解由ヲ得ザル官人ノ本罪ヲ斷ゼシム、 類聚三代格

諸國百姓等、王臣家人ト稱シテ、部內ヲ擾亂スル

ヲ禁ズ、　類聚三代格

檢非違使ヲシテ、大井、淀、山崎、大津等ノ非違ヲ巡察セシム、　政事要略

十二月大盡 己丑朔

一日、番奏アリ、　日本紀略

五日、檢非違使七人ヲ置ク、　日本紀略

十一日、月次祭、神今食ヲ停ム、　日本紀略　西宮記

十五日、除目、　公卿補任　古今和歌集目錄

橘葛直ノ事蹟、　古今和歌集目錄　尊卑分脈

廿二日、僧綱ヲ任ズ、尋デ、少僧都益信ヲ東寺法務ニ、聖寶ヲ權法務ニ補ス、　僧綱補任　東寺長者補任　血脈類集記　東寺長者雜自記

廿九日、渤海使伯耆ニ來著ス、　日本紀略　公卿補任

是歲、弘福寺撿挍僧都壽長寂ス、尋デ、權律師聖寶ヲ同寺撿挍ニ補ス、　東寺文書　金剛峯寺座主次第　眞言傳法灌頂師資相承血脈　本朝高僧傳　高野春秋

權律師無空ヲ金剛峯寺座主ニ補ス、　金剛峯寺座主次第　高野春秋

寛平七年

正月大盡 己未朔

一日、朝賀ヲ停ム、　日本紀略　西宮記

五日、齊世親王ニ乘車ヲ聽ス、尋デ、中納言藤原諸葛等ニ乘車ヲ聽ス、　政事要略

十一日、除目、　公卿補任　古今和歌集目錄

源精、及ビ其女寵ノ事蹟、　古今和歌集目錄　尊卑分脈　三代實錄　古今和歌集　奧儀抄　袋草紙　古今聞書

廿二日、備中權掾三統理平等ヲ渤海客存問使ト爲ス、　日本紀略

廿三日、二品秀良親王薨ズ、　日本紀略　續日本後紀　本朝皇胤紹運錄　類聚國史　三代實錄

二月小盡 己丑朔

一日、大學、典藥二寮ノ諸生、幷ニ鴻儒、名醫ノ子孫ヲ薦擧シ、諸國ノ博士、醫師ニ任用セシム、　類聚三代格

九日、釋奠、 菅家文草

十一日、除目、 公卿補任

十四日、敍位、 公卿補任

廿一日、左右檢非違使廳ニ勅シテ、毎日政ヲ行ハシム、 政事要略

是月、公宴、 日本紀略

三月大 戊午朔盡

三日、御燈、曲水宴、 日本紀略 扶桑略記 西宮記 江次第 菅家文草

五日、北野ニ行幸シテ、雉兎ヲ獵シ、又右近馬場ニ御シテ、走馬ヲ覽給フ、 日本紀略

六日、得度者受戒ノ期ヲ改定ス、 類聚三代格

十二日、弓場殿ニ御シテ、射ヲ覽給フ、 日本紀略

十三日、博多警固所ニ夷俘五十人ヲ加ヘ置キ、新羅ノ賊ニ備ヘシム、 類聚三代格

廿二日、王臣諸家ノ私物ヲ出擧スルヲ禁ズ、 扶桑略記 類聚三代格

廿六日、東宮、中納言菅原道眞ヲシテ、一時ニ詩十首ヲ賦セシメラレ、尋デ又、詩二十首ヲ賦セシメ給フ、 菅家文草

是月、除目、 公卿補任 三十六人歌仙傳

公宴、 日本紀略 菅家文草

是春、文人ヲ召シテ、詩ヲ賦セシム、 菅家文草

四月小 戊子朔盡

七日、擬階奏、 西宮記 北山抄

十六日、齋院君子內親王御禊、尋デ、野宮ニ移ラセラル、 日本紀略

廿一日、參議從四位上藤原保則卒ス、 日本紀略 公卿補任 尊卑分脈 藤原保則傳 菅家文草 二中歷

五月大 丁巳朔盡

一日、日食、 日本紀略 本朝統曆

十一日、是ヨリ先、渤海大使裴頲等鴻臚館ニ著ス、是日、豐樂院ニ行幸アラセラレ、渤海使等ヲ召シテ饗ヲ賜ヒ、位階ヲ授ケラル、 日本紀略

十四日、渤海大使裴頲等ヲ朝集堂ニ饗ス、尋デ、参議菅原道眞ヲ鴻臚館ニ遣シ酒饌ヲ賜フ、日本紀略　北野天神御傳　菅家文草

廿四日、神泉苑ニ行幸シ給フ、日本紀略

六月小 丁亥朔 盡

六日、大和介藤原光善ヲシテ、群盗ヲ捕ヘシム、日本紀略

二十日、致仕中納言從三位藤原諸葛薨ズ、日本紀略　公卿補任　一代要記　尊卑分脈　玉葉　三代實錄　體源抄

廿一日、左近衛府ニ御シテ、相撲ヲ御覽アラセラル、日本紀略

廿六日、大和丹生川上雨師神社ノ界地ニ狩獵スルヲ禁ズ、類聚三代格

七月小 丙辰朔 盡

二日、權律師忠戒寂ス、日本紀略　僧綱補任

七日、童相撲、日本紀略　西宮記　公事根源

乞巧奠、菅家文草

大僧都祥勢寂ス、僧綱補任　東大寺別當次第

九日、洪水ニ依リテ、三社ニ奉幣ス、日本紀略

十日、諸國不動倉ノ鈎匙ハ、國司ノ交替每ニ申請セシム、類聚三代格

十一日、內外官交替ノ限內ニ付領所執繕寫署印ノ程ヲ定ム、類聚三代格

國司交替ノ日、官物ハ先ヅ正稅ヲ塡メ、後ニ雜稻ヲ取ラシム、類聚三代格

諸國任用ノ吏ノ不與解由狀ノ制ヲ定ム、類聚三代格

階業ノ次第ニ依リ、諸國ノ講讀師ヲ簡定セシム、類聚三代格

十三日、丹生貴布禰二社ニ奉幣ス、日本紀略

十五日、皇子敦實ヲ親王ト爲ス、日本紀略　大鏡裏書

二十日、越前ノ史生一員ヲ停メ、弩師ヲ置ク、類聚三代格

廿六日、兵庫ノ器仗ヲ辨置シ、欠損ヲ致スコトナカラシム、類聚三代格

廿八日、相撲召合、 日本紀略 西宮記 西宮抄

延暦寺戒壇院ノ授戒ノ期ヲ定ム、 九院佛閣抄 年中行事祕抄

八月小 乙酉朔盡

五日、大安寺司、緣起ヲ撰シテ之ヲ上ル、 大安寺緣起 長谷寺緣起 長谷寺緣起文 三國傳記 行仁上人記 〔參考〕 好古小錄 拾葉筆記 長谷寺緣起剝僞

七日、相撲、 日本紀略

十三日、敍位、 公卿補任

十六日、除目、 公卿補任 二中歷 職事補任

十七日、男子ノ乘車ヲ聽ス、 政事要略

廿一日、藤原忠平元服ス、 日本紀略 公卿補任 本朝文粹 尊卑分脈

廿五日、左大臣從一位源融薨ズ、尋デ正一位ヲ贈ル、 日本紀略 公卿補任 一代要記 古今和歌集 菅家文草 三代實錄 尊卑分脈 續日本後紀 類聚國史 大鏡 後撰和歌集 二中歷 勅撰作者部類 東寶記 拾芥抄 伊呂波字類抄 伊勢物語 貫之集 安法法師集 河海抄 本朝文粹 江談抄 今昔物語 續古事談 和漢合符 花鳥餘情 賜蘆文庫文書

九月大 甲寅朔盡

九日、重陽宴、 日本紀略 菅家文草

十一日、例幣ヲ停ム、 日本紀略

公卿上表シテ、薩摩開聞神社ニ慶雲ノ現ル、ヲ賀ス、 日本紀略 菅家文草

廿七日、郡司百姓等ノ私物ヲ官家ノ物ト假稱スルヲ禁ジ、幷ニ正稅ヲ受ケズ、田租ヲ輸サヾル輩ヲ科責セシム、 類聚三代格

大宰府、壹岐ノ官舍討賊ノ際ニ燒亡セシ狀ヲ奏ス、 日本紀略

十月小 甲申朔盡

一日、從三位基棟王薨ズ、 日本紀略 一代要記 三代實錄 類聚國史

十日、興福寺維摩會、 維摩會講師研學竪義次第 僧綱補任

十四日、僧綱ヲ任ズ、 僧綱補任

十七日、臨時仁王會、 菅家文草

廿六日、菅原道眞ヲ中納言ニ、藤原高藤、源希、源昇等ヲ參議ニ任ズ、 日本紀略 公卿補任 職事補任 菅家文草

廿八日、延暦寺ノ度者授戒ノ期ヲ定メシム、 類聚三代格 西宮記

內豎ノ時奏闕怠ノ罪ヲ定ム、 西宮記

十一月大盡 癸丑朔

一日、日食、 日本紀略

二日、伊豫ノ史生一員ヲ停メ、弩師ヲ置ク、 類聚三代格

七日、皇女孚子女王ヲ內親王ト爲ス、 日本紀略

遙授陸奧出羽按察使大宰帥等ノ傔仗ヲ停ム、 類聚三代格

前司ノ任國ニ留住シ、輙ク畿外ニ出ヅルヲ禁ズ、 類聚三代格

十三日、中納言菅原道眞ヲシテ、春宮權大夫ヲ兼ネシム、 公卿補任 政事要略 菅家御傳記 三十六人歌仙傳

十六日、新嘗會、 政事要略

廿二日、公卿、慶雲ヲ賀スル論奏ヲ上ル、 日本紀略

十二月大盡 癸未朔

三日、大納言兼民部卿源能有ヲ五畿內諸國ノ別當ニ補ス、 公卿補任

五位以上、及ビ孫王ノ輙ク畿內ヲ出ヅルヲ禁ズ、 類聚三代格

九日、越中ノ史生一員ヲ停メ、弩師ヲ置ク、 類聚三代格

十六日、從三位藤原榮子薨ズ、 日本紀略

廿二日、檢非違使ノ職掌、及ビ誣告反坐ノ制ヲ定ム、 政事要略

廿九日、權律師聖寶ヲ東寺長者ニ補ス、 東寺長者補任 元亨釋書

是歲、宇佐大少宮司大神宇佐二氏ノ門地ヲ定ム、 八幡宇佐宮御託宣集

神護寺年分ノ學生ハ、本寺ニ於テ試度セシム、 東寶記

寛平八年

正月大盡 癸丑朔

一日、朝賀、元日節會、日本紀略 西宮記

三日、卯杖奏、東宮拜覲アラセラル、日本紀略 撰集祕記

七日、敍位、節會賜祿ノ制ヲ定ム、西宮記 公卿補任 外記補任 古今和歌集目錄 三十六人歌仙傳

良峯秀岳ノ事蹟、古今和歌集目錄 古今和歌集

八日、後七日御修法、東寺長者補任

十三日、地震、日本紀略

十五日、除目、公卿補任 外記補任 康富記

十七日、射禮、西宮記

廿一日、內宴、日本紀略 菅家文草 北山抄

女御正四位下藤原佳美子、從四位下橘義子等ニ各位一階ヲ進ム、一代要記 公卿補任

廿六日、除目、日本紀略 公卿補任 外記補任 中古歌仙三十六人傳 三十六人歌仙傳

閏正月小盡 癸未朔

一日、諸國ヲシテ、門文ヲ進メシメ、之ニ依リテ、調庸幷ニ例進ノ雜官物ヲ檢納セシム、類聚三代格

六日、北野、雲林院、船岡ニ行幸アラセラレ、子日遊ヲ行ハセラル、日本紀略 扶桑略記 菅家文草 三十六人歌仙傳 僧綱補任

十七日、左右看督近衞等ヲシテ、旬每ニ施藥院、幷ニ東西悲田ノ病者孤子ノ安否ヲ巡檢セシム、類聚三代格

廿五日、朱雀院ニ行幸シテ、工事ヲ覽給フ、日本紀略

廿六日、神泉苑屬星祭、日本紀略

是月、齋院ニ行幸シ給フ、中右記

二月大盡 壬子朔

四日、地震、日本紀略

十三日、齊世親王、大學寮ニ於テ、御讀書始ヲ行ハセラル、日本紀略 菅家文草

十五日、除目、公卿補任 外記補任 二中歷

廿三日、神泉苑ニ行幸アラセラレ、文人ヲシテ詩ヲ賦セシメ給フ、 日本紀略　菅家文草

三月大壬午朔盡

二日、是ヨリ先、中宮、山城淨福寺ヲ建立アラセラル、是日、年分度者二人ヲ置ク、 類聚三代格　伊呂波字類抄　拾芥抄

四日、鑄錢料雜物ヲ備後以下七國ニ課スルヲ停メ、周防ノ田租ノ穀ヲ以テ之ニ充テシム、 類聚三代格

唐人梨懷、召ニ依リテ入京ス、 日本紀略

十七日、除目、 公卿補任　職事補任　典藥頭補任

廿八日、日光異アリ、 日本紀略

是月、伊勢大神宮ノ御井涸ル、ニ依リ、勅使ヲ遣シテ之ヲ祈ラシム、 太神宮諸雜事記

四月小壬子朔盡

一日、日食、 日本紀略

二日、諸院諸宮王臣家ノ、百姓ニ代リテ、田宅資財ヲ爭訟スルヲ禁ズ、 類聚三代格

百姓ノ荒田閑地等ヲ占有スルヲ停ム、 類聚三代格

東大寺以下諸寺ノ材ヲ採ル山ノ四至ト稱シテ、居住ノ百姓ヲ勘責スルヲ禁ズ、 類聚三代格

五位以上ノ私田ヲ營ムヲ禁ズ、 類聚三代格

七日、藏人頭ヲ補ス、 職事補任

八日、灌佛、布施錢ノ法ヲ定ム、 九條年中行事

十三日、鴨河堤東西田ノ耕作ヲ許ス、 類聚三代格

廿七日、駒牽、 日本紀略

五月小辛巳朔盡

九日、京都洪水、 日本紀略

六月大庚戌朔盡

十一日、月次祭、 西宮記

十九日、左中辨平季長ヲ東大寺俗別當ニ補ス、 東大寺別當次第　正倉院文書

廿八日、調庸ノ總返抄ヲ受ケザル國司ノ解由ヲ勘却セシム、 政事要略

三十日、女御從四位下藤原胤子卒ス、日本紀略　中右記　大鏡裏書　尊卑分脈　類聚三代格　延喜式　陵墓一覽　御陵墓見取實測圖

勸修寺建立、勸修寺緣起　勸修寺文書　拾芥抄　勸修寺長吏次第　元亨釋書　密宗血脈鈔〔參考〕雍州府志　山州名跡志

七月小庚辰朔盡

一日、大和瑞雲出現ヲ奏ス、日本紀略

二日、東宮御息所卒ス、日本紀略

五日、中納言菅原道眞、檢稅使ノ可否ヲ覆議セシメンコトヲ請フ、菅家文草

十三日、左右獄ノ囚人ヲ放免ス、菅家文草

十六日、右大臣良世ヲ左大臣ニ、大納言源能有ヲ右大臣ニ任ズ、日本紀略　公卿補任　扶桑略記

八月大己酉朔盡

五日、相撲拔出、日本紀略　樗嚢抄　小野宮年中行事

十八日、諸社ニ奉幣ス、尋デ又奉幣ス、日本紀略

廿一日、霖雨ニ依リテ賀茂下社ニ奉幣ス、日本紀略

廿三日、伊勢大神宮奉幣、日本紀略

廿五日、水主社ニ奉幣ス、日本紀略

廿六日、石淸水ニ奉幣ス、日本紀略

廿八日、中納言菅原道眞ヲシテ、民部卿ヲ兼ネシム、公卿補任

九月小己卯朔盡

四日、筑前從四位上竈門神ニ正四位上ヲ授ク、日本紀略

五日、阿波名方郡ヲ分チテ、名東名西ノ二郡ト爲ス、類聚三代格　延喜式　倭名類聚抄

遷替ノ吏ハ闕物ノ差分ヲ塡ムルニ隨ヒ、解由ヲ放タシム、類聚三代格

要劇諸司ノ給田ハ年終帳ニ載セ、勘解由使ヲシテ之ヲ勘會セシム、類聚三代格

七日、散位寮ヲ式部省ニ、內藥司ヲ典藥寮ニ、主油司ヲ主殿寮ニ、園池司ヲ內膳司ニ、左右兵庫、造兵、皷吹ノ四司ヲ兵庫寮ニ併セ、又刑部省ノ判事

及ビ少屬ヲ減省ス、 日本紀略 類聚三代格 本朝文粹 官職秘抄

廢司要劇番上等ノ料田ヲ收メ、舊ニ依リ官田ト爲ス、 類聚三代格

九日、重陽宴、 日本紀略 菅家文草

十五日、月食、 日本紀略 本朝統暦

十六日、菊花宴、 日本紀略

十九日、後任ノ國司ヲシテ、前任國司ノ調庸未進ヲ科責セシム、 政事要略

廿二日、皇太后藤原高子ヲ廢シ、僧善祐ヲ伊豆ニ流ス、 日本紀略 公卿補任 西宮記 扶桑略記 願文集 拾遺和歌集 後撰和歌集

廿三日、廢后藤原高子ニ封四百戸ヲ充ツ、 日本紀略

十月小 戊申朔盡

一日、日食、廢務、 日本紀略

十日、興福寺維摩會、 僧綱補任 興福寺略年代記 三會定一記

十一日、檢非違使政ヲ行フノ日、直彈セザル者ノ罪ヲ免ズ、 政事要略

十三日、朱雀院ニ行幸アラセラレ、又尚侍藤原淑子ノ邸ニ行幸シ給フ、 日本紀略 西宮記

要劇ニ准ジテ、官田ヲ諸司ノ番上ニ給セシム、 類聚三代格

十一月大 丁丑朔盡

二十日、四度公文使ノ期ニ違ヒ、上道セザル者ノ見任ヲ解却セシム、 政事要略 類聚三代格

廿六日、正五位下菅原衍子ヲ女御ト爲ス、 日本紀略 一代要記 尊卑分脈 菅原氏系圖

十二月大 丁未朔盡

十三日、齊世親王、文章博士紀長谷雄ノ門ニ入ラセラル、 西宮記 公卿補任

廿八日、左大臣良世致仕ス、 公卿補任 歴代編年集成 台記

是歳、大宰府ニ疫癘行ハル、 菅家文草

重ネテ服御ヲ減ジ季料ヲ省ク、　菅家文草
石清水八幡宮ニ撿挍ヲ置キ、權大僧都益信ヲ以テ之ニ補ス、　東寺長者補任　石清水文書
權律師聖寶ヲ東寺別當ニ補ス、　僧綱補任
掃部頭小野滋蔭卒ス、　古今和歌集目錄　二中歷

寛平九年

正月小 丁丑朔 盡

三日、尚侍藤原淑子、封戸ヲ圓成寺ニ施入ス、　菅家文草
七日、敍位、　公卿補任
八日、大元帥法ヲ修ス、　太元宗勘文
十一日、除目、　西宮記　公卿補任　三十六人歌仙傳　中古歌仙三十六人傳
十四日、内宴、　日本紀略　菅家文草
十八日、雷鳴、　日本紀略
廿四日、内宴、　日本紀略　菅家文草
廿五日、釆女貢進ノ數ヲ定ム、　類聚三代格

二月大 丙午朔 盡

十四日、除目、　公卿補任　西宮記
十七日、官田ヲ以テ、諸司ノ要劇、幷ニ番上料ニ充テシム、　類聚三代格
二十日、彈正尹四品惟喬親王薨ズ、　日本紀略　文德實錄　三代實錄　菅家文草　本朝皇胤紹運錄　大鏡裏書　江談抄　密宗血脈鈔　平家物語　伊勢物語　新古今和歌集　源平盛衰記　倭歌作者部類　和漢朗詠集　拾芥抄　古今著聞集　〔參考〕山城名勝志　山州名跡志　山城名跡巡行志　都名所圖會拾遺　續史愚抄　後撰和歌集
廿八日、左右兵庫、造兵、鼓吹ノ四司ヲ兵部省ノ被官ト爲ス、　類聚三代格
廿九日、皇女成子、依子等ヲ内親王ト爲ス、　日本紀略

三月大 丙子朔 盡

一日、日食、　日本紀略　本朝統曆
七日、藥師寺最勝會、　藥師寺最勝會表白
十一日、律師峯基寂ス、　僧綱補任

十九日、臨時仁王會、　日本紀略　菅家文草

廿三日、雜藥ヲ佛僧ニ供ス、　菅家文草

是月、齋宮元子女王退下アラセラル、　日本紀略　齋宮記

四月小　丙午朔盡

七日、擬階奏、　日本紀略

九日、賀茂神社ニ奉幣ス、　日本紀略

十日、賀茂祭ノ騎兵ニ差進セラル、土浪人ノ、拒捍スルモノヲ罰セシム、　類聚三代格

十七日、外記政、　西宮記

十九日、諸國任用ノ吏ノ解由ヲ拘放スル制ヲ定ム、　類聚三代格

南海道諸國司ヲシテ、前司ノ時ノ雜怠ヲ辨濟セシムル條例ヲ定ム、　政事要略

五月大　乙亥朔盡

八日、臨時仁王會、　日本紀略

法橋康濟ヲ權律師ニ任ズ、　僧綱補任　華頂要略

十三日、交替式新案ニ依リテ、諸國ノ不動倉ヲ開見セシム、　類聚三代格

十七日、朱雀院、及ビ神泉苑ニ行幸アラセラル、日本紀略

二十二日、朱雀門ニ於テ、大祓ヲ行フ、　樗嚢抄

廿五日、除目、　公卿補任　職事補任　一代要記　朝野群載　左經記　中古歌仙三十六人傳　三十六人歌仙傳

廿六日、諸國ヲシテ、桑漆ヲ殖ヱシム、　政事要略

六月小　乙巳朔盡

八日、右大臣正三位源能有薨ズ、尋デ正二位ヲ贈ル、　日本紀略　公卿補任　三代實錄　尊卑分脈　文德實錄　菅家文草　倭歌作者部類　河海抄　古今和歌集　大和物語　拾芥抄

十一日、神今食、　日本紀略

十九日、除目、中納言藤原時平ヲ大納言ニ、同源光、菅原道眞ヲ權大納言ニ任ズ、　公卿補任

尙侍藤原淑子ニ年給ヲ賜フ、　西宮記

用度帳等ヲ勘濟シ、四度公文ヲ勘ヘザル大宰府

管內國司等ヲ科責セシム、類聚三代格

廿三日、近江金勝寺ニ、年分度者二人ヲ試度セシム、類聚三代格

廿六日、東寺ニ於テ、舊ノ如ク眞言宗年分學生六人ヲ課試セシム、東寶記

七月大盡 甲戌朔

三日、東宮御元服、是日、御讓位アラセラル、日本紀略 扶桑略記 西宮記 東宮御元服部類 菅家文草 柱史抄 大鏡 一代要記 伊勢集

新帝ニ御遺誡ヲ賜ハセラル、寛平御遺誡 政事要略 年中行事抄 明文抄 河海抄 通憲入道藏書目錄 本朝書籍目錄

寛平年中

內侍所ノ御供ヲ始ム、師光年中行事

視告朔ヲ廢ス、年中行事抄

花宴、後撰和歌集

殿上ニ於テ宴遊アリ、古今和歌集

始メテ瀧口ヲ置ク、西宮記 拾芥抄 禁祕抄 禁祕御抄階梯 有職袖中抄

始メテ紫宸殿ノ賢聖障子ヲ畫カシム、古今著聞集 太平記 歷代編年集成〔參考〕禁祕抄 考古畫譜

侍臣等ニ勅シテ、和歌ヲ詠進セシメ給フ、古今和歌集 友則集 後撰和歌集

凡河內躬恒、僧素性ニ勅シテ、御屛風ノ和歌ヲ詠進セシム、古今和歌集

御歌合ヲ行ハセラル、新撰萬葉集 公忠朝臣集 紀貫之集 古今著聞集

中宮、百番御歌合ヲ行ハセラル、寛平御時后宮歌合 續後撰和歌集 古今和歌集 後撰和歌集 續後拾遺和歌集 敏行朝臣集 紀友則集 興風集 素性法師集〔參考〕古今和歌集目錄 群書一覽

菊合、寛平菊合 古今和歌集〔參考〕古今和歌集目錄 群書一覽

醍醐天皇

寛平九年

七月大盡 甲戌朔

三日、紫宸殿ニ於テ御受禪アラセラル、是日、爲子

内親王入内アラセラル、日本紀略　扶桑略記　践祚部類抄
北山抄　伏見宮御記録

四日、始メテ四衛府、御贄ヲ進ズル日次ヲ定ム、西宮記

五日、政始、是日、藏人頭以下ヲ補ス、日本紀略　公卿補任　職事補任　中古歌仙三十六人傳　後法成寺尚通公記

八日、大祓、日本紀略

九日、諸社ニ奉幣ス、日本紀略　園太暦

十日、先帝ニ太上天皇ノ尊號ヲ上ル、日本紀略

十三日、大極殿ニ於テ、御即位ノ儀ヲ行ハセラル、

是日、敍位ノ儀ヲ行ヒ、大納言藤原時平、權大納言菅原道眞、中納言藤原高藤ヲ幷ニ正三位ニ敍ス、
日本紀略　扶桑略記　天祚禮祀職掌錄　公卿補任　外記補任　古今和歌集目錄　三十六人歌仙傳　中古歌仙三十六人傳

景式王ノ事蹟、古今和歌集目錄　本朝皇胤紹運錄　古今和歌集

十四日、政アリ、大嘗會ノ國郡ヲト定ス、日本紀略
北山抄　貞信公記

宇多上皇、尊號ヲ辭シ給ヒ、翌日、又封戸兵仗ヲ辭セラル、日本紀略

十六日、女敍位、日本紀略

十七日、除目、日本紀略　公卿補任　外記補任　明月記

十九日、皇妣女御從四位下藤原胤子ヲ追尊シテ皇太后ト爲シ、尋デ山陵使ヲ發遣ス、日本紀略　西宮記　中右記

廿二日、地震、怪異アルニ依リテ、御トヲ行フ、日本紀略　扶桑略記

藏人頭從四位下平季長卒ス、日本紀略　職事補任　三代實錄　一代要記　類聚三代格　菅家文草　東大寺別當次第　尊卑分脈

廿五日、爲子内親王ヲ三品ニ敍シテ妃ト爲ス、日本紀略

廿六日、皇太夫人班子女王ヲ皇太后ト爲シ、從三位藤原溫子ヲ皇太夫人ト爲ス、日本紀略　扶桑略記
中右記　百練抄　西宮記　公卿補任　外記補任　魚魯愚鈔　中古歌仙三十六人傳

八月小　甲辰朔　盡

九日、宇多上皇、并ニ皇太后班子女王、東三條院ニ遷御アラセラル、日本紀略　扶桑略記
十三日、是ヨリ先、柔子内親王ヲ齋宮ニト定ス、是日、奉幣使ヲ伊勢大神宮ニ發遣シテ之ヲ告グ、日本紀略　御卽位條々　園太曆　二所大神宮例文
十四日、女官除目、日本紀略　西宮記　本朝世紀
十七日、齋院ヲ改メザル由ヲ賀茂社ニ告グ、日本紀略　賀茂齋院記
祈雨奉幣、日本紀略
廿一日、政始、日本紀略　園太曆
廿二日、幣帛使ヲ宇佐石淸水兩八幡宮、及ビ香椎廟ニ發遣ス、日本紀略　西宮記
廿五日、御讀經、日本紀略　西宮記
廿八日、大嘗會ニ依リ、祓使ヲ諸國ニ遣シ、又諸社ニ奉幣ス、日本紀略　西宮記
廿九日、大祓、日本紀略

九月大盡　癸酉朔

一日、日食、日本紀略　扶桑略記　本朝統曆　元亨釋書
三日、御燈、日本紀略　北山抄
七日、除目、公卿補任　三十六人歌仙傳
陸奥正六位上飯豐別神等ノ位階ヲ加フ、日本紀略
九日、重陽宴、日本紀略　菅家文草
十日、宇多上皇、詩人ヲ朱雀院ニ召シテ、重陽後朝宴ヲ賜フ、日本紀略　菅家文草　類聚句題抄
十一日、大神宮ニ例幣ヲ奉リ、永ク伊勢飯野郡ヲ寄ス、日本紀略　類聚三代格
十六日、大嘗會裝束司除目、日本紀略
十七日、女官除目、日本紀略
廿三日、法琳寺別當元如寂ス、尋デ命藤ヲ同寺別當ニ補ス、法琳寺別當補任　大元阿闍梨次第　覺禪抄
是秋、陸奥守藤原佐世ヲ右大辨ニ任ズ、尋デ卒ス、天台宗延曆寺座主圓珍和尚傳　類聚符宣抄　都氏文集　三代實錄　類聚國史　二中歷　本朝文粹　本朝續文粹　尊卑分脈　菅家文草　江談抄　本朝文集目錄　台記　明文抄　日本國見在書目錄　日本往生極樂記〔參考〕梅窓筆記　比古婆衣　難波江

十月小盡 癸卯朔

一日、旬儀、日本紀略 西宮記

十月、興福寺維摩會、維摩會講師研學竪義次第 三會定一記 扶桑略記 僧綱補任

廿五日、大嘗會御禊、日本紀略 大嘗會御禊日例 西宮記 大嘗會御禊事 中右記

十一月大盡 壬申朔

一日、因幡白鼠ヲ獻ズ、日本紀略

二十日、大嘗會、日本紀略 扶桑略記 西宮記 北山抄 小右記 歴代編年集成 夜鶴庭訓抄 古今和歌集

廿一日、述子内親王薨ズ、日本紀略 一代要記 文徳實錄 本朝皇胤紹運錄 賀茂齋院記

廿三日、敍位、公卿補任 外記補任 三十六人歌仙傳

廿四日、三品新子内親王薨ズ、日本紀略 一代要記 本朝皇胤紹運錄 續日本後紀 三代實錄

廿六日、賀茂臨時祭ヲ止ム、西宮記

廿九日、女敍位、日本紀略 古今和歌集目錄

典侍藤原因香朝臣ノ事蹟、古今和歌集目錄 古今和歌集

三十日、大祓、日本紀略

是月、典侍從三位上毛野朝臣滋子薨ズ、日本紀略

十二月小盡 壬寅朔

三日、五畿七道諸神三百四十社ニ各位一階ヲ授ク、日本紀略 鴨脚秀文文書 大倭神社註進狀 居多神社文書 高野山文書 高良山文書 園太曆 諸神記

八日、太皇太后藤原順子ノ國忌ヲ除キ、贈皇太后藤原胤子ノ國忌ヲ置ク、日本紀略 中右記

十一日、月次祭、神今食、園太曆

十三日、除目、公卿補任

十七日、御外祖母故從二位操子女王ニ正一位ヲ贈ル、日本紀略

廿二日、始メテ伊勢大神宮ノ神郡ニ檢非違使ヲ置ク、類聚三代格 類聚大補任

廿三日、始メテ弘仁以下七代源氏年爵ノ次第ヲ定ム、河海抄

廿八日、權律師聖寶ヲ少僧都ニ任ズ、僧綱補任　東寺長者補任

是歲、宇多上皇御舟遊アリ、菅家文草

昌泰元年

正月大辛未朔盡

八日、御齋會、日本紀略　西宮記

十七日、射禮、日本紀略

二十日、內宴、日本紀略　本朝文粹　菅家文草

廿九日、除目、公卿補任　外記補任　古今和歌集目錄　局中寶　敍位除目執筆抄　魚魯愚鈔

布留今道ノ事蹟、古今和歌集目錄　古今和歌集

是月、文人ヲ召シテ、詩ヲ賦セシム、菅家文草

二月小辛丑朔盡

十三日、皇太后、宇多上皇ノ爲メニ、宴ヲ東院ニ設ケ給フ、日本紀略

十七日、宇多上皇、朱雀院ニ移御アラセラル、日本紀略

廿三日、除目、敍位除目執筆抄　小右記　古今和歌集目錄　魚魯愚鈔　敍目大成抄　公卿補任

廿七日、後司ヲシテ、前司任ヲ終レル年ノ雜米ノ總返抄ヲ辨請セシム、類聚三代格　江次第抄

廿八日、詔シテ、服御常膳等ノ四分ノ一ヲ減ジ給フ、類聚三代格　日本紀略

御讀書始、日本紀略　大鏡裏書　皇年代略記

三月大庚午朔盡

一日、日食、日本紀略

三日、御燈、日本紀略

七日、山城山科神社、大和大神神社ヲシテ、官祭ニ預ラシム、本朝月令　師元年中行事　諸神根元抄　大三輪神三社鎭座次第

十四日、季御讀經、日本紀略

十五日、四品上野大守國康親王薨ズ、日本紀略　一代要記　文德實錄　本朝皇胤紹運錄

廿二日、仁王會、日本紀略

廿八日、十五大寺ニ金剛般若經ヲ轉讀シ、疫癘ヲ祈禳ス、 日本紀略 扶桑略記

四月小 庚子朔盡

三日、熊野別當忠圓寂ス、尋デ、慶玄ヲ別當ニ補ス、 熊野山別當次第 熊野別當代々記

十三日、八社ニ奉幣シテ疫癘ヲ祈禳ス、 日本紀略

二十日、中宮職、重ネテ諸司ノ分直、并ニ例給ノ雑物ヲ辭ス、 菅家文草

廿三日、除目、 西宮抄

廿五日、皇太夫人藤原溫子、朱雀院ニ移御アラセラル、 日本紀略

廿六日、昌泰ト改元ス、 元亨釋書 日本紀略 扶桑略記 （參考） 塙史料

五月大 己巳朔盡

一日、政アリ、是日、炎旱ニ依リ、神祇官、陰陽寮ニ御トヲ行ヒ、七社ニ讀經シテ雨ヲ祈ル、 扶桑略記 祈雨記

四日、僧綱等ヲシテ、諸社ニ讀經セシム、 祈雨記

八日、十六社ニ奉幣シテ雨ヲ祈ル、 日本紀略 祈雨記

十日、除目、 公卿補任

十五日、伊勢大神宮ニ奉幣シテ雨ヲ祈ル、 日本紀略 祈雨日記

十七日、石清水以下ノ諸社、及ビ興福寺ニ讀經シテ、雨ヲ祈ル、 祈雨記

是月、齋宮柔子內親王初齋院ニ入ラセラル、 玉葉

六月大 己亥朔盡

十一日、月次祭、神今食、 日本紀略

十四日、政アリ、是日、建禮門ニ於テ大祓ヲ行フ、 扶桑略記

十六日、本府ヲシテ、衞士ノ功錢養物ヲ分行セシム、 類聚三代格

廿二日、政アリ、是日、使ヲ桓武天皇夫人藤原吉子ノ墓ニ遣シ、始メテ守戶ヲ置ク、 日本紀略 扶桑略記 延喜式

廿六日、仁王會ヲ修シテ、疫癘ヲ祈禳ス、 日本紀略 扶桑略記 菅家文草 阿波國徴古雜抄

廿八日、八十島使ヲ發遣ス、 日本紀略 江次第 江談抄

七月小 己巳朔盡

三日、二十二社奉幣、 日本紀略 扶桑略記

七日、月、土星ヲ犯ス、 日本紀略

八日、相撲人ノ上京ヲ停ム、 日本紀略

十七日、阿波名東郡ノ主帳一員ヲ省キ、新ニ名西郡ニ之ヲ置ク、 類聚三代格

廿六日、諸國ヲシテ、神寶幣帛ヲ諸社ニ奉ラシム、 日本紀略 西宮記

廿七日、地震、 日本紀略

廿八日、從三位藤原佳美子薨ズ、 日本紀略 三代實錄 一代要記

八月大 戊戌朔盡

二日、京庫ヲ以テ、中宮官人ノ要劇、幷ニ番上ノ料ヲ給スルヲ停メ、官田ヲ以テ之ニ給ス、 類聚三代格

五日、季御讀經、 日本紀略

八日、傳燈大法師位道義ヲ東大寺別當ニ補ス、 正倉院文書 東大寺別當次第

長審、遣世等ヲ東大寺ノ三綱、知事ニ補ス、 正倉院文書

十二日、權律師安海寂ス、 三會定一記 本朝高僧傳

廿二日、齋宮柔子內親王野宮ニ入ラセ給フ、 日本紀略

廿三日、伊勢大神宮、宇佐宮、及ビ諸國ノ名神ニ神寶ヲ奉ル、 日本紀略 西宮記 拾芥抄

九月小 戊辰朔盡

一日、日食、廢務、 日本紀略 扶桑略記 元亨釋書

九日、重陽宴、 日本紀略 菅家文草

十日、宇多上皇、朱雀院ニ於テ、後期ノ宴ヲ行ハセラル、 日本紀略 本朝文粹 菅家文草 類聚句題抄

十三日、公卿著座ノ儀アリ、 西宮記

十八日、是ヨリ先、權大納言菅原道眞、諸納言ヲシ

テ、共ニ外記政ニ參與セシメンコトヲ請フ、是日、勅シテ之ヲ聽シ給フ、 菅家文草

廿七日、肥前新ニ印樣ヲ上ル、 扶桑略記

是秋、宇多上皇、朱雀院ニ於テ、女郎花合ヲ行ハセラル、 朱雀院女郎花合 古今和歌集 後撰和歌集 躬恒集 萬代和歌集

十月大 丁酉朔盡

八日、大納言藤原時平ヲ東大寺俗別當ニ補ス、 東大寺別當次第

十日、興福寺維摩會、 維摩會講師研學竪義次第 三會定一記

二十日、宇多上皇、近郊ニ御遊獵アラセラレ、尋デ大和、河內、攝津等ニ御幸アラセラル、 日本紀略 伏見宮御記錄 扶桑略記 大鏡 後撰集正義 花鳥餘情 古今和歌集 後撰和歌集 新勅撰和歌集 新拾遺和歌集 顯注密勘 新古今和歌集 素性法師集 袋草紙 白鷹記 嵯峨野物語

閏十月小 丁卯朔盡

一日、東大寺ノ專當一人、知事二人ヲ停ム、 正倉院文書

十日、弓場始、 日本紀略

十六日、宇多上皇ノ皇子、皇女ニ名字ヲ賜フ、 日本紀略

廿六日、京庫ヲ以テ、修理職官人、幷ニ長上ノ要劇料ニ給スルヲ停メ、官田ヲ以テ之ニ給ス、 類聚三代格

十一月大 丙申朔盡

一日、朔旦冬至、尋デ、敍位、恩赦ヲ行フ、 日本紀略 小右記 朔旦冬至部類記 薩戒記抄 政事要略 本朝文粹 愚管記 西宮記 江次第 朝野群載 公卿補任 外記補任 古今和歌集目錄

小野春風ノ事蹟、 古今和歌集目錄 三代實錄 藤原保則傳 類聚國史 政事要略 系圖纂要 諸家系圖纂 古今和歌集

十一日、河內攝津兩國ノ牧子等、往還ノ船ヲ妨グルヲ禁ズ、 類聚三代格

廿一日、新嘗會、 江次第

三品齊世親王元服ノ儀ヲ行ハセラル、 日本紀略 朝野群載

十二月小 丙寅朔盡

八日、藏人ヲ補ス、 古今和歌集目錄
九日、諸國ヲシテ、吉祥悔過ヲ勤修セシム、 政事要略
十三日、伊勢祭使ノ郎從、強盜ニ射殺セラル、尋デ祈謝使ヲ立ツ、 伊勢公卿勅使雜例
十六日、朱雀院御佛名、 西宮記 政事要略 僧綱補任 異本大鏡裏書
廿一日、主計主税兩寮ノ助以下算師以上ヲシテ、大宰算師ヲ兼ネシム、 政事要略
是歲、日前國懸兩宮遷宮、 壬生文書
始メテ東寺ニ三長者ヲ置キ、權律師峯斅ヲ以テ之ニ任ズ、 東寺長者補任 東寶記 諸門跡譜
宇多上皇、雲林院ニ御幸アラセラル、 菅家文草
左右兵庫、造兵、鼓吹ノ四司ヲ併セテ、兵庫寮ト爲シ、舊ニ復シテ、兵部省ノ管隸ト爲ス、 類聚三代格 官職祕抄
筑前守從五位下在原棟梁卒ス、 古今和歌集目錄 尊卑分脈 諸家系圖纂 倭歌作者部類 續後拾遺和歌集
京畿群盜起ル、 日本紀略

昌泰二年

正月 大盡 乙未朔

一日、風雪ニ依リテ、朝賀ヲ停メ、節會ヲ行フ、 日本紀略
三日、朱雀院ニ朝覲行幸アラセラル、 日本紀略 菅家文草 御遊抄
十一日、除目、 公卿補任 外記補任 辨官至要抄 古今和歌集目錄 局中寶 敍位除目執筆抄
廿一日、內宴、 日本紀略 菅家文草
廿八日、太政官厨家火アリ、 日本紀略
是月、宇多上皇、文人ヲ召シテ詩ヲ賦セシメ給フ、 菅家文草

二月 小盡 乙丑朔

一日、日食、廢務、 日本紀略
群盜ノ蜂起ニ依リ、四衞府官人ヲシテ京中ヲ巡

祭セシム、　日本紀略

八日、天台座主權律師康濟寂ス、　日本紀略　扶桑略記　歷代皇紀　僧綱補任　華頂要略　園城寺傳法血脈　師資相承　天台宗延曆寺座主圓珍和尚傳　四大寺傳記　寺門傳記補錄　本朝高僧傳

十一日、除目、　公卿補任　外記補任　古今和歌集目錄　大間成文抄　敍位除目執筆抄

十三日、左右檢非違使ヲシテ、野宮ノ群盜ヲ搜捕セシム、　日本紀略

十四日、大納言藤原時平ヲ左大臣ニ、權大納言菅原道眞ヲ右大臣ニ任ズ、　日本紀略　公卿補任　辨官至要抄　初任大臣大饗雜例　扶桑略記　歷代編年集成

廿一日、伊勢臨時奉幣、　大神宮諸雜事記

廿七日、右大臣道眞上表ス、　公卿補任　菅家文草

三月大　甲午朔盡

三日、宇多上皇、朱雀院ニ於テ詩宴ヲ行ハセラル、　日本紀略　菅家文草

七日、藥師寺最勝會、　藥師寺最勝會表白

除目、　公卿補任　辨官至要抄

十四日、妃爲子內親王薨ズ、尋デ一品ヲ贈ル、　日本紀略　伏見宮御記錄　中右記　本朝皇胤紹運錄

廿八日、藏人ヲ補ス、　職事補任　公卿補任

右大辨紀長谷雄ヲ東大寺俗別當ニ補ス、　東大寺別當次第　正倉院文書

是月、宇多上皇、女御菅原衍子ノ母島田宣來子ノ五十賀ニ依リテ、東五條第ニ御幸アラセラル、　北野天神御傳

從五位下橘淸樹卒ス、　古今和歌集目錄　尊卑分脈　倭歌作者部類　古今和歌集

四月小　甲子朔盡

二日、除目、　公卿補任　古今和歌集目錄

五日、肥後ノ史生一員ヲ停メテ、弩師ヲ置ク、　類聚三代格

十七日、女官除目、　西宮抄　本朝世記

廿九日、左右馬寮ノ御馬ヲ覽給フ、　日本紀略

是月、大神山科兩祭、穢ニ依リテ延引ス、　西宮記

郡司讀奏、　北山抄

五月大 癸巳朔盡

五日、武徳殿ニ御シテ、騎射走馬ヲ觀給ヒ、翌日、雜藝ヲ御覽アラセラル、日本紀略

十日、河内白龜ヲ獻ズ、日本紀略

十一日、式部少輔藤原菅根ヲシテ、史記ヲ講ゼシム、類聚符宣抄

十二日、律師三修寂ス、日本紀略 三會定一記 僧綱補任 維摩會講師研學竪義次第 三國佛法傳通緣起 血脈類集記 三代實錄 今昔物語 十訓抄 三國傳記 本朝高僧傳

十四日、左大臣時平ヲ東大寺俗別當ニ補ス、東大寺別當次第 正倉院文書

廿二日、京都大飄風、日本紀略

廿八日、鑄錢司ノ工夫等ヲ四十八人ニ減定ス、類聚三代格

六月小 癸亥朔盡

四日、左右京職ヲシテ、結保帳ニ依リ、奸猾ヲ督察セシム、類聚三代格

十五日、暴風大雨、日本紀略

十七日、問頭博士藤原春海ヲシテ、大外記三統理平ノ策文ヲ覆勘セシム、類聚符宣抄

七月大 壬辰朔盡

一日、紫宸殿ニ出御アラセラル、日本紀略

宇多上皇、未ダ解由ヲ得ザル者ノ中、窮困ナル者ニ米ヲ賜フ、日本紀略

七日、宇多上皇、文人ヲ朱雀院ニ召シテ、詩ヲ賦セシメ給フ、日本紀略

九日、御不豫、扶桑略記

十七日、怪異ニ依リテ、諸社ニ奉幣ス、日本紀略 扶桑略記 北山抄

廿六日、女官除目、日本紀略 西宮抄

廿七日、相撲召合、尋デ、朱雀院ニ於テ追相撲アリ、日本紀略 樗嚢抄

八月大 壬戌朔盡

一日、日食、廢務、日本紀略

五日、季御讀經、 日本紀略

九月小 壬辰朔盡

七日、地震、 日本紀略

八日、齋宮群行、 日本紀略 西宮記

九日、重陽宴、 日本紀略 西宮抄 菅家文草 本朝文粹 江談抄

十一日、伊勢例幣、 西宮記

十九日、相模足柄坂、上野碓氷坂ニ關門ヲ置キテ、公驗ヲ勘過セシム、 類聚三代格 〔參考〕新編相模國風土記

廿五日、外記公文ノ長案ヲ繕寫セシム、 類聚符宣抄

廿九日、宇多上皇、文人ヲシテ詩ヲ賦セシメ給フ、 菅家文草

十月大 辛酉朔盡

三日、淨福寺ノ僧ヲ三會聽衆、幷ニ二會竪義ニ輪轉請用セシム、 類聚三代格

五日、大宰府、牛ノ恠異ヲ奏ス、 扶桑略記

七日、禮子內親王薨ズ、 一代要記 本朝皇胤紹運錄 三代實錄

八日、大法師長意ヲ天台座主ニ補ス、 日本紀略 扶桑略記 華頂要略 座主宣命 僧綱補任

十日、興福寺維摩會、 維摩會講師硏學竪義次第

十五日、宇多上皇、東寺ニ於テ灌頂ヲ受ケサセラル、 扶桑略記 日本紀略 一代要記

廿四日、是ヨリ先、宇多上皇、屢尊號ヲ辭シ給フ、是日、仁和寺ニ於テ御落飾アラセラレ、重ネテ之ヲ辭シ給フ、 日本紀略 扶桑略記 大鏡 仁和寺御傳 台記 西宮記 醍醐雜抄 伊勢集 後撰和歌集 大和物語 菅家文草

是月、仁和寺ニ始メテ布薩ヲ置ク、 仁和寺御傳 仁和寺年中行事記

十一月小 辛卯朔盡

五日、右大臣道眞上表シテ、職封ヲ減ゼンコトヲ請フ、 菅家文草

十三日、新嘗會、 園太曆 政事要略

十六日、上野ノ飛驛使來ル、尋デ又來ル、 日本紀略

十九日、賀茂臨時祭、 日本紀略 政事要略

廿四日、法皇、東大寺ニ於テ、御受戒アラセラル、　日本紀略　扶桑略記　太上法皇御灌頂日記

廿五日、法皇ノ尊號ヲ停メ給フ、　日本紀略　扶桑略記

十二月大 庚申朔 盡

五日、除目、參議藤原定國ヲ中納言ニ任ズ、　公卿補任　典藥頭補任

十四日、皇女勸子ヲ內親王ト爲ス、　日本紀略

律師幽仙ヲ延曆寺別當ニ任ズ、　扶桑略記　華頂要略

廿五日、荷前、　樗囊抄

廿六日、參議從三位源直薨ズ、　日本紀略　公卿補任　尊卑分脈　三代實錄

是歲、法皇、仁和寺圓堂院ノ供養ヲ行ハセラル、　仁和寺記錄　仁和寺堂院記

左大臣時平、極樂寺ヲ以テ定額寺ト爲サンコトヲ請フ、　菅家文草　大鏡　大鏡裏書　拾芥抄　〔參考〕山州名跡志　山城名勝志

阿闍梨增命ヲ園城寺長吏ニ補ス、　園城寺長吏次第　僧官補任

昌泰三年

正月小 庚寅朔 盡

三日、朱雀院ニ朝覲行幸アラセラル、　扶桑略記　天滿宮託宣記　荏柄天神緣起

十一日、列見、除目、　公卿補任　西宮記　古今和歌集目錄　敍位除目執筆抄　除目大成抄

廿六日、敍位、　公卿補任

廿八日、除目、大納言藤原高藤ヲ內大臣ニ任ズ、　日本紀略　公卿補任　職事補任　扶桑略記

是月、內宴、　日本略紀　菅家文草

二月小 己未朔 盡

六日、右大臣道眞、右近衞大將ヲ罷メンコトヲ請フ、　菅家文草　菅家後草

二十日、除目、　公卿補任　古今和歌集目錄　大鏡裏書　敍位除目執筆抄

廿六日、東大寺別當權律師惠畛寂ス、　東大寺別當次第　三會定一記　僧綱補任

廿七日、延暦寺別當律師幽仙寂ス、 僧綱補任 華頂要略 尊卑分脈 古今和歌集目録 類聚三代格 扶桑略記 素絹記 二中歴 倭歌作者部類 古今和歌集

三月大 戊子朔盡

二日、權大僧都益信ヲ僧正ニ任ズ、 僧綱補任 東寺長者補任

三日、藥師寺最勝會ニ聽衆十人ヲ加フ、 類聚三代格

十二日、內大臣正三位藤原高藤薨ズ、尋デ、太政大臣正一位ヲ贈ル、 日本紀略 公卿補任 古今和歌集目録 尊卑分脈 勸修寺文書 今昔物語 江談抄 延喜式

十五日、季御讀經ニ闕僧請補ノ例ヲ立ツ、 小野宮年中行事

四月小 戊午朔盡

一日、皇太后班子女王崩ズ、 日本紀略 扶桑略記 新儀式 西宮記 北山抄 勘仲記 本朝皇胤紹運録 皇胤系圖 一代要記 大鏡裏書 三代實録 世繼物語 〔參考〕 山城名跡巡行志 山城名勝志

九日、齋宮寮ニ權史生一員ヲ加フ、 類聚三代格

十六日、賀茂祭ヲ停ム、 日本紀略 西宮記

廿五日、重ネテ諸司諸家諸祭使等ノ饗宴群飲ヲ禁ズ、 類聚三代格

廿八日、熱田神社ノ祝等ヲ他役ニ差スルコトヲ停ム、 熱田神宮文書

五月大 丁亥朔盡

十五日、除目、 公卿補任 外記補任 古今和歌集目録

廿三日、太皇太后藤原明子崩ズ、 日本紀略 尊卑分脈 本朝皇胤紹運録 大鏡 大鏡裏書 文德實録 一代要記 菅家文草 新儀式 三代實録 天台南山無動寺建立和尚傳 榻鴫曉筆 寺門高僧記 日吉社神道祕密記 日次紀事 延喜式 〔參考〕 山城名跡巡行志

廿八日、上野ノ群盜ヲ追捕ス、 日本紀略 本朝世紀

六月小 丁巳朔盡

十三日、文章博士三善清行ヲシテ、史記ヲ進講セシム、 日本紀略 類聚符宣抄

七月大 丙戌朔盡

二日、雷鳴陣、尋デ又、之ヲ行フ、新儀式 西宮記

二十日、前齋宮晏子內親王薨ズ、日本紀略 本朝皇胤紹運錄

廿八日、雷鳴陣、新儀式 西宮記

是月、法皇、金峯山ニ御幸アラセラル、扶桑略記 金峯神社文書

八月大盡 丙辰朔

二日、釋奠、日本紀略

五日、過所ヲ以テ、足柄碓氷等ノ關ヲ度サシム、類聚三代格

十三日、左少史惟宗善經、檢非違使ノ固執シテ、辨史ノ傳宣ヲ奉ゼザルコトノ理否ヲ勘申ス、政事要略

十六日、右大臣道眞、祖父清公以下三代ノ家集ヲ上ル、日本紀略 菅家後草 荏柄天神緣起

二十日、除目、公卿補任 古今和歌集目錄 二中歷

九月小盡 丙戌朔

一日、東大寺ニ知事一人ヲ加ヘテ之ヲ補ス、正倉院文書 醍醐雜事記

九日、重陽宴、日本紀略 菅家後草 古今著聞集 北野宮寺緣起

十三日、石清水八幡護國寺別當幡朗寂ス、石清水祠官系圖 石清水文書

是月、奬學院ヲ大學寮ノ南曹ト爲ス、日本紀略

是秋、彗星、老人星見ル、革命勘文 日本紀略 扶桑略記

十月大盡 乙卯朔

十日、興福寺維摩會、維摩會講師研學竪義次第 三會定一記 僧綱補任

右大臣道眞、重ネテ右近衛大將ヲ辭ス、是日、文章博士三善清行、書ヲ道眞ニ送リテ辭職ヲ勸告ス、菅家御傳記 菅家後草 本朝文粹 政事要略 續古事談

是月、法皇、高野山、竹生島等ニ御幸アラセラル、日本紀略 東寺長者補任 竹生島緣起 續弘法大師年譜

十一月大盡 乙酉朔

十八日、致仕左大臣藤原良世薨ズ、尋デ、從一位ヲ

贈ル、 日本紀略 扶桑略記 公卿補任 尊卑分脈 興福寺緣起 大
鏡裏書

廿一日、文章博士三善淸行、明年辛酉革命ノ議ヲ
上ル、 日本紀略 革命

廿九日、仁和寺圓堂院ニ聲明業ノ年分度者一人
ヲ置ク、 類聚三代格

十二月小 乙卯朔 盡

九日、大和ノ講師ヲシテ、法華寺ノ安居ニ法華經
ヲ講ゼシム、 類聚三代格

十一日、神今食、 日本紀略 西宮記

是歲、權律師觀賢ヲ興福寺別當ニ任ズ、 東寺文書

讃岐守從四位上安倍淸行卒ス、 古今和歌集目錄 三代實
錄 倭歌作者部類 古今和歌集 詠歌大概抄 〔參考〕 正倉院文書

信濃守從五位上源實卒ス、 古今和歌集目錄 倭歌作者部
類 古今和歌集

大内記矢田部名實卒ス、 古今和歌集目錄 朝野群載 倭歌
作者部類 古今和歌集

武藏ニ群盜起ル、 扶桑略記

延喜元年

正月大 甲申朔 盡

一日、日食、廢務、 日本紀略 扶桑略記 百練抄

七日、敍位、左大臣正三位時平、右大臣正三位道眞
ヲ、幷ニ從二位ニ敍ス、 公卿補任 外記補任 古今和歌集目
錄 敍位除目執筆抄

八日、御齋會、後七日御修法、 西宮記 東寺長者補任 僧
綱補任 醍醐寺緣起

十五日、月食、 日本紀略 扶桑略記 園太暦

廿五日、右大臣道眞ヲ貶シテ大宰權帥ト爲シ、大
納言源光ヲ右大臣ニ任ズ、仍リテ法皇、禁中ニ御
幸アラセラル、尋デ、大學頭菅原高視等ヲ諸國ニ
左遷ス、 日本紀略 公卿補任 政事要略 扶桑略記 菅家御傳記
大鏡 安樂寺緣起 北野緣起 江談抄 愚管抄 拾遺和歌集 菅家
後草 聖廟繪 河海抄 後撰和歌集 拾遺抄 新古今和歌集 十訓
抄 源平盛衰記 榻鴫曉筆 太平記 梅城錄 〔參考〕 山城名勝志
播磨鑑 播陽智惠袋 松崎天神鎭座考 神社啓蒙 筑前國續風土

記　大宰管内志

源善ノ事蹟、大鏡裏書　年中行事祕抄　職事補任　扶桑略記　尊卑分脈　勅撰作者部類　後撰和歌集

廿六日、除目、是日、藏人頭藤原菅根ヲ大宰少貳ニ左遷ス、日本紀略　公卿補任　古今和歌集目錄

二月 小盡 甲寅朔

一日、天變、扶桑略記

二日、兵部卿齊世親王、道眞ノ左遷ニ依リテ、御出家アラセラル、東寺長者補任　日本紀略　本朝皇胤紹運錄　仁和寺諸師年譜　釋家官班記

四日、道眞ノ左遷ニ依リテ、諸社ニ奉幣シ、翌日山陵ニ奉幣ス、日本紀略

五日、信濃飛驛使ニ勅符ヲ賜フ、日本紀略

十日、少僧都勝延寂ス、日本紀略　僧綱補任　古今和歌集目錄　倭歌作者部類　古今和歌集

十一日、列見、是日、建禮門ニ於テ大祓ヲ行フ、日本紀略　本朝世紀　北山抄

十四日、僧尼等私ニ壇法ヲ修スルヲ禁ズ、類聚三代格

十五日、東國群盜ノ事ニ依リテ、諸社ニ奉幣ス、日本紀略　扶桑略記　本朝世紀

法琳寺ニ於テ大元帥法ヲ修ス、柳原家記錄

十九日、除目、公卿補任　外記補任　西宮抄　敍位除目執筆抄　古今和歌集目錄

廿二日、文章博士三善淸行、革命ニ依リテ改元アランコトヲ請フ、革命勘文

廿七日、一分召、西宮抄

廿九日、右大臣光上表ス、日本紀略

三月 大盡 癸未朔

十五日、除目、公卿補任　古今和歌集目錄　敍位除目執筆抄　魚魯愚鈔

十九日、左近衞中將藤原仲平ヲ藏人頭ニ補ス、職事補任　公卿補任

廿九日、大僧都常全寂ス、僧綱補任

是月、藤原穩子ヲ女御ト爲ス、日本紀略

四月小盡 癸丑朔

五日、崇親院ノ領地五町ヲ耕作スルヲ聽ス、 類聚三代格

九日、除目、左中辨源當時ニ雜袍ヲ聽ス、 古今和歌集目錄 公卿補任

十三日、近江正四位下建部神ニ從三位ヲ授ク、 扶桑略記

廿一日、賀茂祭、 西宮記

是月、郡司讀奏、 北山抄

群盜ノ蜂起ニ依リテ、推問追捕使ヲ東國ニ發遣ス、 本朝世紀

五月小盡 壬午朔

廿四日、鳩ノ怪ニ依リテ、御占ヲ行フ、 日本紀略 扶桑略記

廿五日、外記政ヲ停ム、 扶桑略記

六月大盡 辛亥朔

七日、大藏省ノ出擧倉燒亡ス、 扶桑略記

十四日、怪異ニ依リテ、諸社ニ奉幣ス。 日本紀略

十八日、右大臣光重ネテ上表ス、 日本紀略

二十日、宇佐奉幣、 日本紀略 扶桑略記

廿六日、僧三明ヲ天王寺別當ニ補ス、 僧官補任 諸寺別當座主次第

廿七日、孟子內親王薨ズ、 日本紀略 本朝皇胤紹運錄 三代實錄

廿八日、東大寺ニ始メテ解除會ヲ行フ、 東大寺別當次第 東大寺要錄

是月、大中臣賴基ヲ神祇少祐ニ任ズ、 三十六人歌仙傳

閏六月小盡 辛巳朔

廿五日、六衞府舍人等ノ國司ニ對捍シ、官物ヲ進ゼザルモノヲ罪セシム、 類聚三代格

廿九日、雷鳴陣、 日本紀略 新儀式 西宮記

大祓、 西宮記 年中行事抄 小右記

七月大盡 庚戌朔

一日、左馬寮從五位下生馬神ニ從五位上ヲ授ク、

日本紀略　扶桑略記

二日、雷鳴陣、　日本紀略　扶桑略記

十五日、延喜ト改元ス、　日本紀略　扶桑略記　革命元祕別錄　菅家後草　京都帝國大學所藏文書　歷代編年集成　一代要記　江吏部集

廿五日、源當純ヲ攝津守ニ任ズ、　古今和歌集目錄

廿八日、童相撲、　日本紀略　扶桑略記

八月小 庚辰朔盡

二日、左大臣時平等、勅ヲ奉ジテ日本三代實錄ヲ撰上ス、　日本紀略　三代實錄　本朝國史目錄　本朝書籍目錄　拾芥抄　比古婆衣

五日、方略試、　類聚符宣抄　古今和歌集目錄

十一日、定考、　北山抄

十五日、童相撲、　日本紀略

廿五日、前栽合、　日本紀略　禁祕抄　河海抄

廿六日、光孝天皇國忌、法皇、仁和寺ニ於テ御八講ヲ行ハセラル、　日本紀略　伏見宮御記錄

廿九日、伊勢以下八社ニ奉幣シテ、改元ノ由ヲ告グ、　日本紀略　扶桑略記　西宮記　革命勘文　京都帝國大學所藏文書

是月、左大臣時平等、延喜格十卷ヲ上ル、　日本紀略

九月大 己酉朔盡

九日、重陽宴、　日本紀略

十五日、廢務、山城從三位稻荷神ニ正二位ヲ授ケ、諸名神ニ奉幣ス、　日本紀略　扶桑略記

廿六日、改元ノ由ヲ山陵ニ告グ、　日本紀略

是月、北堂ニ於テ史記ノ竟宴アリ、　日本紀略

左大臣時平、城南別第ニ於テ、其師大外記大藏善行ノ七十賀ヲ行フ、　日本紀略　雜言奉和

十月大 己卯朔盡

九日三社奉幣、　日本紀略

十日、興福寺維摩會、　維摩會講師研學竪義次第　三會定一記

十六日、殺害論奏、　西宮記

廿二日、法皇、淨福寺ニ於テ、皇妣班子女王ノ御爲

メニ一切經ヲ供養アラセラル、日本紀略 扶桑略記 元亨釋書

十一月大 己酉朔盡

十九日、穢ニ依リテ新嘗祭ヲ停ム、日本紀略 政事要略 北山抄

十二月小 乙卯朔盡

一日、日食、食セズ、日本紀略

十三日、法皇、東寺ニ御幸アラセラレ、傳法灌頂ヲ僧正益信ニ受ケ給フ、尋デ、仁和寺ニ御堂ヲ造營シ給ヒ、移御アラセラル、東寺長者補任 東寶記 石山寺文書 東要記 三代帝王御灌頂記 血脈抄 我慢抄 神皇正統記 京都御所東山御文庫記錄 高野春秋 御室相承記 參語集 三僧記類聚 古今著聞集 本要記 元亨釋書 花鳥餘情 興福寺略年代記

十四日、一品式部卿本康親王薨ズ、日本紀略 扶桑略記 菅家後草 續日本後紀 文德實錄 三代實錄 公卿補任 本朝皇胤紹運錄 一代要記 花鳥餘情 西宮記 古今和歌集 倭歌作者部類 續後撰和歌集 河海抄 薫集類抄

廿一日、院宮諸家使僕從ノ輩、妄リニ火長ト稱シテ、百姓ヲ寃凌スル者ヲ捕ヘシム、類聚三代格

廿八日、山城鴨河合神ヲシテ、永ク相嘗祭ニ預ラシム、年中行事秘抄 延喜式

是歲、侍臣ヲシテ、名謁ヲ行ハシム、西宮記 河海抄

文章博士三善淸行意見ヲ上ル、本朝文粹

右兵衞督從四位下藤原敏行卒ス、古今和歌集目錄 友則集 三代實錄 職事補任 官職秘鈔 尊卑分脈 後撰和歌集 續古今和歌集 二中歷 夜鶴庭訓抄 江談抄 菅家文草 田氏家集 今昔物語 勅撰作者部類 伊勢物語 敏行朝臣集 〔參考〕 山城名跡巡行志

陸奧守從四位下藤原滋實卒ス、菅家後草 尊卑分脈 古今和歌集目錄 二中歷 官職秘鈔 三代實錄 雜言奉和

延喜二年

正月大 戊申朔盡

一日、朝賀、節會、日本紀略 西宮記

二日、二宮大饗、撰集秘記

四日、左大臣時平大饗、西宮記

七日、敍位、公卿補任 外記補任 古今和歌集目錄 敍位除目執筆抄

八日、御齋會、後七日御修法、　西宮記
九日、女敍位、　古今和歌集目錄
典侍春澄洽子、同藤原直子ノ事蹟、　古今和歌集目錄　三代實錄　踐祚部類抄　伊勢物語愚見抄　古今和歌集
十一日、除目、　敍位除目執筆抄　魚魯愚鈔
十六日、踏歌節會、　北山抄
十七日、射禮、　西宮記
十九日、中納言從三位源希薨ズ、　日本紀略　扶桑略記　公卿補任　尊卑分脈
廿一日、內宴、　日本紀略　北山抄
廿六日、除目、　公卿補任　外記補任　敍位除目執筆抄　西宮記
廿八日、左大臣時平ニ別封二千戶ヲ賜フ、　公卿補任

二月小盡 戊寅朔

一日、旬儀、　日本紀略
三日、皇弟敦固親王元服アラセラル、　日本紀略
十二日、穢ニ依リテ園韓神祭ヲ停ム、　日本紀略　西宮記
十八日、公卿著座、尋デ、又外記廳ニ著座ノ儀アリ、　西宮記
十九日、殿上賭弓、　西宮記
二十日、仁王會、　日本紀略　西宮記
廿三日、除目、　公卿補任　外記補任　古今和歌集目錄　魚魯愚鈔　敍位除目執筆抄
文屋朝康ノ事蹟、　古今和歌集目錄　勅撰作者部類　後撰和歌集
法皇、僧正益信ヨリ灌頂印信ヲ受ケ給フ、　三代帝王御灌頂記　血脈抄　印明決
廿四日、敍位、　公卿補任

三月大盡 丁未朔

三日、御燈、　年中行事祕抄　江次第
十三日、內外官ノ交替ハ、一度ヲ限リ延期ヲ聽サシム、　類聚三代格
諸國調庸ノ麤惡ヲ責メ、精好ヲ貢セシム、　類聚三代格

參河等ノ國ヲシテ、妄リニ田租ノ徵顆ヲ禁ゼシム、 類聚三代格

新立ノ御厨、幷ニ院宮諸家ノ厨ヲ停ム、 類聚三代格

院宮諸家ノ山川藪澤ヲ占有スルヲ禁ズ、 類聚三代格

院宮、及ビ王臣家、民宅ヲ假リ庄家ト號シテ官物ヲ妨ゲ、稻穀等ヲ貯積スルヲ禁ズ、 類聚三代格

勅旨開田、幷ニ院宮、及ビ五位以上ノ者ノ、百姓ヨリ田地舍宅ヲ買取シ、閑地荒田ヲ占有スルヲ停ム、 類聚三代格

十二年ニ一タビ班田ヲ行ハシム、 類聚三代格

前司任中、破損ノ社寺、官舍、池堰等ハ、交替式ニ依リ、後任國司ヲシテ修造セシム、 政事要略

十六日、大僧都濟高ヲ勸修寺別當ニ補ス、 勸修寺文書 釋家初例抄

二十日、藤花宴、 日本紀略 西宮記 河海抄 拾遺和歌集 新續古今和歌集

廿二日、殿上賭弓、 河海抄 西宮記

廿三日、僧綱ヲ任ズ、 僧綱補任 東寺長者補任 古今和歌集目錄

廿七日、季御讀經、 日本紀略

四月小 丁丑朔盡

一日、法皇、延曆寺佛舍利會ニ御幸アラセラル、 日本紀略

八日、神事ニ依リテ、灌佛ヲ停ム、 北山抄

十一日、本職ニ從ハザル諸司ノ史生等ヲ雜役ニ使用セシム、 類聚三代格

十三日、祈年穀奉幣、 日本紀略 台記

諸司詐テ病ト稱シ、故ナク上ヘザル者ノ罰法ヲ定ム、 符宣抄

十八日、公卿著座、 西宮記

廿三日、除目、 公卿補任 古今和歌集目錄

五月小 丙午朔盡

三日、駒牽、武德殿ニ行幸アラセラル、 日本紀略 西宮記

五日、節會、　日本紀略　西宮記
是月、紀貫之、中宮ノ御屏風ノ歌ヲ上ル、　拾遺和歌集
續古今和歌集　夫木和歌集

六月小　乙亥朔　盡

一日、日食、　日本紀略　扶桑略記　本朝統暦
五日、終日月見ル、　日本紀略　扶桑略記
八日、政アリ、　扶桑略記
十日、紫宸殿ニ於テ、雨ヲ諸神ニ祈ル、　祈雨記
十三日、祈雨奉幣、　日本紀略　扶桑略記
十六日、大神宮月次祭、　大神宮諸雜事記
十七日、祈雨山陵使ヲ發シ、又十社十五大寺等ニ
讀經セシム、　日本紀略　扶桑略記

七月大　甲辰朔　盡

三日、傳燈大法師位峯禪ノ付法灌頂ヲ聽ス、　石山
寺文書
七日、從四位下源默子卒ス、　一代要記　三代實錄　本朝皇
胤紹運錄
十三日、怪異ニ依リテ御卜アリ、　扶桑略記
十七日、後院御遊、　西宮記
廿一日、相撲御覽アラセラル、　西宮記
廿四日、地震、　扶桑略記
廿八日、相撲召合、尋デ、追相撲アリ、　日本紀略　西宮記
北山抄
是月、雷鳴陣、　新儀式

八月大　甲戌朔　盡

四日、釋奠、是日、外記政アリ、　江次第
十一日、定考、　政事要略
十五日、法皇、壇林寺ニ於テ、法華經、最勝王經ヲ
講ゼシメラル、　日本紀略　扶桑略記
十七日、霖雨ニ依リテ諸社ニ奉幣シ、尋デ、神寶ヲ
奉ル、　扶桑略記　西宮記

九月小　甲辰朔　盡

九日、重陽宴、　日本紀略

十三日、大神宮ニ始メテ權大司ヲ置ク、類聚大補任伊呂波字類抄〔參考〕宮司系圖沙汰文

十五日、除目、公卿補任　外記補任　古今和歌集目錄　二中歷

十七日、仁和寺法華會、日本紀略

十九日、季御讀經、日本紀略

二十日、是ヨリ先、越後ノ人藤原有度、守紀有世ヲ凌轢ス、依リテ、是日、推問使ヲ發ス、安藝守某殺サル、日本紀略　春記

廿六日、駿河、群盜ノ爲メニ富士郡ノ官舍ヲ燒カル、コトヲ奏ス、扶桑略記

廿八日、九月盡宴、日本紀略　本朝文粹

廿九日、元慶寺舞童ヲ召シテ、舞ヲ覽給フ、日本紀略　新儀式

十月大盡　癸酉朔

一日、旬儀、西宮記

六日、秀才進士ヲ試ム、日本紀略　江次第　江談抄　扶桑集

九日、賀茂齋院君子內親王薨ズ、日本紀略　西宮記　扶桑略記　齋院記　本朝皇胤紹運錄　大和物語

十日、興福寺維摩會、維摩會講師研學竪義次第　三會定一記

十一日、忠子內親王出家アラセラル、明匠略傳　元亨釋書

是月、芹河行幸、河海抄

十一月大盡　癸卯朔

一日、忌火御膳ヲ供ス、西宮記

十九日、延暦寺ノ衆徒、座主圓珍傳ヲ國史所ニ上ル、天台宗延曆寺座主圓珍和尚傳　寺門傳記補錄

廿七日、諸國ノ傜散帳ヲ勘申セシム、政事要略

十二月大盡　癸酉朔

十一日、神今食、北山抄

是月、東大寺高陽院相論ノ地ヲ定ム、東大寺要錄

是歳、東大寺中門ノ二天ヲ供養ス、一代要記　東大寺要錄

內供奉相應ヲシテ、修法セシム、柳原家記錄

大內記小野美材卒ス、本朝文粹　菅家後草　古今和歌集目錄　江次第　日本紀略　小野氏系圖　二中歷　勅撰作者部類　古今

和歌集　和漢兼作集　雜言奉和　河海抄　小右記　江談抄　夜鶴庭
訓抄　古今著聞集　拾芥抄　菅家文草

延喜三年

正月小　癸卯朔　盡

一日、節會、是日、卯杖ノ儀アリ、　日本紀略　西宮記
三日、朝覲行幸、　西宮記　小野宮年中行事
七日、敍位、　公卿補任　外記補任　古今和歌集目錄
十一日、除目、　公卿補任　外記補任　古今和歌集目錄　敍位除目
執筆抄　魚魯愚鈔
十四日、男踏歌、　日本紀略
十七日、射禮、　北山抄
十八日、賭弓、　河海抄
廿二日、內宴、　日本紀略　北山抄　河海抄

二月大　壬申朔　盡

一日、御遊、　西宮記
八日、兵庫寮ニ始メテ弩師一人ヲ置ク、　類聚三代格
十一日、列見、　撰集祕記
十三日、三合ノ災ニ依リテ、大神宮ニ奉幣ス、　西宮
記
十七日、皇女宣子、及ビ恭子ヲ內親王ト爲シ、尋デ
恭子內親王ヲ齋院ト爲ス、　日本紀略　一代要記　西宮記
北山抄　賀茂齋院記
廿五日、大宰權帥菅原道眞薨ズ、　日本紀略　扶桑略記
公卿補任　大鏡　北野緣起　菅家後草　歷代編年集成　菅家文草
都氏文集　江談抄　北野宮寺緣起　本朝文粹　撰集祕記　政事要略
菅原氏系圖　菅原系圖　北野天神御傳　菅家御傳記　桂林遺芳抄
梅城錄　拾遺和歌集　勅撰作者部類　沙彌蕙空百首　後奈良院宸記
橘窻自語　類聚名物考　本朝文集目錄　通憲入道藏書目錄　本朝
書籍目錄　和歌現在書目錄　看聞日記　建久御巡禮記　菅家御集
群書一覽　國朝書目　右記　碩鼠漫筆　河海抄　玉かつま　勘仲記
京都御所東山御文庫記錄　小右記　本朝無題詩集　撰集抄　天下南
禪寺記　親元日記　和長卿記　高野山文書　夜鶴庭訓抄　入木抄
尺素往來　續古事談　古今著聞集　藤原保則傳　後撰和歌集　拾芥
抄　〔參考〕扶桑京華志　雍州府志　菟藝泥赴　筑前國續風土記
大宰管內志　福岡縣地理全誌　全讚志〔附錄〕政事要略　菅神初
瀨山影向記　柳原家記錄　元亨釋書　臥雲日件錄　菅神入宋授衣記
兩聖記　集古十種　本朝畫史　增補考古書譜　本朝書籍目錄　國朝
書目　北野文叢　好古小錄

廿六日、除目、公卿補任 古今和歌集目錄 敍位除目執筆抄

大江千里ノ事蹟、古今和歌集目錄 中古三十六人歌仙傳 句題和歌 大江氏系圖 勅撰作者部類 千里集 古今和歌集 後撰和歌集

三月小 壬寅朔盡

二日、交替使ヲ阿波ニ差遣ス、北山抄

五日、最勝會竪義ノ輪轉ヲ改メ、毎年淨福寺ノ僧一人ヲ請用セシム、類聚三代格

十五日、右馬寮ノ保馬神ニ從五位下ヲ、越中氣多神ニ神階ヲ授ク、諸社根元記

廿二日、國司赴任ノ制ヲ定ム、符宣抄

四月大 辛未朔盡

八日、灌佛、西宮記 江次第

五月小 辛丑朔盡

十九日、左京太詔戸神ニ從四位上ヲ、攝津三宅門神等ニ從五位下ヲ授ク、日本紀略

六月小 庚午朔盡

五日、傳燈大法師位眞願ノ傳法灌頂ヲ聽ス、石山文書

八日、恬子內親王薨ズ、一代要記 三代實錄 本朝皇胤紹運錄 古今和歌集 伊勢物語 古今和歌集目錄 尊卑分脈

十一日、月次祭、神今食、日本紀略 西宮記 本朝世紀

二十日、讀師ヲ山城等ノ十一箇國ニ置カシム、類聚三代格

七月小 己亥朔盡

七日、炎旱旬ニ涉ルヲ以テ雨ヲ十社ニ祈ル、尋デ、御讀經ヲ行フ、扶桑略記 日本紀略

十三日、出羽ノ飛驛使ニ官符ヲ賜ヒ、尋デ、陸奥ノ飛驛使ニ官符ヲ賜フ、日本紀略 西宮記

廿四日、二社ニ止雨ヲ祈ル、是日、相撲內取、日本紀略 樗嚢抄

廿五日、季御讀經、日本紀略

三品大宰帥是貞親王薨ズ、一代要記 歷代編年集成 爲房卿記 日本紀略 三代實錄 類聚國史 本朝皇胤紹運錄 尊卑分脈 扶桑集

是貞親王歌合、古今和歌集目錄　古今和歌集　新千載和歌集　夫木和歌集

廿八日、藏人所ニ於テ、文章生藤原諸蔭ヲシテ漢書ヲ講ゼシム、西宮記

八月大戊辰朔盡

一日、院宮王臣等ノ私ニ唐物ヲ買フコトヲ禁ズ、類聚三代格

五日、相撲召合、日本紀略　權記　中右記

十三日、武藏秩父駒牽、政事要略　西宮記

廿八日、皇太夫人藤原溫子、東七條宮ニ遷御アラセラル、日本紀略

是月、贈皇太后藤原胤子ノ御爲メニ、宸筆法華經ヲ供養セラル、誓願寺文書　誓願寺緣起　密宗年表

九月小戊戌朔盡

四日、止雨奉幣、日本紀略

官物未納前ニ稻ヲ京內ニ運ブコトヲ禁ズ、政事要略

九日、重陽宴、日本紀略

十日、濃子內親王薨ズ、日本紀略　本朝皇胤紹運錄　文德實錄

十一日、伊勢例幣、日本紀略

十三日、賀茂等ノ諸社ニ神寶、佛舍利ヲ奉ル、西宮記

二十日、甲斐ノ百姓ニ復一年ヲ賜フ、北山抄

十月大丁卯朔盡

一日、旬儀アリ、西宮記

十日、興福寺維摩會、維摩會講師研學竪義次第　三會定一記　日本高僧傳要文抄

十九日、均子內親王御裳著、躬恒集

廿六日、權律師觀賢ヲ弘福寺別當ニ任ズ、東寺文書

十一月大丁酉朔盡

十九日、新嘗祭、日本紀略　政事要略

二十日、諸國受領ノ辭退ニ依リテ停任セラルル、モノニ、四箇年ノ間、位祿、節祿ヲ給スルヲ停ム、年中行事祕抄　符宣抄

唐景球等客羊白鵝等ヲ獻ズ、　扶桑略記　日本紀略

廿一日、外記政ヲ停ム、　西宮記

廿七日、賀茂臨時祭、　西宮記

廿八日、大原野祭ヲ追行ス、　扶桑略記

三十日、皇子崇象御誕生アラセラル、　日本紀略　江次第　伏見宮御記錄　天台南山無動寺建立和尚傳　政事要略　古今和歌集

十二月大丁卯朔盡

五日、穆子内親王薨ズ、　日本紀略　賀茂齋院記　三代實錄　一代要記　本朝皇胤紹運錄

是月、藤原和香子ヲ女御ト爲ス、　一代要記

賑給、　日本紀略

是歳、御不豫ニ依リテ、僧相應ヲシテ加持セシム、　天台南山無動寺建立和尚傳

釋奠、　釋奠次第

相撲人入京ノ期日ヲ定ム、　九條年中行事

延喜四年

正月小丁酉朔盡

四日、左大臣時平大饗ヲ行フ、　日本紀略　西宮記

五日、右大臣光大饗ヲ行フ、　日本紀略

七日、節會、敍位、　西宮記　公卿補任　外記補任　古今和歌集目錄　二中歷

十四日、御齋會、　西宮記

二十日、内宴、　日本紀略　西宮記　撰集祕記　類聚句題抄

廿五日、除目、　公卿補任　外記補任　古今和歌集目錄　敍位除目執筆抄　符宣抄

二月大丙寅朔盡

十日、是ヨリ先、左大臣時平等上表シテ皇太子ヲ立テンコトヲ請フ、是日、皇子崇象ヲ親王ト爲シ、尋デ、立テヽ皇太子ト爲ス、　日本紀略　西宮抄　扶桑略記　江次第　符宣抄　公卿補任　新儀式　西宮記　政事要略　禁祕抄　北山抄　伏見宮御記錄

十七日、立太子ノ事ヲ柏原、後田邑兩陵ニ告グ、是日、東宮、左大臣時平ノ第ヨリ遷御アラセラル、西宮抄　扶桑略記

廿六日、除目、　公卿補任　古今和歌集目錄　三十六人歌仙傳　中

古歌仙三十六人傳　敍位除目執筆抄　二中歷

廿九日、僧綱ヲ任ズ、　日本紀略　僧綱補任　歷代皇紀　華頂要略

是月、花宴、　新儀式

三月大　丙申朔盡

三日、大學頭從五位上藤原弘蔭卒ス、　尊卑分脈　諸家系圖纂

七日、是ヨリ先、前安藝守伴忠行、賊ノ爲メニ射殺セラル、是日、賊ノ首魁ヲ捕フ、　日本紀略　扶桑略記

十六日、季御讀經、　日本紀略

廿六日、法皇、仁和寺圓堂院ノ供養ヲ行ハセラル、　日本紀略　扶桑略記　西宮記　東寺万陀羅供次第　東寶記　三僧記類聚　仁和寺堂院記　本要記

是月、法皇、仁和寺ニ御室ヲ造營シ給ヒ、移御アラセラル、　仁和寺御傳　當竹不共記　御室相承記　參語集　三僧記類聚　古今著聞集　本要記　元亨釋書　花鳥餘情　興福寺略年代記

閏三月小　丙寅朔盡

七日、是ヨリ先、諸國疫癘流行ス、是日、諸社ニ奉幣シテ祈禳セシム、　日本紀略

十五日、仁王會、　日本紀略　西宮記

廿三日、除目、直物、　日本紀略　西宮抄　西宮記

廿六日、山陵失火ニ依リテ、勅使ヲ發遣ス、　日本紀略

四月小　乙未朔盡

一日、日食、　日本紀略　扶桑略記

二日、旬、是日、平野祭、　日本紀略　扶桑略記　西宮記

四日、東宮帶刀、舍人等ヲ補ス、　西宮抄

七日、穢ニ依リテ、大神祭ヲ停ム、　日本紀略　扶桑略記　撰集祕記

雷鳴陣、是日、擬階奏ヲ停ム、　日本紀略　西宮記

八日、灌佛、　北山抄

東宮、志貴院ヨリ東宮ニ移御アラセラル、　日本紀略　西宮抄

十日、東宮、帶刀ノ兵仗ヲ御覽アラセラル、　西宮抄

十五日、穢ニ依リテ、賀茂祭ヲ停ム、　西宮記

是月、兵部卿三品惟恒親王薨ズ、 日本紀略 三代實錄 本朝皇胤紹運錄

五月大甲子朔盡

七日、忠子內親王薨ズ、 日本紀略 一代要記 三代實錄 皇胤系圖 本朝皇胤紹運錄 菅家文草

十二日、忠子女王卒ス、 日本紀略 三代實錄

廿四日、諸牧別當ノ秩限ヲ定ム、 政事要略

廿八日、式部少輔文章博士三善淸行大學頭ヲ罷ム、 公卿補任

六月小甲午朔盡

十九日、群盜ヲ捕フルニ依リテ、檢非違使等ヲ賞ス、 西宮記

七月小癸亥朔盡

二日、諸社奉幣、 日本紀略

八日、炎旱ニ依リテ、五龍祭ヲ行フ、 日本紀略 扶桑略記

十日、炎旱ニ依リテ、石淸水ニ奉幣ス、 日本紀略 扶桑略記

十一日、民部省ヲシテ、貢調期ニ違フ國郡司ヲ注シテ、大藏省ニ移送セシム、 類聚三代格

廿八日、相撲召合、 日本紀略 西宮記

八月大壬辰朔盡

十日、左右馬寮ノ御馬ヲ東宮ニ賜フ、 西宮抄

十七日、甲斐穗坂ノ駒牽、 日本紀略 樗嚢抄

廿一日、前下野守藤原春海等ヲシテ、宜陽殿ニ於テ日本紀ヲ講ゼシム、 日本紀略 釋日本紀 西宮記

廿三日、止雨奉幣、 日本紀略

是月、貞頼親王、西塔院釋迦堂ニ四天王像ヲ安置セラル、 四大寺傳記

九月小壬戌朔盡

九日、重陽宴、 日本紀略

十一日、伊勢例幣、 西宮記

廿四日、僧寛蓮等ヲ殿上ニ召シテ、圍碁ヲ御覽アラセラル、 日本紀略 西宮記 古今著聞集 今昔物語

十月大盡 辛卯朔

一日、日食、 日本紀略 扶桑略記

十日、興福寺維摩會、 維摩會講師研學竪義次第 三會定一記

十一月大盡 辛酉朔

六日、熊、左衞門陣ニ入ル、 日本紀略 扶桑略記

十二日、地震、是日、春日祭、 扶桑略記 西宮記

十七日、皇子將順ヲ親王ト爲シ、皇女慶子ヲ内親王ト爲ス、 日本紀略 一代要記

十九日、新嘗祭、 西宮記 政事要略

廿五日、賀茂臨時祭、 日本紀略 西宮記

三十日、諸社奉幣、 日本紀略

十二月小盡 辛卯朔

十日、下總岡田郡ヲ改メテ豐田郡ト爲ス、 延喜式頭註 拾芥抄

十九日、雷公祭、 西宮記

廿八日、源清蔭等ヲ次侍從ニ補ス、 公卿補任 古今和歌集目錄

廿九日、僧綱ヲ任ズ、 僧綱補任

是歲、異損言上ノ法ヲ定ム、 北山抄

式部卿是忠親王ヲ大學別當ト爲ス、 西宮記

法皇、比叡山ニ幸シテ、御堂ヲ千光院ニ造ラシメ給フ、 扶桑略記 叡岳要記 〔參考〕近江國輿地志略

東大寺別當道義、香積寺ヲ南大門内ニ移ス、 隨心院文書 東大寺要錄 東大寺續要錄 〔參考〕南都七大寺巡禮記 和州舊跡幽考 大和志料

興福寺火アリ、 興福寺別當記

延喜五年

正月大盡 庚申朔

一日、朝賀、小朝拜ヲ停廢ス、 日本紀略 西宮記 年中行事祕抄

三日、朝覲行幸、 日本紀略 扶桑略記 西宮記 御遊抄

四日、左大臣時平大饗ヲ行フ、 日本紀略

五日、右大臣光大饗ヲ行フ、 日本紀略

七日、節會、敍位ヲ停ム、 日本紀略

八日、春宮坊、卯杖ヲ上ル、 西宮記
十一日、除目、 公卿補任 外記補任 古今和歌集目錄 三十六人歌仙傳 敍位除目執筆抄 政事要略
律師勢範寂ス、 僧綱補任 三會定一記
廿一日、內宴、 日本紀略
廿二日、藤原保忠ヲ召シテ笙ヲ吹カシメ給フ、因テ橘皮笙ヲ賜フ、 花鳥餘情
廿九日、殿上賭弓、 西宮記
法皇、大覺寺ニ御幸アラセラル、 日本紀略 古今和歌集目錄

二月大盡 庚寅朔

七日、春日祭、 日本紀略
十日、前甲斐少目凡河內躬恒等ヲシテ、右大將藤原定國ノ四十賀ノ屛風ノ和歌ヲ詠進セシム、 躬恒集 紀貫之集 古今和歌集 忠岑集 素性法師集
十一日、列見、 西宮記
十四日、六條院ニ行幸アラセラル、 西宮記
十五日、宮中怪異アルニ依リ、諸社ニ奉幣シテ所禳セシム、 日本紀略 扶桑略記
十七日、除目、 公卿補任 敍位除目執筆抄
廿三日、季御讀經、 日本紀略

三月小盡 庚申朔

九日、東光寺ヲ定額寺ト爲ス、 扶桑略記
十一日、穢ニ依リテ政ヲ停ム、 日本紀略 扶桑略記
十七日、是ヨリ先、東大寺別當權律師道義寂ス、是日、傳燈大法師位戒撰ヲ以テ替補ス、 東大寺別當次第 僧綱補任 正倉院文書
二十日、蹴鞠ヲ御覽アラセラル、 西宮記 禁秘抄 河海抄
廿一日、法皇藥師寺ニ御幸アラセラレ、萬燈會ヲ行ヒ給フ、 扶桑略記
廿七日、備中介藤原公利赴任ス、 西宮記
廿九日、踏歌後宴、賭弓アリ、 日本紀略 西宮記

四月大盡 己丑朔

一日、日食、扶桑略記 本朝統暦

二日、旬、日本紀略

五日、除目、西宮記

十四日、法皇延暦寺ニ御幸アラセラレ、法橋増命ニ廻心戒ヲ受ケ給フ、扶桑略記 明匠略傳 日本高僧傳要文抄 歴代皇紀 管見記 元亨釋書 神皇正統記

十五日、月食、彗星見ル、日本紀略 扶桑略記 中右記

大内記紀友則、御書所預紀貫之等、勅ヲ奉ジテ古今和歌集ヲ撰進ス、日本紀略 紀貫之集 大鏡 古今和歌集 袋草紙 古今集序注 萬葉集難事 長明無名抄 八雲御抄 親房卿古今集序註 本朝文粹 和歌現在書目錄 拾芥抄 古今和歌集目錄 楊鳴曉筆 古今和歌集註 教長卿古今和歌集註 愚祕抄 帳中香 還飛麻那微 古今著聞集 顯注密勘 古今榮雅抄 和歌深祕抄 井蛙抄 古來風體抄 徒然草 歌がたり 玉かつま 〔參考〕群書一覽

大内記紀友則ノ事蹟、萬葉集難事 貫之集 忠岑集 古今和歌集目錄 紀氏系圖 後撰和歌集 勅撰作者部類 十訓抄 古今和歌集 友則集

十八日、齋院御禊、西宮記

廿一日、賀茂祭、西宮記

廿四日、彗星ニ依リテ諸社ニ奉幣ス、日本紀略 扶桑略記

五月小 己未朔 盡

二日、學生藤原忠紀ヲ日本紀尚復ト爲ス、類聚符宣抄

九日、信濃望月牧貢馬ノ數ヲ定ム、政事要略

十二日、仁王會、日本紀略 西宮記

十五日、皇太夫人藤原溫子御出家アラセラル、日本紀略 扶桑略記

六月大 戊子朔 盡

二日、後院ヲ廢ス、類聚三代格 日本紀略

四日、興福寺別當仙忠寂ス、日本紀略 歴代編年集成 興福寺々務次第 僧綱補任 維摩會講師研學竪義次第

十五日、彗星ニ依リテ大赦ヲ行フ、日本紀略 本朝世紀 愚管抄

十八日、大僧都濟棟寂ス、日本紀略 僧綱補任 東大寺別當次第 本朝高僧傳

是夏、僧玄照ヲシテ、熾盛光法ヲ修セシム、明匠略傳

七月小 戊午朔盡

一日、木工寮、及ビ穀倉院ニ於テ穀ヲ沽ル、 西宮記

五日、左近衞醫師時原興宗ヲ試問ノ博士ト爲ス、 類聚符宣抄

十八日、季御讀經、 日本紀略

炎旱ニ依リテ大神宮ニ奉幣ス、是日、五龍祭アリ、 日本紀略 扶桑略記

廿一日、法皇御封戸ヲ辭シ給フ、 日本紀略 本朝文粹

廿八日、相撲召合、尋デ、追相撲アリ、 日本紀略 西宮記

不軌ヲ謀ルニ依リ内舍人大野夏貞ヲ伊豫ニ流ス、 日本紀略 西宮記

八月大 丁亥朔盡

一日、釋奠、 日本紀略 園太曆

八日、僧綱召、 僧綱補任

十一日、定考、 西宮記

十四日、武藏秩父駒牽、 西宮記

十八日、信濃勅旨駒牽、 北山抄

二十日、甲斐穗坂駒牽、 政事要略

廿五日、院宮、諸家、國司ヲ經ズシテ郡司雜色人等ヲ捕フルコトヲ禁ズ、 類聚三代格

是月、左大臣時平等ニ詔シテ延喜式ヲ撰バシム、 延喜式

九月小 丁巳朔盡

四日、高陽院災ス、 扶桑略記 日本紀略

五日、神寶ヲ大神宮ニ奉ル、 日本紀略 類聚大補任

九日、皇姑從四位上源連子卒スルニ依リテ、節會ヲ止ム、 日本紀略 扶桑略記 一代要記 三代實錄 本朝皇胤紹運錄

十一日、伊勢例幣、 日本紀略 北山抄 園太曆

十六日、大神宮遷宮、 大神宮例文 中右記 河邊家譜

廿一日、勸修寺ヲ定額寺ト爲シ、年分度者二人ヲ置ク、 扶桑略記 類聚三代格

廿六日、源惟時卒ス、仍リテ錫紵ヲ服シ給フ、 西宮記

是月、法皇金峯山寺ニ御幸アラセラル、 日本紀略 百練抄 別本大鏡裏書 仁和寺御傳

權律師春野寂ス、 日本紀略 僧綱補任 維摩會講師研學竪義次第

十月小 丙戌朔盡

一日、筑前講師眞文等、觀世音寺資財帳ヲ勘進ス、 延喜五年觀世音寺資財帳

三日、飛驒守藤原辰忠等ノ、賊ノ爲メニ殺サレシコトヲ奏ス、 扶桑略記

十日、興福寺維摩會、 維摩會講師研學竪義次第 三會定一記 日本高僧傳要文抄

十七日、除目、 公卿補任 古今和歌集目錄

廿二日、神祇官ノ奏請ニ依リテ、伊勢大神宮司ヲ除目ニ加ヘシム、 西宮記

廿八日、祈年穀奉幣、 日本紀略

是月、權律師眞覺ヲ興福寺別當ニ補ス、 歷代編年集成 興福寺々務次第

十一月大 乙卯朔盡

二日、因幡國、東大寺領同國高庭庄ノ內、左衞門督藤原有實ノ所領ノ執論ヲ官裁センコトヲ請フ、 正倉院文書

三日、諸院宮家ノ狩使ヲ禁ズ、 類聚三代格

院宮、諸司、及ビ諸寺、諸家ノ使ヲ遣シテ、訴訟ヲ辨定スルヲ禁ズ、 類聚三代格

文章博士三善淸行ヲ問頭博士ト爲シ、少內記藤原博文ノ對策ヲ勘申セシム、 類聚符宣抄

廿六日、部內ノ田地ヲ荒蕪セシムル國郡司ノ罪ヲ定ム、 政事要略

廿八日、左大臣時平ノ子保忠、東宮院ニ元服ス、 日本紀略 異本大鏡裏書 公卿補任

是月、延喜格ヲ施行ス、 日本紀略

十二月大 乙酉朔盡

七日、律師承俊寂ス、 日本紀略 僧綱補任 勸修寺文書 本朝高僧傳

十日、御體御卜、 類聚大補任

廿一日、御佛名、日本紀略

廿二日、奈良及ビ近京諸寺ノ老僧ニ綿ヲ賜フ、扶桑略記　元亨釋書

廿五日、式ニ依リテ正税ノ數ヲ擧塡セシム、類聚三代格

廿八日、權律師濟延ヲ權少僧都ニ任ズ、仁和寺諸院家記

廿九日、四度ノ公文ヲ期ニ合セテ進上セシム、類聚三代格

外記史等ヲ除クノ外、濫リニ改姓ヲ申請スルコトヲ禁ズ、符宣抄　類聚符宣抄

三十日、追儺、西宮記

是月、大學寮北堂漢書竟宴、日本紀略

是歲、椶櫚ヲ禁中ニ栽ウ、禁祕鈔

河內ノ池河津等ヲ御厨領ト爲ス、山槐記

延喜六年

正月 小盡 乙卯朔

一日、節會、卯杖ノ儀アリ、是日、朝賀ヲ停ム、日本紀略　妙音院相國白馬節會次第　西宮記

三日、仁和寺ニ朝覲行幸アラセラル、西宮記

五日、右大臣光大饗、北山抄

六日、敍位、日本紀略　公卿補任　一代要記　古今和歌集目錄　敍位除目執筆抄

阿闍梨增全寂ス、三外往生傳

九日、陸奥安積郡ヲ割キテ安達郡ヲ置ク、延喜式頭註　倭名類聚抄

多安邑ヲシテ、大歌所ノ琴歌ヲ傳習セシム、西宮記

十一日、除目、公卿補任　外記補任　西宮記　敍位除目執筆抄　古今和歌集目錄

十五日、少僧都賢石寂ス、僧綱補任　維摩會講師研學竪義次第

廿一日、大雪、內宴、敍位、日本紀略　北山抄　撰集祕記　公卿補任

廿二日、法皇、大覺寺ニ御幸アラセラレ、大學生ヲ召シテ詩宴ヲ賜フ、日本紀略

廿三日、藏人ヲ補ス、古今和歌集目錄　公卿補任

二月大盡 甲申朔

一日、穢ニ依リテ、春日祭ヲ停ム、 日本紀略 扶桑略記 西宮記

除目、 古今和歌集目錄

三日、典侍滋野直子合香方ヲ上ル、 河海抄 薫集類抄

四日、穢ニ依リテ、祈年祭ヲ停ム、 日本紀略 扶桑略記

七日、紀伊伊太祁神等ニ位階ヲ授ク、 日本紀略

十五日、除目、 公卿補任 敍位除目執筆抄 北山抄

廿一日、殿上賭弓、 西宮記

廿六日、僧素性ヲシテ御屛風ニ和歌ヲ書セシム、 古今和歌集目錄

三月小盡 甲寅朔

一日、地震、 扶桑略記

七日、東寺長者僧正益信寂ス、 日本紀略 東寺長者補任 僧綱補任 三代實錄 石山寺文書 紀氏系圖 眞言傳法灌頂師資相承血脈 血脈抄裏書 血脈類集記 元亨釋書 仁和寺諸院家記 密宗血脈鈔 素絹記 〔參考〕訂正増補考古書譜

廿三日、權律師濟僊寂ス、 日本紀略 僧綱補任 三會定一記

廿五日、除目、 公卿補任 外記補任

四月大盡 癸未朔

一日、日食、 日本紀略 扶桑略記

二日、旬、平野祭、松尾祭、 日本紀略 西宮記

是月、雷雨、雹降ル、 日本紀略

五月大盡 癸丑朔

四日、光孝天皇ノ皇女從四位下源竝子卒ス、 一代要記 三代實錄 本朝皇胤紹運錄

五日、武德殿ニ行幸アラセラレ騎射ヲ覽給フ、翌日、又行幸シ給フ、 日本紀略 西宮記 小右記

八日、月、謁者星ヲ犯ス、 日本紀略

十六日、式部大輔藤原菅根等ヲ召シテ、始メテ史記ヲ讀ミ給フ、 日本紀略 西宮記 江次第

廿三日、私穀五千斛ヲ獻進スルニ依リ、播磨明石大領赤石貞根ヲ外從五位下ニ敍ス、 扶桑略記

廿七日、十社ニ讀經シテ、時氣、年穀ヲ祈ル、 扶桑略記

廿八日、尙侍從一位藤原淑子薨ズ、尋デ、正一位ヲ贈ル、 日本紀略 扶桑略記 西宮記 三代實錄 尊卑分脈 政事要略 伊呂波字類抄

是月、旱ス、 扶桑略記

法皇、御後ノ親王ニ巡給、及ビ別巡給ヲ賜フ、 除目抄

六月小 癸未朔盡

四日、侍臣ノ圍碁ヲ御覽アラセラル、 西宮記

八日、掃部允、春道敏助等ヲ檢近江國神埼愛智犬上三箇郡河損使ト爲ス、 類聚符宣抄

神祇大副大中臣安則等、新撰氏族本系帳ヲ上ル、 大中臣氏系圖

廿一日、右衞門府生壬生忠岑ヲ日次贄使トシテ、葛野川贄殿ニ赴カシム、 躬恒集

是月、大神宮ニ奉幣使ヲ發遣ス、 西宮記

七月大 壬子朔盡

三日、大納言兼右近衞大將從三位藤原定國薨ズ、 日本紀略 公卿補任 貫之集 職事補任 尊卑分脈 勸修寺家譜 勸修寺緣起 雜言奉和 扶桑略記 拾遺和歌集 大和物語 勸修寺文書

天台座主法橋長意寂ス、 扶桑略記 僧綱補任 諡號雜記 華頂要略 歷代皇紀 東福寺文書 本朝高僧傳

十一日、諸司ヲシテ、貞觀十年以來ノ長例官符宣旨ヲ進メシム、 符宣抄

十三日、隱岐國司、大風ニ依リテ、新羅ノ賊船難破セル事ヲ奏ス、 日本紀略

十七日、中納言藤原有穗ヲシテ、春宮大夫ヲ兼ネシム、 公卿補任

廿八日、相撲人等ノ濫惡ヲ禁止ス、 類聚三代格

廿九日、相撲召合、尋デ、追相撲ヲ行フ、 日本紀略 樗囊抄

八月小 壬午朔盡

七日、陰陽寮ヲシテ、紀伊ノ牛ノ怪ヲ勘申セシム、 日本紀略

廿五日、除目、公卿補任

九月大盡
辛亥朔

九日、重陽宴、日本紀略

十日、法皇、文人ヲ召シテ詩ヲ賦セシメ給フ、日本紀略

十七日、除目、敍位、公卿補任　中古歌仙三十六人傳　西宮記

十九日、圓成寺中雑務領知ノ制ヲ定ム、類聚三代格

二十日、鈴鹿山ノ群盜ヲ誅ス、日本紀略

廿六日、鷺、紫宸殿ノ前庭ニ集マル、扶桑略記

十月小盡
辛巳朔

一日、日食、扶桑略記

二日、旬、西宮記

七日、僧綱ヲ任ズ、是日、律師觀賢ヲ東寺長者ニ補ス、僧綱補任　釋家初例抄　東寺長者補任

八日、烏鷺ノ怪ニ依リテ、御讀經ヲ修ス、日本紀略

十日、興福寺維摩會、維摩會講師研學竪義次第　三會定一記

十三日、興福寺ノ請ニ依リ、藤氏長者ヲ興福寺撿挍ニ補セシム、西宮記

十七日、大法師增命ヲ天台座主ニ補ス、是日、法皇延暦寺ニ御幸アラセラレ、蘇悉地ヲ受ケ給フ、日本紀略　扶桑略記　明匠略傳　僧綱補任　座主宣命　諸寺別當座主次第　寺門高僧記

廿三日、法皇四十ノ御賀ヲ行フ、依リテ皇太夫人藤原溫子、諸寺ニ諷誦ヲ修セラル、日本紀略　扶桑略記　權記

廿六日、朱雀院ニ行幸アラセラル、是日、仁和寺ニ於テ法華八講ヲ修セシメテ、法皇御四十ノ寶算ヲ賀セラル、仍リテ賑給アリ、日本紀略　扶桑略記　西宮記　伏見宮御記錄

是月、左大史阿保經覽ノ過狀ヲ徵ス、西宮記

十一月小盡
庚戌朔

七日、朱雀院ニ行幸アラセラレ、法皇御四十ノ寶算ヲ賀シ給フ、日本紀略　扶桑略記　西宮記　新儀式　花鳥餘情　御遊抄　公卿補任　古今和歌集目錄　僧綱補任

十八日、新嘗祭、日本紀略　政事要略

十二月大盡 己卯朔

十三日、中務省ヲシテ、女官下名ノ正書ヲ外記ニ進メシム、 西宮記 符宣抄

十四日、神今食ヲ追行ス、 日本紀略

十六日、傳燈法師位太保ヲ東大寺造寺所專當ニ補ス、 正倉院文書

廿八日、識子内親王薨ズ、 日本紀略 北山抄 一代要記 三代實錄 本朝皇胤紹運錄

是月、荷前使ヲ發遣ス、 樗嚢抄

閏十二月小盡 己酉朔

十七日、是ヨリ先、大學頭藤原春海、日本紀ヲ講了ス、是日、侍從所ニ於テ、竟宴ヲ行フ、 日本紀略 釋日本紀 日本紀竟宴和歌 西宮記

春海ノ事蹟、 類聚符宣抄 本朝文粹 二中歷 尊卑分脈 本朝書籍目錄 雜言奉和

是冬、菅原高視ヲ本官左少辨ニ復シ、位階ヲ進ム、 北野天神御傳

是歲、御書所預紀貫之、勅ヲ奉ジテ月次御屛風ノ和歌ヲ詠進ス、 紀貫之集

延喜七年

正月大盡 戊寅朔

一日、四方拜アリ、朝賀、節會ヲ停ム、 日本紀略 西宮記

二日、卯杖ヲ上ル、 北山抄

三日、仁和寺ニ朝覲行幸アラセラル、 西宮抄 園太曆

四日、左大臣時平大饗ヲ行フ、 日本紀略

六日、敍位儀、 日本紀略

七日、白馬節會、是日、左大臣從二位時平ヲ正二位ニ敍ス、 西宮記 公卿補任

八日、御齋會始、 日本紀略

十三日、大納言藤原國經等ニ按察使ヲ兼ネシム、 公卿補任

十七日、射禮、 西宮抄 北山抄

廿一日、內宴、 日本紀略 西宮記

二月大 戊申朔盡

七日、藤原滿子ヲ尙侍ト爲ス、 本朝世紀 一代要記

八日、左大臣時平等尙侍ノ慶ヲ奏ス、 西宮抄

十日、釋奠、 江次第

廿二日、彗星見ル、是日、踏歌後宴アリ、 扶桑略記 諸道勘文 中右記 河海抄

廿三日、左大臣時平、供御朝服ノ綾文ヲ定メンコトヲ請フ、 西宮記

廿四日、彗星、太白ヲ犯ス、 扶桑略記

廿八日、外姨ノ喪ニ依リテ、東宮御服ノ有無、幷ニ神事ノ停否ヲ勘申セシム、 源語祕訣

廿九日、除目、 扶桑略記

是月、故太政大臣基經ノ女某卒ス、 日本紀略

三月小 戊寅朔盡

八日、十五大寺ヲシテ、讀經セシム、 日本紀略

十六日、勘解由次官紀淑望ヲシテ、文章得業生藤原文貞ノ策ヲ試問セシム、 類聚符宣抄

二十日、仁王會、 日本紀略

四月大 丁未朔盡

一日、旬、 西宮抄

九日、高陽院ニ怪異アリ、 扶桑略記

十四日、右馬寮、穢アルニ依リテ、左馬一寮ヲシテ、齋院女騎ノ調度ニ充テシム、 西宮記

十五日、賀茂祭ノ飾馬ヲ御覽アラセラル、 西宮記

十六日、平希世ヲシテ、齋院恭子內親王ノ疾ヲ問ハシム、 西宮記

二十日、左京少屬高橋業利ニ、御書所ニ侍スル上日ヲ給セシム、 類聚符宣抄

五月小 丁丑朔盡

一日、參議在原友于ヲシテ、大宰權帥ヲ兼ネシム、 公卿補任 西宮記

二日、駿河富士明神ニ從二位ヲ授ク、 諸社根元記

五日、節會ヲ停ム、 日本紀略

廿九日、丹波權目凡河內躬恒ヲシテ、和歌ヲ上ラシム、躬恒集

六月大 丙午朔盡

八日、皇太夫人藤原溫子崩ズ、是日、警固、固關アリ、扶桑略記 日本紀略 一代要記 歷代編年集成 古今和歌集目錄 菅家文草 拾芥抄 延喜式 伊勢集 大和物語 園太曆 新儀式 北山抄

九日、皇太夫人御送葬、是日、錫紵ヲ著シ給フ、日本紀略 園太曆 北山抄 中右記 新儀式

十一日、月次祭、神今食ヲ停ム、園太曆

七月大 丙子朔盡

四日、眞言宗ノ年分度者四人ヲ加フ、東寶記

七日、勘解由使ヲシテ、前司ノ犯過ヲ刑部省ニ移送セシム、政事要略

式部卿是忠親王、叡山佛眼院ヲ供養シ給フ、日本紀略

八日、雉、桂芳坊北墻上ニ集ル、扶桑略記

十四日、御盆供、西宮記

十七日、諸司ヲシテ、必ヅ先ヅ外記ヲ經テ庶務ヲ申サシム、類聚符宣抄

廿五日、極樂寺ニ於テ、皇太夫人溫子七々日ノ御態ヲ修ス、園太曆 伊勢集

廿八日、美濃權守從四位上源是恒卒ス、一代要記 小右記 歷代編年集成 三代實錄

廿九日、相撲召合ヲ停ム、日本紀略 園太曆

八月小 丙午朔盡

一日、大宰權帥在原友于赴任ス、西宮記

三日、釋奠、內論義、日本紀略

九日、臨時相撲、布引アリ、日本紀略 西宮記 權記

十二日、左相撲勝雄ニ稻ヲ賜フ、西宮記

十七日、甲斐穗坂駒牽、日本紀略

廿八日、上野勅旨駒牽、小野宮年中行事 政事要略

九月大 乙亥朔盡

一日、日食、扶桑略記

九日、重陽宴、 日本紀略 北山抄

十日、法皇、大堰川ニ御幸アラセラル、 日本紀略 古今著聞集 古今和歌集目錄 古今和歌集 續古今和歌集 新拾遺和歌集 續後拾遺和歌集 新千載和歌集 賴基朝臣集 忠岑集 和漢朗詠集 新撰朗詠集

十一日、伊勢例幣、 日本紀略 西宮記 撰集祕記 類聚大補任

十五日、豐受大神宮遷宮、 大神宮例文

十七日、伊勢大神宮禰宜荒木田茎貞等譜圖帳ヲ上ル、 皇字沙汰文

三十日、法皇詩ヲ賦シ給フ、 日本紀略

十月小 乙巳朔盡

二日、紀伊熊野早玉神等ノ位階ヲ進ム、 日本紀略

法皇、熊野ニ御幸アラセラル、 仁和寺御傳 濫觴抄 西宮記 扶桑略記 百練抄

九日、鷺、承明門上ニ集ル、 扶桑略記

十日、信濃權守源淸蔭ヲ大藏卿ニ任ズ、 公卿補任

十三日、京戸口分田ノ地子ヲ勘徵スル例ヲ定ム、 政事要略

十七日、右近衞中將藤原仲平、熊野御幸ノ間ノ消息ヲ奏ス、 扶桑略記

從三位宮道列子薨ズ、 日本紀略 扶桑略記 世繼物語 延喜式

右馬頭從四位下藤原定文卒ス、 扶桑略記 尊卑分脈

十八日、法皇熊野御幸平安ヲ伊勢賀茂等諸社ニ祈ル、是日、供奉闕怠ノ河內守安世王ヲ召勘セシム、 西宮記

廿六日、故從三位宮道列子ニ正一位ヲ贈ル、是日、錫紵ヲ著シ給フ、 日本紀略 百練抄

廿八日、法皇、熊野ヨリ還御アラセラル、 扶桑略記

十一月大 甲戌朔盡

一日、旬、 西宮記

三日、延喜通寶錢ヲ鑄ル、 日本紀略 拾芥抄

十三日、諸國別納租穀ノ數ヲ定ム、 政事要略

十八日、穢中、新嘗會ヲ行フ、 政事要略

廿三日、敦實親王御元服、三品ニ敍ス、 扶桑略記 西宮記

廿四日、賀茂臨時祭、穢ニ依リテ延引ス、 日本紀略
廿八日、賀茂臨時祭、 日本紀略
三十日、日食、 日本紀略

十二月小盡 甲辰朔

五日、伊勢臨時奉幣、 北山抄
十三日、皇太夫人藤原溫子ノ遺令ニ依リ、國忌、荷前ノ例ヲ停ム、 類聚符宣抄
十六日、旬、 日本紀略 西宮記
廿一日、荷前、 西宮記 政事要略 北山抄
贈太政大臣藤原長良ノ荷前ヲ除キ、贈正一位藤原列子ヲ加フ、 西宮記
中納言從三位兼民部卿藤原有穗薨ズ、 日本紀略 公卿補任 宮職秘鈔 三代實錄 類聚國史 扶桑略記
綏子內親王、上皇ノ御四十ノ寶算ヲ賀シ給フ、 日本紀略
廿九日、追儺、 日本紀略 西宮記
是歲、左大臣時平等延喜式ヲ上ル、 歷代編年集成 類聚三代格

始メテ、東寺三長者ヲ結緣灌頂阿闍梨ト爲ス、 東寶記
京都ノ人好ンデ焦色ヲ用フ、 政事要略

延喜八年

正月小盡 癸酉朔

一日、節會、雨雪ニ依リテ朝賀ヲ停ム、 日本紀略 西宮抄
七日、白馬節會、敍位、是日、卯杖ヲ上ル、 西宮記 公卿補任
八日、伯耆、渤海使ノ來朝ヲ奏ス、 扶桑略記 尊卑分脈
九日、女敍位、 日本紀略
十二日、除目、 公卿補任 西宮抄
十七日、射禮、式部卿是忠親王ニ輦車等ヲ聽ス、 日本紀略 西宮抄 西宮記
十八日、賭弓、 北山抄
廿一日、內宴、 日本紀略 北山抄 西宮記

二月大盡 壬寅朔

一日、日食、扶桑略記　百練抄
二日、旬、大原野祭、日本紀略　西宮記　北山抄
五日、政アリ、參議藤原忠平著座ス、康平記　參議要抄
九日、民部大輔大藏善行致仕ス、河海抄
十二日、臨時御讀經結願、西宮記
廿三日、大納言源貞恒ニ、民部卿ヲ兼ネシメ、其他任官差アリ、公卿補任
廿六日、季御讀經、西宮記　年中行事秘抄
是月、大藏卿從四位上源舊鑒卒ス、新儀式　本朝皇胤紹運錄　歷代編年集成　三代實錄

三月小　壬申朔盡

一日、御燈、江次第
五日、中納言平惟範ヲ檢非違使別當ト爲ス、公卿補任　朝野群載
二十日、存問渤海客使ヲ發遣ス、扶桑略記

四月大　辛丑朔盡

一日、官政、平座、日本紀略　洞院家記

二日、渤海掌客使、領客使ヲ定ム、扶桑略記
五日、皇子將保等ヲ親王ト爲シ、皇女勤子等ヲ內親王ト爲ス、日本紀略　一代要記
七日、擬階奏、北山抄
十五日、成選位記ヲ授ク、北山抄
十八日、齋院ノ禊所、穢疑アリ、西宮記
二十日、賀茂祭警固ヲ召仰ス、西宮記　北山抄
廿一日、渤海領客使等、大和今來河上ニ曲宴ヲ設ク、日本紀略
廿六日、公卿ヲシテ、渤海客騎乘ノ馬ヲ進メシム、扶桑略記
廿九日、少僧都峯斅寂ス、日本紀略　東寺長者補任　東寶記
是月、故天台座主法橋長意ニ僧正法印大和尙位ヲ贈ル、僧官補任　天台座主記

五月小　辛未朔盡

三日、法皇、入道眞寂親王ニ灌頂ヲ授ケ給フ、仁和寺御傳

五日、渤海客ノ騎スヘキ左右馬寮ノ馬ヲ御覧アラセラル、 扶桑略記

七日、貢馬ヲ御覧アラセラル、 扶桑略記

九日、豊樂院ノ人々ニ見物ノ幕所ヲ給フ、 扶桑略記

十二日、法皇、書ヲ渤海客裴璆ニ賜フ、 日本紀略 本朝文粋

十四日、雷雨ニ依リテ、渤海客ノ饗宴ヲ停ム、 扶桑略記

十五日、渤海客ヲ朝集堂ニ饗シ、勅書ヲ賜フ、 扶桑略記 北山抄 河海抄

廿六日、官符捺印ノ制ヲ定ム、 類聚符宣抄

廿八日、神泉苑ニ行幸アラセラレ、競馬ヲ御覧アラセラル、 花鳥餘情 新儀式 北山抄 江次第

是月、掌客使等渤海客ヲ餞ス、 日本紀略 本朝文粋

六月 大盡 庚子朔

九日、東宮帯刀ノ格勤ナル者ヲ賞ス、 西宮記

十一日、神今食、 日本紀略 西宮抄 北山抄

廿八日、郡司讀奏、 北山抄

廿九日、大納言正三位藤原國經薨ズ、 一代要記 尊卑分脈 公卿補任 三代實錄 類聚國史 官職難儀 古今和歌集 十訓抄

是夏、炎旱、疾疫行ハル、 扶桑略記 類聚符宣抄 日本紀略

七月 大盡 庚午朔

三日、祈雨御讀經、 日本紀略

六日、五龍祭、 日本紀略

七日、季御讀經、 日本紀略

九日、炎旱ニ依リテ、諸國名神官社ニ奉幣シ、定額寺ニ讀經セシム、 日本紀略 扶桑略記 北山抄

十二日、諸社奉幣、 日本紀略

十四日、大内記三統理平ヲシテ、散位菅原淳茂ノ策ヲ問ハシム、 類聚符宣抄

十六日、伊勢奉幣、 日本紀略

十九日、僧正聖寶ヲシテ、神泉苑ニ孔雀經法ヲ修セシム、 日本紀略 東寺長者補任 祈雨日記

廿六日、山陵使ヲ發ス、 日本紀略

廿九日、相撲召合、 日本紀略 西宮記 北山抄

三十日、追相撲、 日本紀略

八月小 庚子朔盡

一日、日食、大納言正三位兼民部卿源貞恒薨ズ、
扶桑略記 日本紀略 一代要記 皇代曆 公卿補任 三代實錄

八日、釋奠延引、 日本紀略

十四日、散位菅原淳茂對策、 本朝文粹

十五日、信濃駒牽、 日本紀略

十六日、越中氣多大神官幣ニ預ル、 神名帳頭註

十八日、釋奠、 日本紀略

廿八日、上野勅旨駒牽、 北山抄 西宮抄

中納言平惟範ニ民部卿ヲ兼ネシム、其他任官差アリ、 公卿補任

九月大 己巳朔盡

一日、左兵衞督藤原忠平ヲ檢非違使別當ニ補ス、
公卿補任

九日、諸國ノ衰損ニ依リ、重陽宴ヲ停ム、 日本紀略
扶桑略記

十一日、例幣、 西宮記

是秋、亭子院前栽合、 體源抄 舞曲口傳

十月大 己亥朔盡

四日、光孝天皇ノ皇女源綏子卒ス、 日本紀略 一代要記 皇胤系圖 三代實錄

七日、參議式部大輔從四位上藤原菅根卒ス、尋デ、從三位ヲ贈ル、 日本紀略 公卿補任 官職祕錄 康富記 三代實錄 朝野群載 菅家文草 類聚符宣抄 釋日本紀 本朝文粹 古今和歌集 江談抄 古今和歌集目錄 荏柄天神緣起

九日、伊勢奉幣、 日本紀略 扶桑略記

十一日、右馬頭藤原定文ノ周忌ヲ廣隆寺ニ修ス、
春記

十七日、御外祖母宮道列子ノ周忌ヲ勸修寺ニ修ス、 春記

廿一日、仁和寺ニ於テ競馬アリ、 日本紀略

廿六日、諸社奉幣、 日本紀略

十一月小盡己巳朔

一日、旬、日本紀略　北山抄　權記

十一日、山城國司ヲシテ、離宮院ヲ請領セシム、朝野群載

十七日、諸國司ヲシテ、池溝堰堤ヲ修理セシム、政事要略

廿六日、上皇、法皇、東宮等ニ新錢ヲ班與ス、西宮記

廿八日、前皇太后ニ新錢ヲ給ス、西宮記

廿九日、賀茂臨時祭、穢ニ依リテ延引ス、北山抄

十二月大盡戊戌朔

二日、賀茂臨時祭、北山抄

十一日、諸社ニ新錢ヲ奉ル、西宮記

十三日、諸寺ニ新錢ヲ班ツ、日本紀略　西宮記

十四日、僧正聖寶ニ新錢ヲ給フ、西宮記

廿七日、延喜格ヲ施行ス、日本紀略

童親王、及ビ大學寮等ニ新錢ヲ給フ、西宮記

廿八日、陸奥連理木ノ圖ヲ上ル、扶桑略記

三十日、追儺、西宮記

是歲、住吉社ニ行幸アラセラル、歷代編年集成

法皇ノ皇女源順子ヲ參議藤原忠平ニ配ス、古事談　公卿補任

左大臣時平稻荷社ヲ修造ス、二十二社註式

左衞門大尉平元規卒ス、古今和歌集目錄　古今和歌集

延喜九年

正月小盡戊辰朔

一日、雨ニ依リテ、朝賀ヲ停ム、日本紀略

二日、上皇、宴ヲ侍臣ニ賜フ、日本紀略

六日、敍位、日本紀略　北山抄

十一日、中納言從三位源湛ニ陸奥出羽按察使ヲ兼ネシム、公卿補任

國司ノ闕員多キニ依リ、罪ナクシテ未ダ解由ヲ得ザル者ヲ選任セシム、西宮抄　西宮記　北山抄

十六日、月食、扶桑略記

二十日、瀧口ノ故ナクシテ不參三箇夜已上ニ及

ブ者ノ制ヲ定ム、 侍中群要

廿一日、諸國去年ノ異損ニ依リテ、内宴ヲ停ム、 日本紀略 扶桑略記

廿七日、常平所ノ穀價ヲ定ム、 扶桑略記 西宮記

無品行中親王薨ズ、 扶桑略記 日本紀略 一代要記 小右記

藏人ヲ補ス 職事補任

二月小 丁酉朔 盡

一日、日食、釋奠ヲ停ム、 日本紀略 扶桑略記

常平所ノ穀ヲ沽ル、 西宮記

二日、日食ノ時刻謬アルニ依リテ、暦博士ヲ召問セシム、 扶桑略記

四日、祈年祭、 吉記

七日、地震、大原野祭、 扶桑略記

十一日、列見、是日、釋奠ヲ行フ、 西宮記

十三日、常平所ノ穀ヲ沽ルヲ停ム、 西宮記

十七日、在唐ノ僧中瓘ニ牒狀ヲ遣ス、 日本紀略 扶桑略記

廿一日、東宮朝覲アラセラル、是日、女御從三位藤原穩子ヲ從二位ニ敍ス、 西宮記 日本紀略

廿三日、仁王會ノ撿挍以下ヲ定ム、 西宮記

三月大 丙寅朔 盡

三日、御燈、 北山抄

八日、官政、 水黃記 西宮記

九日、法皇、仁和寺ニ於テ法華八講ヲ修シ給フ、 日本紀略

十八日、光孝天皇ノ皇女源禮子薨ズ、 一代要記 本朝皇胤紹運錄

廿三日、百僧御讀經、是日、仁王會講堂定、任僧綱ノコトアリ、 日本紀略 西宮記 北山抄

廿四日、仁王會ノ日時、幷ニ堂童子等ヲ定ム、 西宮記

廿八日、季御讀經、 日本紀略

是春、疾疫流行ス、 扶桑略記

四月小 丙申朔 盡

一日、旬、疾疫ニ依リテ音樂ヲ停ム、 日本紀略
四日、左大臣正二位藤原時平薨ズ、尋テ、正一位ヲ贈ル、 日本紀略 皇代暦 公卿補任 歴代編年集成 三代實錄 本朝文粹 神皇正統記 西宮記 職事補任 扶桑略記 寛平御遺誡 大鏡裏書 拾芥抄 延喜式 大鏡 續古事談 二十二社註式 政事要略 雜言奉和 古今和歌集 後撰和歌集 紀友則集 今昔物語 十訓抄 荏柄天神縁起
五日、霜降ル、 扶桑略記
八日、大神祭、灌佛、 北山抄 江次第
九日、除目、 公卿補任 西宮記
十四日、賀茂祭、 北山抄
廿二日、除目、右大臣光ニ左近衞大將ヲ兼ネシム、 公卿補任
廿七日、傳燈大法師位延惟ヲ東大寺別當ニ補ス、 東大寺別當次第 東大寺要錄
是月、上皇、法皇、普明寺ニ御幸アラセラレ、僧正聖寶ノ疾ヲ問ハセ給フ、 元亨釋書 醍醐寺縁起

五月大 乙丑朔 盡

一日、番奏、 日本紀略
八日、秦基貞ヲ擬文章生ノ試ニ預ラシム、 類聚符宣抄
十日、疾疫ニ依リ、諸寺社ヲシテ仁王經ヲ讀シム、 扶桑略記 日本紀略
十一日、權中納言藤原忠平ヲ藏人所別當ニ、左中辨藤原清貫ヲ藏人頭ニ補ス、 公卿補任 一代要記
十六日、東大寺勾當ヲ停メ、專當一員ヲシテ雜務ヲ濟シム、 東大寺要錄
十九日、洪水、 日本紀略
廿四日、流星、 扶桑略記
廿六日、臨時仁王會、 扶桑略記 日本紀略

六月小 乙未朔 盡

五日、大雨、 扶桑略記
九日、霖雨ニ依リテ御卜ヲ行フ、 扶桑略記
十日、狐ノ死ニ依リテ、穢ノ有無ヲ勘申セシム、 扶桑略記

十一日、月次祭、日本紀略
十二日、止雨奉幣 日本紀略 扶桑略記
十九日、公卿ヲシテ、鴨河堤ヲ巡檢セシム、扶桑略記 本朝世紀
僧正聖寶病ニ依リテ諸職ヲ辭ス、日本紀略 古今和歌集目錄 西宮記 東寺長者補任
廿三日、伊勢大神宮奉幣、日本紀略

七月大 甲子朔盡

一日、下總騷亂アリ、日本紀略
六日、前僧正聖寶寂ス、日本紀略 東寺長者補任 三代實錄 東大寺要錄 密宗血脈鈔 元亨釋書 中右記 明匠略傳 醍醐寺緣起 宇治拾遺物語 古事談 神皇正統記 文祿清談 古今和歌集 後撰和歌集
七日、一寮ノ御馬ヲ以テ、互ニ杜本當宗兩社祭ニ供ヘシム、諸社根元記 本朝月令
八日、米價ヲ定ム、日本紀略
十一日、下總守菅原景行過狀ヲ進ズ、日本紀略
廿六日、年料ニ玄米ヲ進ズル諸國ヲシテ、精代ヲ加納セシム、江次第 江次第抄 北山抄
是月、疾疫ニ依リテ、相撲ヲ停ム、日本紀略

八月小 甲午朔盡

一日、日食、扶桑略記
二日、番奏、日本紀略
三日、諸社奉幣、日本紀略
十五日、信濃勅旨駒牽、日本紀略 小野宮年中行事
十九日、季御讀經、日本紀略
廿三日、將順親王、宣子內親王、始メテ參內シ給フ、日本紀略
廿五日、止雨奉幣、日本紀略 北山抄

閏八月大 癸亥朔盡

九日、大宰府ヲシテ、唐人將來ノ貨物ヲ檢進セシム、扶桑略記
十五日、法皇、文人ヲ亭子院ニ召シテ詩ヲ賦セシメ給フ、日本紀略 本朝文粹 江談抄
是月、請印アリ、西宮記

櫻桃李柚等花咲キ實ヲ結ブ、 日本紀略 扶桑略記 古今著聞集

九月大盡 癸巳朔

三日、御燈、 年中行事秘抄

五日、右大臣光等鴨河堤ヲ覆勘ス、 扶桑略記

九日、疫癘等ニ依リテ、重陽宴ヲ停ム、 日本紀略 扶桑略記 政事要略

十一日、伊勢例幣、 扶桑略記

十二日、大藏卿正四位下源國紀卒ス、 一代要記 歴代編年集成 三代實録

十三日、攝津大依羅神ニ正二位ヲ授ク、 日本紀略

十四日、樹木花開クニ依リ諸道勘文ヲ進ズ、 日本紀略

十七日、上野嘉禾圖ヲ獻ズ、 日本紀略 扶桑略記

十八日、中納言從三位平惟範薨ズ、 日本紀略 尊卑分脈 公卿補任 三代實録 類聚國史 類聚三代格 歴代編年集成 雜言奉和

廿四日、狐、版位上ニ矢ス、 扶桑略記

廿六日、狐、結政所廳ニ昇ル、 扶桑略記

廿七日、權中納言藤原忠平等ヲシテ右近衞大將等ヲ兼ネシム、故參議藤原菅根ノ周忌ニ依リテ、誦經ヲ修セシム、 公卿補任 春記

十月大盡 癸亥朔

一日、旬、 日本紀略

武藏立野ヲ勅旨牧ト爲ス、 政事要略

二日、僧素性ヲシテ御屏風ニ和歌ヲ書セシム、 古今和歌集目録 西宮記 續後撰和歌集

十六日、射場始、 日本紀略

十九日、諸國ニ居住スル宿衞等ノ貫屬ヲ奏セシム、 類聚符宣抄

廿二日、權中納言右近衞大將藤原忠平ヲ檢非違使別當ニ補ス、 公卿補任

廿三日、法皇、母后ノ御爲メニ淨福寺ニ於テ、一切經ヲ供養シ給フ、 寺門高僧記

延喜格ニ捺印ス、 日本紀略

廿八日、臨時仁王會、　扶桑略記

十一月小 癸巳朔盡

七日、神泉苑ニ老人星ヲ祭ル、　日本紀略　扶桑略記

十三日、東宮保明親王御書始、　日本紀略

廿三日、新嘗祭、　日本紀略

廿六日、貞元親王薨ズ、　日本紀略　一代要記　三代實錄　後撰和歌集

廿七日、信濃立名神ニ從五位下ヲ授ク、是日、大宰府、唐人ノ貨物、幷ニ孔雀ヲ上ル、　日本紀略　扶桑略記

十二月大 壬戌朔盡

四日、大神祭ノ式日ヲ定ム、　日本紀略　本朝月令

六日、大神祭、　年中行事祕抄

十一日、神今食、　北山抄

十八日、立春、　本朝月令

是歲、右大臣光ヲ八所別當ニ補ス、　小右記

醍醐寺ヲ官寺ト爲ス、　和漢合符　神皇正統錄

樂器目錄ヲ作ル、　拾芥抄

延喜十年

正月小 壬辰朔盡

一日、四方拜、節會、疫癘ニ依リテ朝賀ヲ停ム、　日本紀略　西宮記

三日、朝覲行幸、　御遊抄

四日、東宮朝覲アラセラル、　日本紀略

七日、白馬節會、敍位、　西宮記　公卿補任

十二日、卯杖ヲ上ル、　日本紀略

十三日、除目、　公卿補任　西宮抄

廿三日、內宴、是日、敦固親王等ニ帶劍ヲ聽ス、　日本紀略　北山抄

是月、權律師增利ヲ律師ニ任ズ、　高僧傳要文抄

大宰少貳平篤行卒ス、　古今和歌集目錄　政事要略　古今和歌集

二月小 辛酉朔盡

四日、穢ニ依リテ祈年祭ヲ停ム、　日本紀略　西宮抄

五日、祈年穀奉幣、是日、隼人大衣ヲ補ス、　西宮記

七日、大原野祭、釋奠、是日、中納言藤原忠平著座ス、 中右記 台記

十五日、參議藤原道明等ヲシテ、右大辨等ヲ兼ネシム、 公卿補任

十九日、百姓ノ災ニ罹レル者ヲ賑給ス、 中右記

廿五日、均子內親王薨ズ、仍リテ錫紵ヲ著シ給フ、 日本紀略 一代要記 小右記

三月大 庚寅朔盡

三日、御燈、 江次第

五日、季御讀經、 西宮記

七日、女官除目、 西宮抄

十三日、京中ノ人突手拍アリ、 日本紀略

廿一日、東寺長者觀賢、初メテ空海ノ影供ヲ修ス、 釋家初例抄 東寶記 東寺私用集 弘法大師傳

廿三日、越前天瓜神、楊田神ニ從五位ヲ授ク、 日本紀略

廿四日、前皇太后藤原高子薨ズ、 扶桑略記 日本紀略 新儀式 古今和歌集目錄 大鏡裏書 三代實錄 大鏡 大和物語 十訓抄 相應和尚傳 古今和歌集 敏行朝臣集 興風集 皇胤系圖 拾芥抄

廿五日、天台座主增命ヲ法橋ニ敍ス、 天台座主記 寺門高僧記 扶桑略記

三十日、踏歌後宴、 日本紀略

四月小 庚申朔盡

三日、訴人ノ恣ニ居留地ヨリ遷移スルヲ禁ズ、 西宮記

七日、擬階奏、 日本紀略 九暦

八日、大神祭、灌佛、 北山抄 西宮記 江次第

十四日、賀茂祭、 西宮記

二十日、參議正四位下大宰權帥在原友于卒ス、 日本紀略 公卿補任 三代實錄 西宮記 袋草紙

廿二日、大風雨、京中ノ屋舍破損ス、 日本紀略

廿七日、駒牽、 西宮記

五月大 己丑朔盡

五日、騎射ヲ御覽アラセラル、明日、復之ヲ覽給フ、 日本紀略

七日、淑景舍ニ死穢アリ、 江次第抄

十日、東光寺ニ於テ、前皇太后高子七々日ノ法會ヲ修ス、 日本紀略

廿一日、鎭守府將軍藤原茂永、赴任スルニ依リテ、祿ヲ賜フ、 日本紀略

廿九日、伊豫守橘澄淸ヲ大宰大貳ニ任ズ、公卿補任

六月小己未朔盡

一日、忌火御飯ヲ供ス、 江次第抄

十一日、神今食、 日本紀略

十四日、雷、亭子院東ニ震ス、 日本紀略

十九日、田租ニ春米ヲ用キル國ヲ改定セシム、 政事要略

廿一日、月暈、是日、大和城上郡ニ怪異アリ、 日本紀略

廿三日、律師觀賢ヲ少僧都ニ任ズ、 東寺長者補任 密宗血脈鈔

是月、炎旱、 扶桑略記

神事以前ニ佛事ヲ行フ、 本朝世紀

光孝天皇ノ皇女源快子卒ス、 一代要記 三代實錄 大府記

七月大戊子朔盡

一日、日食、 扶桑略記

陰陽寮ヲシテ、大和ノ怪異ヲ占ハシム、 日本紀略

七日、右大臣光等鴨河堤ヲ覆勘ス、 日本紀略 本朝世紀

十日、炎旱ニ依リテ、諸社山川ニ奉幣シ、恩赦ヲ行フ、 日本紀略 扶桑略記 政事要略

十一日、月、南斗ノ魁ニ入リ、熒惑、房星ヲ犯ス、 日本紀略

十四日、甘雨、 日本紀略

十八日、風雨、屋舍ヲ破ル、 日本紀略

二十日、左近陣ノ公卿座ヲ改敷シム、 西宮記 北山抄

廿二日、佐保兩山陵火災アリ、 東大寺要錄

廿九日、相撲召合、 日本紀略 西宮記 西宮抄

八月小 戊午朔盡

一日、京都大風、 日本紀略

十一日、熒惑、天江星ヲ犯ス、 日本紀略

定考、釋奠、內論義、 西宮抄 西宮記

十二日、大和正稅ノ稻ヲ以テ、東大寺諸天像ヲ修補スル佛師以下ノ食料ニ充ツ、 東大寺要錄

十五日、信濃駒牽、 日本紀略 北山抄

十六日、左近陣厨家、公卿座ノ改敷ヲ賀ス、 西宮記

十七日、甲斐穗坂駒牽、 西宮記 政事要略

廿三日、大和龍穴神等ニ位階ヲ授ク、 日本紀略

廿六日、少僧都觀賢ヲシテ、神泉苑ニ孔雀經法ヲ修シテ雨ヲ祈ラシム、 東寺長者補任

九月大 丁亥朔盡

五日、讚岐氏大神ニ從五位下ヲ授ク、 日本紀略

大極殿鳴ル、 日本紀略 扶桑略記

七日、烏、時籤ヲ咋拔ク、 扶桑略記

九日、諸國ノ炎旱ニ依リテ、重陽宴ヲ停ム、 日本紀略 扶桑略記

二十日、陸奥守藤原眞興ノ赴任ニ依リテ、綸旨祿ヲ給ス、 西宮記

法琳寺別當命藤寂ス、 法琳寺別當補任

廿五日、法皇、延曆寺ニ御幸アラセラレ、灌頂ヲ受ケ給フ、 明匠略傳 扶桑略記 日本紀略 我慢抄

是月、越前日野名神ニ從五位下ヲ授ク、 日本紀略

十月大 丁巳朔盡

廿九日、藏人所漢書竟宴、 西宮記

是月、馬形繪幣等ヲ秩父御牧ニ給フ、 西宮記

十一月大 丁亥朔盡

廿三日、賀茂臨時祭、 西宮記

十二月小 丁巳朔盡

十一日、神今食、縫殿寮ノ穢ニ依リテ、御匣殿ヲシテ神事ノ御服ヲ縫ハシム、 西宮記

廿六日、荷前、西宮記

廿七日、諸國司ニ令シテ、例納ノ剰鹽ヲ舂米ニ改メ、更ニ例進外ノ地子稻ヲ加ヘシム、政事要略

是歳、加賀守某、在廳官人等ニ三箇條ノ制ヲ下知ス、朝野群載

僧命蓮、河內信貴山毗沙門堂ヲ建ツ、神皇正統錄 今昔物語 信貴山緣起

延喜十一年

正月大盡 丙戌朔

一日、日食、四方拜、御藥ヲ供ス、日本紀略 百練抄 江次第

親王、公卿等職曹司ニ會飮ス、西宮記

二日、朝賀ヲ停メ、節會ヲ行フ、西宮記

三日、朝覲行幸、御遊抄

四日、東宮朝覲アラセラル、是日、東宮大饗、日本紀略

五日、右大臣光大饗ヲ行フ、日本紀略

六日、山科社ヲ官帳ニ附シ、四度幣ニ預ラシム、本朝月令

七日、七種菜ヲ供ス、和漢合運 公事根源抄

治部卿源近善ヲ從三位ニ敍ス、一代要記

十三日、地震、是日除目、扶桑略記

十八日、賭弓、北山抄

廿一日、內宴ヲ停ム、日本紀略

廿八日、伊勢大神宮攝社田邊氏社ヲ四度幣ニ預ラシム、類聚神祇本源

二月小盡 丙辰朔

二日、梅宮神ニ正三位ヲ、近江小杖神ニ從四位ヲ授ク、日本紀略

七日、參議源當時ニ右兵衞督ヲ兼ネシム、公卿補任

十日、美濃東天神ニ從五位下ヲ授ク、日本紀略

十五日、參議右大辨藤原淸貫ヲ左大辨ニ轉ズ、以下任官差アリ、公卿補任

三月大盡 乙酉朔

二十日、式部少丞菅原淳茂ヲシテ、文章得業生藤原有聲ノ策ヲ問ハシム、類聚符宣抄

廿三日、季御讀經、日本紀略

廿六日、孔雀、雄ナクシテ卵ヲ生ム、日本紀略　扶桑略記

廿八日、加賀瀧神ニ從四位下ヲ授ク、日本紀略

是月、大納言藤原忠平ヲ檢非違使別當ニ補ス、公卿補任　官職祕鈔

四月小乙卯朔盡

一日、平座、日本紀略

十二日、文德天皇ノ皇女源滋子卒ス、一代要記　三代實錄　皇胤系圖

廿六日、建春門ノ修理ニ依リテ、公卿座ヲ改敷セシム、西宮記

廿八日、參議藤原興範等ヲシテ、大宰大貳等ヲ兼ネシム、公卿補任

是月、大宰大貳源悅赴任セザルニ依リテ、位記ヲ收ム、日本紀略　新儀式　北山抄

五月小甲申朔盡

一日、旬、北山抄

四日、勘解由使ヲシテ、交替式ヲ修セシム、類聚符宣抄

十日、大安寺火ス、日本運上錄　興福寺別當次第　一代要記

廿七日、曆博士姓闕ク、千門等、日食ノ誤差ニ依リ怠狀ヲ進ズ、扶桑略記

六月小癸丑朔盡

一日、日食、日本紀略　扶桑略記

十一日、穢ニ依リテ、神今食ヲ停ム、日本紀略

十三日、大藏少丞淸原常松ノ本任掃部允放還ノ責ヲ免ズ、類聚符宣抄

十五日、法皇、亭子院ニ於テ、宴ヲ侍臣ニ賜フ、日本紀略　大鏡裏書　朝野群載

是月、伊勢月次祭穢ニ依リテ延引ス、伊勢公卿勅使雜例

京都洪水、皇年代略記　日本紀略

七月大壬午朔盡

七日、乞巧奠、年中行事祕抄

廿九日、相撲召合、日本紀略 樗嚢抄 仁智要錄 體源抄

三十日、追相撲、日本紀略

八月小 壬子朔盡

九月大 辛巳朔盡

七日、民部少丞大藏常直ノ本任山城放還ノ責ヲ免ズ、類聚符宣抄

九日、重陽宴、日本紀略 西宮記 類聚句題抄

十日、行幸召仰、西宮抄

十六日、大宰大貳藤原興範ノ赴任ニ依リテ、餞ヲ賜フ、公卿補任

廿一日、鷺ノ怪ニ依リテ、御修法ヲ行フ、日本紀略 扶桑略記 明匠略傳 元亨釋書

廿四日、菊花宴、日本紀略

廿六日、季御讀經、日本紀略

十月大 辛亥朔盡

十日、興福寺維摩會、日本高僧傳要文抄 釋家初例抄

廿二日、東宮、始メテ御註孝經ヲ讀ミ給フ、日本紀略 大鏡裏書

十一月大 辛巳朔盡

一日、忌火御膳ヲ供ス、西宮記

廿八日、東宮、諸親王ノ御名ヲ改メ、皇子式明、皇女繁子等ヲ親王ト爲ス、日本紀略 一代要記

十二月小 辛亥朔盡

一日、日食、日本紀略

十一日、神今食、日本紀略 西宮記 北山抄 九條年中行事

十八日、大學寮晋書竟宴、日本紀略

二十日、山城、大和等六箇國ノ日次御贄ヲ定ム、侍中群要

廿五日、別納穀等ヲ立用セズシテ、諸國ノ稅帳ヲ返却セシム、政事要略

廿八日、參議源當時ヲ檢非違使別當ト爲ス、公卿補任

是歲、少內記紀貫之、東宮御屛風ノ和歌ヲ詠進ス、紀貫之集

延喜十二年

正月大盡 庚辰朔

一日、朝賀ヲ停メ、節會ヲ行フ、 日本紀略 西宮記

二日、東宮大饗、 日本紀略

三日、朝覲行幸、 日本紀略

四日、東宮、諸親王參覲アラセラル、 日本紀略 西宮記

五日、右大臣光大饗ヲ行フ、 日本紀略

六日、敍位議、 日本紀略 西宮記

七日、參議藤原清貫ヲ從四位上ニ敍ス、 公卿補任

十一日、地震、 扶桑略記

十三日、死穢、内裏ニ及ブ、 扶桑略記

十四日、御齋會、内論義、 西宮抄

十五日、左中辨橘澄清ヲ右大辨ニ轉ズ、 公卿補任

十七日、射禮、 日本紀略

主税頭阿保經覽卒ス、 古今和歌集目錄 勅撰作者部類 延喜六年日本紀竟宴和歌 古今和歌集

十八日、賭弓、 日本紀略

二十日、左近衛少將藤原恒佐ヲ藏人頭ニ補ス、 職事補任

廿一日、内宴、 日本紀略 西宮抄 北山抄 江談抄

傳燈大法師智鎧ヲ東大寺別當ニ補ス、 東大寺別當次第 東大寺要錄

廿五日、穢ニ依リテ、來月ノ諸祭ヲ停ム、 日本紀略

二月大盡 戊戌朔

二日、仁和寺ニ行幸アラセラル、 日本紀略

四日、祈年祭ヲ停ム、 日本紀略 扶桑略記 西宮記

八日、釋奠ヲ停ム、 日本紀略 小右記

十日、中納言從三位紀長谷雄薨ズ、 日本紀略 公卿補任 菅家文草 三代實錄 菅家御傳記 官職祕鈔 二中歷 西宮記 廣隆寺來由記 紀氏系圖 江談抄 和漢合運 寛平御遺誡 古今著聞集 荏柄天神緣起 桂林遺芳抄 雜言奉和 類聚三代格 本朝文粹 扶桑略記 後撰和歌集 今昔物語 三國傳記 紀中納言繪詞

十一日、列見ヲ停ム、 西宮抄 北山抄

十六日、園韓神祭、 日本紀略

十九日、祈年祭、 日本紀略 西宮記

廿二日、大原野祭、日本紀略
廿三日、春日祭、日本紀略
廿九日、仁王會、日本紀略
是月、大納言藤原忠平等ニ勅シテ、延喜式ノ竣成功ヲ促サシム、延喜式

三月小盡
庚辰朔

三日、御燈、日本紀略
九日、花宴、新儀式
十一日、檢非違使ヲシテ、政ヲ行フ毎ニ、其狀ヲ申サシム、政事要略
十六日、園城寺塔供養、日本紀略
十八日、季御讀經、日本紀略
廿一日、地震、扶桑略記
廿二日、東宮參覲アラセラル、日本紀略

四月大盡
己酉朔

一日、平座、日本紀略
七日、擬階奏、日本紀略　西宮記　北山抄
八日、日光異アリ、日本紀略
備前權介藤原公利、攝津摠持寺ノ鐘ヲ鑄ル、朝野群載
十日、祈雨奉幣、日本紀略
十六日、成選ノ位記ヲ授ク、日本紀略
廿八日、駒牽、江次第
三十日、光孝天皇ノ皇女源周子卒ス、日本紀略　三代實錄

五月小盡
己卯朔

一日、旬、北山抄　西宮記
五日、節會、日本紀略
名社十五大寺ヲシテ、疾疫ヲ祈禳セシム、日本紀略
十五日、少僧都觀賢ヲ東寺法務ニ、律師禪安ヲ同權法務ニ補ス、釋家初例抄　東寺長者補任
廿三日、賑給、日本紀略

閏五月小戊申朔盡

一日、日食、日本紀略 扶桑略記

五日、近江ノ正税ヲ以テ、叡山楞嚴三昧院ノ佛燈供米ニ充ツ、日本高僧傳要文抄 山門堂舍記

六月小丁丑朔盡

二日、祈雨奉幣、日本紀略

三日、彗星見ル、日本紀略 扶桑略記 諸道勘文 中右記

五日、貞頼親王、近江津田莊ヲ叡山西塔院ニ施入セラル、叡岳要記

十日、穢ニ依リテ、御體御卜ヲ建春門外ニ行フ、日本紀略 園太暦

十一日、穢ニ依リテ月次祭、神今食ヲ停ム、日本紀略

十五日、月次祭、神今食、日本紀略

廿六日、仁王會、日本紀略

是夏、左近衞中將藤原定方ヲシテ、雷鳴陣ヲ解カシム、西宮記

七月大丙午朔盡

四日、廣瀨龍田祭、祈雨奉幣、西宮記

廿七日、相撲召合、日本紀略 西宮抄

廿九日、追相撲、日本紀略 樗嚢抄 西宮記 北山抄

八月小丙子朔盡

二日、釋奠、北山抄 江次第

十二日、季御讀經、日本紀略

廿三日、天長格抄ヲ勘解由使ニ貸給セシム、類聚符宣抄

廿四日、信濃駒牽、西宮記 樗嚢抄

九月大乙巳朔盡

七日、神泉苑ヲ實檢ス、日本紀略

九日、重陽宴、日本紀略 西宮記 北山抄

十一日、例幣ヲ停ム、日本紀略

十七日、伊勢例幣、日本紀略

十九日、雉、左衞門陣ニ集ル、日本紀略 扶桑略記

十月大盡 乙亥朔

一日、旬、日本紀略 西宮記

十一日、任終年ノ雜米返抄ハ、舊ニ復シ、當任ヲシテ辨請セシム、江次第抄

是月、菊花ヲ御覽アラセラル、新勅撰和歌集

十一月小盡 乙巳朔

一日、日食、日本紀略

二日、御暦奏、樗嚢抄

二十日、大原野祭、日本紀略

十二月大盡 甲戌朔

六日、伊勢臨時奉幣、日本紀略

十五日、律師慈念寂ス、日本紀略

十九日、是ヨリ先、京中火アリ、是日、罹災者ニ米ヲ賜フ、扶桑略記

廿二日、中納言源湛上表ス、公卿補任

參議藤原定方、尚侍藤原滿子四十ノ算ヲ賀ス、貫之集

是歲、是忠親王ノ男清平王ニ源朝臣ノ姓ヲ賜フ、源氏系圖

參議藤原定方四十ノ賀算ヲ行フ、貫之集 日本紀略

延喜十三年

正月大盡 甲辰朔

一日、節會、朝賀、日本紀略 西宮記

六日、敍位議、日本紀略 西宮記

七日、白馬節會、敍位、大納言從三位藤原忠平ヲ正三位ニ敍ス、西宮記 台記 北山抄 三節會次第 公卿補任

十一日、女敍位、日本紀略

十二日、卯杖ヲ上ル、日本紀略 西宮記

十四日、男踏歌、西宮記 河海抄

十六日、女踏歌、日本紀略 西宮記

十八日、雨ニ依リテ賭弓ヲ延引ス、西宮抄

十九日、賭弓、日本紀略

廿一日、內宴、日本紀略 西宮抄 撰集祕記

廿五日、除目、外記政始、西宮記

廿八日、除目、日本紀略　新儀式　公卿補任

二月大甲戌朔盡

十日、鹿島使官符請印、西宮記

十一日、列見ヲ停ム、日本紀略

十七日、列見、日本紀略

廿三日、安藝守高橋良成ノ罪狀ヲ勘ヘシム、日本紀略　本朝文粹

廿五日、赦後在任ノ吏ニハ、赦前ノ雜怠ヲ宥免セシム、政事要略

廿六日、上召使眞髮部常雄ニ、上日ヲ給セシム、類聚符宣抄

廿九日、殿上賭弓、日本紀略

三月小甲辰朔盡

六日、貞平親王薨ズ、日本紀略　一代要記　三代實錄　尊卑分脈　大和物語　後撰和歌集　拾遺和歌集

十二日、右大臣正二位源光薨ズ、尋デ正一位ヲ贈ル、日本紀略　公卿補任　三代實錄　歷代編年集成　神皇正統記　小右記　扶桑略記　宇治拾遺物語　拾遺和歌集

十三日、亭子院歌合、亭子院歌合　袋草紙　河海抄

十五日、季御讀經、日本紀略

廿二日、神位記、人位記請印、西宮記

四月小癸酉朔盡

七日、臨時旬、日本紀略

十一日、近江竹生島僧慶照等銅鐘ヲ鑄ル、竹生島緣起

十五日、大納言藤原忠平ヲシテ、右大將ヲ兼ネシム、以下兼任差アリ、公卿補任

廿二日、齋院御禊、西宮記

廿三日、賀茂祭、西宮記

五月大壬寅朔盡

一日、日食、日本紀略

三日、僧寬蓮、勅ヲ奉ジテ碁式ヲ撰進ス、花鳥餘情

四日、諸道得業生課試ノ期ヲ定ム、日本紀略　類聚符宣抄

五日、藥玉ヲ供ス、河海抄

二十日、賑給施米等ノ使ヲ定ム、西宮記

廿六日、神泉苑ニ行幸アラセラル、扶桑略記 新儀式 江次第

是月、比叡山隨自意堂ニ燈油、幷ニ僧供料ヲ寄ス、叡岳要記

藤原在衡、省試ニ及第ス、朝野群載 公卿補任

六月小 壬申朔盡

八日、恬子内親王薨ズ、古今集序註 日本紀略 古今和歌集目錄 三代實錄 伊勢物語 高階氏系圖

十一日、神今食、西宮抄 北山抄

十四日、郡司召、西宮記

十九日、乳ノ分配ヲ定ム、侍中群要

是夏、旱魃、扶桑略記 日本高僧傳要文抄

七月小 辛丑朔盡

一日、番奏、日本紀略 西宮記

三日、祭主大中臣安則ヲシテ、年穀ヲ祈ラシム、西宮記

八日、諸社奉幣、日本紀略 西宮抄

十三日、律師叡南寂ス、日本紀略

廿六日、相撲召合、日本紀略 九條年中行事

廿七日、相撲拔出、樗嚢抄 西宮記

廿八日、追相撲、日本紀略 西宮記

八月大 庚午朔盡

一日、京都大風、樹木ヲ折リ、屋舍ヲ破ル、日本紀略 後愚昧記

五日、神位記、僧任符ニ捺印ス、是日、罹災者ヲ賑給ス、西宮記 日本紀略 扶桑略記 後愚昧記 文德實錄

九日、釋奠、内論義、日本紀略 西宮記

十四日、鵄、侍從所ノ鼠ヲ捕フ、扶桑略記 日本紀略

廿三日、主税寮ヲシテ、式ニ依リ過分ノ不堪田ヲ勘ヘシム、政事要略

九月小 庚子朔盡

九日、諸國風水ノ害アルニ依リテ、節會ヲ停ム、是

日、陽成院歌合、　日本紀略　西宮記　九條年中行事　北山抄　陽成院歌合

十一日、伊勢例幣、　日本紀略

十六日、上野駒牽、　西宮記　政事要略

廿七日、中納言藤原定方ヲ遣シテ、齋宮柔子内親王ノ病狀ヲ慰問セシム、日本紀略

十月大盡　己巳朔

一日、旬、　西宮記

八日、更衣藤原能子ヲ女御ト爲ス、　日本紀略　一代要記

九日、勸子内親王ノ御裳著ニ依リテ、凡河内躬恒ヲシテ和歌ヲ詠進セシム、　躬恒集

十三日、菊合、　扶桑略記　歴代編年集成　古今著聞集　新古今和歌集　玉葉和歌集　新拾遺和歌集　夫木和歌集　躬恒集

十四日、尚侍從三位藤原滿子ニ四十ノ賀ヲ賜ヒ、正三位ニ敍ス、　日本紀略　一代要記　俊成卿九十賀記　新古今和歌集　兼輔卿集　貫之集　躬恒集

十五日、法皇、亭子院ニ文人ヲ召シテ詩ヲ賦セシメ給フ、　日本紀略　江談抄

廿五日、故僧正聖寶ノ門徒ヲシテ、醍醐寺中ノ雜務ヲ領知セシム、　伊呂波字類抄

十一月小盡　己亥朔

一日、日食、　日本紀略

七日、京都大風、屋舍ヲ破ル、　日本紀略　扶桑略記

九日、勘解由使ヲシテ、前肥前守小野保衡ノ雜怠ヲ勘判セシム、　政事要略

十日、從七位下大宅臣安直ヲ權挑文師ニ補ス、　類聚符宣抄

十二月大盡　戊辰朔

九日、菊合、負態アリ、　古今著聞集

十五日、大學寮晋書竟宴、　日本紀略

十九日、御佛名、　日本紀略　東寺長者補任　政事要略　西宮記　公事根源抄

廿三日、小鳥群飛ス、　扶桑略記

三十日、年穀登ラザルニ依リテ、明年ノ朝賀ヲ停ム、 日本紀略

是歳、東大寺安居布施稻ヲ以テ、寺家ノ修理料ニ充テシム、 東大寺要錄

左少辨從五位下菅原高視卒ス、 菅原氏系圖 葉黃記 菅家御傳記 政事要略

延喜十四年

正月大 戊戌朔盡

一日、朝賀ヲ停ム、 日本紀略 扶桑略記 續日本後紀

三日、朝覲行幸、 御遊抄

七日、參議從四位下橘澄淸ヲ從四位上ニ敍ス、 公卿補任

十二日、除目、中納言藤原道明ニ東宮傅ヲ兼ネシム、 公卿補任 西宮抄

十四日、御齋會、內論義、是日、僧綱ヲ任ズ、 日本紀略 西宮記

二十日、內宴ヲ停ム、 日本紀略

廿七日、豐受大神宮禰宜等、新撰本系帳ヲ上ル、 皇字沙汰文

二月大 戊辰朔盡

八日、東宮、法皇ニ參覲アラセラル、 西宮記

十五日、詔シテ封事ヲ上ラシム、 西宮記 北山抄

少僧都由性寂ス、 釋家初例抄 古今和歌集目錄 大和物語 菅家文草

廿三日、楊子內親王薨ズ、 日本紀略 皇胤系圖 一代要記 三代實錄

廿七日、犬、屍ヲ人家ニ咋入ル、 本朝世紀

三月小 戊戌朔盡

三日、權律師禪安寂ス、 釋家初例抄 日本紀略 東寺長者補任

五日、近江權守橘良殖、重ネテ崇福寺ニ傳法供料ヲ施入ス、 扶桑略記

四月大 丁卯朔盡

一日、日食、 日本紀略

二日、罹災ノ百姓ヲ賑給ス、　中右記
八日、灌佛、　日本紀略　江次第
十日、箇子內親王薨ズ、　日本紀略　一代要記　三代實錄　皇胤系圖
十二日、箇子內親王薨奏、　西宮記　北山抄
十三日、大神祭、　西宮記　北山抄
廿六日、調庸檢納ノ制ヲ改ム、　政事要略
廿八日、式部大輔三善淸行、意見封事十二箇條ヲ上ル、　扶桑略記　本朝文粹　山槐記

五月小　丁酉朔盡

二日、左京數百戶災ス、　日本紀略　扶桑略記　政事要略　神皇正統錄
三日、罹災者ニ米鹽ヲ賜フ、　扶桑略記
七日、刑部少錄眞髮部良助等ノ本任放還ノ責ヲ免ゼシム、　類聚符宣抄
十二日、參議兼陸奧出羽按察使正三位藤原有實薨ズ、　日本紀略　公卿補任　三代實錄　類聚國史
十五日、祈雨奉幣、　扶桑略記

六月大　丙寅朔盡

一日、美服ヲ禁ジ、禁色ノ制ヲ嚴ニス、　日本紀略
十五日、洪水、　日本紀略

七月小　丙申朔盡

廿八日、童相撲、　日本紀略　西宮抄

八月大　乙丑朔盡

八日、諸國雜田ヲ返進セシメ、其地子稻ヲ以テ正稅ニ混合セシム、又諸國剩田ニ七分法ヲ置キ、地子田ヲ以テ租田ニ混合スルヲ禁ジ、諸國地子帳、式例、及ビ、地子交易物價ヲ定ム、　政事要略
十三日、大納言從三位源湛致仕ス、　公卿補任　一代要記
十五日、太政官厨家年中例用ノ雜事式例、又諸國例進外地子稻ヲ充テ行フ例、及ビ諸國例進地子雜物晦料油、雜穀等ヲ定メ、式例等ノ公文ヲ備ヘ

置カシム、政事要略
十六日、伊勢奉幣、扶桑略記
十九日、童相撲、負態アリ、日本紀略　西宮記
廿五日、除目、大納言藤原忠平ヲ右大臣ニ任ズ、日本紀略　扶桑略記　公卿補任　一代要記　西宮抄　新儀式
廿九日、少外記小野美實ヲシテ、撰式所ニ候セシム、類聚符宣抄

九月小乙未朔盡

九日、重陽宴、日本紀略

十月小甲子朔盡

三日、大嘗會ノ記文等ヲ撰式所ニ貸給セシム、類聚符宣抄
十四日、中納言藤原清貫ニ按察使ヲ兼ネシム、公卿補任
十六日、官曹事類等ヲ勘解由使ニ貸給セシム、類聚符宣抄
廿三日、雷公祭試樂、西宮記

十一月大癸巳朔盡

一日、日食、日本紀略
廿五日、皇子時明長明等ヲ親王ト爲ス、日本紀略　一代要記

十二月小癸亥朔盡

廿五日、法皇、大内記紀貫之ヲシテ、女四宮御屛風ノ和歌ヲ詠進セシメ給フ、貫之集
是歲、鎭守府將軍藤原利平ノ赴任ニ依リ、支子染褂ヲ賜フ、侍中群要
諸寺年分度者ノ奏ヲ停ム、九條年中行事　北山抄
右大臣忠平、多武峯聖靈院ヲ改造ス、多武峯略記
文章生藤原在衡、鞍馬寺ノ鐘ヲ鑄ル、拾遺往生傳　鞍馬蓋寺緣起

延喜十五年

正月大壬辰朔盡

一日、節會、雨ニ依リテ朝賀ヲ停ム、是日、御曆奏等アリ、日本紀略　西宮記

三日、東宮、諸親王參覲アラセラル、 日本紀略

七日、參議正四位藤原淸經ヲ從三位ト爲ス、 公卿補任

十二日、卯杖ヲ上ル、 日本紀略 西宮記

十七日、射禮、 日本紀略

十九日、典侍正四位下滋野直子卒ス、尋デ從三位ヲ贈ル、 日本紀略 三代實錄 寛平御遺誡 河海抄

二十日、右大臣忠平ノ男實賴元服ス、 日本紀略

廿一日、內宴、 日本紀略 北山抄 公卿補任

二月大盡 壬戌朔

三日、參議藤原保忠ノ母廉子女王五十ノ算ヲ賀シ給フ、 貫之集 公卿補任

十日、春日祭使ヲ發遣ス、是日、信濃、上野介藤原厚載殺害セラレシ狀ヲ奏ス、 日本紀略 西宮記

廿三日、凡河內躬恒ヲシテ、御屛風ノ和歌ヲ詠進セシム、 躬恒集

廿七日、武藏飛驛使來ル、 日本紀略

閏二月小盡 壬辰朔

廿五日、大內記紀貫之等ニ勅シテ、齋院御屛風ノ和歌ヲ詠進セシム、 貫之集 躬恒集

三月大盡 辛酉朔

一日、日食、 日本紀略

八日、亭子院ニ行幸アラセラル、 扶桑略記 園太曆

廿一日、中納言藤原定方、三河守某ヲ餞ス、 躬恒集

廿五日、武藏、上野介藤原厚載ヲ殺害セシ輩ヲ捕フト奏ス、 日本紀略

四月大盡 辛卯朔

七日、擬階奏、 扶桑略記

十二日、疾疫ニ依リテ、十一社ニ仁王經ヲ讀マシム、 扶桑略記

十五日、成選ノ位記ヲ授ク、 北山抄

十六日、齋院恭子內親王御禊、 日本紀略

十八日、齋院ノ穢ニ依リテ、幣物等ヲ祓棄セシム、 西宮記

十九日、賀茂祭、 日本紀略 西宮記

三十日、叡山ノ僧、千部金光明經ヲ供養ス、 慈覺大師傳

更衣從五位上藤原鮮子卒ス、 日本紀略 本朝皇胤紹運錄

五月小 辛酉朔 盡

四日、故更衣藤原鮮子ノ喪家ニ絹布ヲ賜フ、是日、齋院恭子內親王、母ノ喪ニ依リテ退下アラセラル、 日本紀略 齋院記

六日、淑景舍顚倒ス、死穢アルニ依リテ御讀經ヲ停メラル、 日本紀略 扶桑略記

十三日、筑後正六位上斯禮賀志命神ニ從五位下ヲ授ク、 高良社文書

廿一日、致仕大納言從三位源湛薨ズ、 日本紀略 公卿補任 三代實錄 職事補任 菅家文草 雜言奉和 拾芥抄

廿二日、參議從三位藤原清經薨ズ、 日本紀略 尊卑分脈 公卿補任 三代實錄 類聚國史 官職秘鈔

廿八日、炎旱ニ依リテ、囚徒ヲ免ズ、 扶桑略記

六月大 庚寅朔 盡

一日、穢中、忌火御膳ヲ供ス、 西宮記

十日、御體御卜、 日本紀略

十一日、神今食、 日本紀略 西宮記 北山抄 禁秘抄

二十日、炎旱、疫癘ニ依リテ、御讀經ヲ修セシム、 日本紀略

廿四日、御修法、五龍祭アリ、 扶桑略記 日本紀略

廿五日、中納言藤原清貫ヲシテ右衛門督ヲ兼ネシム、以下任官差アリ、 公卿補任 一代要記

廿八日、御修法僧觀賢等ニ度者ヲ賜フ、 東寺長者補任

七月小 庚申朔 盡

五日、日光異アリ、 日本紀略 扶桑略記

七日、乞巧奠、是日、諸國ヲシテ、毎年調帳ヲ穀倉院ニ進ゼシム、 江次第 政事要略

十三日、出羽、灰ヲ雨シ農桑枯損スト奏ス、 扶桑略記

十九日、皇女宣子内親王ヲ齋院ト爲ス、 日本紀略
齋院記 北山抄
廿四日、祈雨奉幣、 扶桑略記
廿八日 相撲召合、 日本紀略 北山抄 樗嚢抄
廿九日、追相撲、 日本紀略 西宮記 權記
是月、恣ニ鴨河、東堀河ヲ堰キテ、材木ヲ運漕スル
コトヲ禁ズ、 本朝世紀

八月大盡 己丑朔

十日、釋奠、內論義、 西宮記
十一日、定考、 北山抄
十五日、信濃駒牽、 西宮抄 樗嚢抄
十六日、烏ノ怪アリ、 扶桑略記
十七日、烏ノ怪ニ依リ、御占ヲ行ハシム、 扶桑略記
十九日、左近衛中將良岑衆樹ヲ藏人頭ニ補ス、 職
事補任
廿三日、天變疾疫ニ依リ、外記ヲシテ、御祈ノ例ヲ
勘ヘシム、 扶桑略記 日本紀略

九月小盡 己未朔

一日、日食、 日本紀略
七日、諸社ニ奉幣シテ、疾疫ヲ祈禳セシム、 扶桑略
記 西宮記 園太暦 日本紀略 本朝世紀 左經記
九日、旱損疾疫ニ依リテ、重陽宴ヲ停ム、
日本紀略 扶桑略記 左經記 西宮記
十一日、伊勢例幣、上野駒牽、 西宮記 樗嚢抄 本朝世紀
北山抄
廿二日、清和天皇ノ女御藤原佳珠子、大納言源道
明六十ノ算ヲ賀セラル、 貫之集
廿五日、諸社、諸寺ヲシテ、疱瘡赤痢ノ病災ヲ祈禳
セシム、 扶桑略記 類聚符宣抄 日本紀略

十月小盡 戊子朔

十一日、御疱瘡ニ依リ、天台座主法眼和尚位増命
ヲシテ、玉體ノ御平穩ヲ祈ラシム、 日本紀略 扶桑略記
十六日、疱瘡ノ流行ヲ除カンガ爲メニ、大祓御讀
經等ヲ行ハセラル、 日本紀略 文德實錄 三代實錄

廿二日、左兵衛府穢アリ、 園太暦

廿六日、疱瘡ノ厄アルニ依リテ、大赦ヲ行ヒ、未進ノ調庸、幷ニ今年ノ半徭ヲ免ズ、 日本紀略

十一月大盡 丁巳朔

五日、雪見參、 日本紀略

八日、前齋院恭子内親王薨ズ、 日本紀略 一代要記 齋院記 西宮記 中右記

十日、穢ニ依リテ、新嘗祭、園韓神祭ヲ停ム、 園太暦 本朝世紀

十三日、熊野別當慶玄寂ス、 熊野山別當次第

十四日、恭子内親王薨奏、是日、喪家ニ賻物等ヲ賜フ、 日本紀略

廿一日、左兵衛佐源敏相ノ死穢アルニ依リテ、五節舞姫ヲ停ム、是日、天台座主增命ヲ少僧都ニ任ズ、 日本紀略 政事要略 伊勢集 本朝皇胤紹運錄 北山抄 天台座主記

廿二日、鎭魂祭ヲ停ム、 本朝世紀

廿三日、新嘗祭ヲ停ム、 園太暦 北山抄

廿五日、新嘗祭停止ニ依リ、見參ヲ點シテ祿ヲ給フ、 北山抄 權記 政事要略

十二月小盡 丁亥朔

一日、興福寺別當眞覺寂ス、 日本紀略 興福寺寺務次第

八日、受領功過ヲ勘フル期ヲ定ム、 類聚符宣抄 西宮抄

十日、穢ニ依リテ、御體御卜ヲ延引ス、 西宮記

十一日、穢ニ依リテ、神今食ヲ延引ス、 西宮記

十三日、啓内内舍人、治部省丞等ヲ以テ、荷前使内舍人代ト爲ス、 類聚符宣抄

十五日、大納言源昇、藤原道明ヲシテ、官文書ヲ奏セシム、 公卿補任

十七日、史生ヲシテ、外記ノ長案ヲ書寫セシム、 類聚符宣抄

十九日、宮内省ニ於テ、鎭魂祭ヲ行フ、 本朝世紀

二十日、神今食、 西宮記 江次第 北山抄 年中行事抄

廿三日、荷前、御佛名始、　西宮記　北山抄　樗嚢抄　年中行事抄　類聚符宣抄　政事要略

廿八日、前大和守甘南備扶持ノ本任放還ノ責ヲ免ゼシム、　類聚符宣抄

是月、僧基繼ヲ興福寺別當ニ補ス、　興福寺寺務次第　歴代編年集成

是歳、少納言不參ニ依リ、少將ヲシテ内印ヲ行ハシム、　西宮記

僧世指寂ス、　東寺長者補任

延喜十六年

正月大　丙辰朔盡

一日、節會、疱瘡ノ災ニ依リテ、朝賀ヲ停ム、　日本紀略　西宮記　北山抄　江次第

二日、東宮大饗、　小右記

三日、朝覲行幸、　北山抄

七日、史生道島滋蔭ニ、臨時役ニ從フノ間上日ヲ給セシム、　類聚符宣抄

十九日、賭弓、　日本紀略

二十日、疱瘡ノ災ニ依リテ、内宴ヲ停ム、　日本紀略

廿五日、除目、　西宮抄　西宮記　公卿補任

廿八日、上野貫前名神ニ從二位ヲ授ク、以下諸神ニ位ヲ授クルコト差アリ、　扶桑略記　北山抄

二月小　丙戌朔盡

十日、藤氏長者忠平、始メテ走馬、神馬ヲ春日社ニ奉ル、　年中行事抄　春日小社記

廿八日、右大臣正三位忠平ヲ從二位ニ敍ス、　公卿補任　西宮記

三月大　乙卯朔盡

一日、日食、　日本紀略

三日、御燈、是日、法皇ノ御賀ニ依リテ、試樂、賑給アリ、　日本紀略　新儀式　中右記

五日、舞、御馬ヲ御覽アラセラル、　日本紀略

七日、朱雀院ニ行幸アラセラレ、法皇五十ノ算ヲ

賀シ給フ、 日本紀略　西宮記　新儀式　花鳥餘情　類從雜要抄　河海抄　尊卑分脈

八日、大納言源昇、僧如無等ニ法皇御賀ノ賞ヲ給フ、 日本紀略　公卿補任　新儀式

十九日、亭子院ニ行幸アラセラル、是日、亭子院御厩舍人時實、主馬署舍人秦吉繼ヲ傷ク、 扶桑略記　政事要略

四月大 乙酉朔盡

一日、旬、 江次第

五日、少僧都增命ヲ大僧都ト爲シ、少僧都觀賢ヲ權大僧都ト爲ス、 北山抄　天台座主記　東寺長者補任　日本高僧傳要文抄

廿一日、東宮、始メテ官奏ニ參リ給フ、 北山抄　西宮記

廿八日、五體不具穢ノ制ヲ定ム、 小野宮年中行事　神祇道服紀令秘抄

是月、郡司讀奏、 北山抄

五月小 乙卯朔盡

一日、旬、 西宮記

三日、雹降ル、 日本紀略

五日、節會ヲ停ム、 日本紀略

七日、貞純親王薨ズ、 日本紀略　三代實錄　本朝皇胤紹運錄　尊卑分脈

九日、外記政、 西宮記

十五日、叡山僧徒、圓仁ノ本願阿彌陀佛ヲ供養ス、 慈覺大師傳

十九日、貞數親王薨ズ、 一代要記　尊卑分脈　三代實錄　伊勢物語　伊勢物語愚見抄　後撰和歌集

二十日、光孝天皇ノ皇女源源子卒ス、 一代要記

廿二日、中納言藤原定方等、鴨河堤ヲ巡檢ス、 日本紀略　本朝世紀

廿三日、法皇ノ御息所藤原褒子ニ位記ヲ賜フ、 西宮記

廿六日、繁子內親王薨ズ、 日本紀略　一代要記　三代實錄

是月、仁王會ヲ定ム、 西宮記

六月大 甲申朔盡

二日、亀卜長上ヲ以テト部代ト爲シ、御卜所ニ奉仕セシム、 類聚符宣抄

四日、圍碁ヲ御覽アラセラル、 西宮記

九日、臨時伊勢使ヲトセシム、 類聚符宣抄

十日、大外記伴久永等、本任放還ノ責ヲ免ズ、 類聚符宣抄

十一日、月次祭、神今食、是日、伊勢臨時奉幣使ヲ發遣ス、 西宮記 北山抄

十二日、石清水、賀茂兩社ニ臨時奉幣使ヲ發遣ス、 日本紀略

廿五日、相撲司ヲ任ズ、 西宮記

廿六日、權律師無空寂ス、 歴代皇紀 東寶記 東寺長者補任 元亨釋書 日本往生極樂記 今昔物語

廿九日、祈雨奉幣、 扶桑略記

七月小 甲寅朔 盡

三日、參議從三位宮内卿十世王薨ズ、是日、檢非違使、罪人ノ犯狀ヲ勘フ、 日本紀略 公卿補任 三代實錄 政事要略

四日、廣瀬龍田祭、是日、丹生、貴布禰社ニ奉幣シテ雨ヲ祈ル、 西宮記

五日、越後守藤原遠成ヲシテ、本任ノ解由ヲ待タズ、任符ニ請印セシム、 類聚符宣抄

六日、諸社ニ奉幣シテ雨ヲ祈ル、 日本紀略

七日、御庚申、是日、亭子院ニ於テ歌合アリ、 西宮記 百練抄 顯昭古今集註 亭子院有心無心歌合

十三日、文章博士八多貞紀ヲシテ、春秋穀梁傳ヲ講ゼシム、 日本紀略

八月大 癸未朔 盡

三日、筑前早良郡ニ犢ノ怪アリ、 日本紀略

六日、釋奠、内論義、 西宮記

十二日、下野ノ罪囚藤原秀郷等ヲ配流セシム、 日本紀略

十三日、右大臣忠平ニ秩父ノ御馬ヲ賜フ、 河海抄

廿二日、大宰府、犢ノ怪ヲ奏ス、 日本紀略

廿五日、宇佐使ヲ發遣ス、 西宮記

廿八日、上野駒牽、 政事要略

九月大盡 癸丑朔

一日、日食、 日本紀略

八日、大雨ニ依リテ、明日ノ神泉苑行幸ヲ停メ給フ、 撰集秘記

九日、重陽宴、 日本紀略 本朝文粋 類聚句題抄 江次第

廿七日、朱雀院行幸ニ依リテ、文人等ヲ召候セシム、 類聚符宣抄

廿八日、朱雀院ニ於テ、競馬ヲ御覧アラセラル、是日、擬文章生ノ試アリ、 日本紀略 桂林遺芳抄 新儀式

十月小盡 癸未朔

一日、旬、 西宮記 政事要略

二日、殿上ノ装束ヲ改ム、是日、諸儒ヲシテ擬文章生ノ詩ヲ判セシム、 西宮記 日本紀略

三日、太政官、大納言源昇、藤原道明等病ニ依リテ仕ヘザル状ヲ奏ス、 西宮記

九日、上召使長背遠満ニ、上日ヲ給セシム、 類聚符宣抄

廿二日、東宮御元服アラセラレ、故時平女東宮ニ参入ス、是日、女叙位アリ、 日本紀略 西宮記 東宮御元服部類記 北山抄 扶桑略記 小右記 新儀式 河海抄 大鏡

廿三日、東宮、法皇ニ謁シ給フ、 西宮記

廿四日、東宮宣旨在原方子等、叙位ノ慶ヲ奏ス、 西宮記 北山抄

廿五日、東宮、法皇御給ノ御馬ヲ御覧アラセラル、 西宮記

廿七日、上野大掾藤原連江ヲ勘問セシ状ヲ奏ス、 日本紀略

廿九日、宮中怪アルニ依リテ、大僧都増命ヲ召シテ之ヲ祈禳セシム、 和漢合符 皇代記

十一月大盡 壬子朔

一日、御暦奏、 北山抄

廿六日、大僧都増命ニ御衣ヲ賜フ、 扶桑略記

廿七日、克明親王御元服、慶子內親王御著裳ノ儀アリ、 日本紀略 親王元服部類記 新儀式

十二月小 壬午朔盡

八日、罪囚上毛野良友等ヲ捕ヘシム、 日本紀略

九日、傳燈大法師位貞壽ニ阿闍梨位ヲ授ク、 東寺要集

十七日、法皇、東宮ノ內舍人等ヲシテ、荷前使ヲ奉仕セシメラル、 類聚符宣抄

廿一日、敦慶親王、法皇五十ノ御算ヲ賀シテ、壽命經ヲ書寫セラル、 日本紀略

廿九日、入道眞寂親王ノ王子某卒ス、 小野宮年中行事

是歳、神寶佛舍利ヲ諸社ニ奉ル、 西宮記

善法寺ヲ建ツ、 空華文集 伊呂波字類抄

傳燈大法師智鎧ヲ律師ニ任ズ、

常平所錢ヲ以テ米ヲ購フ、 西宮記

罹災者ヲ賑給ス、 西宮記

內藏寮過狀ヲ進ル、 西宮記

多武峯講堂ヲ修理ス、 多武峯略記

竹生島沙彌豐祐、多寶塔ヲ建立ス、 竹生島緣起

延喜十七年

正月小 辛亥朔盡

一日、節會、 日本紀略 西宮記

七日、白馬節會、是日參議正四位下藤原仲平ヲ從三位ニ敍ス、 日本紀略 台記 公卿補任

八日、女敍位、 日本紀略

十四日、男踏歌、 日本紀略 河海抄

十八日、賭弓、 日本紀略

廿一日、入道眞寂親王王子ノ卒去ニ依リ、錫紵ノ有無ヲ定メシム、 小野宮年中行事

廿二日、內宴延引、是日、勘文ノ過失ニ依リ、右少史高行ヲシテ過狀ヲ進ゼシム、 扶桑略記 西宮記

廿三日、內宴、 日本紀略 江談抄

廿四日、朝覲行幸、 日本紀略 御遊抄 年中行事抄

廿九日、參議藤原仲平ヲ中納言ニ任ス、以下任官差アリ、 公卿補任

二月大盡 庚辰朔

三日、律師玄昭寂ス、日本紀略 皇代曆 明匠略傳 三代實錄 扶桑略記 拾遺往生傳 天台南山無動寺建立和尚傳 天台座主記

八日、釋奠、是日、外記政アリ、西宮記

九日、中納言藤原仲平ニ春宮大夫、左兵衛督ヲ兼ネシム、公卿補任

二十日、右兵衛志多治有行、曆博士等ト本年朔旦冬至ノ有無ヲ論爭ス、扶桑略記

廿七日、季御讀經、是日、服喪中ナル文章得業生ヲ貢擧セシム、江次第 西宮記

三十日、近衛次將等ノ過怠ヲ勘ヘシム、西宮記

三月小盡 庚戌朔

一日、日食、日本紀略

六日、花宴、河海抄 禁祕抄

十三日、威儀師代ヲ廢ス、西宮記

十六日、六條院ニ行幸アラセラル、是日、但馬介橘秘樹ノ本任ノ放還ヲ待タズシテ任符ニ請印セシム、西宮記 年中行事抄 河海抄 御遊抄 拾芥抄 類聚符宣抄

二十日、殿上賭弓、是日、河内守源清平赴任スルニ依リ白褂ヲ賜フ、河海抄 西宮記

廿三日、京都氷降ル、扶桑略記

四月大盡 乙卯朔

五日、齋院司ヲ任ズ、西宮記

十一日、武藏守藤原高風ノ本任ノ放還ヲ待タズシテ任符ニ請印セシム、類聚符宣抄

十三日、修行僧、瀧原宮神館ニ死ス、大神宮雜事記

十六日、齋院宣子内親王、野宮ニ入ラセラル、西宮記 日本紀略

廿二日、累代書法ヲ御書所ヨリ宜陽殿ニ返納セシム、花鳥餘情 西宮記

廿八日、駒牽、日本紀略

廿九日、元長、元利兩親王御元服アラセラル、日本紀略 西宮記 親王元服部類記

是月、土佐守酒井人眞卒ス、 古今和歌集目録 大和物語 古今和歌集

五月小 己酉朔 盡

三日、永ク小五月會ヲ停ム、 小野宮年中行事 年中行事抄

五日、左近衛府騎射、 日本紀略 西宮記

十日、朔旦冬至ノ有無ヲ定ム、 扶桑略記

二十日、参議三善清行ニ宮内卿ヲ兼ネシム、 公卿補任 小右記

廿七日、参議従四位上藤原枝良卒ス、 日本紀略 公卿補任 三代實錄

六月大 戊寅朔 盡

十日、御體御卜、 日本紀略

十一日、月次祭、神今食、是日、伊勢臨時奉幣アリ、 西宮記

十二日、諸社臨時奉幣、 扶桑略記

七月大 戊申朔 盡

□日、廣瀬龍田祭、是日、祈雨ニ依リテ諸社ニ幣帛使ヲ發遣ス、 小右記

七日、乞巧奠、 東宮年中行事

十二日、龍穴社奉幣、是日、御讀經ヲ修ス、 扶桑略記

十四日、盂蘭盆供、 西宮記

廿三日、東大寺ヲシテ、尾張中島郡莊田ヲ領掌セシム、 東大寺要錄

廿八日、相撲召合、 日本紀略

廿九日、追相撲、 日本紀略

八月小 戊寅朔 盡

十一日、定考、 西宮記

十五日、信濃駒牽、是日、光孝天皇ノ皇女源深子薨ズ、 本朝世紀 日本紀略 一代要記 三代實錄

廿三日、傳燈大法師位會理ヲシテ、東大寺毗沙門天等ノ像ヲ檢セシム、 東大寺要錄

廿八日、左近衛少將藤原兼輔ヲ藏人頭ニ補ス、 藏人補任

是月、加賀介紀貫之ヲシテ和歌ヲ詠進セシム、貫之集

九月大盡 丁未朔

一日、日食、扶桑略記

七日、上皇、武藏小野牧ノ御馬ヲ內裏ニ進セラル、日本紀略 樗嚢抄

八日、大宰府、異賊來寇アルベキノ狀ヲ奏ス、日本紀略

九日、重陽宴、日本紀略

廿三日、法皇、石山寺ニ御幸アラセラル、皇代曆 躬恒集 石山寺緣起

是月、朱雀院ニ行幸アラセラル、日本紀略

大藏省ノ墨、荒革ヲ以テ、東大寺毗沙門天等ノ修理料ニ充ツ、東大寺要錄

是秋、大極殿ニ於テ、季御讀經ヲ行フ、本朝世紀

旱魃、群盜起ル、日本紀略

十月大盡 丁丑朔

六日、法皇、大納言源昇七十ノ算ヲ賀シ給フ、日本紀略 公卿補任

十一日、例幣、小野宮年中行事 撰集祕記

閏十月小盡 丁未朔

五日、殘菊宴、新儀式 新續古今和歌集 續後拾遺和歌集 兼輔卿集

十九日、北野ニ御遊覽アラセラル、日本紀略 歷代編年集成 新儀式 後撰和歌集 僻案抄

廿六日、備後、白鹿ヲ獻ズ、日本紀略

十一月大盡 丙子朔

一日、冬至、是日、參議正四位下兼彈正大弼藤原興範卒ス、日本紀略 政事要略 本朝文粹 江次第 新儀式 公卿補任 三代實錄 西宮記 類聚三代格 雜言奉和

三日、大納言藤原道明、道澄寺ノ鐘ヲ鑄ル、道澄寺鐘銘

四日、文章生宗岡秋津課試ニ及第ス、江談抄

十四日、敍位議始、小右記 新儀式

十六日、新嘗祭、政事要略

十七日、豊明節會、敍位、大納言從三位藤原道明ヲ正三位ニ敍ス、是日、朔旦冬至ニ依リテ恩赦ヲ行フ、 政事要略 日本紀略 公卿補任

十九日、尙侍藤原滿子ヲ從二位ニ敍ス、 小右記 一代要記

廿三日、詔書覆奏、是日、方略試アリ、 北山抄 類聚符宣抄

十二月小 丙午朔 盡

一日、東大寺火アリ、 扶桑略記 東大寺要錄 東大寺別當次第 源平盛衰記

四日、法皇、東大寺ニ御幸アラセラレ、諷誦ヲ修シ給フ、 日本紀略

五日、東大寺ノ衆僧ニ錦ヲ賜フ、 日本紀略 東大寺要略

十日、請印アリ、 西宮記

十三日、荷前延引、 西宮記

十五日、荷前、 北山抄 小野宮年中行事

十七日、陰陽寮漏刻ノ水凍結スルニ依リテ、政時ヲ申サズ、 日本紀略

十九日、供御井泉涸ル、仍リテ造酒司外酒ヲ以テ水ニ代フ、是日、上皇、冷泉院ノ池水ヲ開放セシメラレ諸人ヲシテ之ヲ汲マシメ給フ、 日本紀略

二十日、神泉苑ノ泉水ヲ開放シ、諸人ヲシテ之ヲ汲マシム、 日本紀略

廿五日、參議三善清行、深紅ノ衣服ヲ禁ゼンコトヲ請フ、是日、長門ノ丹、胡粉ヲ以テ、東大寺毗沙門天等ノ修理料ニ充ツ、 政事要略

廿六日、祭主大中臣安則ヲシテ、雨ヲ祈ラシム、是日、元日ノ日食ニ依リテ明年ノ朝賀ヲ停ム、 日本紀略 扶桑略記

廿八日、暦博士葛木宗公、權暦博士大春日弘範等ヲシテ、元日日食ノ有無ヲ對問セシム、 扶桑略記 日本紀略 北山抄

是歲、東宮、漢書ヲ學士大藏善行ニ受ケ給フ、 政事要略

臨時競馬、 江次第

加賀介紀貫之等、御屏風ノ和歌ヲ詠進ス、 夫木和歌集 躬恒集

勘解由使ヲシテ、前上總介紀眞助等ノ解由ヲ勘判セシム、 政事要略

近江別浦八幡宮雷火ニ燒亡ス、 別浦八幡宮緣起

延曆寺定心院十禪師成意寂ス、 日本往生極樂記

延喜十八年

正月小 乙亥朔 盡

一日、日食ニ依リテ、朝賀、節會ヲ停ム、 日本紀略 扶桑略記 百練抄 西宮記

七日、白馬節會、 台記 妙音院相國白馬節會次第

十二日、除目、 西宮記

十七日、射禮、 日本紀略 西宮記

十八日、賭弓、是日、觀音供ヲ行フ、 日本紀略 年中行事祕抄

廿一日、內宴、 日本紀略

二月大 甲辰朔 盡

二十日、神泉苑ニ行幸アラセラレ、競馬ヲ覽給フ、 花鳥餘情 新儀式 江次第

廿四日、僧延敞僧觀宿ヲ權律師ニ任ズ、 東寺長者補任 密宗血脈鈔

廿六日、朝覲行幸、 西宮記

廿九日、龍穴社ニ、讀經僧度者ヲ給フ、 祈雨日記

是月、美濃介紀貫之ヲシテ、勤子內親王御着裳料御屏風歌ヲ詠ゼシム、 貫之集

三月小 甲戌朔 盡

一日、空海入唐請來ノ聖敎卅帖册子ヲ御覽アラセラル、 東寶記

十九日、火色ヲ禁ズ、 日本紀略 政事要略

廿八日、造東大寺講堂使長官等ヲ補ス、 日本紀略 東大寺要錄 東大寺供養記

四月大 癸卯朔 盡

六日、左右將監ヲシテ、平野祭ノ見參ヲ取ラシム、 小野宮年中行事

廿六日、紀貫之、東宮御屛風ノ歌ヲ詠進ス、 貫之集

五月小 癸酉朔盡

七日、外記長案ヲ右辨官抄符所ニ貸付ス、 類聚符宣抄

十六日、諸國相撲遲參ノ責ヲ科ス、 小野宮年中行事

廿五日、少外記葛井清明ヲシテ、撰式所ニ候セシム、 類聚符宣抄

六月大 壬寅朔盡

十日、御體御卜、是日、淑景舍ニ犬ノ死穢アリ、 日本紀略 西宮記

十一日、神今食、 日本紀略 西宮記

外宮禰宜外從五位下度會冬雄卒ス、 度會氏系圖 大神宮例文

十二日、穢ニ依リテ御齋ナキ時、解齋手水等ヲ供スルヲ停ム、 西宮記

二十日、實數ニ依リテ、損不堪田ヲ奏セシム、是日、造東大寺講堂使判官等ヲ補シ、罪人林勝共等ヲ流ス、 政事要略 東大寺要錄

廿四日、雷、東寺ニ震シ、金堂ヲ燒ク、 扶桑略記

廿八日、東大寺解除會、 東大寺要錄

廿九日、大納言正三位源昇薨ズ、 日本紀略 公卿補任 類聚國史 三代實錄 河海抄 古今和歌集 後撰和歌集

七月小 壬申朔盡

十四日、治部卿從三位源近善薨ズ、 日本紀略 三代實錄 類聚國史 一代要記

廿七日、相撲召合、 日本紀略 西宮記

廿八日、追相撲、 日本紀略 西宮記

八月大 辛丑朔盡

一日、日食、 日本紀略

二日、兵庫少屬勝安並ノ本任放還ノ責ヲ免ズ、 類聚符宣抄

七日、釋奠、 躬恒集 北山抄

十五日、造東大寺講堂使算師ヲ補ス、 東大寺要錄

十三日、室生龍穴神ニ從四位下ヲ授ク、是日、右大臣忠平、法華八講ヲ五條第ニ行フ、 祈雨日記 日本紀略 扶桑略記

十六日、京都風雨屋舍ヲ破ル、

十七日、淀川洪水、是日、法皇、寛空等ニ灌頂ヲ授ケ給フ、 日本紀略 扶桑略記 東寺長者補任 仁和寺御傳

二十日、御庚申、是日霖雨ニ依リテ、御占ヲ行ヒ、武藏牧司姓闕ク道行ニ衾ヲ給フ、 扶桑略記 西宮記

九月大盡 辛未朔

九日、重陽宴、 日本紀略 西宮記 類聚句題抄

十六日、大納言藤原道明ニ民部卿ヲ兼ネシム、 公卿補任

十七日、右衞門醫師深根輔仁掌中要方ヲ撰ス、 日本紀略 本朝書籍目錄

廿九日、彈正少弼橘方用ノ本任放還ノ責ヲ免ズ、 類聚符宣抄

刑部卿從三位源長猷薨ズ、 日本紀略 尊卑分脈 一代要記 三代實錄

十月小盡 辛丑朔

一日、旬儀、是日、彗星見ハル、 西宮記 一代要記 中右記

二日、外記政、 西宮記

八日、朱雀院ニ行幸アラセラル、 花鳥餘情 西宮記

九日、宮人、殘菊宴ヲ設ク、 躬恒集

十五日、大宰府、壹岐島長比賣社等ノ怪異ヲ奏ス、是日、故刑部卿源長猷薨奏アリ、 扶桑略記

十六日、權大僧都觀賢、贈大僧正空海ニ諡號ヲ賜ハランコトヲ請フ、 高野大師廣傳

十七日、御鎰、韓櫃等ノ鏁ヲ修理セシム、 北山抄

十九日、北野ニ行幸アラセラル、 扶桑略記 西宮記 新儀式 躬恒集

廿二日、未ダ解由ヲ得ザル者ヲ任用スルノ誤ヲ執申セシム、 類聚符宣抄

廿六日、圖書寮ヲシテ、毎年太政官長案ノ料紙ヲ進ラシム、 類聚符宣抄

十一月大盡 庚午朔

三日、無動寺相應寂ス、 日本紀略 天台南山無動寺建立和尚傳 法華驗記 宇治拾遺物語 門葉記 耀天記 日吉山王新記

廿日、法皇、寛照等ニ灌頂ヲ授ケ給フ、 三寶院傳法灌頂私記

十二月大盡 庚子朔

四日、圖書寮、寮中不仕ノ料ヲ以テ、太政官長案料紙ヲ打ツノ用ニ充テラレンコトヲ請フ、 類聚符宣抄

七日、參議宮內卿從四位下三善清行卒ス、 日本紀略 公卿補任 三代實錄 江談抄 本朝文粹 西宮記 類聚符宣抄 神皇正統記 政事要略 寺德集 類聚三代格 伊呂波字類抄 空華文集 扶桑略記 撰集抄 三國傳記 今昔物語 十訓抄

十一日、神今食、 日本紀略

廿二日、曆博士ヲシテ、明年元日ノ日食ニ廢務スベキヤ否ヤヲ勘申セシム、 扶桑略記

廿八日、明年正月ノ朝賀ヲ停ム、 扶桑略記

是冬、備前掾藤原在衡對策及第ス、 朝野群載

是歲、正五位下橫山明神ニ從四位下ヲ授ク、 類聚符宣抄

延喜十九年

正月小盡 庚午朔

一日、節會、日食ニ依リテ朝賀ヲ停メ、是日、小朝拜ヲ復舊ス、 扶桑略記 西宮記 和漢合符 北山抄 江次第抄 年中行事歌合

四日、右大臣忠平大饗ヲ行フ、 北山抄 愚味記

七日、白馬節會、 日本紀略

十六日、踏歌節會、 日本紀略

十七日、射禮、 日本紀略

廿一日、內宴、是日、女御藤原能子ヲ從四位下ニ敍ス、 日本紀略 北山抄 西宮抄 撰集祕記

廿八日、中納言藤原定方ニ按察使ヲ兼ネシム、以下任官差アリ、 公卿補任

二月大盡 己亥朔

六日、代明親王元服シ給フ、 御遊抄 親王元服部類記 西宮記

九日、內裏死穢アリ、 北山抄 年中行事祕抄

三月小盡 己巳朔

三日、穢ニ依リテ、御燈ヲ停ム、 北山抄 江次第 年中行

事祕抄

是月、右近衛少將從五位下藤原季繩卒ス、尊卑分脈
大和物語　古今著聞集

四月小 戊戌朔盡

十七日、侍從厨別當ヲ補ス、類聚符宣抄

廿一日、穢ニ依リテ、齋院御禊ヲ止ム、日本紀略

廿二日、齋院御禊、權記

廿四日、賀茂祭使掌侍守子ノ乘車ヲ聽ス、西宮記

五月小 丁卯朔盡

十八日、季御讀經結願、西宮記

廿三日、武藏、前權介源任ノ濫行ヲ奏ス、扶桑略記

六月大 丙申朔盡

三日、參議良峯衆樹ニ治部卿ヲ兼ネシム、以下兼任差アリ、公卿補任

十一日、月次祭、神今食、穢ニ依リテ延引ス、西宮記
北山抄

十七日、祈雨御讀經、扶桑略記

廿一日、內裏穢アリ、西宮記　北山抄

廿二日、伊勢奉幣、扶桑略記　北山抄

廿四日、炎旱ニ依リテ御卜ヲ行フ、是日、致齋前穢アル時、神事ヲ行フ例ヲ定ム、扶桑略記　九條年中行事

廿六日、月次祭、神今食、西宮記　北山抄　江次第

廿八日、龍穴社奉幣、幷ニ請雨經法ヲ修ス、扶桑略
記　東寺長者補任

廿九日、山陵ニ奉幣シテ伐木ヲ謝ス、扶桑略記

三十日、百僧ヲ大極殿ニ請ジテ、仁王經ヲ轉讀セシム、日本紀略

七月小 丙寅朔盡

四日、廣瀨龍田祭、是日、十三社祈雨奉幣、西宮記

五日、日月光ヲ失フ、是日、金剛般若經ヲ大僧都增命ヨリ受讀アラセラル、扶桑略記

七日、雨降ル、是日、法華經ヲ大僧都增命ヨリ受讀アラセラル、日本紀略　僧綱補任　皇代曆

十二日、樂所人ヲシテ、習フ所ノ曲ヲ奏セシム、
西宮記

十三日、率ヲ立テ、田租ノ未納ヲ徴納セシム、政事要略
十六日、交易唐物使當麻有業孔雀ヲ獻ズ、日本紀略 扶桑略記
廿六日、相撲召合、日本紀略 西宮記
廿七日、追相撲、日本紀略

八月大盡 乙未朔

三日、大僧都增命ニ度者、幷ニ布施ヲ賜フ、扶桑略記 寺門高僧記 西宮記
十三日、大納言藤原道明、右近衞大將ヲ辭ス、公卿補任
十五日、筥崎宮、始メテ放生會ヲ修ス、和漢合符
廿二日、右大臣忠平ノ室源順子、忠平ノ四十ノ算ヲ賀ス、日本紀略
廿七日、近衞以東、二條以北ノ井泉涸ル、扶桑略記
廿八日、擬文章生惣落ニ依リテ、預判博士ヲ召問ス、北山抄
是月、女御穩子歌合、夫木和歌集

九月大盡 乙丑朔

一日、天長格抄ヲ撰式所ニ貸付ス、類聚符宣抄
八日、內裏穢アリ、日本紀略
九日、諸國不堪佃ヲ奏スルニ依リテ、重陽宴ヲ停ム、日本紀略
十一日、例幣、日本紀略 西宮記 本朝世紀 園太曆
十三日、除目、是日、月宴アリ、公卿補任 躬恒集 中右記
十七日、始メテ醍醐寺ニ座主ヲ置キ、權大僧都觀賢ヲ座主ニ補ス、東寺長者補任 醍醐寺緣起
十九日、金剛峯寺撿挍ヲ以テ、永ク東寺一長者ニ附セシム、東寺長者補任

十月大盡 乙未朔

一日、諸國凶歉ニ依リテ、旬儀ヲ停ム、北山抄
九日、光孝天皇ノ皇女源奇子卒ス、一代要記 三代實錄
十一日、女御藤原穩子、右大臣忠平ノ四十ノ算ヲ賀ス、日本紀略 貫之集

十七日、山城正税稲ヲ以テ、相甞祭料ニ充テシム、朝野群載

十八日、始メテ葛川寺ニ法華八講ヲ行フ、門葉記

廿五日、看督長ヲシテ、罪人ヲ刑部省ニ送ラシム、政事要略

十一月小乙丑朔盡

二日、空海入唐請來ノ聖教三十帖册子ヲ東寺ノ經藏ニ安置セシム、日本紀略　東寺要集　密宗血脈抄

九日、權大僧都觀賢ヲシテ、眞言法文ノ來由ヲ勘進セシム、東寺要集

十六日、五節舞姫ノ試アリ、江次第

十八日、若狹、渤海客ノ來著ヲ奏ス、扶桑略記

廿一日、賀茂臨時祭、人長上毛野曉實ニ靑摺ヲ賜フ、是日、法皇、若狹ノ解文ヲ御覽アラセラル、西宮記　扶桑略記

廿五日、渤海客行事辨等ヲ定ム、扶桑略記

是月、文章博士菅原淳茂ヲシテ、漢書ヲ進講セシム、扶桑略記

十二月大甲午朔盡

五日、式部少丞橘惟親、直講依智秦廣助ヲ存問渤海客使ニ補ス、扶桑略記

七日、權律師觀宿ヲ東大寺別當ニ補ス、東寺長者補任　東大寺別當次第

十六日、渤海客饗宴ノ舞人等ヲ定ム、扶桑略記

廿一日、御佛名、是日、導師雲晴ヲ權律師ニ任ズ、日本紀略　西宮記　政事要略

廿四日、越前ニ令シテ、渤海客ヲ安置供給セシム、扶桑略記

廿五日、勸學院、宴ヲ設ケテ右大臣忠平四十ノ算ヲ賀ス、日本紀略　公卿補任

廿八日、官厨家、右大臣忠平ノ四十ヲ賀ス、日本紀略

是歲、美濃介紀貫之勅ニ依リテ、女御穩子屛風ノ和歌ヲ詠進ス、貫之集

違期到來ノ相撲人ヲ獄ニ下ス、九條年中行事

豐前ニ正覺寺ヲ建ツ、宇佐宮託宣集

中納言藤原仲平、筑前ニ安樂寺ヲ建ツ、 僧綱補任 閫中抄

大學頭從五位上紀淑望卒ス、 古今和歌集目錄 類聚符宣抄 延喜六年日本紀竟宴和歌 古今和歌集

延喜二十年

正月大 甲子朔盡

一日、日食、 日本紀略 百練抄

三日、朝覲行幸、 御遊抄

六日、右大臣忠平等ノ不參ニ依リテ、敍位ノ議ヲ停ム 日本紀略 西宮記

七日、白馬節會、是日、大納言藤原道明ヲ勘當ス、 西宮記

十四日、御齋會竟、 東寺長者補任 御質抄

廿六日、內舍人良岑清幹ヲシテ、亭子院ニ候セシム、 類聚符宣抄

三十日、除目、中納言藤原定方ヲ大納言ニ任ズ、 公卿補任 西宮記

二月小 甲午朔盡

三日、春日祭、 小野宮年中行事

五日、越中守姓闕ク惟親、越後守姓闕ク忠紀、幷ニ赴任ノ由ヲ奏ス、 西宮記

十五日、讃岐正六位上天津高結槻本地祇ニ從五位下ヲ授ク、 類聚符宣抄

廿七日、遠江守某赴任ス、 躬恒集

廿八日、參議橘良殖卒ス、 日本紀略 尊卑分脈 公卿補任

三月大 癸亥朔盡

廿二日、渤海客ニ時服ヲ賜フ、 扶桑略記 朝野群載

廿八日、常陸介福實範ノ本任ノ放還ヲ待タズ、任符ニ請印セシム、 類聚符宣抄

是月、咳病流行ス、 日本紀略

四月小 癸巳朔盡

十日、大神祭使ヲ發ス、 小野宮年中行事 北山抄

十四日、齋院宣子內親王御禊、 小野宮年中行事

十七日、賀茂祭ヲ停ム、 西宮記

二十日、渤海客ヲ存問ス、 日本紀略

是月、内裏穢アルニ依リテ、奉幣使ヲ左衞門陣ヨリ發遣ス、 本朝世紀

法皇ノ皇子雅明御誕生アラセラル、 一代要記 大鏡裏書 本朝皇胤紹運錄

五月小盡 壬戌朔

五日、渤海客入京ノ日等ヲ定ム、 扶桑略記

能書ニ依リ小野道風昇殿ヲ聽ス、 藏人補任

七日、漢語者大藏三常ヲ通事ト爲ス、 扶桑略記

八日、渤海客入京ス、 日本紀略 扶桑略記

十日、渤海大使裴璆ニ正三位ヲ授ク、 日本紀略 朝野群載

十一日、渤海大使裴璆朝貢ス、 日本紀略 扶桑略記

十二日、渤海客ヲ饗ス、 日本紀略 扶桑略記 扶桑集

十五日、渤海大使裴璆別貢物ヲ進ス、 扶桑略記

十六日、渤海客ヲ饗シ、答信物ヲ賜フ、 日本紀略 扶桑略記

十七日、法皇、書ヲ渤海大使裴璆ニ賜フ、 日本紀略

十八日、太政官、返牒ヲ渤海大使裴璆ニ與フ、 日本紀略

是月、鴻臚館ニ於テ渤海大使裴璆等ヲ餞ス、 本朝文粹 扶桑集

六月小盡 辛卯朔

八日、齋院宣子内親王、病ニ依リテ退出シ給フ、 河海抄

十日、御體御卜、 北山抄

十四日、諸國社寺ニ奉幣轉經シテ、災異ヲ祈禳セシム、是日、文章得業生大江朝綱ヲシテ、渤海大使ノ贈物ヲ返サシム、 日本紀略 法曹類林 扶桑略記

十七日、大納言正三位藤原道明薨ズ、 日本紀略 皇代曆 公卿補任 河海抄 貫之集 道澄寺鐘銘 江談抄

廿二日、文章得業生大江朝綱、渤海大使ニ贈ル書ヲ奏ス、 扶桑略記

廿六日、右大臣忠平、渤海客逗留ノ狀ヲ奏ス、 扶桑略記

廿八日、逋留ノ渤海客ヲ越前ニ置カシム、 扶桑略記 日本紀略

閏六月大 庚申朔盡

九日、賀茂齋院宣子內親王薨ズ、 日本紀略 一代要記 齋院記 西宮記 河海抄

式部卿是忠親王出家シ給フ、 日本紀略 本朝皇胤紹運錄 尊卑分脈

二十日、鞍馬寺別當峯延寂ス、 拾遺往生傳 鞍馬蓋寺緣起

廿八日、近江史生丸部安澤ノ本任放還ノ責ヲ免ズ、 類聚符宣抄

七月小 庚寅朔盡

十日、熊野別當長仁寂ス、 熊野山別當次第

十四日、祈雨奉幣、 扶桑略記

十九日、伊勢臨時奉幣、 扶桑略記

是月、旱魃、幷ニ咳病ニ依リテ、相撲ヲ止ム、 日本紀略 樗嚢抄

瓜ヲ侍從所ニ賜フ、 年中行事抄 西宮記

若狹守從五位下藤原尹衡卒ス、 尊卑分脈

八月大 己未朔盡

九日、穢中釋奠ヲ行フ、 年中行事抄

二十日、祈雨奉幣定、 扶桑略記

齋院宣子內親王ノ薨去ニ依リテ、御卜、幷ニ賀茂社ニ奉幣アリ、 扶桑略記 日本紀略 小右記

九月大 己丑朔盡

一日、神泉苑御修法結願、 西宮抄 祈雨日記 江次第

九日、諸國損不堪、幷ニ咳病等ニ依リテ、重陽宴ヲ停ム、 日本紀略 政事要略

廿一日、除目、 公卿補任

廿四日、參議從四位上良峯衆樹卒ス、 日本紀略 良峯氏系圖 公卿補任 大鏡 貫之集

十月小 己未朔盡

一日、番奏アリ、 西宮記 政事要略

二日、左右檢非違使府生ヲシテ、罪人ヲ刑部省ニ

移送セシム、 政事要略

廿八日、御匙ノ辛櫃、怪ニ依リテ御占アリ、 扶桑略記

十一月大 戊子朔盡

十四日、猿女ヲ補スル例ヲ定ム、 西宮記

十七日、皇女韶子、康子等ヲ內親王ト爲ス、 日本紀略 一代要記 大鏡裏書

廿一日、十二社奉幣、 扶桑略記

廿五日、五節舞姫ノ試アリ、 江次第

是月、大和從五位上瀧倉明神ニ從四位下ヲ、肥前正六位上東屋明神、同大神明神ニ從五位下ヲ授ク、 類聚符宣抄

十二月大 戊午朔盡

十一日、神今食、 北山抄

十四日、東大寺阿彌陀藥師兩堂ノ雜物ヲ、羂索院雙倉ニ納メシム、 東大寺別當次第

十五日、穢中荷前使ヲ發ス、 西宮記 小野宮年中行事 樗嚢抄

二十日、諸節會、幷ニ蕃客入朝ノ時、衞府五位以上ノ代官ヲ用フル例ヲ定ム、

廿八日、皇子高明等ニ源姓ヲ賜フ、 日本紀略 類聚符宣抄 一代要記 公卿補任

造東大寺講堂等ノ料ヲ諸國ニ充テシム、 東大寺要錄

是月、筑後從五位下斯禮賀志命神ニ從四位下ヲ授ク、 高良社文書

是歲、親ラ王昭君ノ曲ヲ作リ給フ、 體源抄

右近衞少將藤原忠房ヲシテ、催馬樂譜ヲ作ラシム、 郢曲相承次第

東寺食堂千手觀音ノ像ヲ修理ス、 東寶記

壹岐守春道列樹卒ス、 勅撰作者部類 古今和歌集目錄 古今和歌集 後撰和歌集

僧淨藏、唐僧長秀ノ父ノ病ヲ加持ス、 扶桑略記 拾遺往生傳

延喜廿一年

正月大 戊子朔盡

一日、朝賀ヲ停メテ節會ヲ行フ、 扶桑略記
四日、重明親王等拜覲シ給フ、 西宮記
七日、白馬節會、敍位、大納言從三位藤原定方ヲ正三位ニ敍ス、是日、勅書覆奏アリ、 日本紀略 北山抄 西宮記 公卿補任
十五日、權大僧都觀賢、後七日御修法ノ卷數ヲ進ス、 後七日法記
十八日、賭弓、 日本紀略
二十日、諸國不堪佃等ニ依リテ、內宴ヲ停ム、 日本紀略
廿五日、勘解由使內外官交替式ヲ奏進ス、是日、故時平ノ子敦忠、殿上ニ於テ元服ヲ加フ、 本朝書籍目錄 日本紀略 西宮記 柱史抄 新儀式
三十日、除目、 公卿補任 貫之集

二月小 戊午朔 盡

三日、春日祭、 江次第 江次第抄
五日、皇子源高明等ヲ左京一條ニ貫ス、 類聚符宣抄
七日、法皇、幷ニ御息所褒子、春日社ニ詣デ給フ、 躬恒集 拾遺抄 歷代編年集成
十四日、參議藤原恒佐ヲ檢非違使別當ト爲ス、 公卿補任
廿五日、韶子內親王ヲ齋院ト爲ス、 日本紀略 齋院記 北山抄
廿七日、正五位下横山明神ニ從四位下ヲ授ク、其他諸神ノ加階差アリ、 類聚符宣抄

三月大 丁亥朔 盡

八日、左近衞少將平伊望ヲ藏人頭ニ補ス、 職事補任 藏人補任
十三日、大納言藤原淸貫ニ皇太子傅ヲ兼ネシム、 公卿補任
廿八日、文章博士平文貞ヲシテ、省試ノ判ニ署セザルヲ辨申セシム、 北山抄
是月、京極御息所褒子歌合、 袋草紙 夫木和歌集 顯註密勘

四月小 丁巳朔盡

五月小 丙戌朔盡

四日、中納言從三位源當時薨ズ、 日本紀略 類聚雜例 公卿補任 類聚國史 三代實錄

十三日、式部少錄矢田部公望ヲシテ、御書所ニ候セシム、 類聚符宣抄

廿三日、御息所藤原桑子卒ス、 日本略紀 大和物語 兼輔卿集 拾遺和歌集 一代要記

六月小 乙卯朔盡

一日、日食、 日本紀略

七日、道澄寺ニ於テ、故大納言藤原道明ノ追福法事ヲ修ス、 類聚雜例

十一日、穢ニ依リテ、月次祭、神今食延引ス、 類聚雜例 西宮記

廿一日、八幡若宮託宣アリ、 河海抄 宇佐宮託宣集

七月大 甲申朔盡

四日、左衞門少尉伴高成ヲシテ、雀部三枝丸等ヲ以テ、清海吉則犯罪ノ證人トスルノ可否ヲ勘申セシム、 政事要略

九日、神今食、 西宮記 北山抄

廿八日、相撲召合、 日本紀略 西宮記 權記 小野宮年中行事

廿九日、追相撲、雨ニ依リテ延引ス、 日本紀略 西宮記 樗嚢抄

三十日、追相撲、 日本紀略 西宮記 樗嚢抄

八月小 甲寅朔盡

十日、伊勢臨時奉幣、 園太曆

十三日、權律師玄日寂ス、 日本紀略

是月、天台座主增命座主ヲ辭ス、 天台座主記

九月大 癸未朔盡

七日、交替使ノ代官ヲシテ政ヲ申サシム、 類聚符宣抄

九日、重陽宴、 日本紀略 西宮抄 西宮記

廿五日、東宮參內アラセラル、 類聚符宣抄

十月小 癸丑朔盡

二日、權大僧都觀賢、重ネテ贈大僧正空海ニ諡號ヲ賜ハランコトヲ請フ、 高野大師廣傳

四日、御讀經、 西宮記

十八日、雅樂寮ノ舞ヲ御覽アラセラル、 日本紀略 扶桑略記 新儀式 西宮記 古今著聞集

廿七日贈大僧正空海ニ弘法大師ノ諡號ヲ賜フ、 日本紀略 東寺長者補任 高野大師廣傳 北山抄 本朝神仙傳

十一月大盡壬午朔

四日、近江崇福寺火アリ、 日本紀略 扶桑略記

廿一日、鎭魂祭、 日本紀略

廿二日、新嘗祭、 日本紀略 江次第

廿四日、重明親王等、元服シ給フ、 日本紀略 御遊抄 後撰和歌集

廿七日、御衣一襲ヲ空海ノ廟ニ賜フ、 高野山奧院興廢記 弘法大師行狀集 平家物語

十二月大盡壬子朔

一日、日食、 日本紀略

九日、北野行幸、 日本紀略 新儀式 北山抄

十三日、荷前使延引、 西宮記

十四日、右大臣忠平ヲシテ、私第ニ於テ不堪佃田ノ事ヲ行ハシム、 北山抄

十七日、皇子雅明ヲ親王ト爲ス、 日本紀略 大鏡裏書

是月、荷前、 北山抄

是歲、石清水奉幣、 西宮記

皇孫慶頼王誕生シ給フ、 大鏡裏書

僧良勇ヲ園城寺長吏ニ補ス、 僧官補任

齋宮ノ召ニ應ゼザルニ依リテ、神宮權大司姓闕ク良扶ノ釐務ヲ停ム、 西宮記

延喜廿二年

正月大盡壬午朔

一日、雨ニ依リテ、朝賀ヲ停ム、 扶桑略記

七日、敍位、 公卿補任

十四日、男踏歌、 日本紀略

十六日、女踏歌、 日本紀略

廿一日、內宴、 日本紀略 北山抄

廿五日、河原院ニ行幸アラセラル、 日本紀略

二月小 壬子朔盡

二日、公卿ノ上日ヲ奏スル例ヲ定ム、是日、諸國受領吏ノ赴任セザル者ヲ實檢セシム、 西宮抄 類聚符宣抄 北山抄

四日、祈年祭、大原野祭、 北山抄

八日、春日祭使ヲ發遣ス、

貞頼親王薨ズ、 日本紀略 本朝皇胤紹運錄 一代要記 三代實錄 四大寺傳記 叡岳要記

十一日、列見、 西宮抄

三月大 辛巳朔盡

六日、松尾月讀社長官伊伎雪雄卒ス、 松尾社家伊伎氏系圖

九日、踏歌後宴、是日、散位紀貫之ヲシテ、明日ノ藤原乙牟漏國忌ニ不參セシム、 日本紀略 河海抄 西宮記 類聚符宣抄

二十日、雅明親王ノ巡給ヲ寛平親王ノ例ニ准ゼシム、是日、圖書寮不仕料ヲ以テ、太政官長案料紙ヲ打ツノ用度ニ充テシム、 魚魯愚鈔 類聚符宣抄

四月小 辛亥朔盡

五日、祭主大中臣安則ヲシテ、京中ノ病厄ヲ祈ラシム、 園太暦

七日、擬階奏、 九暦

十七日、穢ニ依リテ、賀茂祭ヲ停ムルノ可否ヲトセシム、 西宮記

廿一日、賀茂祭ノ停止ニ依リテ、大祓ヲ行ハシム、 西宮記

廿二日、主計少屬惟宗有向ヲ算得業生史戶忠則等ヲ試ム博士ト爲ス、 類聚符宣抄

廿三日、賀茂祭ヲ停ム、 西宮記 勘仲記

五月大 庚辰朔盡

五日、病厄ニ依リテ、節會ヲ停ム、 扶桑略記

十五日、天台座主增命ヲ罷ム、 天台座主記 扶桑略記

廿九日、病厄ニ依リテ、仁王經ヲ轉讀セシム、日本紀略 扶桑略記

六月小 庚戌朔盡

五日、新羅金州都統甄萱使輝函等ヲ廻却ス、扶桑略記 本朝文粹

十日、穢中、御體御卜ヲ奏ス、園太暦

廿一日、洪水ノ難ニヨリテ、齋王離宮院ヨリ二宮ニ参入アラセラル、大神宮雜事記

七月小 己卯朔盡

十四日、炎旱ニ依リテ、神泉苑ニ、請雨經法ヲ修セシム 扶桑略記

十九日、炎旱ニ依リテ御卜アリ、是日、請雨經修法ニ二箇日ヲ加フ 扶桑略記

廿七日、相撲召合、日本紀略 西宮抄 樗嚢抄

廿八日、追相撲、日本紀略

八月大 戊申朔盡

三日、東寺ニ命シ、孔雀經法ヲ修シテ雨ヲ祈ラシム、北山抄

五日、内供奉十禪師良勇ヲ天台座主ト爲ス、日本紀略 天台座主記

八日、法皇、天台座主良勇ニ日供、幷ニ年分度者ヲ賜フ、扶桑略記

十一日、定考、釋奠、内論義、北山抄 西宮記

廿二日、學生藤原尹甫ニ文章生試宣旨ヲ下ス、類聚符宣抄

九月小 戊寅朔盡

一日、在原宗家ヲシテ、甲乙相告グルノ時、共ニ召問スルノ可否ヲ勘申セシム、政事要略

二日、越前、渤海客ヲ安置スルノ状ヲ奏ス、扶桑略記

四日、信濃望月駒牽、西宮記 政事要略

九日、諸國ノ不堪佃ニ依リテ、重陽宴ヲ停ム、日本紀略

是秋、大極殿ニ於テ、季御讀經ヲ修セシム、 本朝紀

十月大盡 丁未朔

一日、旬、 西宮記 北山抄

十四日、齋宮寮火アリ、 扶桑略記

十七日、烏ノ恠異ニ依リテ、御占ヲ行フ、是日、齋宮寮ノ失火ニ依リテ、伊勢臨時奉幣アリ、 扶桑略記

廿一日、虹、侍從所ニ現ハル、是日、檢不堪風水使ヲ定ム、 扶桑略記

十一月小盡 丁丑朔

四日、長子內親王薨ズ、 日本紀略 皇胤系圖

廿二日、賀茂臨時祭還立、 西宮記

一品式部卿是忠親王薨ズ、 日本紀略 一代要記 公卿補任 三代實錄 西宮記 拾遺往生傳 拾芥抄

廿四日、大原野祭穢ニ依リテ延引ス、 日本紀略

是月、錫紵ヲ著御アラセラル、 新儀式

十二月大盡 丙午朔

十日、御體御卜、 西宮記

十一日、月次祭、神今食、穢ニ依リテ延引ス、 西宮記

十四日、月次祭、是日、釆女不足ニ依リテ、俄ニ神今食ヲ停ム、 西宮記

十五日、神今食ヲ停ムルニ依リテ、大祓ヲ行フ、 西宮記

是冬、北堂漢書講竟、 本朝文粹

是歲、違期到來ノ相撲人ヲ獄ニ下ス日數ヲ定ム、 九條年中行事

延長元年

正月大盡 丙子朔

三日、東宮、法皇ニ參覲アラセラル、

十二日、權中納言從三位藤原保忠ヲ正三位ニ敍シ、參議從四位上藤原恒佐ヲ從三位ニ敍シ、權中納言ニ任ズ、 公卿補任

十四日、男踏歌、 河海抄

廿一日、祭主大中臣安則ヲシテ、咳病ヲ祈禳セシム、是日、參議藤原兼茂ニ左兵衞督ヲ兼ネシム、 日本紀略 古今和歌集目錄

廿七日、臨時御讀經、 日本紀略 扶桑略記

是月、豐受大神宮禰宜等、本系帳ヲ注進ス、 皇字沙汰文

二月小 丙午朔盡

四日、祈年祭、 西宮記

九日、諸國ヲシテ咳病ヲ祈禳セシム、 扶桑略記

十日、慶子內親王薨ズ、 日本紀略 親王元服部類記 一代要記 皇胤系圖

廿四日、右衞門權少志惟宗公方ヲ明法得業生試問博士ト爲ス、 類聚符宣抄

廿九日、左少史小槻當平ヲ外記代ト爲ス、 類聚符宣抄

是月、筑後大多良男神、大多良咩神等ニ從五位下ヲ授ク、 高良社文書

三月大 乙亥朔盡

六日、天台座主內供奉良勇寂ス、 扶桑略記 歷代編年集成 天台座主記 四大寺傳記

七日、北堂漢書竟宴、 日本紀略 扶桑集

參議從四位下兼右兵衞督藤原兼茂卒ス、 日本紀略 扶桑略記 公卿補任 古今和歌集目錄 朝野群載 古今和歌集

九日、殿上賭弓、 河海抄

廿一日、大赦ヲ行フ、 日本紀略 醍醐寺雜事記 西宮記

皇太子保明親王薨ズ、 日本紀略 一代要記 大鏡裏書 立坊次第 北山抄 續古今和歌集 貫之集 古今和歌集 大鏡 後撰和歌集

廿七日、保明親王ヲ文彥ト諡シ、御送葬アリ、仍リテ御服ヲ著シ給フ、是日、大僧都增命ヲ召シ、聖體ヲ保護セシム、 日本紀略 北山抄 類聚雜例 護持僧記 扶桑略記

廿九日、烏、官廳梁上ニ巣クフ、 扶桑略記

四月大 乙巳朔盡

一日、旬、 西宮記 小右記

八日、烏ノ怪ニ依リテ、官廳ニ於テ金剛般若經ヲ讀マシム、是日、本任ノ放還ヲ待タズ、備後守橘惟風ノ任符ニ請印セシム、 扶桑略記 類聚符宣抄

九日、前春宮坊司等ノ服紀ヲ定ム、 類聚符宣抄

十五日、賀茂祭警固召仰延引、 西宮記

十六日、大祓、是日、賀茂祭警固召仰アリ、 日本紀略 西宮記

十七日、穢ニ依リテ、賀茂祭ヲ停ム、 日本紀略

二十日、故大宰權帥菅原道眞ニ右大臣正二位ヲ贈ル、 日本紀略 政事要略 愚管抄

廿六日、女御藤原穩子ヲ立テ、皇后ト爲シ、參議藤原扶幹ニ中宮大夫ヲ兼ネシム、 日本紀略 一代要記 大鏡裏書 中右記 新儀式 册命皇后式 大鏡 公卿補任

廿九日、皇孫慶頼王ヲ立テ、皇太子ト爲シ、大納言藤原定方ヲ東宮傅ト爲ス、 日本紀略 歴代編年集成 吉口傳 公卿補任

閏四月 小盡 乙亥朔

十一日、延長ト改元ス、 日本紀略 扶桑略記 皇年代略記 西宮記 三長記 源平盛衰記 古事談 荏柄天神緣起

十四日、改元ニ依リテ、囚人ニ調布ヲ賜ヒ、其罪ヲ免ス、 北山抄 小野宮年中行事

廿二日、疫癘ニ依リテ、諸社ニ奉幣ス、 扶桑略記

五月 大盡 甲辰朔

八日、射場ニ於テ仁王會定アリ、

十七日、太白星、晝見ル、是日、中務錄ヲ主鑰代ト爲ス、 扶桑略記 類聚符宣抄

十八日、咳病ニ依リテ、仁王會ヲ修ス、 扶桑略記

廿二日、白蟲群飛ス、 扶桑略記

廿三日、外記政、 西宮記

廿九日、大僧都增命ヲ法務ニ補ス、 東寺長者補任 釋家初例抄 和漢合符

三十日、御心喪竟ルニ依リテ、大祓ヲ行フ、是日、御修法結願、大僧都增命ヲ權僧正ニ、權大僧都觀

賢ヲ大僧都ニ任ス、北山抄　新儀式　扶桑略記　天台座主記　暦代皇記　東寺長者補任

六月小甲戌朔盡

七日、權律師覺詮寂ス、日本紀略

十日、御體御卜、日本紀略

廿九日、大法師尊意ヲシテ、中宮御產ヲ祈ラシム、護持僧記

是夏、炎旱ニ依リテ、諸社讀經ヲ行ハル、日本運上錄　祈雨日記

七月小癸卯朔盡

廿二日、大法師玄鑒ヲ天台座主ト爲ス、日本紀略　扶桑略記　天台座主記

廿四日、皇子寛明御誕生アラセラル、是日、大法師尊意ヲ皇子護持僧ト爲ス、日本紀略　中右記　御產部類記

廿六日、皇子御湯ノ儀アリ、御產部類記　大鏡　江吏部集

是月、僧春柯、近江竹生島神殿ヲ改造ス、竹生島緣起

八月大壬申朔盡

一日、內裏御產養、御產部類記

十四日、釋奠、西宮記

廿三日、長門龜山八幡宮ヲ以テ、外朝西門鎭守ト爲ス、諸社根元記

三十日、霖雨ニ依リテ、諸社ニ奉幣ス、扶桑略記

九月小壬寅朔盡

五日、中宮、主殿寮ニ遷御アラセラル、日本紀略　御產部類記　大府記　公卿補任

九日、重陽宴ヲ停ム、日本紀略　政事要略

廿六日、宇佐使ヲ發遣ス、西宮記

廿七日、左兵衛佐從五位上平定文卒ス、尊卑分脈　古今和歌集目錄　中古三十六人歌仙傳　大和物語　今昔物語　後撰和歌集　世繼物語　十訓抄　河海抄　古今和歌集　拾遺和歌集　夫木和歌抄

十月大辛未朔盡

一日、日食、日本紀略

廿五日、参議藤原邦基ニ勘解由長官ヲ兼ネシム、 公卿補任

十一月小 辛丑朔 盡

十三日、園韓神祭、穢ニ依リテ延引ス、 年中行事抄

十五日、新嘗祭、 日本紀略 園太暦

十六日、新嘗會、 年中行事抄

十七日、皇子寛明、皇女濟子ヲ親王ト爲ス、 一代要記

十八日、杜本祭使ヲ發遣ス、 御産部類記

廿一日、賀茂臨時祭、是日、中宮、弘徽殿ニ遷御アラセラル、 日本紀略 西宮記 御産部類記

廿三日、藤氏公卿、親王ノ慶ヲ奏ス、 御産部類記

廿五日、園韓神祭、 年中行事抄

十二月大 庚午朔 盡

一日、神祇官、御贖物ヲ奉ル、 西宮記

十日、御體御卜、穢ニ依リテ延引ス、 卜家記

十一日、月次祭、神今食、 日本紀略

十三日、大辨等ヲシテ例務ニ從ハシム、是日、内舎人百濟貞運ヲシテ、亭子院ニ侍セシム、 小野宮年中行事 類聚符宣抄

廿六日、御體御卜奏、 卜家記

是歳、皇子盛明等ニ源朝臣ノ姓ヲ賜フ、 禁祕抄 西宮記 北山抄

闕外ノ進士ヲ加補スルコトヲ禁ズ、 本朝世紀

僧正增命ヲ園城寺長吏ニ還任ス、 僧官補任

筑前筥崎宮ヲ造營ス、 宇佐八幡宮御託宣集 諸社根元記 宇佐八幡宮縁起 八幡愚童記 神名帳頭註

叡山西塔院ノ佛像ヲ造ル、 九院佛閣抄

東大寺僧某、陽勝仙人ニ遇フ、 扶桑略記

伊賀守從五位下藤原眞能守卒ス、 尊卑分脈

延長二年

正月小 庚子朔 盡

一日、節會、 小野宮年中行事

二日、二宮大饗、 小野宮年中行事

七日、右大臣從二位忠平ヲ正二位ニ敍ス、公卿補任

八日、御齋會始、日本紀略 西宮記 北山抄

九日、正四位下姣子女王ヲ從三位ニ敍ス、日本紀略 西宮記

十日、法皇、天皇四十ノ御賀ノ爲メニ諷誦ヲ修セラル、日本紀略 花鳥餘情

十四日、御齋會竟、北山抄

廿二日、右大臣忠平ヲ左大臣ニ、大納言藤原定方ヲ右大臣ニ任ズ、日本紀略 扶桑略記 公卿補任 朝野群載 新儀式

廿五日、法皇、天皇四十ノ御算ヲ賀シ給フ、日本紀略 花鳥餘情 新儀式 西宮記、政事要略 體源抄

廿六日、中六條院ニ行幸アラセラル、日本紀略 河海抄 新儀式 小野宮年中行事

廿七日、御馬ヲ親王、大臣等ニ賜フ、日本紀略

二月大 己巳朔盡

九日、釋奠、園韓神祭、西宮記

十八日、新羅明神祠ヲ叡山赤山社邊ニ建ツ、四大寺傳記 諸社根元記

廿一日、如意輪念誦儀軌ヲ權僧正增命ニ受ケ給フ、扶桑略記

廿六日、光孝天皇ノ皇女源謙子卒ス、一代要記 三代實錄 本朝皇胤紹運錄

三十日、權律師延敞ヲ東大寺別當ニ補ス、東大寺別當次第 東大寺要錄

是月、延曆、興福兩寺ノ僧徒、御寶算ヲ賀シ奉ル、日本紀略

三月大 己亥朔盡

一日、中納言藤原仲平ニ按察使ヲ兼ネシム、公卿補任

十一日、中六條院ニ行幸アラセラル、是日、法皇ノ御息所從三位褒子ヲ從二位ニ敍ス、日本紀略 御遊抄 西宮記

十四日、如意輪儀軌ノ疑ヲ權僧正增命ニ勅問アラセラル、扶桑略記

廿五日、穢中仁王會ヲ行フ、是日、韶子內親王御著裳アラセラル、　西宮記

四月小 己巳朔盡

三日、走馬結番定、　西宮記

五日、權僧正增命、始メテ西塔千部法華會ヲ修ス、　日本高僧傳要文抄

十日、左大臣忠平著座ノ儀アリ、　公卿補任　兵範記

十四日、初齋院御禊、　西宮記

十六日、賀茂祭、　小野宮年中行事

十七日、河合祭、年中行事祕抄

廿六日、東宮町西邊火アリ、　扶桑略記

五月大 戊戌朔盡

二日、學生藤原尹甫ニ文章生試宣旨ヲ下ス、　類聚符宣抄

五日、端午節ヲ停ム、　日本紀略

七日、京都洪水、　日本紀略　扶桑略記

廿四日、權律師雲晴寂ス、　日本略紀　西宮記　政事要略

廿九日、伊豫權守從四位下大江千古卒ス、　勅撰作者部類　大江氏系圖　公卿補任　類聚符宣抄　大間成文抄　釋日本紀　貞信公記　朝野群載　高野大師廣傳　雜言奉和　大和物語　後撰和歌集　大江千里集

六月大 戊辰朔盡

十日、御體御卜奏、穢ニ依リテ延引ス、　西宮記

十一日、月次祭、神今食、穢ニ依リテ所司ニ付ス、　日本紀略　園太曆　江次第

十九日、貞保親王薨ズ、　日本紀略　一代要記　歷代編年集成　三代實錄　扶桑集　新儀式　續教訓抄　體源抄　花鳥餘情　古今著聞集　拾芥抄

七月小 戊戌朔盡

廿七日、相撲召合、　日本紀略

廿八日、追相撲、是日、更衣橘氏卒ス、　日本紀略　三代實錄

八月小 丁卯朔盡

四日、京都大風雨、　扶桑略記

九月大 丙申朔盡

九日、重陽宴、　撰集秘記　日本紀略

十六日、大神宮遷宮、　大神宮例文

廿二日、賑給料ノ稲數ヲ定ム、　政事要略

十月小　丙寅朔盡

十六日、信濃望月駒牽、　西宮記

十七日、白虹西天ニ亘ル、　扶桑略記

廿一日、朱雀院ニ行幸アラセラレ、競馬ヲ覽給フ、　日本紀略

十一月大　乙未朔盡

廿一日、新嘗祭、　九條年中行事

十二月小　乙丑朔盡

十四日、法皇、叡山ニ御幸アラセラル、　日本紀略

十七日、地震、　扶桑略記

廿一日、中宮、天皇四十ノ御算ヲ賀シ給フ、　日本紀略　御遊抄　花鳥餘情　新儀式　古今著聞集

權律師安遠寂ス、　日本紀略

廿七日、賀茂臨時祭、大神祭、　西宮記

廿八日、荷前、御佛名、　政事要略　西宮記

廿九日、追儺、　西宮記

是歲、御燈前齋、御體御卜奏日ニ、官奏ニ候スルコトヲ停ム、　九條年中行事　北山抄

大和八足兎ヲ獻ズ、　和漢合符

延長三年

正月大　甲午朔盡

一日、雪ニ依リテ朝賀ヲ停ム、　日本紀略

二日、二宮大饗、　西宮記

三日、仁和寺ニ朝覲行幸アラセラル、　日本紀略　園太曆　御遊抄

六日、敍位議、　西宮記

七日、白馬節會、　西宮記

八日、御齋會、　北山抄

十四日、御齋會、內論義、是日、雪ニ依リテ大內山御室僧俗ニ綿ヲ賜フ、　西宮記　御質抄

十六日、踏歌節會、西宮抄　江次第
十七日、射禮、西宮抄
十八日、賭弓、西宮抄
熊野別當增慶寂ス、熊野山別當次第
廿六日、除目議始、西宮抄
廿八日、寬明、庚子兩親王ニ隔年別給ヲ賜フ、大間成文抄
三十日、參議藤原扶幹ニ大宰大貳ヲ兼ネシム、以下任官差アリ、公卿補任　西宮記

二月小甲子朔盡

十一日、列見、御讀經定、西宮抄
十五日、民部大丞大江朝綱、受領ニ任ゼラレンコトヲ請フ、是日、興福寺僧房火アリ、本朝文粹　興福寺年代記　日本運上錄
二十日、法皇、理趣三昧念誦起請ヲ立テラル、日本紀略
廿四日、時明親王等御元服、普子內親王御著裳アラセラル、日本紀略　御遊抄　小右記
廿五日、少納言遲參ニ依リテ政ナシ、西宮記　北山抄

三月大癸巳朔盡

七日、左近衞醫師宮春來ヲ試問博士ト爲ス、類聚符宣抄
廿三日、權僧正增命ヲ僧正ニ、大僧都觀賢ヲ權僧正ニ任ス、曆代皇記　東寺長者補任　日本高僧傳要文抄
廿四日、學生橘保輔ニ文章生試宣旨ヲ下ス、類聚符宣抄
廿七日、山城白鳥ヲ獻ズ、扶桑略記
廿九日、內舍人小野景興ヲシテ、東宮啓陣ニ直セシム、類聚符宣抄
是月、綏子內親王落飾シ給フ、日本紀略

四月小癸亥朔盡

一日、旬、西宮記
二日、綏子內親王薨ズ、日本紀略　一代要記　三代實錄　後撰和歌集

四日、宇多天皇ノ皇女源順子卒ス、 日本紀略 一代要記 公卿補任 古事談 大和物語 後撰和歌集 本朝皇胤紹運錄

五月大 壬辰朔盡

五日、端午節ヲ停ム、 日本紀略 河海抄

六日、中納言從三位橘澄清薨ズ、 日本紀略 公卿補任 雜言奉和 西宮記 道澄寺鐘銘

八日、伊豫權守橘公統、北堂ニ於テ史記ヲ講ズ、 日本紀略

十八日、高良明神託宣アリ、是日、左大臣忠平、法性寺內新造堂ヲ供養ス、 神名帳頭註 日本紀略

廿三日、石淸水別當逕眞寂ス、 石淸水祠官系圖

廿五日、祭主大中臣安則ヲシテ、雨ヲ祈ラシム、 日本紀略

是月、法皇、明年ノ六十御賀ヲ辭シ給フ、 扶桑略記

六月大 壬戌朔盡

七日、御不豫、僧正增命ヲ召シテ加持セシメ給フ、 扶桑略記 和漢合符

十日、御體御卜、 西宮記

十一日、權僧正觀賢寂ス、 日本紀略 東寺長者補任 密宗血脈鈔 東寺要集 釋家初例抄 沙石集 元亨釋書

十三日、御痢病ヲ惱マセ給フ、是日、祈雨御讀經定アリ、 扶桑略記

十八日、皇太子慶賴王薨ズ、 扶桑略記 日本紀略 一代要記 大鏡裏書 吉口傳

廿一日、坊官ノ喪服、幼稚太子諡號ノ例ヲ勘ヘシム、 扶桑略記 爲房卿記

是夏、旱魃、 日本紀略 扶桑略記

七月小 壬辰朔盡

十三日、神泉苑ニ於テ、祈雨法ヲ修セシム、 扶桑略記

十五日、四府舍人ヲシテ、相撲ヲ行ハシム、 西宮抄

十六日、神泉苑御修法ヲ二箇日延行セシム、是日、大法師尊意ヲシテ尊勝法ヲ修セシム、 扶桑略記 日本高僧傳要文抄

十九日、神泉苑池水ヲ以テ京南ノ田ニ灌ガシム、

是日、尊意ヲシテ修法ヲ四箇日延行セシム、日本紀略 日本高僧傳要文抄

廿一日、雨降ル、扶桑略記

廿七日、炎旱ニ依リテ相撲ヲ停ム、日本紀略

八月大盡 辛酉朔

十日、律師觀宿ヲ東寺長者ニ任ズ、東寺長者補任 密宗血脈抄

十一日、定考、樂ヲ停ム、西宮記

十三日、武藏秩父駒牽、西宮記

十五日、月食、日本紀略

廿三日、母后藤原胤子ノ御爲メニ、勸修寺ニ於テ宸筆法華經等ヲ供養ス、是日、勸修寺別當濟高ヲ權律師ニ任ズ、日本紀略 扶桑略記 勸修寺舊記 密宗血脈抄 西宮記

廿九日、寛明親王御著袴アラセラル、西宮記

是月、重ネテ延喜式ノ撰輯ヲ催督ス、延喜式

九月小盡 辛卯朔

九日、諸國不堪佃ニ依リテ、重陽宴ヲ停ム、日本紀略 西宮記

十一日、伊勢例幣ニ神寶ヲ加フ、日本紀略 西宮記

十三日、諸社ニ奉幣シテ佛舍利ヲ頒ツ、西宮記

廿五日、上野駒牽、西宮記

是秋、大極殿ニ於テ、季御讀經ヲ行フ、本朝世紀

十月大盡 庚申朔

三日、雷鳴、扶桑略記

七日、唐僧長秀ニ衣服、食料ヲ賜フ、扶桑略記

九日、奉勅上宣諸職ヲ定ム、日本紀略

十四日、參議藤原當幹等ヲ任官ス、公卿補任 中古三十六人歌仙傳

廿一日、寛明親王ヲ立テ、皇太子ト爲ス、是日、左大臣忠平ニ東宮傅ヲ兼ネシム、扶桑略記 日本紀略 一代要記 西宮抄 北山抄 册命皇后式 神皇正統記 公卿補任

廿三日、東宮廳、監署ヲ點定ス、撰集祕記

廿八日、東宮ニ封戸ヲ充テ、監署除目ヲ行ハル、西宮抄

十一月大盡 庚寅朔

一日、馬寮御馬ヲ東宮ニ賜フ、西宮抄

八日、立太子ノ由ヲ山陵ニ告グ、西宮抄

十三日、鎭魂祭、九條年中行事

十四日、新嘗祭、政事要略　西宮記　北山抄

十五日、新嘗會、是日、前陸奥權介藤原忠舒ノ本任放還ノ責ヲ免ズ、政事要略　類聚符宣抄

二十日、賀茂臨時祭、日本紀略　政事要略　西宮記　江次第抄

是月、參議源淸蔭ヲ大藏卿ニ還任ス、公卿補任

十二月小盡 庚申朔

十四日、諸國ヲシテ、風土記ヲ勘進セシム、是日、疫死流死百姓ノ口分田地子稻ヲ以テ、調庸中男作物等ト交易セシム、類聚符宣抄　政事要略

十八日、東宮帶刀ニ補スベキ輩ノ歩射ヲ試ム、西宮抄

十九日、騎射ヲ試ム、西宮抄

廿八日、帶刀ヲ補ス、西宮抄

閏十二月小盡 己丑朔

廿一日、御佛名結願、西宮記

是歲、法皇ノ皇子行明御誕生アラセラル、大鏡裏書　本朝皇胤紹運錄

京中ノ盜ヲ搜捕ス、本朝世紀

延長四年

正月大盡 戊午朔

一日、地震、節會、日本紀略　西宮記　妙音院相國白馬節會次第

二日、二宮大饗、西宮記

六日、敍位議、日本紀略

七日、白馬節會、是日、右大臣正三位定方ヲ從二位ニ、中納言從三位藤原仲平ヲ正三位ニ敍ス、西宮記　公卿補任

二月小盡 戊子朔

四日、大原野祭、左經記

八日、觸穢、　本朝世紀　小右記

十一日、天台座主法橋玄鑒寂ス、　扶桑略記　曆代皇記　天台座主記　多武峯略記

十七日、花宴、　河海抄　新儀式　北山抄　古今著聞集

三月大盡 丁巳朔

六日、殿上賭弓、　日本紀略　河海抄　西宮抄　西宮記

廿四日、權律師玄澄寂ス、　日本紀略

四月小盡 丁亥朔

四日、式部大輔從四位下三統理平卒ス、　勅撰作者部類　朝野群載　類聚符宣抄　二中歷　三代實錄　官職祕鈔　雜言奉和　釋日本紀　日本紀竟宴和歌　類聚三代格　河海抄　江談抄

八日、灌佛、　北山抄　小右記

九日、杜本、當麻祭使ヲ發遣ス、　北山抄　小右記

十日、少僧都增泰寂ス、　日本紀略

十五日、豐受大神宮ノ四至ヲ定ム、　神宮雜例集

十六日、中宮、桂芳坊ニ遷御アラセラル、　御產部類記

十九日、地震、　扶桑略記

廿一日、諸社奉幣日時定、　西宮記

廿八日、駒牽、　西宮記

是月、僧正增命法務ヲ辭ス、　扶桑略記

五月大盡 丙辰朔

四日、諸社奉幣、　西宮記　北山抄

五日、端午節ヲ停ム、　日本紀略　小野宮年中行事

十一日、大法師尊意ヲ天台座主ト爲ス、　日本紀略　扶桑略記　天台座主記　耀天記

廿一日、興福寺僧寛建、入唐センコトヲ請フ、　扶桑略記　和漢合符

廿七日、國司ヲシテ、祈年祭等ノ幣物ヲ勤行セシメ、神祇官、宮內省ヲシテ、神社ノ小破ヲ修理セシム、　西宮記　政事要略

諸國ヲシテ、傜散帳ヲ造進セシム、又阿波、讃岐等ノ勘籍人ヲ停メ、贖銅代物ヲ以テ、獄囚冬時ノ衣服、臨時食料等ニ充テシム、　政事要略

廿八日、郡司讀奏、　北山抄

廿九日、天台座主尊意ヲシテ、中宮ノ御惱ヲ加持セシム、 明匠略傳

六月小 丙戌朔盡

二日、皇子成明御誕生アラセラル、 日本紀略 扶桑略記 江吏部集 御産部類記 明匠略傳

六日、東宮御産養、 御産部類記

八日、內裏御産養、 御産部類記

十一日、月次祭、神今食、 園太曆 左經記

十二日、左大臣忠平ヲシテ、御産養ヲ奉仕セシム、 御産部類記

廿三日、式部省、省試判文ヲ奏ス、 河海抄

廿五日、故左大臣融ノ靈、宮人ニ託ス、 歷代編年集成

七月大 乙卯朔盡

四日、法皇、故左大臣融ノ爲メニ諷誦ヲ修セシメラル、 扶桑略記 本朝文粹

十二日、僧正增命、延曆寺ノ寺務ヲ辭ス、 西宮記

十九日、大風、 日本紀略

廿八日、相撲召合、 日本紀略 北山抄

廿九日、追相撲、 日本紀略 西宮記 北山抄

是月、大和長谷寺ノ山崩ル、 日本紀略

八月大 乙酉朔盡

十六日、六條院ニ行幸アラセラル、 西宮記 御遊抄

廿四日、權中納言藤原恒佐室、大納言藤原淸貫六十ノ算ヲ賀ス、 貫之集 尊卑分脈

九月小 乙卯朔盡

九日、重陽宴、 日本紀略 西宮記 政事要略

十一日、伊勢例幣、 西宮記

十二日、皇子成明御百日ノ儀、 玉葉和歌集 大鏡

十五日、豐受大神宮遷宮、 大神宮例文 本朝世紀

十九日、松尾社ノ木ヲ伐リシ者ノ過狀ヲ召ス、 扶桑略記

廿八日、御息所褒子、法皇六十ノ御算ヲ賀ス、 日本紀略 拾遺和歌集 貫之集 伊勢集 大和物語

廿九日、九月盡宴、 日本紀略 北山抄

十月大盡 甲申朔

一日、旬、 政事要略

二日、肥後守藤原行直赴任ス、 西宮記

五日、射場始、 西宮記 政事要略

九日、紅染深色ヲ禁ズ、 政事要略 日本紀略

十日、法皇、大堰川ニ御幸アラセラル、 日本紀略 大和物語

十九日、大堰川ニ行幸アラセラレ、法皇モ亦御幸アラセラル、 日本紀略 扶桑略記 河海抄 西宮記 古今著聞集 續教訓抄 拾遺抄 拾芥抄

十一月大盡 甲寅朔

五日、鷹飼ニ摺衣ヲ聽ス、是日、諸國ノ損戸ヲ言上スル法ヲ定ム、 西宮記 政事要略 北山抄

六日、北野ニ行幸アラセラル、 日本紀略 西宮記 北山抄 新儀式 花鳥餘情 勘仲記

十五日、新嘗會、 政事要略 西宮記

廿一日、皇子成明ヲ親王ト爲ス、 日本紀略 皇代記

廿五日、明法博士惟宗公方、喪ニ遭フ七歳以下ノ人、及ビ七歳以下ノ喪ニ遭フ人神事ヲ憚ルノ可否ヲ勘申ス、 源語祕訣

十二月小盡 甲申朔

十一日、月次祭、神今食、 西宮記 北山抄

十九日、御佛名、是日、法皇六十ノ御算ノ御爲メニ、御諷誦アリ、 日本紀略 扶桑略記 新儀式 政事要略 西宮記

廿三日、荷前、 類聚符宣抄

廿八日、醍醐寺新堂佛像ヲ開眼ス、 醍醐寺初度具書 醍醐寺雑事記

敦固親王薨ズ、 西宮記 尊卑分脈 日本紀略 河海抄

是歳、大判事ノ員數ヲ舊ニ復ス、 官職祕鈔

多武峯ニ始メテ摠社ヲ建ツ、 神皇正統録 多武峯略記

東大寺講堂ノ佛像ヲ造ル、 東大寺別當次第 興福寺年代記

東大寺大衆、目代僧昌俶ノ不治ヲ訴フ、 東大寺別當次第

延長五年

正月小盡 癸丑朔

一日、節會、 西宮記

二日、二宮大饗、 西宮記 小右記 北山抄

三日、敦固親王薨奏、 扶桑略記 西宮記

四日、左大臣忠平大饗ヲ行フ、 西宮記

五日、右大臣定方大饗ヲ行フ、 西宮記

六日、敍位議ヲ停ム、是日、堅厚紙ヲ以テ、外記日記ヲ書寫セシム、 西宮記 類聚符宣抄

七日、白馬節會、 西宮記 續日本後紀

八日、御齋會、 北山抄

九日、除目議始、 西宮記

十二日、中納言藤原仲平ヲ大納言ト爲ス以下任官差アリ、 西宮記 公卿補任

十六日、踏歌節會、 西宮記

十九日、賭弓、 西宮記 江次第

廿三日、僧寛建入唐ス、 日本紀略

二月大盡 壬午朔

九日、右近衛中將源英明、修理大夫平時望ヲ藏人頭ニ補ス、 職事補任 曆代皇記 公卿補任

十四日、六條院ニ行幸アラセラル、 日本紀略 西宮記 御遊抄

廿五日、克明親王、大納言藤原淸貫六十ノ賀ノ爲メニ法會ヲ設ケ給フ、 扶桑略記

是月、前天台座主增命ヲシテ、西常行堂ニ極樂淨土ノ圖ヲ畫カシム、 山門堂舍記

四月大盡 辛巳朔

五日、中宮、賀茂社ニ歌舞ヲ獻セラル、 政事要略

十日、王卿ヲシテ小弓ヲ射ラシム、是日、山崎橋壞ル、 日本紀略 古今著聞集 扶桑略記

十一日、延曆寺受戒ノ日ヲ定ム、 九院佛閣抄

十七日、賀茂祭、 扶桑略記 日本紀略

十九日、撿備中不堪佃使、代官ヲ以テ其返事ヲ申サシム、 類聚符宣抄

廿三日、小弓負態アリ、是日、北山、自然ニ穀ヲ生ズ、盗人アリ大神宮御壁代等ヲ盗ム、 古今著聞集 扶桑略記 大神宮雜事記

五月小辛亥朔盡

三日、駒牽、 日本紀略 西宮記 公事根源抄 小野宮年中行事

五日、端午節、左近衛騎射ヲ御覽アラセラル、 日本紀略 西宮記 北山抄

六日、競馬ヲ御覽アラセラル、 日本紀略 江次第

六月小庚辰朔盡

三日、盗人ノコトニ依リテ、大宮司大中臣良扶等ヲ解任ス、 大神宮雜事記

四日、造東大寺長官、造山崎橋使ヲ定ム、是日、内藏寮犬ノ恠アリ、 扶桑略記 西宮記

九日、御壁代等ヲ大神宮ニ奉ル、 大神宮雜事記

十二日、左大臣忠平ノ倚子、及ビ、案上ノ怪ヲ占フ 扶桑略記

廿七日、祈雨奉幣、 扶桑略記 祈雨日記

七月大己酉朔盡

一日、律師觀宿ヲシテ、神泉苑ニ於テ請雨經法ヲ修セシム、 祈雨日記 東寺長者補任 北山抄

二日、七大寺、及ビ有封諸寺ヲシテ、雨ヲ祈ラシム、 祈雨日記

三日、暴雨雷電、是日、五位以下ノ罹災者ヲ賑給ス、 祈雨日記 扶桑略記

七日、神泉苑御修法ニ二箇日ヲ加ヘシム、 祈雨日記

十一日、雨降ル、 祈雨日記

廿五日、律師觀宿ヲ少僧都ニ任ズ、 東寺長者補任 密宗血脈鈔

三十日、相撲召合、 日本紀略 樗囊抄 江次第 西宮記

八月大己卯朔盡

一日、日食、 日本紀略

二日、追相撲、 日本紀略 西宮記

式部少輔正五位下藤原文貞卒ス、 尊卑分脈 朝野群載 類聚符宣抄 大間成文抄

九日、穢ニ依リテ釋奠ヲ停ム、 北山抄 江次第

二十日、甲斐穂坂駒牽、 西宮記 政事要略

廿三日、法皇ノ皇子行明ヲ親王ト爲ス、 日本紀略 一代要記 本朝世紀

九月大盡 己酉朔

九日、重陽宴、 日本紀略 撰集祕記

十日、齋世親王薨ズ、 日本紀略 本朝皇胤紹運錄 政事要略 河海抄 本朝文粹 東寺長者補任 日本高僧傳要文抄 慈覺大師傳 明匠略傳 仁和寺諸院家記 御室拾要集

十一日、伊勢例幣延引、 北山抄

二十日、時明親王薨ズ、 日本紀略 一代要記 御遊抄

廿四日、三品兵部卿克明親王薨ズ、 日本紀略 一代要記 北山抄 親王元服部類記 河海抄 御産部類記 扶桑略記 大和物語

廿八日、相撲壬生保生ニ最手官符ヲ賜フ、 小野宮年中行事

是月、右大臣定方第、前栽合、 貫之集

十月小盡 乙卯朔

十二日、臨時仁王經御讀經、是日、狐、鷺ノ恠異アリ、 扶桑略記

十三日、大星飛ビ、清涼殿ニ恠異アリ、是日、伊雑宮祭料調備セザルニ依リ、志摩守姓闕氏胤ノ釐務ヲ停メシム、 扶桑略記 大神宮雜事記

十九日、屢々怪異アルニ依リテ、孔雀經法ヲ修セシム、 東寺長者補任

廿二日、律宗僧ヲ以テ、下野藥師寺講師、大宰府觀音寺講讀師ニ補ス、 政事要略

廿六日、崇福寺彌勒像供養、東大寺講堂供養、是日、西大寺塔火アリ、 日本紀略 扶桑略記 東大寺要錄

廿八日、天台座主尊意、東宮ノ御爲ニ祈願ス、 護持僧記 日本高僧傳要文抄

是月、訛言流布ス、 扶桑略記

十一月大盡 戊申朔

十一日、前天台座主僧正增命寂ス、 日本紀略 歷代皇記

天台座主記　日本往生極樂記　扶桑略記　元亨釋書　明匠略傳　日本高僧傳要文抄　僧官補任　叡岳要記　宇治拾遺物語　四大寺傳記

二十日、新嘗祭、日本紀略

廿一日、豐明節會、政事要略　西宮抄

廿六日、諸國ヲシテ荒廢田ノ開墾ニ勤メシム、政事要略

十二月大 戊寅朔盡

七日、故僧正增命門徒ニ綿布等ヲ賜フ、日本高僧傳要文抄

十日、御體御卜奏、北山抄

十五日、伊勢例幣、祈年穀奉幣、西宮記

二十日、御佛名、政事要略

廿六日、左大臣忠平等延喜式ヲ奏進ス、是日、諸國ヲシテ其調庸雜物ハ精好ヲ選ンデ期ニ合セテ進納セシム、一代要記　延喜式　政事要略

廿七日、故天台座主圓珍ニ智證大師ノ謚號ヲ賜ヒ、同前天台座主僧正增命ニ靜觀僧正ノ謚號ヲ賜フ、日本紀略　天台宗延曆寺座主圓珍和尚傳　北山抄　古事談　東寺要集　扶桑略記　歷代編年集成

廿九日、內舍人宮道陳平ニ、陽成院ニ候スル間、見仕ニ准ジ、上日ヲ給フ、是日、比叡山僧智祐等上表シテ圓珍謚號ヲ謝ス、類聚符宣抄　天台宗延曆寺座主　圓珍和尚傳

是歲、康子內親王ニ、始メテ謁見ヲ給フ、新儀式

僧貞崇ヲシテ禁中ニ候セシム、扶桑略記

僧勢祐ヲ園城寺長吏ニ補ス、僧官補任

延長六年

正月小 戊申朔盡

一日、節會、承明門扉風ニ倒ル、扶桑略記　小野宮故實舊例

二日、重明親王等、陽成上皇、宇多法皇ニ參覲アラセラル、西宮記

四日、左大臣忠平大饗ヲ行フ、北山抄

七日、敍位、公卿補任

十日、齋內親王ニ位記ヲ賜フ、 西宮記
十四日、日食、御齋會、內論義、 日本紀略 御質抄
十六日、踏歌節會、 日本紀略
十八日、賭弓、 後撰和歌集
十九日、內侍宣ヲ以テ藏人ヲ補ス、 西宮記
廿一日、內宴、 日本紀略 西宮記 北山抄 本朝文粹
廿四日、祭主從四位上神祇伯兼伊勢權守大中臣安則卒ス、 大神宮例文 大中臣氏系圖 類聚大補任 日本紀略 延喜式
廿九日、重明親王ヲ上野太守ニ任ジ、大納言藤原仲平ニ按察使ヲ兼ネシム、 西宮記 公卿補任

二月大 丁丑朔 盡

一日、日食、 日本紀略
二日、上野太守重明親王慶ヲ奏セラル、 西宮記
七日、穢中、鹿島使官符請印アリ、 公事故實
九日、傳燈大法師基遍ヲ東大寺別當ニ補ス、 東大寺別當次第
十一日、白虹、日ヲ抱フ、 扶桑略記
是月、神祇大副大中臣奥生ヲ祭主ニ補ス、 大中臣氏系圖

三月小 丁未朔 盡

二日、法皇ノ勅ニ依リテ、中國正稅ヲ以テ、大夫五人ノ位祿ニ充テシム、 西宮記
八日、地震、 扶桑略記
十三日、檀林寺火アリ、 扶桑略記
二十日、穀倉院ヲシテ、唐僧長秀ノ給料ヲ充行セシム、 扶桑略記
廿八日、方略試、 西宮記 類聚符宣抄
廿九日、三月盡宴、 日本紀略 北山抄 御遊抄 古今著聞集

四月小 丙子朔 盡

十三日、伊勢二宮御鹽濱ニ死穢アリ、 神宮雜事記
十七日、地震、 扶桑略記
廿八日、中六條院ニ行幸アラセラル、 扶桑略記
廿九日、法皇端午ノ日ヲ期シ、天台座主尊意ヲ召

サシメラル、　朝野群載

五月小盡 乙巳朔

二日、近江山津照子明神等ノ位記請印アリ、　扶桑略記

三日、天台座主尊意、端午供奉ヲ辭ス、　朝野群載

六日、競馬ヲ御覽アラセラル、　西宮記

十七日、臨時御讀經定、　扶桑略記

廿二日、疾疫ニ依リテ御讀經アリ、　扶桑略記

廿九日、雷、會昌門樓ニ震ス、　扶桑略記

六月大盡 甲戌朔

一日、地震、　扶桑略記

九日、參議正四位下源悅ヲ從三位ニ敍ス、參議右大辨藤原邦基ヲ左大辨ト爲ス、以下任官差アリ、

十一日、神今食、　西宮記

十四日、鷺、承明門ニ集ル、　扶桑略記

十七日、傳燈大法師寛救ヲ東大寺別當ニ補ス、　東大寺別當次第

十八日、護田鳥、南殿庭ニ集ル、陰陽助姓闕氏守ヲシテ其吉凶ヲ占ハシム、　扶桑略記

是月、少內記小野道風ヲシテ、漢朝以來賢君明臣ノ德行ヲ淸涼殿南廂ノ壁ニ書セシム、　日本紀略

周防守從五位上藤原遂忠卒ス、　尊卑分脈

是夏、法皇、笛ヲ內裏ニ進メラル、　河海抄

七月小盡 甲辰朔

十一日、西大寺塔雷火ニ燒ク、　扶桑略記

十二日、大和長谷川洪水、　扶桑略記

十三日、大僧都增利寂ス、　日本紀略　元亨釋書　釋家初例抄　日本高僧傳要文抄

八月大盡 癸酉朔

一日、日食、　日本紀略　扶桑略記

九日、東宮、童相撲ヲ御覽アラセラル、　日本紀略　扶桑略記

十日、季御讀經始、　西宮記

十三日、季御讀經結願、　西宮記

廿八日、諸國ヲシテ東大寺ノ封戸物ヲ合期進納セシム、東大寺要錄

是月、御不豫、神宮雜事記

閏八月大盡 癸卯朔

一日、炎旱ニ依リテ、御占ヲ行フ、扶桑略記

六日、法皇、童相撲ヲ御覽アラセラル、日本紀略 古今著聞集 體源抄 和名類聚抄

十七日、法皇、石山寺ニ御幸アラセラル、扶桑略記

廿八日、少僧都觀宿ヲ大僧都ニ任ス、以下僧綱ヲ任スルコト差アリ、扶桑略記 東寺長者補任 天台座主記 東大寺別當次第

民部省ヲシテ、式ニ依リテ調庸見物ヲ勘檢シテ大藏省ニ移送セシム、政事要略

調庸麁惡ハ之ヲ受領功過勘文ニ注載セシム、類聚符宣抄

廿九日、神泉苑ノ鹿ヲ北山ニ放タシム、扶桑略記

九月小盡 癸酉朔

四日、天台山白鹿ヲ獻ズ、扶桑略記

十九日、明法博士惟宗公方ヲシテ、再ビ期ヲ違ヒ贖銅ヲ輸サル者ノ罪ヲ勘申セシム、政事要略 類聚三代格

廿五日、惟宗公方、例減セザル者聽贖ノ罪ヲ勘申ス、政事要略

十月大盡 壬寅朔

一日、旬、政事要略 西宮記

五日、大宰府雜掌ヲシテ、筑前等六國ノ公文ヲ勘濟セシム、政事要略 北山抄

十一日、諸國剩田ニ上田ヲ置クヲ停メ、三分法ヲ定ム、政事要略

十八日、左大臣忠平、大原野行幸ノ雜事ヲ定ム、西宮記

廿一日、朱雀院ニ行幸アラセラル、扶桑略記 柱史抄

廿八日、伊勢國司郡司ニ上祓ヲ科ス、神宮雜事記

是月、菊ヲ常寧殿前庭ニ植ウ、玉葉和歌集

十一月大壬申朔盡

九日、山階大神ニ正四位下ヲ授ク、扶桑略記

十一日、大原野行幸血忌ニ依リテ延引ス、柱史抄

廿日、新嘗祭、西宮記 政事要略

廿一日、豊明節會、政事要略

十二月大壬寅朔盡

一日、神祇官、御體御卜ノ間行幸ノ例ナキ状ヲ奏ス、權記

右京大夫從四位上藤原忠房卒ス、古今和歌集目錄 中古三十六人歌仙傳 古今和歌集 西宮記 後撰和歌集 貫之集 樂臣類聚 體源抄 續教訓抄 仁智要錄

四日、明法博士惟宗公方ヲシテ、違勅ノ罪ニ於テ同罪ト稱スル者ニ減贖アルヤ否ヤヲ勘申セシム、政事要略

五日、大原野ニ行幸アラセラル、日本紀略 西宮記 扶桑略記 新儀式 大鏡 公卿補任

十一日、神今食、西宮記

十三日、東寺長者權少僧都延僘寂ス、日本紀略 元亨釋書 東寺長者補任

十九日、東寺長者大僧都觀宿寂ス、日本紀略 東寺長者補任 東大寺要錄

廿七日、權律師濟高、會理ヲ東寺長者ニ任ズ、東寺長者補任 密宗血脈鈔

廿八日、所司朝賀習禮、政事要略

廿九日、公卿朝賀習禮、政事要略

是月、大內記大江朝綱ヲシテ、御屛風ノ詩ヲ作ラシム、日本紀略

是歲、行明親王巡給ヲ寛平親王ノ例ニ准ズ、本朝世紀

大監物紀貫之、中宮御屛風ノ歌ヲ詠進ス、貫之集

延長七年

正月小壬申朔盡

一日、朝賀、節會、西宮記 北山抄 政事要略

二日、重明親王等、法皇ニ參觀セラル、西宮記

三日、仁和寺ニ朝覲行幸アラセラル、　御遊抄

七日、參議從四位上藤原邦基ヲ正四位下ニ敍ス、　公卿補任

十三日、新羅商船對馬島ニ漂著ス、　扶桑略記

十四日、御齋會、内論義、是日、男踏歌アリ、　御質抄　西宮記　台記　河海抄　花鳥餘情

十八日、賭弓、是日、右大將藤原定方還饗ヲ行フ、　西宮抄

廿一日、内宴、　日本紀略　類聚句題抄　北山抄

廿三日、石清水別當會俗寂ス、　石清水祠官系圖

二月大辛丑朔盡

八日、大和國調庸錢等ヲ以テ、造東大寺講堂官人以下ノ料ニ充ツ、　東大寺要錄

十六日、皇子源高明等元服ス、　一代要記　新儀式　河海抄

三月小辛未朔盡

十六日、上召使檜前貞則ニ、東大寺造佛所ニ奉仕スル間、上日ヲ給セシム、　類聚符宣抄

廿三日、天台座主尊意ヲシテ、不動法ヲ修シ疫癘ヲ祈禳セシム、　扶桑略記

法皇、左大臣忠平五十ノ賀ノ爲メニ、法會ヲ修セラル、中宮モ亦其算ヲ賀シ給フ、　日本紀略　扶桑略記　公忠朝臣集

廿四日、穢中仁王會ヲ修ス、　西宮記　北山抄

廿五日、對馬檢非違使秦滋景新羅ヨリ歸ル、　扶桑略記

廿六日、踏歌後宴、負態アリ、　古今著聞集

四月小庚子朔盡

八日、灌佛、　西宮記　北山抄

十七日、兵部少錄史戶忠則ヲシテ、算得業生大藏禮數等ヲ試ム博士ト爲ス、　類聚符宣抄

廿一日、四品貞辰親王薨ズ、　日本紀略　一代要記　三代實錄　皇胤系圖

廿二日、賀茂祭、　西宮記

廿五日、宮中鬼跡アリ、 扶桑略記

五月小己巳朔盡

十七日、新羅國使來著シテ朝貢ヲ請フ、 扶桑略記

廿一日、新羅國使ヲ放チ還ス、 扶桑略記

六月大戊戌朔盡

七日、諸社奉幣、 日本紀略

十六日、月食、 扶桑略記

七月小戊辰朔盡

八日、八省御讀經、神泉苑請雨經修法アリ、 祈雨日記

十七日、外記印盤ヲ以テ內印ニ用フ、 北山抄

廿六日、大風洪水アリ、仍リテ相撲召合ヲ停ム、
扶桑略記 神皇正統錄 日本紀略 樗嚢抄

廿九日、京中風損ノ人宅ノ交名ヲ定ム、 後愚昧記

八月大丁酉朔盡

一日、山城正稅ヲ以テ、水害ニ遭フ百姓ヲ賑給ス、
扶桑略記

二日、律師三明寂ス、 日本紀略 僧官補任

三日、霖雨ニ依リテ、御卜ヲ行フ、 扶桑略記

五日、止雨御讀經等アリ、 扶桑略記

十日、重ネテ水害者ヲ賑給シ、公卿等ヲシテ封事ヲ上ラシム、 日本紀略

十一日、定考、風水ノ損ニ依リテ樂ヲ停ム、 北山抄
政事要略

十五日、京都洪水、 日本紀略

十六日、近衛一人ヲ陸奥守ノ隨身ニ充テシム、 北山抄

廿一日、學生三統元夏ニ文章生試ノ宣旨ヲ下ス、
類聚符宣抄

廿九日、霖雨ニ依リテ、諸社ニ奉幣ス、 扶桑略記

九月小丁卯朔盡

九日、異損ニ依リテ、重陽宴ヲ停ム、 日本紀略 北山抄

民部大輔從四位下藤原博文卒ス、 日野系圖 江談抄
扶桑集 釋日本紀 日本紀略 扶桑略記 本朝文粹 西宮記 二中歷 類聚符宣抄

權律師義聖寂ス、　日本紀略　扶桑略記

十一日、例幣、　西宮記

十七日、右近權中將藤原實賴等、父左大臣忠平五十ノ賀ニ依リテ、法性寺ニ於テ齋會ヲ修ス、　日本紀略　扶桑略記

十九日、檢非違使ヲシテ、法ニ依リテ誣告人ヲ反坐ニ處セシム、　政事要略

廿七日、郡司ノ補任ヲ延引ス、　西宮記

是月、少内記小野道風ヲシテ、紫宸殿賢聖障子ノ銘ヲ改書セシム、　日本紀略　古今著聞集

左大史從五位下小槻當平卒ス、　壬生氏家譜　類聚符宣抄

十月大盡 丙申朔

一日、平座、　西宮記

二日、武藏守從五位上藤原善方卒ス、　尊卑分脈

十四日、修子内親王、元良親王四十ノ算ヲ賀セラル、　日本紀略　貫之集　本朝皇胤紹運錄

十五日、時杭紛失ス、　扶桑略記

廿三日、雅明親王薨ズ、　日本紀略　大鏡裏書　本朝皇胤紹運錄　魚魯愚鈔　大鏡　續教訓抄

廿六日、雅明親王薨奏、天皇錫紵ヲ著シ給フ、　小野宮年中行事　中右記

廿八日、醍醐寺座主傳燈大法師位延性寂ス、　密宗血脈鈔

十一月大盡 丙寅朔

十七日、時杭出ヅ、是日、主税少屬秦春樹ヲ、算得業生大藏禮數等試問ノ博士ト爲ス、　扶桑略記　類聚符宣抄

二十日、松尾、賀茂兩社ニ奉幣ス、　西宮記

十二月大盡 丙申朔

十一日、月次祭、神今食、　北山抄　西宮記

十四日、勸學院衆、左大臣忠平ノ五十ノ算ヲ賀ス、　日本紀略

十八日、比叡山僧徒、忠平五十ノ算ヲ賀ス、　日本紀

略

十九日、御佛名、　撰集祕記

廿四日、渤海國使丹後ニ來著ス、　日本紀略

是歳、左兵衛佐藤原敦忠、兄中納言保忠四十ノ算ヲ賀ス、　伊勢集

前式部大輔從四位下橘公統卒ス、　尊卑分脈　二中歴
日本紀略　扶桑略記

東寺九僧別當玄照寂ス、　東寺長者補任

延長八年

正月小 丙寅朔 盡

一日、小朝拜、節會、　日本紀略

二日、二宮大饗、　西宮記

三日、丹後、渤海客來著ノ由ヲ奏ス、　扶桑略記

四日、左大臣忠平大饗ヲ行フ、　西宮記　北山抄

七日、白馬節會、　西宮記

八日、御齋會、　西宮記

參議從三位兼伊豫守源悦薨ズ、　日本紀略　公卿補任
官職祕鈔

十三日、敦子內親王薨ズ、　日本紀略　一代要記　齋院記
三代實錄

十六日、踏歌節會、　西宮抄

二十日、若狹但馬兩國ヲシテ、渤海客ヲ饗シ、其船ヲ修造セシム、　扶桑略記

廿九日、右大辨平時望ヲ參議ニ任ズ、　公卿補任

二月大 乙未朔 盡

六日、右京ノ病者等ヲ賑給ス、　扶桑略記

十三日、京職ヲシテ、路頭ノ病者ヲ收養セシム、
政事要略　扶桑略記

十七日、東宮御書始、　日本紀略　台記

廿四日、風水、疫癘ニ依リテ、恩赦ヲ行ヒ、御修法、御讀經ヲ修ス、　日本紀略　政事要略　扶桑略記

廿八日、兵庫鳴ル、　扶桑略記

二品式部卿敦慶親王薨ズ、　日本紀略　本朝皇胤紹運錄
河海抄　亭子院歌合　勅撰作者部類　伊勢集　後撰和歌集　大和物語

三月小乙丑朔盡

八日、兵庫鳴ルニ依リ、御占ヲ行フ、 扶桑略記

九日、儼子内親王薨ズ、 日本紀略 尊卑分脈 歴代皇記

十八日、穢中、臨時御讀經ヲ行フ、 公事故實

是月、季御讀經穢ニ依リテ延引ス、 北山抄

春夏ノ間、疫疾流行ス、 日本紀略 扶桑略記

四月大甲午朔盡

一日、外記政、是日、當麻、杜本祭使ヲ發遣ス、 西宮抄 北山抄

明法博士惟宗公方ヲシテ、諸司官舍無實ノ怠ハ赦ニ會スヤ否ヤヲ勘申セシム、是日、東丹國使裴璆怠狀ヲ進ム、 政事要略 扶桑略記 本朝文粹 扶桑集

三日、平野祭穢ニ依リテ延引ス、 康富記

五日、左大臣忠平第火アリ、 扶桑略記

七日、擬階奏、 北山抄

十五日、地震、是日、賀茂祭ヲ停ムルニ依リ、大祓ヲ行フ、 西宮記 日本高僧傳要文抄

十六日、賀茂祭ヲ停ム、 西宮記 九條年中行事

廿一日、疫癘ニ依リテ、御修法ヲ行フ、 扶桑略記

是月、季御讀經ヲ行フ、 北山抄 江次第

五月小甲子朔盡

一日、疫癘ニ依リテ、諸社ニ奉幣ス、 扶桑略記

七日、平野祭、 康富記

十五日、三品貞固親王薨ズ、 一代要記 本朝皇胤紹運錄 三代實錄

權律師貞勝寂ス、 日本紀略

十七日、臨時仁王會、 扶桑略記

廿四日、虹、日ヲ繞ル、 扶桑略記

是月、客星、羽林ニ入ル、 一代要記

炎旱、 日本紀略

六月小癸巳朔盡

一日、廢務、 扶桑略記

八日、雪降ル、 吾妻鏡

九日、鶩、大極殿梁ニ居ル、 扶桑略記

十二日、虹、紫宸殿等ニ立ツニ依リ、御占ヲ行フ、 扶桑略記

十四日、鷲怪異ノ御占ヲ公卿ニ告グ、 扶桑略記

十五日、月食、 扶桑略記

二十日、祭主大中臣奥生ヲシテ雨ヲ祈ラシム、是日、本任ノ放還ヲ待タズ常陸介藤原公葛等ノ任符ニ請印セシム、 扶桑略記 類聚符宣抄

廿三日、妖言アリ、 扶桑略記

廿五日、右近陣ニ怪異アリ、 古今著聞集

廿六日、雷、清涼殿ニ震ス、大納言正三位藤原清貫、右中辨從四位下平希世之ニ死ス、 扶桑略記 日本紀略 九條殿遺誡 後深心院關白記 一代要記 公卿補任 西宮記 延喜式 貫之集 續故事談 歷代編年集成 藏人補任 職事補任 官職祕鈔 本朝文粹 太平記 後撰和歌集 玉葉和歌集

神泉苑ノ池水ヲ以テ、京南ノ田ニ漑セシム、是日、右兵衛醫師菅原茂滋ヲシテ、醫學生ヲ試セシム、 扶桑略記 類聚符宣抄

廿七日、天台座主尊意ヲシテ祈雨法ヲ修セシム、 天台座主記

廿九日、清涼殿ニ怪異アリ、 古今著聞集 花鳥餘情 元亨釋書

是月、左馬允源攀卒ス、 扶桑集 三十六人歌仙傳 源氏系圖

七月大盡 壬戌朔

二日、常寧殿ニ移御アラセラル、 日本紀略 西宮記 吾妻鏡 明匠略傳 元亨釋書

四日、廣瀨龍田祭、穢ニ依リテ延引ス、 西宮記

五日、晴天ニ雷鳴アリ、是日、武德殿邊ニ於テ鬼ノ怪アリ、 扶桑略記 古今著聞集

八日、月、書見ハル、 扶桑略記 平戸記

十五日、御咳病、今夜流星アリ、 日本紀略 扶桑略記 古今著聞集

二十日、雷鳴、龍尾道高欄倒ル、 扶桑略記 古今著聞集

廿一日、常寧殿ニ於テ五壇法ヲ修ス、是日、御惱ニ依リテ、五大尊像ヲ造ル、 日本紀略 扶桑略記

廿四日、助教十市部良佐ヲシテ、天文奏ヲ進ゼシム、 類聚符宣抄

是月、季御讀經、　西宮記　江次第

相撲ヲ停ム、　日本紀略

八月小盡　壬辰朔

八日、律師智鎧寂ス、　東大寺別當次第

九日、御惱ニ依リテ度者ヲ給フ、　扶桑略記

十一日、定考、是日、諸社奉幣使ヲ定ム、　扶桑略記　政事要略

十二日、鳩、辨官西戶梁上ニ集ルニ依リテ、御占ヲ行フ、　扶桑略記

十三日、中宮、東宮、宣耀殿ニ遷御アラセラル、　日本紀略

十五日、大宰府四王寺四僧ヲ選ビ補セシム、　政事要略

十七日、廣瀨、龍田祭、是日、廢務ニ依リテ內論義博士ヲ還遣ス、　西宮記　扶桑略記

十九日、河內志貴山寺僧命蓮ヲ召シテ、玉體ヲ加持セシメ給フ、　扶桑略記　信貴山緣起

廿一日、御不豫ニ依リテ、禁中ニ於テ御修法アリ、　扶桑略記

廿五日、御不豫ニ依リテ、右大臣定方讀經ヲ行フ、

廿八日、上野駒牽ヲ停ム、　小野宮年中行事

是月、重明親王、御惱平癒ヲ長谷寺觀音ニ祈ラセ、給フ、　花鳥餘情

九月大盡　辛酉朔

一日、信濃勅旨駒牽、　政事要略

三日、御燈ヲ奉ラズ、　西宮記　政事要略

七日、御惱ニ依リテ、左大臣忠平、右大臣定方、伺候ス、　扶桑略記

八日、無位一世源氏ノ座次ヲ定ム、　政事要略

九日、節會ヲ停ム、　日本紀略　政事要略

十一日、伊勢例幣、　政事要略

十六日、烏ノ恠ニ依リテ、御占ヲ行フ、　扶桑略記

廿一日、中宮、常寧殿ニ遷御アラセラル、是日、權律師會理ヲシテ、廣隆寺ニ於テ御惱平癒ヲ祈ラ

シム、 日本紀略 東寺長者補任 李部王記
廿二日、御讓位アラセラル、 醍醐寺雜事記 皇年代略記
扶桑略記 大鏡 續古事談 神皇正統記

白氏文集ヲ讀ミ給フ、 江吏部集
御製、 類聚句題抄 和漢朗詠集 續後撰和歌集 續古今和歌集 大
和物語
渤海客ヲ召見シ給フ、 大鏡裏書 平家物語 寛平御遺誡
當代國忌、 江次第
內御書所ヲ置ク、 西宮記
清涼仁壽兩殿ニ菊ヲ栽ウ、 禁祕抄
御樂器、 江談抄 續教訓抄
朝倉、其駒ヲ神樂歌ニ加フ、 體源抄 吉野吉水院樂記 十
訓抄
御鷹、 嵯峨野物語 白鷹記
御犬、 古事談
灌佛ニ不參セル王卿ノ布施錢ヲ奉ルヲ停ム、 小
野宮年中行事 北山抄

賀茂祭禊ノ前駈ノ代用ヲ定ム、 西宮記
雷鳴ノ時、舍人二人ヲシテ鈴辛櫃下ニ立タシム、
天延二年記
始メテ御佛名僧ニ綿ヲ賜フ、 歷代編年集成
唐僧ノ度緣ニ請印セシム、 北山抄
主計寮官人ヲ盡ク貶退ス、 新儀式
新任國司ヲシテ著任ノ年ヲ以テ初任ト爲サシ
ム、 北山抄
諸牧ヲシテ格ヲ造ラシム、 政事要略
參議藤原玄上子近光、御前ニ於テ元服ス、 新儀式
藏人某、母ノ祈念ニ依リテ朝恩ヲ蒙ル、 古事談
臨時奉幣、 古事談
藏人ヲシテ、姧婦ヲ捕ヘシム、 今昔物語
鷺ニ五位ヲ授ク、 平家物語 神明鏡
山城國司ヲシテ、宇治離宮下社ヲ造營セシム、 醍
醐雜抄
敦實親王勸修寺八幡宮ヲ建立シ給フ、 榊葉集

成願寺ヲ建立ス、 東寺文書

石清水八幡宮別當運眞新堂ヲ建立ス、 石清水末社記

普甲寺ヲ建立ス、 伊呂波字類抄

鎭守府將軍平良將、常陸勝樂寺ヲ建立ス、 常陸國正宗寺舊記

美濃華嚴寺ニ額ヲ賜フ、 元亨釋書

藥師寺ニ於テ、法華長講ヲ修ス、 藥師寺緣起

僧仁惠、比叡山西塔釋迦堂佛像ヲ造ル、 四大寺傳記

僧仁照、四佛畫像ヲ多武峯塔內ニ安置ス、 多武峯略記

女御源和子、 一代要記 三代實錄 花鳥餘情 本朝皇胤紹運錄

更衣源封子、 一代要記 皇胤系圖 本朝皇胤紹運錄 北山抄

更衣滿子女王、 一代要記 本朝皇胤紹運錄

更衣源疋子、 一代要記

更衣滋野幸子、 一代要記

更衣源柔子、 一代要記

更衣源俊子、 一代要記

更衣平光子、 一代要記

更衣源清子、 一代要記 續後撰和歌集

更衣源暖子、 一代要記

中將更衣 中將失其名、仍姑擧字下倣之、 勅撰作者部類 皇胤系圖 尊卑分脈 後撰和歌集

辨更衣、 新古今和歌集

刑部更衣、 大和物語

按察御息所、 拾遺和歌集

大納言源昇女、 河海抄

左兵衛佐源敏相女、 本朝皇胤紹運錄

女藏人內匠、 政事要略

女藏人二條、 玉葉和歌集 續後拾遺和歌集

勸子內親王、 本朝皇胤紹運錄 日本紀略 躬恒集

敏子內親王、 本朝皇胤紹運錄 一代要記

源嚴子、 一代要記 類聚符宣抄

伊香社神主淳行、 伊香氏系圖　古今和歌集

內豎頭藤原言直、 古今和歌集目錄

大宰大貳小野葛絃、 藤原保則傳　菅家文草　扶桑略記　公卿補任

大膳少進文屋朝康、 古今和歌集目錄　勅撰作者部類　古今和歌集

陸奥守藤原兼三、 尊卑分脈　勅撰作者部類　後撰和歌集

右衞門府生壬生忠岑、 古今和歌集目錄　大和物語　躬恒集　古今和歌集　後撰和歌集　拾遺和歌集　忠見集　奥儀抄

少納言源當純、 古今和歌集目錄　古今和歌集

越前權少掾宮道潔興、 古今和歌集目錄　古今和歌集

主税頭春道新名、 古今和歌集目錄　二中歴

右大辨源唱、 源氏系圖　和名類聚抄　三代實錄　菅家文草

左衞門權少尉御春有輔、 古今和歌集目錄　貫之集　古今和歌集

下總權大掾藤原興風、 拾芥抄　勅撰作者部類　古今和歌集目錄　古今和歌集

大宰少貳藤原好風、 尊卑分脈　古今和歌集目錄　古今和歌集

鎭守府將軍藤原利仁、 尊卑分脈　鞍馬蓋寺緣起　神明鏡　空華集　今昔物語　古事談　義經記

長門守橘長盛、 尊卑分脈　古今和歌集目錄　古今和歌集

志賀大領大友黑主、 本朝皇胤紹運錄　古今著聞集　古今和歌集目錄　顯昭古今集注　天台座主記　大和物語　後撰和歌集　續後拾遺和歌集　古今和歌集　長明無名抄

民部大輔大藏善行、 三代實錄　都氏文集　雜言奉和　康富記　菅家文草　延喜式　類聚三代格　河海抄　政事要略　二中歴　年中行事抄

右兵衞督藤原後蔭、 尊卑分脈　古今和歌集目錄　本朝文粹　北山抄　古今和歌集　後撰和歌集　續古今和歌集

左馬助藤原有好、 尊卑分脈　勅撰作者部類　後撰和歌集

式部大輔菅原淳茂、 菅原氏系圖　菅家御傳記　北山抄　江談抄　類聚符宣抄　本朝文粹　扶桑集　二中歴　扶桑略記

長門守坂上恒蔭、 坂上氏系圖　勅撰作者部類　河海抄　扶桑略記　類聚符宣抄　後撰和歌集

淡路權掾凡河內躬恒、 三十六人歌仙傳　勅撰作者部類　拾芥抄　袋草紙　古今和歌集　躬恒集　大和物語　十訓抄　顯昭古今集注　後撰和歌集　拾遺和歌集　奥儀抄　長明無名抄

左少將藤原滋幹、 尊卑分脈 勅撰作者部類 大和物語 後撰和歌集

甲斐守高向利春、 古今和歌集目錄 古今和歌集

刑部大判事藤原輔仁、 尊卑分脈 勅撰作者部類 後撰和歌集

越前介藤原千蔭、 勅撰作者部類 拾遺和歌集

宮內大輔宮道彌益、 類聚國史 三代實錄 勸修寺雜事記 勸修寺舊記 世繼物語

僧素性、 古今和歌集目錄 扶桑略記 後撰和歌集 續後撰和歌集 素性法師集 貫之集

僧寬蓮、 河海抄 花鳥餘情 大和物語 二中歷 東寺長者補任 古今著聞集 古事談 今昔物語

僧三修、 今昔物語

比叡山西塔院主湛譽、 天台座主記 扶桑略記 天台南山無動寺建立和尚傳 元亨釋書

閑院命婦、 古今和歌集目錄 古今和歌集 後撰和歌集

參議藤原玄上女、 尊卑分脈 後撰和歌集 大鏡

丹波守大江玉淵女、 大和物語

遊女白女、 古今和歌集目錄 大和物語 古今和歌集

朱雀天皇

延長八年

九月 大盡 辛酉朔

廿二日、受禪アラセラル、 一代要記 踐祚部類抄 扶桑略記 山槐記 北山抄

左大臣忠平ヲシテ政事ヲ攝行セシム、 扶桑略記 日本紀略 公卿補任 神皇正統記

警固、固關、 日本紀略 踐祚部類抄 北山抄

廿五日、右近衞權中將藤原實頼ヲ藏人頭ニ補ス、 職事補任 公卿補任

結政所ニ於テ請印ヲ行フ、 北山抄

廿六日、朝覲行幸アラセラル、 日本紀略 北山抄

廿七日、先帝、右近衞府ニ移御アラセラル、 日本紀略 醍醐寺雜事記 續古今和歌集

廿八日、法皇、先帝ヲ御勞問アラセラル、 日本紀略 醍醐寺雜事記 河海抄

廿九日、七箇寺ヲシテ諷誦ヲ修セシム、醍醐寺雜事記

先帝ノ皇子章明ヲ親王ト爲シ、皇女靖子、英子等ヲ以テ內親王ト爲ス、日本紀略　一代要記

先帝御落飾アラセラル、御遺詔アリ、是日、大赦ヲ行フ、日本紀略　醍醐寺雜事記　政事要略　愚管抄　河海抄　大鏡　夫木和歌抄　敦忠卿集　朝忠卿集　公忠朝臣集　新古今和歌集

先帝、崩御アラセラル、日本紀略　醍醐寺雜事記　扶桑略記

齋院韶子內親王御退出アラセラル、日本紀略　齋院記

是秋、中納言藤原兼輔ノ母卒ス、紀貫之集　公卿補任

十月小盡辛卯朔

一日、先帝御入棺、明月記

二日、見徒罪人ヲ放免ス、扶桑略記

五日、御葬裝束事始、扶桑略記

十日、先帝ヲ山城宇治郡山科山陵ニ葬リ奉ル、扶桑略記　日本紀略　醍醐寺雜事記　古今著聞集　政事要略　拾芥抄　後撰和歌集　一代要記

十二日、先帝ノ山陵ニ率都婆ヲ立テ二七日ノ諷誦ヲ修ス、醍醐寺雜事記

十三日、左大臣忠平上表シテ、攝政ヲ辭ス、公卿補任　本朝文粹

十六日、左大臣忠平重ネテ上表ス、本朝文粹

十八日、先帝ノ御爲メニ、醍醐勸修兩寺僧ヲシテ、念佛ヲ奉仕セシム、醍醐寺雜事記

十九日、左大臣忠平、重ネテ辭表ヲ上ル、本朝文粹

二十日、左大臣忠平ニ勅答ヲ賜フ、本朝文粹　北山抄

廿五日、法皇、先帝ノ御爲メニ、諷誦ヲ七箇寺ニ修セラル、醍醐寺雜事記

十一月大盡庚申朔

二日、御卽位擬侍從等定、北山抄

五日、中六條院火アリ、日本紀略　扶桑略記

八日、御卽位ノ由ヲ諸司諸衞ニ召仰ス、北山抄

十五日、中宮、先帝七七日法會ヲ修セラル、日本紀略　醍醐寺雜事記　參語集

史生佐伯音行ヲシテ、內記所ニ候シ、位記ヲ書セシム、 類聚符宣抄
十八日、使ヲ六陵二墓ニ遣シテ、御卽位ノ由ヲ告ゲシム、 北山抄
十九日、諒闇ニ依リテ、鎭魂祭ヲ停ム、 北山抄 年中行事祕抄
二十日、行幸召仰、 北山抄
廿一日、御卽位アラセラル、 扶桑略記 天祚禮祀職掌錄 北山抄 政事要略
長明親王ニ品位ヲ授ケ、中納言從三位藤原保忠ヲ正三位ニ、參議正四位下藤原邦基ヲ從三位ニ敍ス、 公卿補任 西宮記
廿五日、解陣、開關、 日本紀略 北山抄
是月、尙侍藤原滿子ヲ正二位ニ敍ス、 一代要記

十二月大盡 庚寅朔

四日、左大臣忠平ニ隨身兵仗ヲ賜フ、 日本紀略 攝關傳 公卿補任 西宮記 水左記
九日、先帝ノ國忌ヲ置ク、荷前陵墓ヲ定ム、 日本紀略 東寶記 撰集祕記 政事要略
十一日、僧正增命、西塔年分度者ノ慶ヲ奏ス、 西宮記
十三日、荷前使ヲ定ム、 政事要略 小野宮年中行事
十六日、參議左大辨藤原邦基ニ民部卿ヲ兼ネシム、 公卿補任
十七日、除目、右大臣定方ヲ左大將ニ、大納言藤原仲平ヲ右大將ニ任ズ、 西宮記 公卿補任
二十日、御佛名、 北山抄
廿九日、先帝ノ諸皇子、後山階陵ニ荷前ヲ奉ラル、 西宮記 小右記 左經記
是月、齋宮柔子內親王御退出アラセラル、 日本紀略
左大臣忠平隨身兵仗ヲ辭ス、 本朝文粹
是歲、仁王會、 西宮記
越前大掾出雲貞行、近江竹生島ニ法華三昧堂ヲ建立ス、 竹生島緣起
陽勝仙人吉野ヨリ飛來ス、 和漢合符

左衛門權佐從五位上平中興卒ス、勅撰作者部類 尊卑分脈 古今和歌集目錄 古今和歌集 後撰和歌集 兼輔卿集 大和物語 新勅撰和歌集

加賀介從五位下坂上是則卒ス、坂上氏系圖 古今和歌集目錄 西宮記 官職祕抄 古今和歌集 後撰和歌集 新古今和歌集 續古今和歌集

承平元年

正月小 庚申朔盡

一日、諒闇ニ依リテ、朝賀、幷ニ小朝拜等ヲ停ム、日本紀略 西宮抄 江次第 北山抄 貞信公記 後撰和歌集

三日、左京一條失火ス、日本紀略

六日、大風、日本紀略

七日、白馬節會ヲ停ム、妙音院相國白馬節會次第

八日、法性寺ニ於テ御修法アリ、貞信公記

九日、女官、雪見參ニ預ル、貞信公記

十二日、地震、貞信公記

十三日、賀茂齋院敦子內親王薨ズ、一代要記 齋院記 三代實錄 西宮記

十七日、射禮ヲ停ム、是日、始メテ御願神寶ヲ造ル、江次第抄 貞信公記

廿一日、海賊ノコトヲ奏ス、貞信公記

廿三日、外記政始、貞信公記

廿八日、雷鳴アリ、日本紀略 扶桑略記

臨時交易絹進未、幷ニ舂米スベキ國々ヲ勘ヘシム、貞信公記

二月大 己丑朔盡

三日、太原野祭、是日、左獄東町火アリ、貞信公記 日本紀略

四日、祈年祭、貞信公記

少僧都基繼寂ス、貞信公記 歷代皇記 興福寺年代記

六日、大炊寮死穢アリ、日本紀略 貞信公記

荷前使ノ闕ニ依リテ、散位平忠則、源公輔等ノ位祿ヲ奪フ、類聚符宣抄

七日、死穢ニ依リテ大祓ヲ行フ、是日、大宰大貳某赴任ス、貞信公記 樗嚢抄

藤原時柄ヲシテ天文ヲ學バシム、日本紀略

八日、春日祭、是日、群盜京ニ滿ツルニ依リ、近衞衞門檢非違使ヲシテ夜警セシム、扶桑略記 中右記

十一日、列見、西宮抄 貞信公記

十二日、臨時御讀經、四角祭、貞信公記

丹波守源惠卒ス、貞信公記 古今和歌集目錄 古今和歌集

十三日、雷、右馬陣樹ニ震ス、是日、園韓神祭ヲ延引ス、日本紀略 扶桑略記 貞信公記 新儀式

十五日、伊豫、損戸ヲ奏ス、貞信公記

十六日、季御讀經、僧名定、貞信公記

十七日、諸衞御馬蒭等ノ未進ヲ勘ヘシム、貞信公記

十八日、鷺怪ニ依リテ、誦經アリ、貞信公記

十九日、季御讀經、貞信公記

廿一日、元日、及ビ雪見參祿ニ、大宰府ノ綿布ヲ充ツ、貞信公記

廿五日、園韓神祭、貞信公記

法琳寺別當元忠寂ス、法琳寺別當補任

廿六日、左大臣忠平上表シテ攝政ヲ辭ス、貞信公記 西宮記

廿九日、地鳴ル、貞信公記

三月大 己未朔 盡

二日、地震、日本紀略

四日、舂米ノ穀數ヲ定ム、是日、藥院醫師ヲ任ズ、貞信公記

五日、大藏幄、主殿班幕ヲ諸家ニ貸スコトヲ禁ズ、貞信公記

十一日、除目、貞信公記

十三日、右近衞權中將藤原實賴ヲ參議ニ任ズ、公卿補任

十五日、已講平源ヲ興福寺別當ニ補ス、貞信公記 曆代皇記 興福寺寺務次第

十九日、位祿定、貞信公記

二十日、御修法僧等ニ度者ヲ賜ヒ、京中ノ餓者ヲ賑給ス、貞信公記

廿二日、不堪佃使定、貞信公記

廿四日、御即位ニ依リテ、大神宮、及ビ諸社ニ奉幣ス、日本紀略　貞信公記
廿五日、直物、貞信公記
廿八日、國忌御齋會司ヲ任ズ、貞信公記
三十日、一分召、幷ニ所々預ヲ補ス、貞信公記

四月小盡己丑朔

一日、旬儀、西宮記
二日、敍位、貞信公記
五日、檢非違使ヲ補ス、貞信公記
七日、擬階奏、貞信公記
十日、內藏寮死穢アリ、貞信公記
十一日、直物、御卜アリ、貞信公記
十三日、大神祭使ヲ發遣シ、改元ノ詔書ヲ作ラシム、貞信公記
十四日、御書始、貞信公記
大神宮正殿開カザルニ依リテ、御卜ヲ行フ、扶桑略記
十五日、位記召給、貞信公記
十六日、大神宮奉幣、貞信公記
十七日、宇佐使ヲ發遣ス、日本紀略　西宮記　北山抄
十九日、警固召仰、貞信公記
二十日、郡司讀奏延引、貞信公記
代明親王等、醍醐寺ノ鐘ヲ鑄ルコトヲ議ス、醍醐寺雜事記
廿一日、賀茂祭、貞信公記　西宮記
廿三日、山崎ノ橋ヲ修理ス、貞信公記
廿六日、承平ト改元ス、是日、文章博士大江維時ヲシテ、內御書所ノ御書ヲ擇バシム、日本紀略　貞信公記　改元部類　元祕抄　元祕別錄
廿七日、改元詔書覆奏、幷ニ郡司讀奏、貞信公記

五月大盡戊午朔

一日、祈雨使ヲ定ム、貞信公記
二日、祈雨使ヲ改定ス、貞信公記
三日、祈雨奉幣、貞信公記

七日、責宮符ヲ鑄錢司ニ下ス、 貞信公記
東安尼寺ヲ以テ醍醐寺別院ト爲ス、 醍醐寺雜事記
八日、大嘗會國郡、及ビ撿挍行事等ヲ定ム、 日本紀略 貞信公記 北山抄 園太暦
九日、前齋宮柔子内親王ニ去年冬ノ衣服料等ヲ給ス、 貞信公記
十九日、内裡觸穢、是日、鵄鳴、大納言藤原仲平家ニ入ル、 貞信公記
二十日、賑給使、施米ノ事ヲ定メ、木工寮ヲシテ醍醐寺ヲ造ラシム、 貞信公記 醍醐寺雜事記
廿三日、大嘗會行事始、是日、祭主大中臣奥生ヲシテ止雨ヲ祈ラシム 日本紀略 貞信公記 園太暦
廿六日、度者ヲ定ム、 貞信公記
廿九日、直物、 貞信公記
悠紀主基兩所、及ビ造寺所ニ米錢等ヲ充ツ、 貞信公記

閏五月小 戊子朔 盡

三日、地震、 日本紀略
五日、受領赴任後ノ加階例ヲ勘ヘセシメ、幷ニ造東大寺長官等ヲ任ズ、 貞信公記
七日、正倉院ノ垣ヲ修理セシム、 貞信公記
霖雨ニ依リテ御卜ヲ行フ、 扶桑略記 江次第 貞信公記
十一日、常平所ノ穀ヲ賣ラシム、 日本紀略
右近衞權少將藤原師輔ヲ藏人頭ニ補ス、 公卿補任 貞信公記
二十日、御讀經ノ雜事ヲ定ム、 貞信公記
廿七日、臨時御讀經、 日本紀略 貞信公記 西宮記

六月小 丁巳朔 盡

一日、左京正四位上太詔戸神ニ從三位ヲ授ク、 日本紀略
三日、醍醐寺ニ年分度者二人ヲ置ク、 醍醐寺初度具書 醍醐寺雜事記
四日、虹見ル、是日、七社ニ讀經セシム、 貞信公記 日本紀略
九日、參議源清蔭宅火アリ、 日本紀略

十二日、變異ニ依リテ奉幣アリ、是日、宜陽殿板敷鳴ル、 貞信公記

二十日、天變、 日本紀略

廿三日、虹見ル、ニ依リテ、御占ヲ行フ、 貞信公記 日本紀略 扶桑略記 中右記

廿八日、弘徽殿ニ怪アリ、 古今著聞集

七月大 丙戌朔盡

三日、大宰府ノ鷺怪ニ依リテ、御占ヲ行フ、 日本紀略

五日、法皇ノ御惱ニ依リテ、御諷經ヲ修ス、 日本紀略

七日、月、心星ヲ犯ス、是日、法皇ニ度者ヲ上ル、 貞信公記

九日、天變ニ依リテ、御讀經ヲ行フ、 貞信公記

十四日、季御讀經、 本朝世紀 小右記

重明親王盆供三十口ヲ醍醐寺ニ寄セラル、 醍醐寺雜事記 左經記

十五日、牛ノ怪ニ依リテ、御占ヲ行フ、 貞信公記

十九日、法皇崩御アラセラル、 日本紀略 簾中抄 貞信公記 仁和寺御傳 元亨釋書 神皇正統記 喜多院御室拾要集 峯相記 三僧記類聚 後撰和歌集

二十日、警固、御遺詔奏、 貞信公記 日本紀略 續古事談

廿一日、固關使ヲ發遣ス、 日本紀略 北山抄

廿四日、近江固關使復奏、 貞信公記

廿五日、御錫紵ヲ著シ給フ、 日本紀略 貞信公記

廿七日、伊勢美濃固關使復奏、 貞信公記 北山抄

廿八日、解關、 日本紀略 貞信公記

八月小 丙辰朔盡

六日、牛ノ怪ニ依リテ、御占ヲ行フ、 貞信公記

七日、甲斐駒牽、 樗嚢抄

八日、比江社禰宜等ノ罪狀ヲ勘ヘシム、 貞信公記

十日、大嘗會ヲ停ム、 日本紀略 園太暦 北山抄

十一日、定考、 西宮記

十五日、武藏秩父駒牽、 西宮記 小右記

廿四日、信濃望月駒牽、 貞信公記 西宮記

廿六日、結政所ニ於テ、度縁請印ヲ行フ、 北山抄

廿九日、上野勅旨駒牽、 貞信公記

九月大 乙酉朔盡

六日、法皇ヲ山城葛野郡大内山ニ葬リ奉ル、 貞信公記 日本紀略 扶桑略記 吉續記 花鳥餘情

八日、法皇ノ七七日御齋會ヲ東寺ニ修ス、 日本紀略 貞信公記

九日、先帝ノ御忌月ニ依リテ、重陽宴ヲ停ム、 日本紀略 撰集秘記 西宮記 年中行事秘抄 政事要略

馬、外記廳ニ入ル、 貞信公記

十日、郡司ヲシテ、勘籍ヲ行ハシム、 貞信公記

十一日、雷鳴、虹立ツ、是日、穢ニ依リテ伊勢例幣ヲ延引ス、 貞信公記

十二日、例幣、幷ニ臨時奉幣、 貞信公記 北山抄

十六日、中宮、先帝ノ周忌法會ヲ修セラル、 日本紀略 貞信公記

廿三日、御心喪ノ事ヲ定ム、 貞信公記 小右記

廿四日、醍醐寺ニ於テ、先帝ノ周忌法會ヲ修ス、 日本紀略 醍醐寺雜事記

廿五日、烏ノ怪ニ依リテ、御占ヲ行フ、 貞信公記

廿九日、醍醐天皇國忌、 醍醐寺雜事記

三十日、諒闇終ルニ依リテ、大祓ヲ行フ、 日本紀略

是月、神事以前ニ、佛事ヲ行ハセラル、 本朝世紀

十月小 乙卯朔盡

一日、旬儀、御物忌ニ依リテ見參ヲ奏セズ、 貞信公記 北山抄

二日、維摩會ノ料米ヲ給フ、 貞信公記

勸學、宿院ノ兩別當ヲ補ス、 貞信公記

九日、左大臣忠平、里第ニ在リテ官奏ヲ見ル、 台記

十二日、宮中闌遺ノ牛馬ヲ馬寮ニ送ラシム、 貞信公記

十六日、雉、中重ニ入ルニ依リテ、御占ヲ行フ、 貞信公記

廿五日、學生菅原庶幾等ニ登省宣旨ヲ下ス、 類聚符宣抄

廿七日、僧綱ヲ任ス、 護持僧次第 釋家初例抄 東寺長者補任

十一月大盡 甲申朔

一日、日食、 日本紀略 貞信公記 年中行事抄

平野、春日祭、延引 年中行事祕抄

二日、御暦奏延引、 貞信公記

三日、御暦奏、 樗嚢抄

七日、清涼殿ヲ改造ス、 花鳥餘情 江談抄 醍醐寺縁起

武藏小野ノ牧ヲ以テ、勅旨ト爲ス、 政事要略

八日、兩法皇ノ御封ヲ收ムベキ期ヲ勘申セシム、 貞信公記

十二日、春日祭使ヲ發遣ス、 西宮記

十三日、平野祭、春日祭、 年中行事抄

十九日、神祇官ニ於テ鎭魂祭ヲ行フ、 本朝世紀

二十日、新嘗祭、是日、大嘗會ヲ停ムルノ由ヲ伊勢大神宮ニ告グ、 貞信公記 日本紀略

廿一日、豊明節會、 政事要略

廿七日、先帝ノ山陵ノ隍ヲ掘ラシム、 貞信公記 類聚符宣抄

廿八日、中宮藤原穩子ヲ皇太后ト爲ス、 日本紀略 大鏡裏書

十二月小盡 甲寅朔

一日、天台座主尊意、延暦寺中堂ニ於テ始メテ佛名懺悔ヲ修ス、 天台座主記

二日、群盜ノ横行ニ依リテ、處々ヲ警固ス、 貞信公記

七日、醍醐寺佛造行事所上召使檜前貞則ニ、上日ヲ賜フ、 類聚符宣抄

八日、代明、重明兩親王、醍醐寺造塔ノコトヲ議セラル、 醍醐寺雜事記

十日、諸國ニ令シテ、不堪佃田ヲ開發セシム、 政事要略 貞信公記

十二日、諸衛官人等、群盜ヲ捕フ、 貞信公記

十七日、御心喪終ルニ依リテ、大祓ヲ行フ、 日本紀略 貞信公記 北山抄

參議橘公頼ニ右兵衛督ヲ兼ネシム、 公卿補任
十九日、御佛名、幷ニ荷前使、 貞信公記 政事要略 北山抄
廿五日、萬機旬儀、是日、雅子内親王ヲ齋宮ト爲シ、婉子内親王ヲ齋院ト爲ス、 貞信公記 小右記 西宮記 北山抄 日本紀略 齋院記
廿七日、明經生十市部有象ニ課試宣旨ヲ下ス、 類聚符宣抄
是歳、建禮門前ニ於テ、奉幣使ヲ發ス、 西宮記
平將門、叔父下總介良兼ト隙ヲ生ズ、 將門記 今昔物語

承平二年

正月 大盡 癸未朔

一日、節會、幷ニ次侍從ヲ補ス、 貞信公記 妙音院相國白馬節會次第 宣胤卿記
三日、齋宮卜定ノ由ヲ大神宮ニ奉告ス、 日本紀略
四日、左大臣忠平大饗、 貞信公記 北山抄 小右記
六日、敍位議、 貞信公記
七日、白馬節會、 貞信公記 三節會次第 園太曆 妙音院相國白馬節會次第
敍位、 公卿補任 北山抄
十四日、御齋會内論義、 貞信公記 台記
十六日、踏歌節會、 貞信公記 西宮抄
十七日、射禮、 貞信公記
十八日、賭弓ヲ延引ス、 貞信公記
十九日、賭弓、 貞信公記 西宮抄
廿一日、散位源兼明等ニ禁色雜袍ヲ聽ス、 貞信公記
廿二日、内宴、 貞信公記 日本紀略 本朝文粹
廿五日、地震、 日本紀略
除目議始、 貞信公記
廿七日、筑後守和氣雅文ノ赴任セザル事ヲ議セシム、 貞信公記
廿九日、鹿、中重ニ入ル、 扶桑略記 貞信公記

二月 大盡 癸丑朔

二日、皇太后宮御修法、 貞信公記

六日、直物、北山抄
十一日、列見、貞信公記
十四日、藤原清平等ヲシテ、藏人所ニ候セシム、貞信公記
十六日、一分召、貞信公記
十七日、陪膳闕怠ノ人ヲ勘申セシム、貞信公記
廿三日、成明親王御讀書始、日本紀略 貞信公記 河海抄
廿五日、季御讀經、貞信公記
廿六日、直物、貞信公記 小右記
廿九日、左大臣忠平ニ牛車ヲ聽ス、是日、忠平諷誦ヲ修ス、日本紀略 貞信公記

三月大 盡
癸未朔

一日、空晴ヲ維摩會講師ト爲ス、貞信公記
七日、勤子内親王ノ第燒ク、貞信公記
八日、中納言從三位藤原邦基薨ズ、日本紀略 公卿補任 貞信公記
十六日、兩齋王ノ初齋院ヲ定ム、貞信公記
廿一日、地震、日本紀略
皇太后御惱、是日、左大臣忠平牛車ノ慶ヲ奏ス、貞信公記 後愚昧記
廿二日、直物、貞信公記
廿七日、皇太后考妣ノ爲メニ、法會ヲ修セラル、貞信公記 花鳥餘情

四月小 盡
癸丑朔

一日、地震、日本紀略
二日、旬儀、平座、西宮記
七日、擬階奏、上卿ノ不參ニ依リテ延引ス、北山抄
九日、成選短册ヲ奏シ、奉幣、賑給等ノ使ヲ定ム、貞信公記
十一日、皇太后ニ御封ヲ加ヘラル、貞信公記
十二日、賑給、貞信公記
十三日、疫癘ニ依リテ、諸社ニ奉幣ス、扶桑略記 貞信公記
十四日、月食、貞信公記

廿一日、賀茂祭、貞信公記 日本紀略

廿六日、大嘗會行事所始、日本紀略 園太暦 小右記

直物、貞信公記

御讀經日時定、貞信公記

廿八日、追捕海賊使ヲ定メシム、貞信公記

五月大 壬午朔盡

一日、日食、貞信公記 日本紀略

十五日、陽成院、一切經ヲ供養セラル、日本紀略

十八日、藏人所雜色ヲ定ム、貞信公記

廿三日、諸社御讀經、是日、牛、官廳ニ入ル、貞信公記 扶桑略記

廿五日、牛ノ怪異等ニ依リテ、御占ヲ行フ、扶桑略記

六月小 壬子朔盡

三日、狐、侍從所ニ入ル、扶桑略記

八日、讃岐介姓闕ク淑茂ノ罪名ヲ勘申セシム、貞信公記

十日、齋宮雅子內親王初齋院ニ入ラセ給フ、日本紀略 貞信公記

十六日、祈雨奉幣、貞信公記

月次祭使穢ニ依リテ参宮セズ、伊勢公卿勅使雜例

二十日、皇太后藤壺ニ移御アラセラル、日本紀略 貞信公記

廿六日、地震、日本紀略

廿七日、左大臣忠平、皇太后ノ御膳ヲ供進ス、貞信公記

七月小 辛巳朔盡

三日、闕國受領ノコトヲ定ム、貞信公記

五日、御修法、貞信公記

十四日、皇太后、相撲、幷ニ踏歌ヲ覽給フ、日本紀略

十六日、屬星祭、貞信公記

廿三日、祈年穀奉幣、貞信公記

廿五日、郡司讀奏、貞信公記

廿八日、相撲召合、右大臣定方ノ病ニ依リテ、音樂

ヲ停ム、 日本紀略 貞信公記 小右記 北山抄 小野宮年中行事

廿九日、相撲抜出、追相撲、 貞信公記 北山抄 西宮記

八月 大 庚戌朔盡

四日、右大臣從二位藤原定方薨ズ、 日本紀略 貞信公記 公卿補任 拾芥抄 勸修寺家譜 勸修寺緣起 大和物語 古今和歌集 後撰和歌集

八日、釋奠、右大臣定方薨ズルニ依リテ、講宴ヲ停ム、 貞信公記 本朝世紀

九日、內論義ヲ停ム、 西宮記

十日、右大臣定方薨奏、 貞信公記

讚岐山田郡目代讚岐惟範、讚岐助則、座位ヲ爭フ、 法曹類林

十一日、內裡觸穢、是日、故右大臣定方ニ從一位ヲ贈ル、 日本紀略 貞信公記

十三日、虹、日華門官廳ニ立ツ、是日、政アリ、右近衞大將藤原仲平、相撲饗ヲ設ク、 貞信公記 扶桑略記

十八日、季御讀經、 貞信公記

廿四日、式部大丞菅原在躬ヲシテ、文章得業生藤原經臣ノ策ヲ問ハシム、 貞信公記 類聚符宣抄

廿五日、兵庫寮ノ倉顚倒ス、 扶桑略記

廿八日、除目、 貞信公記

三十日、右大將藤原仲平ヲ左大將ニ轉ズ、 貞信公記 公卿補任

九月 小 庚辰朔盡

三日、穢ニ依リテ御燈ヲ停ム、 小右記 山槐記

七日、武藏小野駒牽、 貞信公記

九日、先帝ノ御忌月ニ依リテ、重陽宴ヲ停ム、 日本紀略

十一日、例幣、穢ニ依リテ延引ス、 貞信公記

十三日、內供奉貞崇ヲ權律師ニ任ズ、 貞信公記 東寺長者補任

十四日、郡司召、上野駒牽、 貞信公記 樗囊抄

十七日、神寶使ヲ定ム、是日、御馬ヲ陽成院ニ上リ、左大臣忠平ニ賜フ、 貞信公記

二十日、例幣使ヲ發遣ス、 貞信公記

三品兵部卿常陸太守貞眞親王薨ズ、 貞信公記 日本紀略 皇胤紹運錄 一代要記 三代實錄 新儀式 十訓抄 西宮記

廿一日、大嘗會、御禊等ノ雜事ヲ勘申セシム、 貞信公記

大祓、 北山抄

廿二日、大神寶使ヲ發遣ス、 日本紀略 貞信公記 北山抄

廿五日、武藏秩父駒牽、是日、齋院婉子內親王初齋院ニ入ラセ給フ、 貞信公記 左經記

廿六日、御禊裝束司等ヲ定ム、是日、烏ノ怪アリ、 貞信公記

廿八日、齋宮雅子內親王野宮ニ入ラセ給フ、 貞信公記

皇太后四卷經ヲ供養アラセラル、 醍醐寺雜事記

廿九日、醍醐天皇國忌、 醍醐寺雜事記

是月、汲水女、大藏省ノ井ニ墮ツ、 本朝世紀

十月 大盡 己酉朔

廿三日、羅城祭、用途ノ不足ニ依リテ延引ス、 貞信公記

廿五日、大嘗會御禊、 日本紀略 貞信公記 大嘗會御禊日例 大嘗會御禊事記 中右記 御禊行幸服飾部類 北山抄

是月、近江守藤原高堪卒ス、 小右記

十一月 小盡 己卯朔

一日、大嘗會ニ依リテ、諸社ニ奉幣ス、 貞信公記

二日、羅城祭、 貞信公記

四日、裝束司、幷ニ藏人所雜色ヲ補ス、 貞信公記

十一日、敍位議、 貞信公記

十三日、大嘗祭、 日本紀略 歷代編年集成 貞信公記 北山抄

十四日、節會、 日本紀略 貞信公記 北山抄 政事要略

十五日、節會、 日本紀略 貞信公記 體源抄 御遊抄 北山抄

十六日、敍位、 日本紀略 貞信公記 北山抄 公卿補任

廿一日、女敍位、 貞信公記

廿六日、左大臣忠平ヲ從一位ニ敍ス、 公卿補任 貞信公記 中右記

廿七日、左大臣忠平ノ五男藤原師尹元服ス、公卿補任　日本紀略

十二月 大盡 戊申朔

二日、賀茂臨時祭試樂、政事要略

十日、悠紀主基國郡司等ニ祿ヲ賜フ、貞信公記　北山抄

十二日、左近衞舍人等濫惡ノコトヲ勘ヘシム、貞信公記

十四日、賀茂臨時祭、貞信公記　西宮記　北山抄

十六日、備前、海賊起ルノ由ヲ奏ス、貞信公記

十九日、御佛名、是日、詔シテ、服御常膳ヲ減ズ、貞信公記　日本紀略　政事要略

廿五日、荷前、貞信公記　北山抄

廿八日、内印アリ、貞信公記

三十日、追儺、西宮記　樗嚢抄

是歳、宮内卿兼覧王卒ス、古今和歌集目錄　中古歌仙傳　古今和歌集　後撰和歌集

承平四年

正月 小盡 戊寅朔

一日、朝賀ヲ止メ、節會ヲ行フ、日本紀略　西宮記

七日、白馬節會、西宮記　後成恩寺關白元日節會次第　園太暦

十六日、踏歌節會、西宮抄

二十日、左大史坂上經行、群盜ノ爲メニ衣裳ヲ奪ハル、日本紀略

廿一日、參議從三位藤原玄上薨ズ、日本紀略　公卿補任　尊卑分脈　禁祕抄　兼輔卿集　伊勢集

廿三日、諸衞ヲシテ、結番夜行セシム、日本紀略　扶桑略記

近衞小槻滋連、太澤有春ヲ傷ク、日本紀略

是月、參議藤原實頼ノ室某卒ス、日本紀略　尊卑分脈

二月 大盡 丁未朔

五日、修子内親王薨ズ、日本紀略　一代要記　本朝皇胤紹運錄　貫之集

十三日、大納言藤原仲平ヲ右大臣ニ任ズ、日本紀略　公卿補任　西宮抄　西宮記　左經記　大和物語　大鏡　續後撰和歌集　袋草紙

十七日、右大臣仲平ニ左近衛大將ヲ兼ネシム、初任大臣大饗雜例

十八日、中納言從三位藤原兼輔薨ズ、扶桑略記 日本紀略 公卿補任 大和物語 古今和歌集 兼輔卿集 後撰和歌集 新古今和歌集 貫之集

廿三日、權律師蓮舟ヲ東寺長者ニ補ス、東寺長者補任

三月大 丁丑朔盡

四日、造齋宮使ヲ發遣ス、類聚符宣抄

十四日、石清水別當延晟寂ス、石清水祠官系圖

十六日、右大臣仲平ニ勅答ヲ賜フ、本朝文粹

朱雀院ニ於テ、歩射ヲ覽給フ、花鳥餘情

廿七日、御遊アリ、體源抄

四月小 丁未朔盡

一日、旬儀、西宮記 北山抄

若狹、雛雉ヲ獻ズ、扶桑略記

二日、朱雀院ノ秩父牧ヲ勅旨牧ト爲ス、政事要略

六日、雉ヲ大内山ニ放ツ、花鳥餘情

八日、灌佛、北山抄

十二日、齋院婉子内親王紫野院ニ入ラセ給フ、日本紀略 齋院記 左經記

十七日、藤花宴、日本紀略

廿七日、大仁王會、日本紀略 西宮記

五月大 丙子朔盡

十二日、民部史生姓闕諸藤、侍從源宗城ヲ殺害ス、扶桑略記 勅撰作者部類 勅撰分限 後撰和歌集

十五日、東光寺ノ新堂ヲ供養ス、扶桑略記

廿七日、參議藤原實頼ニ右衛門督ヲ兼ネシム、公卿補任

六月小 丙午朔盡

三日、諸陵寮火アリ、日本紀略 扶桑略記

七日、郡司召、台記

十七日、參議藤原實頼ヲ檢非違使別當ニ補ス、西宮記 擬闕傳

廿五日、八十島祭、 日本紀略

七月 大盡 乙亥朔

十一日、紫宸殿ノ怪ニ依リテ、諸國ニ下ス官符ノ請印アリ、 扶桑略記

十三日、颰風ニ依リテ御占ヲ行フ、 扶桑略記

十五日、東寺長者蓮舟寂ス、 歴代皇記 東寺長者補任

十九日、季御讀經、 西宮記

贖ヲ徵納スベキ人、赦ニ會フノ後徵納スベキヤ否ヤヲ勘申セシム、 政事要略

廿四日、相撲召合、 日本紀略 西宮記 北山抄 樗嚢抄 舞樂要錄

廿五日、拔出、追相撲、 日本紀略 西宮記 舞樂要錄

八月 小盡 乙巳朔

三日、大學寮觸穢ニ依リテ、釋奠ヲ延引ス。 小右記

十三日、釋奠、 小右記

十五日、越前、加賀二國司任終ノ年ノ雜米返抄ハ、後司ヲシテ辨濟セシム、 江次第抄 左經記 北山抄

內裏、死穢アリ、 本朝世紀

十七日、駒牽、 樗嚢抄

廿五日、行明親王御讀書始、 日本紀略

廿七日、康子內親王御著裳ノ儀アリ、 日本紀略 一代要記 西宮記 小右記 拾遺和歌集 新勅撰和歌集 公忠朝臣集 賴基朝臣集 伊勢集

廿九日、大祓、 本朝世紀

九月 大盡 甲戌朔

三日、齋宮ノ群行ニ依リテ、御燈ヲ停ム、 日本紀略

廿六日、齋宮雅子內親王、大神宮ニ參向アラセラル、 日本紀略 西宮記 北山抄 後撰和歌集

廿八日、東大寺別當寛救ニ重任ノ宣旨ヲ下ス、 東大寺別當次第

十月 小盡 甲辰朔

三日、左大臣忠平、封戶ヲ醍醐寺ニ施入ス、 醍醐寺雜事記

二十日、權律師貞崇ヲ東寺長者ニ補ス、 東寺長者補任 密宗血脈抄

廿四日、大納言藤原保忠ニ按察使ヲ兼ネシム、以下任官差アリ、公卿補任

十一月大 癸酉朔盡

五日、齋宮雅子内親王御病ニ依リテ、伊勢奉幣ノコトヲ定ム、扶桑略記

六日、中納言藤原扶幹等圓成寺ニ遊ブ、本朝文粹

九日、祭使等ノ摺袴下襲ノ過差ヲ禁ズ、法曹至要抄

廿七日、僧平珍、空海ノ廟塔ヲ修理ス、高野山奥院興廢記

十二月小 癸卯朔盡

十日、子日ニ依リテ、神今食上卿以下ヲトセズ、西宮記

十三日、荷前使ヲ定ム、北山抄 年中行事秘抄

十六日、殿上ノ侍臣、大原野ニ狩獵ス、日本紀略 西宮記

十七日、海賊ノコトニ依リテ、警固使ヲ定ム、扶桑略記

廿八日、諸衛舍人ノ濫行ヲ禁ズ、法曹至要抄

廿九日、追儺、年中行事秘抄

是歳、加賀金劔宮神ニ正三位ヲ授ク、諸社根元記 神階記

臨時用ニ充ツルト稱シテ、省例交易ヲ申スコトヲ禁ズ、北山抄

承平四年

正月大 壬申朔盡

一日、節會、後成恩寺關白元日節會次第

四日、左大臣忠平大饗、西宮記 西宮抄

五日、右大臣仲平大饗、西宮記

七日、白馬節會、西宮記

敍位、公卿補任

十日、少僧都經賀寂ス、日本紀略

十四日、男踏歌、日本紀略 花鳥餘情 體源抄

御齋會、内論義、西宮記

十六日、踏歌節會、西宮抄

閏正月小壬寅朔盡

八日、左少史善道維則ヲ外記代ト爲ス、類聚符宣抄

十五日、陸奥國分寺ノ塔雷火ニ燒ク、日本紀略

二月大辛未朔盡

五日、太政官廳烏ノ怪アリ、扶桑略記

十日、式兵兩省季祿目錄ヲ申サズ、清愼公記

二十日、律師神豫寂ス、日本紀略

三月小辛丑朔盡

一日、皇太后御賀、試樂アリ、西宮記 新儀式

九日、踏歌後宴、日本紀略

十一日、掌侍藤原灌子ヲ賀茂祭使ト爲ス、西宮記

山城一頸四翼ノ鷄ヲ獻ズ、扶桑略記

二十日、皇太后ノ御賀ニ依リテ賑給ヲ行フ、新儀式

廿五日、皇太后ノ御賀ニ依リテ諷誦ヲ修ス、日本紀略 新儀式 花鳥餘情

廿六日、皇太后五十ノ御賀、日本紀略 花鳥餘情 御遊抄 新儀式 古今著聞集 伊勢集 拾遺和歌集

成明親王ニ帶劒ヲ聽ス、皇年代略記

廿八日、皇太后ノ御賀ニ依リテ、敍位ヲ行フ、新儀式 公卿補任

殿上賭弓、西宮記

是春、烏、弘徽殿前ノ梯樹ニ巣クフ、扶桑略記 元亨釋書

四月大庚午朔盡

五日、位記、幷ニ度緣請印、是日、式兵兩省ノ季祿ヲ拘ス、清愼公記

七日、擬階奏、西宮記

八日、大神祭使ノ發遣ニ依リテ、灌佛ヲ停ム、北山抄

十六日、賀茂祭、西宮記

十九日、大宰管內六國ノ大帳稅帳ハ、本國雜掌ヲシテ勘濟セシム、政事要略

廿三日、海賊ノコトニ依リテ、諸社ニ奉幣ス、扶桑略記

五月大 庚子朔盡

一日、左右京職ヲシテ、桑ヲ植ヱシム、 日本紀略 政事要略

九日、海賊ノコトニ依リテ、山陽南海ノ諸社ニ奉幣ス、 日本紀略 扶桑略記

廿七日、地震、 日本紀略 扶桑略記

六月小 庚午朔盡

一日、權律師仁觀寂ス、 日本紀略 護持僧次第 明匠略傳

十一日、月次祭、 北山抄 大神宮雜事記

十九日、山陵使ヲ發ス、 扶桑略記

廿一日、御讀經ノ間、雷鳴陣ヲ立ツ、 西宮記

廿六日、修行僧、祇園天神堂ヲ建ツ、 一代要記 歷代皇記 日本紀略

廿九日、神泉苑ニ於テ弩ヲ試ム、 扶桑略記

七月大 己亥朔盡

十三日、醍醐寺ヲシテ、後山階陵ノ陵戸、傜丁ヲ領セシム、 重酉抄

十七日、薩摩、唐馬ヲ左大臣忠平ニ贈ル、 扶桑略記 日本紀略

廿六日、兵士ヲ追捕海賊使ニ加フ、 扶桑略記

廿八日、相撲召合、雨ニ依リテ延引ス、 西宮記

廿九日、相撲召合、 日本紀略 樗嚢抄 小野宮年中行事 舞樂要錄

三十日、拔出追相撲、 日本紀略 舞樂要錄

八月小 己巳朔盡

十四日、石清水別當總祐寂ス、 石清水祠官系圖

廿四日、神寺ヲシテ封戸、課丁ノ減損ヲ塡メシム、 政事要略

廿六日、光孝天皇國忌、武藏駒牽、 樗嚢抄

廿九日、相模ノ年料、交易厚紙等ノ未進ヲ責ム、 政事要略

九月大 戊戌朔盡

一日、日食、 日本紀略

五日、樂器目錄ヲ定ム、 拾芥抄

十七日、大神宮神嘗祭、直會ノ間闘亂アリ、 大神宮雜事記

廿一日、醍醐寺ニ年分度者一人ヲ加ヘ置カシム、 醍醐寺初度具書

十月 小 戊辰朔盡

十日、法性寺ヲ定額寺ト爲シ、年分度者ヲ置ク、 日本紀略

十五日、法性寺ニ於テ、始メテ灌頂ヲ行フ、 日本紀略

十九日、地震、雷鳴アリ、東大寺ノ西塔雷火ノ爲メニ燒亡ス、 日本紀略 扶桑略記 東大寺要錄 古今著聞集

廿二日、追捕海賊使ヲ定ム、 日本紀略

廿三日、大神宮禰宜度會最世等ヲ勘問セシム、 神宮雜事記

十一月 大 丁酉朔盡

十二日、平野祭、 北山抄

十三日、神祇權大祐大中臣賴基等ヲシテ、大神宮ニ祈謝セシム、 神宮雜事記

二十日、新嘗會、 政事要略 花鳥餘情

十二月 小 丁卯朔盡

九日、左大臣忠平、皇太后藤原穩子五十ノ御賀ヲ行フ、 日本紀略 花鳥餘情 伊勢集

十一日、月次祭、 政事要略

廿一日、參議正四位上平伊望ヲ從三位ニ敍シ、參議從四位上藤原實賴ヲ中納言ニ任ジ、從三位ニ敍ス、 公卿補任

廿七日、醍醐天皇ノ皇子允明御元服アラセラル、 西宮記

是冬、海賊、伊豫喜多郡ノ不動穀ヲ奪フ、 扶桑略記

是歲、石淸水別當總祐、妙樂寺ヲ建立ス、 石淸水末社記

越後守藤原子高、法華經ヲ書寫ス、 今昔物語

承平五年

正月 大 丙申朔盡

一日、朝賀、節會、 日本紀略 後成恩寺關白元日節會次第 園太暦
七日、白馬節會、 西宮記
十四日、御齋會竟、 北山抄
十六日、踏歌節會、 九條年中行事 西宮記
十八日、賭弓、 西宮記 西宮抄
廿二日、元利親王ノ第火アリ、 扶桑略記
廿三日、內宴、 日本紀略
右大臣正三位仲平ヲ從二位ニ敍ス、 公卿補任 北山抄 西宮記
廿八日、地震、 扶桑略記

二月小盡 丙寅朔

二日、烏ノ怪ニ依リテ、御占ヲ行フ、 扶桑略記
平將門、伯父常陸大掾國香ヲ殺ス、 和漢合圖 源平盛衰記 歷代皇記 神皇正統記 將門記
五日、內印、 北山抄
八日、虹、辨官廳ニ立ツニ依リテ、御占ヲ行フ、 扶桑略記
十九日、地震、 扶桑略記
廿三日、參議源淸蔭ニ右衞門督ヲ兼ネシム、以下任官差アリ、 公卿補任 三槐記
廿九日、皇太后、大般若經ヲ供養アラセラル、 日本紀略
是月、大納言藤原保忠ノ母廉子女王卒ス、 日本紀略 公卿補任 西宮抄 貫之集

三月大盡 乙未朔

一日、日食、 日本紀略
二日、少僧都延喜寂ス、 日本紀略
四日、畿內五十寺ヲシテ、來九月ニ百講仁王會ヲ修セシム、 西宮記
六日、延曆寺火アリ、 日本紀略 扶桑略記 歷代編年集成 園太暦 九院佛閣抄 伊呂波字類抄 神皇正統錄
七日、下野守大中臣定行等ノ任符ヲ請印セシム、 類聚符宣抄
八日、左近衞權少將藤原敦忠ヲ藏人頭ニ補ス、 公卿補任

十一日、比叡山根本中堂ヲ造營ス、一代要記 天台座主記

四月小 乙丑朔盡

一日、旬儀、平座、本朝世紀

神祇祐中臣助實等過狀ヲ進ム、西宮記

四日、霜降ル、扶桑略記 神皇正統錄

七日、地震、是日、擬階奏アリ、扶桑略記 西宮記 北山抄

十五日、地震、日本紀略

廿七日、祈雨奉幣、扶桑略記

五月大 甲午朔盡

四日、祈雨御讀經、日本紀略 扶桑略記

五日、左少辨大江朝綱ヲシテ、新藥師寺金堂ノ破損ヲ實檢セシム、東大寺要錄

九日、東大寺講堂供養、幷ニ新佛開眼、扶桑略記 東大寺要錄 源平盛衰記

六月小 甲子朔盡

三日、郡司讀奏召仰、本朝世紀

檢非違使ヲシテ、東大、興福兩寺雜人ノ濫行ヲ糺サシム、朝野群載

四日、大藏省死穢アリ、本朝世紀

五日、郡司讀奏延引ス、本朝世紀

六日、雷鳴アリ、本朝世紀

七日、中務輔ノ不參ニ依リテ、諸司衣服目錄ヲ申サズ、本朝世紀

十日、御體御卜、幷ニ大藏省ノ穢疑ヲ定ム、

十一日、月次祭、神今食、本朝世紀 北山抄 神宮雜事記

十三日、度緣請印アリ、本朝世紀

學生藤原尹風ニ、登省宣旨ヲ下シ、薩摩守藤原作則ノ任符ヲ請印セシム、類聚符宣抄

觀慶寺ヲ以テ定額寺ト爲ス、二十二社註式

彈正少疏阿蘇廣遠ノ課調ヲ免除ス、政事要略

十五日、雷鳴アリ、本朝世紀

十七日、臨時御讀經、本朝世紀

廿一日、臨時奉幣使ヲ定ム、本朝世紀

廿二日、太政官解除アリ、 本朝世紀

廿四日、雷鳴アリ、 本朝世紀

廿八日、海賊ノコトニ依リテ、諸社ニ奉幣ス、 日本紀略 本朝世紀

七月 大 癸巳朔盡

十四日、左少史善道維則ヲ外記代ト爲ス、 類聚符宣抄

廿八日、相撲召合、 日本紀略 小野宮年中行事 西宮記 舞樂要錄

宮内卿従三位藤原兼平薨ズ、 日本紀略 尊卑分脈 大鏡

廿九日、拔出、追相撲、 日本紀略 西宮記 續教訓抄 舞樂要錄

八月 大 癸亥朔盡

十三日、紀伊粉河寺火アリ、 粉川寺縁起

廿八日、學生藤原尹風ニ重ネテ登省宣旨ヲ下ス、 類聚符宣抄

九月 小 癸巳朔盡

一日、左衛門少尉小野維幹等、群盗ヲ捕ヘシニ依リテ、物ヲ賜フ、 扶桑略記

十七日、少外記多治實相ヲシテ、實錄大藏省御書所ニ候セシム、 類聚符宣抄

廿一日、穢限ヲ過ギ、神御衣祭ヲ行フベキ由ヲ大神宮ニ下知ス、 伊勢公卿勅使雜例

是月、唐客羊ヲ獻ズ、 日本紀略

是秋、源順ノ母某卒ス、 扶桑略記

十月 大 壬戌朔盡

一日、旬儀、平座、 西宮記

七日、殘菊宴、 日本紀略 西宮記 北山抄

十日、興福寺維摩會、 扶桑略記 慈慧大師傳

十三日、僧綱ヲ任ス、 密宗血脈鈔 東寺長者補任 天台座主記 釋家官班記 石淸水祠官系圖 北山抄 僧綱補任

十五日、烏ノ怪ニ依リテ、天台座主尊意ヲシテ修法セシム、 僧綱補任 扶桑略記

十一月 小 壬辰朔盡

一日、旬儀、 政事要略

十六日、賀茂臨時祭調樂、 西宮記

廿五日、新嘗會、 政事要略

是月、文章博士大江維時、始メテ文選ヲ講ズ、 日本紀略 本朝文粹

醍醐天皇ノ女御藤原和香子卒ス、 一代要記 尊卑分脈 後撰和歌集

十二月大盡 辛酉朔

一日、賀茂臨時祭、 西宮記

二日、成明親王ノ爲メニ孝經竟宴ヲ行ハセラル、 日本紀略 大鏡裏書

中納言藤原實頼ノ男女、元服、著裳ス、 花鳥餘情 貫之集

三日、唐物使藏人藤原親盛大宰府ニ赴ク、 公忠朝臣集 朝忠卿集 新千載和歌集

四日、拒捍使ヲ攝津ニ發遣ス、 朝野群載

十日、御體御卜、穢ニ依リテ內侍所ニ付ス、 北山抄

十一日、神今食、 政事要略

十七日、參議源是茂ニ勘解由長官ヲ兼ネシム、 公卿補任

廿四日、權少僧都會理寂ス、 東寺長者補任 東寶記

廿九日、前常陸大掾源護ノ告狀ニ依リテ、平將門等ヲ召サシム、 將門記

三十日、新羅人殺害ノ事ニ依リテ、官符ヲ大宰府ニ下ス、 日本紀略 西宮記

追儺、 西宮記

是月、荷前、 北山抄

前土佐守紀貫之御屛風ノ和歌ヲ上ル、 貫之集

是冬、醍醐天皇ノ更衣源周子卒ス、 日本紀略 北山抄 西宮抄 皇胤系圖 勅撰作者部類 後撰和歌集 新古今和歌集 玉葉和歌集

是歲、御注孝經ヲ讀ミ給フ、 本朝世紀

郡司ヲ任ズ、 北山抄

承平六年

正月小盡 辛卯朔

一日、雨濕ニ依リテ、朝賀ヲ停ム、 日本紀略

四日、左大臣忠平大饗、 西宮記 北山抄 年中行事祕抄

七日、白馬節會、台記
十四日、御齋會內論義、北山抄　西宮記
十八日、賭弓、大將ノ不參ニ依リテ延引ス、西宮抄
廿二日、賭弓、西宮抄　北山抄
是月、勤子內親王ヲ四品ニ敍ス、一代要記

二月大庚申朔盡

一日、春日祭、年中行事祕抄
十八日、園韓神祭、日本紀略　年中行事祕抄
廿七日、本任ノ放還ヲ待ズシテ、信濃守高階師尚ノ任符ヲ請印セシム、類聚符宣抄

三月小庚寅朔盡

五日、海賊ノコトニ依リテ太元法ヲ修ス、日本紀略
七日、齋宮雅子內親王御退出ノ由ヲ大神宮ニ告ゲ給フ、日本紀略
十二日、海賊ノコトニ依リテ、重ネテ太元法ヲ修ス、日本紀略
十三日、元良親王等、塔心柱ヲ醍醐寺ニ施入シ給フ、醍醐寺雜事記
十四日、藤壺ニ於テ小弓アリ、日本紀略
十八日、代明親王ノ室薨ズ、日本紀略　公卿補任　本朝皇胤紹運錄

四月小己未朔盡

一日、旬儀、西宮記
七日、御物忌ニ依リテ、擬階奏ヲ奏セズ、西宮記　北山抄
八日、大神祭使ヲ發遣ス、小野宮年中行事　北山抄
十四日、刑部卿從三位源淸鑒薨ズ、日本紀略　尊卑分脈
十八日、檢非違使ヲシテ、前齋宮雅子內親王御歸京ノ道ヲ巡檢セシム、朝野群載
是月、中納言藤原實賴ノ室卒ス、日本紀略

五月大戊子朔盡

一日、前齋宮雅子內親王ヲ迎ヘ奉ル、日本紀略
醍醐天皇ノ皇女齊子內親王薨ズ、日本紀略　一代要記　本朝皇胤紹運錄

十三日、穢中、仁王會ヲ修ス、 北山抄 年中行事秘抄

廿二日、參議藤原伊衡ニ刑部卿ヲ兼ネシム、 公卿補任

六月小 戊午朔盡

五日、左大辨平時望、右大辨紀淑光ノ病ニ依リテ、右少辨源相職ヲシテ官奏ニ候セシム、 類聚符宣抄 北山抄

十日、御體御卜奏、穢ニ依リテ延引ス、 西宮記 北山抄

十一日、神今食延引ス、 北山抄

廿六日、郡司讀奏、賑給使等定、 西宮記

是月、南海ノ賊徒歸降ス、 日本紀略 扶桑略記 本朝世紀 紀氏系圖

七月大 丁亥朔盡

一日、依子內親王薨ズ、 日本紀略 一代要記 後撰和歌集

三日、神今食、 北山抄

五日、鴨河ノ辛橋燒ク、 日本紀略

十三日、大宰府、唐客來著ノ由ヲ奏ス、 日本紀略 神皇正統記

十四日、大納言正三位藤原保忠薨ズ、 日本紀略 公卿補任 體源抄 河海抄 伊勢集 大鏡 古事談 續古事談 拾遺抄

廿八日、相撲召合、 日本紀略 西宮記 北山抄 樗嚢抄 小野宮年中行事

廿九日、拔出、追相撲、 日本紀略 西宮記 小野宮年中行事 舞樂要錄

八月大 丁巳朔盡

二日、左大臣忠平、書ヲ呉越王ニ贈ル、 日本紀略 玉葉

十一日、定考、 西宮記

十五日、霖雨ニ依リテ、御占ヲ行フ、 北山抄 長秋記

大納言藤原恒佐ニ右近衞大將ヲ兼ネシム、 公卿補任

十九日、任大臣儀アリ、 日本紀略 扶桑略記 西宮抄 西宮記 中右記 政事要略 小右記

九月小 丁亥朔盡

五日、信濃駒牽、 政事要略 西宮記

十二日、徽子女王ヲ齋宮ト爲ス、 日本紀略 一代要記 三十六人歌仙傳

十三日、齋宮卜定ノ由ヲ大神宮ニ告グ、朝野群載

十五日、太政大臣忠平上表ス、本朝文粋

十月大丙申朔盡

十一日、權暦博士葛木茂經、明年ノ謬暦ヲ毀タンコトヲ申請ス、日本紀略

廿三日、木島明神ニ從四位下ヲ授ク、廣隆寺來由記 延喜式

是月、信濃守從五位下藤原良載卒ス、尊卑分脈

十一月大丙戌朔盡

一日、暦家朔旦冬至ヲ失ス、日本紀略 百練抄

五日、常寧殿ニ移御アラセラル、日本紀略

七日、大宰權帥橘公頼ニ餞ヲ賜ヒ、從三位ニ敍ス、公卿補任 貫之集

十九日、新嘗會、政事要略 九條年中行事

廿九日、撰國史所別當等ヲ補ス、類聚符宣抄

傳燈大法師明珍ヲ東大寺別當ニ補ス、東大寺別當次第

是月、臨時試經アリ、元亨釋書 和漢合符

閏十一月小丙辰朔盡

七日、大宰府管内國司ノ子弟ヲ率キテ、調庸租稅ノ妨ヲナスコトヲ禁ズ、政事要略

九日、賀茂臨時祭、小野宮年中行事

十一日、内豎所官人代ノ號ヲ改メテ執事職ト爲ス、類聚符宣抄

十二月小乙酉朔盡

七日、荷前使日時定、北山抄 小野宮年中行事

八日、右大臣仲平ヲ藏人所別當ニ補ス、公卿補任

擬侍從、奏賀奏瑞者定、小野宮年中行事

文章博士矢田部公望、宜陽殿ニ於テ日本紀ヲ講ズ、日本紀略 釋日本紀

十一日、月次祭、是日、御元服ノ由ヲ大神宮ニ告グ、西宮記 新儀式

十六日、荷前、小右記

廿二日、侍醫深根輔仁、座次ノ疑ヲ明法道ニ問フ、法曹類林
廿七日、御元服ノ由ヲ山陵ニ告グ、西宮記
廿八日、御元服雜事ヲ定ム、北山抄
是歳、權律師義海ヲ祈禱ノ法驗ニ依リテ律師ニ任ス、叡岳要記
天台座主尊意、勅ヲ奉ジテ延命院ヲ造立ス、山門堂舍記
走湯山僧金春寂ス、走湯山緣起

承平七年

正月大盡 甲寅朔

一日、節會、是日、朝賀ヲ停ム、西宮記 北山抄
二日、日食、日本紀略 西宮記
三日、御元服習禮、皇太后大饗、西宮記 北山抄
四日、御元服アラセラル、日本紀略 御遊抄 西宮記 北山抄 新儀式 園太曆
太政大臣忠平ニ節會ノ日ノ昇殿ノコトヲ令ス、公卿補任

五日、拜賀、宴會アリ、日本紀略 上壽作法抄 北山抄 小右記
七日、白馬節會、是日、公卿御元服ヲ賀ス、日本紀略 西宮記 北山抄 新儀式
敍位、公卿補任
十日、太政大臣忠平大饗、西宮抄
十一日、右大臣仲平大饗、古今著聞集
十四日、御齋會、內論義、西宮記 御質抄 台記 北山抄
十七日、射禮、西宮記
十八日、射遺、是日、賭弓ヲ延引ス、西宮記 江次第
十九日、賭弓、西宮抄 北山抄
廿二日、右大臣仲平ヲ左大臣ニ任シ、大納言藤原恒佐ヲ右大臣ニ任ズ、日本紀略 公卿補任 西宮抄 西宮記 北山抄 初任大臣大饗雜例
廿三日、內宴、日本紀略
廿五日、太政大臣忠平上表シテ攝政ヲ辭ス、西宮記
廿六日、太政大臣忠平ニ勅答ヲ賜フ、西宮記

二月大盡 甲申朔

一日、大宰府白雉ヲ獻ズ、日本紀略

六日、園韓神祭延引ス、年中行事抄

十五日、文章得業生三統元夏、課試宣旨ヲ蒙ル、類聚符宣抄

十六日、行明親王御元服アリ、日本紀略 御遊抄 花鳥餘情

十八日、園韓神祭、神祇官過狀ヲ進ム、年中行事抄

十九日、行明親王ヲ四品ニ敍ス、御遊抄

熙子女王ヲ女御ト爲ス、日本紀略 一代要記 台記 爲房記

廿五日、春日明神託宣アリ、春日驗記 春日小社記

廿八日、殿上賭弓、西宮抄 西宮記

廿九日、備後權守菅原在躬等ヲシテ、文章得業生方略ノ策ヲ問ハシム、類聚符宣抄 桂林遺芳抄

三月小盡 甲寅朔

一日、雪雹降ル、日本紀略

三日、穢ニ依リテ御燈ヲ停ム、年中行事祕抄

五日、右大臣恒佐ヲ東大寺俗別當ニ補ス、東大寺雜錄

七日、伊勢大宮司中臣時用ノ釐務ヲ停ム、神宮雜事記

八日、中納言藤原扶幹ヲ大納言ニ任ズ、公卿補任

廿八日、重明親王彈正尹ヲ辭シ給フ、西宮記

廿九日、代明親王薨ズ、日本紀略 西宮記 皇胤系圖 親王元服部類記 御遊抄 御産部類記 花鳥餘情 醍醐寺雜事記 大和物語

四月小盡 癸未朔

三日、代明親王ノ薨去ニ依リテ、齋院參祭ノコトヲ定ム、西宮記

七日、平將門ノ罪ヲ赦ス、將門記 今昔物語

八日、灌佛、西宮記

十三日、齋院婉子內親王御禊、年中行事祕抄 權記

十五日、賀茂祭、西宮記 平記

廿五日、上召使池原安房ニ、訪母ノ間當番上日ヲ賜フ、類聚符宣抄

五月大壬子朔盡

五日、諸國稅帳ノ勘例ヲ改定ス、政事要略

廿八日、學生藤原方頼等ニ、登省宣旨ヲ下ス、類聚符宣抄

六月小壬午朔盡

十六日、郡司召、式部輔辨代ナキニ依リテ延引ス、北山抄

廿八日、郡司召、西宮記 北山抄

是月、皇太后御惱アラセラル、本朝世紀

七月大辛亥朔盡

十三日、齋宮徽子女王初齋院ニ入ラセ給フ、日本紀略

十六日、月食、日本紀略

廿三日、大和ヲシテ、相撲料ノ氷ヲ運進セシム、西宮記 日本紀略 小右記

廿九日、追相撲、日本紀略 西宮記

是月、淸水寺僧慶兼、大門二天ヲ造ランコトヲ發願ス、淸水寺緣起

八月小辛巳朔盡

五日、高麗牒狀ノコトヲ定ム、日本紀略

七日、釋奠、西宮記 北山抄

八日、內論義、西宮記

十五日、信濃駒牽、北山抄 政事要略

十九日、童相撲、日本紀略

廿六日、穢中、伊勢幣使ヲ發遣ス、本朝世紀

光孝天皇國忌、淸愼公記

廿八日、上野駒牽、政事要略

九月大庚戌朔盡

三日、穢ニ依リテ御燈ヲ停ム、年中行事祕抄

七日、重テ深紅色ヲ禁ズ、日本紀略 政事要略

八日、諸司官人使ヲ奉シテ逗留スル輩ヲ解任セシム、政事要略

九日、左中辨藤原顯忠ヲ參議ニ任ズ、 公卿補任 類聚符宣抄

十七日、神嘗祭、馬落胎ノ穢ニ依リテ延引ス、 伊勢公卿勅使雜例

十八日、京職ヲシテ、御修法裝束ヲ運ブノ人夫ヲ雇充セシム、 西宮記 政事要略

廿七日、齋宮徽子女王、野宮ニ入ラセ給フ、 日本紀略

是秋、重明親王ヲ中務卿ニ任ズ、 醍醐寺雜事記

十月大盡 庚辰朔

二日、曆博士ノ所論ヲ勘問ス、 日本紀略

十三日、大宰府ヲシテ、大唐曆本ヲ寫進セシム、 日本紀略

尙侍正二位藤原滿子薨ズ、 日本紀略 一代要記 玉葉和歌集 拾遺和歌集 伊勢集 朝忠卿集

十六日、民部省ヲシテ、税帳ニ諸大夫ノ位祿ヲ勘會セシム、 政事要略

十八日、故尙侍藤原滿子ニ正一位ヲ贈ル、 日本紀略

鷺ノ怪ニ依リテ、御卜ヲ行フ、 日本紀略

十一月小盡 庚戌朔

五日、下總介平良兼等ヲシテ、平將門ヲ追捕セシム、 將門記

十四日、右大臣恒佐ヲ大學別當ト爲ス、 西宮記

十九日、新嘗會、 政事要略 江次第

廿三日、春日祭、 西宮記 神祇道服忌令祕抄

是月、富士山神火アリ、 日本紀略

十二月大盡 己卯朔

二日、太政大臣忠平、侍從所ニ於テ中文ノ例ヲ定ム、 西宮記

九日、皇太后佛經ヲ供養シ給フ、 日本紀略

十一日、月次祭、神今食、伊勢臨時奉幣、 政事要略 西宮記 中右記

播磨少掾橘直幹ニ方略宣旨ヲ下ス、 類聚符宣抄

十二日、元良親王、陽成上皇七十ノ御賀ヲ行ヒ給フ、 日本紀略 三十六人歌仙傳 伊勢集

十三日、擬侍從定、是日、皇太后御物恠ニ依リテ、奉幣ヲ行ハセラル、 西宮記 小野宮年中行事

十七日、荷前使定、 類聚符宣抄

元平親王等、陽成上皇七十ノ御賀ヲ行ヒ給フ、 一代要記 花鳥餘情

廿二日、史生善友滋賀ヲシテ、撰國史所ニ候セシム、類聚符宣抄

廿三日、光仁天皇國忌、荷前使ヲ發遣ス、 樗嚢抄 撰集祕記 類聚符宣抄

御佛名、 樗嚢抄 北山抄 江次第

是歳、野行幸、 新儀式

前土佐守紀貫之、勅ヲ奉ジテ和歌ヲ上ル、 貫之集

伊勢掾藤原玄致卒ス、 尊卑分脈

天慶元年

正月大 己酉朔盡

四日、太政大臣忠平大饗、 西宮記 北山抄

七日、白馬節會、參議紀淑光等ヲ加階ス、 西宮記 公卿補任

十四日、御齋會竟、殿上論義アリ、 北山抄 西宮記

十五日、兵部手結、 北山抄

十六日、踏歌節會、月食ニ依リテ出御ナシ、 西宮抄 園太曆

十七日、射禮、 北山抄

十八日、賭弓、 西宮抄

廿二日、內宴、 日本紀略 西宮記 體源抄 北山抄

二月小 己卯朔盡

六日、春日祭、 西宮記

七日、鹿嶋使ノ官符ニ請印セシム、 北山抄

十日、式部省春夏季祿目錄ヲ申サズ、 淸愼公記

十一日、列見、 西宮記

二十日、觸穢ノ將監ヲシテ、內文ヲ行ハシム、 西宮記 洞院家廿卷抄

廿三日、太政大臣忠平、上表シテ攝政ヲ辭ス、 西宮記

廿四日、太政大臣忠平ニ勅答ヲ賜フ、 西宮記

三月大盡戊申朔

四日、闘鶏、 日本紀略

六日、殿上賭弓、 西宮記

廿五日、中納言從三位平時望薨ズ、 日本紀略 公卿補任 古事談 山門堂舍記 後撰和歌集

廿七日、右大臣恒佐ノ室卒ス、 勘仲記

廿九日、故中務卿代明親王御周忌、 醍醐寺雜事記

四月小盡戊寅朔

一日、旬儀、 西宮記

七日、擬階奏、御物忌ニ依リテ延引ス、 西宮記

八日、灌佛ヲ停ム、 北山抄

十一日、賀茂祭、端午ノ節等ヲ停ム、 西宮記

十三日、擬階奏、 西宮記

十五日、地震、 日本紀略 山槐記 康富記

十六日、齋院御禊ノ前駈ヲ改ム、 小野宮年中行事

二十日、賀茂祭ヲ停ム、 勘仲記 扶桑略記 園太暦

廿一日、解陣、 西宮記

廿八日、國司ヲシテ賀茂祭ヲ奉仕セシム、 日本紀略

五月小盡丁未朔

一日、式部省ノ季祿ヲ拘ス、 清愼公記

二日、御不豫、 日本紀略

三日、左近衞府荒手結延引ス、 西宮記

五日、右大臣正二位藤原恒佐薨ズ、 日本紀略 扶桑略記 公卿補任

七日、大將闕官中、手結ヲ行ヒシ先例ヲ勘ヘシム、 西宮記

八日、左近衞府荒手番、 西宮記

十九日、故右大臣恒佐薨奏アリ、正一位ヲ贈ル、 日本紀略 北山抄

廿二日、天慶ト改元ス、 日本紀略 元祕別錄 政事要略 改元部類

廿五日、臨時仁王會、是日、食所ニ於テ官符請印アリ、 西宮記 釋家初例抄

廿六日、大雨、地震、 日本紀略 扶桑略記

廿八日、改元詔書覆奏、 政事要略
中納言平伊望上表シテ民部卿ヲ辭ス、 公卿補任

六月大 丙子朔盡

一日、皇太后御不豫、 日本紀略
三日、地震、 日本紀略
五日、僧位記請印、 北山抄
十四日、月次祭、神今食、 北山抄 小右記 大神宮例文 西宮記 政事要略
十五日、大納言藤原扶幹致仕ノ表ヲ上ル、 公卿補任
十六日、諸社使ヲ發遣ス、 北山抄
二十日、地震、鴨河溢ル、 日本紀略
廿三日、中納言平伊望ヲ大納言ニ任ス、以下任官差アリ、 公卿補任 西宮記 本朝世紀
廿六日、神位記、僧位記請印、 日本紀略 北山抄
大納言藤原扶幹、重ネテ上表ス、 權記
廿七日、筑前高良神主等ニ五位ヲ授ク、 日本紀略
廿九日、大納言藤原扶幹致仕ス、 公卿補任 權記

七月小 丙午朔盡

三日、諸寺、諸社ヲシテ、仁王經ヲ轉讀セシム、 本朝世紀
四日、廣瀬龍田祭、 本朝世紀
五日、齋宮司ヲ任ズ、 本朝世紀 西宮記
十日、致仕大納言從三位藤原扶幹薨ズ、 日本紀略 公卿補任 西宮抄
十一日、大風雨、 本朝世紀
十三日、內侍司ヲ後涼殿ニ移ス、 本朝世紀 新儀式 禁祕抄
十六日、復任除目、 本朝世紀
廿一日、大宰府、唐商獻ズルトコロノ羊ヲ進ル、 本朝世紀
廿三日、政アリ、 本朝世紀
廿七日、祈雨奉幣、 日本紀略
左近衞少將正五位下源當季卒ス、 本朝世紀 源氏系圖

八月大 乙亥朔盡

二日、内侍無キニ依リテ内文ヲ止ム、本朝世紀

三日、地震、釋奠、本朝世紀 山槐記

四日、羽蟻群飛ス、是日、内裏穢アリ、御物忌ニ依リテ内論義ヲ停ム、本朝世紀

六日、地震ニ依リテ、常寧殿前庭ニ出御アラセラル、本朝世紀 山槐記 源平盛衰記 和漢合符

七日、季御讀經僧名定、甲斐眞衣野、柏前等ノ駒牽、是日、鷺怪ニ依リテ御占ヲ行フ、兩頭ノ蛇路頭ニ蟠ス、本朝世紀

比叡山延命院ニ七僧ヲ置ク、叡岳要記

九日、大僧都如無寂ス、日本紀略 釋家初例抄 新儀式 東寺長者補任 今昔物語 平家物語

十一日、季御讀經、是日、定考ヲ延引ス、本朝世紀 政事要略

十二日、内裏觸穢、是日、石清水ノ道俗、山科新宮ヲ毀ツ、本朝世紀

十三日、尾張撿交替使返事ヲ奏ス、本朝世紀

太政大臣忠平上表シテ攝政ヲ辭ス、本朝世紀 本朝文粹

十四日、太政大臣忠平ニ勅答ヲ賜フ、本朝世紀

十五日、穢中、齋王行禊次第使等ヲ定ムル例ヲ勘申セシム、本朝世紀

十六日、度緣請印、是日、齋王御禊日時、次第使長奉送使ヲ定ム、本朝世紀 園太曆

十七日、定考、本朝世紀

十八日、小定考、本朝世紀

二十日、諸國ヲシテ、一万ノ故塔ヲ修補セシム、日本高僧傳要文抄

武藏小野駒牽延引、本朝世紀

廿三日、信濃望月駒牽、是日、穢ニ依リテ、齋王御禊ノ日時ヲ改定シ、唐人蔣承勳ニ大宰府ノ布ヲ賜フ、本朝世紀 園太曆

九月ヲ以テ齋月ト爲シ、北辰供燈ヲ停ム、類聚符宣抄

廿六日、光孝天皇國忌、本朝世紀

廿七日、洪水、是日、天台座主尊意ヲ大僧都ト爲

ス、以下僧官ヲ任スルコト差アリ、 北山抄 天台座主記 東寺長者補任 本朝世紀

綾綺殿ニ遷御アラセラル、是日、英子內親王御著裳アリ、 日本紀略 本朝世紀

廿八日、地震、上野駒牽、是日、修理大夫藤原忠文ニ御衣ヲ賜フ、 本朝世紀

三十日、大祓日時定、 本朝世紀

九月小 乙巳朔 盡

一日、齋月ニ輕服人參入ノ先例ヲ勘ヘシム、 本朝世紀

二日、地震、 本朝世紀

三日、御燈ヲ停ム、武藏秩父駒牽アリ、是日、左近陣ヲ公卿座ニ改メ、權中納言藤原師輔等ヲ任官ス、 本朝世紀 公卿補任

五日、中納言藤原實頼等兼職ス、 本朝世紀 歷代皇記

七日、信濃駒牽、 本朝世紀

八日、一分召、上野、武藏駒牽、 本朝世紀

十日、犬ノ死穢アリ、 本朝世紀

十一日、地震、伊勢例幣穢ニ依リテ延引ス、 本朝世紀

十二日、臨時大祓、齋王群行ノ雑事ヲ定ム、 本朝世紀

十三日、伊勢使王ヲトス、 本朝世紀

十四日、參議源是茂、頓病ニ依リテ齋王御禊ノ陪從ヲ辭ス、 本朝世紀

十五日、地震、齋宮徽子女王伊勢ニ向ハセラル、 日本紀略 本朝世紀

十七日、武藏駒牽、 本朝世紀

十九日、郡司讀奏、 本朝世紀

廿七日、郡司位記請印、使部定考、 本朝世紀

廿八日、任郡司ノ儀アリ、 本朝世紀

廿九日、醍醐天皇國忌、 本朝世紀

是秋、京中ニ岐神ヲ祭ル、 本朝世紀

十月大 甲戌朔 盡

一日、旬、平座、官符位記請印、是日、四品行明親王ノ年給巡ヲ定ム、 本朝世紀

九日、宇佐幣使ヲ發遣ス、 日本紀略 本朝世紀

十二日、勸修寺ニ於テ故尚侍藤原滿子ノ周忌態ヲ修ス、 本朝世紀

十七日、防鴨河使、及ビ明年曆本ノ不同ヲ定メ、城墻ヲ修造セシム、 本朝世紀

十九日、復任除目、 本朝世紀

廿一日、地震、 日本紀略

極樂寺菊會、 本朝世紀

叡山延命院供養、 叡岳要記

廿四日、地震、太政大臣忠平ノ疾ニ依リテ、孝經竟宴ヲ停ム、 本朝世紀

是月、延曆寺中堂成ル、 一代要記 天台座主記 天元三年中堂供養願文

十一月 大盡 甲辰朔

一日、御曆ヲ奏セズ、 本朝世紀

三日、駿河伊豆等ノ諸國ヲシテ、平將武ヲ追捕セシム、 本朝世紀

成選位記請印、 本朝世紀

賀茂奉幣、 本朝世紀

皇太后穩子麗景殿ニ移御アラセラル、 本朝世紀

五日、春日祭、平野祭、 本朝世紀

勤子內親王薨ズ、 本朝世紀 日本紀略 一代要記 勅撰作者部類 倭名類聚抄 貫之集 後撰和歌集 伊勢集

六日、勤子內親王御葬送、 本朝世紀

七日、女官ヲ任ズ、是日、陰陽寮ヲシテ、過狀ヲ進ラシム、 本朝世紀

九日、勤子內親王薨奏、錫紵ヲ服御アラセラル、 小右記

十四日、藤原貴子ヲ尚侍ト爲ス、 一代要記 類聚符宣抄 西宮記

二十日、成明親王、太政大臣ノ第ニ移リ給フ、是日、尚侍貴子慶賀ヲ奏ス、 本朝世紀

廿二日、園韓神祭、五節舞姫定、 本朝世紀

廿三日、鎮魂祭、 本朝世紀
廿四日、新嘗祭、 本朝世紀
廿五日、豐明節會、 本朝世紀 政事要略

十二月小盡 甲戌朔

一日、御曆奏、 樗嚢抄 本朝世紀
三日、天智天皇國忌、 本朝世紀
六日、大雪、 本朝世紀 日本紀略
十一日、月次祭、神今食、犬ノ死穢ニ依リテ延引ス、 本朝世紀
十二日、除目召仰、 本朝世紀
十三日、除目議、荷前、元日侍從定、 本朝世紀
十四日、中納言藤原實頼等兼任ス、 公卿補任
十五日、月食、 本朝世紀
十六日、月次祭、神今食、 本朝世紀 西宮記
十七日、參議正四位下藤原伊衡卒ス、 日本紀略 公卿補任 朝野群載 大和物語 拾遺和歌集
十九日、御佛名、 本朝世紀 西宮記

廿一日、復任宣旨、 本朝世紀
廿二日、尙侍正四位下藤原貴子ヲ從三位ニ、女御熙子女王ヲ正四位下ニ敍ス、 本朝世紀
廿三日、光仁天皇國忌、 本朝世紀
廿四日、荷前、 本朝世紀
廿六日、民部省ヲシテ、中務省戸籍日收ヲ以テ職國大帳返抄ヲ勘ヘシム、 政事要略
廿七日、直物、 本朝世紀
廿九日、大祓、追儺、 本朝世紀
是歳、穢中仁王會ヲ修ス、 西宮記
東大寺別當明珍念佛院ヲ建ツ、 東大寺別當次第 東大寺要錄 東大寺續要錄
僧平仁寂ス、 日本高僧傳要文抄

天慶二年

正月大盡 癸卯朔

一日、四方拜、 江次第
二日、春日社鳴動ス、 日本紀略

四日、太政大臣忠平大饗、年中行事秘抄 北山抄

興福寺僧徒、太政大臣忠平六十ノ算ヲ賀ス、日本紀略

七日、白馬節會、北山抄

十四日、御齋會、內論義、西宮記 御質抄 台記

十六日、踏歌節會、西宮抄 三節會次第

十七日、射禮、西宮抄

十八日、射遺、小野宮年中行事

廿八日、除目議始、台記

二月大盡 癸酉朔

十一日、列見、西宮抄

十二日、春日祭、西宮抄

十四日、醍醐天皇ノ諸親王ニ、醍醐寺三昧料ヲ充ツベキ議定アリ、醍醐寺雜事記

十五日、式數ニ依リテ、修理國分寺料稻ヲ擧塡セシム、政事要略

諸國ヲシテ前司犯用ノ狀ヲ刑部省ニ移サシム、政事要略

十七日、園韓神祭、臨時仁王會、北山抄 西宮記

廿八日、太政大臣忠平ヲ三宮ニ准ス、公卿補任 河海抄 西宮記

三月小盡 癸卯朔

二日、太政大臣忠平、上表シテ准三宮ヲ辭ス、小右記 西宮記

三日、太政大臣忠平ニ勅答ヲ賜フ、小右記 西宮記

四日、祭主大中臣奧生ヲシテ、坂東ノ兵革ヲ祈禳セシム、日本紀略

十日、藤壺ニ於テ女饗アリ、日本紀略

十一日、高麗使人ヲ廻却ス、日本紀略 經信卿記

十九日、延曆寺ノ僧、太政大臣忠平六十ノ算ヲ賀ス、日本紀略

廿三日、少納言姓闕ク俊房外記廳ニ於テ病アリ、西宮記

廿五日、武藏介源經基ノ密告ニ依リテ、平將門謀叛ノ實否ヲ訊ネシム、將門記

廿七日、敦實親王、仁和寺八角堂ヲ供養シ給フ、 日本紀略 體源抄

大學博士秦維興門人、維興八十ノ算ヲ賀ス、 日本紀略

是月、阿闍梨行誓寂ス、 日本高僧傳要文抄

是春、米價騰貴ス、 本朝世紀

左近衛中將從四位上源英明卒ス、 尊卑分脈 職事補任 本朝文粹 扶桑集 後撰和歌集 慈覺大師傳

四月大 壬申朔 盡

一日、旬儀、平野祭、 小野宮年中行事 西宮記

五日、穢ニ依リテ大神祭日ヲ定ム、 北山抄

七日、擬階奏、 西宮記

八日、灌佛、雷鳴陣、大神祭穢ニ依リテ延引ス、 北山抄 日本紀略

十四日、賀茂祭、鴨河洪水アリ、 日本紀略 西宮記 年中行事秘抄

十七日、出羽馳驛使俘囚ノ反亂ヲ奏ス、 日本紀略 本朝世紀

十八日、大神祭使ヲ發遣シ、官符ヲ陸奥出羽ニ賜フ、 本朝世紀

廿五日、兵部ヲシテ、成選位記ヲ請印セシム、 本朝世紀

廿六日、太政大臣忠平上表ス、 本朝世紀

廿七日、太政大臣忠平ニ勅答アリ、 本朝世紀

廿九日、盜人ヲ捜求ス、 日本紀略 本朝世紀

五月小 壬寅朔 盡

二日、平將門謀叛無實ノ由ヲ奏ス、 將門記

三日、度緣請印、 本朝世紀

六日、陽成上皇競馬ヲ覽給フ、是日、出羽、重テ浮囚ノ反亂ヲ奏ス、 日本紀略 本朝世紀

七日、官符ヲ越後ニ賜フ、 本朝世紀

十日、地震、 本朝世紀

十一日、奉幣使ヲ定ム、 本朝世紀

十五日、東西ノ兵革ニ依リテ、諸社ニ奉幣ス、 日本紀略 本朝世紀

十六日、亂逆ニ依リテ、俄ニ東國介以下ヲ任ズ、本朝世紀

十七日、武藏守百濟王貞運ノ本任ノ放還ヲ待ズシテ、任符ヲ請印セシム、類聚符宣抄

十九日、十五大寺、幷ニ諸社御讀經ノコトヲ定ム、本朝世紀

二十日、位記召給、本朝世紀

廿五日、賑給、本朝世紀

廿七日、公卿ヲシテ、鴨河堤ヲ巡檢セシム、本朝世紀

廿九日、權律師信靜寂ス、日本紀略 古今和歌集目錄 本朝世紀 古今和歌集 後撰和歌集 顯昭拾遺抄註

六月小盡 辛未朔

一日、祈雨奉幣日時定、本朝世紀

二日、祈雨奉幣、本朝世紀

三日、學生藤原西生ニ登省宣旨ヲ下ス、類聚符宣抄

四日、太白星晝見ハル、常陸交替使ヲ補ス、是日、公卿、軒廊ニ於テ羊ヲ見ル、日本紀略 本朝世紀

七日、武藏密告使ヲ補ス、是日、中務省諸司夏衣服ノ文ヲ奏ス、本朝世紀

八日、孝經竟宴、本朝世紀 日本紀略

九日、祈雨奉幣使ヲ定ム、本朝世紀

十日、御體御卜奏、本朝世紀

十一日、月次祭、神今食、本朝世紀 北山抄

十二日、祈雨奉幣、本朝世紀

十三日、安藝未進ノ年料檜皮ヲ督責ス、政事要略

十五日、月食、所々ニ虹立ツ、是日、甘雨ヲ祈ル、尋デ御占ヲ行フ、本朝世紀 日本紀略

十六日、祈雨御讀經定、本朝世紀

十七日、太政官解除、本朝世紀

二十日、祈雨御讀經、本朝世紀

陸奧、出羽俘囚ノ亂ニ依リテ奏狀ヲ上ル、本朝世紀

廿一日、虹立ツニ依リテ御占ヲ行フ、是日、相撲權介橘是茂等ヲシテ、群盜ヲ追捕セシム、本朝世紀

廿三日、地震、御讀經、本朝世紀

廿五日、御讀經結願、本朝世紀

廿八日、省試、本朝世紀

廿九日、贈皇太后藤原胤子國忌、大祓アリ、是日、暦博士葛木茂經、來月一日日食ノ由ヲ奏ス、本朝世紀

是月　下總介從五位上平良兼卒ス、尊卑分脈　今昔物語　將門記

七月大盡庚子朔

一日、日食、本朝世紀　日本紀略

二日、祈雨御讀經定、本朝世紀

五日、正親正忠綱ト過狀ヲ進ム、本朝世紀

八日、炎旱ニ依リテ御卜ヲ行フ、本朝世紀

九日、木嶋、乙訓等十一社ニ奉幣ス、本朝世紀

十日、三省、馬料目錄ヲ申ス、是日、諸寺ヲシテ、仁王經ヲ轉讀セシム、本朝世紀　北山抄

十一日、季御讀經日時定、本朝世紀

十三日、諸國ヲシテ奉幣、讀經セシム、本朝世紀

十四日、大雨雷鳴、大極殿ニ於テ、季御讀經ヲ修スベキ由ヲ仰ス、本朝世紀

十五日、季御讀經始、是日、天台座主尊意ヲシテ、尊勝法ヲ修セシム、本朝世紀　北山抄　扶桑略記　元亨釋書

出羽、重ネテ俘囚ノ反亂ヲ奏ス、日本紀略　本朝世紀

十六日、出羽奏上ノ雜事ヲ定ム、是日、紀伊郡ノ百姓等、神泉苑ノ水ヲ給ハラント請フ、本朝世紀　類聚符宣抄

十七日、省試、是日、神泉苑ノ水ヲ放出セシム、本朝世紀

十八日、御修法、及ビ季御讀經僧ニ度者ヲ賜フ、本朝世紀

出羽ヲシテ、戎具、粮米ヲ軍士ニ充テシメ、秋田城介源喜生ヲ譴責セシム、本朝世紀

廿一日、三合、兵亂等ニ依リテ、相撲、音樂ヲ停ム、是日、文章生加俸ノコトニ依リテ、式部少輔藤原在衡ヲ召問ス、本朝世紀

廿七日、相撲召合、日本紀略　本朝世紀　西宮記

廿八日、追相撲、日本紀略　本朝世紀

閏七月小盡 庚午朔

一日、文章得業生等ヲ補ス、本朝世紀

二日、蛇、内印盤上ニ蟠居ス、美作掾藤原公茂ノ第火アリ、本朝世紀

祭主神祇大副從五位下大中臣奥生卒ス、類聚大補任 大中臣氏系圖 扶桑略記 大神宮雜事記

三日、西堀川邊ニ火アリ、本朝世紀

五日、小除目、本朝世紀

民部省ヲシテ、修理職移文ヲ以テ、諸國ノ税帳ヲ勘會セシム、政事要略

十日、左大將藤原仲平ノ第相撲還饗、本朝世紀

十三日、右大將藤原實頼ノ第相撲還饗、西宮記

廿一日、左衞門少志惟宗公平ヲ明法得業生山文宗ヲ試ム博士ト爲ス、類聚符宣抄

廿五日、勘解由使史生ヲ補ス、類聚符宣抄

八月大盡 己亥朔

九日、釋奠、北山抄

十一日、出羽飛驛使來ル、日本紀略

尾張守姓闕ク共理殺害セラレシ由ヲ奏ス、日本紀略

十四日、章明親王御元服アラセラル、御遊抄 西宮記

二十日、武藏小野駒牽、樗嚢抄

皇太后、太政大臣忠平六十ノ算ヲ賀シ給フ、日本紀略

廿二日、庚申御遊アリ、日本紀略

廿四日、御誦經、本朝世紀

廿五日、御修法、本朝世紀

廿七日、除目、本朝世紀 公卿補任

廿八日、地震、本朝世紀

九月小盡 己巳朔

三日、御燈、本朝世紀

四日、石清水八幡宮別當定胤寂ス、石清水祠官系圖 續教訓抄

七日、度縁請印、是日、武藏諸牧ノ御馬ヲ覽給フ、本朝世紀

十一日、例幣、穢ニ依リテ延引ス、 本朝世紀

參議從三位紀淑光薨ズ、 日本紀略 公卿補任 雜言奉和

十三日、伊勢例幣、 本朝世紀

廿二日、直物、 本朝世紀

廿六日、復任宣旨、故參議淑光薨奏アリ、是日、阿波損田使返事ヲ奏ス、 本朝世紀

廿九日、醍醐天皇國忌、 本朝世紀

十月 大盡 戊戌朔

一日、旬儀、 本朝世紀 西宮記 九條年中行事

七日、神祇少副大中臣頼基ヲ祭主ニ任ジ、武藏密告使主典ヲ任ズ、 本朝世紀 類聚大補任

十日、地震、臨時御讀經定、 本朝世紀

十二日、極樂寺菊會、 本朝世紀

十四日、臨時御讀經、 本朝世紀

十五日、地震、 本朝世紀

十九日、越前損田使返事ヲ奏ス、 本朝世紀

廿三日、皇太后御不豫ニ依リテ、度者ヲ賜フ、 日本紀略 本朝世紀

是月、北堂文選ノ講畢ハル、 日本紀略 本朝文粹

十一月 小盡 戊辰朔

一日、御暦奏、 本朝世紀

五日、平野祭、春日祭、是日、宿直官人ヲ勘計ス、 本朝世紀

八日、式部卿敦實親王、左大臣仲平ニ輦車等ヲ聽ス、 本朝世紀 西宮記 一代要記

十三日、因幡不堪田使返事ヲ奏ス、 本朝世紀

十四日、始メテ史記ヲ讀ミ給フ、 日本紀略 本朝世紀

十五日、八社ニ奉幣ス、是日、穢疑ヲ定ム、 日本紀略 本朝世紀

大納言從三位平伊望薨ズ、 日本紀略 本朝世紀 公卿補任 官職祕鈔 雜言奉和

二十日、大原野祭神主ヲトセシム、 本朝世紀

廿一日、大原野祭、 本朝世紀

平將門常陸ヲ押領ス、 將門記

廿二日、園韓神祭、 本朝世紀

廿三日、鎭魂祭、本朝世紀

廿四日、新嘗祭、本朝世紀

廿五日、豐明節會、本朝世紀 政事要略

廿七日、太政官、太政大臣忠平年賀ノ爲メニ六十社ニ奉幣ス、日本紀略 本朝世紀

廿八日、郡司讀奏、本朝世紀

十二月大盡 丁酉朔

一日、賀茂臨時祭、本朝世紀 西宮記 九條年中行事

二日、常陸、平將門等ノ官私物ヲ損害セシ狀ヲ奏ス、日本紀略

三日、天智天皇國忌、本朝世紀

七日、大神祭、本朝世紀

八日、六衞府官人ヲシテ過狀ヲ進メシム、本朝世紀

十日、御體御卜、本朝世紀

十一日、平將門下野ヲ押領ス、將門記

十二日、內裏死穢アリ、本朝世紀

十三日、荷前使、擬侍從等定、是日、太政官、太政大臣忠平年賀ノ爲メニ諷誦ヲ六十寺ニ修ス、日本紀略 本朝世紀

十四日、郡司位記請印、天變御祈事等ヲ定ム、伯耆損田使返事ヲ奏ス、本朝世紀

十五日、大祓、本朝世紀

平將門、書ヲ太政大臣忠平ニ贈ル、將門記

十六日、郡司召、本朝世紀 北山抄

十八日、荷前、本朝世紀

廿一日、出雲損田使返事ヲ申ス、是日、攝津、丹波等七國ヲシテ、前伊豫掾藤原純友ヲ召進セシム、本朝世紀 日本紀略

廿二日、除目延引ス、信濃飛驛使來ル、日本紀略 本朝世紀

廿三日、光仁天皇國忌、本朝世紀

廿五日、除目始、太政大臣忠平年賀ノ爲メニ諷誦ヲ修シ、忠平子中納言藤原師輔、善事ヲ修ス、日本紀略 本朝世紀

廿六日、太政大臣忠平ノ第ニ於テ除目ヲ行フ、是

日、藤原純友ノ士卒、備前介藤原子高等ヲ虜ニス、　本朝世紀　日本紀略　扶桑略記

廿七日、權中納言藤原師輔等ヲ任官ス、　本朝世紀　公卿補任　類聚符宣抄

信濃、平將門等ノ東國ヲ虜掠スル狀ヲ奏ス、　日本紀略

廿九日、東西ノ兵亂ニ依リテ、警固、固關等ヲ行フ、　日本紀略　本朝世紀

三十日、追儺、大祓、　本朝世紀

是歲、赤氣立ツ、　吾妻鏡

右京大夫正四位下源宗于卒ス、　三十六人歌仙傳　大和物語

天慶三年

正月大盡 丁卯朔

一日、四方拜、節會、兵亂ニ依リテ音樂ヲ停ム、是日、卯杖ヲ上リ、腹赤ヲ奏セズ、東海道等追捕使ヲ補ス、　日本紀略　園太曆　江次第　山槐記　三節會次第

三日、宮城諸門ニ矢倉ヲ構造ス、　園太曆　吾妻鏡

阿闍梨明達、延曆寺四王院ニ於テ四天王法ヲ修ス、　明匠略傳

四日、追捕警固官符請印、是日、太政大臣忠平、兵亂ニ依リテ大饗ヲ停ム、　園太曆

六日、敍位議ヲ停ム、　園太曆

伊勢奉幣、諸國名神ニ位一階ヲ加フ、　園太曆　源平盛衰記　諸社根元記

七日、白馬節會、音樂ヲ停ム、是日、伊勢使ヲ發遣ス、　日本紀略　園太曆　西宮記　北山抄

八日、御齋會始、　園太曆

九日、武藏介源經基ノ密告ヲ賞シ、右衞門權佐源俊等ヲ除名ス、　日本紀略　園太曆　本朝世紀　北山抄　新儀式

十一日、東海、東山兩道ノ諸國ニ募リ賊徒ヲ討タシム、　日本紀略　扶桑略記

十三日、諸社ニ奉幣ス、　北山抄

十四日、御齋會、內論義、　園太曆　西宮記

小除目、　日本紀略　園太曆

法琳寺別當泰舜ヲシテ、太元法ヲ修セシム、 法琳寺別當補任 三僧記類聚 東寺長者補任 扶桑略記

十五日、越前足羽神等ニ位階ヲ授ク、 日本紀略

十六日、踏歌節會、 西宮抄 三節會次第

十九日、參議藤原忠文ヲ征東大將軍ニ任ズ、 日本紀略 公卿補任 吾妻鏡 江談抄

諸寺ヲシテ修法、讀經シテ將門ヲ調伏セシム、 天台座主記 僧綱補任 太平記 扶桑略記 東大寺要錄 醍醐寺縁起

廿一日、伊勢奉幣、 北山抄 小右記 伊勢公卿勅使雜例 大神宮例文

廿二日、僧淨藏ヲシテ、將門ヲ調伏セシム、 扶桑略記

廿四日、僧明達ヲシテ、調伏法ヲ修セシム、 扶桑略記 明匠略傳

廿五日、遠江、伊豆等、凶賊濫行ノ狀ヲ奏ス、 日本紀略

廿七日、相模介藤原國幹等ノ任符ヲ請印セシム、 類聚符宣抄

二月大盡 丁酉朔

一日、神位記請印、是日、內裏穢アリ、 諸道勘文 園太曆

常陸大掾平貞盛等、平將門ノ軍ヲ破ル、 將門記

四日、祈年祭、 園太曆

八日、征東大將軍ヲ發遣ス、 日本紀略 扶桑略記 北山抄 園太曆 江談抄

常明親王等、醍醐寺ニ三昧料ヲ寄セ給フ、 醍醐寺雜事記

十一日、列見、釋奠、 西宮抄 北山抄 西宮記

十四日、平將門誅ニ伏ス、 元亨釋書 扶桑略記 今昔物語 和漢合圖 尊卑分脈 源平盛衰記 世俗立要集 宇佐宮託宣集 吉記 古事談 天台座主記

女如藏尼、及ビ孫藏念ノ事蹟 今昔物語 元亨釋書

十五日、成明親王御元服、アラセラレ、敍品ノ儀アリ、 日本紀略 御遊抄 西宮記

十九日、藤原公雅、武藏權守興世王ヲ誅ス、 日本紀略 一代要記

二十日、近江國司、延曆寺戒壇院ノ燈分料稻ノ出擧ヲ請フ、 九院佛閣抄

廿二日、臨時仁王會、日本紀略 本朝文粹 日本高僧傳要文抄 愚管抄

廿四日、天台座主大僧都尊意寂ス、扶桑略記 元亨釋書 天台座主記 日本高僧傳要文抄 僧綱補任 峯相記

廿五日、信濃、平將門伏誅ノ由ヲ奏ス、日本紀略 園太暦

廿六日、故大僧都尊意ニ僧正法印大和尚位ヲ贈ル、日本紀略 天台座主記

廿七日、陸奥ニ勅符ヲ賜フ、政事要略

是月、季御讀經、西宮記 江次第

三月小 丁卯朔 盡

四日、追捕南海凶賊使ヲ補ス、日本紀略

五日、下野押領使藤原秀郷、平將門ヲ誅セル由ヲ奏ス、日本紀略

九日、藤原秀郷等ノ軍功ヲ賞ス、日本紀略 扶桑略記 將門記 和漢合圖 源平盛衰記 百練抄 吾妻鏡

十日、野寺四王院火アリ、日本紀略

十八日、征東使、興世王ヲ誅セル由ヲ奏ス、日本紀略 一代要記

十九日、除目始、園太暦

廿五日、參議藤原元方左大辨等ヲ兼ヌ、以下兼任差アリ、公卿補任 北山抄

上總介藤原滋茂ノ任ヲ停ム、日本紀略

權律師義海ヲ天台座主ニ任ズ、日本紀略 天台座主記

成明親王、醍醐山陵ニ參拜アラセラル、李部王記

四月大 丙申朔 盡

一日、侍從所厨家、旬饗ヲ儲ケズ、西宮記 北山抄

八日、征東使、下總ニ入リテ叛黨ヲ搜索ス、將門記

十九日、成明親王、梅壺ニ於テ嫁娶ノ禮ヲ行ハル、日本紀略 大鏡裏書 西宮記 台記

廿五日、平將門ノ首ヲ梟ス、日本紀略 本朝世紀 和漢合圖 源平盛衰記 太平記

五月小 丙寅朔 盡

一日、旬儀、江次第抄

十日、本任ノ放還ヲ待ズシテ、壹岐守菅原淸鑒ノ任符ヲ請印セシム、類聚符宣抄

十四日、月食、日本紀略

十五日、征東大將軍藤原忠文、節刀ヲ返上ス、 日本紀略 北山抄 神皇正統記

廿一日、開關、解陣、 日本紀略 園太暦 北山抄

廿三日、皇太后御不豫、 日本紀略

廿七日、太政大臣忠平上表シテ攝政ヲ辭ス、 公卿補任 本朝文粹

六月小 乙未朔盡

一日、日食、 日本紀略

七月大 甲子朔盡

五日、左京從三位太詔戸神ニ正三位ヲ授ク、 日本紀略

二十日、佛事アルニ依リテ、左衞門陣ニ於テ奉幣使ヲ定ム、 北山抄

廿一日、祈年穀奉幣、 西宮記

廿四日、三日並出ヅ、 和漢合符

廿八日、相撲ノ節ヲ停ム、 日本紀略

是月、左大臣仲平、書ヲ吳越王ニ贈ル、 日本紀略

八月小 甲午朔盡

四日、釋奠、皇太后ノ御惱ニ依リテ、宴座ヲ停ム、 西宮記 北山抄

八日、伊勢造宮使ヲ發遣ス、 類聚符宣抄

十日、相模國分寺ノ佛像汗ヲ發ス、 日本紀略

十一日、定考、 西宮記 政事要略

二十日、海賊ノコトニ依リテ、十二社ニ奉幣ス、 日本紀略

廿二日、近江ヲシテ、兵士ヲ徵發セシム、 日本紀略

廿六日、阿波、讚岐ノ兩國、賊徒横行ノ狀ヲ奏ス、 日本紀略

廿七日、大神宮ニ員辨郡ヲ寄セ、封戸ヲ加フ、 扶桑略記 神宮雜例集 大神宮雜事記

宇佐八幡宮ニ年分度者ヲ加フ、 宇佐宮託宣集

諸國ノ兵士ヲ召シ、又警固使ヲ定ム、 日本紀略

廿八日、諸社ニ奉幣シ、石淸水八幡宮ニ封戸ヲ寄ス、 日本紀略 百錬抄 源平盛衰記 吉記

稲荷神等ニ位階ヲ授ク、 諸社根元記 園太暦 諏訪大明神繪詞

犬產ノ穢アリ、 年中行事祕抄

相模定額寺ノ大佛汗ヲ發ス、 日本紀略

廿九日、紀伊、海賊ノ事ヲ奏スルニ依リテ、降伏法ヲ修セシム、 日本紀略

是月、風雨、年穀ヲ損ズ、 扶桑略記

九月大盡 癸亥朔

三日、御燈ヲ停ム、 年中行事祕抄

石清水、賀茂兩社ニ奉幣ス、 西宮記 左經記

四日、神位記請印、 日本紀略

十一日、伊勢例幣、 西宮記

十二日、狐、内印韓櫃ノ鎖匙ヲ咬ム、 日本紀略

十五日、雉、外記局ノ北壇ヲ飛フ、 日本紀略

十七日、紀伊日前國懸神殿鳴動ス、 日本紀略

十八日、鷺、朱雀門ニ集ル、 日本紀略

十月小盡 癸巳朔

三日、紀伊、日前國懸神殿ノ怪異ヲ奏ス、 日本紀略

五日、左近衞少將藤原師氏ヲ藏人頭ニ補ス、 職事補任

七日、殘菊宴、 日本紀略

十日、極樂寺菊會、 日本紀略

廿二日、安藝、周防ノ兩國、大宰府追捕使、賊ノ爲メニ破ラル、由ヲ奏ス、 日本紀略

廿七日、相模、佛像ノ怪異ヲ奏ス、 日本紀略

十一月大盡 壬戌朔

一日、日食、 日本紀略

七日、周防、賊ノ爲メニ鑄錢司ヲ燒カル、由ヲ奏ス、 日本紀略

十六日、月食、除目、 日本紀略

十八日、新嘗祭、 西宮記 北山抄

十九日、豊明節會、 政事要略

廿一日、僧明達ヲシテ、凶賊降伏ノ爲メニ毗沙門法ヲ修セシム、 扶桑略記 明匠略傳

廿四日、賀茂臨時祭、政事要略
廿六日、正六位上早總神ニ従五位下ヲ授ク、日本紀略
廿七日、冷泉院別納所火ヲ失ス、河海抄 日本紀略

十二月小 壬辰朔盡

七日、大雪、日本紀略
十四日、僧綱ヲ任ス、東寺長者補任 天台座主記 東大寺別當次第
十九日、土佐、海賊ト合戰ノ狀ヲ奏ス、日本紀略
廿四日、荷前、政事要略
廿八日、僧位記請印、清愼公記
是月、出雲久呂嶋沈沒ス、古今著聞集
是歲、神今食、穢ニ依リテ日ヲ改ム、小右記
八幡宮御託宣アリ、諸社根元記
玄蕃頭紀貫之、御屛風和歌ヲ上ル、玉葉和歌集

天慶四年

正月大 辛酉朔盡

一日、小朝拜、節會、西宮記 三節會次第
四日、太政大臣忠平大饗、西宮記
五日、左大臣仲平大饗、西宮記
七日、參議伴保平ヲ正四位下ニ敍ス、公卿補任 本朝世紀
十四日、御齋會竟、西宮記
十五日、藤原純友追討ノコトヲ定ム、北山抄
十六日、踏歌節會、日本紀略 台記
外記、射禮ヲ兵部代官ニ奏ス、西宮抄
追捕南海賊使解文ヲ上ル、日本紀略
二十日、延曆寺惣持院燒亡ス、天台座主記 我慢抄
是月、出雲ニ怪異アリ、古今著聞集

二月大 辛卯朔盡

九日、讃岐、兵庫允宮道忠用等賊類ヲ擊チシ由ヲ奏ス、日本紀略
十二日、論奏、本朝世紀 公卿補任
十六日、殿上賭弓、西宮抄

廿日、中納言兼大宰權帥從三位橘公頼薨ズ、日本紀略　公卿補任　後撰和歌集　新勅撰和歌集

廿二日、大納言藤原實頼ノ女慶子入内ス、大鏡裏書　玉葉和歌集

三月小盡辛酉朔

六日、殿上賭弓、負態アリ、日本紀略

十一日、位祿定、西宮抄

十五日、花宴、日本紀略　花鳥餘情

左少辨源相職ヲ藏人頭ニ補ス、職事補任

十六日、外記政、水黄記

十七日、桓武天皇國忌、季御讀經、西宮記　年中行事祕抄

二十日、諸寺ノ別當、三綱ノ功課ヲ覆勘シテ、之ヲ重任セシム、政事要略

廿三日、成明親王、賭弓ヲ射給フ　日本紀略

廿七日、北堂文選竟宴アリ、日本紀略　本朝文粹

廿八日、右大辨源淸平ヲ參議ト爲シ、太宰大貳ヲ兼ネシム、公卿補任

是月、穗垂星出ヅ、扶桑略記

玄蕃頭紀貫之、御屛風和歌ヲ上ル、玉葉和歌集

四月大盡庚寅朔

一日、旬儀、侍從ヲ補ス、北山抄　西宮記

八日、灌佛、北山抄

廿七日、學生橘仲遠等ニ登省ノ宣旨ヲ下ス、類聚符宣抄

是月、僧明達、四天王像ヲ香積寺ニ安置ス、山門堂舍記

五月大盡庚申朔

八日、請印ノ例ヲ定ム、類聚符宣抄

十二日、石淸水八幡宮神主從六位上紀春實卒ス、石淸水祠官系圖

十五日、從三位大酒明神ニ正三位ヲ授ク、廣隆寺來由記

十八日、天台座主義海等ヲシテ、賊徒調伏法ヲ修セシム、天台座主記

十九日、參議藤原忠文ヲ征西大將軍ニ任ズ、 日本紀略

二十日、征南海賊使小野好古賊軍ヲ破ル、 本朝世紀

六月小盡 庚寅朔

三日、鼠、太政官櫃ノ封等ヲ嚙破ル、

六日、右近馬場ニ於テ兵士ヲ試ム、是日、追捕使、賊徒敗走ノ由ヲ奏ス、 日本紀略

十日、中納言兼民部卿從三位源是茂薨ズ、 日本紀略 源氏系圖 公卿補任 本朝世紀 後撰和歌集

十一日、月次祭、神今食、穢ニ依リテ延引ス、 本朝世紀

備前、備中等ノ飛驛使來ル、 河海抄

二十日、前伊豫掾藤原純友ヲ誅ス、 尊卑分脈 本朝世紀 古事談 今昔物語 大鏡 拾遺往生傳

廿二日、出雲、損田幷ニ任國造ノ狀ヲ奏ス、 西宮記

廿四日、右近馬場ニ於テ兵士ヲ試ム、 日本紀略

廿九日、伊豫、純友誅ニ伏セシ由ヲ奏ス、 本朝世紀

三十日、贈皇太后藤原胤子國忌、 清愼公記

七月小盡 己未朔

四日、廣瀨龍田祭、穢ニ依リテ延引ス、 本朝世紀

七日、神祇官ニ於テ雨ヲ祈ラシム、 本朝世紀

伊豫警固使橘遠保、純友等ノ首ヲ進ム、 日本紀略 本朝世紀 今昔物語

十五日、東大寺別當明珍重任ス、 東大寺別當次第

十六日、相撲召合、是日、藤原慶子ヲ女御ト爲ス、 日本紀略 一代要記

廿一日、犬ノ死穢禁中ニ及ブ、 本朝世紀

廿二日、位記召給、 本朝世紀

廿三日、雷鳴アリ、 本朝世紀

廿七日、月次祭、神今食、幷ニ廣瀨龍田祭ノ日時ヲ定ム、 本朝世紀

廿九日、月次祭、神今食、 本朝世紀

是月、奉幣、讀經アリ、諸國ヲシテ年穀ヲ祈ラシム、 北山抄

八月大盡 戊子朔

四日、廣瀨龍田祭、本朝世紀

五日、位記請印、是日、成明親王、承香殿ニ於テ文選竟宴ヲ行ハセラレ、參議伴保平、近江守兼任ニ依リテ、旅籠ノコトヲ行フ、本朝世紀

六日、太政大臣忠平上表シテ攝政ヲ辭ス、本朝世紀

七日、臨時奉幣使ヲ定メ、甲斐眞衣野柏前駒牽延引ス、是日、追捕使小野好古入京ス、日本紀略 本朝世紀

九日、石清水、賀茂臨時奉幣、是日、三代實錄ヲ召覽アラセラル、本朝世紀

十日、釋奠、本朝世紀 西宮記

十一日、定考、釋奠內論義、是日、太政大臣忠平ニ勅答ヲ賜フ、本朝世紀 西宮記 政事要略

十二日、小定考、本朝世紀

十三日、祈年穀奉幣、武藏秩父駒牽延引ス、本朝世紀

僧日藏蘇生ス、扶桑略記 太平記 本朝神仙傳 廣隆寺來由記 舞曲口傳 體源抄 源平盛衰記 文祿清談 新古今和歌集 宇治拾遺物語 今昔物語 法華驗記

十五日、季御讀經僧名定、信濃勅旨駒牽延引ス、本朝世紀

十七日、請印、甲斐穗坂駒牽延引ス、本朝世紀 西宮記

十八日、官軍、日向ニ於テ、純友ノ次將佐伯是基ヲ生獲ス、本朝世紀

十九日、季御讀經闕請定、本朝世紀

二十日、季御讀經、武藏小野駒牽延引ス、本朝世紀

廿三日、季御讀經結願、信濃望月駒牽延引ス、本朝世紀

廿四日、奉幣使、幷ニ日時ヲ定ム、本朝世紀

醍醐天皇ノ皇子源爲明元服ス、日本紀略 西宮記 花鳥餘情

廿五日、武藏石川立野駒牽延引ス、本朝世紀

廿六日、光孝天皇國忌、本朝世紀

太政大臣忠平、極樂寺ニ於テ一切經ヲ供養ス、日

本紀略　本朝世紀

廿七日、甲斐穗坂駒牽延引ス、　本朝世紀

廿九日、穢ニ依リテ、明日ノ臨時奉幣ヲ停ム、　本朝世紀

九月小　戊午朔盡

三日、御燈、　本朝世紀

四日、內印、　本朝世紀

五日、諸國不堪田ノコトヲ定ム、　本朝世紀

六日、止雨奉幣アリ、是日、追討使源經基、豐後ニ於テ賊首桑原生行ヲ生獲ス、　本朝世紀

七日、廢務日、諸牧ノ御馬牽進ノ例ヲ勘ヘセシム、　本朝世紀

九日、大宰府馳驛使來ル、　本朝世紀

十日、大宰府、周防、長門等ニ官符ヲ下ス、例幣使ヲトシ、明日ノ駒牽ヲ延引セシム、　本朝世紀　高良社文書

十一日、伊勢例幣、　本朝世紀　西宮記　北山抄

十二日、信濃勅旨駒牽、洪水ニ依リテ延引ス、　本朝世紀

十三日、信濃勅旨駒牽、是日、南殿版位延引ス、　本朝世紀　政事要略

十五日、信野望月駒牽、是日、太宰府飛驛使來ル、　本朝世紀

十六日、大宰府ノ奏狀ヲ奏ス、　本朝世紀

十九日、郡司讀奏、是日、備前、凶賊藤原文元等ノ部下ニ來ル由ヲ奏ス、　本朝世紀

廿日、山城、大和等十二國ヲシテ、凶賊ノ備ヲ設ケシム、大宰府飛驛使ヲ返遣ス、是日、藤原貞包ノ賊徒追討ノ功ヲ賞ス、　本朝世紀

廿二日、上野駒牽延引ス、是日、例幣使、豐受宮寶殿開カレザル由ヲ奏シ、播磨、凶賊三善文公ヲ破リシ由ヲ奏ス、　本朝世紀

廿三日、上野駒牽、官符ニ捺印シ、播磨飛驛使ヲ返遣ス、　本朝世紀

廿五日、南殿ノ版位ヲ造ラシム、　本朝世紀

廿九日、醍醐天皇國忌、　本朝世紀

十月〈大盡 丁亥朔〉

一日、旬、平座、本朝世紀
十一日、地震、本朝世紀
十六日、郡司召、本朝世紀 北山抄
十七日、內印、直物アリ、本朝世紀
十九日、加茂貞行、賊徒藤原文元兄弟ヲ射殺ス、本朝世紀
廿三日、山陽、南海兩道ノ警固使等ヲ停ム、本朝世紀
廿五日、極樂寺菊會、本朝世紀
廿六日、但馬、賊徒藤原文元兄弟ノ首ヲ進ム、本朝世紀
廿七日、復任除目、本朝世紀
廿九日、內裏觸穢、本朝世紀
三十日、太政大臣忠平、上表シテ攝政ヲ辭ス、本朝世紀 公卿補任

十一月〈小盡 丁巳朔〉

一日、山科祭、御暦奏、穢ニ依リテ春日、平野等ノ祭ヲ延引ス、本朝世紀 樗嚢抄
二日、甲斐眞衣野柏前駒牽、本朝世紀
三日、太政大臣忠平ノ勅答ヲ作ラシム、本朝世紀
四日、甲斐穗坂駒牽、本朝世紀
參議兼播磨守從三位藤原當幹薨ズ、日本紀略 本朝世紀 公卿補任
五日、石清水臨時祭調樂、是日、仁壽殿ニ於テ御修法ヲ行フ、本朝世紀
八日、太政大臣忠平ノ攝政ヲ止メ、關白ト爲ス、扶桑略記 本朝世紀 公卿補任
九日、位記請印、故參議藤原當幹薨奏アリ、本朝世紀
十日、武藏石川由比等駒牽、是日、上卿ノ不參ニ依リテ、政ナシ、本朝世紀
十三日、左大臣仲平、大納言實頼ヲシテ、官奏ニ候セシム、本朝世紀
十五日、武藏秩父駒牽、本朝世紀
十六日、春日祭、平野祭、本朝世紀

十九日、右見從四位下物部神ニ從四位上ヲ授ク、日本紀略
二十日、大原野祭、本朝世紀
廿一日、園韓神祭、本朝世紀
廿二日、鎭魂祭、本朝世紀
廿三日、新嘗祭、本朝世紀
廿四日、豐明節會、本朝世紀
廿六日、始メテ官奏ヲ覽給フ、本朝世紀 北山抄
廿九日、大宰府凶賊伏誅ノ由ヲ奏ス、本朝世紀 日本紀略

十二月大盡 丙戌朔

一日、内印、西宮記
三日、天智天皇國忌、本朝世紀
四日、詔書覆奏、是日、常陸交替使返事ヲ奏ス、本朝世紀
五日、陽成院、累代ノ御物ヲ内裏ニ納ム、本朝世紀
八日、御井守屋舍人ノ死穢、内裏ニ及ブ、本朝世紀
九日、官奏、本朝世紀 西宮記
十日、御體御卜、本朝世紀
神事ニ供奉スル諸司ヲ召シテ、死穢ニ觸ルヽヤ否ヤヲ問ハシム、本朝世紀
十一日、月次祭、神今食、本朝世紀 江次第 西宮抄 北山抄
十三日、元日侍從、荷前使等定、本朝世紀
十五日、武藏秩父駒牽、本朝世紀
十六日、除目召仰、本朝世紀
十七日、除目儀、太政官佛名、本朝世紀
十八日、權中納言源清蔭ヲ中納言ニ任ス、以下任官差アリ、公卿補任
十九日、神祇官神以下十七所ニ位階ヲ授ク、日本紀略
二十日、御佛名、本朝世紀
廿一日、荷前、本朝世紀
廿三日、光仁天皇國忌、本朝世紀
廿五日、右大辨藤原在衡ヲ參議ニ任ズ、公卿補任

淡路不堪田使返事ヲ申ス、　本朝世紀

廿六日、武藏、甲斐等駒牽、　本朝世紀

廿七日、直物、所々ノ別當ヲ定ム、　本朝世紀

廿八日、權律師泰舜ヲ東寺長者ニ補ス、　東寺長者補任

廿九日、大赦、是日、明年ノ朝賀停止ノ由ヲ仰セラル、　日本紀略　本朝世紀

三十日、大祓、追儺、　本朝世紀

是月、僧明達ヲ權律師ニ任ズ、　明匠略傳

是歲、右近衛將監多良常卒ス、　多氏系圖

盜、大和觀音寺ノ資財ヲ奪フ、　觀世音寺資財帳

天慶五年

正月小 丙辰朔盡

一日、節會、供御藥、　江次第抄　妙音院相國白馬節會次第

五日、大赦詔書覆奏、　北山抄

七日、白馬節會、　西宮記　北山抄

八日、御齋會、　西宮抄

十四日、御齋會竟、男踏歌、　日本紀略　西宮記　花鳥餘情

十六日、踏歌節會、　西宮抄　妙音院相國白馬節會次第

十八日、賭弓、　北山抄　小右記

二月大 乙酉朔盡

三日、釋奠、　北山抄

五日、豐受宮寶殿開カザル祟ヲトセシム、　本朝世紀

十日、大判事惟宗公方、陽成上皇ノ勅ヲ奉シテ、無位孫王服色ノ勘文ヲ進ム、　政事要略

三十日、內供奉寶性等、多武峯ノ鐘ヲ鑄ル、　多武峯略記

三月小 乙卯朔盡

二日、宮內木工省寮ニ死穢アリ、　本朝世紀

三日、穢ニ依リテ御燈ヲ停ム、　本朝世紀

四日、權大納言藤原實頼等觸穢ノコトヲ議定ス、　本朝世紀

七日、地震、　本朝世紀

十日、詔シテ意見ヲ上ラシム、　政事要略　日本紀略

十六日、地震、詔書復奏、臨時御讀經僧名、日時定、 本朝世紀

十七日、桓武天皇國忌、是日、皇太后、法性寺ニ於テ涅槃經供養ヲ行ハセラル、 日本紀略 本朝世紀

十九日、追捕凶賊使ノ軍功ヲ定メ、祭主大中臣頼基ヲシテ、天變地震ノ災ヲ禳ハシム、是日、狐、御所ニ登ル、 本朝世紀

廿一日、仁明天皇國忌、 本朝世紀

廿二日、重ネテ追捕使ノ軍功ヲ定ム、 本朝世紀

廿三日、内印、 本朝世紀

廿四日、除目召仰、 本朝世紀 小野宮年中行事

廿五日、臨時御讀經、除目議、 本朝世紀 西宮記 魚魯愚別錄

廿九日、除目、 本朝世紀 公卿補任 西宮記

閏三月大盡 甲申朔

一日、除目召名、 本朝世紀

四日、踏歌後宴、 日本紀略 本朝世紀

六日、故左近衛少將源當季ノ穢、内裏ニ及ブ、 本朝世紀

七日、直物、奉幣使定穢ニ依リテ延引ス、 本朝世紀

八日、穢事ニ依リテ、前出羽介源嘉生ヲ召問ス、 本朝世紀

十日、桓武天皇ノ皇后藤原乙牟漏國忌、 本朝世紀

十八日、地震、 本朝世紀

十九日、大宰大貳源清平、任ニ赴クニ依リテ、餞、并ニ御衣ヲ賜フ、 本朝世紀 西宮記

二十日、仁王會日時定、 本朝世紀

廿五日、大祓、 本朝世紀

廿六日、仁王會、 本朝世紀

廿八日、撿非違使廳官人ノ政ニ著ク刻限ヲ定ム、 政事要略

撿非違使廳官人等、意ニ任セテ看督長等ヲ勘事ニ處シ、或ハ之ヲ隨身スルコトヲ禁ズ、 政事要略

廿九日、三局史生ヲ補ス、是日、踏歌後宴負態アリ、 日本紀略 本朝世紀

三十日、東大寺僧登定ヲ維摩會講師ト爲ス、本朝世紀

四月大盡 甲寅朔

一日、日食、本朝世紀 日本紀略

二日、旬儀、平座、本朝世紀 西宮記 北山抄

四日、廣瀨龍田等ノ祭、穢ニ依リテ延引ス、本朝世紀

五日、准蔭位記請印、本朝世紀

六日、左中辨小野好古等ヲシテ、鴨河ヲ覆勘セシム、本朝世紀

七日、平野祭、擬階奏、齋院御禊前駈定、是日、神祇少祐大中臣正直白烏ヲ上ル、本朝世紀 日本紀略

八日、灌佛、本朝世紀

九日、當宗杜本祭、賑給、本朝世紀 西宮記

十日、伊賀、出雲ノ怪異ヲトシ、奉幣、行幸等ノ日時、及ビ廣瀨龍田等ノ祭日ヲ撰定シ、端午ノ節ヲ停メ、神泉苑ニ行幸ノ例ヲ勘ヘシム、本朝世紀

十一日、神位記、式部省成選位記請印アリ、是日、諸社奉幣使ヲ定メ、八省行幸、端午ノ節停止ノ由ヲ諸司ニ告ゲラル、本朝世紀

十三日、行幸召仰、大神宮禰宜等ニ敍位アリ、本朝世紀

十四日、臨時奉幣、日本紀略 本朝世紀

十五日、兵部省成選位記請印アリ、右馬寮ヲシテ、山科祭ヲ奉仕セシム、大膳大夫橘公彦ヲ齋院長官代ト爲ス、本朝世紀

十六日、廣瀨龍田祭、本朝世紀

十七日、齋院婉子內親王御禊、本朝世紀

十八日、賀茂祭警固召仰、本朝世紀 平記

二十日、賀茂祭、本朝世紀

廿一日、解陣、本朝世紀

廿三日、受領功課ヲ定ム、本朝世紀

廿五日、敍位、殿上人ヲ定ム、本朝世紀

廿六日、神位記請印、本朝世紀

廿七日、宇佐奉幣、幷ニ石淸水臨時祭、日本紀略 本

朝世紀　石清水文書　西宮記　大鏡　江次第抄

廿九日、始メテ賀茂社ニ行幸アラセラル、　日本紀略　扶桑略記　中右記　北山抄　續教訓抄

三十日、群盜、京極ノ人家ニ入ル、　日本紀略

五月小甲申朔盡

一日、諸衞ヲシテ、夜行ヲ勤メシム、　本朝世紀

四日、左近衞府ノ死穢、內裏ニ及ブ、　本朝世紀

五日、穢ニ依リテ、臨時奉幣使ヲ停ム、　本朝世紀

七日、祈雨御讀經定、禁中ニ於テ御修法ヲ行フ、是日、復任除目アリ、　本朝世紀

十六日、深紅色ヲ禁ズ、　日本紀略　政事要略

十七日、蕃客ノ來朝ニ擬シテ、詩興ヲ催ス、　日本紀略　古今著聞集

廿三日、禁國ノ不動ヲ以テ、兼國ナキ參議辨等ノ當年ノ位祿ニ充テントヲ請フ、　西宮抄

是月、奉幣ノ日時ヲ勘ヘシム、　北山抄

六月大癸丑朔盡

十五日、賑給使ヲ定ム、　本朝世紀

十七日、奉幣使召仰、是日、厨家ノ解除ヲ延引ス、　本朝世紀

十八日、賑給、　本朝世紀

二十日、諸社奉幣、是日、左馬寮ヲシテ、諸衞夜行ノ御馬ヲ牽送セシム、　本朝世紀

廿一日、東遊走馬ヲ祇園社ニ行ウテ、賊徒ノ平定ヲ賽ス、　日本紀略　本朝世紀　西宮記　年中行事祕抄

左衞門志巨勢廣利等、拜任後ノ未到不上ノ罪ヲ定ム、　本朝世紀

廿五日、大宰府ヲシテ、重ネテ管內諸神ノ位記案ヲ注進セシム、　高良社文書

廿八日、郡司位記請印アリ、諸家司ヲ補ス、　本朝世紀

廿九日、夜行セシム、　本朝世紀

三十日、贈皇太后藤原胤子國忌、是日、大祓アリ、　本朝世紀

檢非違使ヲシテ、駿河掾橘近保ヲ追捕セシム、　日本紀略　本朝世紀

七月小 癸未朔盡

一日、参議伴宿禰保平ニ朝臣ノ姓ヲ賜フ、 日本紀略 公卿補任

五日、從四位上播磨權守源允明卒ス、 一代要記 皇胤系圖 西宮記

十二日、故右大臣菅原道眞ノ靈、託宣アリ、 歴代編年集成 北野古緣起 荏柄天神緣起

廿七日、相撲召合、 小野宮年中行事

廿八日、追相撲、 西宮記

八月大 壬子朔盡

六日、釋奠、 西宮記

七日、內論義、 西宮記 江次第

十一日、定考、大風ニ依リテ延引ス、 日本紀略 後愚昧記 政事要略

十二日、四府尉以下ヲシテ、諸司ノ風損ヲ實檢セシム、 後愚昧記

十三日、定考、 政事要略 西宮記

廿一日、少僧都令宸寂ス、 密宗血脈抄

九月小 壬午朔盡

八日、宜陽殿ニ怪異アリ、 日本紀略

十日、不堪佃田奏、 北山抄 西宮記

十二日、信濃駒牽、 政事要略

十九日、官掌眞髪部常雄ヲシテ、過狀ヲ進ラシム、 西宮記

是月、大宰府ヲシテ、管內ノ神名帳ヲ注進セシム、 高良社文書

十月小 辛亥朔盡

一日、日食、 日本紀略

二日、壹岐島ノ牛、二尾八足ノ犢ヲ生ム、 日本紀略

十九日、驛鈴二口ヲ伊豆ニ賜フ、 類聚符宣抄

廿七日、承香殿ニ於テ、菊花ヲ御覽アラセラル、 日本紀略

是月、宇佐使ヲ發遣ス、 西宮記

十一月大 庚辰朔盡

五日、臨時奉幣、 日本紀略 西宮記

十日、三省、位祿目錄ヲ申ス、 淸愼公記

十六日、出雲、新羅ノ船隱岐ニ來著セシ由ヲ奏ス、 日本紀略

廿三日、五節御前試、 江次第

醍醐天皇ノ皇子源盛明元服セラル、 日本紀略 花鳥餘情

廿四日、新嘗祭、 政事要略

廿五日、豐明節會、 政事要略

大僧都濟高寂ス、 日本紀略 東寺長者補任 密宗血脈鈔

三十日、賀茂臨時祭、 政事要略

十二月大 庚戌朔盡

七日、除目、 魚魯愚鈔

八日、太政大臣忠平ノ不參ニ依リテ除目ヲ停ム、 日本紀略

十三日、成明親王ヲ上野太守ニ任ズ、 日本紀略

除目ニ依リテ、荷前定ヲ停ム、 樗嚢抄

十五日、荷前定、 樗嚢抄

廿二日、成明親王、醍醐山陵ニ詣デ給フ、 日本紀略

廿九日、除帳ノ百姓口分田地子ヲ以テ、其調庸ニ交易セシム、 政事要略

諸國大帳ハ調庸丁大數ニ准ジ、年中宛十分ヲ置カシム、 政事要略

是歳、權律師貞譽ヲ東寺長者ニ任ズ、 東寺長者補任

文章得業生菅原文時對策ニ及第ス、 本朝文粹

武藏守平公雅、淺草寺ヲ修造ス、 淺草寺緣起

天慶六年

正月小 庚辰朔盡

一日、節會、 貫之集

七日、白馬節會、 西宮抄

左大臣仲平等ヲ加階ス、 北山抄 三節會次第 公卿補任

八日、御齋會、 江次第抄

九日、子日宴、 日本紀略

十日、太政大臣忠平大饗、 西宮記 北山抄 江次第抄

十四日、男踏歌、日本紀略
十六日、踏歌節會、西宮抄
十八日、賭弓、小右記 西宮抄
廿一日、殿上逍遥、日本紀略
廿四日、內宴、是日、重明親王ヲ三品ニ敍ス、日本紀略 西宮抄 西宮記
廿九日、左大臣仲平、室藤原善子四十九日ノ法事ヲ修ス、春記

二月大 己酉朔盡

六日、男踏歌後宴、日本紀略
七日、烈風雷雨、日本紀略
大內記橘直幹ヲシテ、文章得業生藤原國光ノ策ヲ問ハシム、類聚符宣抄
十一日、列見、西宮記 西宮抄

三月小 己卯朔盡

四日、大宰府、犢ノ怪異ヲ奏ス、日本紀略
七日、本任ノ放還ヲ待タズ、尾張守藤原興方等ノ任符ヲ請印セシム、類聚符宣抄
權中納言從三位藤原敦忠薨ズ、日本紀略 公卿補任 拾芥抄 西宮記 今昔物語 大鏡 大和物語 後撰和歌集 玉葉和歌集 續後拾遺和歌集 拾遺抄
十一日、石淸水若宮神ニ從五位下ヲ授ク、石淸水末社記
十二日、穀倉院倉、及ビ廳屋燒失ス、日本紀略
十五日、謠言ニ依リテ、世人物忌アリ、日本紀略
廿九日、季御讀經、西宮記
是春、吳竹實ヲ結ブ、東寺長者補任

四月大 戊申朔盡

一日、日食、日本紀略
二日、旬儀、平座、是日、臨時奉幣使等ヲ定ム、台記 西宮記
八日、灌佛、西宮記
九日、右大辨從四位下源相職卒ス、一代要記 源氏系圖 西宮記 職事補任 東大寺雜錄 本朝世紀 本朝文粹 政事要略 後撰和歌集

十五日、東寺安居講、 東寶記

十六日、權律師昌禪寂ス、 日本紀略

十八日、大納言藤原實頼男齊敏元服ス、 日本紀略 公卿補任

二十日、大法師寛空ヲシテ、孔雀經法ヲ修セシム、 東寺長者補任

廿二日、太政官正廳、幷ニ貞觀殿ニ怪異アリ、 日本紀略

故權中納言在原敦忠ノ爲メニ、其母諷誦ヲ修ス、 本朝文粹

五月小 戊寅朔盡

一日、地震、 日本紀略

十七日、大極殿ニ於テ、祈雨御讀經ヲ修ス、 日本紀略

廿七日、前皇太后藤原高子ノ本位ヲ復ス、 日本紀略 一代要記 政事要略 本朝文粹 西宮記

廿九日、溫明殿ニ於テ、蹴鞠ヲ御覽アラセラル、 西宮記 雁衣抄

是月、十一社ニ於テ御讀經五龍祭ヲ行フ、 北山抄

六月大 丁未朔盡

五日、祈年穀奉幣、 日本紀略

十日、御體御卜奏、 西宮記 北山抄 園太暦

十一日、神今食、 西宮記 北山抄 園太暦

十三日、政アリ、 北山抄

廿二日、試問學生ノ愁訴ノ事ニ依リテ、試博士ヲ召ス、 日本紀略

七月大 丁丑朔盡

九日、祈雨奉幣、 日本紀略

十五日、諸國ヲシテ、年穀ヲ祈ラシム、 日本紀略

廿六日、元良親王薨ズ、 日本紀略 歷代編年集成 尊卑分脈 貫之集 大和物語 元良親王集 今昔物語 後撰和歌集 拾遺和歌集 徒然草

廿七日、相撲召合、 日本紀略 西宮記 北山抄 小右記

廿八日、拔出、追相撲、 日本紀略 小野宮年中行事 小右記 舞樂要錄

八月小 丁未朔盡

一日、釋奠、行幸召仰、西宮記 北山抄

二日、大宰府、四王寺ノ怪異ニ依リテ、伊勢奉幣アリ、日本紀略

廢務ニ依リテ、釋奠、内論義ヲ停ム、西宮記 北山抄

八日、史生奈癸元護、太政大臣忠平ノ第ニ抵リ、佛經書寫ノ間、上日ヲ賜フ、類聚符宣抄

十日、中務、式部ノ兩省、官人具ハラザルニ依リテ、季祿目錄ヲ申サズ、類聚符宣抄

左史生大海保平等ノ怠ヲ免ジ、俸料ヲ給フ、類聚符宣抄

十一日、定考、音樂ヲ停ム、政事要略

廿二日、大宰府ヲシテ、重ネテ管内ノ神名帳ヲ注進セシム、高良社文書

廿六日、光孝天皇國忌、清愼公記

九月大 丙子朔盡

二日、中務、式部兩省ノ季祿ヲ拘ス、類聚符宣抄

十日、行幸召仰、西宮記

十五日、上野、及ビ武藏秩父駒牽、西宮記 政事要略

十六日、内宮遷宮、穢ニ依リテ延引ス、日本紀略 大神宮例文

廿二日、奉幣、穢ニ依リテ俄ニ延引ス、北山抄

是月、日本紀ノ講竟ハル、日本紀竟宴和歌

十月小 丙午朔盡

一日、旬儀、西宮記

六日、神位記請印、北山抄

十一月大 乙亥朔盡

十八日、新嘗會、政事要略 西宮記

廿三日、賀茂臨時祭、西宮記 政事要略

廿九日、石淸水臨時祭、穢ニ依リテ延引ス、西宮記 石淸水文書

十二月小 乙巳朔盡

八日、成明親王ヲ大宰帥ニ任ズ、日本紀略

十二日、奉幣、北山抄

十三日、荷前使定、 北山抄

廿四日、日本紀竟宴、 日本紀略 日本紀竟宴和歌

廿七日、政アリ、 清慎公記

是月、荷前、 北山抄 政事要略

是歳、神事以前、臨時御讀經ヲ行フ、 北山抄

延暦寺大日院ヲ建立シ、十禪師ヲ置ク、 扶桑略記

東寺長者貞崇辭表ヲ上ル、 扶桑略記

大學頭正五位下藤原繁時卒ス、 尊卑分脈

天慶七年

正月 大盡 甲戌朔

一日、節會、御物忌ニ依リテ、四方拜ヲ停ム、 西宮記 江次第 妙音院相國白馬節會次第

七日、白馬節會、 西宮記 薩戒記

九日、長谷寺火アリ、是日、豐受宮禰宜外從五位下度會春彦卒ス、 日本紀略 扶桑略記 東大寺別當次第 拾遺往生傳 豐受宮禰宜補任 度會氏系圖

十日、太政大臣忠平大饗、 西宮記

十六日、踏歌節會、 西宮記 西宮抄

十八日、賭弓、 西宮記 北山抄

廿三日、震動アリ、 日本紀略

廿七日、子日宴、 日本紀略

廿八日、封事ヲ上ラシム、 日本紀略

二月 小盡 甲辰朔

四日、祈年祭、釋奠、是日、春日祭使ヲ發遣ス、 西宮記 北山抄

六日、美濃介橘遠保、賊ノ爲メニ殺サル、 日本紀略 園太暦 本朝世紀 吾妻鏡

十一日、列見、 西宮抄

廿一日、參議藤原在衡ニ式部大輔ヲ兼ネシム、 公卿補任

三月 大盡 癸酉朔

五日、禪林寺供養、 一代要記

十四日、復任宣旨、 西宮記

十六日、月食、 日本紀略

廿一日、季御讀經、 西宮記

廿七日、殿上賭弓、 日本紀略 西宮記

四月小 癸卯朔盡

一日、侍從ヲ任ズ、 西宮記

八日、灌佛、 西宮抄

九日、大納言藤原實頼ヲ右大臣ニ任ズ、 扶桑略記 日本紀略 公卿補任 初任大臣大饗雜例 小右記

十二日、右中辨藤原師尹ヲ藏人頭ニ補ス、 職事補任

十六日、右大臣實頼ニ右近衞大將ヲ兼ネシム、 初任大臣大饗雜例 小右記

廿二日、成明親王ヲ立テ、皇太弟ト爲シ、坊官ヲ任ズ、 日本紀略 歷代編年集成 皇年代略記 柱史抄 册命皇后式 立坊部類記 御産部類記 平記 公卿補任 撰集祕記

筑後守吉志公忠、國内ノ神名帳ヲ大宰府ニ注進ス、 高良社文書

廿五日、中納言藤原顯忠ニ中宮大夫ヲ兼ネシム、 公卿補任

廿八日、興福寺僧徒、立太子ヲ賀ス、 御産部類記

五月小 壬申朔盡

三日、駒牽、 日本紀略

五日、左近衞府ノ競馬ヲ御覽アラセラル、 日本紀略 西宮記

六日、右近衞府ノ競馬ヲ御覽アラセラル、 日本紀略 西宮記 江次第

廿三日、延暦寺僧徒、立太子ヲ賀ス、 日本紀略 御産部類記

東宮帶刀ノ騎射ヲ試ム、 撰集祕記

六月大 辛丑朔盡

十日、右大臣實頼上表ス、 公卿補任 本朝文粹

十一日、神今食、 西宮記

二十日、殿上御遊アリ、 日本紀略

廿三日、右大臣實頼重ネテ上表ス、 公卿補任 本朝文粹

廿八日、右大臣實頼三度上表ス、 公卿補任 本朝文粹

七月大 辛未朔盡

一日、雷鳴陣、 日本紀略

三日、賑給、 西宮記

四日、西京ノ小宅雷火ニ燒ク、 日本紀略

八日、權律師貞譽寂ス、 日本紀略 東寺長者補任 諸門跡譜

二十日、羽蟻群飛ス、 日本紀略

廿三日、權少僧都貞崇寂ス、 僧綱補任 東寺長者補任 醍醐寺雜事記 古今著聞集

廿九日、相撲召合、 日本紀略 樗嚢抄 北山抄 權記 舞樂要錄 西宮記

三十日、拔出、追相撲、 日本紀略 舞樂要錄 續敎訓抄

八月 小 辛丑朔 盡

三日、重明親王、封事ヲ上ラセラル、 北山抄

八日、釋奠、內論義、 政事要略

十一日、定考延引、 西宮記

十三日、定考、 政事要略

九月 大 庚午朔 盡

一日、日食、 日本紀略

左近衞府火ヲ失ス、 北山抄

二日、大風暴雨、 日本紀略 後愚昧記

信濃守從五位上紀文幹屋舍顚倒ニ依リテ壓死ス、 日本紀略 扶桑略記 紀氏系圖 拾遺和歌集

六日、穢ニ依リテ、伊勢例幣ノ日次ヲ改ム、 北山抄 園太曆

十一日、大雨、 日本紀略

十三日、康子內親王、皇太后六十ノ御賀ヲ行ヒ給フ、 日本紀略

十四日、季御讀經定、信濃駒牽、 樗嚢抄 西宮記 政事要略 北山抄

十五日、月食、御馬ヲ右大臣實頼、參議藤原在衡ニ賜フ、 日本紀略 西宮記 小野宮年中行事 樗嚢抄

是月、齋主、幷ニ諸寺ヲシテ霽ヲ祈ラシム、 北山抄

十月 大 庚子朔 盡

六日、狐、左近衞陣ニ集ル、 日本紀略

廿四日、太政大臣忠平ノ病ニ依リテ、度者ヲ賜フ、 日本紀略 公卿補任

廿五日、太政大臣忠平ノ爲メニ、諷誦ヲ修ス、 日本紀略

是月、諸社奉幣、 北山抄

彈正少弼橘在列出家ス、 本朝文粹 扶桑集

十一月小 庚午朔盡

九日、常明親王薨ズ、 日本紀略 一代要記 御遊抄 大和物語

廿二日、新嘗祭、 北山抄

廿三日、豐明節會、 政事要略

十二月大 己亥朔盡

二日、有明親王ノ室藤原時子、父左大臣仲平七十ノ算ヲ賀シ給フ、 日本紀略 本朝皇胤紹運錄

九日、除目、 類聚符宣抄

十一日、神今食、 西宮記

二十日、土佐守布瑠有平ノ任符ヲ請印セシム、 類聚符宣抄

廿八日、皇太后ノ御賀算ニ依リテ、諷誦、及ビ賑給アリ、 日本紀略

閏十二月小 己巳朔盡

廿九日、新嘗ノ小忌、荷前使闕怠者ハ、明年ノ除目ニ入レザラシム、 樗嚢抄

是歲、神寶ヲ大神宮ニ奉ル、 久志本年代記

國栖戸十五烟ノ正稅ヲ免除セシム、 類聚符宣抄

右史生船諸實ヲシテ過狀ヲ進ラシム、 西宮記

天慶八年

正月大 戊戌朔盡

一日、小朝拜、節會、 西宮記

五日、右大臣實賴大饗、 西宮記 古今著聞集 北山抄

六日、勘解由使ノ諸國正稅不動穀等ノ闕ヲ勘フル例ヲ立ツ、 政事要略 北山抄

七日、白馬節會、是日、參議源庶明ヲ加階ス、 北山抄 公卿補任

八日、尚侍藤原貴子ヲ加階ス、 一代要記 西宮記

十三日、參議正四位下源清平卒ス、 日本紀略 公卿補

任、　河海抄　源氏系圖　類聚符宣抄
律師寛覽寂ス、　日本紀略
十四日、御齋會竟、　西宮記　北山抄　御質抄
十五日、月食、　日本紀略
十七日、射禮、　西宮抄
十八日、賭弓延引ス、　西宮抄
重明親王ノ室藤原寛子卒ス、　日本紀略　河海抄　三十六人歌仙傳　齋宮女御集　大鏡　花鳥餘情
二十日、石清水別當清鑒寂ス、　石清水祠官系圖
廿一日、賭弓、　西宮抄
廿九日、政始、　西宮記

二月小 戊辰朔盡

十日、釋奠、　北山抄　小右記
十一日、列見延引ス、　西宮抄
十三日、列見、　西宮抄　北山抄
十五日、月食、　日本紀略
十七日、六位外記ノ遲參ニ依リテ、大外記ヲシテ廳事ヲ奉仕セシム、　西宮記
廿七日、皇太后、法性寺ニ於テ、多寶塔等ヲ供養シ給フ、　日本紀略
是月、玄蕃頭紀貫之、御屏風ノ和歌ヲ上ル、　貫之集

三月小 丁酉朔盡

四日、弓結、　日本紀略
五日、重明親王亡室四十九日ノ佛事ヲ修シ給フ、　本朝文粹
八日、長門ヲシテ、前司任中ノ雜怠、往年ノ公文ヲ勘濟セシム、　類聚符宣抄
十三日、御遊アリ、　日本紀略
二十日、御惱ニ依リテ、議所ニ於テ除目ヲ行ハシム、　日本紀略
廿二日、主計權少屬凡河内良尚ヲ、算得業生、試問ノ博士ト爲ス、　類聚符宣抄
廿六日、除目議、　日本紀略
廿八日、大納言藤原師輔ニ按察使ヲ兼ネシム、　一代要記

四月大 丙寅朔盡

十七日、天台座主義海ヲシテ、孔雀經法ヲ修セシム、 天台座主記

五月小 丙申朔盡

一日、賀茂社司ヲシテ、御祈ヲ奉仕セシム、 北山抄

十一日、天台座主義海ヲシテ、尊星王法ヲ修セシム、 天台座主記

十九日、因幡守平清幹任符請印アリ、 類聚符宣抄

二十日、御惱ニ依リテ、諷誦ヲ七箇寺ニ修セシム、 日本紀略

廿六日、本任ノ放還ヲ侍タズ、備中介和氣兼濟ノ任符ヲ請印セシム、 類聚符宣抄

是月、霖雨、 日本紀略

六月大 乙丑朔盡

十一日、神今食、 西宮記

十七日、祈年穀奉幣、軒廊御卜、 北山抄 江次第

十八日、御修法、 北山抄

七月小 乙未朔盡

四日、廣瀨龍田祭、 本朝世紀

七日、御遊アリ、 日本紀略

十六日、齋王ノ御退下ニ依リ、伊勢使ヲ定ム、 本朝世紀 三十六人歌仙傳

十九日、明經得業生十市部以忠ヲシテ、天文道ヲ習ハシム、 本朝世紀

廿五日、相撲內取、 江次第

廿六日、大宰府、唐船肥前ニ來著ノ由ヲ奏ス、 本朝世紀

廿七日、大風暴雨、相撲召合、 日本紀略 本朝世紀 西宮記

廿八日、所司日食奏ヲ上リ、追相撲アリ、是日、攝津、志多良神輿來著ノ狀ヲ奏ス、 日本紀略 本朝紀略 西宮記 北山抄

八月大 甲子朔盡

一日、日食、 日本紀略 本朝世紀

三日、石清水三綱、神輿移座ノ由ヲ言上ス、 本朝世紀

四日、釋奠、季御讀經僧名定、是日、死穢、及ビ犬産ノ穢アリ、 本朝世紀

五日、釋奠、内論義ヲ停ム、是日、官符請印アリ、 本朝世紀

六日、左近右兵衛等ノ陣ニ、恠異アリ、 本朝世紀 古今著聞集

七日、甲斐眞衣野柏前駒牽延引ス、 本朝世紀

八日、季御讀經、 本朝世紀

十日、政ナキニ依リテ、季祿目錄ヲ申サズ、 本朝世紀

御讀經請僧ノ従者員數ヲ定ム、 小野宮年中行事 北山抄

紫宸殿前ニ鬼物ノ跡アリ、 古今著聞集

十一日、定考延引、伊勢使發遣ニ依リテ、齋限ヲ奏ス、是日、左大臣仲平、相撲人ニ饗ヲ賜フ、 本朝世紀 政事要略

十三日、齋王退下ノ由ヲ大神宮ニ告グ、 日本紀略 本朝世紀

十四日、定考、 本朝世紀 西宮記

十五日、小定考、是日、參議藤原忠文、致仕ノ表ヲ上ル、 公卿補任 本朝世紀

十六日、月食、 日本紀略

十九日、曲宴、 日本紀略

二十日、大祓、 本朝世紀

廿六日、光孝天皇國忌、 本朝世紀

廿八日、上野駒牽、 本朝世紀

廿九日、陰陽寮ヲシテ、止雨使ヲ奉ルベキ神社ヲ占ハシム、 本朝世紀

九月大 甲午朔 盡

一日、左大臣仲平出家ス、 日本紀略 公卿補任

二日、大外記三統公忠ヲシテ、勅任奏任ノ料紙及ビ僧綱ノ位階等ヲ勘ヘシム、 拾芥抄

五日、武藏秩父駒牽、 本朝世紀

入道前左大臣正二位仲平薨ズ、日本紀略　本朝世紀
公卿補任　朝野群載　山門堂舍記　閫中抄　大鏡　今昔物語　法華驗記　大和物語　伊勢集　拾芥抄　江談抄　後撰和歌集

七日、故前左大臣仲平ヲ葬ル、本朝世紀　日本紀略

九日、信濃駒牽、本朝世紀

十一日、伊勢例幣、本朝世紀　園太曆

十六日、豐受宮遷宮延引ス、西宮記

十九日、度緣請印、本朝世紀

廿一日、甲斐眞衣野柏前駒牽、本朝世紀　西宮記　北山抄

廿八日、史生奈癸元護等ヲシテ、撰國史所ニ候セシム、類聚符宣抄

廿九日、醍醐天皇國忌、本朝世紀

十月 大 甲子朔 盡

一日、旬儀、本朝世紀　西宮記

四日、左中辨小野好古ヲ大宰大貳ニ任ズ、公卿補任

修理少屬小槻茂助ヲ、算得業生大藏師傅等ノ試問博士ト爲ス、本朝世紀　類聚符宣抄

九日、左史生ヲ以テ官掌代ト爲ス、本朝世紀

十三日、除目議始、本朝世紀

十五日、除目、本朝世紀

十九日、直物、本朝世紀

二十日、武藏駒牽、本朝世紀

廿二日、故左大臣仲平ノ四十九日法會ヲ極樂寺ニ修ス、本朝世紀

廿五日、直物、本朝世紀

廿七日、宮內省ニ死穢アリ、本朝世紀

廿八日、穢疑ニ依リテ御卜ヲ行ハシム、西宮記

廿九日、擬文書生試アリ、本朝世紀

三十日、石清水ニ於テ、最勝王經長講ヲ修ス、日本紀略　石清水文書

十一月 小 甲午朔 盡

一日、旬儀、御曆奏、本朝世紀　北山抄

二日、信濃望月駒牽、本朝世紀

三日、春日平野等祭、本朝世紀
五日、右大臣實頼ノ女述子東宮ニ入ル、一代要記
十日、省試ノ判アリ、本朝世紀
十七日、園韓神祭停止、并ニ鎭魂祭延引、及ビ他司ニ於テ行フノ例ヲ勘ヘシム、本朝世紀
十九日、大原野祭、本朝世紀
廿一日、神祇官ニ於テ、鎭魂祭ヲ行フ、本朝世紀 年中行事抄
廿二日、新嘗祭、本朝世紀
廿四日、神祇官ニ於テ、東宮鎭魂祭ヲ行フ、本朝世紀
廿五日、右大臣實頼等ヲ任官ス、公卿補任 本朝世紀
廿七日、菅原茂忠、大納言藤原師輔ノ第ニ於テ頓死ス、本朝世紀
廿八日、賀茂臨時祭、本朝世紀
廿九日、右大臣實頼ヲ藏人所別當ト爲ス、台記
是月、犬、死人ヲ陽成院内ニ咋ヘ入ル、拾芥抄

十二月大盡 癸亥朔

二日、天變ニ依リテ、赦ヲ行フノ例ヲ勘ヘシム、本朝世紀
四日、天台座主義海ヲシテ、熾盛光法ヲ修セシム、天台座主記
五日、郡司讀奏、是日、縫殿寮ニ產ノ穢アリ、本朝世紀
七日、位記請印、是日、天變ニ依リテ、赦ヲ行フ、日本紀略 本朝世紀
九日、豐受宮遷宮ノ雜例ヲ勘進セシム、本朝世紀
十日、御體御卜奏、穢ニ依リテ内侍所ニ付ス、是日、豐受宮遷宮ノ雜事ヲ定メ、學生藤原國章等省試ニ及第ス、本朝世紀
十日、月次祭、神今食、本朝世紀 西宮記
十三日、荷前定ヲ延引ス、伊勢神寶使ヲ發ス、日本紀略 西宮記 中右記 新儀式 大神宮例文 樗嚢抄
十四日、荷前定、樗嚢抄
十六日、右大臣實頼ヲ數所別當ニ補ス、小右記
十九日、郡司ヲ任ズ、是日、故保明親王妃正五位下

藤原仁善子卒ス、本朝世紀　一代要記
二十日、荷前、本朝世紀
廿三日、光仁天皇國忌、本朝世紀
廿七日、侍從源自明ヲ右兵衛督ニ任ズ、公卿補任
廿九日、僧綱ヲ任ズ、明年ノ朝賀ヲ停ム、本朝世紀　東寺長者補任　御質抄　仁和寺御傳　天台座主記　扶桑略記
三十日、大祓、追儺アリ、本朝世紀
是歳、賀茂行幸、西宮記
東大寺別當寛救還任ス、東大寺別當次第
僧延昌、補多樂寺ヲ建ツ、門葉記

天慶九年

正月小癸巳朔盡

一日、小朝拜、節會、日本紀略
七日、右大臣實賴等ヲ加階ス、公卿補任
八日、御齋會始、日本紀略　西宮記
十一日、卯杖ヲ上ル、西宮記
十四日、御齋會竟ル、內論義、眞言院御修法、日本紀略　永治二年眞言院御修法記
十六日、踏歌節會、日本紀略　兵範記　北山抄
十七日、射禮、日本紀略　西宮記　北山抄
十八日、賭弓、日本紀略　西宮記
廿一日、內宴ヲ停ム、日本紀略
廿二日、觸穢ニ依リテ、祈年祭等ヲ延引セシム　日本紀略
廿四日、諸衛、及ビ帶刀ノ射ヲ覽給フ、日本紀略　西宮記　北山抄
廿六日、天台座主義海、御修法ノ間、病ヲ受ク、台座主記

二月大壬戌朔盡

一日、日食、日本紀略
三日、除目、日本紀略
四日、祈年祭、穢ニ依リテ延引ス、日本紀略
六日、釋奠、穢ニ依リテ延引ス、日本紀略
八日、地震、日本紀略
十一日、列見、日本紀略

十二日、殿上賭弓、西宮抄

十四日、直物、日本紀略

十六日、釋奠、日本紀略

十七日、賭弓、負態アリ、西宮抄

十八日、大原野祭、日本紀略

十九日、祈年祭、日本紀略

二十日、神位記請印、日本紀略

比叡山ノ僧徒ヲシテ、仁王會ヲ修シテ、物怪ヲ禳ハシム、朝野群載

廿三日、春日祭、日本紀略

廿五日、大風、日本紀略

三月小 壬辰朔 盡

三日、御燈、日本紀略

四日、神位記請印、日本紀略

權律師恩訓寂ス、日本紀略

八日、季御讀經僧名、幷ニ日時定、小右記

十五日、御修法、日本紀略

二十日、季御讀經、日本紀略

四月小 辛酉朔 盡

四日、廣瀬龍田祭、日本紀略

七日、擬階奏、是日、大神祭アリ、日本紀略 西宮記

豐受宮禰宜等、神主姓闕ク德世等ノ遠近四至ノ地ニ居住領作スルコトヲ禁ゼラレント請フ、皇字沙汰文

八日、灌佛、日本紀略

十二日、平野祭、日本紀略

十九日、固關、日本紀略 北山抄

御讓位ノ由ヲ所司ニ仰ス、北山抄

近江權大掾大江重光ニ方略宣旨ヲ下ス、類聚符宣抄

二十日、御讓位アラセラル、日本紀略 皇年代略記 大鏡

御製、後撰和歌集 新古今和歌集 新千載和歌集

當代國忌、江次抄第

藤氏大史ヲ、大原野祭辨代ト爲ス、山槐記

筑前宗像宮ニ菩薩位ヲ授ケ、宮司職ヲ置ク、　類聚符宣抄　宗像大宮司次第

筑後斯禮賀志命神ニ借從四位上ヲ授ク、　高良社文書

播磨稻根社ヲ改造ス、　峯相記

市志縣主等、伊勢星合神社ノ地ヲ侵奪ス、　伊勢星合神社記

新延命院ヲ比叡山ニ建ツ、　叡岳要記　山門堂舎記

御願堂ヲ法性寺ニ建ツ、　九暦

僧慈信、中山寺ヲ建ツ、　一代要記　元亨釋書

公卿等、女房ニ付シテ御下襲ヲ請フ、　江談抄

除目ノ時、殿上ノ辨藏人等公卿ヲ召ス儀ヲ改ム、　魚魯愚別錄

行幸ノ期ニ臨ミテ、檢非違使ヲ補ス、　天延二年記

日觀集成ル、　朝野群載

内藏大允清原深養父、　勅撰作者部類　古今和歌集目錄　中古三十六人歌仙傳　拾芥抄　平家物語　門葉記　古今和歌集

肥前守源浮、　勅撰作者部類　嵯峨源氏系圖　後撰和歌集

宮内卿藤原元善、　勅撰作者部類　尊卑分脈　後撰和歌集

少納言藤原治方、　勅撰作者部類　尊卑分脈　後撰和歌集

右京亮宮道高風、　勅撰作者部類　後撰和歌集

鎭守府將軍藤原秀鄉、　尊卑分脈　蒲生系圖　日本紀略　吾妻鏡　源平盛衰記　和漢合圖　將門記　百練抄　太平記　壒嚢抄　宗牧東國紀行

清原滋藤、　江談抄　扶桑集　和漢朗詠集

右兵衛督源仲宣、　勅撰作者部類　源氏系圖　後撰和歌集

伊勢權守藤原有文、　勅撰作者部類　尊卑分脈　後撰和歌集

修理權亮藤原守正、　勅撰作者部類　尊卑分脈　後撰和歌集

右兵衛大尉藤原爲世、　勅撰作者部類　尊卑分脈　後撰和歌集

散位平良文、幷ニ源充、　尊卑分脈　源氏系圖　今昔物語集

大法師戒撰、　東大寺別當次第　大和物語　貫之集

法性寺座主辨日、　天台座主記　僧官補任　慈覺智證兩門徒確執記

僧光空、　法華驗記

但馬守源弼女大輔、　古今和歌集目錄　大鏡裏書　大鏡　後撰

和歌集　玉葉和歌集
半物八重、今昔物語
后妃幷ニ皇女、愚管抄

村上天皇

天慶九年

四月小盡　辛酉朔

二十日、受禪アラセラル、踐祚部類抄　北山抄　西宮記　權記　代始和抄

廿二日、卽位ノ由ヲ諸社ニ告ゲ、齋王ヲ改メザル由ヲ賀茂社ニ告グ、是日、綾綺殿ニ移ラセ給フ、小右記　北山抄　皇代略記　踐祚部類抄

廿三日、齋院婉子内親王御禊、是日、近江固關使覆奏アリ、權記　年中行事祕抄　北山抄

廿五日、賀茂祭、年中行事祕抄

廿六日、卽位ノ由ヲ山陵ニ告グ、是日、先帝ニ太上天皇ノ尊號ヲ上リ、皇太后穩子ヲ太皇太后ト爲ス、伊勢固關使覆奏アリ、日本紀略　類聚符宣抄　小右記　北山抄　拾芥抄

修理大夫平隨時ヲ藏人頭ニ補ス、公卿補任　職事補任

廿八日、卽位アラセラル、歷代編年集成　天祚禮祀職掌錄　北山抄

正三位藤原師輔ヲ從二位ニ敍シ、正四位下源高明ヲ從三位ニ敍ス、公卿補任

是月、御琴ヲ後涼殿納殿ニ納ム、拾芥抄

五月大盡　庚寅朔

一日、開關解陣、北山抄

詔書ヲ諸司諸國ニ頒チ下シテ、尊號ノコトヲ告グ、是日、朱雀上皇、尊號ヲ辭シ給フ、類聚符宣抄　日本紀略

三日、上皇、重ネテ尊號ヲ辭シ給フ、是日、史生丈部正茂ヲシテ位記ヲ書セシム、日本紀略　類聚符宣抄　小右記

四日、右大臣實賴ヲ藏人所別當ニ補ス、公卿補任

五日、康子内親王ヲ一品ニ敍ス、一代要記　大鏡裏書

十日、天台座主少僧都義海寂ス、歷代皇記　天台座主

記　同裏書　石清水祠官系圖　四大寺傳記

十一日、右衛門府、卽位ノ日會昌門ヲ開カザルノ故ヲ以テ過狀ヲ進ム、　政事要略

二十日、陰陽寮ヲシテ、齋宮卜定ノ日ヲ勘セシム、　北山抄

太政大臣忠平ヲ舊ノ如ク關白ト爲シ、三宮ニ准シ、隨身兵仗ヲ賜フ、　公卿補任　扶桑略記

廿七日、英子內親王ヲ齋宮トナシ、藤原安子ヲ女御トナス、　一代要記　北山抄　江次第　類聚符宣抄　大鏡裏書

是月、從四位下延光王ニ源朝臣ノ姓ヲ賜フ。　公卿補任

六月小 庚申朔盡

廿一日、萬機旬、　西宮記　北山抄　園太曆

廿三日、阿波、甘露降ル由ヲ奏ス、　清愼公記　西宮記裏書

七月大 己丑朔盡

十日、朱雀上皇、太皇太后、朱雀院ニ移リ給フ、　日本紀略　御產部類記

廿六日、相撲內取、　西宮記裏書

廿八日、相撲召合、　日本紀略　西宮記裏書　北山抄

廿九日、追相撲、　日本紀略　西宮記裏書

八月小 己未朔盡

六日、下總守菅原名明ヲシテ、押領使ヲ兼ネシム、　朝野群載

七日、右衛門府ヲシテ、贖銅ヲ徵納セシム　政事要略

八日、太政官史生大石忠利ニ、主基所主典代奉仕ノ上日ヲ給ス、　類聚符宣抄

九日、季御讀經アリ、是日、釋奠、　西宮記裏書　北山抄　江次第

十二日、右大將藤原師輔、相撲還饗ヲ行フ、　西宮記裏書

十三日、伊勢使發遣ヲ停ム、　政事要略

十四日、定考、　政事要略　西宮記

十七日、朱雀院ニ朝覲行幸アラセラル、　日本紀略　御遊抄　西宮記

甲斐穗坂駒牽、北山抄

九月大盡 戊子朔

三日、穢ニ依リテ、御燈ヲ停ム、江次第 北山抄 山槐記

四日、關白忠平、上表ス、本朝文粹

五日、諸國不堪佃田ヲ定ム、政事要略

十日、詔シテ、藏人中原助信ノ宿直衣ヲ裂カシム、源語祕訣

十五日、文章博士菅原在躬ヲ近江權大掾大江重光方略ノ試問博士ト爲ス、類聚符宣抄

十六日、律師壹定東寺灌頂ヲ行フ、東要記

英子內親王薨ズ、一代要記、皇胤系圖 日本紀略

十九日、一分召宣旨ヲ下ス、是日、朱雀上皇、齋宮ノ薨去ニ依リテ御服ノコトヲ諮ハセ給フ、西宮記裏書

二十日、大嘗祭御禊裝束司等ヲ補ス、公卿補任 北山抄 小右記

泊瀨山與喜明神影向ノコトアリ、和漢合運曆 菅神初瀨山影向記

十月大盡 戊午朔

二十日、御衰日ニ依リテ、諸陵寮、竝ニ淡路ノ怪異ノ文ヲ奏セズ、北山抄

廿七日、大嘗祭御禊召仰、北山抄

廿八日、大嘗祭御禊、皇代略記 一代要記 大嘗會御禊事記 大嘗會御禊日例 北山抄

十一月小盡 戊子朔

六日、大嘗祭ヲ行フベキ由ヲ伊勢神宮ニ告グ、北山抄

十日、三省、位祿目錄ヲ奏ス、清愼公記

十一日、少納言外記ノ上日ヲ奏セシム、類聚符宣抄

十五日、神祇官ニ於テ鎭魂祭ヲ行フ、北山抄

十六日、大嘗祭、歷代編年集成 北山抄 玉葉和歌集

十七日、辰日節會、北山抄

十八日、巳日節會、北山抄 御遊抄 續千載和歌集 新千載和歌集

十九日、參議正四位下源兼明ヲ從三位ニ敍シ、參議從四位下藤原師尹ヲ從四位上ニ敍ス、公卿補任

北山抄

廿四日、女王祿、 西宮記裏書

十二月大丁巳朔盡

三日、朱雀上皇、宇治院ニ御幸アラセラル、 日本紀略

七日、太宰府管内ノ諸國ニ命ジテ、調庸租税ノ妨ヲナスモノヲ捕ヘシム、 政事要略

十九日、右近衞權中將源雅信等ノ位祿符ノ誤ヲ正サシム、 清愼公記

廿一日、史生槻本忠茂、悠紀細工所ノ間、上日ヲ給ス、 類聚符宣抄

廿六日、朱雀院御佛名、是日、藤原述子ヲ女御ト爲ス、 日本紀略 朝忠卿集 大鏡裏書 一代要記

五僧ヲ延暦寺隨自意堂ニ置ク、 叡岳要記

三十日、權律師延昌ヲ天台座主ニ補ス、 扶桑略記 天台座主記 朝野群載

是月、敦實親王ニ舊ニ依リテ輦車ヲ聽ルス、 西宮記

是歳、宇佐使ヲ發遣ス、 西宮記 北山抄

監子女王ヲ從三位ニ敍ス、 新儀式

長谷寺ヲ再興ス、 神皇正統錄

木工權頭從五位上紀貫之卒ス、 勅撰作者部類 紀氏系圖 仙源抄 古今和歌集抄 古今和歌集目錄 貫之集 續古今和歌集 今昔物語 後撰和歌集 袋草紙 新撰和歌集 拾芥抄 無名抄 古今和歌集 俊祕抄 宇治拾遺物語 左經記 大鏡

天暦元年

正月大丁亥朔盡

一日、朝賀、節會、 日本紀略 九暦 西宮記 北山抄

二日、院拜禮、 日本紀略 九暦

太皇太后大饗、 日本紀略 九暦 花鳥餘情

四日、朱雀院ニ朝覲行幸アラセラル、 日本紀略 花鳥餘情 御遊抄 西宮記

七日、白馬節會、是日、敍位ヲ停ム、 日本紀略

八日、御齋會、 日本紀略

九日、朱雀院ニ行幸アラセラル、是日、太宰大貳小野好古赴任スルニ依リテ、餞ヲ賜フ、 日本紀略 公卿補任

十二日、太政大臣忠平ノ疾ニ依リテ大饗ヲ停ム、
日本紀略
十四日、御物忌ニ依リテ、御齋會內論義ヲ停ム、
日本紀略
十五日、兵部省手結、九暦
十六日、踏歌節會、日本紀略
十七日、射禮、日本紀略
十八日、賭弓、日本紀略
二十日、太政大臣忠平ノ疾ニ依リテ內宴ヲ停ム、
九暦
廿二日、雷雨、日本紀略
廿三日、內宴、日本紀略　九暦　北山抄　類聚句題抄　續教訓
抄　御遊抄　古今著聞集　河海抄
廿五日、政始、除目召仰、是日、朱雀上皇、九條殿ニ
御幸アラセラル、日本紀略
廿六日、除目、是日、朱雀上皇、大原野ニ御幸アラ
セラル、日本紀略　魚魯愚別錄
廿七日、戈星見ル、日本紀略

二月小盡丁巳朔

一日、釋奠、日本紀略　北山抄
三日、地震、是日、鹿右馬寮ニ入ル、日本紀略
四日、祈年祭、春日祭、是日、犬、死人ノ頭ヲ左近衞
府ニ咋ヒ入ル、日本紀略　康富記
九日、園韓神祭、日本紀略
權律師壹定寂ス、醍醐報恩院血脈　東寺長者補任　密宗血脈
抄
十一日、大原野祭、列見、日本紀略　西宮抄
十四日、伯耆、藤原是助等ガ濫行ヲ奏ス、是日、天
台座主延昌、內裏ニ於テ、修法ヲ始ム、日本紀略
十六日、直物、是日、符ヲ伯耆因幡出雲美作ノ四國
ニ下シ、遠江守平統理ノ任符ニ請印セシム、日本
紀略　類聚符宣抄
十七日、內裏觸穢、日本紀略
女御藤原安子、父大納言師輔ノ四十ノ賀ヲ爲ス、
九暦
十八日、陸奥ニ令シテ、鎮守府將軍平貞盛ノ使姓闕

ヲ並茂等ノ殺害ノコトヲ勘糺セシム、日本紀略

廿五日、朱雀上皇、北野ニ御幸アラセラル、九暦

廿六日、悦子女王ヲ齋宮トナス、是日、群盜賀茂齋院ニ入ル、日本紀略　一代要記　大神宮例文

廿七日、服御常膳ヲ減ズ、日本紀略

廿八日、齋宮卜定ノ由ヲ神宮ニ告グ、日本紀略

阿闍梨春幽寂ス、法琳寺別當補任

三月大 丙戌朔盡

三日、御燈、是日、御馬ヲ朱雀上皇ニ獻セラル、日本紀略

四日、神位記ニ請印ス、日本紀略

五日、大仁王會、並ニ季御讀經日時僧名ヲ定ム、日本紀略

八日、行幸ヲ諸司ニ召シ仰ス、是日、大仁王會行事始、日本紀略

九日、朱雀院ニ行幸アラセラル、日本紀略　花鳥餘情

十日、桓武天皇皇后乙牟漏國忌、日本紀略

十一日、服御常膳ヲ減ズルノ詔ヲ覆奏シ、伯耆ノ解文ヲ奏ス、日本紀略

十二日、故右大臣道眞ノ靈、託宣ノコトアリ、菅家傳記　天滿宮託宣記

十五日、朱雀院ニ行幸アラセラル、日本紀略　九暦　花鳥餘情　本朝文粹　近衞文書

十七日、桓武天皇國忌、日本紀略

二十日、朱雀上皇、西河ニ御幸アラセラル、日本紀略

廿一日、仁明天皇國忌、是日、季御讀經ヲ始ム、日本紀略

廿六日、陽成上皇、延暦寺安樂院ニ於テ、金光明經ヲ供養アラセラル、日本紀略

廿七日、位祿定、日本紀略

廿八日、朱雀上皇、延暦寺講堂ニ於テ、法會ヲ修セシメラル、日本紀略　本朝文粹

廿九日、太政官、舊ニ依リテ五位以上ノ封祿ヲ減ゼンコトヲ請フ、是日、殿上賭弓、日本紀略

三十日、朱雀院弓結、 日本紀略

四月小盡 丙辰朔

一日、旬、 日本紀略 北山抄

三日、前伯耆守姓缺忠明、賀茂峯助ヲ殺害セル罪ヲ定ム、 日本紀略

四日、廣瀬龍田祭、 日本紀略

五日、平野祭、 日本紀略

六日、地震、是日、詔書論奏ニ依リテ官符ヲ下ス、 日本紀略

七日、成選短册ヲ奏シ、賀茂祭御禊前駈ヲ定ム、 日本紀略

八日、灌佛、 日本紀略

十日、盜、兵庫寮ニ入ル、 日本紀略

十二日、雜事具セザルニ依リテ、齋院ノ禊日ヲ改ム、 小野宮年中行事

十三日、法性寺北野僧房火アリ、 日本紀略

十五日、太皇太后ノ御疾ニ依リテ、朱雀院ニ行幸アラセラル、是日、齋院御禊ヲ延引ス、 日本紀略

太政大臣忠平馬ヲ獻ズ、 西宮記

十六日、齋院婉子内親王御禊、是日、賀茂祭警固召仰アリ、大仁王會僧名ヲ定ム、 日本紀略 西宮記 台記

十七日 大神寶使ヲ定ム、 日本紀略

十八日、賀茂祭、 日本紀略

十九日、大神寶符ニ請印ス、 日本紀略

二十日、大神寶使ヲ發遣ス、 日本紀略 九暦 北山抄 西宮記

廿一日、霜降ル、是日、仁王會ノ勅使ヲ發遣ス、 日本紀略 北山抄

廿二日、天暦ト改元ス、 日本紀略 改元部類 永昌記 元祕別錄 三長記 江吏部集

廿三日、朱雀上皇、醍醐寺ニ御幸アラセラル、 日本紀略 九暦

廿五日、大仁王會、 日本紀略 西宮記

廿六日、右大臣實賴ヲ左大臣ニ、大納言師輔ヲ右大臣ニ任ズ、師輔大饗ヲ行フ、 日本紀略 扶桑略記 公

卿補任　西宮抄　九曆　官職祕抄　初任大臣大饗雜例　御遊抄

廿七日、朱雀院季御讀經、是日、勸學院學生、右大臣師輔ヲ賀ス、　日本紀略

五月小盡　乙酉朔

二日、位記請印、改元詔書覆奏アリ、是日、參議小野好古ヲシテ太宰大貳ヲ兼ネシム、　日本紀略　公卿補任

三日、朱雀院主典代等ヲ補ス、　日本紀略

四日、右大臣師輔等着座ス、　日本紀略

六日、右近衞府手結、　九曆

八日、興福寺僧徒、右大臣師輔ノ任官ヲ賀ス、是日、朱雀上皇騎射競馬ヲ覽給フ、　日本紀略

九日、位記請印アリ、是日、右大臣師輔ニ昇殿ヲ聽ス、　日本紀略　九曆

十一日、鬪亂ニ依リテ、左兵衞府ノ手結ヲ停ム、　日本紀略

十四日、右大臣師輔上表ス、是日、延曆寺僧徒師輔ノ任官ヲ賀ス、　日本紀略

十五日、內裏御修法、是日、右大臣師輔ノ上表ヲ返付ス、　日本紀略

十六日、左大臣實賴著陣ス、　日本紀略

十八日、左右馬寮ノ御馬ヲ覽給フ、　日本紀略

廿一日、權中納言源高明ノ室藤原氏卒ス、　朝野群載　勅撰和歌作者部類　後拾遺和歌集

廿二日、律師明達ニ度者ヲ賜フ、　日本紀略

廿五日、官符ヲ近江ニ下シテ延曆寺延命院ノ佛僧供ヲ充テシム、　叡岳要記

廿六日、成選位記ヲ給フ、　日本紀略

廿八日、僧勢祐ヲ維摩會講師ニ補ス、　日本紀略　二中歷

六月大盡　甲寅朔

一日、左衞門醫師菅原爲名ヲシテ、醫學生ヲ課試セシム、　日本紀略　類聚符宣抄

四日、除目議、　日本紀略

六日、中納言源清蔭等ヲシテ、按察使以下ヲ兼ネシム、公卿補任

九日、朱雀上皇、鷹犬ヲ獻ゼラル、日本紀略

比良社禰宜良種等、故右大臣道眞ノ祠ヲ北野ニ建ツ、年中行事抄 荏柄天神縁起

十日、御體御卜、日本紀略

十一日、神今食、日本紀略

十二日、祈年穀奉幣ヲ定ム、日本紀略

十三日、二條院ヲ修理ス、日本紀略

十五日、賑給定、是日、朱雀上皇、二條院ニ御幸アラセラル、日本紀略

十七日、諸社ニ奉幣シテ止雨ヲ祈ル、日本紀略

二十日、直物、尋デ防鴨河使ヲ補ス、是日、臨時御讀經日時、幷ニ齋宮諸司等ヲ勘ヘシム、日本紀略

廿一日、御讀經日時ヲ定ム、日本紀略

廿二日、諸國司ノ申請セル雜事ヲ定ム、是日、霖雨ノ災ヲ禳ハンガタメ、囚徒ヲ免ズ、日本紀略

廿五日、穢ニ依リテ、八十島祭、廣瀨龍田祭ヲ停ム、日本紀略 西宮記

廿六日、參議正四位下藤原忠文薨ズ、日本紀略 尊卑分脈 公卿補任 江談抄 吾妻鏡 吉記 本朝世紀 今昔物語 本朝麗藻 拾芥抄 古事談 源平盛衰記 歷代編年集成

廿七日、朱雀上皇、松崎川ニ祓禊シ給フ、日本紀略

廿八日、穢ニ依リテ、廣瀨龍田祭ノ日ヲ改定ス、右經記

廿九日、宮中、十五大寺、諸社ニ臨時御讀經ヲ行フ、是日、左政舍ヲ以テ檢非違使廳トナス、日本紀略 政事要略

三十日、節折、贈皇太后藤原胤子國忌、日本紀略 江次第

是月、疱瘡多ク發ス、日本紀略 類聚符宣抄

七月小盡 甲申朔

一日、鷺、豐樂殿ニ集ル、日本紀略

二日、臨時御讀經結願、日本紀略 西宮記 江次第

四日、大風屋舍ヲ壞ル、是日、穢ニ依リ廣瀨龍田祭

ヲ停ム、 日本紀略
五日、造輪田泊使ヲ定ム、 日本紀略
七日、七夕曲宴、 玉葉集
八日、權中納言源高明、室盡七日ノ忌辰法會ヲ極樂寺ニ修ス、 日本紀略 朝野群載
九日、廣瀬龍田祭ヲ追行ス、是日、伊勢神宮以下十社ニ奉幣ス、 日本紀略
十日、賑給奏、 日本紀略
十一日、右大臣師輔、第二度上表ス、 日本紀略
普子内親王薨ズ、 日本紀略 本朝皇胤紹運錄 一代要記
十二日、内裡御修法、 日本紀略
十四日、右大臣師輔ノ上表ヲ返付ス、是日、八十島祭ノ日時ヲ勘申セシム、 日本紀略
十五日、月食、是日、朱雀上皇、二條院ニ御幸アラセラル、 日本紀略
十六日、官奏、相撲召仰、 日本紀略
十七日、内裏穢觸、 日本紀略

十八日、諸衛舍人等ノ鬪爭ヲ停ム、 日本紀略
廿一日、美濃國解文ヲ定ム、 日本紀略
醍醐天皇女御源和子薨ズ、 日本紀略 三代實錄 一代要記 花鳥餘情 本朝皇胤紹運錄
廿三日、驚怪ニ依リテ、御讀經ヲ行フ、是日、中納言源清蔭、陽成上皇八十ノ御賀ニ功德ヲ修ス、 日本紀略
普子内親王薨奏、又相撲ノ日ヲ改定ス、 西宮記
廿五日、相撲手番ヲ奏ス、 日本紀略
廿六日、相撲内取、 日本紀略
廿七日、右大將師輔着座ス、 九暦 日本紀略 兵範記
廿九日、相撲召合、 日本紀略 西宮抄 樗嚢抄

閏七月小 癸丑朔 盡

一日、拔出追相撲、 日本紀略 北山抄
十日、左相撲還饗、 九暦
十一日、左少辨姓闕ク在躬ヲ召シテ策判諸儒ト同カラザル由ヲ問フ、 日本紀略

十二日、右相撲還饗、 九暦

十三日、仁王會大祓、復任除目、是日、殿上犬ノ怪アリ、 日本紀略 樗嚢抄 本朝世紀

十六日、五畿內近江丹波等ノ調庸租稅ヲ姧遁スル輩ヲ禁斷セシム、 政事要略

大中臣好香ヲ鹿島神宮々司ニ補ス、 類聚符宣抄

十七日、仁王會呪願文草ヲ奏ス、 九暦

十八日、殿上犬ノ怪ニ依リテ、御占アリ、 日本紀略

十九日、大風、是日、臨時仁王會アリ、 日本紀略

二十日、侍從姓闕ク重光及第ス、 九暦

廿二日、藤原輔子、同等子ヲ掌侍ニ任ズ、是日、朱雀上皇大井河ニ御幸アラセラル、 日本紀略

廿三日、諸國調庸ノ精好ヲ選ビ合期進納セシム、是日、右衞門權佐藤原成國等ヲ勘問ス、 政事要略 日本紀略

廿五日、直物、 日本紀略

廿六日、物部棟業等、最手ニ立ツノ後番長ニ任ズルノ例ヲ勘セシム、 小野宮年中行事

廿七日、朱雀上皇、二條院竝ニ北野ニ御幸アラセラル、 日本紀略

左大臣實頼、書ヲ呉越王ニ報ス、 歷代編年集成 本朝文粋

廿九日、右大臣師輔、職封ヲ減ゼンコトヲ請フ、 本朝文粹

八月大盡 壬午朔

二日、豐前守橘仲遠ノ赴任ニ依リテ、物ヲ賜フ、 日本紀略

五日、中納言藤原元方ニ、民部卿ヲ兼ネシム、出羽介平齊章ニ傔仗ヲ賜フ、 公卿補任 日本紀略

六日、釋奠、 日本紀略

七日、內論義、是日、鷺、南殿ニ集ル、 日本紀略

八日、殿庭草花ヲ覽給フ、 日本紀略

九日、季御讀經、 日本紀略

十一日、定考、 日本紀略 西宮記 政事要略 左經記

十三日、放生會以前ニ使廳ノ政ヲ行フ、政事要略
十四日、疱瘡ニ依リテ、鬼氣祭ヲ修ス、日本紀略
十五日、大祓、日本紀略
十六日、信濃駒牽、日本紀略
十七日、天皇、朱雀上皇御疱瘡、是日、諸國ニ令シテ諸社ニ奉幣讀經シテ疱瘡ヲ禳除セシム、日本紀略
十八日、仁壽殿御讀經、日本紀略
十九日、賑給、日本紀略
廿一日、朱雀院、及ビ內裏觸穢、日本紀略
廿五日、齋宮御禊ノ日時ヲ定ム、日本紀略　園太曆
廿六日、光孝天皇國忌、日本紀略
廿七日、武藏小野駒牽、日本紀略
廿九日、上野駒牽、日本紀略　西宮記　政事要略
三十日、臨時御讀經ノ日時ヲ定ム、日本紀略

九月大盡 壬子朔

三日、御燈、日本紀略
四日、甲斐穗坂駒牽、日本紀略　政事要略
五日、疱瘡ニ依リテ大赦ヲ行フ、是日、勸學院ノ椎樹、故無クシテ折ル、日本紀略　政事要略
七日、紫宸綾綺兩殿ニ於テ、仁王經ヲ轉讀セシメ、疱瘡ノ災ヲ禳ハシム、日本紀略
十日、月次祭ヲ停メ、齋宮御禊御前ヲ定ム、日本紀略　園太曆
十一日、大祓、日本紀略
十五日、祭主大中臣頼基ヲシテ、天變竝ニ兵革ノ災ヲ禳ハシム、日本紀略
十七日、詔書覆奏、日本紀略
廿二日、使部定考、日本紀略
廿三日、奉幣、竝ニ八十島祭ノ日時ヲ定ム、日本紀略
廿五日、齋宮悅子女王御禊、日本紀略
廿九日、醍醐天皇國忌、日本紀略

十月小盡 壬午朔

一日、旬平座、日本紀略　北山抄
三日、諸社ニ奉幣シテ、病ヲ祈禳シ、囚徒ヲ免ズ、日本紀略

五日、女御藤原述子卒ス、 日本紀略　歷代編年集成　一代要記　大鏡裏書　榮華物語　拾遺和歌集　續後撰和歌集　續古今和歌集

九日、八十島祭穢ニ依リテ延引ス、 日本紀略

十三日、內裏御修法、是日、故女御藤原述子ニ從四位上ヲ贈ル、 日本紀略

十七日、右大臣師輔、始メテ官奏ニ候ス、 日本紀略

十八日、極樂寺菊會、 日本紀略

廿一日、法性寺御八講、 日本紀略

廿二日、旬、 西宮記

廿三日、不堪田奏、除目、 日本紀略　西宮記

廿六日、朱雀上皇、御馬ヲ御覽ゼラル、 日本紀略

廿七日、撿非違使、及ビ諸司、所々別當ヲ定ム、 日本紀略

十一月 大盡 辛亥朔

一日、御曆奏、是日、險約ノ事ヲ定ム、 日本紀略

三日、朱雀上皇、栗栖野ニ遊獵アラセラル、 日本紀略　花鳥餘情

四日、神位記ニ請印ス、 日本紀略

五日、郡司讀奏、 日本紀略

十日、平野祭、春日祭、 日本紀略

十一日、雜物價ヲ定ム、 日本紀略

十三日、列見、定考、竝ニ諸祭使饗祿等ノ過差ヲ禁ジ、又衣服ノ過差ヲ禁ズ、 政事要略　日本紀略

十四日、大原野祭、 日本紀略

十六日、鎭魂祭、 日本紀略

十七日、新嘗祭、 日本紀略

左少將正五位下藤原敦敏卒ス、 日本紀略　尊卑分脈　職事補任　勅撰和歌作者部類　後撰和歌集　榮華物語

十八日、豐明節會、 日本紀略　政事要略　體源抄

二十日、太皇太后、天皇ノ御爲ニ不動ノ像ヲ造リ、御修法ヲ行ハシメラル、是日、左大臣實賴、故女御述子盡七日佛事ヲ修ス、 日本紀略

廿三日、賀茂臨時祭、穢ニ依リ延引ス、 日本紀略

廿四日、八十島祭、穢ニ依リ延引ス、 日本紀略

廿六日、郡司ヲ任ズ、 日本紀略 北山抄
廿七日、賀茂臨時祭、 日本紀略
廿八日、朱雀院ニ行幸アラセラル、是日、八十島祭使ヲ發遣ス、 日本紀略 江次第
三十日、八十島祭、弓場始、 九暦

十二月★盡 辛丑朔

一日、官奏、 日本紀略
三日、天智天皇國忌、 日本紀略
五日、神位記ニ請印ス、是日、三箇國交替使返事ヲ奏ス、 日本紀略 西宮記
七日、荷前使ヲ定ム、是日、登省學生宣旨ヲ下ス、 日本紀略
八日、元日侍從定、省試、 小野宮年中行事 日本紀略
九日、朱雀上皇鶏ヲ御覧ゼラル、 日本紀略
十日、御體御卜、 日本紀略
十一日、神今食、 日本紀略 西宮記
十三日、明年朝拜ノ事ヲ定ム、是日、荷前使ヲ闕怠セル侍從等ヲ科責セシム、 日本紀略 類聚符宣抄
十四日、康子内親王參内アラセラル、 日本紀略
十六日、荷前、 日本紀略
十九日、内裏穢アリ、 樗嚢抄
二十日、御佛名、是日、荷前使闕怠ニ依リテ次侍從景行王等ノ職ヲ解却ス、 日本紀略 西宮記 樗嚢抄 類聚符宣抄
廿一日、位記ニ請印ス、 日本紀略
廿二日、朱雀院御佛名、 日本紀略
廿三日、光仁天皇國忌、 日本紀略
廿五日、讃岐介彥眞宿禰等ノ事ヲ定ム、 日本紀略
廿六日、親王ノ諸節會ニ參ズル刻限ヲ定ム、是日、左大臣藤原實頼上表ス、 年中行事祕抄 日本紀略
上野太守國康親王、陽成上皇ノ八十ノ壽算ヲ賀セラル、 日本紀略
廿八日、美作國司、任中ノ出擧ヲ減省センコトヲ請フ、是日、釆女ヲ補ス、 西宮記 類聚符宣抄
三十日、追儺、大祓、 日本紀略 樗嚢抄

是歳、春日社ニ於テ、始メテ二季八講ヲ修ス、春日小社記

東大寺尊勝院ヲ建ツ、東大寺要錄

右相撲額田時茂ヲ勘糺セシム、北山抄

伊賀守從五位下藤原保方卒ス、尊卑分脈

天暦二年

正月大盡 辛亥朔

一日、節會、是日、朝賀、小朝拜院拜禮ヲ停メ、御藥ヲ供セズ、西宮記 日本紀略

二日、太皇太后大饗、日本紀略 九暦

三日、朝覲行幸、日本紀略 御遊抄

五日、卯杖ヲ上ル、日本紀略

右大臣師輔、大饗ヲ行フ、日本紀略 九暦 北山抄 西宮記

六日、敍位議、日本紀略

七日、白馬節會、加敍、日本紀略 西宮記

八日、御齋會、是日、參議不參ニ依リテ、女王祿ヲ給セズ、日本紀略 西宮記

十日、女敍位、是日、大內山火アリ、日本紀略 花鳥餘情

十一日、祈年祭ノ事ヲ定ム、日本紀略

十六日、踏歌節會、日本紀略

十七日、射禮、是日、東光寺燒ク、日本紀略 九暦 西宮記 北山抄

十八日、射遺、賭弓、日本紀略 九暦

十九日、彗星見ル、是日、殿上人ヲ定ム、日本紀略

廿一日、朱雀上皇、紅梅ノ詩ヲ賦シ給フ、日本紀略

廿三日、政始、日本紀略

廿四日、雷鳴、日本紀略

廿五日、除目召仰、日本紀略

廿六日、除目議、日本紀略

廿七日、女御藤原安子ニ年給ヲ賜フ、日本紀略

三十日、除目、日本紀略 公卿補任

二月小盡 辛巳朔

二日、清涼殿ヲ建ツ、春記

式部丞姓闕ク清雅ヲ勸學院別當ニ補ス、日本紀略

三日、伊勢鹿島兩使符請印アリ、是日、春日祭勅使ヲ發遣ス、日本紀略 九暦

四日、祈年祭、春日祭、日本紀略 西宮抄

五日、朱雀院判官代ヲ定ム、是日、春日祭還饗アリ、日本紀略 九暦

七日、釋奠、是日、射禮不參ノ親王ニ事故ヲ問ハセラル、日本紀略

九日、園韓神祭、日本紀略

十日、直物、是日、權中納言藤原師尹ヲシテ、左兵衞督ヲ兼ネシム、日本紀略 公卿補任

十一日、列見、太皇太后穩子ノ御惱ニ依リテ樂ヲ停ム、日本紀略 西宮記 西宮抄 北山抄

十五日、近衞番長以下ニ諸祭ニ供奉スルノ日、縑白絹ヲ着スルコトヲ聽ルス、政事要略

十七日、仁王會日時定、是日、朱雀上皇、二條院ニ御幸アラセラル、日本紀略

中納言源高明ヲ撿非違使別當ニ補ス、公卿補任

十九日、右近衞中將源雅信、右中辨藤原有相ヲ藏人頭ニ補ス、日本紀略 公卿補任

廿五日、朱雀上皇、籠物折櫃等ヲ內裏ニ獻ゼラル、日本紀略

廿五日、仁王會、日本紀略 北山抄

關白忠平上表ス、日本紀略

廿七日、防鴨河使ヲ任ズ、是日、勅答ヲ忠平ニ賜フ、日本紀略 本朝文粹

廿九日、散位《ク》姓闕維扶卒ス、日本紀略

三月大盡 庚戌朔

一日、宜陽殿ノ柱鳴ルヲ以テ御占ヲ行フ、日本紀略

三日、御燈、是日、美作不堪佃田ヲ定ム、日本紀略 西宮記

四日、朱雀院御讀經、日本紀略

五日、神位記ニ請印ス、日本紀略

八日、復任宣旨ヲ給ヒ、又行幸召仰アリ、日本紀略

九日、朱雀院ニ行幸アラセラル、日本紀略 河海抄

十日、桓武天皇皇后乙牟漏國忌、 日本紀略
十二日、朱雀上皇、賭弓ヲ御覽ゼラル、 日本紀略 九暦
十四日、季御讀經僧名ヲ定ム、 日本紀略
十五日、伊勢造宮使ヲ補シ、位祿文ヲ奏ス、是日、内裏ニ死穢アリ、 日本紀略
十六日、穢ニ依リ來月諸社ノ祭ヲ延引ス、 日本紀略
十七日、季御讀經闕請ヲ補ス、 日本紀略
二十日、權中納言藤原師尹上表ス、 日本紀略
廿一日、仁明天皇國忌、 日本紀略
廿四日、季御讀經、 日本紀略
廿五日、雷鳴、 日本紀略
廿六日、宜陽殿中ノ怪ニ依リテ、御占アリ、 日本紀略
廿七日、強盜、右近衛府ノ曹司ニ入ル、 日本紀略
廿八日、復任宣旨ヲ式部省ニ給フ、 日本紀略
廿九日、度緣請印アリ、所々ノ別當ヲ定ム、是日、強盜ノ横行ニ依リ、四府馬寮ヲシテ夜行セシム、 日本紀略

三十日、音樂ヲ御覽アラセラル、 日本紀略

四月小 庚辰朔 盡

一日、旬、平座、 日本紀略
三日、強盜ノ横行ニ依リ、諸衞ヲシテ陣直ヲ勤メシム、 日本紀略
四日、廣瀨龍田祭ヲ延引シ、齋院御禊前駈ヲ定ム、 日本紀略 園太暦 左經記
五日、位記請印アリ、復任宣旨ヲ式部省ニ賜フ、是日、朱雀上皇、音樂ヲ御覽ゼラル、 日本紀略
七日、擬階奏、 日本紀略
八日、灌佛會、 日本紀略
九日、新造清涼殿ニ移御アラセラル、 日本紀略
十日、殿上ニ酒狂者アリ、 日本紀略
十一日、皇女承子御誕生アラセラル、 日本紀略 本朝皇胤紹運錄 榮華物語
十五日、辨官申文アリ、 西宮記 中右記
十六日、齋院御禊、 權記

十七日、平野祭、日本紀略

十八日、賀茂祭、日本紀略

廿一日、端午節ヲ停ム、是日、姓闕ク業恒試經宣旨ヲ下サンコトヲ請フ、九暦

廿三日、朱雀上皇法性寺ニ御幸アラセラル、日本紀略 九暦

五月小己酉朔盡

三日、諸社ニ奉幣シテ雨ヲ祈ラシム、是日、左近衛府荒手結ヲ延引ス、日本紀略 小野宮年中行事

五日、左近衛府荒手結、是日、仁王會僧名、祈雨雜事ヲ定ム、日本紀略 九暦

七日、丹生貴布禰社奉幣使ヲ定ム、日本紀略

八日、龍穴ノ御讀經、及ビ山陵使ヲ定ム、是日、諸國ニ令シテ、奉幣讀經シテ、災ヲ禳ハシム、日本紀略 法曹類林 北山抄

省試學生ノ愁訴ニ依リ、博士ヲ召シテ之ヲ問フ、日本紀略

九日、丹生貴布禰社ニ奉幣ス、九暦 日本紀略 類聚符宣抄

十一日、炎旱ニ依リ、山陵使ヲ發遣シテ、龍穴ニ讀經セシメ、且輕犯ヲ免ズ、日本紀略 北山抄

十三日、臨時仁王會、朱雀上皇、八幡賀茂ニ雨ヲ祈リ賜フ、是日、白晝強盜人宅ニ入ル、日本紀略

十四日、臨時御讀經僧名ヲ定ム、日本紀略

十五日、雨降ル、一分宣旨ヲ定ム、日本紀略

十六日、僧百口ヲシテ、大極殿ニ讀經セシメ、律師寛空ニ命ジテ、眞言院ニ修法シテ、雨ヲ祈ラシム、是日、鹿、延休堂ニ入ル、日本紀略

十七日、公卿ノ座ヲ左近衛ノ陣ニ移ス、日本紀略 九暦

二十日、太政大臣忠平ヲ舊ノ如ク關白トナス、是日、左近衛陣饗ヲ儲ク、日本紀略 九暦

廿四日、太皇太后御在所ノ廂、故無クシテ壞ル、日本紀略

廿五日、僧延空ヲ維摩會講師ト爲ス、日本紀略

廿七日、京官除目、 日本紀略 九暦

行明親王薨ズ、 日本紀略 本朝皇胤紹運錄 一代要記 本朝世紀 後撰和歌集

廿九日、大納言藤原顯忠ニ、中宮大夫ヲ兼ネシム、 公卿補任

六月大盡 戊寅朔

一日、強盜勸學院ニ入ル、 日本紀略

二日、七社ニ仁王經ヲ轉讀セシム、 日本紀略 北山抄

皇女承子五十日ノ御祝、 中務集

三日、祈雨讀經ノ事ヲ定ム、 日本紀略

四日、辨不參ニ依リ、申文ナシ、 西宮記

五日、太政大臣忠平封戸ヲ法性寺ニ施入ス、 日本紀略

諸社、及ビ龍穴、東大寺ニ讀經セシメテ、雨ヲ祈ル、 日本紀略 東大寺別當次第 北山抄 小右記

六日、雷鳴、 日本紀略

七日、二日竝ビ出デ、又、朱雀院池中怪アリ、大膳職ノ屋舍顚倒シテ壓死者アリ、 日本紀略

九日、桃園第火アリ、 日本紀略

十日、御體御卜、 日本紀略

十一日、月次祭、是日、馬寮ヲシテ、丹生、川上、貴禰三社ニ奉ルベキ御馬ヲ進ゼシム、 類聚符宣抄

十二日、雷鳴、是日、諸社ニ奉幣シテ雨ヲ祈ル、 日本紀略

十三日、學生藤原致忠等ニ登省ノ宣旨ヲ下ス、 類聚符宣抄

十四日、權律師寛空ヲシテ、神泉苑ニ請雨經法ヲ修セシム、是日、省試アリ、又相撲人ノ參上ヲ停ム、 日本紀略 九暦

十五日、諸衞ノ官人ヲ召シ姧犯者搜索ノコトヲ命ズ、 日本紀略 北山抄

十六日、京中ヲ搜索シ、姧犯者ヲ捕ヘシム、 日本紀略

右馬允藤原光弘、春日明神ノ告ニ依リテ居ヲ移ス、 春日驗記

二十日、省試判、 日本紀略

廿一日、明法博士惟宗公方、諸國司ノ不堪佃田ヲ奏スルニ實ヲ以テセザル者ノ罪名ヲ勘進ス、 政事要略

廿二日、直物、是日、史生秦部安平ヲシテ、撰國史所ニ候セシム、 日本紀略 類聚符宣抄

廿五日、内裏御修法、 日本紀略

廿八日、省試判博士等ヲ召シ問フ、 日本紀略

三十日、朱雀院ニ於テ、御讀經アリ、 日本紀略

七月小 戊申朔盡

四日、廣瀨龍田祭、 日本紀略

五日、住吉海神祭使ヲ發遣ス、 日本紀略

六日、雷鳴、 日本紀略

七日、式部大輔大江維時等ヲシテ、省試ノ詩ヲ定メシム、 日本紀略 類聚符宣抄

八日、登省者、及第、 日本紀略

十日、中務兵部兩省馬料目錄ヲ奏ス、是日、季御讀經僧名ヲ定ム、 日本紀略

十五日、大風雨、 日本紀略

十七日、内裏觸穢ノ定メアリ、是日、文章博士橘直幹ヲシテ、文章得業生矢田部陳義ノ策ヲ問ハシム、 日本紀略 類聚符宣抄

十九日、季御讀經、 日本紀略 九暦

二十日、朱雀上皇、二條院ニ移御アラセラル、 日本紀略

廿一日、成選位記ヲ召ス、 日本紀略

廿六日、童相撲ノ事ヲ定ム、 日本紀略

廿七日、暴風屋舍ヲ破ル、 日本紀略

廿八日、諸衞ノ官人ヲシテ、風損ノ官舍等ヲ實撿セシム、 日本紀略 後愚昧記

是月、神殿大夫武麻呂、與喜明神社ヲ建ツ、 三國傳記

八月小 丁丑朔盡

一日、釋奠、穢ニ依リ、之ヲ停ム、 日本紀略

五日、准蔭位記請印、樂所始アリ、 日本紀略

七日、郡司讀奏、 日本紀略

八日、復任除目、是日、位記請印アリ、 日本紀略

十一日、定考、釋奠、 日本紀略 政事要略 西宮記 江次第

十二日、除目、是日、釋奠内論義ヲ停ム、 日本紀略

十三日、大雨ニ依リテ、河水氾濫ス、是日、武藏秩父駒牽アリ、又、穢中、諸社奉幣ノ日時ヲ定ム、 日本紀略 北山抄 園太曆

十四日、二條院ニ於テ、御讀經アリ、 日本紀略

十五日、石淸水放生會、闘爭ニ依リテ延引ス、 榊葉集 石淸水祠官系圖

止雨奉幣使ヲ諸社ニ發遣ス、是日、信濃駒牽アリ、 日本紀略 西宮記 北山抄 樗嚢抄

十七日、朱雀院ニ行幸アラセラル、是日、紀國光頓死ス、 日本紀略

十九日、内裏穢アリ、右大臣師輔ノ子高光ヲ召シテ、文選三都賦序ヲ暗誦セシム、 九曆 三十六人歌仙傳 園太曆

二十日、度緣請印アリ、是日、山城國栖笛工山城是行等ノ傜役、竝ニ戸田正稅ヲ免除ス、 日本紀略 類聚符宣抄

廿一日、復任宣旨、太皇太后行啓召仰アリ、 日本紀略

廿二日、朱雀上皇、及ビ太皇太后、二條院ニ移御アラセラル、 日本紀略 九曆

廿三日、白晝月出ヅ、是日、諸國交替欠物ヲ申請フノ解文ヲ返却スルノ例ヲ立ツ、 日本紀略 類聚符宣抄

太政大臣忠平、封戸ヲ勸學院ニ施入ス、 九曆

廿五日、郡司位記請印アリ、是日、學生保光王等ニ登省ノ宣旨ヲ下ス、 日本紀略 類聚符宣抄

廿八日、朱雀上皇、芹川野ニ放鷂アラセラル、 日本紀略

九月大盡 丙午朔

三日、御燈、 日本紀略

四日、不堪田ヲ定ム、 日本紀略

七日、齋宮御禊ヲ定ム、 日本紀略

八日、直物、是日、齋宮御禊次第司、豐受大神宮禰宜ヲ補ス、 日本紀略 類聚符宣抄

十一日、例幣、 日本紀略

十三日、上野駒牽、　日本紀略

十四日、石清水八幡宮等五社ニ奉幣シテ、變災ヲ祈ル、　日本紀略

十八日、内裏穢アリ。　日本紀略

十九日、雷鳴、是日、直物アリ、　日本紀略

二十日、霖雨ニ依リテ、御卜ヲ行フ、　日本紀略　九暦　園太暦

廿一日、賀茂齋院宮主姓闕ク連光卒ス、　類聚符宣抄

廿二日、石清水八幡宮ニ奉幣ス、是日、佛舍利ヲ諸社ニ奉ル、　日本紀略

廿五日、大祓、　日本紀略

廿六日、齋宮御禊、　日本紀略

廿八日、内裏御修法、　日本紀略

廿九日、醍醐天皇國忌、　日本紀略

十月大盡 丙子朔

一日、旬平座、是日、欠侍従ヲ補ス、　日本紀略

多武峯法華八講ヲ恒例トナス、　多武峯略記

二日、武藏駒牽、　日本紀略

七日、弓場始、　日本紀略

九日、太皇太后ノ御疾ニ依リテ、二條院ニ行幸アラセラル、　日本紀略

十日、復任除目、是日、甲斐穗坂駒牽、　日本紀略

十二日、石清水放生會ノ日時等ヲ定ム、　日本紀略　九暦　年中行事祕抄

十四日、石清水宣命使ヲ發遣ス、　日本紀略　九暦　年中行事祕抄

十五日、石清水放生會、　日本紀略

十九日、極樂寺菊會、　日本紀略

僧綱召、　日本紀略　北山抄　醍醐寺雜事記　釋家初例抄　護持僧次第

廿一日、復任除目、　日本紀略

廿二日、法性寺御八講、　日本紀略

廿三日、馬寮ノ御馬ヲ御覽アラセラル、　日本紀略　九暦

廿六日、賀茂齋院宮主ヲ補ス、　類聚符宣抄

廿八日、馬寮ノ西邊火アリ、日本紀略

前右大辨從四位下源公忠卒ス、河海抄 薫集類抄 三十六人歌仙傳 今昔物語 大鏡 大和物語 江談抄 公忠朝臣集 貫之集 俊祕抄 信明朝臣集

廿九日、文章得業生矢田部陳義射策、日本紀略

十一月小盡 丙午朔

一日、御暦奏、日本紀略

三日、平野祭、春日祭、日本紀略

九日、諸國ノ損田ヲ奏ス、日本紀略

十一日、朱雀上皇宇治院ニ御幸アラセラル、日本紀略

十九日、菊會、日本紀略

二十日、僧綱召、日本紀略

廿二日、新嘗祭、日本紀略

廿三日、豊明節會、日本紀略 九暦

廿五日、賀茂臨時祭ノ行事ヲ定ム、是日、馬寮ノ御馬ヲ御覽アラセラル、日本紀略

廿八日、賀茂臨時祭、日本紀略 西宮記

十二月大盡 乙亥朔

一日、新嘗祭ニ不參ノ公卿ヲ勅問セラル、日本紀略 西宮記

三日、天智天皇國忌、日本紀略

明法博士惟宗公方、不堪佃田ヲ奏スルニ實ヲ以テセザル伊勢但馬等ノ國司ノ罪名ヲ勘進ス、政事要略

四日、權律師寛空ヲ東寺長者ニ任ズ、是日、盜殿上ニ入ル、日本紀略 東寺長者補任

十日、内裏穢アリ、是日、群盜、左少辨姓闕ク好古ノ曹司ニ入ル、

十一日、月次祭、神今食、穢ニ依リ延引ス、日本紀略

十三日、月次祭、神今食ヲ諸司ニ付ス、是日、掃部寮、及ビ大膳職、過狀ヲ進ズ、日本紀略

十四日、荷前使ヲ定ム、日本紀略

十五日、除目、位記請印アリ、日本紀略

二十日、御佛名、直物、復任除目アリ、　日本紀略
廿二日、荷前、　日本紀略
廿五日、二條院御佛名、　日本紀略
廿七日、請印アリ、　日本紀略
廿八日、諸國異損ニ依リ明年ノ朝賀ヲ停ム、　日本紀略
廿九日、請印アリ、　日本紀略
三十日、重明親王女徽子女王入内アラセラル、　源語祕訣　河海抄　一代要記　權記　續古今和歌集　玉葉集
故天台座主玄鑒ニ大僧都ヲ贈ル、　天台座主記　僧官補任
是月、内供鎭朝ヲ權律師ニ任ズ、　天台座主記
是歳、阿波介從五位下源計卒ス、　尊卑分脈
天台座主延昌、西塔大日院ヲ建立シテ供養ヲ行フ、　天台座主記　叡岳要記

天暦三年

正月乙巳朔　大盡

一日、諸國異損ニ依リテ、朝賀ヲ停ム、　日本紀略
二日、御物忌ニ依リテ、太皇太后大饗ヲ延引ス、是日、延暦寺中堂火アリ、　日本紀略　九暦
三日、太政大臣忠平致仕ノ表ヲ上ル、　公卿補任　日本紀略　九暦　花鳥餘情　本朝文粹
五日、朝覲行幸、　日本紀略　御遊抄　西宮記
太皇太后大饗、　西宮記
六日、敍位ノ議無シ、　日本紀略
七日、白馬節會、　日本紀略　西宮記　北山抄
八日、御齋會、是日、子日ノ御遊アリ、　日本紀略　九暦　朝忠卿集
十一日、卯杖ヲ上ル、是日、左大臣實頼大饗ヲ行フ、　日本紀略　九暦　江次第
十二日、右大臣師輔大饗ヲ行フ、　日本紀略　九暦　北山抄
十四日、太政大臣忠平ノ疾ニ依リテ、右大臣師輔大威徳法ヲ修ス、　日本紀略　九暦
十五日、兵部省手結、　日本紀略

十六日、踏歌節會、是日、東大寺僧徒、式部丞賀陽直正第ニ於テ闘亂ス、日本紀略

十七日、射禮、日本紀略 九暦

十八日、賭弓、除目召仰、日本紀略

十九日、除目議、日本紀略 西宮抄 九暦

廿一日、太政大臣忠平ノ疾ニ依リテ、諷誦ヲ修シ、度者ヲ賜フ、日本紀略 九暦

廿三日、大納言源清蔭ノ勅勘ヲ赦ス、西宮抄

廿四日、雪降ル、日本紀略

廿五日、政始、日本紀略

廿六日、祭主大中臣頼基ヲシテ、天變地震等ヲ祈ラシム、是日、太政大臣忠平ノ疾ニヨリテ、諷誦ヲ諸寺ニ修セシム、日本紀略 九暦

廿七日、大和國栖ノ戸田ノ正税ヲ免除ス、類聚符宣抄

二月小盡 乙亥朔

一日、三局ノ史生ヲ補ス、日本紀略

二日、内裏犬産ノ穢アリ、是日、朱雀上皇、西河ニ御幸アラセラレ御禊ヲ修シ給フ、日本紀略

三日、釋奠、日本紀略 西宮記

四日、祈年祭、日本紀略 西宮抄

五日、直物、是日、穢ニ依リテ、大原野祭ヲ延引ス、日本紀略

七日、大辨以下、大政大臣忠平七十賀料ニ地子稲ヲ獻ズ、是日、延暦寺僧某殺害セラル、日本紀略

八日、禳災ノ事ヲ定ム、日本紀略

九日、雷鳴、地震、春日祭使ヲ發遣ス、日本紀略

十一日、列見、日本紀略 九暦 西宮抄

十二日、朱雀上皇、樂所ノ音樂ヲ御覧ゼラル、日本紀略

十三日、天變ニ依リテ、諸社ニ奉幣セラル、是日、二條院ニ於テ、御讀經僧名ヲ定ム、日本紀略

十五日、園韓神祭、日本紀略

十六日、内裏觸穢、二條院ニ於テ、梅花宴アリ、日本紀略 九暦

十七日、穢ニ依リテ、大原野祭ヲ停ム、　日本紀略
十八日、一分召、　日本紀略　九暦
十九日、仁王會ノ事ヲ定ム、　日本紀略
二十日、二條院ニ於テ御讀經アリ、　日本紀略
廿二日、敍位、　日本紀略
廿四日、朱雀上皇、北野ニ御幸アラセラル、　日本紀略
廿五日、皇女承子ヲ内親王ト爲ス、是日、省試判アリ、　日本紀略　一代要記　本朝皇胤紹運錄
廿八日、朱雀上皇、東山ニ御幸アラセラレ、太皇太后、九條殿ニ移御アラセラル、　日本紀略
是月、菅原文時ヲ試經勅使ト爲ス、　本朝文粹

三月大盡 甲辰朔

一日、直物、　日本紀略
二日、臨時仁王會ニ依リテ、大祓ヲ行フ、　日本紀略　小右記
三日、穢ニ依リテ、御燈ヲ停ム、是日、朱雀上皇ノ御隨身ヲ定ム、　日本紀略
四日、臨時仁王會、　日本紀略
六日、賭弓、　日本紀略　西宮記
七日、朱雀院ニ於テ、歌舞ヲ調習セシム、　日本紀略
八日、行幸召仰アリ、　日本紀略
九日、二條院ニ行幸アラセラル、　日本紀略
十日、桓武天皇皇后乙牟漏國忌、是日、延暦寺、太政大臣忠平ノ七十算ヲ賀ス、　日本紀略
十一日、季御讀經僧名ヲ定ム、是日、朱雀上皇、二條院ニ於テ、花宴ヲ行ハセラル、　九暦　日本紀略　本朝文粹　花鳥餘情　續教訓抄
十二日、仁壽殿ニ於テ、花宴ヲ行ハル、　日本紀略　西宮記
十四日、臨時敍位、　日本紀略
十五日、權中納言藤原師尹、父忠平ノ七十ヲ賀シテ、法會ヲ法性寺ニ修ス、　日本紀略　後拾遺和歌集
十六日、女官除目、位祿定、是日、太政大臣忠平、重ネテ致仕ノ表ヲ上ル、　日本紀略　九暦　公卿補任　本朝文粹
十七日、桓武天皇國忌、季御讀經アリ、　西宮記　日本

紀略　年中行事祕抄

十八日、太政大臣忠平ニ勅答アリ、　日本紀略　本朝文粹

廿一日、仁明天皇國忌、　日本紀略

廿二日、殿上賭弓、是日、天台座主延昌ヲシテ、慈覺大師ノ眞言法文ヲ撿封セシム、　日本紀略　九曆　西宮抄　天台座主記

廿五日、二條院ニ於テ御射アリ、　日本紀略

廿七日、尚侍藤原貴子、太政大臣忠平ノ七十ヲ賀シテ、齋會ヲ法性寺ニ設ク、　日本紀略　九曆

廿八日、朱雀上皇、宇治院ニ御幸アラセラル、是日、左大臣實賴、春日社ニ詣ス、　日本紀略

廿九日、復任除目、　日本紀略

三十日、鷺ノ怪異ニ依リテ御讀經アリ、是日、藏人所ニ於テ、尚書竟宴アリ、　日本紀略　九曆　西宮記　高光集

是月、清涼殿ノ材ヲ以テ、醍醐寺ニ法華三昧堂ヲ建ツ、　日本紀略　僧綱補任

四月大盡 甲戌朔

一日、旬、　日本紀略　西宮記

三日、延曆寺舍利會、　日本紀略

四日、廣瀨龍田祭、　日本紀略

五日、荷前使ノ闕怠ニ依リテ、刑部大輔姓闕ク爲明ヲ除籍ス、　西宮記

七日、擬階奏、是日、徽子女王ヲ女御ト爲ス、　日本紀略　九曆　一代要記　皇年代記

八日、山科祭ニ依リテ、灌佛ヲ停ム、　日本紀略

二條院灌佛、　年中行事祕抄

九日、二條院ニ於テ、佛經供養、請僧、並ニ競馬方人ヲ定ム、　日本紀略

十日、霖雨ニ依リテ、御卜ヲ行フ、　日本紀略

十一日、平野祭、賀茂齋院御禊御前、並ニ不堪佃田ヲ定メ、端午節ヲ停ム、　日本紀略

十二日、藤花宴アリ、是日、朱雀上皇、朱雀院ニ御幸アラセラレ、御馬ヲ御覽アラセラル、　日本紀略　西宮記　花鳥餘情　古今著聞集

十五日、位記請印、是日、御馬ヲ陽成上皇ノ御覽ニ供ス、日本紀略
十六日、大神祭使ヲ發遣ス、日本紀略
十八日、大神祭、是日、諸卿鴨川堤ヲ巡撿ス、九曆 日本紀略
十九日、内裏穢事ヲ定ム、日本紀略
廿一日、齋院御禊、穢ニ依リテ延引ス、日本紀略
廿二日、齋院御禊、日本紀略 永昌記
廿三日、鴨社司敍位、日本紀略
廿四日、賀茂祭、日本紀略 九曆
廿五日、朱雀上皇齋院ノ還御ヲ御覽アラセラル、日本紀略 九曆
廿七日、朱雀上皇、興福寺ニ於テ、佛經供養ヲ行ハセラル、日本紀略
廿九日、郡司讀奏、日本紀略

五月小盡 甲辰朔

一日、旬、除目召仰、是日、文章博士橘直幹ヲ文章得業生大江澄明ノ試問ノ博士ト爲ス、日本紀略 九曆 西宮記 北山抄 權記 類聚符宣抄
二日、除目議、日本紀略
十一日、着鈦政、是日、朱雀上皇、西院ニ於テ競馬ヲ御覽アラセラル、日本紀略 西宮記
興福寺別當大僧都平源寂ス、歷代皇紀 興福寺寺務次第
十八日、御修法、日本紀略
十九日、直物、是日、臨時御讀經ノ事ヲ定ム、日本紀略
二十日、朱雀上皇、朱雀院ニ於テ、競馬賭射等ヲ御覽アラセラル、日本紀略 九曆
廿一日、朱雀上皇、二條院ニ於テ打毬ヲ御覽アラセラル、日本紀略
廿二日、山城國司ニ命ジテ、粟田山跡頽破ノ狀ヲ實撿セシム、日本紀略
廿五日、臨時御讀經、日本紀略
廿八日、除目、魚魯愚鈔

廿九日、中宮職ノ穢内裏ニ及ブ、 日本紀略

大納言藤原顯定ノ母卒ス、 公卿補任 後撰和歌集勘物 後撰和歌集

六月小 癸酉朔盡

一日、日食、 日本紀略

四日、院ノ下人、諸衛舍人ノ屋ヲ壞ル、 日本紀略

六日、諸衛舍人、院ノ御厨預中務丞姓闕佐忠ノ第宅ヲ毀ツ、 日本紀略

十日、穢ニ依リテ、御體御卜奏ヲ延引ス、 日本紀略

十一日、穢ニ依リテ、月次祭、神今食ヲ延引ス、 日本紀略

十三日、除目、是日、諸國司ヲシテ、解由三通ヲ進ゼシム、 日本紀略 類聚符宣抄

十四日、陰陽寮ノ井ニ死人アリ、 日本紀略

十七日、御讀經雜事、及ビ所々ノ預ヲ定ム、 日本紀略 北山抄

廿一日、炎旱ニ依リテ、御卜ヲ行フ、 日本紀略

廿二日、權大僧都仁教寂ス、 東寺長者補任 釋家初例抄

廿三日、仁王會僧名ヲ定ム、是日、祭主大中臣頼基ヲシテ雨ヲ祈ラシメ、囚徒ヲ免ズ、 日本紀略

廿六日、賑給使ヲ定ム、 日本紀略

廿九日、賑給、是日、朱雀上皇、九條院ニ御幸アラセラル、 日本紀略

七月大 壬寅朔盡

一日、仁王會闕請ヲ定メ、呪願文ヲ奏ス、 日本紀略

二日、仁王會、 西宮記

三日、紫宸殿、及ビ豐樂院ノ怪異ヲ占ハシム、 日本紀略

四日、穢ニ依リテ、廣瀨龍田祭ヲ延引ス、是日、紀伊郡ノ百姓ノ請ニ依リテ、神泉苑ノ水ヲ給フ、 日本紀略

五日、神泉苑ノ水ヲ京南ノ田ニ漑ガシム、 日本紀略

七日、甘雨降ル、 日本紀略

九日、土佐國交替使返事ヲ奏ス、 日本紀略

十日、八省院ニ於テ、季御讀經ヲ行ハル、 日本紀略 陰陽略書

十七日、齋宮裝束使ヲ補シ、月次祭神今食等ノ日ヲ定メ、相撲召仰アリ、 日本紀略 西宮記 北山抄

二十日、臨時奉幣使ヲ定ム、 日本紀略

廿一日、朱雀上皇西河ニ御幸アラセラル、 日本紀略

廿二日、月次祭、神今食、 日本紀略 西宮記 北山抄

廿三日、相撲內取アリ、 西宮記

廿四日、廣瀨龍田祭、是日、臨時奉幣使ヲ諸社ニ發遣ス、 日本紀略 小右記

廿五日、二條院季御讀經、是日、怪異ニ依リテ辨官廳ニ讀經セシム、 日本紀略

平野社預ヲ補ス、 類聚符宣抄

廿九日、御體御卜奏、相撲召合、 日本紀略 西宮記 北山抄 樗嚢抄

三十日、追相撲、南殿ノ版位紛失ス、 日本紀略 西宮記 北山抄 小右記

八月小盡 壬申朔

一日、洪水、 日本紀略

二日、版位ヲ作ルベキ日時、止雨奉幣、及ビ下總守姓闕ク有行赴任セザル事等ヲ定ム、 日本紀略

四日、軒廊御卜、 九暦

六日、釋奠、是日、童相撲方人ヲ定ム、 日本紀略 北山抄

七日、禁中穢ノ疑アリ、是日、御物忌ニ依リテ、釋奠內論義ヲ停ム、 日本紀略

八日、穢ニ依リテ、六社奉幣使ヲ召還ス、 日本紀略

調布ノ價ヲ定ム、 法曹類林

九日、南殿ニ版位ヲ置ク、 日本紀略

十日、左相撲還饗、 日本紀略 九暦

十一日、定考、 日本紀略 九暦 西宮記

十二日、小定考、右相撲還饗、 日本紀略

十四日、太政大臣忠平ノ疾ニ依リテ、大赦ヲ行フ、 愚管抄

太政大臣從一位藤原忠平薨ズ、 日本紀略 九暦 公卿補任 攝關傳 本朝文粹 西宮記 尊卑分脈 拾芥抄 台記 榮華物語 大鏡 大鏡裏書 續古事談 政事要略 愚管抄 扶桑略記

江談抄　定家朝臣記　慈覺智證兩門徒確執記　年中行事祕抄　古今著聞集　古事談　延喜式　大和物語　後撰和歌集　慈恵大僧正傳　新勅撰集　元輔集

十七日、故忠平ノ薨奏、廢朝固關、 日本紀略　九暦

十八日、故忠平葬送、是日、忠平ニ正一位ヲ贈リ貞信公ト謚ス、 日本紀略　北山抄　歴代編年集成　小右記

廿一日、齋宮群行御前等ヲ定ム、 日本紀略

廿二日、齋宮群行ニ依リテ、來月ヲ以テ齋月ト爲ス、 類聚符宣抄

廿五日、解陣開關、 日本紀略　九暦　北山抄

廿六日、光孝天皇國忌、 日本紀略

廿七日、甲斐眞衣野柏前兩牧駒牽、 日本紀略

是月、詩合アリ、 和漢合符

九月小盡 辛丑朔

五日、武藏秩父馬牽、 日本紀略

六日、太皇太后ノ御疾ニ依リテ、二條院ニ行幸アラセラル、 日本紀略　西宮記

七日、大祓、 日本紀略

九日、齋宮群行ノ日ヲ改メ定ム、 類聚符宣抄

十一日、例幣ヲ停ム、是日、備中國司ニ命ジテ中宮職戸座ヲ貢セシム、 日本紀略　類聚符宣抄

十九日、齋宮寮官人ヲ任ズ、 日本紀略

二十日、陽成上皇、御落飾アラセラル、 九暦　皇年代略記

廿一日、甲斐穗坂駒牽、 日本紀略

廿二日、請印、是日、右大臣藤原師輔、群行次第ヲ注進ス、 日本紀略　九暦

醍醐天皇ノ更衣藤原淑姫卒ス、 九暦　本朝皇胤紹運録　公卿補任　北山抄　後撰和歌集　本朝文粹　日本紀略

廿三日、齋宮群行、 日本紀略　九暦　西宮記

廿六日、度者ヲ法皇、竝ニ太皇太后ニ奉ラル、 日本紀略

廿七日、左大臣實頼、故忠平ノ爲ニ諷誦ヲ修ス、 日本紀略

廿八日、武藏駒牽、 政事要略

廿九日、醍醐天皇國忌、日本紀略
陽成法皇、崩御アラセラル、九暦 扶桑略記 日本紀略 三代實錄 大鏡裏書 愚管抄 古事談 今昔物語 大和物語 後撰和歌集 拾芥抄 河海抄 宇治拾遺物語

十月大盡庚午朔

一日、旬、平座、日本紀略
二日、左大臣實頼、右大臣師輔、尚侍藤原貴子、並ニ復任ス、日本紀略 公卿補任
陽成法皇崩御ニ依リ、警固固關、日本紀略 九暦 北山抄
右大臣師輔、故忠平ノ爲ニ佛經供養ヲ行フ、日本紀略 九暦
三日、陽成法皇ヲ神樂岡ニ葬ル、日本紀略
四日、陽成法皇崩御ニ依リテ廢朝、是日、法性寺ニ於テ、故忠平盡七日ノ態ヲ修ス、日本紀略
十日、開關、日本紀略
十一日、右大臣師輔復任後、始メテ着陣ス、日本紀略

十六日、除目、是日、文章博士紀在昌ヲシテ、史記ヲ進講セシム、日本紀略
十七日、射場始、不堪佃田奏、西宮記
二十日、春日明神ノ託宣アリ、元亨釋書 撰集抄
廿三日、後院御牧駒牽、西宮記
廿四日、行幸召仰、是日、左大臣實頼故忠平ノ封物ヲ停メラレンコトヲ請フ、日本紀略
廿五日、二條院ニ行幸アラセラル、九暦 日本紀略
左大臣實頼ニ勅答アリ、西宮記
右大臣師輔、菊會ヲ行フ、九暦
廿七日、尚侍藤原貴子政所ノ屋火アリ、日本紀略
是月、御讀經アリ、西宮記

十一月大盡庚子朔

一日、旬、御暦奏、日本紀略 九暦 西宮記 北山抄
七日、杜本當麻祭使ヲ發遣ス、日本紀略
八日、春日祭使ヲ發遣ス、日本紀略
九日、平野祭、春日祭、日本紀略

十日、率川祭、當宗祭、 日本紀略

十一日、大安寺塔、雷火ニ依リテ燒亡ス、 扶桑略記 日本紀略

十三日、大原野祭、 日本紀略

十四日、園韓神祭、是日、冷然院燒亡ス、 扶桑略記 日本紀略

十五日、鎭魂祭、是日、太皇太后ノ御惱ニ依リテ五節ノ御前試ヲ停ム、 日本紀略 小右記 春記

十六日、新嘗祭、 日本紀略 北山抄

十七日、豐明節會、 日本紀略 北山抄 政事要略

十八日、陽成天皇盡七日御法會ヲ圓覺寺ニ修ス、 日本紀略 扶桑略記 本朝文粹 大鏡

十九日、備前守和氣兼濟ノ功課ヲ定ム、是日、朱雀院ヲ巡撿セシム、 日本紀略

二十日、文章得業生大江澄明對策ス、 日本紀略

廿二日、賀茂臨時祭、 日本紀略

廿四日、上皇西院ニ渡御アラセラル、 日本紀略

廿五日、朱雀院御讀經、太皇太后行啓召仰、 日本紀略

廿六日、上皇、太皇太后朱雀院ニ移御アラセラル、 日本紀略 九暦

廿七日、承子內親王魚味始、 西宮記 御產部類記

十二月 小盡 庚午朔

三日、天智天皇國忌、 日本紀略

東寺長者律師泰舜寂ス、 歷代皇記 東寺長者補任

五日、撿損田使等ヲ定ム、 日本紀略

七日、中務省衣服目錄ヲ奏ス、 日本紀略

八日、郡司召、 日本紀略

九日、大神祭使ヲ發遣ス、 日本紀略

十日、御體御卜、 日本紀略 西宮記

十一日、月次祭、神今食ヲ停ム、 日本紀略

十三日、荷前使、擬侍從ヲ定ム、 日本紀略 小野宮年中行事

太皇太后御逆修、 扶桑略記

十五日、故太政大臣忠平ノ第火アリ、 日本紀略

十六日、失火ノ穢宮中ニ及ブ、 日本紀略

十九日、主稅寮返帳ノ事ヲ定ム、 日本紀略

二十日、御佛名、 日本紀略 九暦

廿三日、光仁天皇國忌、故太政大臣忠平ノ墓所ヲ荷前ノ幣ニ預ラシム、 九暦 日本紀略

廿五日、荷前、朱雀院御佛名、是日、著鈦勘文ノ式ヲ改ム、 日本紀略 西宮記 小野宮年中行事 小右記

廿六日僧綱ヲ任ズ、 日本紀略 東寺長者補任 天台座主記 明匠略傳 東大寺別當次第 僧綱補任 興福寺寺務次第

廿八日、參議源兼明復任ス、 日本紀略 公卿補任

廿九日、追儺、大祓、 日本紀略

是歳、仁壽殿ニ於テ蹴鞠ヲ御覽アラセラル、 西宮記

坤元錄ノ御屛風ヲ造ラシメ給フ、 日本紀略 江談抄

諸國交易ノ直ヲ以テ臨時用ニ充ツル色目ヲ定ム、 北山抄

醍醐天皇ノ皇女源兼子薨ズ、 一代要記 本朝皇胤紹運錄 類聚符宣抄

大外記従五位下三統公忠卒ス、 康富記 類聚符宣抄 天慶六年日本紀竟宴和歌

天暦四年

正月大盡 己亥朔

一日、節會、 三節會次第 妙音院相國白馬節會次第

七日、白馬節會、大納言藤原顯忠等ヲ加階ス、 西宮記 三節會次第 公卿補任

十四日、御齋會、男踏歌アリ、 御質抄 東寳記 花鳥餘情

十八日、賭弓、 西宮抄 北山抄

二十日、參議平隨時ヲシテ、太宰大貳ヲ兼ネシム、 公卿補任

廿五日、朝覲行幸、 御遊抄

三十日、除目議、 西宮抄

二月小盡 己巳朔

一日、式部大輔大江維時ヲ參議ニ任ズ、 公卿補任 江吏部集

二日、中院北門邊ニ死人ノ頭アリ、 西宮記

十日、大藏省ヲシテ、諸國調庸雜物ノ好惡ヲ奏セシム、 政事要略

十一日、明經學生漆嶋長列ニ課試ノ宣旨ヲ下ス、 類聚符宣抄

廿九日、女御藤原安子若菜ヲ獻ズ、 公事根源抄

是月、敦實親王出家セラル、 僧綱補任 大鏡裏書 信明朝臣集

三月大 戊戌朔盡

十一日、花宴アリ、是日、權律師延鑒ヲ東寺長者ニ補ス、 明星抄 北山抄 拾芥抄 東寺長者補任

十四日、藤花ヲ御覽アラセラル、 新古今和歌集

二十日、阿闍梨藥叡、職御曹司ニ於テ、女御藤原安子ノ平產ヲ祈ル、是日、進物所觸穢アリ、 西宮記 御產部類記

廿九日、穢ニ依リテ、賀茂祭日ヲ改定ス、 西宮記

四月大 戊辰朔盡

三日、律師明達等、女御安子ノ平產ヲ祈ル、 御產部類記

五日、賀茂祭ノ事ニ依リテ、大卜ヲ行フ、 年中行事祕抄 北山抄

十七日、賀茂祭延引ニ依リテ、大祓ヲ行フ、 西宮記

三十日、賀茂祭、 園太曆

是月、式部丞不具ニ依リテ、郡司ノ讀奏ヲ停ム、 北山抄

五月小 戊戌朔盡

三日、近衞府荒手結、 左經記

五日、上皇ノ女御凞子女王薨ズ、 榮華物語 一代要記 本朝皇胤紹運錄 玉葉集

下總守藤原有行ヲシテ、押領使ヲ兼ネシメ隨兵ヲ賜フ、 朝野群載

十六日、諸社ニ奉幣ス、是日、民部少輔惟宗公方、省ノ勘文ニ署セザルノ狀ヲ奏ス、 西宮記 政事要略

十八日、除目召仰、 西宮抄

廿四日、皇子憲平御誕生アラセラル、 一代要記 御產部類記 大鏡 榮華物語 左經記

廿六日、絹綿等ヲ皇子憲平ニ賜フ、　御産部類記

大法師光智ヲ東大寺別當ニ補ス、　東大寺別當次第

廿九日、律師明達ニ度者ヲ賜フ、　御産部類記

閏五月大盡丁卯朔

一日、皇子憲平御七夜、　御産部類記

二日、右大臣師輔、式部大輔紀在昌等ニ祿ヲ給ス、　御産部類記

五日、太皇太后御産養、　御産部類記

十一日、始メテ豐受大神宮ニ權禰宜ヲ置ク、　類聚大補任

十四日、皇子憲平三七夜、是日、右大臣師輔、皇子ノ御爲ニ不動調伏法ヲ修ス、　御産部類記

六月小盡丁酉朔

十日、御體御卜、　御産部類記

十一日、例幣、　園太暦

十四日、中臣良丸ヲ氣比社宮司ニ任ズ、　類聚符宣抄

十六日、諸社奉幣、　園太暦

十七日、右大臣師輔、皇子憲平ノ移御ニ依リ、東一條第ニ於テ讀經セシム、　御産部類記

廿五日、臨時御讀經、　御産部類記

廿六日、立太子ノ日ヲ定ム、　御産部類記

廿八日、立太子ノ由ヲ醍醐天皇ノ山陵ニ告ク、　日本紀略　御産部類記　後愚昧記

是月、東大寺羂索院ノ雙倉朽損セルニ依リテ納物ヲ正藏ニ移ス、　東大寺要錄

七月大盡丙寅朔

二日、右大臣師輔、石清水等七社ニ皇子憲平ノ御息災ヲ祈ル、　御産部類記

三日、大納言正三位源清蔭薨ズ、　尊卑分脈　公卿補任　大和物語　後撰和歌集　拾遺和歌集

七日、七夕御遊、是日、女御藤原安子御産養アリ、　北山抄　花鳥餘情

十日、皇子憲平、右大臣師輔ノ東一條第ニ移ラセラル、　御産部類記

十一日、皇子憲平立坊後ノ御所ヲ定ム、 御産部類記

十五日、皇子憲平ノ御名ヲ定メテ親王ト爲ス、 御産部類記 皇年代略記 類聚符宣抄

十七日、大納言源清蔭ノ薨奏、 西宮記

二十日、史生淺井清遠ヲシテ、作物所ニ候セシム、 類聚符宣抄

廿二日、立坊ノ由ヲ諸司ニ仰ス、 御産部類記

廿三日、憲平親王ヲ立テ、皇太子ト爲シ、御劍ヲ賜フ、是日、坊官除目アリ、東宮啓陣ヲ差定ス、重明親王等奉賀セラル、 日本紀略 公卿補任 歷代編年集成 立坊次第 御産部類記 榮華物語

廿五日、相撲內取、山陵使宣命ヲ奏ス、是日、勸學院學生立太子ヲ賀ス、 日本紀略 西宮記 御産部類記

廿六日、監署除目、東宮御殿祭ノ日時ヲ勘申セシム、 御産部類記

廿七日、相撲召合、是日、東宮宮主御巫ヲ補シ、興福寺別當空晴等立太子ヲ賀ス、 日本紀略 西宮記 御産部類記

廿八日、追相撲、是日、東宮御殿祭、東宮御百日雜事定アリ、 西宮記 御産部類記

山城河內等ノ國ヲシテ春宮坊御料ノ稻粟ヲ進ゼシム、 類聚符宣抄

三十日、山陵使ヲ定メ、桂芳坊修理ノ事ヲ定ム、 御産部類記

是月、兵部丞從五位上大江澄明卒ス、 大江氏系圖 本朝文粹 扶桑集

八月小盡 丙申朔

三日、春宮坊廳事始、 御産部類記

四日、臨時奉幣ノ宣命ヲ奏ス、 北山抄

東宮擬帶刀ヲ貢スベキ所々ヲ定ム、是日、天台座主延昌等立太子ヲ賀ス、 御産部類記 朝野群載

五日、東宮御百日、 御産部類記

八日、右大臣師輔、東宮ノ御爲ニ延命法ヲ修ス、 御産部類記

十日、臨時相撲、 西宮記 權記

朱雀上皇ノ皇女昌子ヲ内親王ト爲ス、 類聚符宣抄
二十日、上野ノ御馬ヲ公卿侍臣ニ賜フ、 西宮記
廿九日、御燈ノ日神事ヲ行フノ例ヲ勘ヘシム、 西宮抄

九月大乙丑朔盡

五日、一分除目、 源語祕抄 魚書祕傳別抄
十一日、上皇御願ノ神寶ヲ例幣使ニ付ス、 西宮記
十三日、宇佐使發遣ニ依リ、太宰府、竝ニ路次ノ國ニ官符ヲ下ス、 類聚符宣抄
廿三日、山城ヲシテ新嘗祭御酒料ノ稻ヲ進ゼシム、是日、清宗忠孝ヲ修理職石灰長上ニ補ス、 類聚符宣抄
廿六日、九日節ヲ改メ殘菊ノ宴ヲ定ム、 西宮記 本朝文粹

十月小乙未朔盡

一日、右衞門督藤原師氏香奏ニ候セザルニ依リテ勘氣ヲ蒙ル、 政事要略
五日、殘菊宴延引ス、 政事要略
六日、諸社奉幣、 園太暦
八日、殘菊宴、 西宮記
十三日、撿非違使ヲシテ、刑部省徵送スル所ノ贖銅代ヲ納メシム、 政事要略
醍醐天皇ノ皇女靖子内親王薨ズ、 一代要記 日本紀略 花鳥餘情
十五日、朱雀院火アリ、 園太暦 元亨釋書
二十日、莊子女王ヲ女御ト爲ス、 一代要記
參議大伴保平ヲ罷ム、 西宮記 北山抄 公卿補任
廿二日、東宮桂芳坊ニ入御セラル、 日本紀略 西宮記 爲房卿記
廿五日、帶刀ノ試、 西宮記 撰集祕記
廿八日、郡司讀奏、 西宮記
廿九日、東宮御修善結願、 西宮記
是月、承子内親王御著裳、 西宮記

十一月大甲子朔盡

十七日、豐明節會、政事要略

十八日、女王祿延引、政事要略

廿二日、賀茂臨時祭、西宮記

十二月小盡 甲午朔

十日、御體御卜、北山抄

十一日、月次祭、神今食、西宮記

十二日、荷前使内舍人ヲ差定ス、類聚符宣抄

十三日、荷前延引、西宮記 樗囊抄

二十日、源保光文章生ノ試ヲ奉ズ、河海抄

廿三日、御佛名、西宮記 撰集祕記

廿六日、紀伊椽藤原後生ニ方略ノ宣旨ヲ下ス、類聚符宣抄

廿九日、追儺、西宮記

是歳、丹波播磨兩國蝗蟲ノ災ニ依リ、御卜ヲ行ヒ、諸社奉幣アリ、小右記

僧良源ヲ東宮ノ護持僧トナス、僧官補任 慈惠大僧正傳

暦博士賀茂保憲、大春日益滿等ヲ召シテ造暦ノ異論ヲ問フ、北山抄

天台座主延昌講堂ヲ改造ス、天台座主記 朝野群載

僧實性ヲシテ、多武峯金堂ニ法華三昧ヲ修セシム、多武峯略記

天暦五年

正月大盡 癸亥朔

二日、東宮大饗、西宮記

三日、東宮ノ侍臣拜禮、西宮記

五日、朝覲行幸、御遊抄

七日、敍位、公卿補任 北山抄

十三日、二條院ニ行幸アラセラル、是日、帶刀手結アリ、御遊抄 西宮記

十四日、御齋會内論義、御質抄 台記

十五日、右大臣師輔大饗、西宮記 北山抄 法曹類林

十七日、射禮、北山抄

廿二日、鹿嶋使ヲ發遣ス、類聚符宣抄

廿三日、內宴、尙侍藤原貴子等ヲ加階ス、 北山抄 三十六人歌仙傳 古今著聞集 續教訓集

三十日、中納言藤原元方ヲ大納言ニ任ズ、以下任官差アリ、 公卿補任 後撰和歌集

是月、參議源等右大辨ヲ辭ス、 一代要記

二月小 癸巳朔盡

十三日、二條院梅花宴、 西宮記 御遊抄

十五日、僧都實性、多武峯ニ涅槃會ヲ修ス、 多武峯略記

三月大 壬戌朔盡

二日、重日ニ依リ、諸國ノ怪異解文ヲ奏セズ、 北山抄

十日、參議從四位上源等薨ズ、 源氏系圖 公卿補任 西宮記 後撰和歌集

十六日、殿上賭弓、 侍中群要 小野宮年中行事 爲房卿記

十八日、季御讀經諸僧ヲ定ム、 西宮抄

二十日、季御讀經始、是日、仁王會僧名ヲ定ム、 西宮記

廿三日、花宴アリ、 體源抄 北山抄

是月、大藏大輔從五位下藤原守文卒ス、 尊卑分脈

四月大 壬辰朔盡

五日、齋院御禊前駈ヲ定ム、 西宮記

八日、灌佛、 西宮記 北山抄

五月小 壬戌朔盡

一日、東寺年分度者ヲ得度セシム、 東寶記

廿二日、參議大江維時ニ近江守ヲ兼ネシム、以下任官差アリ、 公卿補任 江吏部集

六月大 辛卯朔盡

八日、伊勢奉幣、文殊會、 西宮抄

十日、御體御卜、 西宮記 北山抄

十九日、賑給、

七月小 辛酉朔盡

十八日、權少僧都延昌ヲ權大僧都ニ任ズ、 天台座主記

廿五日、承子内親王薨ズ、 一代要記 本朝皇胤紹運錄 日本紀略

廿七日、相撲召合延引、 北山抄 小右記

八月 大 庚寅朔盡

十日、多武峯ニ法華三昧行者ヲ置ク、 多武峯略記

十八日、信濃駒牽、 樗嚢抄

廿七日、左少辨從五位上藤原雅量卒ス、 政事要略 尊卑分脈 御産部類記 扶桑集

九月 小 庚申朔盡

十日、造色紙長上ヲ補ス、 類聚符宣抄

十五日、醍醐寺領伊勢曾禰莊ノ租税雜役ヲ免ズ、 醍醐寺雜事記

是秋、僧光勝、疫疾ノ流行ニ依リ、佛像ヲ造リテ之ヲ祈禳ス、 明匠略傳 空也誄 元亨釋書 空也上人繪詞 閫中抄

十月 大 己丑朔盡

一日、旬、式部省ヲシテ職事ノ考課ヲ行ハシム、 西宮記 政事要略

二日、武藏駒牽、 北山抄

三日、殘菊宴ノ日ヲ定ム、 西宮記

五日、殘菊宴、 政事要略 西宮記 北山抄

八日、主計頭從五位上十市良忠卒ス、 中原系圖

九日、上皇女御正五位下藤原慶子卒ス、 一代要記 玉葉集 今昔物語 尊卑分脈

廿六日、東宮魚味始、 御産部類記

廿八日、鴨御祖社幣殿火アリ、 永昌記

是月、勅シテ、後撰和歌集ヲ撰セシム、 拾芥抄 袋草紙 本朝文粹 榮華物語 八雲御抄 順集

女御藤原慶子ノ卒去ニ依リ、醍醐寺塔供養ヲ停ム、 醐醍寺雜記

十一月 小 己未朔盡

六日、牡馬ヲ武藏秩父御牧ニ賜フ、 樗嚢抄

十九日、奉幣宣命ヲ奏ス、 西宮記

廿二日、豊明節會、 政事要略 台記

廿三日、穢ニ依リテ、東宮鎮魂祭ヲ停ム、 西宮記

廿七日、穢ニ依リテ、賀茂臨時祭ヲ延引ス、 西宮記

十二月大 戊子朔盡

四日、賀茂臨時祭、是日、重明親王ニ帯劒ヲ聽ス、 西宮記

九日、石清水撿校貞延寂ス、 石清水祠官系圖

廿二日、内裏ニ犬死ノ穢アリ、 小野宮年中行事

廿三日、荷前使ヲ發遣ス、 小野宮年中行事 西宮記 北山抄

廿七日、穀倉院ヲシテ、近江丹波兩國無主ノ位田ノ地子稻ヲ勘納セシム、 政事要略

是歳、神今食以前ニ佛事ヲ行フ、 北山抄

天暦六年

正月小 戊午朔盡

一日、節會、 西宮記

三日、朝覲行幸、 御遊抄

七日、參議源正明ヲ正四位下ニ敍ス、 公卿補任

十日、卯杖ヲ上ル、 西宮記 北山抄

十一日、除目、 西宮抄 西宮記

十六日、踏歌節會、 三節會次第

十七日、射禮、 西宮記 北山抄

廿九日、左大臣實頼、亡室善子ノ爲メニ御諷誦ヲ修ス、 春記

是月、醍醐天皇ノ御子孫ヲ以テ、七代源氏ノ年爵ニ加フ、 河海抄

二月大 丁亥朔盡

一日、釋奠、上皇ノ御惱ニ依リテ宴座ヲ停ム、 西宮記 北山抄

三日、故右大臣菅原道眞託宣アリ、 久米寺流記

十一日、列見、音樂ヲ停ム、 西宮抄

三月小 丁巳朔盡

七日、左少史山文宗ヲ、明法得業生櫻井守明試問ノ博士トナス、 西宮記

十四日、上皇、御落飾アラセラル、 一代要記 醍醐寺雜

事記　扶桑略記　元亨釋書

十九日、軒廊御卜、西宮記

廿三日、天變ニ依リテ賑給ヲ行フ、西宮記

廿七日、臨時仁王會、河海抄

是月、高麗昭明王ノ后、寳物ヲ長谷寺ニ寄ス、和漢合運曆　長谷寺觀音驗記

四月大 丙戌朔盡

十五日、諸神位記ヲ頒ツ、類聚符宣抄　柱史抄　丹生明神記

法皇、仁和寺ニ移御シ給フ、醍醐寺雜事記　花鳥餘情

廿七日、曆博士賀茂保憲、所帶ノ榮爵ヲ父忠行ニ讓ランコトヲ請フ、本朝文粹

廿九日、東宮、藤壺ニ參入セラル、西宮記

三十日、雷鳴陣アリ、西宮記

是月、祈雨御讀經アリ、西宮記

五月小 丙辰朔盡

七日、史生秦安平等ヲシテ、諸神位記目錄ヲ書セシム、類聚符宣抄

十一日、河內平岡社物忌ヲ補ス、類聚符宣抄

十五日、京職ヲシテ、桑樹ヲ植ヱシム、政事要略

廿七日、位記召給アリ、西宮記

六月大 乙酉朔盡

五日、臨時奉幣使ヲ發遣シテ雨ヲ祈ル、康富記

十日、御體御卜、北山抄　西宮記

十九日、五社ニ奉幣シテ雨ヲ祈ル、康富記

廿三日、四堺祭使ヲ發遣ス、朝野群載

廿九日、季御讀經御前僧ヲ定メ、闕請ヲ補ス、西宮記

七月小 乙卯朔盡

五日、大辨不參ニ依リテ、南所申文ヲ停ム、西宮記

八日、伊勢奉幣、西宮抄

十五日、比叡山ノ僧修入、淨藏ト法力ヲ角ス、元亨釋書　古今著聞集

是月、頻ニ天變アリ、西宮記

八月大 甲申朔盡

十五日、法皇ノ御惱ニ依リテ、大赦ヲ行フ、西宮記
醍醐寺雜事記　中右記　朝野群載
朱雀法皇崩御アラセラル、扶桑略記　一代要記　古事談
大鏡　新續古今和歌集　新千載和歌集
十七日、遺詔ヲ奏シ、御心喪等ノ事ヲ定ム、北山抄
類聚雜例　小右記
十九日、太皇太后主殿寮ノ遷御ニ依リ、馬寮ヲシテ御馬ヲ牽カシム、類聚符宣抄
二十日、朱雀法皇御葬送、醍醐寺雜事記　歷代編年集成
大鏡裏書　權記　續後撰和歌集
太皇太后、主殿寮ニ遷御アラセラル、類聚符宣抄
廿二日、詔書覆奏、西宮記
廿三日、御除服竝ニ解陣アリ、爲房卿記

九月大甲寅朔盡

廿三日、諸牧御馬ノ貢進期ニ違ヒ、竝ニ例數ヲ減スルヲ科責セシム、政事要略

十月小甲申朔盡

一日、御心喪ニ依リテ、旬ヲ停ム、園太曆

二日、朱雀天皇七々日聖忌ニ依リテ、御齋會ヲ醍醐寺ニ修ス、醍醐寺雜事記　本朝文粹　類聚雜例　朝忠卿集
六日、山城葛野綴喜兩郡ヲシテ、新嘗會供御ノ稻粟ヲ進ゼシム、類聚符宣抄
八日、官奏アリ、北山抄
十二日、太皇太后御惱ニ依リテ、主殿寮ニ行幸アラセラル、西宮記　權記
十七日、太皇太后朱雀院ノ御馬ヲ內裏ニ獻ゼラル、西宮記
元慶寺ノ災ニ依リテ、仁王會執行ノ可否ヲ定ム、西宮記

十一月大癸丑朔盡

八日、越前追捕使押領使ヲ停ム、朝野群載
九日、出雲ニ押領使ヲ置ク、朝野群載
十六日、御心喪ニ依リテ、新嘗會ヲ停ム、政事要略
十八日、御心喪ニ依リテ、大祓ヲ行フ、北山抄
廿二日、賀茂臨時祭日ヲ定ム、西宮記

廿八日、門部ノ才幹アル者ヲシテ撿非違使公文ヲ掌ラシム、 政事要略

十二月小盡 癸未朔

一日、左近衞中將藤原朝忠ヲ參議ニ任ス、 公卿補任 朝野群載 魚魯愚鈔

八日、東宮御著袴、 日本紀略 平戸記 朝忠卿集

九日、內裏觸穢、 西宮記

十日、御體御卜、 類聚符宣抄

十一日、神今食ヲ所司ニ付ス、 西宮記

十四日、誨子內親王薨ズ、 一代要記 本朝皇胤紹運錄

十五日、賀茂臨時祭ヲ延引ス、 西宮記

十九日、賀茂臨時祭、是日、郡司召ヲ停ム、 西宮記 政事要略

廿一日、荷前、 西宮記 政事要略

廿九日、追儺、 西宮記

是歲、高野山奧院ノ堂塔雷火ニ依リテ燒亡ス、 高野山奧院興廢記

天曆七年

正月大盡 壬子朔

一日、太皇太后ノ御惱ニ依リテ、小朝拜ヲ停メ、節會ヲ行フ、 西宮記 三節會次第 愚昧記

四日、卯杖ヲ上ル、 西宮記

左大臣實頼、大饗ヲ行フ、 西宮記 北山抄

五日、右大臣師輔、大饗ヲ行フ、 西宮抄

七日、白馬節會、是日、參議小野好古從四位上ニ敍ス、 公卿補任 西宮記

八日、御齋會、是日、雲林院ニ於テ、大般若經轉讀アリ、 西宮記 河海抄

十四日、除目、直物アリ、 西宮抄 小右記 魚魯愚別錄

廿八日、大中臣中理、神田ヲ伊勢神宮ニ寄ス、 神宮雜例

閏正月小盡 壬午朔

十七日、長明親王薨ズ、 一代要記 本朝皇胤紹運錄 日本紀略 西宮記

廿八日、冷泉院預ヲ補ス、 河海抄

二月大盡 辛亥朔

五日、大原野祭、 北山抄

十一日、列見、 西宮抄

十二日、神祇官後廳火アリ、 中右記

十三日、諸國ニ令シテ、神社佛寺ノ修理ヲ勸進セシム、 扶桑略記 元亨釋書

神祇官燒亡ノ祟ヲ占ヒ、園韓神祭日ヲ勘申セシメ、又撿非違使ヲシテ、燒亡戶數ヲ注進セシム、 中右記

十四日、侍從所監ヲ補ス、 西宮記

十八日、雲林院ニ御願寶塔佛像ヲ造ル、 扶桑略記

二十日、仁壽殿御修法、 扶桑略記

廿三日、伊豫ノ封戶ヲ護國寺ニ充ツ、 扶桑略記

廿七日、園韓神祭、 中右記

三月大盡 庚辰朔

十四日、春宮大進正五位下藤原遠規卒ス、 尊卑分脈 御產部類記

二十日、權少僧都明珍、伊豫溫泉ニ赴カンコトヲ請フ、 扶桑略記

廿一日、大納言正三位藤原元方薨ズ、 一代要記 公卿補任 榮華物語 大鏡 花鳥餘情 長門本平家物語 醍醐寺緣起

廿九日、史生美努眞香ヲシテ、朱雀院御經所ニ候セシム、 類聚符宣抄

是月、廣瀨龍田祭日ヲ擇バシム、 北山抄

花宴アリ、 後撰和歌集

四月小盡 庚戌朔

一日、旬、 西宮記

六日、大納言藤原元方ノ薨奏、 北山抄

廿四日、賀茂祭、 天延二年記 平記

六月小盡 己酉朔

二日、交替使ノ事ヲ定ム、 西宮記

十日、故下總守藤原有行ノ後家ヲシテ、入京セシム、 類聚符宣抄

十三日、新任國司ヲシテ、早ク擬交替使ヲ申請セシム、 西宮記

史生美努眞香ヲシテ、撰國史所ニ直セシム、 類聚符宣抄

十六日、左馬寮史生矢集春生等ヲシテ、太皇太后御賀ノ物ヲ作ラシム、 類聚符宣抄

七月大盡 戊寅朔

二日、內供奉淳祐寂ス、 醍醐報恩院血脈 諸門跡譜 密宗血脈鈔 高野山奧院興廢記 石山寺緣起 日本往生極樂記

五日、賑給料ノ稲數ヲ定ム、 政事要略

東大寺別當光智、千手堂佛像ヲ修補ス、 東大寺要錄 東大寺別當次第

十七日、相撲召仰、是日、右少史我孫有柯、欠負官物他色ヲ以テ補納スベキノ狀ヲ勘申ス、 西宮抄 政事要略

廿一日、相撲召合ノ日ヲ改ム、 西宮記

廿八日、相撲內取、 西宮記 西宮抄

廿九日、相撲召合、 西宮記 樗嚢抄

是月、右大臣師輔、吳越王ニ書ヲ贈ル、 本朝文粹

八月大盡 戊申朔

七日、太皇太后、朱雀天皇御周忌ニ依リテ、一切經ヲ供養セラル、 扶桑略記 元亨釋書 本朝文粹

十一日、定考、釋奠內論義、 西宮記

十五日、朱雀天皇國忌ニ依リテ、信濃駒牽ノ日ヲ改ム、 西宮記 樗嚢抄

十六日、信濃駒牽、 西宮記 政事要略

十八日、甲斐穗坂駒牽、 樗嚢抄

三十日、觸穢セザル所司ヲシテ、例幣ノ事ヲ行ハシム、 西宮記 北山抄

九月大盡 戊寅朔

十一日、例幣、 西宮記 北山抄 小右記

十八日、權少僧都寛空ヲシテ、眞言院念佛ニ奉仕セシム、 仁和寺傳

廿三日、除目議、 西宮抄

廿五日、中納言源高明ヲ大納言ニ任ズ、其他任官

差アリ、公卿補任

是月、東大寺、大佛殿ノ破損修理料ヲ申請ス、東大寺要錄

十月小 戊申朔盡

二日、學生三善道統ニ登省宣旨ヲ下ス、類聚符宣抄

五日、殘菊宴アリ、政事要略 西宮記 北山抄

十三日、御庚申、古今著聞集 續後撰和歌集

十八日、菊合、古今著聞集 花鳥餘情 北山抄

是月、太皇太后、菊ヲ植ヱシメ給フ、續後撰和歌集

十一月大 丁丑朔盡

二日、陸奧臨時交易ノ馬ヲ御覽アラセラル、西宮記

十九日、太皇太后ノ御惱ニ依リテ、賀茂臨時祭ノ試樂ヲ停ム、西宮記 小右記

十二月小 丁未朔盡

十八日、參議正四位下平隨時卒ス、一代要記 公卿補任

二十日、大法師光智、重ネテ東大寺別當ニ補ス、東大寺別當次第

廿八日、紀有守ヲ紀伊國造ニ任ズ、類聚符宣抄

是歲、蹴鞠ヲ御覽アラセラル、西宮記

延暦寺蓮華院ヲ以テ、東宮ノ御願寺ト爲ス、山門堂舍記

陰陽寮火アリ、百練抄

天暦八年

正月大 丙子朔盡

二日、東宮大饗、是日、太皇太后ノ御惱ニ依リテ、同大饗ヲ停ム、西宮抄 江家次第

四日、太皇太后穩子崩御アラセラル、扶桑略記 大鏡裏書 御産部類記 西宮記 中右記 本朝皇胤紹運錄 拾芥抄 皇年代記 東寶記 年中行事抄 北山抄 元輔集

七日、廢務、警固固關、是日、御葬司ヲ任ジ、素服擧哀ヲ停ム、西宮記 北山抄 政事要略 類聚符宣抄

太皇太后ノ御體ヲ二條院ニ遷シ奉ル、西宮記 類聚雜例

八日、御齋會ヲ延引ス、年中行事祕抄 百練抄

十日、御錫紵ヲ著ケ給フ、是日、太皇太后ヲ葬ル、西宮記　百練抄

十六日、解陣開關、是日、錫紵ヲ除カレ、臺盤御膳ヲ供スルノ日ヲ勘申セシム、西宮記　北山抄　大外記師夏記

廿二日、御齋會、是日、御錫紵ヲ除キ内匠寮諒闇ノ御裝束ヲ撤ス、大外記師夏記　三僧記類聚　園太暦

廿三日、臺盤御膳ヲ供ス、西宮記

廿四日、尋常御簾ヲ撤シテ蘆簾ヲ懸ク、西宮記　河海抄

廿五日、參議藤原朝忠ヲシテ、太宰大貳ヲ兼ネシム、公卿補任　吉記

是月、算博士大藏禮數卒ス、類聚符宣抄

二月小盡　丙午朔

七日、平敷政始、西宮記

八日、故太皇太后五七日忌、御誦經アリ、新勅撰和歌集

十一日、列見、西宮抄

十九日、權律師鎭朝ヲ權少僧都ニ任ズ、天台座主記

廿一日、法性寺塔供養、僧綱補任　扶桑略記

廿二日、故太皇太后七々日忌辰法會ヲ二條院ニ修ス、西宮記

廿三日、始メテ御簾ヲ上グ、西宮記

伴公扶ヲ大和撿非違使ニ補ス、類聚符宣抄

三月小盡　乙亥朔

二日、二條院伺候ノ僧ニ度者ヲ賜フ、西宮記

三日、御燈ヲ停ム、是日、殿上酒肴アリ、西宮記　左經記

八日、除目議、西宮抄　小野宮年中行事

十一日、冷然院ヲ改メテ、冷泉院ト爲ス、花鳥餘情　拾芥抄

十四日、右京大夫源兼忠ヲ參議ニ任ズ、其他任官差アリ、公卿補任　朝野群載

十八日、康子内親王ヲ三宮ニ准ズ、一代要記　大鏡裏書　本朝世紀　西宮記

十九日、僧綱ヲ任ズ、東寺長者補任　仁和寺諸院家記

二十日、故太皇太后ノ爲メニ、法會ヲ法性寺ニ修

セシム、扶桑略記　西宮記　本朝文粋　拾遺和歌集　信明集

四月大盡 甲辰朔

一日、旬、平座、西宮記　雜記

七日、諒闇ノ年課試ノ例ヲ勘申セシム、西宮記

八日、多武峯實性、始メテ灌佛會ヲ修ス、多武峯略記

九日、參議藤原朝忠ヲシテ、例務ニ從ヒ位祿ニ預ラシム、西宮抄

十六日、致仕參議從三位伴保平薨ズ、公卿補任　法曹類林

十八日、賀茂祭、北山抄　西宮記

十九日、奉幣、北山抄

二十日、播磨守藤原成國卒ス、勅撰和歌作者部類　後撰和歌集

廿五日、諸社、及ビ七大寺ヲシテ雨ヲ祈ラシム、祈雨日記

文章得業生菅原輔正ヲシテ、試ヲ奉ゼシム、西宮記

廿八日、東宮凝花舍ニ移ラセラル、日本紀略

延暦寺新延命院ニ供僧ヲ置キ、度者ヲ賜フ、叡岳要記

五月小盡 甲戌朔

一日、炎旱ニ依リテ、貴布禰社ニ奉幣シ、東大寺等ニ讀經セシム、祈雨日記

九日、大極殿ニ於テ、祈雨讀經ヲ行フ、祈雨日記

十四日、近衞府手番、西宮記

十五日、左大臣實賴ヲ正二位ニ敍ス、公卿補任

東寺年分度者四人ヲ得度ス、東寶記

十七日、祈雨御讀經ノ日時ヲ定ム、祈雨日記

十八日、權律師定助ヲシテ、請雨經法ヲ修セシム、祈雨日記

十九日、五龍祭ノ日時ヲ定ム、祈雨日記

廿一日、雷雨、祈雨日記

廿八日、女官除目、西宮抄

六月大盡 癸卯朔

一日、朔ニ依リテ、軍賊ノ事ニ觸ル、文ヲ奏セズ、北山抄

多武峯讀經會アリ、多武峯略記

十四日、播磨守伴彦眞ノ任符ニ請印セシム、類聚符宣抄

十九日、康子內親王准三宮ヲ辭セラル、明日、勅答ヲ賜ヒ、之ヲ聽サズ、西宮記

廿五日、郡司召アリ、北山抄

廿六日、主計權少允凡河內良尙等ヲ算得業生試問博士トナス、類聚符宣抄

廿九日、參議大江朝綱ヲ撰國史所別當ト爲ス、類聚符宣抄

三十日、節折、左經記

七月小 癸酉朔盡

二日、炎旱ニ依リテ、御卜ヲ行フ、江次第 二十二社註式

七日、乞巧奠、左經記 江次第

八日、伊勢奉幣、西宮抄

十四日、御盆供、西宮記 左經記

二十日、詔シテ封事ヲ上ラシム、類聚符宣抄

廿八日、詔書覆奏アリ、詔書ヲ諸國司ニ頒下ス、政事要略 類聚符宣抄

八月大 壬寅朔盡

九日、文章博士橘直幹申文ヲ上ル、本朝文粹 江談抄

十六日、信濃駒牽、西宮記

廿九日、雅子內親王薨ズ、一代要記 日本紀略 大和物語 後撰和歌集 西宮記 皇胤系圖 公卿補任 尊卑分脈 高光集

九月大 壬申朔盡

五日、雅子內親王薨奏アリ、仍リテ錫紵ヲ著ケ給フ、西宮記

九日、太宰大貳藤原元名、赴任スルヲ以テ御衣ヲ賜フ、西宮記

十一日、例幣、小右記

十四日、重明親王薨ズ、扶桑略記 一代要記 政事要略 參語集 花鳥餘情 古今著聞集 江次第 拾芥抄 古事談 齋宮女御集 玉葉和歌集 續後拾遺和歌集 尊卑分脈 今昔物語

二十日、重明親王ノ薨奏アリ、仍リテ錫紵ヲ著ケ

給フ、是日、坊官定考、 西宮記 小右記

廿七日、甲斐穂坂駒牽、 北山抄 天延二年記 政事要略

十月 小 壬寅朔盡

五日、殘菊宴ヲ停ム、 權記

七日、後院ニ於テ、萩原駒牽アリ、 西宮記

十八日、右大臣師輔横河ニ法華三昧堂ヲ草創ス、 門葉記 大鏡裏書 歷代編年集成 叡岳要記

十一月 大 辛未朔盡

三日、私ニ兵仗ヲ帶スルヲ禁ズ、 法曹至要抄

八日、外記政ノ日、內文ヲ奏スルコトヲ定ム、 類聚符宣抄

二十日、鎭魂祭、 北山抄 年中行事祕抄

廿七日、賀茂臨時祭ヲ停ムルニ依リテ、御禊ヲ行ハル、 西宮記

十二月 大 辛丑朔盡

三日、諒闇ニ依リテ、白馬ノ飼料ヲ給セズ、 西宮記

五日、大法師良源、延暦寺ニ法華八講ヲ修ス、 扶桑略記 元亨釋書

十一日、月次祭、神今食、 年中行事祕抄 西宮記 北山抄

十三日、少僧都明珍寂ス、 東大寺別當次第

廿二日、著鈦政、西宮記

廿四日、荷前、 西宮記 北山抄 小野宮年中行事

廿五日、贈皇太后澤子ノ國忌ヲ廢シテ、太皇太后穩子ノ國忌ヲ置ク、 西宮記 江家次第抄

廿九日、備中小田郡大領ヲ任ズ、 類聚符宣抄

三十日、節折、追儺、 西宮記 政事要略

是歲、穢中仁王會ヲ修ス、 西宮記

多武峯實性、勅ヲ奉ジテ如法堂ヲ建テ、又始メテ仁王經ヲ講ズ、 多武峯略記

東大寺尊勝院ヲ御願寺ト爲ス、 東大寺要錄

僧淨藏、加持シテ八坂塔ノ傾ケルヲ復ス、 僧綱補任 歷代編年集成

駿河益頭郡司伴成正等殺害セラル、 朝野群載

天暦九年

正月 小 辛未朔盡

一日、四方拜、 北山抄

四日、故太皇太后ノ御爲ニ、宸筆法華經ヲ供養セラル、 釋家初例抄 左經記 西宮記 扶桑略記 濫觴抄 江吏部集 年中行事祕抄 小右記 中右記

廿五日、縫殿寮、猿女死闕替ヲ奏ス、 西宮記

二月大 庚子朔盡

四日、祈年祭、大原野祭、 年中行事祕抄

七日、敍位、 公卿補任 一代要記 西宮記

十一日、列見、 西宮記

廿九日、內裏歌合、 拾遺抄

是月、近江追捕使大友兼平死ス、 朝野群載

三月小 庚午朔盡

廿六日、殿上賭弓、 侍中群要 北山抄

是月、花宴アリ、 北山抄

右少辨從五位下藤原扶樹卒ス、 尊卑分脈

四月小 己亥朔盡

七日、擬階奏、 北山抄

五月大 戊辰朔盡

五日、端午節、 西宮記

六日、競馬打毬ヲ御覽アラセラル、 西宮記

二十日、中納言從三位源庶明薨ズ、 一代要記 公卿補任 尊卑分脈 師輔集 續古事談

六月小 戊戌朔盡

九日、大僧都禪喜寂ス、 扶桑略記 元亨釋書

十日、御體御卜、 西宮記 北山抄

十七日、右大臣師輔、右大將ヲ辭ス、 愚管抄

十八日、式部少丞橘雅文ノ未ダ放還ヲ得ザルノ責ヲ免シテ、一分召ノ事ニ從ハシム、 類聚符宣抄

廿三日、月次祭、是日、諸社臨時奉幣ス、 小右記

廿六日、學生藤原淑遠等ニ登省宣旨ヲ下ス、 類聚符宣抄

七月小 丁卯朔盡

十七日、樂子內親王ヲ齋宮ト爲ス、是日、東寺年分度者ヲ得度ス、 東寶記 皇年代記 一代要記

廿三日、淡路國分寺僧ヲ補ス、 朝野群載
廿四日、大納言藤原顯忠ニ右大將ヲ兼ネシム、其他遷任差アリ、 公卿補任
廿六日、相撲召合、 樗嚢抄 北山抄

八月大盡 丙申朔

二日、釋奠、 江次第 本朝世紀
十一日、定考、 政事要略 西宮抄
十七日、甲斐穗坂駒牽、 西宮記 北山抄
左近衞中將藤原朝成ヲ藏人頭ニ補ス、 一代要記 公卿補任

九月大盡 丙寅朔

十一日、例幣ヲ延引ス、 北山抄
十七日、左大臣實頼、左大將ヲ辭ス、 公卿補任 本朝文粹 江談抄 撰集抄
廿二日、律師明達寂ス、 元亨釋書 明匠略傳 嚴神抄

閏九月小盡 丙申朔

十一日、伊勢例幣、京官除目、 小右記 北山抄
廿一日、疾疫流行ニ依リテ、來月ノ殘菊宴ヲ停ム、 政事要略
是月、紅葉合アリ、 清正集 元輔集

十一月大盡 乙未朔

一日、朔旦冬至、是日、春日祭使ヲ發遣ス、 朔旦冬至部類記 一代要記 江次第 本朝文粹 政事要略 新儀式 權記 左經記 西宮記
廿一日、新嘗祭、 北山抄
廿二日、豐明節會、是日、敍位、及ビ恩赦アリ、 政事要略 北山抄 公卿補任
廿四日、女敍位、是日、多武峯實性、始メテ大師講ヲ修ス、 小右記 多武峯略記

十二月大盡 乙丑朔

五日、詔書覆奏、 九條年中行事
八日、荷前使ヲ定ム、 小野宮年中行事
十六日、荷前、 小野宮年中行事 江次第
二十日、覺眞入道親王ニ輦車ヲ聽ス、 北山抄
廿二日、御佛名、 北山抄

廿五日、太政官論奏、是日、故太皇太后國忌ヲ東寺ニ置ク、 本朝文粋 年中行事抄 江次第 撰集秘抄

三十日、追儺、 西宮記 樗嚢抄

是歳、宇佐使ヲ發遣ス、 高光集

駿河介橘忠幹賊ノ爲ニ殺サル、 朝野群載 勅撰和歌作者部類 尊卑分脈 拾遺和歌集 續古今和歌集

出羽龍華寺僧妙達寂ス、尋デ蘇生ス、 法華驗記

天暦十年

正月小 乙未朔盡

七日、除位、 公卿補任

十七日、少僧都實性寂ス、 多武峯略記 護持僧次第 河海抄

二月大 甲子朔盡

四日、祈年祭、大原野祭、 年中行事秘抄

七日、出雲國分寺僧ヲ補ス、 朝野群載

十一日、諸卿ノ物忌ニ依リテ列見ヲ延引ス、 西宮記

十三日、列見、 西宮記 北山抄 權記

十四日、釋奠、 西宮記

十五日、直物、除目、 江次第

三月小 甲午朔盡

五日、筑前安樂寺別當正忠寂ス、 荏柄一乘院所藏菅氏系圖

九日、京官除目、是日、大外記御船傳説ヲシテ、撰國史所ニ直セシム、 小野宮年中行事 類聚符宣抄

廿四日、參議源兼忠ニ治部卿ヲ兼ネシム、 公卿補任

廿九日、麗景殿女御莊子女王、歌合ヲ行フ、 歷代編年集成 忠見集 拾遺抄 袋草紙

是月、賑給アリ、 西宮記

是春、花宴アリ、 北山抄

四月小 癸亥朔盡

一日、旬、 西宮記 北山抄 小右記

二日、東宮初謁ノ儀アリ、是日、女御藤原安子ヲ從

二位ニ敍ス、 平記 大鏡裏書

八日、灌佛、 西宮記

十九日、天變旱災ニ依リテ諸社ニ奉幣ス、是日、東宮御書始アリ、 西宮記 江次第 台記 皇年代略記

是月、郡司召アリ、 北山抄

五月大 壬辰 朔盡

一日、東寺年分度者ヲ得度セシム、 東寶記

十日、已講助精ヲ興福寺權別當ニ任ズ、 興福寺寺務次第

廿九日、神祇少副大中臣公節ヲ祭主ニ補ス、 大中臣氏系圖

是月、宣耀殿女御藤原芳子、歌合ヲ行フ、 夫木和歌抄

六月小 壬戌 朔盡

十一日、神祇伯忠望王ノ勘事ヲ免シ、月次祭幣ヲ諸社ニ班タシム、 北山抄 江次第

十二日、穢中、天台座主延昌ヲシテ、御修法ヲ行ハシム、 修法要抄

十三日、甲可是茂ヲ近江追捕使ニ補ス、 朝野群載

十九日、元平親王ヲ相撲司別當ト爲ス、 小右記

七月小 辛卯 朔盡

七日、荷前使闕怠ニ依リテ、山城介藤原季方ノ位祿ヲ奪フ、 類聚符宣抄

十一日、少監物平季明ヲシテ、撰國史所ニ候セシム、 類聚符宣抄

十九日、相撲召仰、 西宮抄

廿三日、炎旱ニ依リテ、重ネテ服常御膳ヲ減ジ、恩赦ヲ行フ、 北山抄 本朝文粹

廿七日、相撲召合、 樗嚢抄 西宮記 北山抄 小右記

八月大 庚申 朔盡

八日、公卿論奏シテ、臣下ノ封祿ヲ減ゼンコトヲ請フ、 北山抄

十一日、犬死ノ穢ニ依リテ、定考ヲ延引ス、 西宮記

十三日、定考、 西宮記

十四日、臨時奉幣アリ、 西宮記

十六日、信濃駒牽、西宮記 政事要略
十八日、臨時相撲、西宮記 權記
十九日、駒牽、是日、論奏公卿ニ勅答ヲ賜フ、西宮記
北山抄 本朝文粹
二十日、武藏立野駒牽、樗嚢抄 西宮記
廿七日、公卿重ネテ論奏ス、北山抄
三十日、藏人所學生ヲ試ム、西宮記

九月大 庚寅朔盡

廿八日、論奏ニ依リテ、臣下ノ封祿ヲ減ズ、北山抄
西宮記 小右記 禁祕抄

十月小 庚申朔盡

五日、弓場始延引、樗嚢抄
十一日、弓場始、樗嚢抄
廿一日、駿河國司、竝ニ雜任等ノ帶劒ヲ聽ス、朝野
群載

十一月大 己丑朔盡

五日、致平親王參內セラル、是日、典鎰ヲシテ主鈴
代ヲ勤メシム、公卿補任 本朝皇胤紹運錄 內局柱礎抄
十五日、新嘗祭、北山抄
二十日、馬寮白馬ノ秣ヲ請フ、北山抄

十二月大 己未朔盡

四日、康子內親王承香殿ニ移ラセラル、一代要記
五日、史生大私望玄ニ、上日八十四箇日ヲ給ス、
類聚符宣抄
廿二日、著鈦政、西宮記
廿三日、主稅少允大藏具傳ヲ算得業生小槻陣群
試問ノ博士ト爲ス、類聚符宣抄
廿六日、荷前、樗嚢抄
廿九日、僧綱ヲ任ス、天台座主記 東大寺別當次第
是歲、春日祭、園韓神祭以前ニ臨時御讀經ヲ行フ、
北山抄
神今食以前佛事ヲ行フ、北山抄
右少辨菅原文時、男惟熙ニ學問料ヲ給與ノ申文
ヲ上ル、本朝文粹

天徳元年

正月大 己丑朔 盡

一日、小朝拜、節會、 日本紀略 九暦

二日、東宮拜禮、大饗、 日本紀略 九暦

三日、卯杖ヲ上ル、是日、廣平親王參內拜禮アラセラル、 日本紀略 九暦

四日、太皇太后穩子國忌、 日本紀略

五日、左大臣實頼大饗、 日本紀略 九暦 台記

六日、敍位ノ議、 日本紀略

七日、白馬節會、 日本紀略 小野宮年中行事 西宮記

八日、御齋會、 日本紀略

十四日、內論義アリ、是日、右大臣師輔大饗、 日本紀略 九暦

廿一日、除目、 九暦 日本紀略

二月小 己未朔 盡

一日、春日祭使藤原齊敏、母ノ忌日ニ當ルヲ以テ、代官ヲ用フ、 日本紀略

二日、春日祭、是夜、桲星見ハル、 日本紀略 小右記

四日、祈年祭、 日本紀略 西宮抄 吉記

五日、園韓神祭、直物、小除目、 日本紀略

九日、大原野祭、釋奠、 日本紀略

十一日、列見、是夜、神祇官火アリ、 日本紀略

十三日、安藝國分寺僧ヲ補ス、 朝野群載

十五日、廣平親王第火アリ、 日本紀略

十九日、大祓、 日本紀略

廿二日、仁王會、 日本紀略

廿三日、成子內親王出家セラル、 日本紀略 一代要記

廿五日、左大臣實頼、大內記藤原後生ヲシテ、世說ヲ講ゼシム、 左經記

廿六日、東寺年分度者ヲ得度セシム、 東寶記

廿八日、大索、 日本紀略

是月、女御莊子女王、歌合ヲ行フ、 夫木和歌抄

中納言藤原師尹、左衞門督撿非違使別當ヲ辭ス、 公卿補任

三月大盡 戊子朔

四日、天變怪異ニ依リテ、八社ニ奉幣ス、日本紀略

八日、元慶寺火アリ、九暦

十三日、射禮、日本紀略 九暦 西宮記

十四日、賭弓、射遺、日本紀略 九暦 西宮抄

十五日、仁和寺櫻會、日本紀略 九暦

十六日、八省院季御讀經、日本紀略 九暦 北山抄 西宮記

七大寺ノ僧ヲシテ、東大寺ニ祈雨讀經ヲ修セシム、日本紀略 北山抄 東大寺別當次第

二十日、侍從所監ヲ補ス、河海抄

廿一日、左大臣實頼、左近衛大將ヲ辭ス、一代要記 日本紀略 公卿補任

齋部安子ヲ御巫代ト爲ス、類聚符宣抄

廿五日、十六社ニ奉幣シテ雨ヲ祈ル、日本紀略

廿六日、甘雨降ル、日本紀略

三十日、殿上ニ舞樂アリ、九暦

是月、參議大江朝綱、重病ニ依リテ、度者ヲ給セラレンコトヲ請フ、本朝文粹

四月小盡 戊午朔

一日、旬、日本紀略 九暦

三日、平野祭、日本紀略

四日、廣瀬龍田祭、日本紀略

五日、封事ヲ定ム、九暦

七日、成選短冊ヲ奏ス、日本紀略 西宮記

八日、灌佛、日本紀略

九日、飢饉ニ依リテ、東大寺以下十七寺ニ、大和國不動穀ヲ給ス、日本紀略

十三日、律師定助寂ス、日本紀略

十四日、賀茂祭警固ヲ仰ス、日本紀略

十六日、賀茂祭、日本紀略 九暦

廿二日、女御藤原安子、父右大臣師輔ノ五十ノ算ヲ賀ス、九暦 日本紀略 拾遺和歌集 新勅撰和歌集 頼基朝臣集 元眞集 中務集 清正集

廿三日、除目、日本紀略

廿五日、除目、是日、權少外記大江遠兼ヲシテ釐務ニ從ハシム、日本紀略 公卿補任 西宮抄 類聚符宣抄

五月小盡 丁亥朔

一日、延曆寺講堂供養、是日、僧良源ヲシテ、七佛藥師法ヲ修シテ、康子內親王ノ平產ヲ祈ラシム、日本紀略 天台座主記 我慢抄

二日、清涼殿御讀經、日本紀略

四日、上野介從五位上藤原尹風卒ス、尊卑分脈

十四日、仁王會ニ依リテ大祓ヲ行フ、日本紀略

十五日、如法仁王會、日本紀略

十八日、四堺祭、日本紀略

廿四日、賑給、日本紀略 西宮記

廿六日、右衞門少志赤染時用、著鈦囚人ノ勘文法意ニ乖クヲ勘進ス、西宮記

六月大盡 丙辰朔

三日、十四社ニ於テ、仁王經ヲ讀誦セシムルコトヲ定ム、日本紀略

六日、康子內親王薨ズ、日本紀略 九曆 本朝皇胤紹運錄 一代要記 尊卑分脈 大間成文抄 新儀式 大鏡

十日、御體御卜、是日、康子內親王ノ薨奏アリ、日本紀略 類聚符宣抄

十一日、穢、竝ニ御錫紵ニ依リテ、月次祭、神今食ヲ延引ス、日本紀略 園太曆

十八日、紫宸清涼兩殿ニ於テ、大般若經ヲ轉讀セシム、日本紀略

廿五日、暴風大雨、是日、豐樂院ニ於テ試經アリ、日本紀略

七月小盡 丙戌朔

十七日、天台座主延昌ニ絹布ヲ賜フ、西宮記

十八日、諸社ニ奉幣シテ、年穀ヲ祈ル、日本紀略

二十日、月次祭、神今食、是日、吳越ノ使盛德、書ヲ上ル、日本紀略

廿一日、廣瀨龍田祭、日本紀略

廿二日、右大臣師輔、亡室康子內親王七々日ノ佛

事ヲ修ス、 日本紀略 九暦
廿七日、相撲ヲ停ム、 日本紀略

八月小 乙卯朔盡

一日、丹生、貴布禰兩社ニ奉幣シテ、雨ヲ祈ル、 日本紀略
二日、齋宮寮除目、 日本紀略
三日、釋奠、 日本紀略
四日、御物忌ニ依リテ、內論義ヲ停ム、 日本紀略
六日、式部少丞菅原輔正ヲ文章得業生紀伊輔試問ノ博士ト爲ス、 類聚符宣抄
十一日、定考、 日本紀略 九暦
十三日、季御讀經、武藏秩父駒牽、 日本紀略 樗嚢抄
廿五日、信濃望月駒牽、是日、僧元鑒ニ大僧都ヲ贈ル、 日本紀略 樗嚢抄
廿九日、大祓、是日、參議藤原朝忠ヲ長奉送使ト爲ス、 日本紀略 九暦 朝忠卿集

九月大 甲申朔盡

五日、齋宮群行、 九暦 日本紀略 拾遺抄
廿五日、狼、學館院ノ北ニ於テ女人ヲ嚙殺ス、 日本紀略

十月小 甲寅朔盡

一日、旬、平座、 日本紀略
三日、文章生ノ試アリ、 日本紀略
五日、殘菊宴、 日本紀略 九暦 西宮記
十四日、封事ヲ定ム、 日本紀略
十七日、清涼殿ニ於テ、大般若經轉讀アリ、 日本紀略
廿七日、天徳ト改元ス、 日本紀略 一代要記 改元部類
極樂寺菊會、 九暦

十一月大 癸未朔盡

一日、御暦奏、 日本紀略
二日、平野祭、 日本紀略
十日、前河內守藤原忠幹等ヲ召シ問フ、 西宮記
十六日、大原牧鷹竝ニ馬ヲ貢ス、 九暦

十八日、大原野祭、 日本紀略

十九日、園韓神祭、 日本紀略

二十日、鎭魂祭、 日本紀略

廿一日、新嘗祭、 日本紀略

廿二日、豐明節會、 日本紀略

廿三日、東宮鎭魂祭、伯母ノ服ニ依リテ、之ヲ延引ス、 日本紀略

廿七日、賀茂臨時祭、 日本紀略 九暦

廿九日、大舍人寮火アリ、 日本紀略

三十日、盜、大藏省長殿ニ入ル、 日本紀略

十二月大盡 癸丑朔

二日、律師光智ヲ東大寺別當ニ重任ス、 東大寺別當次第

三日、少判事小野傅說ヲ明法得業生惟宗致明試問ノ博士ト爲ス、 類聚符宣抄

七日、諸社ニ奉幣ス、 日本紀略

九日、少僧都空晴寂ス、 日本紀略 興福寺寺務次第 僧官補任 諸門跡譜

十日、御體御卜、 日本紀略

十一日、月次祭、神今食、 日本紀略

十四日、大納言藤原顯忠、六十ノ賀ニ依リテ、極樂寺ニ於テ法事ヲ修ス、 九暦

十七日、興福寺權別當助精ヲ別當ニ補ス、 興福寺寺務次第

二十日、大風雨、 日本紀略

廿五日、參議藤原朝忠ニ、右衞門督ヲ兼ネシメ、撿非違使別當ト爲ス、 公卿補任

廿七日、右少辨菅原文時、意見ヲ上ル、 本朝文粹

廿八日、參議正四位下大江朝綱卒ス、 日本紀略 大江氏系圖 公卿補任 本朝文粹 江談抄 西宮記 類聚符宣抄 本朝書籍目錄 作文大體序 古今著聞集 拾芥抄

參議大江維時ヲ撰國史所別當ト爲ス、 類聚符宣抄

廿九日、東宮鎭魂祭、 九暦

三十日、追儺、 西宮記

是歳、穀價騰貴セルヲ以テ、常平所ヲ置ク、 日本紀略 西宮記

左近衛中將從四位下良岑義方卒ス、 勅撰和歌作者部類 良峯氏系圖 職事補任 西宮記 日本紀略 九暦 御産部類記 大和物語 後撰和歌集

沙門海蓮寂ス、 法華驗記

天德二年

正月大盡 癸未朔

一日、節會、 日本紀略

二日、東宮、竝ニ致平親王參覲セラル、是日、東宮大饗アリ、 日本紀略

三日、廣平親王參覲セラル、 九暦

六日、敍位議、 日本紀略

七日、白馬節會、敍位、 日本紀略 西宮記 公卿補任

八日、御齋會、 日本紀略

十日、女敍位、 日本紀略

十一日、木工頭小野道風中文ヲ上ル、 本朝文粹

十四日、鹿、冷泉院ニ入ル、 九暦

十七日、僧綱召、 日本紀略 天台座主記 東寺長者補任

廿二日、鹿、朱雀院ニ入ル、 九暦

廿六日、除目、 日本紀略 江次第

廿九日、除目、 公卿補任

三十日、除目、是日、犬死ノ穢アリ、 公卿補任 日本紀略

是月、左右大臣大饗アリ、 西宮記

二月小盡 癸丑朔

三日、穢ニ依リテ、大原野祭ヲ延引ス、 日本紀略

四日、祈年祭、 日本紀略

五日、釋奠、 日本紀略

八日、春日祭、 日本紀略

十一日、列見、 日本紀略 西宮抄 北山抄

十三日、大原野祭兩度延引ノ例ヲ勘ヘシム、 日本紀略

十五日、大原野祭、穢ニ依リ重ネテ延引ス、 日本紀略

十七日、除目、直物アリ、是日、常陸介藤原滋望ノ任符ニ請印セシム、 日本紀略 類聚符宣抄

廿二日、左大臣實頼ノ病ニ依リテ、度者ヲ給フ、

九暦

廿四日、大祓、日本紀略

廿七日、大原野祭、日本紀略

廿八日、仁王會、日本紀略

三月大 壬午朔 盡

三日、御燈、日本紀略

七日、爲平親王初謁ノ儀アリ、日本紀略 九暦

九日、參議正四位下源正明卒ス、日本紀略 公卿補任 大和物語

十一日、權律師喜遵寂ス、日本紀略

十三日、射禮、日本紀略

十四日、賭射、日本紀略

十九日、季御讀經、日本紀略

廿三日、花宴、日本紀略

廿五日、錢貨延喜通寶ノ文ヲ改メ、乾元大寶トナス、日本紀略 九暦 拾芥抄

三十日、和歌御會、是日、法性寺火アリ、日本紀略 九暦

四月小 壬子朔 盡

一日、旬、平座、是日、多武峯僧千滿普賢像ヲ造立ス、日本紀略 多武峯略記

三日、氷雪降ル、日本紀略

四日、廣瀨龍田祭、日本紀略

七日、成選短册ヲ奏ス、日本紀略

八日、灌佛、是日、圖書允阿保懷之ヲシテ、新錢ノ文ヲ書セシム、日本紀略 九暦

九日、平野祭、日本紀略

十日、強盜、右獄囚人ヲ奪フ、日本紀略

十二日、鑄錢司ニ改錢官符ヲ賜フ、九暦

十四日、右京火アリ、逃脫囚人ヲ捕フ、日本紀略

十七日、賀茂祭ノ停否ヲ定ム、西宮記

參議正四位源自明卒ス、日本紀略 公卿補任 類聚符宣抄

十九日、參議源自明ノ薨奏アリ、御錫紵ヲ著ケ給フ、日本紀略 西宮記 九暦 爲房卿記

二十日、賀茂祭警固並ニ齋院御禊、　日本紀略　西宮記

廿一日、穢ニ依リテ、左大臣實頼家ノ紙ヲ以テ賀茂祭宣命料紙ト爲サシム、　日本紀略　西宮記

廿二日、賀茂祭、　日本紀略　西宮記　園太暦

廿六日、小除目、　日本紀略

左大臣實頼上表、　日本紀略

廿八日、孚子内親王薨ズ、　日本紀略　一代要記　大和物語　後撰和歌集　元良親王集

五月大 辛巳朔盡

二日、孚子内親王薨奏、　北山抄　西宮記　日本紀略

五日、東宮御修法アリ、度者ヲ賜フ、　九暦

八日、仁王會ニ依リテ、大祓ヲ行フ、　日本紀略

十日、仁王會、　日本紀略

十七日、僧綱ヲシテ、寺社ニ讀經ヲ修シ、疾疫ヲ禳ハシム、是日、擬文章生ノ試ヲ行フ、　日本紀略　類聚符宣抄

廿二日、延暦寺僧徒、座主延昌ノ僧正ニ任ゼラルルヲ以テ、賀表ヲ上ル、　日本紀略　西宮記

元平親王薨ズ、　日本紀略　本朝皇胤紹運録　大和物語

廿六日、雷鳴雹降ル、　日本紀略

六月小 辛亥朔盡

四日、右大臣師輔、康子内親王周忌ノ佛事ヲ修ス、　日本紀略

五日、霖雨ニ依リテ御卜ヲ行フ、　日本紀略

十日、御體御卜、　日本紀略

十五日、二條院火アリ、　日本紀略

十六日、止雨奉幣、　園太暦

廿七日、御讀經、　日本紀略

七月大 庚辰朔盡

一日、日食、　日本紀略

參議正四位下源衆忠卒ス、　日本紀略　公卿補任　後撰和歌集

四日、廣瀬龍田祭、　日本紀略

十八日、盜、大藏省ノ絹ヲ取ル、　日本紀略

十九日、左少辨從五位上藤原克忠卒ス、　職事補任　尊卑分脈　北山抄

廿三日、穢アリ、內裏ニ及ブ、　日本紀略

廿九日、相撲召合、飢饉疾病ニ依リテ音樂ヲ停ム、　日本紀略　樗囊抄

三十日、追相撲、　日本紀略

是月、紀伊守從五位上藤原淸正卒ス、　三十六人歌仙傳　玉葉和歌集　淸正集

算博士正六位上小槻茂助卒ス、　壬生家譜　類聚符宣抄　今昔物語

閏七月小 庚戌朔盡

九日、狂女、死人ノ頭ヲ食フ、　日本紀略

廿五日、除目、　日本紀略

廿八日、除目、　公卿補任

八月小 己卯朔盡

三日、參議橘好古ニ、右大辨ヲ兼ネシム、是日、東寺年分度者ヲ得度セシム、　公卿補任　東寶記

七日、直物、　日本紀略

九日、釋奠、　日本紀略　北山抄

十日、論義、　日本紀略

十一日、定考、　日本紀略　西宮記

十三日、直物、是日、權律師寬延寂ス、　日本紀略

十五日、季御讀經、　日本紀略

琵琶ノ秘曲ヲ感得シ給フ、　和漢合符　平家物語　源平盛衰記　古事談　長門本平家物語

十六日、信濃駒牽、　日本紀略　樗囊抄

是月、秣ヲ止メタル御馬ノ舊ニ復スベキ程限ヲ勘ヘシム、　北山抄

中納言源兼明、自筆法華經ヲ供養ス、　朝野群載

九月大 戊申朔盡

三日、御燈、　日本紀略

八日、樹木花咲ク、　日本紀略

十一日、例幣、　日本紀略

十三日、天變等ニ依リテ、五社ニ奉幣ス、　日本紀略

十七日、七社ニ奉幣ス、 日本紀略

是月、武藏守從五位上藤原經邦卒ス、 尊卑分脈 朝野群載 大鏡 大鏡裏書 公卿補任

十月小 戊寅朔盡

一日、旬、 日本紀略

二日、直物、 日本紀略

十日、除目、是日、左衛門權佐惟宗公方ヲ勘文ノ失ニヨリテ大藏權大輔ニ左貶ス、 小野宮年中行事 日本紀略

十七日、宇佐使ヲ發遣ス、 日本紀略 北山抄

廿一日、殘菊宴、 日本紀略 北山抄

廿五日、內印盤ノ穢ニ依リテ、請印ヲ延引ス、 西宮記

廿七日、女御藤原安子ヲ立テヽ皇后ト爲シ、宮司ヲ任ズ、是日、六衛府佐ヲシテ、中宮啓陣ニ候セシム、 西宮記 北山抄 公卿補任 扶桑略記 日本紀略 一代要記 冊命皇后式 朝野群載 榮花物語 權記

廿八日、藤原芳子ヲ女御ト爲ス、 日本紀略 一代要記

廿九日、遠江出羽ノ交替使ノ返事ヲ奏ス、 西宮記

十一月大 丁未朔盡

一日、日食、 日本紀略

二日、旬、 日本紀略 西宮記

十九日、園韓神祭、 日本紀略

二十日、內裏鎭魂祭、中宮モ亦之ヲ行ハセラル、 九條年中行事

廿一日、新嘗祭、是日、中務少錄九河內實平ヲシテ東宮啓陣ニ候セシム、 日本紀略 類聚符宣抄

廿二日、豐明節會、 日本紀略

廿三日、東宮鎭魂祭、 日本紀略

廿七日、賀茂臨時祭、 日本紀略

十二月大 丁丑朔盡

四日、內匠寮ニ命ジテ、中宮ノ御印ヲ鑄造セシム、 日本紀略

七日、住吉社ノ怪異ニ依リテ、御卜ヲ行フ、 日本紀略

十日、御體御卜アリ、是日、諸道ニ仰セテ草木ノ怪異ヲ勘ヘシム、 日本紀略

十一日、月次祭、神今食、 日本紀略

十七日、御佛名、 日本紀略

十八日、荷前、 日本紀略 北山抄 西宮記 年中行事抄

廿六日、立后ノ由ヲ山陵ニ告グ、 日本紀略 小右記

廿七日、延暦寺阿闍梨喜慶ヲ權律師ニ任ズ、 天台座主記

是月、神祇大副大中臣公節ヲ祭主ニ任ズ、 類聚符宣抄 大神宮例文

是歳、中宮御產御祈ノ爲ニ鹿島宮ニ奉幣ス、 平記

園城寺僧徒ノ越奏ヲ企テ、公門ニ參集スルヲ禁ズ、 朝野群載

祭主從四位上大中臣賴基卒ス、 類聚大補任 三十六人歌仙傳 大中臣系圖 賴基朝臣集 新千載和歌集

天德三年

正月小 丁未朔盡

一日、節會、 日本紀略

二日、東宮參覲、並ニ大饗アリ、 日本紀略

恭子內親王薨ズ、 日本紀略 扶桑略記 齋宮記 勸修寺緣起 元亨釋書

三日、東宮、中宮ニ參覲アラセラル、是日、中宮大饗アリ、 九曆 日本紀略

六日、敍位ノ議ナシ、 日本紀略

七日、白馬節會、 日本紀略

八日、御齋會、 日本紀略

九日、卯杖ヲ上ル、 日本紀略 九曆

十一日、左大臣實賴大饗、 日本紀略 北山抄

十二日、吳越ノ使、書ヲ上ル、是日、右大臣師輔穢ニ依リテ大饗ヲ停ム、 日本紀略 九曆

十五日、恭子內親王薨奏、 日本紀略

廿二日、除目、 日本紀略

廿五日、中宮御產期近キニ依リテ、左近衞權中將藤原伊尹ノ第ニ移ラセ給フ、 御產部類紀 日本紀略

廿七日、興福寺僧徒、左大臣實賴ノ六十算ヲ賀ス、 日本紀略

廿八日、近江守伴彦眞ノ任符ニ請印セシム、類聚符宣抄

二月大 丙子朔盡

二日、釋奠、日本紀略

三日、內裏歌合、元眞集 夫木和歌抄

四日、祈年祭、大原野祭、日本紀略 年中行事祕抄

六日、備後守藤原致忠ノ任符ニ請印セシム、類聚符宣抄

七日、賀茂忠行ヲシテ、水精念珠ヲ以テ占セシム、朝野群載

十日、直物、日本紀略

十一日、列見、日本紀略

十三日、陰明門邊ニ落胎アリ、日本紀略

廿二日、內宴アリ、是日、章明親王ニ帶劒ヲ聽シ、女御藤原芳子ヲ正五位下ニ敍ス、日本紀略 九暦 北山抄

廿五日、右大臣師輔北野神殿ヲ造營ス、菅家傳記 年中行事抄 宸鎮記 荏柄天神緣起 元亨釋書

三月大 丙午朔盡

二日、第五皇子守平御誕生アラセラル、日本紀略 御產部類記 中右記 一代要紀

三日、曲水宴、穢ニ依リテ御燈ヲ停ム、日本紀略

八日、皇子守平御七夜ノ儀アリ、日本紀略 御產部類紀

十一日、直物、小除目、是日、藏人頭藤原伊尹ヲシテ、左大辨藤原有相ヲ勘問セシム、日本紀略 西宮記

十三日、射禮、是日、撿非違使ヲシテ、感神院ト清水寺トノ鬪亂ヲ制止セシム、日本紀略 北山抄

十四日、賭射、日本紀略

十六日、季御讀經、日本紀略

廿二日、彈正、飛驛等ト鬪亂ス、日本紀略

廿四日、殿上賭弓アリ、九暦 西宮抄 西宮記

廿五日、右大臣師輔、春日社ニ詣ス、日本紀略

廿七日、雷雨、日本紀略

廿九日、左馬寮生馬神ニ正三位ヲ授ク、諸社根元記

三十日、文人ヲ御書所ニ召シテ、詩ヲ賦セシム、

日本紀略

是春、花宴アリ、 歷代編年集成 拾遺和歌集

四月小 丙子朔 盡

一日、旬、平座、 日本紀略

四日、廣瀨龍田祭、 日本紀略

五日、新錢ヲ諸司ノ官人以上ニ頒ツ、 日本紀略

七日、神祇官、中務省ヲシテ新錢ヲ諸社諸寺ニ奉ル使ヲ發遣セシム、是日、成選短册ヲ奏ス、 日本紀略

八日、灌佛、 日本紀略 九曆

九日、平野祭、松尾祭、 日本紀略

十三日、建春門ノ修理ニ依リテ、公卿座ヲ改メシム、 類聚符宣抄 西宮記

十七日、新錢ヲ諸社ニ奉ル、 九曆 日本紀略

十九日、雷雨、齋院御禊、 日本紀略

二十日、賀茂祭警固、 日本紀略

廿二日、賀茂祭、 日本紀略 九曆

廿三日、賀茂祭使還饗、 九曆

廿九日、天台座主延昌、補多樂寺供養ヲ行フ、 日本紀略 扶桑略記 門葉記

五月大 乙巳朔 盡

四日、藥玉ヲ諸寺ニ給フ、 北山抄

五日、諸社ニ奉幣ス、 北山抄 日本紀略

七日、木工頭小野道風ヲシテ、藻壁門ノ額ヲ書セシム、是日、史生美努眞香、役使ノ間、上日ヲ給フ、 日本紀略 一代要記 類聚符宣抄

九日、參議正四位下藤原有相卒ス、 日本紀略 公卿補任

十六日、京都洪水、是日、庚申宴アリ、 日本紀略

廿六日、童舞ヲ御覽アラセラル、 日本紀略

六月小 乙亥朔 盡

三日、諸卿、冷泉院釣殿ニ納涼ス、 日本紀略

七日、霖雨ニ依リテ、御卜ヲ行フ、 日本紀略

十日、穢ニ依リテ、御體御卜ヲ延引ス、 日本紀略

十一日、穢ニ依リテ、月次祭、神今食ヲ延引ス、 日本紀略

十六日、中宮、飛香舍ニ移ラセラル、 日本紀略 御産部類記 九暦
廿一日、月次祭、神今食、 日本紀略

七月大盡 甲辰朔

二日、大外記ノ觸穢ニ依リ、左少史佐伯是海ヲシテ、廳事ニ從ハシム、 類聚符宣抄
四日、廣瀬龍田祭、 日本紀略
五日、雨ヲ丹生貴布禰兩社ニ祈ラシム、 日本紀略
七日、七夕ノ御製アリ、是日、皇后、小車ノ遊ヲ行ハセラル、 日本紀略 九暦
相撲節代念人ヲ定ム、 樗嚢抄
十日、諸社ニ奉幣シテ、年穀ヲ祈ル、 日本紀略
十二日、御讀經、 日本紀略
十六日、除目、 日本紀略
十七日、除目、 公卿補任
十八日、仁壽殿前ニ落書アリ、 日本紀略
廿二日、相撲內取、 日本紀略
廿五日、相撲內取、 日本紀略
廿六日、相撲試樂、 日本紀略 九暦
廿八日、相撲節代、 日本紀略 九暦 西宮記
廿九日、拔出追相撲、 日本紀略
三十日、雜藝ヲ御覽アラセラル、 日本紀略

八月小盡 甲戌朔

一日、有明親王ニ帶劒ヲ聽ス、是日、殿上詩合ノ左右ノ頭ヲ定メ、御題ヲ賜フ、 日本紀略 天德三年八月十六日鬪詩行事略記
三日、右大臣師輔ノ桃園第火アリ、 日本紀略 九暦
四日、釋奠、 日本紀略
五日、內論義、 日本紀略
八日、大風、 日本紀略
九日、右大將藤原師尹、相撲還饗ヲ行フ、 西宮記
十一日、定考、 日本紀略
十五日、直物、 日本紀略
十六日、內裏詩合、 日本紀略 扶桑略記 濫觴抄 西宮記 天

德三年八月十六日闘詩行事略記　江談抄

二十日、御讀經、日本紀略

廿三日、女房前栽合、元眞集　夫木和歌抄

廿四日、信濃望月駒牽、日本紀略

廿九日、信濃勅旨駒牽、日本紀略

九月大　癸卯朔盡

五日、臨時除目、日本紀略　九暦

十日、陸奥守藤原國紀ノ任符ニ請印セシム、類聚符宣抄　九暦

十一日、穢ニ依リテ、例幣ヲ延引ス、日本紀略

十八日、中宮女房歌合、元眞集　玉葉集

廿五日、例幣、日本紀略　九暦

廿六日、直物、日本紀略

十月小　癸酉朔盡

一日、旬、九暦　日本紀略　西宮記

三日、地震、日本紀略

四日、武藏秩父ノ御馬延期ノ解文ヲ奏ス、西宮抄

五日、殘菊宴、日本紀略　九暦　西宮記　北山抄

七日、延暦寺火アリ、和漢合符

九日、從四位上源博雅ヲ右兵衛督ニ任ズ、公卿補任

十日、不堪田文ヲ奏ス、西宮記

十九日、内教坊ノ妓女ヲ召シテ、絲竹ヲ奏セシム、九暦　西宮記

廿一日、極樂寺菊會、九暦

廿五日、皇子守平ヲ親王ト爲ス、日本紀略　皇年代略記

十一月小　壬寅朔盡

一日、日食、日本紀略

二日、旬、日本紀略

八日、大粮中文ヲ奏ス、九暦

十二日、園韓神祭、日本紀略

十三日、鎭魂祭、日本紀略

十四日、新嘗祭、是日、津守茂連ヲ攝津住吉郡ノ大領ニ任ズ、日本紀略　北山抄　類聚符宣抄

十五日、豊明節會、日本紀略 九暦 北山抄

十六日、東宮鎮魂祭、日本紀略

二十日、穢ニ依リテ、賀茂臨時祭ヲ延引ス、日本紀略

廿一日、律師仁皎寂ス、日本紀略

廿三日、穢ニ依リテ、大原野祭ヲ停ム、日本紀略

廿六日、賀茂臨時祭、日本紀略

中宮所生ノ男女親王ノ別當ヲ補シ、又侍從所監ヲ補ス、九暦 西宮記

十二月大 辛未朔盡

四日、勘解由使、竝ニ主計主税兩寮ノ諸國受領ノ雜怠功課ヲ勘フ例ヲ定ム、政事要略

七日、紫宸殿前ニ橘樹ヲ栽ウ、歴代編年集成 小一條左大臣記

九日、三日竝出ツ、白虹日ヲ貫ク、九暦

十日、御體御卜、西宮記

十一日、月次祭、神今食、日本紀略

十三日、荷前使發遣ノ日ヲ定ム、北山抄

十四日、恩給恤アルヘキニ依リテ、京中ノ隱居高年ノ員數ヲ計ラシム、是日、一分宣旨ヲ民部卿藤原在衡ニ給フ、九暦

十五日、勸學院學生、左大臣實頼ノ六十算ヲ賀ス、日本紀略

十六日、殿上ニ踏歌アリ、九暦

二十日、御佛名、御讀經、日本紀略

廿四日、諸衞ノ恪勤者、及ビ淳和崇親兩院ノ女等ニ物ヲ賜フ、日本紀略

廿五日、荷前、日本紀略

廿六日、伊賀住人橘元實ガ施入セル地ヲ以テ、永ク東大寺領ト爲ス、東大寺別當次第 東大寺要錄

是歳、諸國司ニ令シテ、交易春米ノ未納ヲ塡補セシム、北山抄

周防國司、前介周防正遠ニ解由ヲ與フ、朝野群載

福來病流行ス、日本紀略

天徳四年

正月大 辛丑朔盡

一日、小朝拜、節會、 九暦 年中行事抄 日本紀略 江次第

二日、中宮大饗、是日、東宮、及ビ爲平親王參覲セラレ、左大臣實頼臨時客アリ、 西宮抄 日本紀略 西宮記 九暦

三日、卯杖ヲ上ル、是日、東宮大饗、右大臣師輔臨時客アリ、 日本紀略 西宮抄 九暦

四日、法性寺御八講始、 扶桑略記 濫觴抄

五日、受領ノ功課ヲ定ム、 九暦

六日、敍位、是日、天變ニ依リ、比叡山ニ於テ、修法讀經ヲ行ハシム、 天台座主記 日本紀略 九暦

七日、白馬節會、大納言藤原顯忠ヲ從二位ニ敍ス、 北山抄 九暦 公卿補任

八日、御齋會、女敍位、 日本紀略

十一日、左大臣實頼大饗、 日本紀略

十二日、右大臣師輔大饗、 日本紀略 九暦 北山抄

十四日、御齋會竟ル、 日本紀略 西宮記 九暦

十八日、中務録依智秦時頼ノ過狀ヲ徴ス、 西宮抄

廿一日、除目、 日本紀略 西宮抄

廿四日、雷鳴、 西宮記

二月小 辛未朔盡

二日、春日祭、 日本紀略

四日、祈年祭、 日本紀略

六日、子日遊、 日本紀略

七日、園韓神祭、釋奠、 日本紀略 西宮記 本朝文粹 江談抄 十訓抄

九日、女御莊子女王、若菜ヲ供セラル、 日本紀略

十一日、仁王會ニ依リテ、列見ヲ延引ス、是日、皇子昌平ヲ親王ト爲ス、 日本紀略 西宮抄 九暦

十二日、仁王會、 日本紀略

十五日、多武峯撿挍千滿、涅槃會ヲ行フ、 多武峯略記

十七日、列見、是日、雷、大膳職ニ震ス、 西宮抄 日本紀略

十九日、直物、日本紀略
廿一日、天變ニ依リ、大日院ニ於テ、熾盛光法ヲ修セシム、天台座主記
廿四日、雲林院御願塔ノ心柱ヲ立ツ、扶桑略記
廿七日、主計大屬小槻忠臣、本寮ノ課試ヲ遂ゲンコトヲ請フ、西宮記
廿八日、大藏省、神態御庫鳴ル由ヲ奏ス、扶桑略記

三月大盡庚子朔

一日、御燈卜文ヲ奏ス、西宮抄 江次第
三日、御燈、日本紀略
五日、內侍代ヲシテ、內案ヲ奏セシム、西宮記
七日、仁和寺櫻會、九曆 日本紀略
八日、殿上賭射、日本紀略 九曆
十三日、射禮、日本紀略
十四日、賭射、西宮抄 北山抄
十六日、季御讀經、日本紀略
十七日、天王寺火アリ、日本紀略

十八日、素光寺ニ於テ、孔雀經法ヲ修セシム、東寺長者補任
十九日、爲平親王御讀書始、日本紀略 台記
廿二日、十二社ニ奉幣ス、日本紀略
廿七日、右大臣師輔第ノ死穢內裏ニ及ブ、日本紀略
廿八日、外記ヲシテ、四月諸祭ノ日ヲ改ムル例ヲ勘ヘシム、日本紀略
中宮、外祖父藤原興方卒スルニ依リテ、御服ヲ著セラル、九曆 尊卑分脈 西宮記
廿九日、御製ヲ女房歌合ノ左右ノ頭ニ賜フ、天德歌合記
三十日、來月ノ諸祭日ヲ改定ス、是日、女房歌合アリ、日本紀略 西宮記 天德歌合記 袋草紙 十訓抄

四月小盡庚午朔

一日、旬、日本紀略 九曆
三日、疾疫ニ依リ、東大寺以下十寺ヲシテ、大般若經ヲ轉讀シテ、之ヲ祈禳セシム、是日、歌合ノ洲濱

ヲ中宮、並ニ昌子內親王ニ賜フ、吉記 類聚符宣抄 天德歌合記

四日、月、太白ト合フ、是日、穢ニ依リテ廣瀨龍田祭ヲ延引ス、日本紀略 西宮記

五日、太白晝見ル、又月、北河ヲ犯ス、日本紀略

七日、鎭星、牽牛ヲ犯ス、日本紀略

八日、灌佛、日本紀略 西宮記

九日、大日院修法ヲ延行セシム、日本紀略 天台座主記

十三日、五月ノ節ヲ停ム、日本紀略

十八日、月、南斗ヲ犯ス、是日、式部大輔橘直幹、雜人ノ爲メニ毆打セラル、扶桑略記

十九日、橘直幹ヲ毆打セル下手人式部史生秦正雅等ヲ捕フ、扶桑略記 侍中群要

二十日、主税頭姓闕ク以忠天文密奏ヲ上ル、扶桑略記

廿一日、京官除目、是日、皇女理子內親王薨ズ、日本紀略 一代要記 皇年代記 本朝皇胤紹運錄

廿二日、除目、是日、陰陽頭賀茂保憲ヲ天文博士ト爲ス、日本紀略 扶桑略記

廿三日、除目、公卿補任

廿五日、穢ニ依リテ、齋院ノ禊ヲ延引ス、西宮記

廿六日、理子內親王ニ喪料ヲ賜フ、日本紀略

廿七日、齋院御禊、西宮記

廿八日、中宮ノ賀茂祭使ヲ發遣シ、勅使坊使等ヲ停ム、日本紀略 皇年代記 園太曆

廿九日、解陣、日本紀略

五月大 己亥朔 盡

一日、日食、是日、參議藤原朝忠ノ辭表ヲ返付ス、

右大臣師輔ノ病ニ依リテ、度者ヲ給フ、西宮記 扶桑略記 日本紀略

二日、理子內親王ノ薨奏ニ依リテ、錫紵ヲ著ケ給フ、是日、理子內親王ヲ葬ル、日本紀略 中右記

右大臣師輔出家ス、日本紀略 扶桑略記

三日、諸社ニ奉幣讀經シテ雨ヲ祈ル、是日、六衞府菖蒲輿ヲ獻ズ、祈雨日記 日本紀略

四日、右大臣正二位藤原師輔薨ズ、 日本紀略 扶桑略記 公卿補任 尊卑分脈 大鏡 榮華物語 左經記 江談抄 十訓抄 拾芥抄 花鳥餘情 續古事談 大和物語 袋草紙 後撰和歌集 新勅撰和歌集 續後拾遺和歌集 愚管抄 宇治拾遺物語

五日、甘雨ヲ祈リ、疾疫ヲ禳ハシム、 日本紀略

六日、穢ニ依リテ、廣瀬龍田祭ヲ所司ニ付ス、是日、大外記小野傳説ヲシテ、出家大臣ノ薨奏贈位ノ有無ヲ勘ヘシム、 日本紀略 西宮記 北山抄

八日、霜降ル、 扶桑略記

九日、七大寺ノ僧ヲシテ、東大寺ニ於テ讀經シテ雨ヲ祈ラシム、 祈雨日記

十日、中宮、左近衛權中將藤原伊尹ノ第ニ移ラセラル、是日、中宮ノ宮人ノ中宮ノ服ニ從フヲ止ム、 日本紀略 西宮記 小右記

藏人藤原雅材ヲシテ、東宮ノ御病ヲ訪ハシメラル、 扶桑略記

十二日、釣殿ニ行幸シテ、漁ヲ御覽アラセラル、 河海抄

十三日、炎旱ニ依リテ、御卜ヲ行フ、是日、大僧都寛空ヲシテ、仁壽殿ニ孔雀經法ヲ修セシム、 祈雨日記 日本紀略 江次第 仁和寺傳 東寺長者補任

十四日、重ネテ炎旱ヲ卜ス、 祈雨日記

甘雨降ル、 祈雨日記

廿一日、仁王會、是日、式部史生秦正雅ヲ拷問ス、 日本紀略 西宮記

廿八日、直物、是日、疾疫ニ依リテ、相撲人ヲ貢スルヲ停ム、 日本紀略 北山抄

是月、諸國、幷ニ十五大寺ヲシテ、讀經セシム、 元亨釋書 扶桑略記

六月大 己巳朔盡

一日、宮中ニ頓死者アルニ依リテ、大祓ヲ行フ、 日本紀略

五日、大日院ニ於テ、讀經セシム、 日本紀略

九日、理子内親王七々日忌辰法會ヲ園城寺ニ修ス、 日本紀略 河海抄

十一日、穢ニ依リテ、月次祭、神今食ヲ延引ス、日本紀略
十二日、中納言藤原師尹ヲシテ、内給所ノ事ヲ行ハシム、西宮記
十三日、京官除目、北山抄 權記
十四日、僧百口ヲシテ、紫宸清涼兩殿ニ大般若經ヲ修セシメ、大僧都寛空ヲシテ、仁壽殿ニ不動供ヲ修セシム、日本紀略 西宮記 修法要抄
廿二日、中宮、故右大臣師輔ノ七々日ノ態ヲ修セラル、日本紀略
廿八日、撿非違使ヲ補ス、西宮記

七月小盡 己亥朔

一日、山々施米使、僧數ヲ勘進ス、江次第
七日、七夕ノ和歌ヲ詠シ給フ、日本紀略
圖書頭從五位下源修卒ス、尋デ死穢宮中ニ及ブ、西宮記 源氏系圖 北山抄 天德歌合
十日、月次祭、神今食ヲ諸司ニ付ス、是日、伊勢ニ臨時奉幣アリ、日本紀略 西宮記
十七日、近衞陣ニ於テ、十五社臨時奉幣使ヲ發ス、日本紀略
十九日、龍穴御讀經ヲ行ヒ、雨ヲ祈ル、日本紀略
廿三日、山城ヲシテ、神泉苑ノ水ヲ汲マシム、日本紀略 扶桑略記
廿五日、陰陽寮ヲシテ、神泉苑ニ雩祭ヲ修セシム、是日、史生美努眞香御經ヲ裝潢スルヲ以テ、上日ヲ給ス、日本紀略 類聚符宣抄
廿六日、山陵使ヲ發ス、是日、前越前守平兼盛、申文ヲ上ル、日本紀略 本朝文粹
廿七日、中納言藤原師尹ヲ冷泉院別當ト爲ス、西宮記
廿八日、季御讀經、日本紀略
筑前權介正六位上藤原善陰卒ス、尊卑分脈
廿九日、僧正延昌ヲシテ、大日院ニ熾盛光法ヲ修セシム、扶桑略記 濫觴抄

八月大盡 戊辰朔

七日、甲斐眞衣野駒牽、西宮記
九日、僧綱ヲ任ス、日本紀略 扶桑略記
十日、穢ニ依リテ、釋奠ヲ延引ス、日本紀略
十一日、定考、甲斐穗坂駒牽、日本紀略 西宮記
權律師昭日寂ス、天台座主記 僧官補任 九暦
十四日、緝子内親王初謁ノ儀アリ、扶桑略記
十八日、大風、扶桑略記
二十日、釋奠、日本紀略 左經記
廿一日、内論義、日本紀略
廿二日、大納言藤原顯忠ヲ右大臣ニ任ジ、其他任官差アリ、日本紀略 扶桑略記 公卿補任 西宮抄 三槐抄
廿七日、學生行正王等ニ登省ノ宣旨ヲ下ス、類聚符宣抄
廿九日、諸社ニ奉幣シテ、神寶ヲ獻ズ、日本紀略

九月小 戊戌朔

四日、除目、日本紀略 西宮抄
九日、權僧正寛空、蓮臺寺ヲ供養ス、日本紀略

十日、駒牽、日本紀略
十一日、穢中例幣使ヲ發遣ス、日本紀略 西宮記 北山抄
十三日、上野駒牽、北山抄
十六日、豐受大神宮神嘗祭、是日、右兵衛督源延光ヲ藏人頭ニ補ス、伊勢公卿勅使雜例 職事補任 公卿補任
十九日、服御常膳ヲ減ズ、是日、一切經ヲ大宰府ニ下シテ書寫セシム、日本紀略 扶桑略記
二十日、法家ヲシテ、秦正雅拷訊ノ際、位階ヲ脱スヘキヤ否ヤヲ勘ヘシム、日本紀略
廿一日、參議藤原元名ニ、宮内卿ヲ兼ネシメ、以下任官差アリ、公卿補任 西宮記
右大臣顯忠上表、公卿補任 本朝文粹
廿二日、清涼殿ニ大般若經ヲ轉讀セシメ、僧正延昌ヲシテ、仁壽殿ニ熾盛光法ヲ修セシム、扶桑略記 陰陽新書 熾盛光法日記
廿三日、内裏火アリ、日本紀略 扶桑略記 一代要記 江談抄 古事談 年中行事祕抄

廿四日、廢務、神鏡、太刀契等ヲ灰燼中ニ索メテ之ヲ獻ズ、 扶桑略記 小右記 日本紀略 中右記 禁祕抄 源平盛衰記 愚管抄 古今著聞集

廿五日、御讀經結願、 日本紀略

廿八日、造內裏所別當行事ヲ補シ、修理職、木工寮、諸國ニ課シテ、內裏ヲ造營セシム、 日本紀略 扶桑略記 園太暦

太宰大貳小野好古赴任ス、 西宮記

廿九日、勸學院ノ廳舍火アリ、 日本紀略 扶桑略記

十月大盡 丁卯朔

一日、旬、 日本紀略 西宮記

二日、左大臣實賴ニ輦車ヲ聽ス、是日、撿非違使並ニ源滿仲等ニ命ジテ、平將門ノ子ヲ搜索セシム、 扶桑略記 濫觴抄

四日、伊勢奉幣、左近衛府觸穢ニ依リテ、大祓ヲ行フ、是日、淸水寺怪アリ、 日本紀略 扶桑略記

五日、大學寮火アリ、 扶桑略記 日本紀略

七日、大納言藤原在衡等、始メテ造內裏行事所ニ著シ造內裏所課ヲ改ム、 日本紀略 園太暦 扶桑略記

八日、木印灰中ヨリ出ヅ、 日本紀略

九日、直物、小除目、大搜索、 日本紀略 小右記 扶桑略記

十日、內侍、候セザルニ依リテ、內案奏ヲ延引ス、 西宮記

十八日、左近衛中將源重光等ノ內裏火災ノ時ノ功ヲ賞ス、 日本紀略

十九日、恩詔、 日本紀略 柱史抄

廿一日、內案ヲ奏ス、是日、綾綺殿ノ壇南ヨリ骸骨出ツ、 西宮記 日本紀略

廿二日、天文博士賀茂保憲等ヲシテ、冷泉院遷御ノ可否ヲ勘申セシム、 西宮記 陰陽書

廿三日、綾綺殿ニ、穢疑ノ札ヲ立ツ、 西宮記 日本紀略

廿四日、權僧正寬空ヲシテ、眞言院ニ孔雀經法ヲ修セシム、 仁和寺傳

廿八日、冷泉院御讀經、 日本紀略 新儀式

卅日、奉幣宣命ノ草ヲ御覽アラセラル、西宮記

是月、東大寺別當光智、新造ノ尊勝院ヲ以テ、寺家ノ一院ト爲サンコトヲ請フ、東大寺要錄

十一月小 丁酉朔盡

一日、內裏火災ニ依リテ諸社ニ奉幣アリ、日本紀略 西宮記

二日、御曆奏、日本紀略

三日、撿使ヲ停メ、所司國司ヲシテ、近江交替ノ事ヲ行ハシム、西宮記

四日、詔書覆奏、是日、冷泉院ニ移御アラセラル、東宮同ジク移御アラセラル、扶桑略記 日本紀略 西宮記 北山抄 小右記 新儀式

五日、穀倉院饗餞ヲ設ク、日本紀略

七日、移御ノ後、旬ノ儀アリ、解陣ヲ行フ、是日、內侍所ヲ冷泉院ニ移ス、日本紀略 新儀式 年中行事抄 小右記

十二日、平野祭、日本紀略

十三日、政始、是日、臨時奉幣使日時定アリ、日本紀略 園太曆

十四日、盜起ルニ依リテ、夜行ヲ勤メシム、西宮記

十六日、大原野祭、日本紀略

十七日、日光變ズ、是日、園韓神祭、日本紀略 扶桑略記

十八日、鎭魂祭、日本紀略

十九日、新嘗祭、平野庭火等ノ竈神ヲ冷泉院ニ移ス、是日、諸社ニ奉幣シテ、造內裏ノ由ヲ告グ、日本紀略 西宮記 小右記 中右記 園太曆 高光集

二十日、豐明節會、御竈神、竝ニ清涼殿ノ怪ニ依リテ、御占ヲ行フ、日本紀略 江次第

廿三日、內裏火災ノ由ヲ山陵ニ告グ、日本紀略 西宮記

廿五日、賀茂臨時祭、日本紀略 西宮記

廿八日、內裏木作始、造內裏ノ由ヲ山陵ニ告グ、日本紀略 園太曆

是月、鹿島使ヲ發遣ス、北山抄

十二月大 丙寅朔盡

一日、造內裏ニ依リ、建禮門ニ於テ、讀經アリ、日本紀略

二日、出羽守姓闕ク在滋赴任ス、 西宮記
五日、内裏火災、天變怪異ニ依リテ、諸國諸社ニ奉幣使ヲ發ス、 日本紀略
十一日、月次祭、神今食、 日本紀略 西宮記
十五日、中宮、東院ニ移リ給フ、 日本紀略 左經記
十六日、仁王會、 日本紀略
十七日、權僧正寛空ヲシテ、宮中ニ不動供ヲ修セシメ、天台座主延昌ヲシテ、總持院ニ熾盛光法ヲ修セシム、 仁和寺傳 天台座主記
十八日、紅梅ヲ清涼殿東庭ニ植ヱシム、 禁祕抄
十九日、御佛名、 政事要略
廿九日、皇子昭平ニ源姓ヲ賜フ、 日本紀略 西宮記 禁祕抄 本朝皇胤紹運錄 類聚符宣抄
漏刻、金鼓等ヲ冷泉院ニ移ス、 日本紀略
是月、荷前使ヲ發遣ス、 北山抄
是歳、諸國ノ無直交易ヲ申請スル例ヲ立ツ、 北山抄
大辨ヲシテ、撿非違使ヲ召シ問ハシム、 北山抄

伊豆走湯山ノ鐘樓ヲ建ツ、 走湯山緣起
珍皇寺火アリ、 東寺文書
攝津大目壬生忠見卒ス、 三十六人歌仙傳 袋草紙 忠見集 拾遺和歌集 續後撰和歌集 沙石集

應和元年

正月小 丙申朔盡

一日、四方拜、御藥ヲ供ス、御物忌ニ依リテ、小朝拜ヲ停ム、 西宮記 明月記 權記
二日、東宮御參覲アラセラル、是日、東宮ノ大饗アリ、 日本紀略 西宮記
五日、敍位議式日ヲ改メ、是日、之ヲ行フ、 抄 公事根源抄
七日、白馬節會、加敍アリ、 柱史抄 公卿補任
十四日、御齋會竟ル、 台記
十七日、陸奥獻ズル所ノ鷹犬ヲ御覽アラセラル、 花鳥餘情
十九日、冷泉院ニ於テ競渡アリ、 西宮記

廿二日、除目始、　日本紀略

廿八日、內藏權頭小野道風、散位藤原佐理ニ昇殿ヲ聽ス、　扶桑略記

二月小盡 乙丑朔

三日、大原野祭、釋奠、　日本紀略　西宮記　江次第　北山抄

四日、祈年祭、　日本紀略　北山抄

八日、禁中ノ穢ニ依リテ、春日祭使ノ參內ヲ停ム、　北山抄

十一日、列見、　日本紀略　西宮記

十二日、冷泉院競渡ノ負態アリ、　日本紀略　西宮記

十五日、直物、　日本紀略

十六日、內裏立柱始、是日、應和ト改元ス、　日本紀略　改元部類記　元祕抄　元祕別錄　扶桑略記　山槐記

十八日、律師明祐寂ス、　日本紀略　日本往生極樂記　元亨釋書　今昔物語　東大寺要錄

廿五日、東大寺尊勝院ヲ以テ寺ト爲シ、僧十口ヲ置ク、　扶桑略記

廿六日、仁王會、　日本紀略

廿七日、彗星見ル、　扶桑略記

三月大盡 甲午朔

二日、直物、　日本紀略

三日、御燈、曲水宴、　日本紀略　北山抄

四日、七大寺、及ビ延曆寺等ニ勅シテ、諷誦ヲ修セシム、　扶桑略記　元亨釋書　濫觴抄

五日、冷泉院ニ花宴ヲ行ヒ、擬文章生ノ詩ヲ試ム、　日本紀略　扶桑略記　本朝文粹　江談抄　西宮記

六日、入道敦實親王、法會ヲ仁和寺ニ設ケラル、　日本紀略

七日、諸儒ヲシテ、擬文章生ノ詩ヲ評定セシム、　日本紀略

九日、天台座主延昌ヲシテ、延曆寺法華三昧堂ニ無量壽決定王如來法ヲ修セシム、　扶桑略記

十三日、射禮、　日本紀略

十四日、賭射、　日本紀略

二十日、近衛府官人等ノ射ヲ御覽アラセラル、 日本紀略　西宮抄　北山抄

廿三日、除目始、 日本紀略

廿五日、季御讀經始、除目下名、 西宮記　左經記

廿八日、季御讀經竟ル、是日、內藏權頭小野道風ヲシテ、內裏殿舍門等ノ額ヲ書セシム、 日本紀略　扶桑略記

廿九日、律師勢祐寂ス、 日本紀略

三十日、釣殿ニ御シテ、漁獵ヲ御覽アラセラル、 河海抄

閏三月 小 甲子朔 盡

六日、藏人ヲシテ、宇佐奉幣宣命ノ案ヲ草セシム、 西宮記

七日、宇佐使ヲ發遣ス、 日本紀略　西宮記

十一日、藤花宴、 日本紀略　扶桑略記　花鳥餘情

十三日、伊勢臨時奉幣使ヲ發遣ス、 日本紀略　伊勢公卿勅使雜例

十七日、直物、小除目、是日、權僧正寛空等ヲシテ、修法セシム、 日本紀略　扶桑略記　仁和寺傳

十九日、御讀經、 日本紀略

廿一日、宇佐使、狂疾ニ依リテ、途ヨリ歸京ス、 西宮記　公卿補任　禁秘抄

廿二日、宇佐使ノ歸京ニ依リ、神祇官陰陽寮ニ命ジテ、御卜ヲ行ハシム、是日、造宮所犬ノ怪アリ、 日本紀略　西宮記　北山抄

石淸水別當淸昭寂ス、 石淸水祠官系圖

廿五日、右近衛中將源延光ヲ石淸水ニ遣ス、 北山抄

廿七日、臨時御讀經始、是日、興福寺ヲシテ、讀經シテ、怪異ヲ禳ハシム、 日本紀略　拾芥抄　扶桑略記

廿七日、有明親王薨ズ、 日本紀略　一代要記

廿八日、有明親王ノ薨去ニ依リテ、來月ノ諸祭日ヲ改ム、 日本紀略

是月、章明親王文人ヲ會シテ、詩ヲ賦セラル、 本朝文粹

四月大盡 癸巳朔

一日、日食、是日、臨時御讀經結願、 扶桑略記 日本紀略 西宮記

二日、旬、平座、有明親王薨奏、 日本紀略 西宮記 園太曆

四日、御錫紵ヲ除カル、 日本紀略

七日、擬階奏、 日本紀略

八日、灌佛、 日本紀略 扶桑略記

十一日、齋院御禊前駈ノ闕ヲ差定ス、 西宮記

十三日、山科祭、 西宮記

十四日、齋祭御禊、 日本紀略

十五日、賀茂祭警固ヲ仰ス、 日本紀略

十七日、賀茂祭、 日本紀略 西宮記

興福寺別當助精寂ス、 興福寺寺務次第

十八日、解陣、 日本紀略

廿三日、諸國ヲシテ寺社ニ奉幣轉經シ、疾疫ヲ祈禳セシム、 扶桑略記 元亨釋書

廿五日、除目、 日本紀略

五月大盡 癸亥朔

四日、中宮故右大臣師輔ノ周忌法事ヲ横川寺ニ修セラル、 日本紀略 扶桑略記

六日、釣殿ニ御シテ、競渡ヲ御覽アラセラル、 日本紀略 西宮記

十日、盜、前武藏權守源滿仲ノ第ニ入ル、滿仲射テ其黨ヲ捕フ、 扶桑略記

十四日、內藏權頭小野道風ニ內裏ノ額ヲ書スルニ依リテ祿ヲ給フ、 扶桑略記

十五日、宇佐告文、竝ニ使官符ニ請印ス、是日、藤原扶明ヲ勸學院別當ニ補ス、 西宮記 朝野群載

十七日、造宮ノ勞ニ依リ、諸國ニ令シテ、今年ノ半租ヲ免ズ、 日本紀略 柱史抄

十八日、石淸水宮寺金泥經供養、 扶桑略記 河海抄

二十日、重ネテ宇佐使ヲ發遣ス、是日、辨官廳ニ怪異アリ、 日本紀略 西宮記

廿二日、雷雨、震死者アリ、 扶桑略記

三十日、白虹天ニ亘ル、 扶桑略記

六月小 癸巳朔盡

一日、觸穢ノ疑アル緘書ヲ決セシム、 西宮記

三日、中宮冷泉院ニ移ラセラル、 日本紀略

十一日、月次祭、神今食、是日、伊勢神宮ニ奉幣シテ、雨ヲ祈ラシム、 日本紀略 西宮記 祈雨日記

十二日、諸社ニ奉幣シテ、雨ヲ祈ラシム、 日本紀略 祈雨日記 扶桑略記

十五日、祈雨御讀經定、 日本紀略 祈雨日記

十七日、龍穴ニ讀經ヲ行ヒ、雨ヲ祈ラシム、 祈雨日記

二十日、廣瀨龍田祭、 日本紀略

廿一日、炎旱ニ依リテ、御卜ヲ行フ、 祈雨日記

山城國、大井堰料鋪設ヲ給センコトヲ請フ、 日本紀略

刑部卿正四位下源爲明卒ス、 一代要記 本朝皇胤紹運錄 日本紀略 拾遺和歌集

廿五日、大極殿ニ讀經ヲ行ヒ、雨ヲ祈ラシム、 日本紀略 祈雨日記

廿七日、藏人姓闕ク文利ヲシテ、神祇官御贖物ヲ供セザルノ故ヲ勘問セシム、 西宮記

廿八日、祈雨御讀經ノ日數ヲ延ベ、且陰陽寮ヲシテ五龍祭ヲ行ハシム、 日本紀略 東寺長者補任

廿九日、雨降ル、是日、節折供奉ノ藏人ヲ補シ、外記不參ニ依リ、史ヲシテ大祓ヲ行ハシム、 日本紀略 西宮記 樗囊抄

七月大 壬戌朔盡

一日、京都大風、祈雨御讀經結願、仍リテ法師等ニ度者ヲ賜ヒ、其勞ヲ賞ス、 日本紀略 祈雨日記

三日、小除目、 日本紀略

四日、廣瀨龍田祭、 日本紀略

七日、七夕ノ和歌ヲ詠シ給フ、是日、藤原雅材ヲ再ビ藏人ト爲ス、 日本紀略 西宮記

室生龍穴ノ御讀經卷數ヲ奏ス、 祈雨日記

十一日、大僧都證蓮寂ス、 日本紀略

十三日、霖雨、直物、小除目アリ、諸人ニ米ヲ施ス、

日本紀略　西宮記　祈雨日記
十七日、右近衞大將藤原師尹、龍穴御讀經ノ僧ニ度者ヲ賜フノ例ヲ奏ス、祈雨日記
十八日、丹生貴布禰兩社ニ奉幣シテ、止雨ヲ祈ラシム、日本紀略
廿一日、少僧都延理寂ス、日本紀略
廿三日、東大寺僧平崇、祈雨ノ賞ニ洩レタルヲ愁訴ス、東大寺要錄
廿五日、諸社奉幣前ノ齋中ニ、相撲內取ヲ御覽アラセラル、西宮記　北山抄
廿六日、重ネテ伊勢月次祭使ヲ發遣セラル、伊勢公卿勅使雜例
諸社ニ奉幣シテ、止雨ヲ祈ラシム、是日、權律師祥延、龍穴神ノ位階ヲ注進ス、日本紀略　西宮記　祈雨日記
廿七日、相撲召合、日本紀略　北山抄
廿八日、再ビ相撲召合アリ、日本紀略　西宮記　樗嚢抄
廿九日、御物忌ニ依リテ追相撲ヲ延引ス、日本紀略　北山抄

八月大　壬辰朔盡
一日、追相撲、日本紀略　西宮記　樗嚢抄
五日、式部省奏シテ、省丞著座ノ恪勤ニ依リテ、榮爵ニ預ランコトヲ請フ、之ヲ聽ス、類聚符宣抄
六日、釋奠、日本紀略
七日、內論義、小除目、日本紀略
九日、季御讀經、日本紀略
十一日、定考ヲ延引ス、日本紀略
十二日、納言以上不參ニ依リテ、季御讀經ノ卷數等ヲ奏セズ、西宮記
十三日、定考、及ビ試樂、日本紀略
十四日、室生龍穴神ニ正四位下ヲ授ク、日本紀略　祈雨日記
十五日、信濃勅旨駒牽、是日、中宮、音樂走馬等ヲ石淸水ニ獻ラル、日本紀略　北山抄　西宮記
十六日、守平親王御著袴、日本紀略　皇代略記　河海抄
十七日、室生龍穴神位記等ニ請印ス、日本紀略　祈雨日記

十九日、武藏秩父駒牽、 日本紀略 壒嚢抄

二十日、女官除目、 西宮抄

廿一日、陸奧守從五位下藤原國紀卒ス、 尊卑分脈

廿三日、昌平親王薨ズ、 日本紀略 一代要記

廿四日、霖雨ニ依リテ、山階陵使ヲ發遣ス、 日本紀略

廿九日、甲斐小笠原駒牽、 北山抄 西宮記

九月小盡 壬戌朔

三日、御燈、是日、二百箇寺ヲシテ誦經ヲ修セシム、 日本紀略 西宮記

七日、小笠原牧駒牽、 西宮記

十日、左近衞府ノ穢内裏ニ及ブ、 北山抄

十一日、穢ニ依リテ、例幣ヲ延引ス、 日本紀略

十四日、例幣ノ日時ヲ定ム、 北山抄

十五日、天台座主延昌ヲシテ、延暦寺法華三昧堂ニ修法ヲ行ハシム、 天台座主記

十九日、新造内裏ニ仁王經等ヲ轉讀セシム、 日本紀略 園太暦

廿三日、例幣、是日、諸社使等ヲ發遣ス、 日本紀略

武藏諸牧駒牽、 北山抄

廿四日、式部大輔橘直幹、郡司復任ノコトヲ勘進ス、 西宮記

是月、僧正延昌等ニ勅シテ、弘法大師ノ名ヲ問ハシメ給フ、 高野大師行狀

十月大盡 辛卯朔

一日、旬、平座、 日本紀略 西宮記

二日、中納言藤原師氏ヲシテ、五節ノ舞姫ヲ獻セシム、 西宮記

十三日、小除目、内裏火災祭、 日本紀略

十四日、還宮御祈ノ爲メ、諸社ニ奉幣ス、是日、常陸介姓闕ク爲忠ノ赴任セザルヲ咎ム、 日本紀略 西宮記 園太暦 新儀式

十五日、和歌ヲ詠シ給フ、 日本紀略

十八日、仁王會ニ依リテ大祓アリ、 日本紀略

十九日、臨時仁王會、 日本紀略 西宮記 北山抄 新儀式

比叡山法華彌陀兩三昧堂ニ僧料米ヲ施入ス、叡岳要記

廿四日、權律師喜慶ヲシテ、承香殿ニ安鎭法ヲ修セシム、是日、極樂寺菊會、及ビ御讀經アリ、日本紀略　天台座主記

廿五日、不堪田奏、是日、還宮御祈ノ爲メ、山陵使ヲ發遣ス、日本紀略　北山抄　園太曆

律師光智ヲ重ネテ東大寺別當ニ補ス、東大寺別當次第

廿六日、版位作進ノ日時ヲ勘ヘシム、園太曆

廿八日、權律師喜慶ヲ律師ニ任ズ、釋家官班記

左京職ノ請ニ依リ、撿非違使ヲシテ、囚人ヲ受仕セシム、西宮記

三十日、和歌ヲ詠シ給フ、日本紀略

十一月小 辛酉朔 盡

一日、當宗祭ヲ延引ス、年中行事抄　北山抄

四日、信濃桐原駒牽、是日、輔子資ノ儀アリ、西宮記　北山抄

五日、直物、日本紀略

七日、初雪見參、是日、萬僧供養ヲ行フ、西宮記　扶桑略記　濫觴抄

九日、內裏犬死穢アリ、日本紀略

十一日、還宮ノ日、諸司物ヲ獻ズルヲ止ム、日本紀略　園太曆

上野介正四位上源經基卒ス、尊卑分脈　將門記　本朝世紀　日本紀略　扶桑略記　和漢合圖　勅撰和歌作者部類　拾遺和歌集

十二日、穢ニ依リテ、平野春日兩祭ヲ延引ス、日本紀略

十四日、馬寮ヲシテ、還宮ノ日黃牛ヲ牽進セシム、日本紀略

十五日、夜行ノ官人ニ料馬ヲ賜フ、西宮記

十六日、平野祭、大原野祭、日本紀略　北山抄

十七日、園韓神祭、日本紀略

十八日、鎭魂祭、是日、還宮ニ依リテ、諸衞府召仰アリ、日本紀略　園太曆　西宮記

十九日、新嘗祭、北山抄

二十日、豐明節會、冷泉院ヨリ、新造內裏ニ遷幸アラセラル、 扶桑略記 日本紀略 園太曆 朝野群載 小右記

廿二日、政始アリ、南殿ノ版位ヲ改作セシム、是日、左大臣實頼、始メテ輦車ニ乘リテ參內ス、 日本紀略

廿三日、賀茂臨時祭、試樂、 西宮記

廿五日、賀茂臨時祭、 日本紀略 西宮記

十二月大盡 庚寅朔

一日、新內裏旬、 日本紀略 西宮記 政事要略

二日、大納言藤原在衡等ノ造宮ノ功ヲ賞ス、 日本紀略 新儀式 公卿補任 北山抄

五日、右近衞少將藤原高光出家ス、 大鏡裏書 多武峯略記 三十六人歌仙傳 勅撰和歌作者部類 江談抄 九曆 天德三年八月十六日鬪詩行事略記 天德歌合記 大鏡 榮華物語 多武峯少將物語 拾遺抄 高光集 朝忠卿集 齋宮女御集

九日、飛彈守藤原茂包ノ任符ニ請印セシム、 類聚符宣抄

十日、御體御卜、 日本紀略

十一日、月次祭、神今食、 日本紀略 西宮記

十三日、大神祭使ヲ發遣ス、是日、元日ノ擬侍從ヲ定ム、 西宮記 小野宮年中行事 日本紀略

十四日、大神祭、臨時除目、又荷前使ヲ定ム、 日本紀略 小右記 西宮記 小野宮年中行事

十七日、皇后、東宮、內裏ニ移ラセラル、是日、昌子內親王御著裳ノ儀アリ、仍リテ三品ニ敍ス、 日本紀略 柱史抄 拾遺和歌集 朝忠卿集 源順集 信明集 中務集

廿一日、荷前使ヲ發遣ス、 日本紀略

廿二日、御佛名竟ル、 西宮記

廿六日、御佛名ニ不參ノ諸卿ヲ勘問ス、 西宮記

廿八日、僧綱ヲ任ス、 日本紀略 天台座主記 興福寺寺務次第 東寺長者補任 東大寺別當次第 釋家官班記

是歲、上總介藤原國幹等、赴任ニ依リテ祿ヲ賜フ、 侍中群要 北山抄

伊勢神宮大宮司大中臣中理ノ私ニ奉加セル神田ヲ停ム、 神宮雜例集

石淸水別當觀康三昧堂ヲ建ツ、 石淸水末社記

應和二年

正月小 庚申朔盡

一日、朝賀ヲ停ム、是日、東宮參覲セラル、 日本紀略

二日、皇后大饗、 日本紀略

三日、東宮大饗、 日本紀略

五日、內膳司御竈鳴ル、 日本紀略

六日、敍位、 日本紀略

七日、白馬節會、加敍、是日、藏人ヲ補ス、 日本紀略 西宮記 北山抄 公卿補任 職事補任、三十六人歌仙傳 源順集

八日、御齋會、女敍位、 日本紀略 西宮記

十日、左大臣實賴大饗、 日本紀略 西宮記 北山抄

十五日、右大臣顯忠大饗、 日本紀略

十九日、除目、是日、侍從橘敏通等荷前使ヲ闕怠セルニヨリテ、其任ヲ解ク、 日本紀略 類聚符宣抄

廿一日、御卜ノ祟ニ依リテ、祭主大中臣公節等ヲ能ム、 大中臣氏系圖

是月、大中臣元房ヲ祭主ト爲ス、 大神宮例文

二月小 己丑朔盡

三日、大原野祭、 日本紀略

四日、祈年祭、 日本紀略

九日、釋奠、 日本紀略 西宮記 北山抄 江次第

十日、直物、 日本紀略

十一日、列見、 日本紀略

十九日、封事ヲ定ム、 日本紀略

廿一日、內宴、 日本紀略 北山抄

廿二日、內宴後朝宴、 北山抄

廿七日、伊勢神宮、及ビ石淸水賀茂松尾ノ三社ニ奉幣シ、伊勢三重郡ヲ神宮ニ寄進ス、 日本紀略 神宮雜例集 小右記

廿八日、平野春日兩社ニ奉幣ス、 日本紀略

是月、石淸水八幡宮ヲ修理ス、 百練抄

根本中堂修二月、 天台座主記

三月大 戊午朔盡

三日、曲水宴、 日本紀略 西宮抄

五日、封事ヲ定ム、 日本紀略

八日、散位嶋田公望等、去年荷前儲使ヲ闕怠セルヲ以テ、當年ノ位祿ヲ停ム、 類聚符宣抄

十四日、射禮、 日本紀略

十五日、賭弓、 日本紀略 小野宮年中行事 北山抄

十六日、季御讀經、 日本紀略

二十日、射遺、 日本紀略

廿二日、宇佐神寶使ヲ發遣ス、 日本紀略

廿八日、除目、殿上賭弓、 日本紀略 西宮記 西宮抄

四月小 戊子朔 盡

一日、旬、 日本紀略

二日、下野守藤原繁正ノ任符ニ請印セシム、 類聚符宣抄

是ヨリ先、天台座主延昌、盜ノ爲ニ凌辱セラル、是日、藏人所雜色ヲ遣シ、之ヲ問ハシム、 西宮記

四日、廣瀨龍田祭、 日本紀略

六日、山科祭、 日本紀略

七日、擬階奏、是日、調布ノ直ヲ改定ス、 日本紀略 法曹類林

八日、灌佛、 日本紀略 江次第

九日、平野祭、 日本紀略

十一日、侍臣ヲシテ、詩ヲ賦セシム、 日本紀略

十二日、月、歲星ト合フ、 日本紀略

十七日、宇佐貴文ヲ宇佐八幡宮權大宮司ニ補ス、 類聚符宣抄

天台座主延昌ノ請ニ依リ、補多樂寺ヲ以テ御願寺ト爲ス、 日本紀略

十九日、齋院御禊、 西宮記

二十日、五月ノ節ヲ停ム、 日本紀略

廿二日、賀茂祭、 日本紀略

廿四日、左大臣實賴ノ第ニ競馬アリ、 日本紀略

廿五日、皇女保子內親王御著裳ノ儀アリ、 日本紀略

廿八日、直物、是日、侍臣ヲシテ、蹴鞠ヲ行ハシム、 日本紀略 內外三時抄

五月大 丁巳朔 盡

一日、霖雨、 日本紀略

三日、諸衛府菖蒲輿雜花ヲ獻ズ、日本紀略
四日、內裏歌合、新拾遺和歌集 袋草紙
私稻ヲ近江美濃ノ正稅ニ加擧シテ、延曆寺楞嚴法華三昧堂料ニ充テシム、山門堂舍記
五日、典藥寮菖蒲輿ヲ獻ズ、日本紀略
十二日、侍臣ヲシテ、詩ヲ賦セシム、日本紀略
十五日、左大臣實賴上表、日本紀略
十七日、佛舍利ヲ石淸水八幡宮ニ獻ズ、是日、左大臣實賴ニ勅答ヲ賜フ、權僧正寬空ヲシテ、仁壽殿ニ不動法ヲ修セシム、日本紀略
廿一日、文章得業生藤原雅材等ニ課試ノ宣旨ヲ下ス、類聚符宣抄
廿六日、伊勢守姓闕ク保衡ヲシテ、造大神宮ノ事ヲ催サシム、是日、大極殿ニ怪異アルヲ以テ、讀經セシメテ之ヲ禳ハシム、日本紀略 西宮記
廿九日、鴨河洪水、是日、臨時御讀經ヲ行ハル、日本紀略
學生藤原公方等ニ登省宣旨ヲ下ス、類聚符宣抄

六月小盡 丁亥朔

九日、近江建部神ニ正三位ヲ授ク、日本紀略
十日、御體御卜、類聚符宣抄
十一日、月次祭、神今食、諸社ニ奉幣シテ止雨ヲ祈ラシム、日本紀略 西宮記 北山抄 禁祕抄
十三日、式部省試、日本紀略
十六日、參議藤原元名、致仕ノ表ヲ上ル、聽サズ、日本紀略
十七日、霖雨ニ依リテ、田邑山陵使ヲ發遣ス、是日、弓場殿ニ藤原公方等ヲ試ム、日本紀略 江次第
十八日、怪異アルニ依リテ、淸涼殿ニ仁王經ヲ轉讀シテ之ヲ禳ハシム、日本紀略 西宮記
權僧正寬空ヲシテ、仁壽殿ノ觀音像ヲ開眼セシム、年中行事祕抄 公事根源抄
十九日、雷、右兵衛府ニ震ス、日本紀略
廿一日、歲星、亢星ヲ犯ス、是日、季御讀經、淸涼殿

御讀經結願、日本紀略 西宮記

廿五日、右近衛府長倉等火アリ、日本紀略

廿九日、節折、江次第

七月大盡 丙辰朔

一日、旬、日本紀略

三日、延曆寺中堂ニ於テ、大般若經ヲ轉讀セシム、

是日、右大臣顯忠、極樂寺ニ蓮花會ヲ修ス、日本紀略

四日、廣瀨龍田祭、日本紀略

七日、乞巧奠、侍臣ヲシテ、詩ヲ賦セシム、日本紀略 江次第 年中行事祕抄

九日、月、心前星ヲ犯ス、是日、東宮御元服ノ事ヲ定メ、致平親王小弓負態ヲ供セラル、日本紀略 西宮記

十日、郡司讀奏、西宮記

是ヨリ先、興福寺、春日神主姓闕ク時用ト地ヲ爭ヒ相訴フ、是日、勅シテ杳問セシム、東大寺要錄

二十日、左近衛府ノ曹司ヲ以テ、東宮御元服行事所ト爲ス、是日、權僧正寛空ヲシテ孔雀經法ヲ修セシム、日本紀略 北山抄

廿一日、仁王會ニ依リテ、大祓ヲ行フ、是日、省試評定ノ判文ヲ奏ス、日本紀略

廿三日、仁王會、日本紀略

廿七日、相撲內取、是ヨリ先、祭主大中臣元房新宮正殿ノ心柱ノ違例ヲ奏ス、是日、更ニ之ヲ問ハシム、日本紀略 西宮記 神宮雜例集

廿八日、相撲召合、日本紀略

廿九日、相撲拔出、日本紀略 西宮記 北山抄

三十日、黑雲天ニ亘ル、日本紀略 河海抄

八月大盡 丙戌朔

二日、釋奠、日本紀略

三日、內論義、日本紀略

六日、女三兒ヲ產ム、日本紀略

七日、中納言源兼明ニ、左兵衞督ヲ兼ネシム、日本紀略 公卿補任

十一日、定考、 日本紀略 西宮記

十二日、小定考、 日本紀略

十三日、侍臣ヲシテ、詩ヲ賦セシム、 日本紀略

十五日、祭主大中臣元房、重ネテ神宮正殿心柱ノ違例ヲ奏ス、 日本紀略 神宮雜例集

十六日、信濃駒牽、是日、瀧口相撲ヲ御覽アラセラル、 日本紀略 濫觴抄 西宮記

十七日、季御讀經、 日本紀略

十八日、天文博士賀茂保憲ヲシテ、輔多樂堂ノ地ヲ鎭セシム、 日本紀略

二十日、武藏秩父駒牽、和歌負態アリ、 日本紀略 西宮記

廿二日、内裏觸穢、是日、相撲ノ最手ヲ定メ、神宮御厨案主秦茂興等ニ祓ヲ科ス、 日本紀略 西宮記 類聚符宣抄

廿三日、信濃望月駒牽、 西宮記

廿六日、神宮造營ノ竣功ヲ奏ス、 日本紀略 神宮正殿ノ心柱違例ニ依リテ、改造スル可否ヲ定ム、 神宮雜例集 新儀式

廿八日、武藏秩父駒牽、是日、神宮正殿ノ心柱違例ニ依リテ、判官禰宜等ニ祓ヲ科ス、 西宮記 政事要略 北山抄

三十日、大風雨、大和近江ノ神社佛寺多ク破壞ス、是日、右衛門督藤原朝忠ノ辭表ヲ返付ス、 日本紀略 後愚昧記 東大寺別當次第 東大寺要錄

是月、丹波ノ人宇治宮成、穴穗寺ノ觀音像ヲ造立ス、 一代要記 扶桑略記

九月小盡 丙辰朔

三日、甲斐眞衣野駒牽、是日、穢ニ依リテ、御燈ヲ停ム、 日本紀略 西宮記

六日、大祓、 日本紀略

七日、伊勢大神宮神寶使ヲ發遣ス、 日本紀略 西宮記 新儀式 園太曆

八日、才伎長上米錦德常ヲ篩師ニ任ズ、 類聚符宣抄

十一日、皇子御誕生アラセラレ、卽日薨ズ、是日、穢ニ依リテ例幣ヲ延引ス、 日本紀略

十三日、例幣、且新宮正殿ノ心柱ノ違例ヲ祈謝セシム、 日本紀略 西宮記

十四日、明法博士姓闕ク實憲等、式部史生奈癸忠雅ノ赦ニ會フヤ否ヤヲ勘進ス、 日本紀略

十七日、内宮遷宮、 神宮先規錄

廿三日、月軒轅夫人ヲ犯ス、 日本紀略

廿六日、年來ノ勘文ヲ副ヘテ不堪田解文ヲ奏セシム、是日、文章得業生藤原雅材對策ス、 日本紀略 西宮記 北山抄

是月、上野ノ御馬ヲ殿上人ニ賜フ、 西宮記

十月大盡 乙酉朔

一日、番奏、 江次第

五日、殘菊宴、 日本紀略 西宮記

七日、左大臣實賴、大原野社ニ詣ス、 日本紀略

十日、除目、 日本紀略

十八日、尙侍藤原貴子薨ズ、 日本紀略 一代要記 改元部類記 大鏡裏書 大鏡 貫之集

二十日、中宮、職曹司ニ移御アラセラル、是日、參議小野好古等ヲシテ、故尙侍貴子ノ家ヲ訪ハシム、 日本紀略

廿二日、天台受戒度緣ニ請印ス、 北山抄

三十日、尙侍貴子薨奏、是日、貴子ニ從一位ヲ贈ル、 小野宮年中行事 北山抄 日本紀略 西宮記 小右記

十一月大盡 乙卯朔

一日、相嘗祭ヲ延引ス、 日本紀略

六日、穢ニ依リテ、春日平野兩祭ヲ延引ス、 日本紀略 北山抄 年中行事抄

七日、弓場始、 西宮記

十日、中宮ノ御輕服ニ依リテ、鎭魂祭ノ有無ヲ定ム、 日本紀略

十二日、鎭魂祭、五節御前試、 日本紀略 江次第

十三日、新嘗祭、 日本紀略

十四日、豐明節會、 日本紀略

十五日、穢ニ依リテ、東宮鎮魂祭ヲ延引ス、 日本紀略

十六日、小除目、 日本紀略

十九日、直物、是日、比叡山四王院ニ内論義ヲ行フ、 日本紀略 天台座主記

廿二日、大原野祭、 日本紀略

廿五日、伊勢、石清水奉幣、 日本紀略

廿六日、賀茂臨時祭、 日本紀略

廿七日、東宮鎮魂祭、賑給、 日本紀略

廿八日、僧都知淵、所帶ノ位ヲ停メ、故師玄昭ノ職位ヲ賜ランコトヲ請フ、 西宮記

十二月 小 乙酉朔 盡

十一日、月次祭、神今食、 日本紀略

十三日、天變ニ依リテ、臨時御讀經アリ、 日本紀略 西宮記

十九日、御佛名、 日本紀略

廿二日、荷前使ヲ發遣ス、是日、天文博士賀茂保憲、大剛革令勘文ヲ上ル、 日本紀略 革令勘文

廿四日、弓場殿ニ學生ヲ試ム、 日本紀略

廿五日、皇女御誕生アラセラル、 日本紀略

廿六日、大和大椽巨勢忠明ヲ追捕使ニ補ス、 西宮記

廿八日、皇女御早世アラセラル、 日本紀略

廿九日、節折、追儺、是日、皇女ノ御早世ニ依リテ、東宮大饗ノ有無ヲ定ム、 西宮記 北山抄 年中行事抄

權僧正寛空ヲシテ、眞言院ニ火天供ヲ修セシム、 日本紀略

是月、東大崇福兩寺造立ノ由ヲ本願山陵ニ告グル例ヲ勘ヘシム、 東大寺要錄

新藥師寺佛像ノ本願ニ疑アルニ依リ、同寺ニ命ジテ、縁起帳ヲ進ゼシム、 東大寺要錄

是歲、樹木ヲ禁中ニ栽ウ、 禁祕抄

大和守從五位上源清時卒ス、 尊卑分脈

主計官人、貶退ノ後、本位本官ニ復セシム、 新儀式

應和三年

一月大盡 甲寅朔

一日、四方拜、雨ニ依リテ朝賀ヲ停ム、 日本紀略 江次第 年中行事祕抄

二日、卯杖ヲ上ル、東宮大饗、是日、中宮職曹司ヨリ、中宮權大夫藤原兼通ノ第ニ移御アラセラル、 日本紀略 西宮記 小野宮年中行事

五日、敍位、 日本紀略

七日、白馬節會、加敍、 日本紀略 西宮記 江次第 公卿補任

八日、御齋會、 日本紀略

九日、左大臣實頼大饗、 日本紀略

十日、右大臣顯忠大饗、 日本紀略

十六日、政始、 日本紀略

十七日、權大納言藤原師尹ヲ東宮御元服行事ト爲ス、 西宮記

二十日、東宮御元服雜事ヲ定ム、 東宮御元服部類

廿三日、除目始、 日本紀略

廿八日、權大納言藤原師尹ニ按察使ヲ兼ネシム、 公卿補任

二月小盡 甲申朔

三日、和歌ヲ詠シ給フ、 日本紀略

四日、祈年祭、 日本紀略

十一日、列見、是日、東宮御元服ノ日時等ヲ定ム、 日本紀略 西宮抄 西宮記

僧正延昌ヲシテ、大日寺ニ熾盛光法ヲ修セシム、 天台座主記

十三日、備後權介菅乃正統等ヲシテ、撰國史所ニ候セシム、 類聚符宣抄

十四日、釋奠、 日本紀略

十六日、雲林院御塔會試樂、 西宮記

十七日、蹴鞠ヲ御覽アラセラル、 西宮記

廿一日、東宮御元服習禮、是日、加冠理髮人ヲ定ム、 日本紀略 西宮記 東宮御元服部類 北山抄

廿二日、直物、 日本紀略

廿三日、中宮内裏ニ入ラセラル、 日本紀略

廿六日、東宮直廬ノ承塵料ヲ請フ、 西宮記

廿七日、明日ノ詔書位記等ヲ作ラシム、是日、上道友木ヲ勘解由使生ニ補ス、 西宮記 日本紀略 類聚符宣抄

廿八日、東宮御元服アラセラル、是日、昌子内親王ヲ東宮妃ト爲ス、仍リテ調庸ノ未進ヲ免除シ、東宮ノ宣旨乳母等ヲ加階ス、 日本紀略 西宮記 北山抄 小右記 御遊抄 仙源抄

廿九日、威儀ノ御膳等ヲ御覽アラセラル、 東宮御元服部類 西宮記

三月小 癸丑朔盡

二日、東宮ノ宣旨乳母ニ祿ヲ賜フ、 東宮御元服部類

三日、御燈、是日、櫻花ヲ御覽アラセラル、 日本紀略 西宮記 新千載和歌集

四日、雲林院御塔會ノ事ヲ定ム、 日本紀略

八日、和歌ヲ詠シ給フ、 日本紀略

九日、水間有澄等、去年荷前使ヲ闕怠セルニ依リテ科責ス、 類聚符宣抄 樗嚢抄

十三日、射禮、 日本紀略

十四日、射遺、 日本紀略 台記

十五日、賭弓、 日本紀略 西宮抄

權律師寛湛寂ス、 日本紀略

十九日、雲林院御塔供養、是日、別當春暹ヲ權律師ニ任ズ、 扶桑略記 西宮記 本朝文粹 政事要略

二十日、詔書覆奏、位祿定アリ、 東宮御元服部類 西宮記 北山抄

熊野山別當增皇寂ス、 熊野別當次第

廿一日、算博士小槻糸平等、明年革令ニ當ル狀ヲ勘進ス、 革命勘文

廿二日、大神宮々司大中臣茂生ヲ造宮司ニ補ス、 西宮記

廿三日、權僧正寛空ヲシテ、仁壽殿ニ孔雀經法ヲ修セシム、 東寺長者補任 仁和寺傳

廿五日、參議橘好古等ヲ聖武天皇ノ山陵ニ遣シ、

新薬師佛像ノ破損ヲ修造スベキ由ヲ告グ、日本紀略 東大寺要録

佐渡守朝原世常ノ任符ニ請印セシム、類聚符宣抄

四月大盡 壬午朔

一日、旬、日本紀略 西宮記 江次第

三日、平野祭、松尾祭、日本紀略

四日、廣瀬龍田祭、日本紀略

七日、擬階奏、日本紀略

八日、大神祭使ノ發遣ニ依リテ、灌佛ヲ停ム、日本紀略

九日、松尾祭、不參ノ山城國司ヲ召問セシム、北山抄

十二日、失火ノ穢ヲ定ム、西宮記 拾芥抄

十三日、齋院御禊、日本紀略

十六日、賀茂祭、日本紀略 西宮記

廿一日、端午ノ節ヲ停ム、日本紀略

廿二日、除目、日本紀略

廿六日、和歌ヲ詠シ給フ、日本紀略

是月、旱ス、日本紀略 興福寺年代記

五月小盡 壬子朔

五日、和歌ヲ詠シ給フ、日本紀略

八日、仁王會、日本紀略

十四日、朱雀院ニ行幸アラセラレ、競馬ヲ覽給フ、日本紀略 北山抄

十五日、馬寮ノ御馬ヲ御覽アラセラレ、飼葛人等ヲ賞シ給フ、西宮記

十六日、公卿、右近馬場ニ競馬ヲ覽ル、日本紀略

廿一日、諸社ニ奉幣神寶使ヲ發遣ス、日本紀略

廿七日、擬文章生ヲ試ム、類聚符宣抄

廿九日、山城國司ヲシテ、諸司官人ノ所執未進ノ交名ヲ奏セシム、西宮記

六月大盡 辛巳朔

七日、左京職ノ移文ニ依リテ、京戸口分田ノ租帳ヲ勘會セシム、政事要略

中納言従三位大江維時薨ズ、日本紀略 公卿補任 河海抄 朝野群載 古事談 續古事談 西宮記 官職祕抄 江吏部集 本朝世記 江談抄

九日、伊勢以下十六社ニ奉幣シテ、年穀ヲ祈ラシム、是日、冷泉院西門南ノ松樹倒ル、日本紀略 朝野群載

十日、御體御卜、日本紀略

十一日、月次祭、神今食、日本紀略 北山抄

十五日、故中納言大江維時ニ従二位ヲ贈ル、康富記

十九日、小除目、日本紀略

廿二日、御修法御讀經ヲ行ヒ、炎旱ヲ禳ハシム、日本紀略 東寺長者補任

廿五日、山城ノ申請ニ依リテ、神泉苑ノ水ヲ給ス、日本紀略

廿六日、雷鳴陣、西宮記

廿九日、伊勢曾禰莊田料ノ堰溝ヲ鑿通セシム、醍醐寺雜事記

是月、文章得業生秦氏安對策ス、本朝文粹

是夏、僧千觀ニ雨ヲ祈ラシム、元亨釋書

七月小 辛亥朔盡

一日、丹生貴布禰兩社ニ奉幣シテ、雨ヲ祈ラシム、祈雨日記

二日、大索、日本紀略

四日、廣瀬龍田祭、日本紀略

五日、炎旱ニ依リテ御卜ヲ行ヒ、御修法ノ事ヲ定ム、日本紀略 祈雨日記 西宮記

六日、祈雨日時定、北山抄 東寺長者補任 祈雨日記

八日、祈雨奉幣、西宮記

九日、御修法御讀經ヲ行ヒ、炎旱ヲ禳ハシム、日本紀略 祈雨日記 東寺長者補任 東大寺別當次第

十日、五龍祭ヲ行フベキ由ヲ陰陽寮ニ命ズ、祈雨日記

十二日、雷鳴微雨、祈雨日記

十三日、丹生貴布禰兩社ニ奉幣シテ、雨ヲ祈ラシ

メ、天文博士賀茂保憲ヲシテ、五龍祭ヲ修セシム、 祈雨日記

看督長ヲシテ、次第ヲ守リ、獄直ヲ勤メシム、 政事要略

十四日、盂蘭盆、 小右記 權記

十五日、二十八社ニ奉幣シテ、雨ヲ祈ラシム、 日大紀略 西宮記 北山抄 拾芥抄 伊呂波字類抄

廿一日、御祓物ヲ供ス、 河海抄

故中納言大江維時盡七日忌辰ニ依リ、使ヲ遣シテ諷誦ヲ修セシム、 春記

廿六日、相撲召合、 日本紀略 樗嚢抄 西宮抄 北山抄

廿七日、追相撲、 日本紀略

廿八日、旱魃ニ依リテ、仁王會ヲ修セシム、是日、公卿、舊銭ヲ停メ新銭ヲ用ヒンコトヲ請フ、 日本紀略 西宮記 祈雨日記 禁祕抄

八月大盡 庚辰朔

一日、式部大輔橘直幹等、課試評定ノ誤ニ依リテ怠状ヲ進ル、 類聚符宣抄

八日、釋奠、 日本紀略

九日、御物忌ニ依リテ、内論義ヲ停ム、 日本紀略

十一日、季御讀經、是日、定考ヲ延引ス、 日本紀略

十七日、定考、甲斐穗坂駒牽、 日本紀略 樗嚢抄

十九日、廣平親王、緝子内親王、麗景殿ニ參入セラル、 親王元服部類

二十日、廣平親王、御元服アラセラル、 日本紀略 御遊抄

廿一日、諸宗ノ僧ヲシテ、清涼殿ニ法華經ヲ講ゼシム、 佛法傳來次第 和漢合符 扶桑略記 慈恵大師傳 三國傳記

廿三日、僧光勝空也金字般若經ヲ供養シ、萬燈會ヲ設ク、 日本紀略 扶桑略記 本朝文粹 闔中抄 拾遺往生傳

廿九日、權律師救世等ニ度者ヲ賜フ、 東寺長者補任

九月小盡 庚戌朔

三日、御燈、 日本紀略

四日、除目、 日本紀略 公卿補任

五日、賀茂社神殿ヲ修理セシム、 西宮記

十一日、穢ニ依リテ、例幣ヲ停ム、仍リテ大祓ヲ行フ、 日本紀略 西宮記

廿六日、例幣、 西宮記

是月、甲斐眞衣野駒牽、 西宮記

河原院歌合、 夫木和歌集

是秋、上野勅旨駒牽、 北山抄

十月大盡 己卯朔

一日、旬、 日本紀略 西宮記

四日、和歌ヲ詠シ給フ、 日本紀略

七日、左大臣實頼、石清水ニ詣ス、 日本紀略

九日、弓場始、是日、左右京ノ保長刀禰ヲシテ、夜行ヲ勤メシム、 西宮記

十三日、小除目、 日本紀略

十九日、不堪田奏、 西宮記

廿三日、後院利山萩原駒牽、 西宮記

廿六日、權僧正寛空ヲシテ、眞言院ニ火天供ヲ修セシム、 仁和寺傳

三十日、諸國ヲシテ、講讀師ノ死闕ヲ奏セシム、 政事要略

十一月大盡 己酉朔

九日、山科祭、 日本紀略

十日、內及ビ中宮、東宮ノ宮主ヲ大史少史等ニ兼補ス、 類聚符宣抄

十二日、平野祭、春日祭、 日本紀略

十六日、大原野祭、 日本紀略

十七日、諸社ニ奉幣ス、 日本紀略

十八日、鎭魂祭、五節御前試、 日本紀略 江次第

十九日、新嘗祭、 日本紀略

二十日、豐明節會、 日本紀略 小右記

廿一日、東宮鎭魂祭、 日本紀略

廿五日、賀茂臨時祭、 日本紀略 西宮記

十二月大盡 己卯朔

十日、御體御卜、 日本紀略 西宮記

十一日、月次祭、神今食ヲ延引ス、是日、侍從源時

中ニ雜袍ヲ聽ス、 日本紀略 西宮記

十四日、月次祭、神今食、 日本紀略

十九日、權少僧都智淵寂ス、 日本紀略

廿七日、尾張是種ヲ尾張海部郡ノ大領ニ補ス、 類聚符宣抄

閏十二月小盡 己酉朔

三日、官奏、印ノ辛櫃鎖固キニ依リ、之ヲ破ラシム、 北山抄 西宮記 江次第

十二日、荷前使ヲ發遣ス、 日本紀略 樗嚢抄

十三日、大索、 日本紀略

十四日、勸學院ノ例ニ准ジテ、弉學院ニ年官ヲ賜フ、 日本紀略 魚魯愚鈔 江次第

二十日、御苑ニ雪山ヲ造ラシム、 河海抄

廿一日、御佛名、 日本紀略 西宮記 北山抄

廿二日、石清水別當淸昭寂ス、 石淸水祠官系圖

廿六日、學生信正王等ニ登省宣旨ヲ下ス、 類聚符宣抄

廿七日、藤原和子ニ禁色ヲ聽ス、 西宮記

廿八日、調交易雜物等、期ニ遲ルヽコトナク進納セシム、 政事要略

是月、大內記高階成忠、勅書宣命等ヲ部類シテ、之ヲ上ル、 柱史抄

康保元年

正月大盡 戊寅朔

一日、節會、 西宮記

二日、東宮、爲平親王參覲アラセラル、 日本紀略 西宮記

三日、多武峯撿挍千滿、食堂大黑像ヲ造ル、 多武峯略記

五日、敍位、是日、中宮大夫源高明ノ子惟賢、及ビ忠賢等元服ス、 西宮記

七日、左大臣實頼ヲ從一位ニ敍シ、中納言藤原師氏ヲ正三位ニ敍ス、 公卿補任

八日、御齋會、 日本紀略

十日、女位記ヲ頒給ス、 西宮記

十五日、天台座主僧正延昌寂ス、 日本紀略 扶桑略記

天台座主記　僧官補任　門葉記　元亨釋書　平家物語長門本

十九日、雲林院ニ三綱供料ヲ充ツ、伊呂波字類抄

使ヲ遣シテ、延昌ノ喪ヲ弔ハシム、春記　西宮記

廿三日、除目始、是日、穢ニ依リテ、來月春日祭日ヲ改ム、日本紀略

是月、典侍藤原灌子ヲ從三位ニ敍ス、一代要記

二月小盡 甲戌朔

二日、勘解由使ヲシテ、紀伊國前後司ノ申狀ヲ勘奏セシム、類聚符宣抄

四日、穢ニ依リテ、祈年祭ヲ延引ス、日本紀略　西宮抄

五日、故天台座主延昌ノ弟子ニ綿布ヲ賜フ、春記　西宮記

爲平親王子御遊、日本記略　禁祕抄　大鏡裏書　榮華物語　大鏡　拾遺和歌抄

十一日、列見、日本紀略

十二日、男踏歌試樂、日本紀略

十五日、撿非違使赤染時用、勘事ニ依リ事ニ從ハズ、仍リテ右少史日下部豐金ヲシテ事ニ從ハシム、日本紀略

十七日、男踏歌、日本紀略

十八日、月食、園韓神祭、日本紀略

二十日、大原野祭、釋奠、日本紀略

廿二日、祈年祭、是日、參議藤原朝成ヲ法隆寺別當ニ、藤原伊尹ヲ雲林院別當ニ兼補ス、日本紀略　北山抄　公卿補任

廿三日、仁王會ニ依リテ大祓ヲ行フ、是日、規子內親王御著裳ノ儀アリ、日本紀略

參議藤原元名致仕ス、公卿補任

廿五日、除目、是日、橘仲遠ヲ日本紀講博士トナシ、紀傳明經道ニ命ジテ向復學生ヲ進ゼシム、日本紀略　類聚符宣抄

廿六日、仁王會、日本紀略　山槐記

廿八日、諸社ニ奉幣ス、日本紀略

廿九日、五節ノ師ヲ補ス、西宮記

三月小盡 丁丑朔

三日、御燈、 日本紀略
五日、式部丞ノ殿上上日ヲ以テ、本省上日ニ加ヘシム、 類聚符宣抄
九日、日本紀ヲ講ズベキ日時ヲ勘ヘシム、是日、大僧都鎮朝ヲ天台座主ニ補ス、 日本紀略 扶桑略記 西宮記 天台座主記
十三日、射禮、 日本紀略 西宮記
十四日、賭射、射遺、 日本紀略 小右記 西宮記
十五日、大學寮北堂學生、始メテ勸學會ヲ修ス、 扶桑略記 楊鴫曉筆
十八日、季御讀經、 日本紀略
廿七日、左京大夫源重光ヲ參議ニ任ズ、 公卿補任
廿九日、和歌ヲ詠シ給フ、 日本紀略
是月、多武峯法華堂ヲ建ツ、 多武峯略記

四月 大盡 丙午朔

一日、旬、 日本紀略
二日、周防ノ玉祖神ニ從一位ヲ授ク、是日、齋院御禊前駈次第使ヲ定ム、 日本紀略 西宮記

三日、穢ニ依リテ、平野祭ヲ延引ス、 日本紀略
四日、廣瀬龍田祭、 日本紀略
七日、擬階奏、 日本紀略
九日、大神祭使ヲ發遣ス、是日、撿非使左廳ノ政アリ、 西宮記 北山抄 小野宮年中行事 政事要略
左衞門志飛鳥部常則ヲシテ、清涼殿ノ壁ニ白澤王ノ像ヲ畫カシム、 河海抄
十一日、左大臣實頼ノ室能子卒ス、 日本紀略 尊卑分脈 一代要記 北山抄 大和物語 玉葉集 後撰和歌集
十三日、齋院婉子内親王御禊、是日、端午節ヲ停ムル由ヲ仰ス、 日本紀略 西宮記
十四日、月心前星ヲ犯ス、賀茂祭警固、 日本紀略 西宮記
十五日、平野祭、是日、主稅頭ク 姓闕 以忠天文密奏ヲ上ル、 日本紀略 西宮記
十六日、賀茂祭、是日、犬死ノ穢アリ、 日本紀略
十七日、解陣、穢中諸社ニ奉幣ス、 日本紀略 園太暦

十九日、直物、 日本紀略

廿一日、撿非違使ヲ補ス、 西宮記

廿四日、皇女選子御誕生アラセラル、 日本紀略 大鏡裏書

廿九日、中宮安子崩ゼラル、 日本紀略 大鏡裏書 大鏡 中右記 榮華物語 拾遺和歌集 續古今和歌集 高光集 拾遺和歌抄

五月小 丙子朔盡

二日、陸奧國臨時交易御馬ノ解文ヲ奏ス、 西宮記

三日、警固固關、故中宮ノ葬官ヲ定メ、錫紵御心喪ノ限ヲ定ム、是日、故中宮ヲ東院ニ移シ奉ル、 日本紀略 西宮記 北山抄 小右記 類聚雜例

四日、明經道、東宮、及ビ坊官近臣ノ服制ヲ勘進ス、 日本紀略 西宮記

七日、大雨洪水、中宮御葬送アリ、錫紵ヲ著御アラセラレ、親王ノ著服ヲ定ム、 日本紀略 西宮記 北山抄 拾遺抄 榮華物語 高光集 皇年代記

東宮左近衞府ニ遷ラセ給フ、是日、故中宮初七日忌辰諷誦ヲ修セシム、 日本紀略 西宮記 類聚雜例

九日、解陣、是日、孔雀經法結願、 日本紀略 三僧記類聚 孔雀經法記

十日、御服終レルヲ以テ、御簾ヲ上ゲラレ、故中宮二七日忌辰御誦經アリ、 日本紀略 北山抄

諸寺ノ破損ヲ撿注セシム、 西宮記

十四日、馬寮ヲシテ、陸奧ノ交易御馬ヲ分取セシム、 爲房記 北山抄

十六日、騎射、 西宮記 年中行事抄

十九日、故中宮三七日忌辰御誦經、 日本紀略

廿六日、故中宮四七日忌辰御誦經、 日本紀略

左大臣實賴亡室ノ爲ニ、法性寺ニ盡七日法會ヲ修ス、 日本紀略

廿八日、直講時原長列、暦運ノ勘文ヲ上ル、 革令勘文

六月小 乙巳朔盡

九日、故中宮六七日忌辰御誦經、是日、御讀經不參仕ノ僧綱ノ過狀ヲ徵ス、 日本紀略 西宮記

十日、穢ニ依リテ御體御卜ヲ延引ス、日本紀略 西宮記

十一日、月次祭、神今食、日本紀略 西宮記 北山抄

十四日、皇女選子五十日ノ御儀アリ、榮華物語

十五日、御體御卜、日本紀略 西宮記

十六日、前中宮職故中宮ノ御爲ニ東院ニ法事ヲ修ス、日本紀略

十七日、故中宮盡七日忌辰法會ヲ法性寺ニ修ス、日本紀略 榮華物語

兵部少丞三善道統曆運勘文ヲ上ル、革命勘文

陽成天皇ノ皇子元利親王薨ズ、日本紀略 本朝皇胤紹運錄 尊卑分脈 扶桑略記

十八日、天文博士賀茂保憲等ヲシテ、革命ノ當否ヲ論ゼシム、革命勘文

十九日、皇子具平御誕生アラセラル、日本紀略 本朝皇胤紹運錄

釆女小田妹子、額田利有子ヲ陪膳ト爲ス、西宮記

二十日、東宮、方忌ヲ太政官朝所ニ避ケ給フ、日本紀略

廿三日、宜陽殿御讀經、日本紀略

廿八日、諸社ニ奉幣ス、日本紀略

七月大盡 甲戌朔

五日、少僧都濟源寂ス、日本紀略 元亨釋書 往生極樂記 今昔物語

七日、文章博士勘申ノ年號字文ヲ奏ス、是日、陰陽寮ヲシテ御讀經ノ日時ヲ勘申セシム、改元宸記 西宮記

九日、東宮、凝華舍ニ還啓セラル、日本紀略 西宮記

十日、康保ト改元ス、扶桑略記 日本紀略 皇年代略記 改元宸記 改元部類 元祕抄 三長記

二十日、僧綱ヲ任ズ、東寺長者補任 天台座主記 東大寺別當次第

廿三日、元利親王薨奏、日本紀略

廿八日、參議源重光ニ宮內卿ヲ兼ネシム、公卿補任

廿九日、東宮ニ封戶ヲ加ヘラル、日本紀略

參議橘好古ニ、彈正大弼ヲ兼ネシム、公卿補任 宮職

秘抄

三十日、御心喪竟ルヲ以テ、大祓ヲ行フ、 日本紀略

八月小盡 甲辰朔

四日、釋奠、 日本紀略 北山抄

十日、季御讀經、 日本紀略

十一日、定考、 日本紀略

十五日、直物、 日本紀略

十六日、信濃勅旨駒牽、 日本紀略

十七日、甲斐穗坂駒牽、 日本紀略 樗嚢抄

廿一日、天文博士賀茂保憲等ヲシテ、海若ヲ祭ラシム、是日、皇女選子ヲ内親王ト爲ス、 西宮記裏書 日本紀略 大鏡裏書

廿五日、神祇官過狀ヲ進ム、 西宮記裏書

廿八日、史生額田良秀ヲシテ、國史所ニ候セシム、 類聚符宣抄

是月、造石上社使ヲ補ス、參議藤原元名出家ス、 西宮記 公卿補任 元輔集

九月大盡 癸酉朔

六日、大祓、 西宮記裏書 日本紀略

七日、外宮神寶使ヲ發遣ス、 日本紀略

八日、左大臣實頼、僧安愿ヲ以テ、今年ノ灌頂阿闍梨ト爲サンコトヲ請フ、 天台座主記

九日、天文博士賀茂保憲行幸ノ日ヲ勘申ス、 陰陽新書

十一日、例幣、犬死穢アリ、 日本紀略 北山抄

十五日、外宮遷宮、 大神宮例文

十七日、神寶使復命ス、 西宮記裏書

廿八日、東宮、封戸ヲ辭シ給フ、 日本紀略 西宮記裏書

是月、小弓負態アリ、 西宮記裏書

十月大盡 癸卯朔

一日、旬、 日本紀略

三日、東宮ニ勅答ヲ賜フ、 日本紀略 西宮記裏書

五日、中宮ノ崩御ニ依リテ、殘菊宴ヲ停ム、是日、天台座主大僧都鎭朝寂ス、 日本紀略 扶桑略記 天台座主記

八日、弓場始、 西宮記

十三日、東宮重ネテ封戸ヲ辭シ給フ、是日、一本御書所淸書ヲ大藏省野倉ニ移ス、日本紀略 西宮記裏書

十四日、撿交替使主典ヲ遠江飛驒等ニ發遣ス、類聚符宣抄

十六日、勅答ヲ東宮ニ賜フ、西宮記裏書

十七日、權律師春暹寂ス、日本紀略 西宮記裏書

十九日、東宮ノ皇女宗子御誕生アラセラル、日本紀略 本朝皇胤紹運錄

廿二日、左大臣實賴上表ス、日本紀略

廿五日、左近陣座ニ於テ、諸卿一種物ノ與アリ、日本紀略

十一月大 癸酉朔盡

三日、學館院ヲ以テ、大學別曹ト爲ス、西宮記裏書

七日、小除目、東宮左近衞府ニ移御アラセラル、日本紀略 西宮記裏書

十二日、春日祭、平野祭、日本紀略

十六日、大原野祭、日本紀略

十七日、園韓神祭、日本紀略

十八日、鎭魂祭、日本紀略

十九日、新嘗祭、日本紀略

二十日、豐明節會、日本紀略 江次第 北山抄

廿一日、大法師淨藏寂ス、日本紀略 元亨釋書 扶桑略記 古今著聞集 撰集抄 古事談 日本高僧傳要文抄 羽賀寺緣起 江談抄 十訓抄 續敎訓抄 體源抄 大和物語 拾遺和歌集 門葉記 三國傳記 歷代編年集成

廿五日、賀茂臨時祭、日本紀略

三十日、故式部卿重明親王ノ御爲ニ度者ヲ賜フ、西宮記

是月、南殿ノ櫻ヲ栽ウ、禁祕抄 古事談

十二月小 癸卯朔盡

二日、左近陣座ニ於テ、諸卿一種ノ與アリ、日本紀略

四日、故中宮安子ノ山陵ヲ置キ、陵戶ヲ充ツ、是日、左近將監石野善根ヲシテ、元ノ如ク備前史生ヲ兼ネシム、政事要略 類聚符宣抄

七日、藤原忠輔等ニ學問料ヲ給フ、 葉黃記 西宮記

九日、傳燈大法師位元杲ニ付法灌頂ヲ行ハシム、 東寺要集

十日、御體御卜、是日、僧増賀多武峯法華堂ニ於テ始テ法華三昧ヲ修ス、 日本紀略 多武峯略記

十八日、賑給、 日本紀略

十九日、御佛名、 日本紀略

廿二日、荷前、 日本紀略 類聚符宣抄

廿九日、追儺、 樗嚢抄

是歲、僧良源ヲシテ功德ヲ修セシメラル、 慈恵大僧正傳

東宮學士從七位上三統元夏卒ス、 勅撰作者部類 類聚符宣抄 本朝世紀 本朝文粹 二中歷 御產部類記 西宮記裏書 政事要略 日本紀略 葉黃記 貫之集

康保二年

正月大盡 壬申朔

一日、四方拜、節會、 西宮記 日本紀略

二日、東宮大饗ヲ行フ、 江次第

五日、白雲天ニ亙リ、星月ヲ犯ス、 河海抄 日本紀略

六日、敍位儀、 日本紀略

七日、白馬節會、參議從四位上藤原伊尹ヲ正四位下ニ敍ス、 日本紀略 江次第 公卿補任

八日、天變、御齋會、是日、公卿不參ニ依リテ、女王祿延引ス、 日本紀略 西宮記裏書

十日、女王祿ヲ給フ、是日、天變ニ依リテ、諷誦ヲ修ス、 西宮記裏書 日本紀略

十一日、左大臣實頼、大饗ヲ行フ、是日、美濃各務郡大領秦良實死ス、 日本紀略 北山抄 類聚符宣抄

十二日、右大臣顯忠、大饗ヲ行フ、 日本紀略 北山抄

十五日、月食、 日本紀略

十七日、藏人ヲ補シ、去年荷前使ノ闕ニ依リテ、侍從藤原親賢等ヲ解任ス、 西宮記裏書 類聚符宣抄

廿七日、櫻樹ヲ南殿ノ前庭ニ栽ウ、 河海抄

廿九日、爲平親王、別巡給ニ預カル、 除目大成抄

二月大盡 壬寅朔

一日、日食、 日本紀略

六日、釋奠、 日本紀略

七日、客星出ツ、是日、春日祭、 日本紀略

十一日、列見、 日本紀略

十四日、權律師法藏ヲ東大寺別當ニ補ス、 東大寺別當次第 東大寺要錄

十五日、權少僧都喜慶ヲ天台座主ニ補ス、 日本紀略

十六日、仁王會ニ依リテ、大祓ヲ行フ、 日本紀略

十七日、仁王會、 日本紀略

十九日、直物、小除目、 日本紀略 類聚符宣抄

廿三日、大膳職率分勾當ヲ補ス、 類聚符宣抄

廿六日、祈年穀奉幣、 西宮記

廿七日、天變ニ依リテ、御占ヲ行フ、 日本紀略

廿九日、封事ヲ定ム、 日本紀略

是月、御惱ニ依リテ、天台座主喜慶ヲシテ、仁壽殿ニ修法セシム、 天台座主記 叡岳要記

三月小盡 壬申朔

三日、御燈、 日本紀略

四日、東宮參內アラセラル、 日本紀略

五日、花宴、 日本紀略 河海抄 明星抄 御遊抄

六日、齋宮ニ御著裳料裝束等ヲ賜フ、 西宮記

十一日、桓武天皇皇后乙牟漏ノ國忌ヲ廢ス、 西宮記裏書 日本紀略

十三日、射禮、 日本紀略 西宮抄

十四日、賭弓、 日本紀略

十六日、東寺長者寛空ヲシテ、仁壽殿ニ孔雀經法ヲ修セシム、 東寺長者補任

十七日、典藥頭和氣時雨卒ス、 和氣氏系圖 類聚符宣抄

十八日、殿上賭弓、 西宮記

十九日、前右近衞少將藤原高光ニ度者ヲ賜フ、 大鏡裏書

二十日、季御讀經、是日、近江崇福寺火アリ、 日本紀略 扶桑略記

廿三日、東宮、左近衞府ニ移御アラセラル、 日本紀略

廿六日、諸社ニ奉幣ス、日本紀略
廿七日、東寺長者延監寂ス、日本紀略　東寺長者補任
是月、檢京大寺全破使注進狀ヲ奏ス、東大寺要錄

四月小辛丑朔盡

一日、旬平座、日本紀略　北山抄
三日、左大臣實頼、亡室能子ノ周忌ヲ修ス、日本紀略
七日、擬階奏、日本紀略
八日、平野祭、日本紀略　北山抄
十八日、入道參議正四位下藤原元名卒ス、日本紀略　日野系圖　公卿補任
十九日、賀茂祭女騎馬御覽、警固、是日、鎭守府將軍源信孝ノ傔仗ヲ任ズ、朝野群載
廿一日、賀茂祭、是日、右大臣顯忠、左近衞大將ヲ辭ス、公卿補任
廿四日、朱雀院ニ行幸アラセラレ、競馬ヲ覽給フ、
是日、法性寺ニ於テ故中宮安子ノ周忌法會ヲ修ス、扶桑略記　日本紀略
右大臣從二位藤原顯忠薨ズ、日本紀略　公卿補任　大鏡　古事談　宇治拾遺物語　荏柄天神緣起　大和物語
廿七日、西寺ニ於テ、故中宮ノ周忌法會ヲ修ス、日本紀略

五月大庚午朔盡

二日、故右大臣顯忠ニ從一位ヲ贈ル、日本紀略
五日、御簾ヲ上ク、左近衞府騎射アリ、是日、非撿違使別當藤原朝忠、病ニ依リ佐以下ヲシテ、雜務ヲ行ハシム、日本紀略　北山抄　政事要略
八日、京官除目、日本紀略
十一日、大納言源高明ニ左近衞大將ヲ兼ネシム、公卿補任
十七日、卜部ヲ補ス、類聚符宣抄
十八日、內舍人安倍行方ヲシテ、行幸日ノ馬ニ騎セシム　西宮記裏書
廿四日、朱雀院ニ行幸アラセラレ、競馬騎射ヲ御

覧アリ、是日、大安寺別當禪敎賊ノ爲ニ害セラル、　日本紀略　勘仲記

三十日、雅樂笙師丸部利茂等ヲ召シ、笙ヲ吹カシム、　續教訓抄

六月小 庚子朔盡

一日、雷鳴、侍臣ヲシテ、詩ヲ賦セシム、　日本紀略

四日、直物、　西宮抄

七日、弘徽殿ニ於テ、競馬雜伎等ヲ御覽アラセラル、　日本紀略　西宮記裏書

十一日、月次祭、神今食、　日本紀略

廿六日、史生日置郷明ヲシテ、撰式所ニ候セシム、　類聚符宣抄

廿八日、御讀經始、　日本紀略

廿九日、節折、　江次第

七月小 己巳朔盡

二日、宇佐使ヲ定ム、　西宮記裏書

四日、廣瀨龍田祭、是日、雅樂寮舍火アリ、　日本紀略

七日、乞巧奠、是日、詩御宴アリ、　年中行事抄　日本紀略

十四日、造崇福寺使ヲ補ス、　西宮記裏書

廿一日、左馬助源滿仲等ヲ御鷹飼ト爲ス、　花鳥餘情

廿二日、神事闕怠料ヲ定ム、　類聚符宣抄　西宮抄　江次第

廿三日、雷鳴陣、是日、諸社ニ奉幣ス、　日本紀略　西宮記裏書

廿五日、相撲内取、　日本紀略　西宮記裏書

廿八日、相撲召合、　日本紀略　西宮記裏書　小右記

廿九日、追相撲拔出、是日、左近衞府擬近衞奏ヲ奏ス、　日本紀略　北山抄　小右記

是月、崇福寺燒失ノ由ヲ山階山陵ニ告グ、　西宮記　菅家文章

八月大 戊戌朔盡

二日、清涼殿ニ於テ、猿樂ヲ御覽アラセラル、　日本紀略

五日、日本紀尙復召人ヲ定ム、　類聚符宣抄

七日、甲斐眞衣野駒牽、　北山抄

十日、釋奠、　日本紀略

十一日、定考、釋奠內論義、日本紀略 小右記
十三日、皇子具平ヲ親王ト爲ス、是日、日本紀ヲ講ズ、日本紀略 皇胤系圖 釋日本紀
十四日、季御讀經、日本紀略
十七日、駒牽、北山抄 政事要略
二十日、盛子內親王御著裳、日本紀略
廿七日、爲平親王御元服、輔子內親王御著裳、日本紀略 御遊抄 西宮記 花鳥餘情
廿八日、大風、藥師寺ノ僧、四十御賀ノ卷數ヲ奏ス、日本紀略 後愚昧記 花鳥餘情
三十日、洪水、日本紀略
是月、丹生貴布禰兩社ニ止風ヲ祈ル、禁祕抄

九月小 戊辰朔盡

一日、宇佐使ニ御馬ヲ給フ、西宮記裏書
二日、大納言源高明、宇佐香椎宣命草ヲ奏ス、西宮記裏書
三日、御燈、日本紀略
四日、宇佐使發遣延引ニ依リテ、大祓ヲ行フ、西宮記裏書
六日、爲平親王參入セラル、日本紀略
十一日、例幣、日本紀略
十五日、宇佐使ヲ發遣ス、日本紀略 西宮記裏書
十八日、御讀經、及ビ御修法ヲ行ハセラル、日本紀略
廿一日、地震、日本紀略
廿七日、武藏勅旨駒牽、北山抄
是月、勅シテ五節舞姬ヲ獻ゼシム、西宮記

十月大 丁酉朔盡

一日、旬、日本紀略 江次第
三日、檢非違使所ヲシテ、諸國檢非違使ノ秩滿年限ノ誤ヲ奏セシム、西宮記
四日、臨時度者ヲ得度セシム、東寶記
七日、太政官、中納言藤原朝忠ノ病狀ヲ奏ス、日本紀略 西宮記裏書 公卿補任
十九日、紫宸殿御誦經、日本紀略

廿一日、朱雀院行幸ニ依リテ、文人等ヲ召サシム、 類聚符宣抄

廿三日、朱雀院ニ行幸シ、競馬ヲ御覽アラセラル、
是日、擬文章生ノ試アリ、 日本紀略 河海抄 西宮記裏書 江次第 北山抄 袋草紙

廿五日、極樂寺菊會、 日本紀略

廿七日、兵庫倉火アリ、 日本紀略 扶桑略記

廿八日、致平親王御元服、是日、博士等ヲシテ朱雀院ノ試詩ヲ判定セシム、 日本紀略 御遊抄 西宮記裏書

廿九日、文章生ヲ補ス、 西宮記

三十日、駒牽、 日本紀略

十一月大 丁卯朔盡

一日、旬、 日本紀略

四日、兵庫燒失ニ依リテ、大祓ヲ行フ、是日、紅梅ヲ仁壽殿ノ庭ニ栽ウ、 日本紀略 禁祕抄

六日、春日祭、平野祭、 日本紀略

八日、中納言藤原朝忠、右衞門督檢非違使別當ヲ辭ス、 公卿補任

十日、兵庫燒失ニ依リテ、諸社使ヲ發遣ス、 日本紀略

十一日、園韓神祭穢ニ依リテ延引ス、 日本紀略

十二日、神祇官ニ於テ、鎭魂祭ヲ行フ、 日本紀略

十三日、新嘗祭、 日本紀略 北山抄

十四日、豐明節會、 日本紀略

十五日、東宮鎭魂祭、 日本紀略

十九日、賀茂臨時祭、 日本紀略 西宮記

廿一日、大原野祭、 日本紀略

廿五日、變異火災ニ依リテ、賑給ヲ行ヒ、半徭ヲ免ズ、 日本紀略

十二月大 丁酉朔盡

四日、小除目、是日、四十御賀ヲ行ハセラル、 日本紀略 公卿補任 本朝文粹 拾遺和歌集

九日、興福寺僧徒御算ヲ賀シ奉ル、 日本紀略

十日、御體御卜、 日本紀略

十一日、月次祭、神今食、 日本紀略

十五日、天台座主喜慶、御算ヲ賀シ奉ル、 日本紀略

十六日、左大臣實頼ヲシテ、節會ノ日、直ニ昇殿セシム、 日本紀略

十九日、荷前、御佛名、 日本紀略 西宮記裏書

廿五日、式部大輔橘直幹獻ズル所ノ梅ヲ仁壽殿ノ庭ニ栽ウ、 禁秘抄

廿八日、僧綱ヲ任ズ、律師救世ヲ東寺長者ニ補ス、 日本紀略 東大寺別當次第 仁和寺諸院家記 釋家初例抄 東寺長者補任

三十日、追儺、 北山抄

是歳、式部大輔菅原文時、子輔照ニ學問料ヲ給ハランコトヲ請フ、 本朝文粋

伊豆走湯山講堂ヲ修造ス、 走湯山縁起

康保三年

正月小 丁卯朔

一日、小朝拜、節會、御藥ヲ供ス、是日、朝賀ヲ停メ、卯杖ヲ上ル、 日本紀略 西宮記裏書 妙音院相國白馬節會次第

二日、東宮參覲シ給ヒ、大饗ヲ行ハセラル、 日本紀略 西宮記裏書 北山抄

五日、左近衞醫師河内博遠ヲ醫得業生等ノ試博士ト爲ス、 類聚符宣抄

六日、敍位、 日本紀略

七日、白馬節會、敍位、 日本紀略 公卿補任

八日、月、昴星ヲ犯ス、是日、御齋會、 日本紀略

九日、女敍位、天文密奏アリ、 日本紀略

十二日、左大臣實頼大饗、 日本紀略 北山抄

十四日、月、軒轅大星ヲ食ム、 日本紀略

十五日、天文密奏、 日本紀略

十六日、大納言源高明ヲ右大臣ニ任ズ、 日本紀略 扶桑略記 公卿補任 西宮抄 初任大臣大饗雜例

廿一日、月、心星ヲ犯ス、 日本紀略

廿二日、外官除目、 日本紀略

廿三日、天文密奏、 日本紀略

廿六日、右大臣高明ニ、左近衞大將ヲ兼ネシム、 西宮記裏書 西宮抄

廿九日、春日祭使ヲ發遣ス、 日本紀略 北山抄

二月大盡 丙申朔

一日、春日祭、 日本紀略

二日、釋奠、 日本紀略

三日、右大臣高明ヲ東大寺俗別當ト爲ス、 東大寺雜錄

四日、祈年祭、 日本紀略

五日、子日ノ戯アリ、 日本紀略 拾遺和歌集

八日、月五東司空ヲ食ス、是日、大原野祭、 日本紀略

九日、侍臣ヲシテ、詩ヲ賦セシム、是日、右大臣高明上表ス、 日本紀略 北山抄

十日、天文密奏、 日本紀略

十一日、月輿鬼大將軍星ヲ犯ス、是日、小除目、直物、辨官物忌ニ依リテ、列見延引ス、 日本紀略

十二日、天文密奏、 日本紀略

十三日、列見、 日本紀略

十六日、右大臣高明第二度上表、 日本紀略

十八日、園韓神祭、 年中行事祕抄

廿一日、内宴ヲ行フ、明日後朝宴アリ、 日本紀略 西宮抄 北山鈔 河海抄 拾遺和歌集

廿三日、臨時仁王會、是日、仁壽殿ニ於テ御修法アリ、 日本紀略

廿四日、虹、桐壺ノ北庭ニ立ツ 日本紀略

廿七日、熒惑連夜東井ヲ犯ス、 日本紀略

廿八日、天文密奏、 日本紀略

三月大盡 丙寅朔

一日、天文密奏、尾張熱田社鳴動ス、是日、右大臣高明第三度上表、 日本紀略

二日、右大臣高明ノ上表ニ勅答アリ、 小右記 北山抄

三日、御燈ヲ停ム、曲水宴アリ、是日、射場ニ出御アラセラレ、親王公卿等貢進武者ノ射ヲ試ミ給フ、 日本紀略 北山抄 西宮抄 西宮記裏書

五日、位祿定、是日、熱田社鳴動ス、 日本紀略 北山抄

十日、花宴、 日本紀略 北山抄 袋草紙

十二日、熱田社鳴動ス、日本紀略
十三日、射禮、日本紀略
十四日、賭射、日本紀略
十五日、熱田社鳴動ス、日本紀略
十六日、紀伊守紀文利ノ任符ヲ請印セシム、類聚符宣抄
十七日、桓武天皇國忌、石清水臨時祭、季御讀經、日本紀略
廿二日、熱田社ノ恠異ニ依リテ、御卜ヲ行フ、日本紀略

四月小丙申朔盡

一日、平野祭、松尾祭、日本紀略 西宮記裏書 江次第
二日、典侍灌子ニ資人代ヲ賜フ、西宮記
三日、内裏ニ産ノ穢アリ、日本紀略
五日、大神祭ヲ延引ス、西宮記
六日、延曆寺舍利會、日本紀略
七日、擬階奏、是日、極樂寺ニ故右大臣顯忠ノ周忌法會ヲ修ス、日本紀略
八日、大神祭、穢ニ依リテ延引ス、是日、灌佛アリ、日本紀略 江次第
十二日、賀茂祭警固、日本紀略
十四日、賀茂祭、日本紀略
十六日、小除目、日本紀略
十八日、大神祭使ヲ發遣ス、日本紀略
十九日、皇子永平ヲ親王ト爲ス、日本紀略 一代要記
二十日、大神祭、日本紀略
廿七日、駒牽、日本紀略 西宮記裏書 江次第 小右記
是月、郡司讀奏アリ、北山抄

五月小乙丑朔盡

五日、左近衞府競馬、日本紀略 北山抄
六日、右近衞府競馬、日本紀略 北山抄
十三日、賀茂社、并ニ宜陽殿鳴動ス、是日、賀茂上社託宣アリ、日本紀略 賀茂注進雑記
廿五日、諸社ニ奉幣ス、日本紀略

六月大盡 甲午朔

十日、御體御卜、 日本紀略

十一日、月次祭、神今食、 日本紀略 北山抄

十六日、臨時御讀經、 日本紀略

廿一日、東宮、童相撲ヲ御覽アラセラル、 日本紀略

廿三日、封事ヲ定ム、 日本紀略

廿六日、風雨雷電、 日本紀略

七月小盡 甲子朔

四日、廣瀬龍田祭、 日本紀略 北山抄

七日、疾疫ニ依リテ、七大寺以下諸國定額寺ヲシテ讀經セシム、 日本紀略

十七日、天台座主權少僧都喜慶寂ス、 日本紀略 歷代編年集成 天台座主記

廿三日、臨時奉幣使、齋院御禊等ニ闕怠セル諸大夫ノ位祿ヲ停メシム、 西宮記

廿五日、諸社ニ奉幣ス、 日本紀略

八月小盡 癸巳朔

二日、季御讀經ノ布施ヲ定ム、 西宮記

五日、釋奠、 日本紀略

六日、御物忌ニ依リテ、內論義ヲ停ム、 小右記 日本紀略

八日、季御讀經、 日本紀略

十六日、信濃御馬駒牽、 日本紀略

十八日、兵部少錄小槻陳群ヲ算得業生試問ノ博士ト爲ス、 類聚符宣抄

十九日、大極殿仁壽殿ニ於テ、御修法ヲ行フ、是日、官人隨身スル所ノ看督長ノ員ヲ定メシム、 日本紀略 政事要略

二十日、守平親王御書始、 日本紀略

廿五日、止雨奉幣、是日、選子內親王御著袴、 日本紀略 大鏡裏書

廿六日、內膳司庭火神ニ從三位ヲ授ク、是日、光孝天皇ノ國忌ニ依リテ、駒牽ヲ延引ス、 日本紀略 西宮記 權記

廿七日、甲斐眞衣野柏前駒牽、是日、具平親王御著袴ノ儀ヲ行ハセラル、 日本紀略 西宮記 權記 禁祕抄

權律師良源ヲ天台座主ニ任ズ、 日本紀略 扶桑略記 天台座主記 山門堂舍記 慈慧大僧正傳 小右記

廿八日、神泉苑闌遺ノ馬ヲ馬寮ニ送ル、 政事要略

閏八月 大盡 壬戌朔

二日、民部省ヲシテ、仕丁仕女ヲ點貢セシム、 類聚符宣抄

十二日、穢疑ニ依リテ、御卜ヲ行フ、 西宮記裏書

十五日、前栽合、 日本紀略 西宮記 古今著聞集 榮華物語 續拾遺和歌集 夫木和歌抄

十六日、東宮御宴ヲ行ハセラル、 日本紀略

十八日、洪水、 一代要記

十九日、洪水ヲ巡檢セシム、 日本紀略

廿一日、十六社ニ止雨奉幣使ヲ發ス、 日本紀略 二十二社註式 賀茂注進雜記

廿五日、民部卿藤原在衡ヲシテ内案ヲ奏セシム、 西宮記

廿七日、宮中ニ闌畜科ヲ立ツ、 政事要略

九月 小盡 壬辰朔

三日、御燈、是日、權大納言藤原師尹ヲシテ、水害ノ所々ヲ巡檢セシム、 日本紀略

九日、洪水ニ依リテ、賑給ヲ行ヒ調傜ヲ免ス、 日本紀略

十日、少僧都玄慶寂ス、 日本紀略

十一日、例幣、 日本紀略

十六日、除目、 日本紀略

十七日、權大納言藤原師尹ヲ大納言ニ任ズ、其他任官差アリ、 公卿補任

廿五日、東大寺ノ損色ヲ勘セシム、 東大寺要錄

廿七日、直物、前太宰大貳橘好古五節舞姫ヲ獻ゼザルニ依リ、其ノ由ヲ問ハシム、 日本紀略 西宮記

十月 大盡 辛酉朔

一日、旬、 西宮記裏書 左經記 江次第 權記

七日、殿上ニ侍臣ノ奏樂ヲ覽給フ、 日本紀略 西宮記

源語秘訣　續教訓抄

十日、弓場始、　西宮記裏書

二十日、太宰大貳藤原佐忠赴任ス、　西宮記裏書　新千載和歌集　新勅撰和歌集

廿五日、石清水大般若經供養、　日本紀略

廿八日、延暦寺諸堂火アリ、　日本紀略　扶桑略記　叡岳要記　伊呂波字類抄

十一月大盡 辛卯朔

一日、旬、　日本紀略

六日、平野祭、春日祭、　日本紀略

九日、右大辨藤原文範ヲ藏人頭ト爲ス、　職事補任　公卿補任

十一日、園韓神祭、　日本紀略

十二日、鎭魂祭、　日本紀略

十三日、新嘗祭、　日本紀略　北山抄

十四日、豐明節會、　日本紀略　年中行事抄

十五日、東宮鎭魂祭、　日本紀略

十八日、權少僧都祥延寂ス、　日本紀略

十九日、賀茂臨時祭、　日本紀略

廿二日、大原野祭、　日本紀略

廿五日、彗星見ル、是日、爲平親王右大臣高明ノ女ト婚シ給フ、　一代要記　中右記　撰集秘記　榮華物語

三十日、庚申會、　扶桑略記

十二月小盡 辛酉朔

二日、中納言從三位藤原朝忠薨ズ　日本紀略　公卿補任　後撰和歌集　拾遺和歌集　朝忠卿集　伊勢集

十日、御體御卜、　日本紀略

十一日、月次祭、神今食、　日本紀略　西宮記　北山抄

十六日、荷前、　日本紀略　小野宮年中行事

十七日、式明親王薨ズ、　日本紀略　一代要記　後撰和歌集

十九日、御佛名、　西宮記裏書

廿二日、式明親王、藤原朝忠ノ薨奏アリ、錫紵ヲ著シ給フ、　日本紀略　小右記

廿六日、僧綱ヲ任ス、是日、六月會ニ廣學竪義ヲ置キ、惣持院ニ阿闍梨ヲ加ヘ置ク、　扶桑略記　東寺長者補任　天台座主記

信正王ヲシテ省試ヲ奉ゼシム、西宮記裏書

廿九日、東宮御服ニ依リテ、拜禮大饗ノ有無ヲ定ム、西宮記裏書

是月、內藏權頭正四位下小野道風卒ス、日本紀略 小野氏系圖 藏人補任 官職祕抄 扶桑略記 歷代編年集成 夜鶴庭訓抄 慈覺大師傳 本朝世紀 本朝文粹 九曆 天德三年八月十六日鬪詩行事略記 濫觴抄 西宮記裏書 古今著聞集 江談抄 榮華物語 今鏡 醍醐雜事記 二尊院緣起 才葉抄 異制庭訓往來 權記 河海抄 尺素往來 本朝神仙傳 神明鏡 源平盛衰記 政事要略 後撰和歌集 續詞花和歌集

是歲、石清水宮造營成ル、小右記

御乳母備後、出羽ニ赴クニ依リテ、御衣ヲ賜フ、西宮記 拾遺抄

外從五位下多脩正卒ス、體源抄

康保四年

正月

一日、節會、江次第

二日、卯杖ヲ上ル、東宮大饗ヲ行フ、北山抄 日本紀略 小右記

三日、雷鳴、日本紀略 扶桑略記

六日、敍位儀、日本紀略

七日、白馬節會、日本紀略

八日、御齋會、日本紀略 西宮記

十日、左大臣實賴大饗、日本紀略

十一日、右大臣高明大饗、日本紀略

十四日、權律師會員寂ス、日本紀略

十八日、松尾社司伊伎忠雄死ス、松尾社家伊伎氏系圖

二十日、中納言源兼明ヲ權大納言ニ任ズ、其他任官差アリ、公卿補任

廿一日、具平親王巡給ニ預ル、魚魯愚鈔

廿五日、內藏頭藤原兼通等ヲ藏人頭ニ補シ、權律師定照ヲ東寺長者ト爲ス、職事補任 一代要記 東寺長者補任 仁和寺諸院家記

廿七日、律師賀靜寂ス、僧官補任

廿九日、輕服ノ親王等神事ニ依リテ、內裏ヲ出給フ、西宮記裏書

二月大盡庚申朔

四日、祈年祭、日本紀略

八日、釋奠、日本紀略

十一日、除目、魚魯愚鈔

十七日、東宮御惱、日本紀略

十八日、園韓神祭、日本紀略

廿一日、內宴、撿非違使政アリ、河海抄 政事要略

廿二日、仁王會ニ依リテ、大祓ヲ行フ、日本紀略

廿六日、花宴、日本紀略 北山抄

廿八日、左大臣實頼、月林寺ノ花ヲ看ル、日本紀略
拾遺和歌集 新古今和歌集 續古今和歌集 能宣朝臣集

是月、有勞諸司每年ノ臨時闕國ニ遷任セラレンコトヲ請フ、本朝文粹

三月小盡庚寅朔

一日、東宮御惱ニ依リテ、加持ノ僧ヲ召サシム、
年中行事祕抄 江次第

二日、敦實親王薨ズ、日本紀略 大鏡裏書 本朝皇胤紹運錄
西宮記裏書 大鏡 古事談 信明集 郢曲相承次第 孝道治國抄
源氏催馬樂相承次第 江談抄 拾遺往生傳 二十二社註式 百錬抄
後愚昧記 仁和寺諸堂記 大和物語 兼輔卿集 參語集

蟬丸ノ事蹟、今昔物語 源平盛衰記 長明無名抄

東宮ニ度者三十人ヲ賜フ、日本紀略

三日、御卜ニ依リテ、御燈ヲ停ム、日本紀略

六日、敦實親王ノ薨奏、日本紀略

八日、大神宮々主神祇大史直常純ノ喪中、神祇少史卜部兼延ヲシテ事ニ從ハシム、類聚符宣抄

十一日、延曆寺諸堂造營ノ料ヲ定ム、天台座主記

十三日、射禮、日本紀略

十四日、賭弓、日本紀略 西宮抄

十六日、僧正寬空ヲシテ、仁壽殿ニ於テ、孔雀經法ヲ修セシム、東寺長者補任

十七日、季御讀經、日本紀略

二十日、諸道ヲシテ、物恠ヲ勘セシメ、御讀經僧ニ度者ヲ賜フ、西宮記裏書

廿一日、御讀經卷數ノ僧名ヲ奏ス、西宮記

廿二日、女御芳子ノ別當、及ビ學館院ノ別當ヲ補ス、 西宮記裏書 台記

廿八日、東宮ノ御惱ニ依リテ、高山寺正祐ヲ召ス、 日本紀略

四月大 己未朔 盡

一日、旬、 日本紀略

二日、平野祭、松尾祭、 日本紀略

四日、祈年祭、 日本紀略

七日、擬階奏、 日本紀略

八日、東宮ノ灌佛ヲ停メ、内灌佛ヲ行フ、 西宮記裏書

十二日、齋院御禊、 日本紀略

十五日、賀茂祭、 日本紀略

廿六日、伊勢ニ奉幣ス、 日本紀略

三十日、闕直少納言ノ前勞三日ヲ除ク、 類聚符宣抄

是月、延暦寺法華堂造營成ル、 山門堂舍記

五月小 己丑朔 盡

二日、律師寛靜ヲシテ仁壽殿ニ於テ孔雀經法ヲ修セシム、是日、御讀經アリ、 東寺長者補任 日本紀略

五日、石清水別當觀康寂ス、 石清水祠官系圖

七日、土佐人布師勝士丸ヲ氏社祝ニ補ス、 類聚符宣抄

少僧都壹和寂ス、 日本紀略 春日權現驗記

十日、賑給、 日本紀略

十三日、諸社ニ奉幣ス、 日本紀略

十四日、御不豫、是日、眞言院ニ於テ、仁王經ヲ講ズ、 日本紀略 一代要記 元亨釋書 河海抄

十五日、參議源雅信ニ左兵衛督ヲ兼ネシム、 公卿補任

二十日、二十六箇國ヲシテ、率都婆六十基ヲ建テシム、 日本紀略

廿五日、大赦ヲ行フ、 日本紀略

崩御アラセラル、 日本紀略 皇年代略記 榮華物語 神皇正統記 十訓抄 古今著聞集 大鏡裏書 扶桑略記 年中行事抄 公事根源抄 續古今和歌集 高光集 拾遺和歌集 小右記

御製、 信西藏書目錄 權記 本朝文粹 類聚句題抄 新撰朗詠集

今昔物語　拾遺和歌集　新古今和歌集　續後撰和歌集　續古今和歌集

白氏文集ヲ讀ミ給フ、　江吏部集

續三代實錄、淸涼記等ヲ撰バシメ給フ、　拾芥抄　本朝書籍目錄　類聚符宣抄　小右記　朝野群載

御記、　禁祕抄　玉蘂

管絃ニ御堪能アラセラル、　禁祕抄　愚問記　豐原氏系圖　續敎訓抄

御樂器、　江談抄　體源抄　今昔物語

御鷹鳩屋、　石淸水文書

一雙隨身、　江談抄

當代ノ國忌、　江次第

受領法ノ分付ヲ定ム、　北山抄

率分法ヲ定ム、　北山抄

塡重減省ヲ擧ゲシム、　北山抄

始テ延曆寺僧徒ヲ以テ、四天王寺別當ニ補ス、
天王寺別當補任

右衞門尉秦貞正、強盜ヲ捕ヘシ功ヲ以テ、撿非違使ト爲ス、　西宮記

圖書頭藤原篤茂ヲシテ漢書ヲ講ゼシム、　西宮記

雅樂別當ヲシテ物師ヲ試問セシム、　西宮記

河內守紀濟人、　勅撰作者部類　古今集目錄　紀氏系圖　扶桑略記　本朝世紀　古今和歌集

右近衞少將藤原眞忠、　勅撰作者部類　本朝世紀　本朝文粹　西宮記　後撰和歌集

式部大輔紀在昌、　紀氏系圖　本朝文粹　扶桑集　類聚句題抄　類聚符宣抄　西宮記裏書　二中歷　政事要略　本朝世紀　九曆　日本紀略　江談抄　御產部類記　西宮記　信西藏書目錄　和漢朗詠集　河海抄

淡路守源濟、　勅撰作者部類　花鳥餘情　後撰和歌集

太宰大貳藤原國風、　尊卑分脈　扶桑略記　醍醐寺雜事記　西宮記裏書　二中歷　天德三年八月十六日鬪詩行事略記

丹波介賀茂忠行、　賀茂氏系圖　勅撰作者部類　本朝文粹　朝野群載　今昔物語

勘解由次官大窪則善、　勅撰作者部類　本朝世紀　東大雜錄　政事要略　神宮雜例集　後撰和歌集

對馬守大藏春實、　大藏氏系圖　扶桑略記　大鏡　小右記

刑部大輔藤原雅正、　勅撰作者部類　後撰和歌集

左兵衛督藤原朝頼、 勅撰作者部類 尊卑分脈 本朝世紀 公卿補任 後撰和歌集

釆女正巨勢公忠、造酒正同公望、左衛門志飛鳥部常則、 巨勢氏系圖 日本紀略 花鳥餘情 古今著聞集 河海抄 榮華物語

肥後守藤原千兼、 勅撰作者部類 尊卑分脈 河海抄 大和物語 後撰和歌集

雅樂笙師豊原有秋、 豊原氏系圖 豊家譜 鳳笙相承次第 續教訓抄 園太暦

大藏輔源兼光、 勅撰作者部類 尊卑分脈 拾遺和歌集

丹波介藤原元眞、 三十六人歌仙傳 元眞集 風雅和歌集 天德歌合記

唐僧長秀、 拾遺往生傳 扶桑略記 九暦

沙彌尋寂、 拾遺往生傳 今昔物語

后妃并皇子皇女、 簾中抄 扶桑略記 榮華物語

更衣源計子、 暦代皇記 尊卑分脈 榮華物語 十訓抄 拾遺和歌集 新古今和歌集 玉葉和歌集 皇胤系圖

更衣藤原脩子、同藤原有序、 一代要記 尊卑分脈 天德歌合記

冷泉天皇

康保四年

五月小 己丑朔盡

廿五日、御踐祚アラセラル、 百錬抄 日本紀略 醍醐寺雜事記 一代要記 踐祚部類抄

廿七日、先帝御入棺、御遺詔ニ依リテ、素服、擧哀ヲ停ム、 日本紀略

左大臣實頼ニ輦車ヲ聽ス、 公卿補任

廿八日、先帝御葬日ニ至ルノ間、諸司ヲシテ廢務セシム、 日本紀略 類聚符宣抄

是月、齋院婉子内親王御退出アラセラル、 一代要記

著鈦政ヲ停ム、 權記 西宮記

六月大 戊午朔盡

一日、日食、 日本紀略 小右記

二日、先帝ノ一七日ニ依リテ、七箇寺ニ諷誦ヲ修ス、 日本紀略

四日、先帝ヲ御葬送シ奉ル、 大鏡裏書 扶桑略記 日本

紀略　權記　榮華物語　蜻蛉日記

九日、先帝ノ二七日ニ依リテ、御誦經使ヲ發遣シ、山陵ニ殖樹シ、守戸ヲ充ツ、日本紀略

十日、先帝ノ御齋會行事所ヲ定メ、弘徽殿ニ於テ御修法ヲ行フ、是日、月次祭、神今食ヲ停ム、日本紀略

左京大夫藤原兼家ヲ藏人頭ニ補ス、職事補任　公卿補任　愚管抄　蜻蛉日記

十一日、大祓、日本紀略

十六日、御素服ヲ脫ギ給フ、是日、先帝ノ三七日ニ依リテ、御誦經使ヲ發遣ス、日本紀略

廿二日、左大臣實頼ニ勅シテ、萬機ヲ關白セシメ、醍醐天皇ノ皇子大藏卿源盛明ヲ親王ト爲ス、日本紀略　一代要記　河海抄

廿三日、先帝ノ四七日ニ依リテ、御誦經使ヲ發遣ス、日本紀略

三十日、先帝ノ五七日ニ依リテ、御誦經使ヲ發遣ス、日本紀略

七月小盡 戊子朔

五日、盛明親王ヲ四品ニ敍ス、日本紀略

六日、關白實頼上表ス、是日、先帝ノ六七日ニ依リテ、御誦經使ヲ發遣ス、日本紀略

七日、關白實頼、先帝ノ御爲メニ諷誦ヲ修ス、是日、先帝ノ宮人等退出ス、日本紀略　花鳥餘情　本朝文粹　後葉和歌集

參議從三位小野好古致仕表ヲ上ル、日本紀略　公卿補任

右京大夫從四位上藤原通家卒ス、尊卑分脈

興福寺別當大僧都延空寂ス、歷代皇紀　興福寺寺務次第

九日、延喜式ヲ頒ツ、日本紀略　延喜式

十四日、先帝七七日ノ御齋會ヲ清涼殿ニ修ス、日本紀略

十五日、政始、音奏アリ、日本紀略　大外記師夏記

先帝ノ女御從四位上莊子女王、更衣藤原祐姫落飾ス、日本紀略　一代要記　歷代皇記　大鏡裏書　榮華物語

十六日、右中辨藤原濟時ヲ藏人頭ニ補ス、一代要記 公卿補任

二十日、少僧都安秀ヲ興福寺別當ニ補ス、興福寺寺務次第 法中補任

廿三日、除目、源語祕訣

廿五日、先帝ノ更衣正五位下藤原正妃卒ス、日本紀略 皇胤系圖 榮華物語 拾遺和歌集 新勅撰和歌集

廿九日、先帝ノ女御從四位下藤原芳子卒ス、日本紀略 大鏡裏書 西宮記 皇胤系圖 榮華物語 大鏡 拾遺和歌集 續後撰和歌集 續古今和歌集 齋宮女御集

是月、右兵衞佐正五位下藤原佐理出家ス、蜻蛉日記 尊卑分脈 日本往生極樂記 本朝文粹

八月小盡 丁巳朔

一日、駒牽、日本紀略

四日、皇女宗子ヲ內親王ト爲ス、日本紀略 本朝皇胤紹運錄

十一日、定考、日本紀略

十九日、開關、是日、御惱ニ依リ、關白實賴ヲシテ、官奏ノ事ヲ行ハシム、日本紀略 類聚符宣抄 小右記

廿四日、解除、日本紀略

廿五日、季御讀經、日本紀略

廿六日、光孝天皇國忌、日本紀略

是月、比叡山常行堂再建成ル、天台座主記

九月大盡 丙戌朔

一日、守平親王ヲ立テ、皇太弟ト爲シ、坊官ヲ任ズ、日本紀略 扶桑略記 皇年代略記 立坊次第 大鏡 榮華物語 公卿補任

三日、御燈ヲ停ム、日本紀略

四日、三品昌子內親王ヲ立テ、皇后ト爲シ、宮司ヲ任ズ、是日、皇女尊子ヲ內親王ト爲シ、藤原懷子ヲ女御ト爲ス、日本紀略 扶桑略紀 醍醐寺雜事記 中右記 榮華物語 公卿補任 北山抄 册命皇后式 大鏡裏書 皇年代略記

九日、天變、扶桑略記 日本紀略

十一日、穢ニ依リテ伊勢例幣ヲ延引ス、日本紀略

十三日、天變ニ依リテ赦ヲ行フ、日本紀略

十六日、大索、日本紀略

十九日、臨時奉幣、園太暦 日本紀略

廿二日、御卽位由ノ奉幣、園太暦 日本紀略

廿三日、御卽位ノ儀式ヲ定ム、是日、中宮、東宮ニ封戸ヲ賜フ、日本紀略

廿七日、女官除目、西宮記

廿九日、醍醐天皇國忌、日本紀略

是月、權律師行譽ヲ園城寺長吏ニ補ス、諸門跡譜 園城寺長吏次第

十月小 丙辰朔盡

五日、御卽位ノ由ヲ山陵ニ告グ、是日、關白實賴ニ牛車ヲ聽ス、日本紀略 北山抄 公卿補任 西宮記

七日、散位藤原齊敏ヲ參議ニ任ズ、日本紀略 公卿補任

八日、參議藤原文範ニ大藏卿ヲ兼ネシム、公卿補任

十一日、紫宸殿ニ於テ、御卽位ノ儀ヲ行ハセラレ、右大臣高明ヲ正二位ニ敍ス、其他位ヲ進ムルモノ差アリ、是日、中宮職印ヲ鑄ル、日本紀略 天祚禮祀職掌錄 百練抄 古事談 山槐記 神皇正統記 代始和抄 平家物語 公卿補任

十七日、權大納言源兼明ヲ從二位ニ、女御懷子ヲ從四位下ニ敍ス、公卿補任 大鏡裏書

十八日、御讀經定、是日、極樂寺菊宴アリ、日本紀略

廿二日、開關、是日、撰式所書手大石淸廉等ノ闕怠ニ依リテ、俸料官符ノ請印ヲ停メシム 日本紀略 類聚符宣抄

廿三日、關白實賴上表、日本紀略 本朝文粹

廿四日、御外祖母故從三位藤原盛子ニ正一位ヲ贈ル、日本紀略 大鏡裏書

十一月大 乙酉朔盡

七日、伊勢奉幣日時、及ビ、諸國交替使ヲ定ム、日本紀略

十一日、齋宮御退出ニ依リテ使ヲ發遣ス、日本紀略 一代要記

十二日、春日祭、平野祭、日本紀略

十八日、鎭魂祭、日本紀略 北山抄 年中行事秘抄

十九日、新嘗祭ヲ停ム、 日本紀略

廿七日、算生及ビ他道學生ヲ得業生ニ准ジテ、課試スル例ヲ勘申セシム、 類聚符宣抄

廿九日、故中宮藤原安子ニ皇太后ヲ贈ル、 大鏡裏書

十二月大盡 乙卯朔

一日、中宮御參內アラセラル、是日、前和泉守菅原雅規ヲシテ、公文ヲ勘濟セシム、 日本紀略 類聚符宣抄

四日、學生十市部致明ニ課試宣旨ヲ下ス、 類聚符宣抄

十一日、月次祭、神今食、 日本紀略

十三日、左大臣實頼ヲ太政大臣ニ、右大臣高明ヲ左大臣ニ、大納言藤原師尹ヲ右大臣ニ任ズ、是日、實頼、師尹大饗ヲ行フ、 日本紀略 扶桑略記 公卿補任 官職秘鈔 榮華物語 北山抄 初任大臣大饗雜例

十七日、山陵使ヲ定ム、是日、麗景殿ニ於テ、熾盛光法ヲ修セシム 日本紀略

十九日、麗景殿ニ於テ、大般若經ヲ轉讀セシム、 日本紀略

關白實頼ニ隨身兵仗ヲ賜ヒ、左大臣高明、右大臣師尹ニ舊ノ如ク左右大將ヲ兼ネシム、是日、實頼上表ス、 日本紀略 初任大臣大饗雜例 西宮記

廿一日、大宰府、去年貢調物勾當ヲ補ス、 類聚符宣抄

廿三日、光仁天皇國忌、 日本紀略

廿五日、太政大臣實頼上表ス、 本朝文粹

廿六日、荷前、延曆寺六月會、是日、麗景殿ニ遷御アラセラル、 日本紀略 樗嚢抄 伊呂波字類抄

廿七日、算生日下部保頼ニ課試宣旨ヲ下ス、 類聚符宣抄

廿九日、右大臣師尹上表ス、 公卿補任 本朝文粹

三十日、地震、 蜻蛉日記

是歲、典侍藤原護子、延曆寺五智院ヲ造ル、 山門堂舍記

延曆寺定心坊ニ於テ、四季講ヲ始ム、 叡岳要記

大外記外從五位下御船傳說卒ス、 康富記 類聚符宣抄

少僧都房算寂ス、 園城寺長吏次第

安和元年

正月小盡 乙酉朔

一日、諒闇ニ依リテ宴會ヲ止ム、日本紀略

四日、太皇太后藤原穩子國忌、日本紀略

五日、右大臣師尹重ネテ上表ス、公卿補任 本朝文粹

七日、節會ヲ止ム、日本紀略

八日、御齋會、日本紀略

十日、除目、日本紀略

十三日、中納言藤原師氏ニ按察使ヲ兼ネシム、公卿補任

十六日、關白實頼、重ネテ上表ス、日本紀略

十七日、延喜式ニ請印ス、日本紀略

廿八日、比叡山ニ楞嚴院十禪師、幷ニ年分度者等ヲ置キ、聖僧ノ供料米ニ充ツ、叡岳要記 山門堂舍記

二月大盡 甲寅朔

一日、左大臣高明、里第ニ於テ政ヲ行フ、日本紀略

二日、大原野祭、日本紀略

四日、大風雷鳴、是日、祈年祭、日本紀略

五日、始メテ官奏ヲ覽給フ、是日、參議藤原頼忠等ヲ任官ス、日本紀略 北山抄 西宮記 公卿補任

七日、小除目、春日祭穢ニ依リテ延引ス、日本紀略

十一日、列見延引ス、日本紀略

十二日、園韓神祭延引ス、日本紀略

十四日、致仕參議從三位小野好古薨ズ、日本紀略 公卿補任 官職祕鈔 本朝世紀 小野氏系圖 大和物語 後撰和歌集 大槐祕抄

十五日、諸司諸寺ノ別當ヲ定ム、日本紀略

十七日、列見、日本紀略

十九日、春日祭、日本紀略

廿三日、關白實頼、右大臣師尹、村上山陵ニ詣ヅ、日本紀略

廿四日、園韓神祭、日本紀略

廿七日、律師良源ヲ楞嚴院司ニ補ス、叡岳要記 山門堂舍記

廿九日、楞嚴院ニ於テ、法華長講ヲ修ス、是日、太

政大臣實頼、重ネテ上表ス、 日本紀略 門葉記

三月小 甲申朔盡

二日、關白實頼ニ勅答ヲ賜フ、 日本紀略

三日、御燈、 日本紀略

七日、撰國史所候人ヲ補ス、 類聚符宣抄

八日、大嘗會國郡卜定、撿挍行事等ヲ定ム、 日本紀略 北山抄

十一日、僧綱召、 日本紀略 東大寺別當次第 東寺長者補任 元亨釋書 天台座主記 仁和寺諸院家記

十七日、桓武天皇國忌、 日本紀略

十九日、季御讀經、 日本紀略

二十日、東大寺別當法藏ヲ重任ス、 東大寺別當次第

廿一日、仁明天皇國忌、 日本紀略

廿二日、小除目、是日、太政大臣實頼、職封職田等ヲ辭ス、 日本紀略

廿六日、狼、中院ニ入ル、 日本紀略

廿七日、羽蟻立ツ、 日本紀略

是春、香山聖人ヲシテ殿上ニ侍セシム、 扶桑略記 今昔物語

四月大 癸丑朔盡

一日、旬、平座、是日、怪異アリ、 日本紀略

三日、羽蟻群飛ス、 日本紀略

四日、廣瀬龍田祭、 日本紀略

七日、地震、是日、擬階奏延引、 日本紀略

八日、平野祭、 日本紀略

十日、擬階奏、 日本紀略

十五日、臨時奉幣、 日本紀略

十九日、賀茂祭警固、 日本紀略

廿一日、賀茂祭、 日本紀略

廿二日、解陣、 日本紀略

廿三日、成選位記召給、 日本紀略

廿六日、式部少輔橘雅文ノ申請ニ依リテ、國史ヲ貸付セシム、 類聚符宣抄

廿九日、贈皇太后藤原安子國忌、是日、臨時御讀經

アリ、日本紀略

五月大 癸未朔盡

二十日、洪水、雲林院ニ於テ、先帝ノ周忌御齋會ヲ修ス、是日、攝津介在原義行賊ノ爲メニ害セラル、日本紀略　權記

廿五日、延曆寺大日院ニ於テ、先帝ノ御周忌ヲ修ス、日本紀略　村上天皇紀

廿六日、鴨河洪水、日本紀略

廿七日、大祓、是日、音奏、魚味ヲ供ス、日本紀略

六月小 癸丑朔盡

一日、殿上人ニ禁色雜袍ヲ聽ス、日本紀略

四日、延曆寺六月會ニ始メテ廣學竪義ヲ行フ、扶桑略記　僧綱補任　年中行事祕抄

五日、關白實賴ヲシテ、官奏ヲ覽セシム、日本紀略　公卿補任

八日、東寺年分度者四人ヲ度ス、東寶記

十一日、月次祭、神今食、日本紀略

十三日、省試、日本紀略　類聚符宣抄

十四日、小除目、是日、太政大臣實賴ノ病ニ依リテ、度者ヲ賜フ、又、東大、興福兩寺ノ鬪亂ニ依リテ、使ヲ發遣ス、日本紀略　公卿補任　東大寺別當次第

廿一日、關白實賴、重ネテ上表ス、日本紀略

廿九日、贈皇太后藤原胤子國忌、是日、大祓アリ、日本紀略　小右記

七月大 壬午朔盡

一日、齋宮齋院ヲ卜定ス、日本紀略　一代要記　齋院記

三日、霖雨ニ依リテ、御卜ヲ行フ、日本紀略

四日、廣瀨龍田祭、日本紀略

五日、內文ヲ覽ル式ヲ改定セシム、類聚符宣抄

七日、大祓、齋宮齋院卜定ノ由ヲ大神宮、賀茂社ニ告グ、日本紀略

九日、上卿一人ニテ政ヲ聽ク、北山抄

十三日、越前正四位下橫山神ニ從三位ヲ授ク、日本紀略

十五日、東大、興福ノ兩寺鬪亂ス、 日本紀略 一代要記

廿五日、法性寺ニ於テ、村上天皇ノ女御藤原芳子ノ周忌佛事ヲ修ス、是日、式部大輔大江重光ノ釐務ヲ停ム、 日本紀略 類聚符宣抄

廿六日、相撲內取、 日本紀略

廿七日、月、太白星ト所ヲ同ウス、 日本紀略

三十日、相撲召合、 日本紀略

八月 小 壬子朔 盡

二日、拔出、雜藝アリ、 日本紀略 西宮記 樗囊抄

三日、地震、日本紀略

四日、皇女宗子內親王ヲ四品ニ敍ス、 一代要記

五日、式部權大輔菅原文時ヲシテ、諸儒ト省試詩ヲ評定セシム、是日、省試問頭ヲ給フ、 類聚符宣抄

六日、釋奠、 日本紀略

七日、內論義、是日、季御讀經ニ依リテ、定考ヲ延引ス、 日本紀略

十三日、安和ト改元ス、是日、定考アリ、 皇年代記 扶桑略記 改元部類記 日本紀略

十六日、信濃勅旨駒牽、 日本紀略 北山抄

十七日、省試、 日本紀略

十八日、式部權大輔菅原文時ノ過狀ヲ徵ス、 日本紀略

十九日、白虹天ニ亘ル、 日本紀略

廿二日、踏歌、射禮、重陽等ノ節ヲ舊ニ復シ、五月ノ節ヲ停ム、是日、撰國史所候人ヲ補ス、 日本紀略 政事要略 類聚符宣抄

廿三日、散位藤原千晴等ヲ勘問セシム、 日本紀略

廿五日、村上天皇ノ皇子源昭平元服ス、 日本紀略

廿六日、光孝天皇國忌、是日、官奏アリ、 日本紀略 北山抄

廿九日、大祓、 日本紀略

齋院長官從五位上平以康卒ス、 尊卑分脈 平氏系圖

是月、北野齋場地ヲト定ス、 北山抄

九月 大 辛巳朔 盡

一日、盜、內裡ニ入ル、 日本紀略

三日、大嘗祭ニ依リテ、御燈ヲ停ム、 日本紀略 江次第 小右記 山槐記

五日、童相撲、是日、中納言藤原頼忠ニ東宮ノ昇殿ヲ聽ス、 日本紀略 公卿補任

八日、十六社奉幣、 日本紀略

九日、菊酒ヲ賜フ、 日本紀略 西宮記

十日、散位齋部氏ヲ以テ、神嘗使忌部代ト爲ス、 類聚符宣抄

十四日、小除目、是日、式部大輔大江重光ヲシテ、釐務ニ預カラシム、 日本紀略 類聚符宣抄

十六日、搜盜ノ事ヲ定ム、 日本紀略

十九日、右大臣師尹等、桂川邊ニ遊覧ス、 日本紀略

廿一日、式部省掌已下ヲ禁獄ス、 日本紀略

廿三日、石淸水臨時祭使ヲ發遣ス、是日、大嘗祭大祓アリ、 日本紀略

廿六日、大嘗祭御禊装束司等ヲ定ム、 日本紀略

廿九日、醍醐天皇國忌、 日本紀略

十月小 辛亥朔盡

一日、旬、 日本紀略

二日、召名、直物等ヲ定ム、 日本紀略

五日、大嘗祭大祓、御禊御前侍從等ヲ定ム、是日、東宮ニ御封ヲ加ヘ、淸涼殿ニ於テ御讀經ヲ行フ、 日本紀略

八日、淸涼殿ニ移御アラセラル、是日、文章生試ヲ停止ス、 日本紀略 百練抄

十四日、藤原超子入内ス、 日本紀略

十八日、極樂寺菊會、 日本紀略

二十日、諸社大神寶使ヲ發遣ス、 日本紀略

廿六日、大嘗祭御禊、是日、皇子師貞御誕生アラセラル、 日本紀略 大嘗會御禊 蜻蛉日記 北山抄 大鏡 御産部類記 菅儒侍讀年譜

盜、式部省ニ入ル、 類聚符宣抄

十一月小 庚辰朔盡

一日、政アリ、 日本紀略

三日、皇子師貞御七夜ノ儀、 榮華物語
五日、平野祭、春日祭、 日本紀略
九日、賀茂臨時祭日ヲ定ム、 北山抄
十日、更ニ省試ヲ行フ、 日本紀略
十一日、內藏頭藤原兼通ニ禁色ヲ聽ス、 日本紀略
十三日、郡司讀奏延引ス、 北山抄
十四日、小除目、 日本紀略
十七日、策文、試詩ヲ評定セシム、 類聚符宣抄
廿一日、伊勢奉幣使ヲ發遣ス、 日本紀略 北山抄 玉蘂
廿二日、敍位議、園韓神祭、 日本紀略
廿三日、位記請印、五節試アリ、是日、大嘗宮ヲ装束ス、 日本紀略 北山抄
廿四日、大嘗祭、 日本紀略 歷代編年集成 北山抄 小右記 拾遺和歌集
廿五日、辰日節會、 日本紀略 北山抄
廿六日、巳日節會、 北山抄 御遊抄
廿七日、敍位、 北山抄 攝關傳 公卿補任 一代要記 濫觴抄

十二月大 己酉朔盡

一日、日食、 日本紀略
二日、齋王御禊御前次第使等ヲ定ム、 日本紀略
三日、天智天皇國忌、 日本紀略
四日、女敍位、 日本紀略
七日、藤原忯子、同超子ヲ女御トナス、 日本紀略 皇年代記 榮華物語
九日、郡司讀奏ヲ延引ス、 日本紀略
十一日、月次祭、神今食、 日本紀略
十三日、賀茂臨時祭、 日本紀略
十四日、荷前使、元日侍從等ヲ定ム、 日本紀略
十六日、除目、 日本紀略
十八日、除目召名、是日、信濃、藤原千常ノ亂ヲ奏ス、 日本紀略
二十日、中務省御倉燒失ス、 日本紀略
廿二日、皇子師貞ヲ親王トナス、 日本紀略 本朝皇胤紹運錄 江次第

廿三日、郡司讀奏、　北山抄

廿五日、齋宮輔子内親王、右近衞府ニ入ラセラル、是日、關白實頼上表ス、　日本紀略　古記

中務省、大舎人寮、内竪所ノ官人、職事ヲシテ、荷前ニ供奉セシム、　類聚符宣抄

廿七日、齋院尊子内親王、左近衞府ニ入ラセラル、　日本紀略　齋院記

廿八日、資子内親王、御著裳、　日本紀略

廿九日、郡司召、　日本紀略

是歳、石清水別當貞芳、山林巡檢使ヲ申請ス、　石清水末社記

越後守藤原爲信、藥師像ヲ多武峯講堂ニ安置ス、　多武峯略記

右兵衞督正四位下藤原忠君卒ス、　尊卑分脈　大鏡　北山抄　九暦　職事補任　扶桑略記　熾盛光法日記　江談抄　西宮記　多武峯少將物語　順集　拾遺和歌集

安和二年

正月小盡　己卯朔

一日、節會、卯杖、　日本紀略　年中行事抄

二日、二宮大饗、關白實頼大饗、　日本紀略　大鏡裏書　大鏡

三日、僧義昭寂ス、　僧綱補任　元亨釋書　慈恵大僧正傳　扶桑略記　明匠略傳　古事談

五日、資子内親王ヲ三品ニ敍ス、　日本紀略

七日、節會、　日本紀略

八日、御齋會始、是日、關白實頼致仕表ヲ上ル、　日本紀略　歴代編年集成　本朝文粹

十一日、右大臣師尹大饗、　日本紀略

十四日、御齋會内論義、　日本紀略

十六日、女踏歌、　日本紀略　年中行事抄

十七日、射禮延引ス、　日本紀略　西宮抄

十九日、射禮、　日本紀略　年中行事抄

二十日、賭弓、　日本紀略

廿二日、政始、除目、　日本紀略

廿七日、大納言源兼明ニ侍從ヲ兼ネシメ、藤原兼通ヲ參議ニ任ズ、　公卿補任

二月大 戊申朔盡

三日、權少僧都法藏寂ス、 日本紀略 東大寺別當次第 僧綱補任 元亨釋書 春日權現驗記 明匠略傳 歷代皇紀

四日、祈年祭、 日本紀略

五日、右大臣師尹子日遊ヲ催ス、 元輔集

七日、中納言藤原師氏ヲ權大納言ニ任ジ、以下任官差アリ、是日、右大臣師尹ノ家人、中納言藤原兼家家人ト闘亂ス、 日本紀略 公卿補任 官職秘鈔 濫觴抄 百練抄

十日、女官除目、 日本紀略

十一日、列見、 日本紀略

十三日、撰國史所候人ヲ補ス、 類聚符宣抄

十四日、直物、是日、參議以上ノ五節舞姫ヲ獻ズル者ニ、年給二合ヲ賜フ、 日本紀略 政事要略 江次第 北山抄

十八日、園韓神祭、 日本紀略

十九日、昭陽舍ニ放火アリ、 日本紀略

廿八日、外記政ヲ勤行セシム、 類聚符宣抄

廿九日、大膳少屬秦有時ヲシテ、大膳職ニ進納スベキ諸國ノ調庸以下ヲ勾當セシム、 類聚符宣抄

三月大 戊寅朔盡

二日、式部大輔大江重光等ノ怠狀ヲ徵ス、 日本紀略

五日、季御讀經、 日本紀略

九日、關白實頼、右大臣師尹、上表ス、 日本紀略

十一日、東宮、凝華舍ニ移御アラセラル、是日、僧綱ヲ任ズ、 日本紀略 東寺長者補任 僧綱補任 釋家初例抄

十三日、大納言藤原在衡、尚齒會ヲ行フ、 日本紀略 拾芥抄 本朝文粹 江談抄 粟田左府尚齒會詩 康富記 古今著聞集

十四日、關白實頼、右大臣師尹ニ勅答ヲ賜フ、是日、實頼花ヲ看ル、 日本紀略

十五日、大仁王會、 日本紀略

十七日、石清水臨時祭、 江談抄 年中行事抄 袋草紙

廿三日、位祿定、 北山抄

廿五日、左馬助源滿仲等、中務少輔橘繁延、相模介

藤原千晴等謀叛ノ由ヲ密告ス、 日本紀略

廿六日、左大臣高明ヲ大宰權帥ニ左遷シ、中務少輔橘敏延等ヲ配流ニ處シ、右大臣師尹ヲ左大臣ニ、大納言藤原在衡ヲ右大臣ニ任ズ、是日、左衞門陣塀倒ル、 扶桑略記 百練抄 公卿補任 大神宮雜事記 日本紀略 歴代編年集成 源平盛衰記 榮華物語 蜻蛉日記 尊卑分脈 拾遺和歌集 北山抄 兵範記 大鏡 園太暦

廿七日、源滿仲ノ密告ヲ賞シテ、正五位下ニ敍ス、 日本紀略

廿八日、犯人親族ノ罪名ヲ勘申セシム、 日本紀略

廿九日、大索、是日、大神宮司大中臣仲理ノ職ヲ停ム、 日本紀略 大神宮雜事記

三十日、近江、固關覆奏ノ解文ヲ進ム、 日本紀略

四月小盡 戊申朔

一日、警固ニ依リテ旬儀ヲ止ム、橘繁延配所ニ赴ク、是日、大宰權帥源高明西宮第燒亡シ、冷泉院南門顚倒ス、 日本紀略 百練抄

二日、藤原千晴等配所ニ赴ク、 日本紀略

三日、諸國ヲシテ、謀反ノ黨類ヲ追討セシム、 百練抄 日本紀略

四日、謀反發覺後出家セシ者ヲ本罪ニ處スベキヤ否ヤヲ勘セシム、 政事要略

六日、大神祭使ヲ發遣ス、 日本紀略

七日、擬階奏、 日本紀略 北山抄

八日、灌佛、 日本紀略 天延二年記

九日、大祓、 日本紀略

十日、固關使覆奏、小除目、是日、都子、繁子兩內親王ニ絹ヲ賜フ、 日本紀略

十一日、中納言藤原兼家ノ藏人頭ヲ停ム、 公卿補任

十三日、警固中ニ依リテ、賀茂祭警固ノ召仰ヲ停ム、 日本紀略

十四日、賀茂祭、 日本紀略

十七日、諸陵使ヲ發遣ス、 日本紀略

廿一日、小除目、 日本紀略

五月大盡 丁丑朔

二日、臨時御讀經、日本紀略

三日、親王以下殿上人等從者ノ陣中ヨリ出入スルヲ聽ス、日本紀略

七日、左近衞中將藤原元輔ヲ藏人頭ニ補ス、職事補任　公卿補任

九日、但馬權介源致賢出家ス、日本紀略

十一日、學生藤原弘道ニ學問料ヲ給ス、日本紀略

十四日、開關、解陣、日本紀略

十七日、關白實頼上表ス、日本紀略

廿一日、八十島使ヲ發遣ス、日本紀略

廿六日、眞言院ニ於テ、出家童ニ沙彌戒ヲ授ケシム、日本紀略

閏五月小 丁未朔盡

一日、諸社幣帛使ヲ補ス、日本紀略

十日、權少僧都寛忠ヲ東寺長者ニ任ズ、東寺長者補任　釋家初例抄　密宗血脈抄

二十日、除目、日本紀略

廿一日、參議藤原兼通ニ宮內卿ヲ兼ネシム、公卿補任

廿八日、式部省ヲシテ怠狀ヲ進メシム、日本紀略

六月大 丙子朔盡

五日、祈雨、權律師長勇ヲ律師ニ任ズ、日本紀略　僧綱補任

十日、御體御卜、日本紀略

十一日、月次祭、神今食、日本紀略

十九日、旱魃ニ依リテ、御卜ヲ行フ、日本紀略

廿三日、直物、小除目、日本紀略

廿四日、請雨經法、竝ニ五龍祭ヲ行ハシム、日本紀略

廿五日、祈雨御讀經、是日、供御所、醬院勾當ヲ補ス、日本紀略　類聚符宣抄

是月、大宰權帥源高明ノ室出家ス、蜻蛉日記　大鏡　尊卑分脈　多武峯少將物語　拾遺和歌集　公卿補任

七月大 丙午朔盡

三日、施米定、日本紀略

四日、廣瀬龍田祭、日本紀略

七日、左大臣師尹七夕宴ヲ行フ、日本紀略

十八日、祈雨奉幣、日本紀略 北山抄

廿一日、右近衞中將藤原濟時、父左大臣師尹五十ノ算ヲ賀ス、日本紀略 蜻蛉日記 元輔集 陰陽新書

廿三日、連日大風、所々ノ門舍等多ク顚倒ス、日本紀略

八月小盡 丙子朔

二日、釋奠、日本紀略

三日、大索、固關、內論義、日本紀略

五日、官符ヲ以テ、筑後高良大神宮司職ヲ補任セシム、類聚符宣抄

八日、關白實頼、法性寺ニ於テ法會ヲ修ス、日本紀略

十一日、定考延引、是日、課試宣旨アリ、日本紀略 類聚符宣抄

十二日、警固、固關、日本紀略 踐祚部類抄

十三日、御讓位アラセラル、日本紀略 百練抄 榮華物語 皇年代略記

御製、詞花和歌集 新古今和歌集 新續古今和歌集

神璽寶劒靈驗アリ、江談抄 續古事談

橫笛大水龍、絲竹口傳 拾芥抄

當代置キ給フ國忌、江次第抄

播磨龜井寺燒亡ス、峯相記

后妃皇子皇女、簾中抄 歷代皇記 扶桑略記

大神宮司大中臣茂生男安頼、櫛田河ニ溺ル、大中臣氏系圖

攝津守源相規、尊卑分脈 天德三年闘詩行事略記 本朝文粹 江談抄 類聚句題抄 和漢朗詠集

勘解由次官菅原名明、朝野群載 天德三年闘詩行事略記 類聚句題抄

少內記藤原行葛、尊卑分脈 天德三年闘詩行事略記 類聚符宣抄 扶桑略記 應和三年善秀才宅詩合 江談抄 本朝文粹 類聚句題抄

學生淸原元眞、天德三年闘詩行事略記 順集

右近將監尾張安居、 江談抄 袋草紙 西宮記

圓融天皇

安和二年

八月小盡 丙子朔

十三日、御受禪アラセラレ、太政大臣實頼ヲ攝政ト爲シ、坊官藏人等ヲ補ス、是日、師貞親王ヲ立テ、皇太子ト爲ス、皇后東三條院ニ移御アラセラル、 大鏡裏書 踐祚部類抄 日本紀略 北山抄 代始和抄 公卿補任 扶桑略記 攝關次第 一代要記 御產部類記 立坊次第 歷代皇記 園太曆 榮華物語

十五日、政始、是日、攝政實頼上表ス、 日本紀略 園太曆 北山抄

十六日、上皇冷泉院ニ移御アラセラル、是日、攝政實頼ニ牛車ヲ聽ス、 日本紀略 扶桑略記 歷代皇記

十八日、攝政實頼重ネテ上表ス、 日本紀略

十九日、右大辨源保光ヲ藏人頭ニ補ス、 日本紀略 職事補任 歷代皇記

廿二日、定考、 日本紀略

廿五日、上皇ニ太上天皇ノ尊號ヲ、母后贈皇太后藤原安子ニ太皇太后ヲ贈ラセラル、是日、攝政實頼重ネテ上表ス、勅答ヲ賜フ、 日本紀略 大鏡裏書 園太曆

廿八日、監署除目、上皇尊號ヲ辭シ給フ、是日、攝政實頼ニ隨身ヲ賜フ、 日本紀略 公卿補任

九月大盡 乙巳朔

二日、龜卜長上ヲ補ス、 類聚符宣抄

三日、御燈、 日本紀略

四日、內裡穢アリ、 日本紀略

五日、雜袍宣旨、 日本紀略

六日、攝政實頼ニ內覽ノ宣旨ヲ下ス、 日本紀略

七日、前齋院婉子內親王御落飾、 日本紀略

十日、例幣使ヲ發遣ス、 日本紀略

入道婉子內親王薨ズ、 日本紀略 齋院記 一代要記 本朝皇胤紹運錄 左經記

十一日、例幣、俄ニ延引ス、 日本紀略

十三日、小除目、日本紀略

十四日、太白南斗ヲ犯ス、賀茂保憲勘文

十六日、婉子内親王薨奏、日本紀略

二十日、淸涼殿ニ遷御アラセラレ、大神宮ヲ遙拜シ給フ、日本紀略　中右記　北山抄

致平親王ニ帶劍ヲ賜フ、日本紀略

廿一日、敍位、是日、內敎坊燒亡ス、日本紀略

廿二日、御卽位、立坊ノ由ヲ山陵ニ告グ、日本紀略

廿三日、御卽位アラセラル、從三位藤原兼家ヲ正三位ニ敍ス、以下位ニ敍スルモノ差アリ、日本紀略　天祚禮祀職掌錄　公卿補任

廿四日、黃牛外記廳ニ入ル、百練抄

廿六日季御讀經、開闢、解陣、日本紀略

廿七日、女敍位、是日、正四位下藤原兼通ヲ從三位ニ敍ス、日本紀略　一代要記　公卿補任

十月小乙亥朔盡

一日、旬、平座、日本紀略

二日、攝政實賴、重ネテ上表ス、日本紀略

三日、攝政實賴ニ勅答ヲ賜フ、日本紀略

八日、東宮帶刀試、日本紀略

九日、除目、是日、左大臣師尹、病ニ依リテ左近衞大將、皇太子傅ヲ辭ス、勅シテ之ヲ許シ、度者十八人ヲ給フ、日本紀略

十日、從四位上藤原登子ヲ尙侍ニ任ス、日本紀略　大鏡裏書　皇年代記　蜻蛉日記

十四日、左中辨藤原爲光ヲ藏人頭ニ補ス、職事補任　公卿補任

十五日、左大臣正二位師尹薨ズ、尋デ、正一位ヲ贈ル、日本紀略　公卿補任　官職祕鈔　西宮記　歷代皇記　拾芥抄　榮華物語　大鏡　後撰和歌集　大和物語　拾遺和歌集

月食、日本紀略

十六日、故師尹薨奏、日本紀略

十七日、故師尹葬送、日本紀略

十九日、極樂寺菊會、日本紀略

興福寺仲算寂ス、僧綱補任　日本高僧傳要文抄　諸門跡譜

今昔物語　撰集抄　拾遺和歌集　元亨釋書　源平盛衰記

廿八日、右大臣在衡封戸ヲ醍醐寺ニ施入ス、　日本紀略　朝野群載

十一月大盡 甲辰朔

一日、御暦奏、是日、多武峯ヲシテ、舊四至ニ任セテ領知セシム、　日本紀略　多武峯略記

四日、齋宮輔子內親王初齋院ヨリ御退出アラセラル、　日本紀略　愚昧記　齋宮記

五日、春日祭、　日本紀略

八日、平貞時ヲ越後ニ配流ス、　日本紀略

九日、除目、直物、　日本紀略

十一日、除目、權大納言藤原師氏ニ皇太子傅ヲ兼ネシム、　公卿補任　小右記

十四日、萬機旬、右大臣在衡ヲ藏人所別當ト爲ス、　日本紀略　公卿補任

十六日、隆子女王ヲ齋宮ト爲ス、　日本紀略　一代要記

十七日、伊勢奉幣日時定、　日本紀略　上卿故實

廿二日、園韓神祭、　日本紀略

廿三日、鎭魂祭、是日、東宮、凝花舍ニ遷御アラセラル、　日本紀略

廿四日、新嘗祭、　日本紀略

廿七日、齋宮御卜定ニ依リテ、伊勢幣使ヲ發遣ス、　日本紀略

廿八日、太政官、攝政實頼七十ノ算ヲ賀ス、　日本紀略

十二月小盡 甲戌朔

四日、故左大臣師尹盡七日ノ法事ヲ法性寺ニ修ス、　日本紀略

九日、御髮上、是日、中納言藤原頼忠、父攝政實頼七十ノ算ヲ賀ス、　年中行事抄　日本紀略　能宣朝臣集　元輔集

十一日、月次祭、神今食、　日本紀略

十三日、攝政實頼ニ七十ノ賀ヲ賜フ、　日本紀略

阿闍梨千觀寂ス、　東寺王代記　橘氏系圖　日本往生極樂記　扶桑略記　元亨釋書　古今著聞集　嚴神抄　三國傳記　古事談　新勅撰和歌集　續千載和歌集　續後拾遺和歌集　新千載和歌集

十七日、辨官、攝政實頼賀算ノ爲ニ諷誦ヲ修ス、日本紀略

十八日、荷前、日本紀略 北山抄

廿四日、固關使參入、日本紀略

廿五日、攝政實頼上表ス、日本紀略

廿六日、太政大臣實頼ニ勅答ヲ賜フ、是日、陸奥守〈姓闕ク〉致正、權守〈姓闕ク〉貞茂ト訴訟ス、日本紀略

廿八日、極樂寺萬燈會、日本紀略

廿九日、追儺、榮華物語

是歳、權大僧都觀理ヲ東大寺別當ニ任ズ、東大寺別當次第 東大寺要錄

天台座主良源文殊樓ヲ造ル、天台座主記

伊豆守依智秦永時、走湯山常行堂ヲ建立ス、走湯山緣起

土佐權守大中臣清光卒ス、大中臣氏系圖

天祿元年

正月〈小盡〉癸卯朔

二日、中宮大饗、日本紀略

三日、東宮大饗、日本紀略

八日、御齋會始、日本紀略

十日、攝政實頼大饗、日本紀略 北山抄

十一日、右大臣在衡大饗、日本紀略

十四日、御齋會竟、日本紀略 北山抄 西宮記

十六日、女踏歌、日本紀略

十七日、射禮、日本紀略

十八日、射遺、日本紀略

十九日、賭弓、日本紀略

廿一日、除目、日本紀略

廿二日、政始、日本紀略

廿五日、中納言橘好古ニ大宰權帥ヲ兼ネシム、公卿補任

廿七日、右大臣在衡ヲ左大臣ニ、大納言藤原伊尹ヲ右大臣ニ、權大納言藤原師氏ヲ大納言ニ任ズ、日本紀略 扶桑略記 公卿補任

廿八日、小除目、參議源重信ニ大藏卿ヲ兼ネシム、日本紀略 公卿補任

二月大盡 壬申朔

一日、春日祭、日本紀略

二日、右大臣伊尹ニ左近衛大將ヲ兼ネシム、公卿補任　一代要記　初任大臣大饗雜例

四日、祈年祭、日本紀略

五日、攝政實賴、子日遊ヲ行フ、元輔集　拾遺和歌集

六日、釋奠、日本紀略

十一日、列見、攝政實賴、近衛官人ノ射ヲ覽ル、日本紀略

十七日、直物、日本紀略

十八日、園韓神祭、日本紀略

二十日、文章博士藤原後生ヲシテ、年號ノ字ヲ勘進セシム、日本紀略

廿三日、季御讀經、日本紀略

廿八日、左近陣座鳴ル、日本紀略

廿九日、齋院ヲ改メザル由ヲ賀茂社ニ告グ、日本紀略　賀茂齋院記

三月小盡 壬寅朔

五日、大嘗會ノ國郡ヲト定ス、日本紀略　園太暦

十五日、殿上賭弓、詔シテ服御常膳四分ノ一ヲ減ズ、日本紀略　蜻蛉日記

十六日、大祓、日本紀略

二十日、大奉幣使ヲ發遣ス、日本紀略　小右記

廿五日、天祿ト改元ス、日本紀略　一代要記　園太暦　改元部類　元祕別錄　柱史抄

廿九日、冷泉院ノ穢ニ依リテ、賀茂祭延引ノ可否ヲ定メシム、園太暦

是月、大宰大貳藤原佐忠ヲ召ス、類聚符宣抄

四月大盡 辛未朔

一日、日食、日本紀略

二日、平野祭、冷泉院火アリ、日本紀略　園太暦

三日、伊勢初齋院ヲ定ム、是日、上皇御厩人、參議藤原文範仕丁ト闘亂ス、園太暦　日本紀略

四日、廣瀬龍田祭、日本紀略

六日、冷泉院ノ燒亡ニ依リテ、上皇ニ絹綿等ヲ上ラル、 日本紀略

七日、擬階奏、是日、右大臣伊尹上表ス、勅答ヲ賜フ、 日本紀略

八日、灌佛、是日、齋院司ヲ任ズ、 日本紀略 年中行事抄

十二日、齋院尊子内親王、野宮ニ入ラセラル、 日本紀略 園太暦

十五日、賀茂祭、 日本紀略

二十日、比叡山惣持院火アリ、 日本紀略 歴代編年集成 扶桑略記 我慢抄

廿七日、大嘗會行事所ノ主典以上ヲ定ム、 園太暦

五月小 辛丑朔盡

一日、政アリ、 日本紀略

三日、攝政實頼、病ニ依リテ上表ス、勅答ヲ賜フ、 日本紀略

七日、小除目、 日本紀略

九日、清涼殿ニ於テ、臨時御讀經ヲ行フ、 日本紀略

十二日、攝政實頼ニ度者ヲ賜フ、 日本紀略

十八日、攝政太政大臣從一位實頼薨ズ、是日、大赦ヲ行ヒ、尋デ正一位ヲ贈リ、清愼公ト謚ス、 日本紀略 公卿補任 北山抄 西宮記 攝關傳 榮華物語 大鏡 江談抄 古事談 拾芥抄 續古事談 本朝書籍目録 本朝文粹 絲竹口傳 和漢朗詠集 新撰朗詠集 後撰和歌集 大和物語 新勅撰和歌集 拾遺和歌集 新古今和歌集 續詞花和歌集

十九日、故太政大臣實頼葬送、 日本紀略 一代要記

二十日、警固、固關、是日、右大臣伊尹ニ攝政ノ詔ヲ下ス、 日本紀略 公卿補任 榮華物語 上卿故實

廿八日、賑給使定、 北山抄

六月大 庚午朔盡

一日、政アリ、 日本紀略

二日、攝政伊尹上表ス、 日本紀略

五日、伊尹ニ勅答ヲ賜フ、 日本紀略

九日、職御曹司ニ怪異アリ、 日本紀略

十日、御體御卜、 日本紀略

十一日、穢ニ依リテ、神今食ヲ延引ス、 日本紀略

十四日、始メテ祇園御靈會ヲ行フ、二十二社註式

二十日、月次祭、神今食、日本紀略

三十日、大祓、江次第

七月大盡 庚子朔

三日、故實頼ノ法事ヲ法性寺ニ修ス、日本紀略

十一日、文章生試、日本紀略

十二日、文章博士從四位上藤原後生卒ス、尊卑分脈 類聚符宣抄 官職祕鈔 左經記 天德三年鬪詩行事略記 日本紀略 二中歷 改元部類記 本朝文粹 江談抄 類聚句題抄 新撰朗詠集 拾遺和歌集

十三日、攝政伊尹ヲ從二位ニ敍シ、隨身兵仗ヲ賜フ、日本紀略 公卿補任 愚管抄 朝野群載

十四日、大納言正三位兼皇太子傅藤原師氏薨ズ、日本紀略 中右記 公卿補任 宇治拾遺物語 榮華物語 明匠略傳 古事談 大和物語 後撰和歌集 爲頼朝臣集 蜻蛉日記

十六日、天台座主良源十箇條ノ起請ヲ立ツ、九院佛閣抄

十八日、攝政伊尹、左近衛大將ヲ辭ス、公卿補任

十九日、故藤原師氏薨奏、日本紀略

廿六日、攝政伊尹ニ上日ヲ賜フ、日本紀略

廿八日、相撲召合、蜻蛉日記

廿九日、相撲拔出、蜻蛉日記

八月小盡 庚午朔

五日、除目、大納言源兼明ニ皇太子傅ヲ兼ネシム、中納言藤原頼忠ヲ權大納言ニ任ズ、日本紀略 公卿補任

六日、春宮亮源惟正ヲ藏人頭ニ補ス、職事補任

八日、釋奠、日本紀略

九日、季御讀經、釋奠、內論義、日本紀略

十日、攝政伊尹、故忠平ノ爲メニ法華八講ヲ法性寺ニ修ス、日本紀略 年中行事祕抄 師緒年中行事

十一日、穢ニ依リテ、定考ヲ延引ス、日本紀略

十四日、甲斐眞衣野柏前駒牽延引、西宮記

十五日、信濃大室駒牽延引、西宮記

十六日、甲斐、信濃駒牽、西宮記

十八日、無品緝子內親王薨ズ、日本紀略 一代要記 皇年代記

廿一日、怪異ニ依リテ御讀經ヲ修ス、日本紀略

是月、中納言藤原兼家ノ二男道綱元服ス、蜻蛉日記 公卿補任

九月大 己亥朔盡

二日、齋宮御禊次第司御前定、園太暦

三日、御燈、日本紀略

八日、齋宮隆子女王初齋院ニ入ラセラル、是日、御齋會、二季御讀經、賑給等ノ料ヲ諸國ニ課ス、日本紀略 小野宮年中行事 西宮記 西宮抄 江次第

金峯山寺火アリ、日本紀略 一代要記

九日、緝子內親王薨去ニ依リテ、重陽宴ヲ停ム、日本紀略

十三日、石清水奉幣、日本紀略

十七日、大嘗會御禊裝束司ヲ補ス、日本紀略

二十日、直物、小除目、日本紀略

廿二日、大嘗會大祓、日本紀略

廿三日、宇佐使ヲ發遣ス、日本紀略

廿七日、大納言藤原賴忠上表シテ、父故實賴ノ贈位諡號ヲ謝ス、日本紀略

三十日、齋宮隆子女王野宮ニ入ラセラル、是日、大納言藤原賴忠ニ勅答ヲ賜フ、日本紀略

十月大 己巳朔盡

一日、旬、日本紀略

三日、律師定昭ヲ興福寺別當ニ補ス、興福寺寺務次第 興福寺三綱補任 東寺長者補任

五日、弓場始延引、

七日、弓場始、日本紀略 樗嚢抄

十日、左大臣從二位在衡薨ズ、歷代編年集成 公卿補任 類聚符宣抄 江談抄 朝野群載 官職祕鈔 和漢朗詠集 本朝世紀 禁祕抄 榮華物語 歷代皇記 中右記 明月記 古事談 鞍馬蓋寺緣起 續古事談 西宮記 本朝文粹 江吏部集 元輔集 爲賴朝臣集 詞花和歌集

十二日、大嘗會大祓、日本紀略

十五日、法性寺ニ於テ故左大臣在衡ノ法事ヲ修

ス、 日本紀略
十六日、大嘗會御禊地ヲ點定ス、 日本紀略
二十日、攝政伊尹ヲ藏人所別當ト爲ス、是日、在衡薨奏アリ、 公卿補任 日本紀略
廿六日、大嘗祭御禊、 日本紀略 皇年代略記 大嘗會御禊日例 中右記 大嘗會御禊事記 北山抄

十一月 小盡 己亥朔

八日、天文得業生ヲ補ス、 類聚符宣抄
九日、故左大臣在衡ノ第火ヲ失ス、 日本紀略
十日、平野祭、大祓、 日本紀略
十一日、大神寶使ヲ發遣ス、 日本紀略
十五日、敍位議、 日本紀略
十七日、大嘗祭、 日本紀略 歷代編年集成 北山抄
十八日、辰日節會、 日本紀略 北山抄
十九日、巳日節會、 北山抄
二十日、敍位、 北山抄 公卿補任
廿三日、賀茂臨時祭、 年中行事祕抄

廿六日、尚侍從四位上藤原登子ヲ從三位ニ敍ス、 日本紀略 大鏡裏書

十二月 大盡 戊辰朔

十日、御體御卜、 日本紀略
十一日、月次祭、神今食、 日本紀略
十三日、東宮、御著袴アラセラル、 日本紀略 平戸記 河海抄 玉蘂
十五日、除目、 日本紀略
廿一日、勘解由使史生ヲ任ズ、 類聚符宣抄
廿二日、左近衞中將藤原爲光ヲ參議ニ任ズ、 歷代皇記
廿三日、小除目、 日本紀略 類聚符宣抄
廿七日、荷前、 日本紀略 樗嚢抄
是歲、宇佐宮御託宣アリ、 宇佐宮託宣集
律師禪藝ヲ園城寺長吏ニ補ス、 園城寺長吏次第
攝政伊尹、多武峯ニ常行堂、曼荼羅堂ヲ建ツ、 多武峯略記
攝津守源滿仲多田院ヲ建ツ、 歷代編年集成 山縣系圖

前陸奥守從四位下源信明卒ス、三十六人歌仙傳　本朝世紀　信明朝臣集　新勅撰和歌集　玄々集　玉葉和歌集　後撰和歌集　拾遺和歌集

律師行譽寂ス、僧綱補任　園城寺長吏次第

天祿二年

正月小戊戌朔盡

一日、節會、日本紀略

二日、中宮大饗、日本紀略

三日、東宮大饗、日本紀略

五日、攝政伊尹大饗、日本紀略

七日、白馬節會、日本紀略

八日、御齋會、日本紀略

十六日、踏歌節會、日本紀略

十七日、射禮延引、日本紀略

十八日、射禮、日本紀略

廿一日、内宴、日本紀略

廿七日、除目、日本紀略

二月小丁卯朔盡

一日、釋奠、日本紀略

四日、祈年祭、日本紀略

六日、春日祭、日本紀略

十一日、韓園神祭、列見延引、日本紀略

十四日、列見、日本紀略

三月大丙申朔盡

三日、御燈、日本紀略

四日、鎭星、月ヲ貫ク、日本紀略

八日、石清水臨時祭ヲ永式ト爲ス、日本紀略　柱史抄　江次第　年中行事抄　師緒年中行事　公事根源抄

十六日、季御讀經、日本紀略

廿八日、文章生試、日本紀略

四月小丙寅朔盡

一日、旬、平座、日本紀略

五日、出羽守橘時舒、赴任スルニ依リテ、官符ヲ東海道ニ下サレンコトヲ請フ、朝野群載

六日、地震、　日本紀略

七日、平野祭、　日本紀略

八日、灌佛、　日本紀略　天延二年記

十一日、擬階奏、　日本紀略

十五日、天台座主良源、始メテ毎月二度布薩ヲ修ス、　東寺王代記　慈恵大僧正傳

十七日、齋院御禊、　日本紀略

二十日、賀茂祭、　日本紀略

廿五日、天台舍利會、摠持院供養、　日本紀略　百練抄　天台座主記

廿六日、少僧都安秀寂ス、　日本紀略　興福寺寺務次第　歴代皇紀　僧綱補任

廿九日、攝政伊尹、考妣ノ爲メニ法華八講ヲ修ス、　日本紀略　本朝文粹

是月、郡司召、　北山抄

五月大乙未朔盡

二日、虹、辨官東廳ニ立ツニ依リテ御占ヲ行フ、　日本紀略

五日、近江新羅明神ニ正四位上ヲ授ク、　僧綱補任抄出

十五日、大仁王會、　日本紀略

十七日、已講法縁ヲ東大寺別當ニ補ス、　東大寺別當次第　東大寺雜錄

六月小乙丑朔盡

十日、御體御卜、　日本紀略

十一日、月次祭、神今食、　日本紀略

廿一日、祈雨奉幣、　日本紀略

七月大甲午朔盡

一日、大極殿ニ於テ、御讀經ヲ行フ、　日本紀略

四日、廣瀬龍田祭、　日本紀略

五日、小除目、　日本紀略

六日、地震、　日本紀略

廿五日、相撲內取、　日本紀略

廿七日、相撲召合、　日本紀略　樗嚢抄

廿八日、追相撲、　日本紀略　樗嚢抄

八月小盡甲子朔

三日、僧行圓、長谷山ニ白山權現祠ヲ創建ス、長谷寺驗記

四日、釋奠、日本紀略

五日、內論義、日本紀略

七日、季御讀經、日本紀略

十一日、齋宮寮除目、定考延引、日本紀略

十四日、法性寺ニ於テ、法華八講ヲ修ス、日本紀略

十六日、定考、日本紀略

廿七日、臨時音樂、日本紀略

九月大盡癸巳朔

三日、齋宮群行ニ依リテ御燈ヲ停ム、日本紀略

七日、小除目、日本紀略

九日、重陽宴ヲ停ム、日本紀略　年中行事祕抄

十日、三品兵部卿廣平親王薨ズ、日本紀略　大鏡裏書　拾遺和歌集　新續古今和歌集

十一日、穢ニ依リテ、例幣ヲ延引ス、日本紀略

十七日、例幣、日本紀略

廿一日、齋宮寮諸司除目、日本紀略

廿三日、齋宮群行、日本紀略

廿六日、攝政伊尹賀茂社ニ詣ヅ、日本紀略　公事根源抄　賀茂註進雜記

十月大盡癸亥朔

一日、日食、日本紀略

七日、射場始、日本紀略

八日、故兵部卿廣平親王薨奏、日本紀略

廿三日、攝政伊尹、石淸水八幡宮ニ詣ヅ、日本紀略

廿八日、五畿七道名社ニ舍利ヲ奉ル、日本紀略

廿九日、大宰權帥源高明ヲ召返ス、日本紀略　大鏡裏書

十一月大盡癸巳朔

一日、御曆奏、日本紀略

二日、右大臣伊尹ヲ太政大臣ニ、大納言源兼明ヲ左大臣ニ、權大納言藤原賴忠ヲ右大臣ニ任ズ、日

本紀略　公卿補任　初任大臣大饗雜例　本朝雜抄
四日、平野祭、春日祭、　日本紀略
八日、左大臣兼明ニ皇太子傅ヲ、右大臣賴忠ニ左近衞大將ヲ兼ネシム、是日、伊尹上表ス、　公卿補任　初任大臣大饗雜例　日本紀略
十七日、攝政伊尹、重ネテ上表ス、勅答ヲ賜フ、　公卿補任
二十日、大原野祭、　日本紀略
廿一日、園韓神祭、　日本紀略
廿二日、鎭魂祭、　日本紀略
廿三日、新嘗祭、　日本紀略
廿四日、豐明節會、是日、二品元長親王ニ輦車ヲ、伊尹ニ牛車ヲ聽ス、　日本紀略　公卿補任
廿五日、東宮鎭魂祭、　日本紀略
廿八日、權少僧都寛靜ヲ東寺長者ニ補ス、　東寺長者補任

十二月小盡 癸亥朔

八日、左大臣兼明ヲ藏人所別當ト爲ス、　公卿補任
十一日、月次祭、神今食、是日、御元服ノ由ヲ大神宮ニ告グ、　日本紀略　西宮記
十五日、除目、　日本紀略　公卿補任
二十日、中宮鎭魂祭、　日本紀略
廿五日、諸司所々別當定、是日、御元服ノ由ヲ山陵ニ告グ、又明年ノ朝拜ヲ五日トスル由ヲ所司ニ仰ス、　日本紀略　西宮記
是月、式部權大輔菅原文時、少輔橘雅文ノ釐務ヲ停ム、　日本紀略

天祿三年

正月大盡 壬辰朔

一日、節會、　日本紀略
三日、御元服アラセラル、　扶桑略記　日本紀略　大鏡裏書　皇年代略記　江次第　北山抄　西宮記　御遊抄　天子冠禮部類記摠錄
五日、御元服後宴、是日、雨ニ依リテ朝拜ヲ停ム、　日本紀略　小右記　西宮記　北山抄　上壽作法抄　中右記

六日、敍位議、 日本紀略

七日、白馬節會、是日、公卿賀表ヲ上ル、又恩赦、敍位アリ、 日本紀略 御遊抄 蜻蛉日記 長秋記 公卿補任

八日、御齋會、 日本紀略

九日、女敍位、是日、中宮大饗、 日本紀略

十一日、東宮大饗、

十二日、大納言從三位橘好古薨ズ、 日本紀略 橘氏系圖 公卿補任 西宮記 官職祕抄

十三日、攝政伊尹大饗、 日本紀略

十四日、白彗見ル、 一代要記 諸道勘文 中右記

十六日、踏歌節會、 日本紀略

十七日、射禮、 日本紀略

十八日、賭弓、 日本紀略

二十日、左大臣兼明大饗、 日本紀略

廿一日、右大臣賴忠大饗、 日本紀略

廿二日、政始、是日、除目アリ、 日本紀略

廿四日、中納言源雅信ヲ大納言ニ、同藤原兼家ヲ權大納言ニ任ズ、 公卿補任 蜻蛉日記

廿五日、式部權大輔菅原文時、少輔橘雅文ノ勅勘ヲ免ズ、 日本紀略

廿六日、左近衞少將藤原擧賢ヲ藏人頭ニ補ス、 一代要記

是月、大和守藤原國光ヲ大宰大貳ニ任ズ、 二中歷

二月小 壬戌朔 盡

四日、祈年祭、是日、狐、近衞陣ニ聚鳴ス、 日本紀略

六日、釋奠、 日本紀略

十一日、春日祭、 蜻蛉日記

十六日、園韓神祭、 日本紀略

十九日、直物、除目、 日本紀略

廿五日、京都火災、 蜻蛉日記

廿六日、列見、 日本紀略

廿七日、故大納言橘好古薨奏、 日本紀略

閏二月小 辛卯朔 盡

三日、京都火災、 蜻蛉日記

六日、僧正寛空寂ス、 日本紀略 元亨釋書 東寺長者補任 歴代皇紀 仁和寺諸院家記

七日、左大臣兼明、醍醐山陵ニ詣ヅ、 日本紀略

十日、攝政伊尹、木幡山陵ニ詣ヅ、 日本紀略

十四日、大地震、是日、宜陽殿怪アリ、 日本紀略

十七日、季御讀經、日本紀略

十九日、伊勢祭主正五位下大中臣元房卒ス、 大中臣氏系圖 大神宮例文

廿一日、山崎津ニ於テ鬪亂アリ、 日本紀略

廿五日、結政所ノ怪異ニ依リテ御占ヲ行フ、 日本紀略

廿八日、除目、 日本紀略

廿九日、權大納言藤原兼家ヲ大納言ニ任ズ、 公卿補任

是月、中納言藤原朝成等、白河院ノ花ヲ看ル、 本朝文粹

三月大 庚申朔 盡

四日、宜陽殿ノ怪ニ依リテ、御占ヲ行フ、 日本紀略

十日、石清水臨時祭、 蜻蛉日記

十八日、京都火災、 蜻蛉日記

十九日、羽蟻ノ怪ニ依リテ、御占ヲ行フ、是日、宇佐宮ノ封戸ヲ割キ、若宮四王堂ニ寄ス、 宇佐宮託宣集

廿五日、資子內親王ノ藤花宴ニ臨御アラセラレ、一品ヲ授ケ給フ、日本紀略 榮華物語

廿六日、攝政伊尹、法華八講ヲ修ス、 日本紀略

廿九日、侍從所ノ櫻折ルニ依リテ、御占ヲ行フ、 日本紀略

四月小 庚寅朔 盡

一日、旬、平座ナシ、 日本紀略 吉記 園太曆

三日、比叡山講堂等ヲ供養ス、 天台座主記 日本紀略 叡岳要記

四日、廣瀨龍田祭、 日本紀略

七日、平野祭、 日本紀略

八日、灌佛、 天延二年記

十四日、擬階奏、 日本紀略

十七日、齋院御禊、日本紀略

二十日、賀茂祭、是日、前大宰權帥源高明歸京ス、日本紀略　蜻蛉日記　百練抄　公卿補任　歷代編年集成

廿七日、群盜、紀伊守藤原棟和ノ第ニ入ル、日本紀略

廿八日、攝政伊尹、石淸水八幡宮ニ詣ヅ、日本紀略

五月小己未朔盡

十八日、施藥院判官犬養常行、強盜ノ爲メニ射ラル、日本紀略

六月大戊子朔盡

二十日、阿闍梨元杲ヲシテ、神泉苑ニ於テ、請雨經法ヲ修セシム、日本紀略　東寺長者補任

廿八日、請雨經法結願、神泉苑南門倒ル、日本紀略　東寺王代記　弘法大師行狀記

七月大戊午朔盡

是月、相撲節、蜻蛉日記

八月小戊子朔盡

十八日、前大宰權帥源高明、葛野別莊ニ於テ歌合ヲ行フ、類集　十訓抄

廿六日、光孝天皇國忌、西宮記

九月大丁巳朔盡

一日、日食、日本紀略

三日、御燈、日本紀略

五日、多武峯講堂供養、多武峯略記

九日、旱損ニ依リテ、重陽宴ヲ停ム、日本紀略

十一日、伊勢例幣延引ニ依リテ、大祓ヲ行フ、日本紀略

僧空也寂ス、歷代編年集成　日本往生極樂記　空也誄　元亨釋書　本朝皇胤紹運錄　源平盛衰記　河海抄　八幡愚童訓　峯相記　閑居友　宇治拾遺物語　撰集抄　古今著聞集　拾遺和歌集　新勅撰和歌集

十三日、伊勢例幣、日本紀略

廿三日、大宰府、高麗使對馬ニ來著ノ由ヲ奏ス、日本紀略

廿七日、太政官論奏、政事要略

十月大 丁亥朔盡

四日、攝政伊尹ノ病ニ依リテ、度者ヲ賜フ、公卿補任

二十日、高麗國牒狀ノ事ヲ定メ、大宰府ヲシテ、直ニ報符ヲ送ラシム、是日、攝政伊尹、病ニ依リテ上表ス、百練抄 一代要記 河海抄

廿三日、伊尹ノ請ニ依リテ、攝政ヲ止ム、日本紀略 攝關傳

廿七日、伊尹事ニ從ハザル間、權中納言藤原兼通ヲシテ、公務ヲ執行セシム、公卿補任

十一月大 丁巳朔盡

一日、初雪、恩赦アリ、是日、太政大臣正二位伊尹薨ズ、尋デ正一位ヲ贈リ、謙德公ト諡ス、日本紀略 公卿補任 拾芥抄 禁祕抄 一代要記 榮華物語 大鏡 續古事談 多武峯略記 宇治拾遺物語 後撰和歌集 拾遺和歌集 新古今和歌集 新勅撰和歌集 蜻蛉日記

四日、春日、平野祭、日本紀略

五日、伊尹葬送、日本紀略

十日、警固、固關、伊尹薨奏、日本紀略

十七日、右大臣賴忠ヲ藤氏長者ト爲ス、公卿補任

二十日、大原野祭、日本紀略

廿一日、園韓神祭、日本紀略

廿二日、鎭魂祭、日本紀略

廿三日、新嘗祭、日本紀略

廿四日、豐明節會、日本紀略 除目申文抄

廿六日、始メテ官奏ヲ覽給フ、百練抄

廿七日、權中納言藤原兼通ヲ內大臣ニ任ズ、是日、關白ノ宣旨ヲ下ス、日本紀略 公卿補任 扶桑略記 愚管抄 濫觴抄 康富記 河海抄 源平盛衰記 大鏡 園太曆

十二月小 丁亥朔盡

八日、賀茂臨時祭、日本紀略

十日、御體御卜、日本紀略

十一日、月次祭、神今食延引、日本紀略

十四日、東宮鎭魂祭、日本紀略

十五日、月次祭、神今食、日本紀略

十六日、資子內親王ニ年官、年爵ヲ賜ヒ、封戸ヲ加フ、日本紀略　政事要略
十七日、伊尹盡七日ノ法事ヲ法性寺ニ修ス、日本紀略　後拾遺和歌集
二十日、阿闍梨增恒ヲ權律師ニ任ズ、僧綱補任　護持僧次第
廿八日、關白兼通ヲ延曆寺撿挍ト爲ス、一代要記　愚管抄　日本紀略
是月、臨時佛事ヲ修ス、左經記
尚侍正二位藤原灌子薨ズ、日本紀略　一代要記　續後撰和歌集
是歲、宇佐宮御託宣アリ、宇佐宮託宣集
大宰大貳藤原國光赴任スルニ依リテ、餞ヲ賜フ、江次第
天台座主良源、根本中堂ノ三燈ヲ統シテ一燈ト爲ス、園太曆

天延元年

正月大盡丙辰朔

一日、四方拜、節會、江次第　日本紀略
六日、御前ニ於テ、始メテ敍位ヲ行ハセラル、日本紀略　中右記
七日、白馬節會、右大臣正三位賴忠ヲ從二位ニ、關白從三位兼通ヲ正三位ニ敍ス、日本紀略　公卿補任
八日、御齋會、女敍位、是日、參議正四位下藤原齊敏ヲ從三位ニ敍ス、日本紀略　公卿補任　一代要記　大鏡裏書
十一日、左大臣兼明大饗、日本紀略
十二日、右大臣賴忠大饗、日本紀略
十五日、關白兼通大饗、是日、圖書頭藤原篤茂款狀ヲ上ル、日本紀略　本朝文粹
十六日、踏歌節會、日本紀略
十七日、射禮、日本紀略
十八日、賭弓、日本紀略
廿二日、除目、日本紀略　除目申文抄
廿八日、參議藤原爲光ヲ權中納言ニ任ズ、公卿補任

二月小盡丙戌朔

二日、釋奠、 日本紀略

四日、祈年祭、 日本紀略

六日、大原野祭、 日本紀略

十一日、春日祭、列見、 日本紀略

十四日、直物、小除目、 日本紀略

參議從三位藤原齊敏薨ズ、 日本紀略 一代要記 公卿補任 大鏡

十六日、園韓神祭、 日本紀略

廿五日、中納言左衞門督源延光ヲ檢非違使別當ニ補ス、 公卿補任 官職祕抄 朝野群載 左經記

廿六日、季御讀經、 日本紀略

廿七日、藥王寺火アリ、 日本紀略 扶桑略記 僧綱補任 和漢合符 今昔物語

是月、關白兼通女藤原媓子入内ス、 日本紀略 一代要記 大鏡裏書 榮華物語

三月小盡 乙卯朔

三日、御燈、 日本紀略

七日、雹降ル、 康富記

十三日、北野社火アリ、 百練抄 康富記 最鎭記文

十五日、冷泉院小弓アリ、 蜻蛉日記

十九日、大祓、是日、始メテ一身阿闍梨ヲ補ス、 日本紀略 釋家官班記 和漢合符

二十日、侍從源昭平ヲ右兵衞督ニ任ズ、 公卿補任

廿二日、非常大赦、 日本紀略

廿三日、臨時仁王會、 日本紀略

廿四日、地震、 日本紀略

廿七日、石淸水臨時祭、 日本紀略 蜻蛉日記

廿八日、參議源重光ニ右衞門督ヲ兼ネシム、 公卿補任

四月大盡 甲申朔

一日、平野、松尾祭、是日、旬儀ヲ停ム、 日本紀略

七日、藤原媓子ヲ女御ト爲ス、 大鏡裏書 皇年代記 侍中群要 河海抄

八日、灌佛、 日本紀略

十一日、齋院御禊、 日本紀略

十二日、關白兼通、賀茂社ニ詣ヅ、 日本紀略

十四日、賀茂祭、 日本紀略

十七日、直物、 日本紀略

廿四日、強盜、前越前守源滿仲宅ヲ圍ミテ、放火ス、越後守宮道弘氏賊矢ニ中リテ卒ス、今夜、武藝ニ堪フル者ヲシテ、陣頭ニ候セシム、 日本紀略 蜻蛉日記

廿五日、捜盜、是日、前坊内舍火アリ、 日本紀略 百錬抄 侍中群要

是月、郡司召、 北山抄

五月小 甲寅朔盡

三日、大和、伊賀等十箇國ヲシテ、藥師寺ヲ造ラシム、 日本紀略

十一日、復任除目、 日本紀略

十七日、宮中舍屋、風雨ノ爲メニ顚倒破損ス、 日本紀略

二十日、宇佐使ヲ發遣ス、 日本紀略

二十一日、賚子内親王ノ御所ニ渡御アラセラレ、亂碁ノ御遊アリ、 拾遺和歌集

廿三日、諸社奉幣、 日本紀略

廿五日、前坊内舍ノ修理ニ依リ、陰陽寮ヲシテ、忌ノ有無ヲ勘申セシム、 小右記

廿六日、木工寮屋舍ノ造營ニ依リ、陰陽寮ヲシテ、忌ノ有無ヲ勘申セシム、是日、強竊盜著鈦後、更ニ決杖スルヲ禁ズ、 朝野群載 西宮記

是月、右大臣賴忠五十ノ賀アリ、 公卿補任

六月小 癸未朔盡

十日、御體御卜、 日本紀略

十一日、月次祭、神今食、 日本紀略

十六日、梅壺ニ於テ亂碁御勝態アリ、 圓融院扇合記

七月大 壬子朔盡

一日、冷泉皇后昌子内親王ヲ皇太后ニ、女御藤原媓子ヲ皇后ト爲ス、是日、中納言藤原朝成ニ皇太后宮大夫ヲ、權中納言藤原爲光ニ中宮大夫ヲ兼ネシム、 扶桑略記 日本紀略 一代要記 中右記 大鏡 榮華物

語 權記 公卿補任
七日、資子内親王、内臺盤所ニ於テ、亂棊負態ヲ行ハセラル、 拾遺和歌集 圓融院扇合記
十六日、中殿ニ於テ御讀經ヲ修セラル、 日本紀略
二十日、皇后媓子、内裏ニ遷御アラセラル、 日本紀略 公卿補任
廿六日、御前ニ於テ、除目ヲ行ハセラル、 日本紀略 西宮記
廿七日、擬文章生試、是日、相撲内取アリ、 日本紀略
廿八日、相撲召合、是日、大納言源雅信ニ帶劒ヲ聽ス、 日本紀略

八月小 壬午朔盡

二日、羽蟻群飛ス、是日、右大臣頼忠、石清水八幡宮ニ詣ヅ、 日本紀略
四日、仁壽殿ニ於テ、熾盛光法ヲ修ス、 僧綱補任
六日、釋奠、 日本紀略
七日、内論義、 日本紀略
八日、除目、 日本紀略
十一日、穢ニ依リテ、定考ヲ延引ス、 日本紀略
十四日、内供奉遍斅ヲ權律師ニ任ズ、 日本紀略 僧綱補任
十九日、御讀經、 日本紀略
廿一日、定考、 日本紀略

九月大 辛亥朔盡

三日、御燈、 日本紀略
五日、止雨奉幣、 日本紀略
九日、重陽宴、是日、早出ノ公卿ヲ勘事ニ處ス、 日本紀略
十一日、伊勢例幣、是日、伊勢安濃郡ヲ大神宮ニ寄ス、 日本紀略 小右記 類聚符宣抄
廿七日、地震、 日本紀略

十月大 辛巳朔盡

一日、旬、 日本紀略
十四日、關白兼通ノ室昭子女王ヲ正三位ニ敍ス、

日本紀略　權記

廿五日、東大寺講堂ニ於テ、始メテ龍樹供ヲ行フ、東大寺要錄

十一月大盡 辛亥朔

八日、冷泉上皇ノ女御藤原懷子、父伊尹ノ忌服ヲ除ク、西宮記

十日、春日祭、西宮記

十一日、春日祭使還饗、西宮記

十四日、大原野祭、日本紀略

十五日、園韓神祭、日本紀略

十六日、鎭魂祭、日本紀略

十七日、新嘗祭、日本紀略

十八日、豐明節會、日本紀略

十九日、東宮鎭魂祭、日本紀略

廿三日、賀茂臨時祭、日本紀略　西宮記

廿七日、百口僧ヲシテ、仁王經ヲ讀マシム、日本紀略　西宮記

廿九日、臨時仁王經御讀經アリ、日本紀略　西宮記

是月、比叡山戒壇院ノ天井、故ナクシテ頽落ス、慈慧大僧正傳

十二月小盡 辛巳朔

十日、御體御卜奏延引、日本紀略

十一日、月次祭、神今食、是日、御體御卜奏アリ、日本紀略

二十日、天延ト改元ス、是日、太政官廳ニ怪異アリ、今夜御佛名アリ、日本紀略　改元部類

廿一日、齋院廳屋火アリ、日本紀略

廿二日、權大僧都觀理ヲ大僧都ニ、權少僧都良源ヲ少僧都ニ、律師定照ヲ權少僧都ニ任ズ、僧綱補任　天台座主記　東寺長者補任

廿六日、荷前、日本紀略

廿八日、權律師千攀ヲ東寺長者ニ補ス、東寺長者補任

是歲、內宮禰宜荒木田行眞卒ス、禰宜至要抄　大神宮例文

東寺長者救世寂ス、歷代皇紀　東寺長者補任　一切業集

天延二年

正月大盡 庚戌朔

一日、節會、日本紀略

二日、二宮大饗、日本紀略

六日、敍位議、日本紀略

七日、白馬節會、是日、關白兼通ヲ從二位ニ敍ス、日本紀略 公卿補任

八日、御齋會、日本紀略

九日、皇太后宮大饗、日本紀略

十四日、御齋會、内論義、日本紀略 天延二年記

十六日、踏歌節會、日本紀略

十八日、射禮、是日、御厨子所別當ヲ補ス、日本紀略 天延二年記

十九日、地震、是日、賭弓アリ、日本紀略

廿六日、除目、日本紀略

廿八日、阿闍梨弘延ヲシテ、大日院ニ於テ百箇日修法セシム、天延二年記

廿九日、參議從四位上藤原守義出家ス、一代要記

二月大盡 庚辰朔

四日、祈年祭、是日、入道前參議藤原守義卒ス、日本紀略 公卿補任 尊卑分脈

六日、天安寺寶藏火アリ、日本紀略

七日、直物、除目、修理大夫源惟正ヲ參議ニ任ズ、日本紀略 天延二年記 一代要記 公卿補任

八日、釋奠、關白兼通ヲ藤氏長者ト爲ス、是日、右近衞中將藤原朝光ヲ藏人頭ニ補シ、昇殿ノ人々ヲ定ム、日本紀略 公卿補任 天延二年記 職事補任

十日、石清水行幸延引ニ依リテ、奉幣アリ、天延二年記

十一日、列見、日本紀略

十三日、石清水行幸日時行事定、是日、御祓、火災、四角等祭ヲ行フ、天延二年記

十七日、參議右衞門督源重光ヲ檢非違使別當ニ補ス、是日、律師増恒ヲ權少僧都ニ任ズ、天延二年記 公卿補任 一代要記 僧綱補任

廿五日、若狭守姓闕弘頼等赴任ス、天延二年記

廿七日、仁王會、季御讀經定、天延二年記

廿八日、關白兼通ヲ太政大臣ニ任ズ、是日、兼通、及ビ左大臣兼明ニ輦車ヲ聽ス、日本紀略　天延二年記　中右記　花鳥餘情　公卿補任　河海抄　榮華物語

廿九日、權少僧都增恒寂ス、護持僧次第　僧綱補任

三月小　庚戌朔　盡

九日、冷泉上皇ノ皇女光子ヲ內親王ト爲ス、日本紀略　一代要記　尊卑分脈

十日、攝政兼通上表ス、本朝文粹

十八日、中殿ニ於テ花宴アリ、日本紀略

廿六日、攝政兼通ニ勅シテ、舊ノ如ク萬機ヲ關白セシム、日本紀略　公卿補任　一代要記　大鏡

廿七日、大祓、日本紀略

廿八日、仁王會、日本紀略

是月、冷泉院詩宴、日本紀略　本朝文粹　十訓抄　類聚句題抄　和漢朗詠集

近江兵主三上神社ニ怪異アリ、日本紀略

大僧都觀理寂ス、東大寺別當次第　僧綱補任　和漢合符

四月小　己卯朔　盡

一日、御物忌ニ依リテ、旬儀ヲ停ム、日本紀略

二日、兼通上表シテ、關白ヲ辭ス、天延二年記

四日、廣瀬龍田祭、日本紀略

五日、中納言從三位藤原朝成薨ズ、日本紀略　天延二年記　公卿補任　古事談　續古事談　親王元服部類　北山抄　今昔物語　歷代編年集成　大鏡　愚管抄　拾芥抄

六日、平野祭、日本紀略

七日、擬階奏、是日、關白兼通ニ勅答ヲ賜フ、天延二年記　日本紀略

八日、灌佛、日本紀略　天延二年記

十日、小除目、右近衞中將藤原朝光ヲ參議ニ任ズ、日本紀略　天延二年記　公卿補任　一代要記

十一日、大神祭、天延二年記

十二日、夜御殿ノ燈爐燒落スルニ依リテ、陣直ノ官人ヲ召問ス、天延二年記

十四日、齋院御禊垣下ヲ發遣ス、天延二年記
十六日、齋院御禊、日本紀略 天延二年記
十七日、賀茂祭女騎料馬ヲ覽タマフ、天延二年記
十八日、警固召仰、天延二年記
十九日、賀茂祭、日本紀略 天延二年記
二十日、賀茂祭使還立、天延二年記

五月大盡 戊申朔

七日、春季御讀經闕請等定、是日、祇園感神院ヲ延曆寺別院ト爲ス、天延二年記 日本紀略 慈惠大師傳 廿二社註式 天台座主記 一代要記 今昔物語
近江兵主三上神社ノ怪異ニ依リテ、御卜アリ、日本紀略
八日、春季御讀經、是日、彈正ノ儀アリ、日本紀略 天延二年記
十日、御讀經論義、天延二年記 元亨釋書
十一日、僧綱召、天延二年記 僧綱補任 東寺長者補任 東大寺別當次第
十三日、主計頭賀茂保憲ヲシテ、大乘院建立ノ地ヲ點セシム、天延二年記
十六日、十六社奉幣、日本紀略
廿一日、諸社奉幣、日本紀略
廿三日、小除目、是日、著鈦政、及ビ免物アリ、公卿補任 天延二年記 日本紀略
廿四日、能治ノ功ニ依リテ、東大寺別當法緣ヲ重任ス、東大寺雜錄
廿五日、村上天皇國忌、天延二年記
廿七日、關白兼通木幡山陵ニ詣ズ、天延二年記
左京大夫從四位下藤原遠基卒ス、天延二年記 蜻蛉日記 尊卑分脈 多武峯少將物語
廿八日、賑給使定、是日、左衞門尉姓闕ク致明等ヲシテ強盜ヲ追捕セシム、天延二年記

六月小盡 戊寅朔

二日、左近陣鳴ル、日本紀略
七日、故左京大夫藤原遠基ノ喪ニ依リテ、親族公卿等暇文ヲ上ル、侍中群要

十日、御體御卜、日本紀略 北山抄

十一日、月次祭、神今食穢ニ依リテ延引ス、日本紀略

十二日、御禊、天延二年記

廿七日、醍醐天皇ノ更衣從四位上藤原淑姫ニ正四位下ヲ贈ル、日本紀略 公卿補任

七月小 丁未朔盡

四日、廣瀬龍田祭、日本紀略

六日、雷典藥寮ニ震ス、是日、雷鳴陣ヲ行フ、天延二年記 日本紀略

七日、乞巧奠、天延二年記

九日、月次祭、神今食、日本紀略 天延二年記

十日、御物忌、大殿祭、天延二年記

十一日、免物アリ、天延二年記

廿四日、相撲內取、日本紀略

廿六日、召合、日本紀略 樗嚢抄

廿七日、拔出、日本紀略 樗嚢抄 本朝世紀

八月大 丙子朔盡

二日、釋奠、日本紀略

三日、石清水行幸延引ニ依リテ、奉幣ノ有無、行幸日時ヲ勘申セシム、天延二年記

七日、石清水奉幣、天延二年記

八日、季御讀經日時僧名定、天延二年記

九日、甘瓜ヲ侍從所ニ賜フ、天延二年記

十日、太政官廳ヲシテ、犯土造作ノ忌アルヤ否ヤヲ勘申セシム、是日、出羽、年料鶴ヲ貢ス、小右記 天延二年記

勸學會所堂宇ノ建立ニ依リ、日向守橘倚平ニ土木ノ資ヲ寄セン事ヲ勸ム、本朝文粹

十一日、定考、是日、諸司ヲシテ、石清水放生會ニ供奉セシム、日本紀略 天延二年記

十四日、復任除目、是日、前大宰權帥源高明ニ封戸ヲ賜フ、天延二年記 日本紀略

十五日、石清水奉幣、日本紀略 天延二年記 北山抄

十六日、小除目、駒牽、日本紀略

十七日、臨時御讀經堂童子定、 天延二年記

十八日、臨時御讀經、 天延二年記

廿二日、東西宣旨飼使ヲ發遣ス、 天延二年記

廿三日、尾張守藤原永頼赴任ス、 天延二年記

廿六日、仁王會大祓、 日本紀略

廿八日、疱瘡流行ニ依リテ、大祓アリ、 日本紀略 天延二年記 蜻蛉日記 扶桑略記 類聚符宣抄

廿九日、臨時仁王會、 日本紀略 天延二年記

是月、霖雨、賑給、 天延二年記 蜻蛉日記

九月小盡 丙午朔

三日、御燈、 日本紀略

七日、主計頭賀茂保憲ヲシテ、隣里犯土ノ禁忌歩數ヲ勘申セシム、 朝野群載

八日、十六社奉幣、 日本紀略 天延二年記

九日、重陽節ヲ停ム、 日本紀略 天延二年記

十一日、伊勢例幣、日本紀略 天延二年記

十三日、武藏秩父駒牽、 天延二年記

十五日、內裏鵄ノ怪アリ、 日本紀略

十六日、御讀經、 日本紀略

左近衞少將正五位下藤原擧賢卒ス、 天延二年記 歷代編年集成 蜻蛉日記 尊卑分脈 職事補任

右近衞少將正五位下藤原義孝卒ス、 一代要記 尊卑分脈 中古三十六人歌仙傳 天延二年記 公卿補任 日本往生極樂記 榮華物語 大鏡 今昔物語 義孝朝臣集 江談抄 拾遺和歌集 撰集抄 順集

廿二日、山陵使ヲ發遣ス、 日本紀略

廿七日、御疱瘡、 天延二年記

廿九日、故少將藤原擧賢、及ビ義孝二七日ノ法事ヲ修ス、 天延二年記

十月大盡 乙亥朔

一日、旬、平座、 日本紀略 天延二年記

三日、仁壽殿御讀經、是日、備中ヲシテ中宮職戸座ヲ貢セシム、 日本紀略 天延二年記 類聚符宣抄

五日、左衞門佐藤原顯光ヲ藏人頭ニ補ス、 職事補任 公卿補任

十一日、除目、 日本紀略 天延二年記
十七日、月食、 日本紀略

閏十月大 乙巳朔盡

二日、五節行事ヲ差ス、 天延二年記
三日、故少將藤原擧賢、及ビ同義孝盡七日ノ法事ヲ修ス、 天延二年記 和漢朗詠集
五日、弓場始、 日本紀略 天延二年記 樗嚢抄
十六日、齋宮隆子女王卒ス、 天延二年記 日本紀略
廿五日、檢非違使津廻アリ、 天延二年記
廿六日、天變、日本紀略
廿七日、故齋宮後事定、日本紀略 天延二年記
左近衞少將藤原高遠室卒ス、 天延二年記
三十日、高麗交易使歸京ス、 日本紀略 天延二年記

十一月小 乙亥朔盡

一日、朔旦冬至、 日本紀略 天延二年記 政事要略 江次第 長秋記 朝野群載

七日、官奏、 天延二年記
八日、信濃望月駒牽、 天延二年記
九日、雪見參、 天延二年記
十日、平野祭、 日本紀略
十一日、關白兼通ノ子國光元服ス、是日、選子內親王御著裳、三品ニ敍ス、 天延二年記 大鏡裏書
關白兼通ノ室正三位昭子女王ヲ正二位ニ、從四位下大江皎子ヲ從四位上ニ敍シ、四品盛明親王等ニ昇殿ヲ聽ス、是日、式部大輔正四位下菅原文時、從三位ニ敍セラレンコトヲ請フ、 日本紀略 天延二年記 本朝文粹
十三日、直物、小除目、 日本紀略 天延二年記
十六日、鎭魂祭、 日本紀略
十七日、新嘗祭、 日本紀略
十八日、豐明節會、是日、朔旦冬至ニ依リテ敍位、恩赦アリ、日本紀略 天延二年記 公卿補任 政事要略
二十日、行幸召仰、是日、女敍位、大臣ノ不參ニ依

リテ延引ス、天延二年記
廿一日、齋宮隆子女王ノ卒去ニ依リテ、伊勢幣使ヲ發遣ス、日本紀略 天延二年記
廿二日、賀茂臨時祭御馬ヲ點ス、是日、試樂アリ、天延二年記
廿三日、賀茂臨時祭、日本紀略 天延二年記 蜻蛉日記
廿五日、女敍位、撿非違使ヲ補ス、是日、受領功課及ビ昇殿侍中ヲ定ム、小右記 天延二年記
廿六日、京官除目、日本紀略

十二月大 甲辰朔盡

一日、忌火御飯、天延二年記
三日、天文博士安倍晴明密奏ヲ上ル、天延二年記
六日、關白兼通ニ肉脂等ヲ賜フ、天延二年記
七日、東宮、初メテ參覲アラセラル、是日、冷泉上皇ノ女御藤原懷子ヲ從二位ニ敍ス、皇年代記 日本紀略 天延二年記 小右記 大鏡裏書
十日、內裡死穢アリ、天延二年記

十一日、月次祭、神今食、日本紀略 天延二年記
十三日、荷前使ヲ發遣ス、是日、御讀經僧名定アリ、日本紀略 天延二年記 樗嚢抄
十四日、著鈦政、免物アリ、天延二年記
十五日、清涼殿御讀經、仁壽殿御修法アリ、天延二年記
十七日、散位藤原倫寧等、諸國受領ノ闕ハ舊吏、新敍相半シテ拜除セラレンコトヲ請フ、本朝文粹
二十日、御佛名、日本紀略 天延二年記 朝野群載
廿二日、直物、是日、僧綱ヲ任ズ、日本紀略 天延二年記 天台座主記 東寺長者補任 僧綱補任 僧綱補任抄出 釋家初例抄
廿七日、左大辨源保光、妹恵子女王ノ五十ノ算ヲ賀シテ、法事ヲ修ス、天延二年記
廿九日、東宮御佛名不參ニ依リテ、少納言姓闕佐時ヲ召問セシム、天延二年記
是歳、僧増賀、淨名像ヲ刻シテ、多武峯講堂ニ安置ス、多武峯略記
前尾張守藤原連眞卒ス、尊卑分脈 日本紀略

天延三年

正月大盡 甲戌朔

一日、節會、日本紀略

二日、二宮大饗、日本紀略

五日、敍位議、日本紀略

七日、白馬節會、是日、關白兼通ヲ従一位ニ敍ス、日本紀略 公卿補任 政事要略

八日、御齋會、日本紀略 北山抄

九日、關白兼通大饗、日本紀略

十日、皇太后宮大饗、日本紀略

十三日、左大臣兼明大饗、日本紀略

十四日、比叡山ニ於テ、始メテ、慈覺大師供ヲ行フ、天台座主記

十六日、踏歌節會、日本紀略

十七日、射禮、日本紀略

十八日、賭弓、日本紀略

二十日、政始、日本紀略

廿三日、除目始、日本紀略

廿六日、大納言藤原兼家ニ按察使ヲ兼ネシム、中納言源延光ヲ權大納言ニ任ズ、公卿補任

廿九日、小童、清涼殿ニ闌入ス、日本紀略

二月小盡 甲辰朔

一日、檢牧使ヲ遣シテ、甲斐信濃等諸牧ノ御馬ヲ撿挍セシム、類聚符宣抄

四日、祈年祭、日本紀略

十四日、釋奠、是日、權中納言藤原朝光家歌合アリ、日本紀略 天延三年二月十四日堀川中納言家歌合

十六日、列見、日本紀略

十九日、內藏寮穀倉院ヲシテ、永ク石淸水臨時祭供給ヲ奉仕セシム、日本紀略 西宮記

二十日、參議源重光五重名替申文ヲ上ル、除目申文抄

廿二日、仁和寺櫻會、日本紀略

廿五日、諸祭使ノ衣裳、從者ノ過差ヲ禁ズ、政事要略

廿七日、規子內親王ヲ齋宮ト爲ス、日本紀略 歷代編年集成

廿八日、武德殿火アリ、日本紀略 百練抄

三月大盡癸酉朔

一日、諸祭使過差ノ禁制ニ依リテ官符ヲ下ス、政事要略

五日、大祓、日本紀略

十日、權大納言藤原爲光家歌合アリ、天延三年三月十日一條大納言家歌合

十一日、季御讀經、日本紀略 江次第

廿二日、齋王卜定ノ由ヲ大神宮ニ告ゲ給フ、日本紀略

廿六日、權律師圓照寂ス、日本紀略 天延二年記 僧綱補任

廿八日、比叡山楞嚴院中堂供養、日本紀略 叡岳要記 天台座主記

廿九日、尚侍從二位藤原登子薨ズ、日本紀略 一代要記 大鏡裏書 多武峯少將物語 大鏡 榮華物語 蜻蛉日記

三十日、仁王會、日本紀略

是月、鴿ノ怪異アリ、日本紀略

多武峯撿挍泰善、淨土院ヲ創建ス、多武峯略記

四月小盡癸卯朔

一日、旬、紫宸殿ノ恠アリ、百練抄 日本紀略

三日、冷泉上皇ノ女御從二位藤原懷子薨ズ、是日、前女御ノ薨去ニ依リテ、山階祭使等ヲ發遣スルヤ否ヤノ例ヲ勘申セシム、日本紀略 大鏡裏書 榮華物語 本朝皇胤紹運錄 拾遺和歌集

四日、廣瀨龍田祭、是日、當宗杜本祭使ヲ發遣ス、日本紀略

五日、天變、日本紀略

六日、平野祭、日本紀略

七日、擬階奏、是日、三合ノ厄ニ依リテ、大赦ヲ行フ、日本紀略

八日、東宮御服ニ依リテ、右近衞府ニ移御アラセラル、日本紀略

十四日、穢ニ依リテ、神祇官、陰陽寮ヲシテ、賀茂祭ヲ行フ可否ヲ占ハシム、日本紀略

十八日、賀茂祭ニ依リテ、大祓ヲ行フ、日本紀略

十九日、賀茂祭、日本紀略 園太暦

廿八日、直物、小除目、日本紀略

是月、郡司擬文奏、北山抄

五月大 壬申朔 盡

六日、清涼殿御讀經、日本紀略

廿三日、十六社奉幣、日本紀略

廿九日、盜大炊寮倉ニ入ル、日本紀略

六月小 壬寅朔 盡

四日、霖雨ニ依リテ、大神宮ニ奉幣ス、日本紀略

十一日、月次祭、神今食、日本紀略

十三日、蓮、興福寺藥師堂邊ニ生ズ、日本紀略

十五日、走馬、勅樂等ヲ祇園社ニ奉ル、百練抄 日本紀略 年中行事抄 年中行事祕抄 諸社根元記 公事根源抄

十六日、衞府官人等、諸國ノ大粮米ヲ下行セザル由ヲ愁訴ス、日本紀略 今昔物語

廿二日、彗星見ル、日本紀略 一代要記 諸道勘文 中右記

廿三日、月、畢ヲ犯ス、客星出ヅ、是日、陰陽寮來月朔日食ノ狀ヲ奏ス、日本紀略 朝野群載

廿五日、選子内親王ヲ齋院ト爲ス、日本紀略 大鏡裏書 小右記

廿六日、月、東井ヲ犯ス、是日、主税頭中原以忠天變勘文ヲ上ル、日本紀略 諸道勘文

光子内親王薨ズ、日本紀略 一代要記 本朝皇胤紹運錄

七月小 辛未朔 盡

一日、日食、是日、大赦ヲ行フ、歴代編年集成 扶桑略記 百練抄 和漢合符 日本紀略

二日、賀茂奉幣ニ依リテ、大祓ヲ行フ、日本紀略 賀茂註進雜記

三日、朱雀院怪異アリ、日本紀略

四日、廣瀨龍田祭、日本紀略

十日、仁王會大祓、日本紀略

十二日、日食、天變ニ依リテ、仁王會ヲ行フ、日本紀略

十三日、相撲節ヲ停ム、 日本紀略 樗嚢抄

十六日、山陵使ヲ發遣ス、 日本紀略

廿九日、東國大風、 日本紀略 日本運上錄

八月大 庚子朔盡

一日、七大寺ニ於テ、御讀經ヲ修ス、 日本紀略

八日、釋奠、 日本紀略

九日、十三社奉幣、 日本紀略

十日、公卿以下ヲシテ、意見ヲ上ラシム、 日本紀略

十一日、定考延引、 西宮記

十二日、季御讀經、 日本紀略

十三日、左大臣兼明、龜山神ヲ祭ル、 日本紀略 扶桑略記 本朝文粹 花鳥餘情

十七日、定考、 日本紀略 西宮記

廿四日、上總國天變ノ狀ヲ奏ス、 日本紀略

廿七日、流人橘敏延等ヲ召返ス、 日本紀略

九月小 庚午朔盡

三日、御燈、 日本紀略

九日、重陽宴ヲ停ム、 日本紀略

十一日、伊勢例幣、 日本紀略

十四日、清涼殿御讀經、 日本紀略

十五日、勸學會一堂ノ建立ヲ勸進ス、 本朝文粹

十月大 己亥朔盡

一日、旬、 日本紀略

四日、除目、 日本紀略

五日、關白兼通ニ牛車ヲ聽ス、是日、法驗ニ依リテ權律師遍斅ヲ大僧都ニ任ズ、 日本紀略 公卿補任 僧綱補任

七日、西寺國忌、 西宮記

九日、強盜、施藥院御倉ニ入ル、 日本紀略

十五日、醫療ノ功ニ依リテ、典藥頭清原滋秀等ノ位ヲ進メ、法驗ニ依リテ、權少僧都遍敎ヲ少僧都ト爲ス、 日本紀略 僧綱補任

十七日、參議治部卿正四位下藤原元輔卒ス、 日本紀略 公卿補任 後撰和歌集

十一月小盡 己巳朔

四日、平野春日祭、日本紀略

五日、東宮御方違アラセラル、日本紀略

八日、宇佐奉幣、日本紀略 續古今和歌集

九日、小除目、日本紀略

十四日、朔平門等ニ放火アリ、日本紀略

廿一日、園韓神祭、日本紀略

廿二日、鎭魂祭、日本紀略

廿三日、新嘗祭、日本紀略

廿四日、豐明節會、日本紀略

廿五日、御服ニ依リテ、東宮鎭魂祭ヲ行ハセラレズ、日本紀略

廿七日、右大辨藤原爲輔、藏人頭同顯光ヲ參議ニ任ズ、日本紀略 公卿補任

廿八日、右近衞權中將藤原時光ヲ藏人頭ニ補ス、公卿補任 職事補任

廿九日、賀茂臨時祭、日本紀略

十二月大盡 戊戌朔

九日、十二社奉幣、日本紀略

十一日、月次祭、神今食、日本紀略

十六日、月食、熒惑、房ヲ犯ス、日本紀略 神皇正統録

二十日、御佛名、日本紀略

廿一日、外記局ノ文書燒失ス、日本紀略

廿二日、金剛般若經轉讀アリ、日本紀略

廿三日、荷前、日本紀略

廿四日、中宮御佛名、日本紀略

廿七日、齋宮御禊延引ス、日本紀略

廿八日、大祓、日本紀略

貞元元年

正月大盡 戊辰朔

一日、節會、御惱ニ依リテ出御ナシ、日本紀略

二日、中宮大饗、是日、陸奥國、不動穀倉神火ノ爲ニ燒失ノ由ヲ奏ス、日本紀略

三日、冷泉上皇ノ皇子居貞御誕生アラセラル、 皇年代記　大鏡裏書　菅儒侍讀年譜　榮華物語

六日、敍位、 日本紀略

七日、白馬節會、中納言從三位藤原爲光ヲ正三位ニ敍ス、以下敍位差アリ、 日本紀略　公卿補任

伊勢前大宮司大中臣茂生卒ス、 大中臣氏系圖　大神宮例文

八日、御齋會、 日　紀略

十三日、虹、日ヲ貫ク、 和漢合符　日本運上錄

十五日、關白兼通大饗、 日本紀略

十六日、踏歌節會、 日本紀略

十七日、射禮、 日本紀略

十八日、賭射、 日本紀略

廿三日、除目、 日本紀略

廿八日、前和泉守源順、淡路守ニ任ゼラレンコトヲ請フ、 本朝文粹

三十日、僧增祐寂ス、 日本往生極樂記

是月、藤原國章ヲ太宰大貳ニ任ズ、 二中歷

二月大盡 戊戌朔

一日、右少辨藤原佐時ノ母明子、所帶ノ爵ヲ停メ、佐時ニ一階ヲ加ヘンコトヲ請フ、 本朝文粹

四日、祈年祭、 日本紀略

六日、大原野祭、 日本紀略

十日、釋奠、 日本紀略

十一日、春日祭、 日本紀略

十二日、內藏寮雜舍顚倒シ、人壓死ス、 日本紀略

十三日、列見、 日本紀略

十五日、關白兼通、桂芳坊ニ移ル、 日本紀略

十六日、園韓神祭、 日本紀略

十七日、桂芳坊穢アリ、 日本紀略

十九日、齋宮御禊、穢ニ依リテ延引ス、興福寺ノ幢上ニ水鳥來ル、 日本紀略

廿二日、季御讀經、 日本紀略

廿三日、大祓、 日本紀略

廿五日、但馬出石社ノ恠異ニ依リテ、御卜ヲ行フ、日本紀略

廿六日、齋宮、侍從厨家ニ移ラセラル、是日、興福寺ノ恠異ニ依リテ、石淸水行幸ヲ延引ス、日本紀略

是月、侍從所ニ恠異アリ、日本紀略

三月小盡 戊戌朔

三日、御燈、日本紀略

五日、大祓、日本紀略

六日、仁王會、日本紀略

八日、關白兼通、春日社ニ詣ヅ、日本紀略

十六日、東宮、凝華舍ニ移ラセラル、日本紀略

十八日、大外記姓闕ク弼邦石塔灌頂ヲ修ス、日本紀略

二十日、石淸水臨時祭、日本紀略

廿三日、關白兼通、延暦寺楞嚴院ニ於テ、故右大臣師輔ノ法會ヲ修ス、日本紀略

廿五日、直物、日本紀略

廿七日、搜索ノ爲ニ、諸衞ノ佐等ヲ召候セシム、日本紀略

廿八日、淸涼殿ニ於テ、樂ヲ奏セシム、是日、盜ヲ搜索ス、日本紀略 諸道勘文

廿九日、三月盡御宴アリ、日本紀略 皇年代記

四月大盡 丁酉朔

一日、旬ヲ停ム、日本紀略 江次第 年中行事祕抄 行類抄 園太曆

四日、廣瀬龍田祭、日本紀略

五日、大神祭使ヲ發遣ス、日本紀略

七日、擬階奏延引、日本紀略

八日、蝦蟇相鬪フ、日本紀略

九日、擬階奏、日本紀略

十日、強盜ヲ捕フ、日本紀略

十一日、地震、日本紀略

十二日、平野祭、日本紀略

廿二日、齋院御禊、年中行事祕抄

廿三日、賀茂祭警固召仰延引、日本紀略

廿四日、警固、 日本紀略

廿五日、賀茂祭、關白兼通參詣ス、 日本紀略 齋院記 賀茂注進雜記

廿六日、解陣、 日本紀略

五月小 丁卯朔盡

二日、藤原婉子ヲ尙侍ニ任ズ、 日本紀略 一代要記 皇年代記

七日、御讀經ヲ行フ、 日本紀略

十一日、內裏災ス、仍リテ職曹司ニ遷御アラセラル、 中右記 扶桑略記 百練抄 日本紀略 一代要記 愚管抄

十二日、警固、廢務、 日本紀略

十四日、內裏造營等ノ日時ヲ勘セシメ、時杭ヲ造ラシム、 日本紀略

十九日、大極殿ニ於テ御讀經ヲ行フ、 日本紀略

二十日、御卜ヲ行フ、 日本紀略

廿三日、大祓ヲ行フ、 日本紀略

六月大 丙申朔盡

一日、伊勢以下ニ奉幣ス、 日本紀略

四日、天變、日本紀略

九日、服御常膳ヲ減シ、調庸未進等ヲ免ゼラル、 日本紀略

十日、御體御卜、 日本紀略

十一日、月次祭、神今食、 日本紀略

十四日、權大納言源延光出家ス、 公卿補任

十六日、除目、 日本紀略

十七日、入道權大納言從三位源延光薨ズ、 日本紀略 大鏡裏書 公卿補任 歷代皇記 官職祕抄 扶桑集 御遊抄 河海抄 十訓抄 拾遺和歌集 續後撰和歌集

十八日、大地震、內裏諸司諸寺人家ノ倒壞セルモノ多シ、 皇年代記 百練抄 扶桑略記 日本紀略 一代要記

二十日、內裏燒亡ノ由ヲ天智村上兩帝ノ山陵ニ告グ、 日本紀略

廿三日、天變、 日本紀略

廿五日、天變、幷ニ童謠アリ、 日本紀略

廿六日、雷鳴、 日本紀略

廿九日、少僧都遍斅寂ス、歴代皇記裏書　僧綱補任

七月小盡　丙寅朔

十三日、貞元ト改元ス、大極殿ニ於テ、御讀經ヲ修ス、中宮行啓召仰アリ、日本紀略　扶桑略記　歴代編年集成　百練抄　元祕別錄　皇年代略記

十六日、御讀經竟ル、日本紀略

十七日、中宮、權中納言藤原朝光ノ三條第ニ移御アラセラル、日本紀略

二十日、雷鳴、日本紀略

廿五日、臨時除目、日本紀略

廿六日、雪降リ雷鳴アリ、堀河院ニ遷幸アラセラレ、造宮事始アリ、是日、權中納言藤原朝光ニ春宮大夫ヲ兼ネシム、日本紀略　公卿補任　歴代編年集成　榮華物語　小右記

廿九日、解陣、日本紀略

八月小盡　乙未朔

三日、大學寮ノ穢ニ依リテ、釋奠ヲ延引ス、日本紀略

四日、内侍所、堀河院ニ渡御アラセラル、日本紀略

九日、伊勢以下六社ニ奉幣シテ、造宮始ノ由ヲ告グ、日本紀略

十三日、釋奠、是日、中宮、堀川院ニ移御アラセラル、日本紀略

十九日、御讀經ヲ行フ、日本紀略

二十日、旬、日本紀略

廿二日、定考、日本紀略

廿五日、季御讀經、日本紀略

廿六日、齋宮庚申會、順集

九月大盡　甲子朔

二日、重陽節ヲ停ムル由ヲ告グ、日本紀略

三日、御燈、日本紀略

五日、大風、日本紀略

十日、元長親王薨ズ、源氏系圖　日本紀略　西宮記　花鳥餘情　類聚符宣抄　後撰和歌集

十一日、例幣、日本紀略

十九日、左大臣兼明、觀音寺ニ於テ、自筆法華經ヲ供養ス、 日本紀略 本朝文粹

廿一日、齋宮、野宮ニ入リ給フ、 日本紀略

廿二日、齋院、大膳職ニ入リ給フ、 日本紀略

廿三日、大地震、 日本紀略

三十日、齋宮、野宮ノ前庭ニ秋草ヲ栽ヱラル、 順集

十月小 甲午朔盡

一日、旬ヲ停ム、 日本紀略

十一日、神寶ヲ諸社ニ奉ル、 日本紀略

十七日、除目、 日本紀略

十九日、大祓、 日本紀略

廿一日、仁王會、 日本紀略

廿七日、齋宮庚申會、 順集

是月、尙侍婉子ヲ從三位ニ敍ス、 大鏡裏書

十一月大 癸亥朔盡

二日、關白兼通、閑院第ニ移ル、 日本紀略

四日、雪見參、 日本紀略

十日、平野祭、春日祭、 日本紀略

十四日、大原野祭、 日本紀略

十五日、園韓神祭、 日本紀略

十六日、鎭魂祭、 日本紀略

二十日、東宮、閑院ニ移御アラセラル、 日本紀略

廿三日、賀茂臨時祭、 日本紀略

廿八日、內裏立柱上棟、 扶桑略記 日本紀略

十二月小 癸巳朔盡

十日、御體御卜、是日、關白兼通、木幡ニ詣ヅ、 日本紀略

十一日、月次祭、神今食、右近衞權中將藤原時光ヲ參議ニ任ズ、 日本紀略 公卿補任 職事補任

十三日、荷前使延引、 日本紀略

十四日、荷前使ヲ定ム、 日本紀略

十九日、御佛名、 日本紀略

廿一日、陸奧、石清水行幸料ノ御馬ヲ進ム、 樗嚢抄

廿二日、右大臣賴忠ヲシテ、一上ノ事ヲ行ハシム、

公卿補任

廿八日、荷前使、日本紀略 樗嚢抄

廿九日、雪降ル、日本紀略

是歳、多武峯普門堂建ツ、多武峯略記

貞元二年

正月大盡
壬戌朔

二日、中宮、東宮大饗、日本紀略

五日、敍位、是日、式部大丞藤原貴清等ノ上日ヲ勘申セシム、日本紀略 類聚符宣抄

七日、白馬節會、大納言正三位源雅信ヲ從二位ニ敍ス、以下敍位差アリ、日本紀略 公卿補任

八日、御齋會、日本紀略

十二日、皇太后宮大饗、日本紀略

十六日、踏歌節會、日本紀略

十八日、賭射、御物忌ニ依リテ延引ス、日本紀略

十九日、賭射、日本紀略

廿一日、除目、日本紀略

二月大盡
壬辰朔

四日、地震、祈年祭、日本紀略

六日、釋奠、日本紀略

八日、藥師寺寶藏災ス、日本紀略

九日、地震、大宰府、及ビ諸國ヲシテ、春季御讀經施物ヲ進メシム、日本紀略 西宮記 西宮抄

十二日、大原野祭、日本紀略

十五日、七社ニ奉幣ス、是日、關白兼通上表ス、勅答アリ、日本紀略

十六日、列見、日本紀略

十八日、造宮所ノ饗ヲ給ス、日本紀略

十九日、少僧都安鏡寂ス、僧綱補任

廿二日、陰陽頭從四位上賀茂保憲卒ス、賀茂氏系圖 今昔物語 北山抄 本朝文粹 九曆 扶桑略記 日本紀略 祈雨日記 革命勘文 西宮記 二中歷 類聚符宣抄 天延二年記 朝野群載 歷代編年集成 續古事談 本朝書籍目錄 吾妻鏡 曆林問答集 江談抄 保憲女集 風雅和歌集 續本朝往生傳

廿三日、御讀經結願、日本紀略

廿四日、彗星見ル、　日本紀略　百練抄

廿五日、蚯蚓興福寺ノ庭ニ集ル、　日本紀略

是月、從五位下源國定卒ス、　尊卑分脈

三月小 壬戌朔盡

二日、仁王會ニ依リテ、大祓ヲ行フ、　日本紀略

三日、御燈、　日本紀略

五日、仁王會、　日本紀略

九日、直物、除目、　日本紀略

十五日、興福寺怪異アリ、　日本紀略

廿一日、天台座主良源、延暦寺ニ於テ舍利會ヲ修ス、　日本紀略　天台座主記

廿二日、石清水臨時祭、　日本紀略

廿六日、太政大臣兼通ノ閑院第ニ行幸シテ、櫻花ヲ御覽アラセラル、仍リテ中宮大夫藤原爲光、及ビ兼通ノ子朝光等ニ加階ス、　扶桑略記　百練抄　日本紀略　歷代皇記　公卿補任

廿八日、東宮御讀書始、　日本紀略　大鏡裏書

四月大 辛卯朔盡

一日、旬平座、　日本紀略

二日、東寺長者寛忠寂ス、　僧綱補任　釋家初例抄　東寺長者補任　古事談　日本往生極樂記

四日、廣瀨龍田祭、　日本紀略

五日、仁和寺ニ於テ、御讀經ヲ行フ、　日本紀略

六日、平野祭、　日本紀略

七日、擬階奏、　日本紀略

八日、灌佛、　日本紀略

十二日、讃岐多摩郡大領伴良田宗定死ス、　類聚符宣抄

十六日、齋院紫野院ニ入リ給フ、　日本紀略

十七日、賀茂祭警固、　日本紀略

十九日、賀茂祭、　日本紀略

廿日、解陣、　日本紀略

廿一日、醍醐天皇ノ皇子左大臣兼明、村上天皇ノ皇子右兵衞督源昭平ヲ竝ニ親王ト爲ス、　日本紀略

扶桑略記　百錬抄　歷代皇記
天台座主良源、神樂岡吉田寺ニ於テ舍利會ヲ修ス、日本紀略　天台座主記　今昔物語
廿四日、右大臣賴忠ヲ左大臣ニ、大納言源雅信ヲ右大臣ニ任ズ、以下任官差アリ、日本紀略　公卿補任　榮華物語　職事補任
廿六日、日吉祭、始テ上卿以下ヲ發遣ス、二十二社註式

五月大辛酉朔盡

一日、參議藤原時光ニ左兵衞督ヲ兼ネシム、日本紀略　公卿補任
十日、左少史錦時佐ニ三善朝臣ノ姓ヲ賜フ、類聚符宣抄
十三日、左大臣賴忠ヲ藏人所別當ニ補ス、公卿補任
十四日、右大臣雅信上表ス、日本紀略
十七日、所々ノ撿校別當ヲ補ス、日本紀略
廿三日、諸國ノ半租ヲ免ズ、日本紀略　柱史抄
廿八日、右大臣雅信ノ上表ヲ返還ス、本朝文粹

三十日、律師藏祚ヲ權少僧都ニ任ズ、僧綱補任

六月小辛卯朔盡

十日、御體御卜、日本紀略
十一日、月次祭、神今食、日本紀略
十四日、月食、右大臣賴忠、第三度上表、日本紀略　公卿補任　本朝文粹　江談抄
十六日、僧綱ヲ任ス、日本紀略　僧綱補任　釋家初例抄
廿五日、十六社ニ奉幣ス、日本紀略

七月大庚申朔盡

六日、諸社ニ奉幣ス、日本紀略
八日、是ヨリ先、左中辨藤原佐理ヲシテ、殿舍門等ノ額ヲ書セシメ、是日、之ヲ御覽アラセラル、日本紀略　公卿補任
十八日、仁王會、日本紀略
十九日、新造殿舍ニ於テ、仁王會ヲ修ス、日本紀略
廿二日、相撲內取、日本紀略
廿三日、小除目、日本紀略

廿四日、桓武村上兩帝ノ山陵使ヲ發遣ス、日本紀略

廿五日、相撲召合、日本紀略 樗嚢抄

廿六日、相撲拔出、日本紀略

廿九日、新造内裏ニ還幸アラセラル、扶桑略記 日本紀略 歴代皇記 公卿補任

閏七月小 庚寅朔盡

廿三日、霖雨ニ依リテ、十六社ニ奉幣ズ、日本紀略

八月小 己未朔盡

一日、新所旬、日本紀略

二日、中納言藤原文範等ノ造宮ノ功ヲ賞シテ陞敍差アリ、柱史抄 公卿補任

九日、釋奠、日本紀略

十一日、定考延引、是日、具平親王御元服アラセラル、日本紀略

九月大 戊子朔盡

三日、齋宮群行ニ依リテ、御燈ヲ停ム、日本紀略

七日、齋宮寮除目、日本紀略

九日、造宮經營ニ依リテ重陽宴ヲ停ム、日本紀略

十一日、例幣、日本紀略

十三日、大祓、日本紀略

十五日、齋宮寮、幷ニ十二司除目、日本紀略

十六日、齋宮、伊勢ニ參向セラレ、村上天皇ノ女御徽子女王、齋宮ト伴ヒテ伊勢ニ下向セラル、日本紀略 江次第 西宮記 順集 花鳥餘情 齋宮女御集 續古今和歌集 新古今和歌集

十七日、徽子女王ノ伊勢下向ヲ止ム、日本紀略

廿八日、中宮、堀河院ニ移御アラセラル、是日、關白兼通上表ス、勅答アリ、日本紀略

十月小 戊午朔盡

一日、御物忌ニ依リテ、旬ヲ停ム、日本紀略

五日、僧綱ヲ任ス、日本紀略 僧綱補任 東寺長者補任 天台座主記

七日、弓場始、日本紀略

十一日、關白兼通罷メ、左大臣頼忠ヲ以テ關白ト爲ス、是日、大納言藤原兼家ノ右近衛大將ヲ兼ヌ

ルヲ罷メ、權中納言藤原濟時ヲシテ、之ニ代ラシム、其他兼任差アリ、日本紀略 攝關傳 公卿補任 一代要記 愚管抄 大鏡

十九日、御讀經結願、日本紀略

廿三日、關白左大臣賴忠上表ス、日本紀略

十一月大丁亥朔盡

一日、日食、御曆奏、日本紀略 樗囊抄

三日、關白賴忠、左近衞大將ヲ辭ス、日本紀略

四日、太政大臣兼通ヲ三宮ニ准ズ、是日、關白賴忠ニ隨身兵仗ヲ賜フ、日本紀略 歷代編年集成 公卿補任

八日、太政大臣兼通ノ病ニ依リテ、大赦ヲ行フ、是日、兼通薨ズ、日本紀略 一代要記 公卿補任 愚管抄 古事談 榮華物語 大鏡 本院侍從集 後撰和歌集 朝光卿集 拾芥抄

九日、春日祭使ヲ發遣ス、權中納言藤原朝光、兼通ノ遺言ヲ奏ス、是日、資子內親王、大納言藤原爲光ノ第ニ移御アラセラル、日本紀略

十日、平野祭、春日祭、日本紀略

十四日、故太政大臣兼通ヲ葬ル、日本紀略

十五日、園韓神祭、日本紀略

十六日、鎭魂祭、日本紀略

十七日、新嘗祭、日本紀略

十八日、豐明節會、是日、關白賴忠ニ輦車、幷ニ節會ノ日直ニ昇殿スルヲ聽ス、日本紀略 公卿補任

十九日、東宮鎭魂祭、日本紀略

二十日、故太政大臣兼通薨奏、是日、正一位ヲ贈リ、忠義公ト謚ス、日本紀略

廿七日、權少僧都寬朝ヲ東寺長者ニ任ズ、東寺長者補任 大鏡裏書

十二月小丁巳朔盡

八日、除目、日本紀略

九日、右大臣雅信等ヲシテ、皇太子傅ヲ兼ネシメ、權大納言藤原朝光ヲシテ、左近衞大將ヲ兼ネシム、公卿補任

十日、兼明親王ヲ中務卿ニ任ズ、公卿補任

十六日、賀茂臨時祭、 日本紀略

十七日、荷前使、 日本紀略

廿五日、公卿上表シテ、日食見レザル事ヲ賀ス、是日、大赦ヲ行フ、 日本紀略

廿六日、石清水別當貞芳、寺主平統ノ爲ニ殺サル、 石清水祠官系圖

是歳、冷泉上皇ノ皇子爲尊御誕生アラセラル、 榮華物語 本朝皇胤紹運錄

大和守藤原國光、觀音堂ヲ國源寺ノ傍ニ建ツ、 多武峯記略

伊勢守正四位下藤原倫寧卒ス、 尊卑分脈 勅撰作者部類 公卿補任 二中歷 蜻蛉日記 日本紀略 本朝文粹

天元元年

正月 大盡 丙戌朔

一日、節會、 日本紀略

二日、東宮大饗、 日本紀略

三日、日食、雷雨アリ、 日本紀略

六日、敍位儀、 日本紀略

七日、白馬節會、加敍アリ、 日本紀略 公卿補任

八日、御齋會、 日本紀略

九日、關白賴忠大饗、 日本紀略

十日、右大臣雅信大饗、 日本紀略

十三日、女敍位、 日本紀略

十六日、踏歌節會、 日本紀略

十七日、射禮、 日本紀略

十八日、射遺、 日本紀略

廿日、賭弓、 日本紀略

廿一日、政始、 日本紀略

廿七日、除目、 日本紀略

二月 小盡 丙辰朔

二日、受領功課定、 日本紀略

四日、祈年祭、穢ニ依リテ延引ス、 日本紀略

五日、春日祭ヲ延引ス、 日本紀略

七日、祈年祭延引ニ依リテ、大祓ヲ行フ、 日本紀略

十一日、列見、 日本紀略

十二日、大原野祭ヲ延引ス、 日本紀略

十八日、祈年祭、 日本紀略

廿二日、釋奠、園韓神祭、 日本紀略 江次第

廿四日、大原野祭、 日本紀略

廿八日、春日祭、 日本紀略

三月大 乙酉朔盡

三日、御燈、 日本紀略

七日、擬文章生試、 日本紀略

十日、殿上賭弓、 日本紀略

十五日、直物、 日本紀略

十六日、復任除目、 日本紀略

廿二日、石清水臨時祭、 日本紀略 小右記目録

廿七日、御讀經、 日本紀略

是月、備前介橘時望、海賊ノ爲ニ殺サル、 日本紀略

四月大 乙卯朔盡

四日、廣瀬龍田祭、 日本紀略

六日、平野祭、 日本紀略

七日、擬階奏、 日本紀略

八日、灌佛、 日本紀略

十日、關白賴忠ノ女遵子入內ス、 日本紀略 一代要記 源語祕訣 榮華物語

十六日、齋院御禊、 日本紀略

十七日、賀茂祭警固、 日本紀略

十八日、關白賴忠、賀茂社ニ詣ヅ、 日本紀略

十九日、雷鳴氷雨、賀茂祭、 日本紀略 政事要略

廿四日、出羽、鷹及ビ犬ヲ貢進ス、 花鳥餘情

廿五日、出羽貢進ノ鷹、及ビ犬ヲ御覽アラセラル、 花鳥餘情

五月小 乙酉朔盡

一日、皇太后、朱雀院ニ遷御アラセラル、 日本紀略

九日、宗子內親王等位記請印アリ、 日本紀略

十九日、御惱、 小右記目録

二十日、御讀經、 日本紀略

廿二日、藤原遵子ヲ女御ト爲ス、 日本紀略 大鏡裏書

六月大 甲寅朔盡

十一日、月次祭、神今食、日本紀略

廿一日、大納言藤原兼家勘事ノ後、初テ參內ス、公卿補任

七月小 甲申朔盡

九日、天變恠異等ニ依リテ、十六社ニ奉幣ス、日本紀略

十一日、臨時御讀經、日本紀略

十四日、御盆供、小右記

十六日、關白賴忠職曹司ニ移ル、日本紀略

廿三日、雷、右近衛陣ニ震ス、百練抄

廿四日、雷、陰陽博士安倍晴明ノ第ニ震ス、日本紀略

廿七日、相撲內取、日本紀略

廿九日、相撲召合、日本紀略 樗嚢抄

八月大 癸丑朔盡

一日、相撲拔出、是日、文章生及第ス、日本紀略

五日、釋奠、日本紀略

六日、內論義、日本紀略

十一日、定考、日本紀略

十六日、御遊、百練抄 日本紀略

十七日、大納言藤原兼家ノ女詮子入內ス、日本紀略 大鏡裏書 台記 榮華物語

駒牽、樗嚢抄

是月、近衛次將、相撲違亂ニ依リテ怠狀ヲ進ム、樗嚢抄

九月大 癸未朔盡

三日、御燈、日本紀略

九日、重陽宴ヲ停ム、日本紀略 吉記 園太曆

十一日、伊勢例幣、日本紀略

十三日、信濃望月駒牽、樗嚢抄

十七日、權律師湛照ヲ東大寺別當ニ補ス、東大寺別當次第

廿一日、小除目、日本紀略

廿二日、仁王會、日本紀略

十月小 癸丑朔盡

一日、旬、 日本紀略

二日、左大臣頼忠ヲ太政大臣ニ、右大臣雅信ヲ左大臣ニ、大納言兼家ヲ右大臣ニ任ズ、 日本紀略 公卿補任 中右記 兵範記 榮華物語 新古今和歌集

五日、弓場始、 日本紀略

十一日、亥子、 順集

十三日內膳司ニ死穢アルニ依リテ、石淸水勅使右大臣兼家ヲ召返ス、 小右記目錄 日本紀略

十五日、除目、 日本紀略

十七日、除目、 小右記目錄 公卿補任 一代要記

廿一日、延暦寺僧徒、太政大臣頼忠ノ拜任ヲ賀ス、 日本紀略

廿八日、皇太后三條宮ニ還御アラセラル、 日本紀略

十一月大 壬午朔盡

一日、御暦奏、上卿不參ス、是日、延暦寺ニ於テ、故兼通ノ周忌法會ヲ行フ、 日本紀略

四日、藤原詮子ヲ女御ト爲ス、 日本紀略 女院小傳 一代要記

五日、直物、小除目、 日本紀略 小右記

十五日、平野祭、春日祭、 日本紀略

十六日、賀茂臨時祭調樂、 小右記目錄

二十日、地震、是日、園韓神祭、冷泉上皇ノ皇子居貞ヲ親王ト爲ス、 日本紀略 大鏡裏書 歷代編年集成

太政大臣頼忠上表ス、是日、五節舞姫御覽アリ、 日本紀略

廿一日、內裏、幷ニ皇太后宮鎭魂祭、是日、太政大臣頼忠ニ勅答アリ、 日本紀略

廿二日、新嘗祭、 日本紀略

廿三日、豐明節會、 日本紀略 小右記

廿八日、賀茂臨時祭、是日、爲平親王ニ輦車ヲ聽ス、 日本紀略 小右記

廿九日、天元ト改元ス、 改元部類 扶桑略記 一代要記 皇年代記 元祕別錄

十二月小 壬子朔盡

十九日、季御讀經、日本紀略　小右記目錄

是月、成子內親王薨ズ、日本紀略　一代要記

是歲、始メテ駒牽ニ御馬使ヲ差ス、樗嚢抄　拾芥抄

天台座主良源根本中堂ヲ造營ス、九院佛閣抄　天台座主記

權律師寬俶寂ス、僧綱補任　明匠略傳

僧眞覺寂ス、扶桑略記　尊卑分脈　日本往生極樂記　荏柄天神緣起　蜻蛉日記　朝野群載　大雲寺緣起

天元二年

正月小盡辛巳朔

一日、小朝拜、節會、日本紀略

二日、東宮大饗、日本紀略

三日、式部卿爲平親王、及ビ關白賴忠ニ牛車ヲ聽ス、日本紀略　公卿補任

五日、敍位ノ儀ヲ停ム、日本紀略

七日、白馬節會、大納言以上不參ス、日本紀略　兵範記　妙音院相國白馬節會次第

八日、御齋會、日本紀略

九日、皇太后大饗、日本紀略

十四日、男踏歌、日本紀略

十六日、踏歌節會、日本紀略

十七日、射禮、日本紀略

十八日、射遺、日本紀略

十九日、關白賴忠大饗、日本紀略

二十日、左大臣雅信大饗、日本紀略

廿二日、右大臣兼家大饗、日本紀略

廿三日、賭弓、日本紀略

廿五日、除目、日本紀略

廿六日、參議源惟正上表ス、公卿補任

二月大盡庚戌朔

四日、祈年祭、是日、前參議源惟正ニ勅答アリ、日本紀略　公卿補任

六日、大原野祭、日本紀略

八日、釋奠、日本紀略

十一日、列見、春日祭、日本紀略

十四日、筑前宗像宮ニ大宮司ヲ置ク、類聚符宣抄

十六日、園韓神祭、日本紀略

季子内親王薨ズ、日本紀略 一代要記 本朝皇胤紹運録 本朝世紀

二十日、永平親王、御元服アラセラル、日本紀略 花鳥餘情

廿七日、季御讀經、日本紀略

三月小 庚辰朔盡

三日、御燈、殿上賭弓、日本紀略 小右記目錄

七日、内膳司ニ死穢アリ、小右記目錄

十日、大僧都光智寂ス、僧綱補任 東大寺別當次第

十五日、石清水臨時祭調樂、小右記目錄

二十日、小除目、日本紀略 小右記目錄

廿五日、石清水臨時祭試樂、小右記目錄

廿七日、始メテ石清水ニ行幸アラセラル、百錬抄 日本紀略 北山抄 二十二社註式 西宮記裏書

廿八日、還御アラセラル、是日、大納言源重信ニ帯劒ヲ聽シ、左大臣雅信ヲ正二位ニ敍ス、其他位ヲ進ムル者差アリ、又石清水撿校定果等ニ勸賞アリ、日本紀略 濫觴抄 北山抄 公卿補任 石清水祠官系圖 釋家初例抄 八幡愚童訓

四月大 己酉朔盡

一日、旬ヲ停ム、是日、延暦寺地主三聖祭、座主良源、山僧ノ員數ヲ減ズ、日本紀略 天台座主記

四日、廣瀬龍田祭、日本紀略

七日、擬階奏、日本紀略

七日、雨氷、日本紀略

十二日、平野祭、日本紀略

廿一日、備中異物降ノ由ヲ奏ス、日本紀略

廿二日、齋院御禊、年中行事祕抄

廿三日、賀茂祭警固、日本紀略

廿四日、關白頼忠、賀茂社ニ詣ヅ、日本紀略

廿五日、賀茂祭、日本紀略

五月小 己卯朔盡

廿二日、下野國、前武藏介藤原千常、源肥等合戰ノ狀ヲ奏ス、 日本紀略

是月、大納言藤原爲光石山寺ニ參籠ス、 順集

六月大盡 戊申朔

三日、中宮藤原媓子崩御アラセラル、 日本紀略 一代要記 大鏡裏書 大鏡 榮華物語 玉葉和歌集 詞花和歌集 續古今和歌集 仲文集

五日、故中宮ノ遺令ヲ奏シ、雜事ヲ定ム、 日本紀略 小右記目錄

七日、故中宮ノ御葬送ヲ諸司ニ仰ス、 日本紀略

八日、故中宮初七日、是日、御葬送ノ儀ヲ行フ、 日本紀略 小右記目錄

十日、御體御卜延引、是日、錫紵ヲ著御アラセラル、 日本紀略 小右記目錄

十一日、月次祭、神今食延引、是日、御惱アラセラル、 日本紀略 小右記目錄

十五日、政始、是日、故中宮二七日ノ儀アリ、 日本紀略

廿三日、故中宮三七日ノ儀アリ、 日本紀略

廿八日、村上天皇ノ山陵鳴動ス、 日本紀略

七月大盡 戊寅朔

七日、故中宮五七日ノ儀アリ、 小右記目錄

廿一日、故中宮七々日ノ儀アリ、 小右記目錄

廿二日、大監物平兼盛等、有勞恪勤ノ諸司ヲ以テ闕國ニ任ゼラレンコトヲ請フ、 本朝文粹

八月小盡 戊申朔

廿二日、季御讀經、 小右記目錄

廿八日、延曆寺ノ御願堂塔修造ニ依リテ、東阪本等ノ住人ノ雜役ヲ免ズ、 天台座主記 叡岳要記

故僧正延昌ニ謚號ヲ賜フ、 日本略紀 天台座主記 扶桑略記

是月、山城守從四位上菅原雅規卒ス、 菅原氏系圖 扶桑略記 二中歷 類聚符宣抄 江談抄 和漢朗詠集 本朝文粹 扶桑集 類聚句題抄

九月大盡 丁丑朔

一日、殿上御燈、 小右記目錄

十月 大盡 丁未朔

六日、權少僧都藏祚寂ス、日本紀略 僧綱補任

十一日、僧正寛靜寂ス、尊卑分脈 僧綱補任 東寺長者補任 歷代皇記裏書

廿一日、圓融寺御願法華三昧堂ニ料田ヲ充ツ、東寺文書

是月、散位源順、宣旨ニ依リテ御屛風ノ和歌ヲ上ル、順集

十一月 小盡 丁丑朔

廿一日、賀茂臨時祭、小右記目錄

廿六日、除目召仰、小右記目錄

廿七日、京官除目、小右記目錄

十二月 大盡 丙午朔

二十日、爲尊親王、著袴ノ儀ヲ行ハセラル、日本紀略

廿一日、僧綱ヲ任ス、僧綱補任 日本紀略 元亨釋書 東寺長者補任 大鏡裏書 東大寺別當次第

是歲、權少僧都餘慶ヲ園城寺長吏ニ補ス、園城寺長吏次第 四大寺傳記

右大臣兼家、延暦寺惠心院ヲ建ツ、叡岳要記

天台座主良源、延暦寺ノ堂塔經藏等ヲ造立ス、天台座主記 山門堂舍記

律師長燭寂ス、僧綱補任

天元三年

正月 小盡 丙子朔

一日、小朝拜、節會、日本紀略

二日、東宮大饗、日本紀略

四日、少僧都千攀寂ス、日本紀略 東寺長者補任 釋家初例抄

五日、敍位儀、是日、式部大輔菅原文時、從三位ニ敍セラレンコトヲ請フ、日本紀略 本朝文粹

七日、白馬節會、參議源伊陟ヲ從四位上ニ敍ス、日本紀略 公卿補任

八日、御齋會、日本紀略

十一日、女敍位、日本紀略

十五日、右大臣兼家ノ室時姬薨ズ、小右記目錄 大鏡

大鏡裏書　公卿補任

十六日、踏歌節會、是日、岩藏觀音院ヲ御願寺トナシ、阿闍梨ヲ置ク、　日本紀略　寺門高僧記　諸門跡譜

十七日、射禮、　日本紀略

十八日、賭弓、　日本紀略

詔子内親王薨ズ、　齋院記　日本紀略　一代要記

廿一日、詔子内親王薨奏、是日、錫紵ヲ著シ給フ、　日本紀略　小右記目錄

廿三日、散位源順款狀ヲ上ル、　本朝文粹

廿五日、除目、　日本紀略

是月、勘解由次官三善道統、款狀ヲ關白賴忠ニ進ム、　朝野群載

二月小 乙巳朔盡

三日、釋奠、　日本紀略

四日、祈年祭、　日本紀略

十九日、除目、直物、　日本紀略

廿一日、園韓神祭、　日本紀略

廿五日、關白賴忠ノ子公任ヲ清涼殿ニ召シテ、首服ヲ加フ、　日本紀略　扶桑略記　公卿補任

廿六日、十六社ニ奉幣ス、　日本紀略

三月大 甲戌朔盡

三日、御燈、　日本紀略

九日、右大臣兼家、亡室ノ法會ヲ行フ、　日本紀略　小右記目錄

十二日、氷降ル、　日本紀略

廿一日、仁明天皇國忌ニ依リテ、石清水臨時祭ヲ延引ス、　小右記目錄

廿七日、仁王會、　日本紀略

閏三月小 甲辰朔盡

一日、石清水臨時祭試樂、　小右記目錄

三日、石清水臨時祭、　日本紀略　小右記目錄　小野宮年中行事

十四日、臨時御讀經、　日本紀略

十六日、近江俘囚等愁訴ス、　日本紀略　百練抄

廿三日、季御讀經、 日本紀略 小右記目錄

四月大盡 癸酉朔

一日、旬ヲ停ム、 日本紀略 吉記

四日、廣瀬龍田祭、 日本紀略

七日、始テ禀院長殿勾當ヲ補ス、 類聚符宣抄

十日、擬階奏、 日本紀略

十二日、平野祭、 日本紀略

廿二日、齋院御禊、 日本紀略

廿三日、賀茂祭警固、 日本紀略

廿五日、賀茂祭、 日本紀略

廿九日、參議從三位源惟正薨ズ、 日本紀略 小右記目錄 公卿補任 義孝集

五月小盡 癸卯朔

一日、訛言アリ、 日本紀略

三日、訛言ニ依リテ、貴賤物忌ヲ行フ、 日本紀略

七日、辨官廳ニ虹立ツ、 日本紀略

九日、清涼殿ニ於テ御讀經ヲ修ス、 日本紀略

廿四日、資子內親王、村上天皇ノ御爲ニ八講ヲ修セラル、 日本紀略

廿五日、村上天皇國忌、諸親王佛事ヲ修セラル、 日本紀略

廿八日、法性寺ニ於テ、故皇后ノ周忌佛事ヲ修ス、 日本紀略 小右記目錄

六月大盡 壬申朔

一日、皇子懷仁御誕生アラセラル、 日本紀略 皇年代略記 大鏡 古事談 菅儒侍讀年譜

十日、御體御卜、 日本紀略

十一日、月次祭、神今食、 日本紀略

廿八日、除目、 日本紀略 小右記目錄

七月小盡 壬寅朔

一日、除目儀、 小右記目錄

五日、宮內卿正四位下高階良臣卒ス、 高階氏系圖 日本往生極樂記

九日、暴風雨、諸門諸司諸堂顚倒ス、 日本紀略 扶桑略

記　安法法師集

十五日、洪水、　日本紀略　百練抄　扶桑略記

二十日、皇子五十日ノ儀アリ、　日本紀略

廿三日、出羽介平兼忠ヲシテ、秋田城務ヲ勤行セシム、　類聚符宣抄

廿五日、關白賴忠、出羽守源致遠ノ赴任ニ餞ス、　日本紀略

廿七日、相撲、　西宮記

是月、皇太后、右近衞少將藤原實資ノ第ヨリ還御アラセラル、　公卿補任

八月大辛未朔盡

一日、皇子懷仁ヲ親王ト爲ス、　日本紀略　大鏡裏書　江吏部集　江次第

七日、釋奠、上卿不參ニヨリテ、講論ヲ停ム、明日、之ヲ行フ、　北山抄　江次第

十三日、季御讀經、近江異鳥ヲ獻ズ、　小右記目錄　日本紀略

是月、石見守從五位下坂上望城卒ス、　坂上氏系圖　勅撰作者部類　袋草紙　順集　類聚符宣抄　拾遺和歌集　後拾遺和歌集

九月大辛丑朔盡

三日、天台座主良源、根本中堂ヲ供養ス、　日本紀略　僧綱補任　九院佛閣抄　天台座主記　一代要記　山門堂舍記　叡岳要記　天元三年中堂供養願文

十一日、伊勢例幣、　日本紀略

十三日、東宮帶刀藤原景澄、宮中ニ濫入シテ、女御遵子ノ器物ヲ盜ム、　日本紀略

廿二日、直物、小除目、　小右記目錄

廿八日、皇太后宮權大夫從三位源博雅薨ズ、　日本紀略　公卿補任　本朝皇胤紹運錄　尊卑分脈　西宮記　天德歌合記　大鏡　世繼物語　江談抄　今昔物語　十訓抄　絲竹口傳　古今著聞集　體源抄　本朝書籍目錄　古事談

十月小辛未朔盡

一日、延曆寺文殊樓供養、　日本紀略　百練抄　天台座主記　釋家初例抄　慈惠大僧正傳　叡岳要記

十日、賀茂社ニ行幸アラセラル、　日本紀略　百練抄　榮華物語　北山抄

二十日、尊子内親王入内アラセラル、 日本紀略 齋院記

廿六日、賀茂臨時祭ヲ定ム、 小右記目錄

十一月 大盡 庚子朔

九日、平野祭、春日祭、 日本紀略

十三日、大原野祭、 日本紀略

十六日、新嘗祭、 日本紀略

十七日、豐明節會、 日本紀略 兵範記 本朝世紀

十八日、東宮鎭魂祭、 日本紀略

廿二日、內裏災ス、職御曹司ニ移御アラセラル、 一代要記 中右記 濫觴抄 愚管抄 扶桑略記 日本紀略

廿三日、廢務、資子內親王職御曹司ニ移リ給フ、 日本紀略

廿八日、服御常膳ヲ減ジ給ヒ、調庸未進ヲ免除シ、半傜ヲ復ス、是日、兵衞府ニ於テ御修法ヲ行フ、 日本紀略 柱史抄

十二月 大盡 庚午朔

一日、但馬守姓闕ク堯時ノ第ニ強盗入ル、 日本紀略

五日、賀茂臨時祭ヲ行フベキヤ否ヤヲ占ハシム、 日本紀略

六日、賀茂臨時祭ヲ停ムルニ依リテ、奉幣アルベキヤ否ヤヲ議定セシム、 小右記目錄

七日、賀茂社ニ奉幣ス、 日本紀略

十日、御體御卜、是日、勘解由使ヲ以テ、女御遵子ノ休所ト爲ス、 日本紀略

十一日、月次祭、神今食、 日本紀略

十三日、內裏ノ火災ニ依リテ、諸社ニ奉幣ス、 日本紀略

十六日、左大臣雅信、亡室ノ法事ヲ修ス、 日本紀略

十七日、內裏ノ火災ヲ桓武村上兩帝ノ山陵ニ告グ、 日本紀略

十九日、荷前使、 樗嚢抄

廿一日、太政官廳ニ移御アラセラル、是日、參議源重光ニ荷前闕如ノ事ヲ問ハシム、 日本紀略 樗嚢抄 榮華物語

是歲、殿上賭弓、北山抄
宋人來著ス、小右記
權少僧都長勇寂ス、僧綱補任
阿闍梨明普蘇生ス、慈惠大僧正傳

天元四年

正月小 庚子朔 盡

一日、官廳ニ御スルニ依リテ、小朝拜ヲ停ム、節會アリ、小右記 日本紀略
五日、敍位、日本紀略
七日、白馬節會、加敍、日本紀略 公卿補任
八日、御齋會、日本紀略
十日、尊子內親王ヲ二品ニ敍ス、日本紀略 齋院記
十三日、齋宮寮雜舍災ス、日本紀略
十六日、踏歌節會、日本紀略
十八日、賭弓ヲ停ム、日本紀略
十九日、御讀經、日本紀略
廿五日、除目、日本紀略
廿九日、右大辨大江齊光ヲ參議ニ任ジ、左中辨菅原輔正ヲ太宰大貳ニ任ズ、公卿補任

二月小 己巳朔 盡

四日、祈年祭、春日祭、日本紀略
九日、釋奠、園韓神祭、是日、采女司災ス、日本紀略 百練抄
十一日、民部省ニ於テ、列見ヲ行フ、日本紀略
十四日、造宮ノ事ニ依リテ、諸社ニ奉幣ス、日本紀略
十六日、諸社ニ奉幣ス、日本紀略
十七日、右近衞少將藤原實資ヲ藏人頭ニ補ス、職事補任
二十日、始メテ平野社ニ行幸アラセラレ、施無畏寺ヲ以テ平野神宮寺ト爲ス、行幸ノ賞ニ依リテ、大納言藤原爲光、源重光ヲ正二位ニ敍ス、是日、造宮事始アリ、百練抄 濫觴抄 日本紀略 公卿補任 大鏡
廿七日、直物、日本紀略 小右記目錄

三月大 戊戌朔 盡

一日、御燈御卜アリ、 小右記目錄
三日、御燈、 日本紀略 小右記目錄
七日、石清水臨時祭試樂、 日本紀略 小右記目錄
九日、石清水臨時祭、 日本紀略 小右記目錄
十四日、季御讀經、 日本紀略 小右記目錄
十五日、大刀契ヲ內侍所ニ移ス、 日本紀略
廿二日、前太宰大貳藤原國章ヲ召ス、 類聚符宣抄
廿三日、諸國當年ノ半租ヲ免ズ、 日本紀略 柱史抄
廿四日、建禮門ニ於テ、御讀經ヲ修ス、 日本紀略
廿五日、御惱ニ依リテ、御卜御祈ヲ行フ、 小右記目錄
廿七日、大祓、 日本紀略
廿九日、御惱ニ依リテ、釋經師ヲ召ス、是日、故右兵衛督藤原忠君ノ靈託アリ、 小右記目錄
三十日、仁王會、 日本紀略

四月 小盡 戊辰朔

一日、平座、 日本紀略
三日、小除目、 小右記目錄
四日、廣瀨龍田祭、 日本紀略
五日、平野祭、 日本紀略
七日、擬階奏延引、 日本紀略
十五日、齋院御禊、 日本紀略
廿五日、鹿、民部省ニ入ルニ依リテ、占卜ヲ行フ、 日本紀略
廿八日、擬階奏、 日本紀略

五月 小盡 丁酉朔

十一日、清涼殿ニ於テ御讀經ヲ修ス、 日本紀略
兵部卿致平親王出家アラセラル、 日本紀略 扶桑略記 一代要記 本朝皇胤紹運錄 釋家官班記 齋宮女御集 元輔集
廿五日、內裏ニ死穢アリ、 日本紀略

六月 大盡 丙寅朔

三日、播磨國司、交替ノ延期ヲ請フ、 類聚符宣抄
十日、御體御卜ヲ陣外ニ於テ奏ス、 日本紀略
十一日、月次祭、神今食、穢ニ依リテ延引ス、 日本紀略

廿六日、典侍召名アリ、尋デ典侍ヲ除目ニ載セシム、 小右記目録

廿九日、月次祭、神今食、是日、彈正大弼姓闕ク安淸御前ニ於テ琴ヲ彈ズ、 日本紀略 愚問記

是夏、具平親王ノ王子早世セラル、 扶桑集

七月小盡 丙申朔

七日、四條後院ニ遷御アラセラル、 日本紀略 百練抄

八日、内裏立柱上棟、 日本紀略 扶桑略記

廿九日、御惱、 小右記目録

八月大盡 乙丑朔

三日、伊勢奉幣、是日、釋奠、宴座ヲ停ム、 小右記目録

四日、大神宮御託宣アリ、 小右記目録

五日、律師義光寂ス、 僧綱補任

八日、御惱ニ依リテ、山陵使ヲ發遣ス、 小右記目録

九日、天台座主良源ヲシテ、不動法ヲ修セシム、 慈惠大僧正傳 花鳥餘情 山密往來

十日、御惱平復シ給フ、 小右記目録 慈惠大僧正傳 花鳥餘情 山密往來

十四日、大僧正定昭、所帶諸職ヲ辭ス、 東寺長者補任 拾遺往生傳

十六日、天台座主良源ニ輦車ヲ聽シ、度者等ヲ賜フ、 慈惠大僧正傳 天台座主記 日本紀略 西宮記

廿六日、季御讀經、 小右記目録

三十日、僧綱ヲ任ス、 僧綱補任 慈惠大僧正傳 東大寺別當次第 東寺長者補任 大鏡裏書 東寺王代記 歷代皇記裏書

九月大盡 乙未朔

一日、御燈御卜アリ、 小右記目録

四日、藏人式部少丞藤原貞孝殿上ニ頓死ス、 小右記目録 日本紀略 尊卑分脈 今昔物語

八日、式部大輔從三位菅原文時薨ズ、 日本紀略 公卿補任 朝野群載 二中歷 日本紀略 本朝續文粹 玉葉 本朝文粹 粟田左府尙齒會詩 江談抄 十訓抄 古事談 政事要略 袋草紙 拾遺和歌集 三國傳記 尺素往來

九日、穢中伊勢神寶使ヲ發遣ス、 園太曆

十三日、職曹司ニ遷御アラセラル、 日本紀略

十七日、内宮遷宮、 神宮雜事記 伊勢公卿勅使雜例

十月大 乙丑朔盡

四日、敍位、公卿補任

六日、御惱、小右記目錄

十四日、除目、小右記目錄

十六日、參議大江齊光ニ式部大輔ヲ兼ネシム、公卿補任

廿一日、僧綱ヲ任ズ、僧綱補任 東大寺別當次第 東寺長者補任

都子內親王薨ズ、日本紀略 一代要記 本朝皇胤紹運錄

廿四日、都子內親王薨奏、錫紵ヲ著御アラセラル、小右記目錄

廿七日、新造內裏ニ遷御セラル、日本紀略 百練抄

十一月小 乙未朔盡

三日、賀茂臨時祭定、小右記目錄

四日、主稅頭從四位下十市以忠卒ス、中原氏系圖 二中歷 諸道勘文

廿五日、賀茂臨時祭試樂、小右記目錄

廿六日、賀茂臨時祭、小右記目錄

廿八日、權大僧都餘慶ヲ法性寺座主ニ任ズ、僧綱補任 寺門高僧記

十二月大 甲子朔盡

四日、新所旬、是日、造宮ノ賞ヲ行フ、日本紀略 公卿補任

十五日、圓仁ノ門徒、法性寺座主餘慶ヲ改補センコトヲ奏請ス、天台座主記 扶桑略記 元亨釋書

廿七日、直物、除目一分召、小右記目錄

是歲、天台座主良源、常行堂ヲ造ル、九院佛閣抄 天台座主記

常陸介從五位上平維將卒ス、尊卑分脈 北山抄

律師法緣寂ス、僧綱補任 東大寺別當次第

天元五年

正月大 甲子朔盡

一日、小朝拜、節會、御藥ヲ供ス、日本紀略 小右記

二日、東宮大饗、日本紀略 小右記

六日、敍位、日本紀略 小右記

七日、白馬節會、加敍アリ、日本紀略　小右記　公卿補任
八日、御齋會、日本紀略
九日、皇太后宮大饗、是日、勅使ヲ延暦寺ニ遣ス、小右記　扶桑略記
十日、女敍位、日本紀略　小右記
山僧百二十六人ヲシテ、圓珍ノ經藏ヲ守護セシム、扶桑略記　元亨釋書
十三日、右近衞府荒手結、小右記
十四日、紫宸殿ニ於テ、御齋會内論義ヲ行フ、日本紀略　小右記　西宮記裏書
十五日、兵部手結幷ニ右近衞府眞手結、小右記
十六日、踏歌節會、日本紀略　小右記
十七日、射禮、右衞門府厨町ニ死穢アリ、日本紀略　小右記
十八日、賭射ヲ延引ス、日本紀略　小右記
十九日、賭射幷ニ射遺、是日、尊子内親王、承香殿ヲ以テ直廬ト爲ス、日本紀略　小右記
二十日、左大臣雅信ノ孫信時、元服ノ後參内ス、仍リテ祿ヲ賜フ、小右記
廿二日、諸司所々參仕セザル者、及ビ來月諸祭延引ノ例ヲ勘申セシム、是日、僧正寛朝仁壽殿ニ於テ御修法ヲ行フ、小右記
廿六日、除目儀、日本紀略　小右記
廿八日、冷泉上皇ノ女御藤原超子卒ス、小右記　大鏡裏書　日本紀略　大鏡　本朝皇胤紹運錄　榮華物語　古事談

二月小盡　甲子朔

三日、穢ニ依リテ、諸祭式日ヲ改定ス、是日、興福寺、及ビ一乘寺ヲシテ、御讀經ヲ修セシム、小右記
四日、祈年祭等延引ニ依リテ、大祓ヲ行フ、是日、御足疾ニ依リテ、御占ヲ行ハシム、日本紀略　小右記
七日、撿非違使ヲ補ス、是日、海賊追討ノ事ヲ定メシム、小右記
十日、豐樂院樓堂等修造ノ事ヲ定メシム、小右記
十一日、穢ニ依リテ、列見ヲ延引ス、日本紀略
十三日、清涼殿ニ於テ御遊アリ、小右記

十四日、月食、 小右記

十五日、權大僧都餘慶ヲ召シ受戒シ給フ、 小右記

十七日、東宮御元服雜事定アリ、女御遵子參入ス、是日、大納言源重信ヲシテ、圓融寺行幸ノ事ヲ行ハシム、 小右記

十八日、祈年祭、織部司小屋災ス、是日、參議藤原佐理、彈正忠近光ヲ召籠ム、 日本紀略 小右記

十九日、東宮、御元服アラセラレ、嫡子ノ六位以下ニ一級ヲ賜ヒ、調庸未進ヲ免ス、東宮宣旨乳母等敍位アリ、 百錬抄 御遊抄 日本紀略 政事要略 一代要記 小右記 北山抄 西宮記

左大臣雅信ノ下人弘徽殿渡殿ニ闌入ス、 小右記

二十日、春日祭、 日本紀略 小右記

廿二日、列見アリ、石淸水臨時祭使等ヲ定ム、是日、東宮宣旨等慶ヲ奏ス、 小右記 日本紀略

廿三日、伊豫、賊能原兼信等十五人ヲ追討ノ狀ヲ奏ス、 小右記

廿四日、釋奠、 日本紀略 小右記

廿五日、周防守姓闕ク義雅等ノ請ニ依リテ、今年ヲ以テ初任ト爲サシム、是日、石淸水臨時祭調樂始、 小右記

廿六日、園韓神祭、 日本紀略

廿七日、雷鳴、地震、群盜横行シ、撿非違使隨身火長等ヲ射ル、 小右記

廿八日、大原野祭、是日、撿非違使ヲシテ、職掌ヲ勤メシムベキ由ヲ別當源重光ニ仰ラル、 小右記

三月小盡 癸巳朔

一日、日食、 日本紀略 小右記

三日、御燈ヲ停ム、是日、圓融寺行幸ノ雜事ヲ仰ス、 小右記

五日、仁王會、直物、立后雜事ヲ定ム、 日本紀略 小右記

八日、立后日時ヲ定ム、 小右記

十一日、女御遵子ヲ皇后ト爲シ、大夫以下ヲ任ジ、

中宮宣旨等ヲ補ス、是日、左大臣雅信等、中宮ニ拜禮ス、 日本紀略 小右記 權記 榮華物語 扶桑略記 中右記

十二日、勸學院學生、皇后宮ニ參賀ス、 小右記

十四日、石淸水臨時祭、 日本紀略 小右記

十五日、興福寺僧徒、皇后宮ニ參賀ス、 小右記

十六日、東宮、和歌管絃ヲ行ハセラル、 小右記

廿一日、權大僧都餘慶、仁壽殿ニ於テ、不動法ヲ修ス、 小右記

廿二日、重テ齋院御禊前駈、賀茂祭使等ノ陪從員數過差ヲ禁ズ、 日本紀略 小右記 政事要略

廿三日、中宮職廳事始、 小右記

廿五日、季御讀經、 日本紀略 小右記

廿六日、唐人ニ賜ハンガ爲ニ、金ヲ陸奥ニ徵ス、是日、東院西邊災ス、 小右記

廿七日、季御讀經論義アリ、阿闍梨幷ニ內侍ヲ補ス、 小右記

四月大盡 壬戌朔

一日、旬平座、 日本紀略 小右記

二日、五條邊火アリ、 小右記

右近衞少將正五位下藤原光昭卒ス、 小右記 尊卑分脈 職事補任

三日、尊子內親王、舅喪ニ依リテ、退出アラセラル、 小右記

四日、廣瀨龍田祭、 日本紀略

五日、中宮內裏遷御雜事ヲ定ム、是日、齋院別當ヲ補ス、 小右記 類聚符宣抄

七日、擬階奏、中宮、賀茂祭御馬御覽アリ、 日本紀略 小右記

八日、山科祭ニ依リテ、灌佛ヲ停ム、是日、尊子內親王自ラ髮ヲ切ラル、 小右記

九日、中宮ニ臨時給ヲ給フ、 小右記

十一日、松尾祭、平野祭、 日本紀略 小右記

十二日、關白賴忠、中宮ニ御膳ヲ上ル、 小右記

十三日、尊子內親王、參內アラセラル、是日、中納

言藤原濟時、中宮ニ檜破子等ヲ上ル、 小右記
十五日、中宮御入内ノ日ヲ定ム、是日、内裏ニ犬死穢アリ、 小右記
十六日、大神祭使ヲ發遣ス、 小右記
廿一日、齋院御禊、 日本紀略 小右記
廿二日、賀茂祭女使料唐鞍、觸穢ニ依リテ、王臣家ヲシテ進献セシム、是日、警固ヲ行フ、 日本紀略 小右記
廿三日、賀茂祭ノ間、穢アルニ依リテ、大祓ヲ行フ、是日、關白頼忠賀茂社ニ詣ヅ、 日本紀略 小右記
廿四日、賀茂祭、 日本紀略 小右記
阿闍梨念禪寂ス、 日本紀略 尊卑分脈
廿七日、備前守姓闕ク理兼赴任ニ依リテ祿ヲ賜フ、 小右記
廿八日、文章得業生擬文章生ノ試アリ、 日本紀略 小右記
廿九日、雷鳴、是日、贈太皇太后安子國忌、 小右記
三十日、仁王會日時僧名定、中納言藤原文範等ヲシテ、賀茂禊祭上卿ト爲シ、不參狀ヲ辨申セシム、
是夜、三條邊火アリ、 小右記

五月小盡 壬辰朔

一日、式兵兩省ノ官人ノ白馬節會過怠ヲ免ス、是日、頭弁ニ省官等ニ省試判ノ日不參ノコトヲ召問ハシム、 日本紀略 小右記
二日、中宮行啓御前弁ニ行列使等ヲ定ム、是日、行幸召仰アリ、 小右記
三日、祈年穀奉幣、是日、左近衛府荒手結延引ス、 日本紀略 小右記
五日、菖蒲藥玉等ヲ進ム、是日、左近衛府荒手結、 小右記
六日、中宮行啓召仰アリ、是日、右近衛府荒手結、 小右記
七日、中宮内裏ニ遷御アラセラル、 日本紀略 大鏡裏書 小右記 公卿補任 大鏡
八日、中宮女官ニ饗祿ヲ賜フ、是日、左近衛府眞手結、 小右記

九日、右近衛府眞手結、小右記

十日、御修法日時ヲ勘セシム、小右記

十一日、撿非違使官人ノ員數增減ヲ勘セシム、小右記

十六日、權大僧都餘慶ヲシテ、不動法ヲ修セシム、小右記

十八日、仁王會、日本紀略 小右記

二十日、權律師眞喜ヲシテ、不斷御讀經ヲ修セシム、日本紀略 小右記

廿一日、盜、法隆寺金堂ノ佛體ヲ竊ム、法隆寺別當次第

廿五日、內裏犬死穢アリ、小右記

廿七日、著鈦政、小右記 西宮記

廿八日、春季御讀經僧名定、小右記

是月、霖雨、小右記

六月小 辛酉朔盡

一日、官奏、除目、是日、中宮ノ御封分配ヲ定ム、日本紀略 小右記

二日、諸社御願使ヲ定ム、小右記

左近衛少將源惟章、右近將監同遠理出家ス、日本紀略 小右記 尊卑分脈 公卿補任

五日、後院堀河院等ノ別當ヲ補ス、是日、強盜、式乾門ニ入リ雜物ヲ奪ヒ、小屋ニ放火ス、小右記 日本紀略

七日、去夜宿直ノ官人ヲ召問ス、日本紀略 小右記

十日、御體御卜、日本紀略

十一日、月次祭、神今食、金銀幣帛神寶等ヲ大神宮ニ加ヘ奉ル、日本紀略 小右記

十三日、中宮御讀經、小右記

十五日、中宮ニ渡御アラセラレ、御讀經論義ヲ聽聞アラセラル、小右記

十七日、石淸水御願使ヲ發ス、日本紀略 小右記

二十日、賀茂御願使ヲ發ス、是日、中宮御竈神ヲ內膳司ニ移ス、日本紀略 小右記

廿一日、御惱、日本紀略

廿二日、松尾御願使ヲ發ス、日本紀略 小右記

廿三日、平野御願使ヲ發ス、日本紀略 小右記

廿五日、大原野御願使ヲ發ス、 日本紀略 小右記

廿六日、山陵使差文日時勘文ヲ奏ス、惡徒横行ニ依リテ、諸衞府幷ニ撿非違使ヲ誡ム、 小右記

廿八日、御修法ノ日ヲ勘セシム、 小右記

廿九日、贈皇太后胤子國忌、節折幷ニ大祓アリ、是日、馬寮穢アルニ依リテ、野飼ノ御馬ヲ以テ、住吉ノ走馬ニ充テシム、 日本紀略 小右記

七月大 庚寅朔盡

一日、住吉御願使ヲ發ス、 西宮記裏書

二日、懷仁親王參覲アラセラル、 日本紀略

四日、廣瀨龍田祭、 日本紀略

五日、日吉御願使ヲ發ス、 日本紀略

八日、伊勢以下諸社奉幣使幷ニ春日御願使ヲ發ス、是日、文殊會、 日本紀略

九日、太宰大貳菅原輔正赴任ス、 日本紀略 古今著聞集

十三日、大法師奝然母ノ爲ニ逆修ヲ行フ、 本朝文粹

十六日、祈雨奉幣、 日本紀略

十八日、權律師元果ヲシテ、神泉苑ニ於テ、請雨經法ヲ修セシム、 日本紀略 祈雨日記

廿三日、稻荷御願使ヲ發ス、 日本紀略

廿五日、神泉苑御修法二箇日延引ス、 日本紀略

廿七日、中殿ニ於テ、相撲內取御覽、是日、權律師元果ヲ權少僧都ニ任ズ、 日本紀略 㮹囊抄 東寺長者補任

廿八日、冷泉天皇女御怤子ヲ尚侍ニ任ズ、 日本紀略 一代要記

廿九日、相撲召合、 日本紀略 㮹囊抄

三十日、相撲拔出、 日本紀略

八月小 庚申朔盡

二日、石淸水俗別當良常卒ス、 類聚符宣抄 石淸水祠官系圖

四日、星月ヲ貫ク、 日本紀略

八日、釋奠、小除目、是日、東宮童相撲穢ニ依リテ停止ス、 日本紀略

十一日、定考、 日本紀略

十二日、季御讀經、是日、御惱アリ、日本紀略 小右記目錄
二十日、談天門、風ノ爲ニ倒ル、日本紀略 百練抄
廿四日、紫宸殿ニ於テ御讀經ヲ行フ、日本紀略 年中行事祕抄

九月大 己丑朔盡

九日、御物忌ニ依リテ、重陽宴ヲ停ム、日本紀略

十月大 己未朔盡

十五日、除目、小右記目錄 日本紀略
十八日、從三位藤原季平ヲ治部卿ニ任ズ、公卿補任
二十日、女敍位、日本紀略 一代要記 權記
廿二日、清涼殿ニ於テ御讀經ヲ行フ、日本紀略
廿七日、賀茂臨時祭使舞人等ヲ定ム、小右記目錄
是月、大內記慶滋保胤池亭ヲ營ム、一代要記 本朝文粹

十一月小 己丑朔盡

八日、平野祭、春日祭、日本紀略 江次第 年中行事祕抄
十三日、園韓神祭、日本紀略
十四日、內裏、幷ニ皇太后宮鎭魂祭、日本紀略
十五日、新嘗祭、日本紀略
十六日、豐明節會、日本紀略 年中行事祕抄 本朝世紀
十七日、內裏災シ、御琵琶玄上等ノ寶物、多ク紛失ス、是日、職曹司ニ遷幸アラセラル、中右記裏書 日本紀略 北野本地 愚管抄 百練抄
十八日、廢務、音奏ヲ止ム、日本紀略
廿一日、賀茂臨時祭延引ニ依リテ、大祓ヲ行フ、日本紀略 小右記目錄
廿二日、東宮、內教坊ニ御スル間、左右兵衞ヲシテ、陣ニ候セシム、日本紀略
廿四日、大原野祭、日本紀略
是月、參議大江齊光、式部大輔ヲ辭ス、公卿補任
大法師奝然、宋ニ赴ク、百練抄 日本紀略 東寺王代記 元亨釋書 朝野群載 扶桑略記 本朝文粹 菅江詩說 袋草紙

十二月大 戊午朔盡

二日、左衞門權佐藤原爲賴ニ祿ヲ賜フ、百練抄
四日、賀茂臨時祭、日本紀略 小右記目錄
五日、諸社奉幣、幷ニ山陵使ヲ定ム、日本紀略

六日、御琵琶玄上出ヅ、百練抄

七日、神鏡、幷ニ大刀契ヲ職曹司ニ移ス、日本紀略

懷仁親王、著袴ノ儀ヲ行ハセラル、皇年代略記 榮華物語 源語祕訣

八日、內裏炎上ニ依リテ、諸社ニ奉幣ス、日本紀略

十日、御體御卜、日本紀略

十一日、月次祭、神今食、日本紀略

十四日、內裏炎上ヲ桓武村上ノ山陵ニ告グ、日本紀略

十六日、前大宰權帥正二位源高明薨ズ、日本紀略
公卿補任 類聚符宣抄 愚管抄 一代要記 魚魯愚鈔 榮華物語
源平盛衰記 後拾遺和歌集 康富記 續古事談 今昔物語 宇治拾
遺物語 順集 十訓抄 吉野山吉水院樂記 本朝書籍目錄 桃花蘂
葉 富家語談 仁和以後名記目錄 高明公集 拾芥抄 本朝文粹

二十日、御錫紵ヲ著シ給フ、小右記目錄

廿五日、堀河院ニ遷幸アラセラル、日本紀略 詞花和歌集

廿六日、中宮、堀河院ニ遷御アラセラル、日本紀略

廿八日、新所旬、日本紀略

是月、右大臣兼家、故女御超子ノ爲ニ法事ヲ修ス、榮華物語

閏十二月小盡 戊子朔

十九日、御佛名、東宮季御讀經、日本紀略 小右記目錄

廿日、直物、除目、日本紀略 小右記目錄

是歲、大內記從五位下菅原輔昭卒ス、勅撰作者部類
本朝麗藻 菅原氏系圖 葉黃記 本朝文粹 江談抄 十訓抄 類聚
句題抄 和漢朗詠集 新撰朗詠集 拾遺和歌集 新古今和歌集

永觀元年

正月小盡 戊子朔

二日、中宮、大饗ヲ行ハセラル、花鳥餘情

十四日、男踏歌、河海抄 花鳥餘情

十六日、女踏歌、是日、權少僧都元杲ヲ東寺長者ニ任ズ、日本紀略 東寺長者補任

十七日、政始、射禮、日本紀略

十八日、堀河院ニ於テ、賭弓御覽アリ、是日、京都火アリ、日本紀略 和漢合符

廿三日、除目、是日、興福寺僧徒關白賴忠ノ六十算ヲ賀ス、 日本紀略

廿七日、大納言源重信ニ按察使ヲ兼ネシム、 公卿補任

二月 大 丁亥朔 盡

一日、釋奠、 日本紀略

二日、小除目、 日本紀略

四日、祈年祭、 日本紀略

五日、大原野祭、 日本紀略

十日、春日祭、 日本紀略

十一日、列見延引、 日本紀略、西宮抄

十五日、園韓神祭、 日本紀略

廿一日、京中畿內ニ於テ、弓箭兵仗ヲ帶スル者ヲ捕ヘシム、 日本紀略

廿五日、直物、小除目、 日本紀略 小右記目錄

廿七日、季御讀經、日本紀略 小右記目錄

廿八日、列見、 日本紀略

三月 小 丁巳朔 盡

二日、中納言源重光ノ第火アリ、 日本紀略

三日、御燈、 日本紀略

十二日、石清水臨時祭試樂、 小右記目錄

十四日、石清水臨時祭、 小右記目錄

廿一日、大僧都定昭寂ス、 日本紀略 僧綱補任 東寺長者補任 古今著聞集 法華驗記 拾遺往生傳 東寺王代記 源平盛衰記

廿二日、圓融寺供養、 扶桑略記 日本紀略 仁和寺諸堂記 舞樂要錄 續古事談

廿五日、僧正寬朝ニ封戶ヲ給フ、 僧綱補任 東寺長者補任

四月 大 丙戌朔 盡

一日、旬平座、 日本紀略

九日、造宮ニ依リテ、大祓ヲ行フ、 日本紀略

十五日、永觀ト改元シ、赦ヲ行フ、 皇年代記 園太曆 一代要記 日本紀略 本朝文粹

廿二日、賀茂祭警固、右大臣兼家、賀茂社ニ詣ヅ、 日本紀略

廿四日、賀茂祭、 日本紀略

五月小 丙辰朔盡

十一日、仁王會、 日本紀略

六月小 乙酉朔盡

一日、雷鳴陣、 日本紀略

五日、諸社奉幣ノ宣命等ヲ奏ス、是日、石清水俗別當ヲ補ス、 日本紀略 類聚符宣抄

九日、石清水撿校定果寂ス、 僧綱補任 石清水祠官系圖

十一日、月次祭、神今食、 日本紀略

治部卿從三位藤原季平薨ズ、 公卿補任 尊卑分脈

十二日、炎旱ニ依リテ、十六社ニ奉幣ス、 日本紀略

十六日、大雨、 日本紀略

七月大 甲寅朔盡

一日、故太政大臣伊尹ノ第火アリ、 百練抄

三日、相撲節ヲ停ム、 日本紀略

四日、廣瀬龍田祭、 日本紀略

五日、小除目、擬文章生ノ試アリ、 日本紀略 小右記目錄

七日、所々ニ宴ヲ設ク、 百練抄

十七日、中宮季御讀經、 小右記目錄

廿日、北斗法ヲ修セシム、 小右記目錄

廿三日、復任除目、 小右記目錄

八月小 甲申朔盡

一日、擬文章生ノ試詩ヲ竊取セルニ依リテ、式部史生等ヲ獄ニ下ス、 日本紀略

四日、釋奠、公卿不參ニ依リテ、講論宴座ヲ停ム、 日本紀略 北山抄

五日、講論ヲ行ヒ、内論義ヲ停ム、 日本紀略 北山抄 園太暦

七日、内裏立柱上棟、 日本紀略 拾芥抄

十一日、定考、公卿不參ニ依リテ延引ス、 日本紀略 西宮記裏書

十六日、居貞爲尊兩親王讀書始、 日本紀略 大鏡裏書

廿一日、除目、 小右記目錄 日本紀略

廿二日、定考重テ延引ス、日本紀略

廿三日、中納言藤原濟時ヲ權大納言ニ任ズ、其他任官差アリ、公卿補任 一代要記 河海抄

是月、參議大江齊光、重テ式部大輔ヲ辭ス、公卿補任

九月大 癸丑朔盡

三日、御燈ヲ停ム、禁中屋上ニ火アリ、日本紀略 小右記目錄

九日、重陽宴ヲ停ム、日本紀略

十日、太神宮ニ遷宮ノ神寶ヲ奉ル、日本紀略 大神宮例文

十一日、例幣、日本紀略

十三日、三社ニ奉幣ス、日本紀略

十七日、定考、日本紀略 西宮記裏書

廿五日、金剛峯寺、去年分ノ度者ヲ試定奏ス、東寶記

廿六日、季御讀經、日本紀略 小右記目錄

十月小 癸未朔盡

一日、盜、平野庭火ノ御釜ヲ竊ム、日本紀略

九日、御釜紛失ニ依リテ、御卜ヲ行フ、日本紀略

十一日、陰陽師、幷ニ賀茂平野社ノ禰宜等ヲシテ、御釜出來ノ厭術祈禱ヲ奉仕センム、小右記目錄

廿二日、東宮季御讀經、是日、外印、幷ニ未行ノ辛櫃ヲ官文殿ニ移ス、小右記目錄 台記

廿三日、小除目、直物、日本紀略 小右記目錄

廿五日、圓融寺ニ於テ、始テ般若會ヲ行フ、是日、右大臣兼家、比叡山横川藥師堂ヲ供養ス、百練抄 日本紀略

十一月大 壬子朔盡

九日、平野祭、春日祭、日本紀略

十一日、修理大夫橘恒平ヲ參議ニ任ズ、小右記目錄 公卿補任

十三日、參議橘恒平出家ス、日本紀略

十五日、參議正四位下橘恒平卒ス、日本紀略 公卿補任

十六日、新嘗祭、日本紀略

十七日、豐明節會、日本紀略

二十日、宇佐使ヲ發ス、日本紀略　中古三十六人歌仙傳　實方朝臣集

讃岐、異兒ノ圖ヲ進ム、日本紀略

廿七日、右大臣兼家、比叡山惠心院ヲ供養ス、百練抄　日本紀略　天台座主記　叡岳要記　山門堂舍記

十二月大壬午朔盡

十日、御體御卜、日本紀略

十一日、月次祭、神今食、日本紀略

十六日、左近衞中將藤原公季ヲ參議ニ任ズ、公卿補任

十九日、荷前使、日本紀略

廿一日、官厨家、關白賴忠ノ六十算ヲ賀センガ爲メ、諷誦ヲ修ス、日本紀略

廿五日、新鑄ノ平野御釜ヲ內膳司ニ安置ス、日本紀略　中右記　禁祕抄

是歲、加賀金劒神ニ從二位ヲ授ク、神階記

權律師眞喜ヲ興福寺別當ニ補ス、僧官補任

能登守從五位上源順卒ス、嵯峨源氏系圖　三十六人歌仙傳　江談抄　天德三年鬪詩行事記　順集　本朝文粹　扶桑集　安法法師集　拾遺和歌集　中務集　拾芥抄　倭名類聚抄序　河海抄　元輔集　和漢朗詠集

權律師乘惠寂ス、僧綱補任　僧官補任

永觀二年

正月大壬子朔盡

一日、節會、日本紀略

六日、敍位儀、日本紀略

七日、白馬節會、加敍、日本紀略　公卿補任

八日、御齋會、日本紀略

十日、尙侍婉子ヲ正三位ニ敍ス、日本紀略　一代要記

十六日、踏歌節會、日本紀略

十七日、射禮、日本紀略

十八日、賭射、幷ニ射遺、日本紀略

廿日、右大臣兼家大饗、日本紀略

廿七日、除目、日本紀略

二月小壬午朔盡

三日、春日祭、 日本紀略
四日、祈年祭、 日本紀略
六日、釋奠、 日本紀略 園太暦
八日、園韓神祭、 日本紀略
十日、大原野祭、 日本紀略
十一日、列見、 日本紀略
廿三日、仁王會、是日、僧正寛朝ヲ東大寺別當ニ補ス、 日本紀略 東大寺別當次第 東寺長者補任

三月大盡 辛亥朔

三日、御燈、 日本紀略
五日、三社ニ奉幣ス、 日本紀略
十五日、右大臣兼家ノ東三條第災ス、 日本紀略 百練抄
十八日、石清水臨時祭試樂、 小右記目錄
二十日、石清水臨時祭、 小右記目錄 日本紀略
廿一日、仁明天皇國忌、臨時祭使還立、 小右記目錄
僧性空湛然等ノ請ニヨリ、伊豫三島社ノ生贄ノ鹿ヲ停ム、 伊豫國三島社緣起
廿三日、季御讀經、 日本紀略 小右記目錄

四月小盡 辛巳朔

十七日、賀茂祭、 日本紀略
廿五日、直物、小除目、 日本紀略

五月大盡 庚戌朔

二日、東宮季御讀經、 小右記目錄
十七日、女官除目、幷ニ御讀經、 日本紀略
廿一日、著釱政、 西宮記
廿六日、非職ノ兵仗ヲ帶スル者ヲ決杖セシム、 日本紀略
廿八日、凶歲、及ビ三合厄ニ依リテ、諸社ニ奉幣ス、 日本紀略

六月小盡 庚辰朔

十一日、月次祭、神今食、 日本紀略
廿三日、小除目、日本紀略
廿九日、天滿天神ノ託宣アリ、 百練抄 安樂寺託宣記

古今著聞集

七月小盡 己酉朔

四日、廣瀬龍田祭、日本紀略

廿七日、陰陽師ヲシテ、讓位、幷ニ立太子ノ日時ヲ勘申セシム、園太暦

八月大盡 戊寅朔

一日、相撲節、日本紀略 今昔物語

八日、僧綱ヲ任ズ、日本紀略 僧綱補任 東寺長者補任

九日、權中納言源保光等ノ造宮ノ功ヲ賞シテ、位ヲ進ム、日本紀略 公卿補任 權記

十一日、定考、日本紀略

十三日、仁王會、日本紀略

十六日、除目、日本紀略

十八日、大納言藤原爲光ニ東宮權大夫ヲ兼ネシム、公卿補任

廿三日、齋宮規子內親王歸京セラル、日本紀略

廿四日、傳燈大法師位熈極ヲ傳法灌頂阿闍梨位ト爲ス、東寺要集

廿五日、固關警固、日本紀略 踐祚部類抄

廿七日、御讓位アラセラル、扶桑略記 日本紀略 百練抄 神皇正統記

御製、花鳥餘情 拾遺和歌集 新古今和歌集 續拾遺和歌集 續後拾遺和歌集

白氏文集ヲ讀ミ給フ、江吏部集

管絃ヲ嗜ミ給フ、禁祕抄 百練抄

三十番神ヲ內侍所ニ勸請ス、神祇正宗 榻鴫曉筆追加

東寺佛舍利增益ス、東寶記

雷鳴ノ日、延暦寺寶幢院舍利紛失ス、古事談

大雲寺ヲ北岩藏ニ建ツ、大雲寺緣起 本朝無題詩

大法師體理、延暦寺常樂院ヲ建ツ、山門堂舍記

勘解由長官菅原在躬、菅原氏系圖 本朝文粹 西宮記裏書 二中歷 類聚符宣抄 本朝世紀 西宮記 公卿補任 安樂寺託宣記 類聚句題抄

藤原輔相、尊卑分脈 袋草紙 平治物語 順集 拾遺和歌集

右少辨藤原雅材　尊卑分脈　類聚符宣抄　左經記　天德三年
鬪詩行事略記　江談抄　禁祕抄　十訓抄　扶桑略記　西宮記裏書
日本紀略　政事要略　河海抄　本朝書籍目錄　園太曆　類聚句題抄
左京大夫源寬信　勅撰作者部類　尊卑分脈　北山抄　拾遺和
歌集
少納言橘實利　勅撰作者部類　橘氏系圖　後撰和歌集
美濃介惟宗公方　類聚符宣抄　源語祕語　政事要略　日本紀
略　江談抄　北山抄　官職祕抄　天延二年記　本朝書籍目錄　清
獬眼抄
陸奥守平貞盛　尊卑分脈　平氏系圖　今昔物語　將門記　扶桑
略記　和漢合圖　古事談　日本紀略　類聚符宣抄　榜囊抄　源平盛
衰記
中務少輔橘敏延　類聚符宣抄　改元部類　源平盛衰記　神宮
雜事記　扶桑略記　拾遺和歌集　日本紀略
出羽守平兼忠　平氏系圖　類聚符宣抄　今昔物語
圖書頭藤原篤茂　尊卑分脈　天德三年鬪詩行事略紀　扶桑略
記　應和三年善秀才宅詩合　日本紀略　西宮記　本朝文粹　江談抄
類聚句題抄　和漢朗詠集　新撰朗詠集　菅江詩說
勘解由長官藤原佐忠　勅撰作者部類　尊卑分脈　北家系圖

親王元服部類　類聚符宣抄　二中歷　拾遺和歌集
隼人正平忠依　勅撰作者部類　平氏系圖　拾遺和歌集
治部卿藤原國光　尊卑分脈　桂林遺芳抄　西宮記　日本紀略
二中歷　類聚符宣抄　天德三年鬪詩行事略記　天德歌合記　西宮抄
類聚符宣抄　粟田左府尙齒會詩　江次第　本朝文粹　多武峯略記
公卿補任
大外記十市有象　押小路家譜　類聚符宣抄　康富記　中原氏
系圖
右大史坂合部以方　袋草紙　粟田左府尙齒會詩
左大史坂本高直　類聚符宣抄　粟田左府尙齒會詩　政事要略
大內記紀伊輔　紀氏系圖　天德三年鬪詩行事略記　類聚符宣抄
粟田左府尙齒會詩　日本紀略　改元部類記
日向守橘倚平　橘氏系圖　勅撰作者部類　桂林遺芳抄　江談抄
本朝文粹　本朝麗藻　應和三年善秀才宅詩合　十訓抄　拾遺和歌集
宮內丞橘正通　勅撰作者部類　橘氏系圖　江談抄　應和三年善
秀才宅詩合　和漢朗詠集　順集　橘正通應詔和歌序　本朝文粹　古
今著聞集　本朝麗藻　類聚句題抄　新撰朗詠集
少內記三統篤信　葉黃記　類聚符宣抄　應和三年善秀才宅詩
合　本朝麗藻

式部大輔橘直幹　勅撰作者部類　橘氏系圖　類聚符宣抄　天慶六年日本紀竟宴和歌　二中歴　本朝文粹　江談抄　古今著聞集　天德三年闘詩行事略記　扶桑略記　禁祕抄　北山抄　西宮抄　本朝麗藻　撰集抄　後撰和歌集　類聚句題抄　和漢朗詠集　新撰朗詠集　古今著聞集

信濃守藤原陳忠　尊卑分脈　類聚符宣抄　北山抄　二中歴　小右記　今昔物語

民部卿源信正　尊卑分脈　粟田左府尚歯會詩

出雲守藤原斯生　尊卑分脈　粟田左府尚歯會詩

民部錄林相門　官職祕抄　粟田左府尚歯會詩

文章得業生藤原寂貞　尊卑分脈　古事談　類聚句題抄　新撰朗詠集

右近將監下毛野敦行　附男府生公助　御隨身調子家傳　今昔物語　小右記

大藏史生宗岡高助　今昔物語

源滿仲家人紀義冬　地藏菩薩三國靈驗記　今昔物語

少僧都禪藝　僧綱補任　園城寺長吏次第

阿闍梨叡實　續本朝往生傳　法華驗記　今昔物語　小右記

多武峯撿挍泰善　多武峯略記

敦慶親王女中務　三十六人歌仙傳　貫之集　伊勢集　中務集　拾遺和歌集　後撰和歌集　信明朝臣集　玉葉和歌集　大鏡　元輔集

小貳命婦　天德歌合記　後撰和歌集　拾遺和歌集

本院侍從　宇治拾遺物語　天德歌合記　本院侍從集　後撰和歌集　拾遺和歌集　新勅撰和歌集

后妃、幷ニ皇子、　歴代皇記　簾中抄　一代要記　大鏡裏書　大鏡　尊卑分脈　皇代記

花山天皇

永觀二年

八月大盡　戊寅朔

廿七日、受禪アラセラル、　一代要記　日本紀略　踐祚部類抄　北山抄　園太曆　西宮記

太政大臣賴忠ヲ關白トナス、　日本紀略　公卿補任　一代要記　柱史抄　愚管抄

懷仁親王ヲ立テ、皇太子トナス、　日本紀略　踐祚部類抄　一代要記　大鏡裏書　大府記　立坊次第　園太曆　榮華物語

坊官除目、　公卿補任

左近衛中將藤原實資等ヲ藏人頭ニ補ス、　日本紀略

踐祚部類抄　職事補任

大宰大貳菅原輔正、任所ニ於テ昇殿ヲ聽サル、公卿補任

九月小 戊申朔盡

三日、御燈、日本紀略

馬寮ニ於テ、御馬ヲ御覽アラセラル、楞嚢抄

四日、大祓、日本紀略

五日、御卽位ノ由ヲ伊勢大神宮ニ告ゲ給フ、日本紀略　江次第

齋院ヲ改メザル由ヲ賀茂社ニ告ゲ給フ、日本紀略　齋院記

九日、平座、日本紀略

先帝ニ太上天皇ノ尊號ヲ上ル、日本紀略　大鏡裏書

十一日、伊勢例幣、日本紀略

十三日、坊官除目、日本紀略

十七日、御卽位擬侍從定、日本紀略

二十日、御隨身ヲ上皇ニ進メラル、日本紀略

廿一日、坊官除目、日本紀略

廿二日、政始、日本紀略　園太曆

十月大 丁丑朔盡

一日、旬、日本紀略

三日、大納言藤原爲光御馬ヲ貢ス、小右記

四日、御卽位ノ由ヲ山陵ニ告ゲ給フ、日本紀略　小右記

堀河院御讀經、小右記

左大臣源雅信、御車、幷ニ御馬ヲ獻ズ、小右記

五日、上皇、朱雀院ニ御幸アラセラレ、御馬ヲ覽給フ、小右記

六日、仁壽殿ニ於テ、馬寮ノ御馬ヲ御覽アラセラル、小右記

七日、官廳ニ虹立ツ、日本紀略

八日、敍位議、日本紀略　小右記

九日、御齒御惱ニ依リテ、御加持ヲ行ハセラル、小右記

位記請印、小右記

十日、御即位ノ儀ヲ行ハセラル、 日本紀略 天祚禮記職
掌錄 小右記 平戸記

參議藤原時光等ヲ加階ス、 公卿補任

左近衞少將藤原誠信ヲ藏人頭ニ補ス、 職事補任

十三日、地震、 小右記

開關解陣、 日本紀略

十四日、五節ヲ献ズル人ノ過差ヲ禁ズ、 小右記

女敍位、 日本紀略 小右記 公卿補任

十六日、僧綱等御即位ヲ賀ス、 小右記

十七日、萬機旬、 日本紀略 小右記

院廳事始、 小右記

春宮帶刀試、 小右記

十八日、大納言藤原爲光ノ女忯子入内ス、 日本紀略
一代要記

十九日、武藏秩父駒牽、 小右記

廿一日、中宮職ニ於テ、太政大臣家例講ヲ行フ、
小右記

院所充、 小右記

仁壽殿ニ於テ、十列等ヲ御覽アラセラル、 小右記

廿二日、甲斐眞衣野駒牽、 小右記

廿四日、賀茂臨時祭使舞人等ヲ定ム、 小右記

射場始、 年中行事祕抄

廿六日、除目召仰、 小右記

廿七日、上皇、村上山陵ニ御幸アラセラル、 小右
記

廿八日、除目、 小右記

賀茂臨時祭調樂、 小右記

堀河院犬死穢、 小右記

十一月小盡 丁未朔

一日、春日祭使ヲ發遣ス、 小右記

二日、平野祭、春日祭、 日本紀略

雷鳴、 小右記

三日、賀茂臨時祭調樂、 小右記

四日、齋王卜定、 日本紀略 歴代編年集成 小右記

五日、武藏立野駒牽、 小右記

七日、藤原忯子ヲ女御トナス、 日本紀略 小右記 榮華物語
霖雨ニ依リテ、御卜ヲ行フ、 小右記
賀茂臨時祭調樂、 小右記
八日、地震、 日本紀略
多武峯鳴動、 小右記
十日、甲斐穗坂駒牽、 日本紀略 小右記
十一日、諸所饗祿ヲ禁ズ、 日本紀略
十三日、十一社ニ奉幣ス、 日本紀略
十四日、上野駒牽、 小右記
十六日、所々別當ヲ定ム、 小右記
十七日、右近將監姓闕ク貞理等ヲ召問ス、 小右記
十八日、大原野祭、 日本紀略
侍從厨倉燒亡ス、 小右記
五節舞姫殿上ニ出ヅ、 小右記
十九日、園韓神祭、 日本紀略
五節帳臺試、御物忌、 小右記

諸社奉幣使ヲ發遣ス、 小右記
二十日、鎭魂祭、 日本紀略
五節御前試、 小右記
廿一日、新嘗祭、 日本紀略 小右記
廿二日、豐明節會、 日本紀略 小右記
御物忌ニ依リテ、御諷誦ヲ修セシム、 小右記
廿三日、東宮鎭魂祭、 日本紀略
河內樟葉牧司、國司濫暴ノ狀ヲ訴フ、 小右記
廿五日、賀茂臨時祭試樂、小右記
廿六日、十列御覽、 小右記
廿七日、賀茂臨時祭、 日本紀略 小右記
廿八日、破錢法ヲ定メ、格後莊園ヲ停ム、 日本紀略
資子內親王、三條宮ニ還御ス、 小右記
直物、 小右記
針博士丹波康頼、醫心方ヲ撰進ス、 丹波氏系圖 一代要記
廿九日、除目延引、 小右記目錄

十二月大盡 丙子朔

一日、恵子女王ニ封戸年官年爵ヲ賜フ、日本紀略 小右記 本朝文粹

五日、大納言藤原朝光女姚子入内ス、日本紀略 小右記 大鏡裏書 大鏡

往古ヨリ不課半輸等ヲ除ク所ノ色ニ、増益スル課丁ヲ勘出セシム、政事要略

八日、御書所ノ事ヲ定ム、小右記

堀河院臨時御讀經、小右記

御封勅旨田等ヲ定ム、小右記

大納言藤原爲光ノ家ノ穢、禁中ニ及ブ、小右記

十日、御體御卜奏ヲ内侍所ニ付ス、小右記

十一日、月次祭、神今食ヲ所司ニ付ス、日本紀略 小右記

仁壽殿ニ於テ御馬御覽アリ、小右記

十五日、大神祭使ヲ發遣ス、小右記

太政大臣頼忠ノ女諟子入内ス、小右記 日本紀略 榮華物語

堀河院御讀經結願、小右記

十六日、十列等ノ御馬御覽アリ、小右記

季御讀經、及ビ荷前使定、小右記

十七日、故女御懐子ニ皇太后ヲ贈ル、日本紀略 大鏡裏書 中右記

十九日、中宮季御讀經、日本紀略 小右記

御佛名、小右記

廿二日、仁王會、小右記

堀川院御佛名、小右記

廿五日、荷前使、小右記

中宮御佛名、小右記

藤原諟子、同姚子ヲ女御トナス、小右記 一代要記

廿六日、季御讀經、小右記

廿七日、鬼間ニ於テ、新調ノ御物ヲ御覽アラセラル、小右記

廿八日、水旱ノ災ニ依リテ、封事ヲ上ラシム、日本紀略 小右記 本朝文粹

卅日、追儺、 小右記

是歲、詔シテ、服御常膳ヲ減ゼシメ給フ、 日本紀略

大僧正良源、比叡山西塔寶幢院ヲ改造ス、 天台座主記 日本高僧傳要文抄

春宮少進藤原棟利卒ス、 尊卑分脈

權少僧都安快寂ス、 僧綱補任

寛和元年

正月 大盡 丙子朔

一日、御藥ヲ供ス、 小右記

小朝拜ヲ停ム、 小右記

節會、 日本紀略 小右記

腹赤奏ナシ、 小右記

二日、院拜禮、 小右記

三日、弘徽殿御遊、 小右記

大僧正良源寂ス、 扶桑略記 慈慧大僧正傳 四大寺傳記 竹生島緣起 康富記 驢驢嘶餘 十訓抄 古事談 太平記 大雲寺緣起 徒然草 撰集抄 續古今和歌集 續後撰和歌集

四日、太皇太后穩子國忌、 小右記

五日、冷泉上皇ノ三皇子、宗子內親王ノ藤壺ニ詣デラル、 小右記

東宮大饗ヲ行ハセラル、 日本紀略 小右記

彈正少弼大江匡衡、賊ノ爲ニ傷ケラル、 小右記

七日、白馬節會、敘位ナシ、 日本紀略 小右記

南殿ノ壁代落ツ、 小右記

八日、御齋會、 日本紀略

九日、侍所御遊、 小右記

左近衞府荒手結、 小右記

十日、弘徽殿ニ於テ小弓アリ、 小右記

雪山ヲ作ル、 小右記

十三日、上皇、圓融寺ニ幸セラレ、御諷誦ヲ修シ給フ、 小右記

十四日、御齋會內論義、 小右記

十五日、御庚申、是日、公卿不參ニ依リテ兵部手結ナシ、 小右記

右近衞中將藤原義懷貢馬、 小右記

十六日、女踏歌、日本紀略 小右記
帶刀手結、小右記
十七日、射禮、日本紀略
作文、小右記
十八日、賭弓、日本紀略 小右記
東堂等燒亡ス、扶桑略記
二十日、左大臣雅信大饗ヲ行フ、日本紀略
下總守姓闕ク季孝賊ノ爲ニ傷ケラル、小右記
廿一日、追捕ノ官符ヲ諸國ニ下ス、小右記
廿二日、樂所始、小右記
大僧都餘慶ヲシテ、不動法ヲ修セシム、小右記
廿五日、右大臣兼家、大饗ヲ行フ、日本紀略 小右記
左大臣雅信、馬ヲ上皇ニ獻ズ、小右記
卯子ヲ食フコトヲ禁ズ、小右記
廿六日、除目、日本紀略 小右記
廿九日、阿闍梨覺忍ヲ權律師ニ任ズ、僧綱補任 小右記 朝野群載 護持僧次弟

二月小盡 丙子朔

一日、藤壺ニ於テ、御子日ノ儀アリ、小右記
二日、釋奠、日本紀略
御蹴鞠、是日、馬寮、幷ニ二坊御馬御覽アリ、小右記
三日、大嘗會國郡ヲ定ム、日本紀略 小右記
四日、祈年祭、大原野祭、日本紀略
上皇、走馬ヲ大原野社ニ奉リ給フ、小右記
八日、天竺寺ノ舞面ノ形ヲ取ラシム、小右記
九日、春日祭、日本紀略 小右記
上皇、朱雀淳和兩院ヲ覽給フ、小右記
十一日、武者所ニ弓箭ヲ帶スルヲ聽ス、小右記
十三日、上皇、紫野ニ於テ子日ノ御遊ヲ行ハセラル、日本紀略 百練抄 小右記 大鏡裏書 大鏡 兼盛集 玉葉和歌集 元輔集
十四日、園韓神祭、日本紀略
射場殿ニ於テ御射ヲ行ハセラル、小右記
左大臣雅信、歌ヲ上皇ニ獻ズ、新古今和歌集

十五日、石清水臨時祭定、 小右記
豐樂院兩樓作事ヲ停ム、 小右記
十七日、祈年穀奉幣、 日本紀略 小右記
十九日、觀音院供養、雨ニ依リテ延引ス、 日本紀略 小右記
二十日、圓融上皇、女御詮子ノ家ニ渡御アラセラル、 小右記
廿二日、觀音院供養、 日本紀略 小右記 扶桑略記
廿三日、直物、并ニ除目、 日本紀略 小右記
廿四日、御射、并ニ雜々御遊、 小右記
廿七日、權僧正尋禪ヲ天台座主トナス、 日本紀略 天台座主記 小右記
廿八日、一分召、 小右記
廿九日、殿上賭弓、 小右記 北山抄

三月 大盡 乙巳朔

一日、圓融上皇和歌ヲ詠ジ給フ、 小右記
三日、御燈ヲ停ム、 日本紀略 小右記
五日、季御讀經、是日、中宮御讀經、 日本紀略 小右記
六日、帶刀、陣中ニ於テ刃傷ス、 小右記
七日、圓融上皇、東山ノ花ヲ遊覽アラセラル、 小右記
十一日、伊勢齋王ヲ迎フ、 日本紀略
十四日、石清水臨時祭、觸穢ニ依リテ延引ス、 小右記
堀河院季御讀經僧名定、 小右記
御庚申、 小右記
典侍賴子卒ス、 小右記
十八日、少納言外記等、六波羅密寺ニ於テ善根ヲ修ス、 日本紀略
廿二日、左兵衞尉藤原齊明ノ從者ヲ追捕ス、 小右記
廿四日、石清水臨時祭試樂、 小右記
堀河院季御讀經闕請定、 小右記
廿五日、清涼殿ニ於テ、十列ヲ御覽アラセラル、 小右記
廿六日、石清水臨時祭、圓融上皇御覽アラセラル、

日本紀略　百練抄　年中行事秘抄　小右記　大鏡

宗子內親王、藤原伊尹ノ爲ニ法華八講ヲ修セラル、　小右記

廿七日、宇佐使ヲ發遣ス、臨時祭使ニ饗祿ヲ賜フ、堀河院季御讀經、是日、藤原保輔ヲ捕フ、　日本紀略　小右記

廿九日、公卿國忌ノ廢置ヲ論奏ス、　小右記　日本紀略

三十日、圓融上皇、童舞ヲ御覽アラセラル、　小右記

四月大盡乙亥朔

一日、贈皇后胤子ノ御忌ニ依リテ旬ナシ、　日本紀略　小右記

二日、國忌ヲ廢置ス、　日本紀略

三日、始メテ贈皇太后懷子ノ國忌ヲ修ス、　日本紀略　小右記

齋宮規子內親王入京ス、　小右記

四日、廣瀨龍田祭、　日本紀略

七日、擬階奏、　日本紀略

八日、神事ニ依リテ、灌佛ヲ停ム、　日本紀略　小右記

十日、始メテ平野臨時祭ヲ行フ、　日本紀略　小右記　年中行事抄　年中行事秘抄　二十二社註式　公事根源抄　拾遺和歌集

十一日、右衞門尉藤原忠良等ノ追捕ノ功ヲ賞シテ疋絹ヲ賜フ、　小右記

十四日、圓融上皇、御惱ニ依リテ、御占、幷ニ御禊ヲ行フ、　小右記

十七日、馬寮、幷ニ二坊御馬御覽、　小右記

十九日、尊子內親王出家シ給フ、　本朝文粹

二十日、齋院選子內親王御禊、　日本紀略　小右記

廿一日、清涼殿ニ於テ、女騎料馬等ヲ御覽アラセラル、　小右記

法橋源信ヲ權少僧都ニ任ズ、　釋家初例抄　續本朝往生傳

廿二日、前播磨掾惟文王、藤原齊明ヲ殺ス、　小右記

廿三日、賀茂祭、　日本紀略　小右記

廿四日、陸奥守藤原爲長ノ貢馬ヲ御覽アラセラル、　小右記

圓融上皇、故典侍頼子ノ家ニ錢ヲ賜フ、 小右記
承香殿ノ壇上怪異アリ、 日本紀略
廿七日、寛和ト改元ス、 日本紀略 小右記 改元部類
右衞門陣ノ前ノ樹ニ水鳥集ル、 小右記 改元部類
廿八日、左大臣雅信、仁和寺ニ於テ堂供養ヲ行フ、
小右記 日本紀略
廿九日、贈太皇太后安子國忌、 小右記
是月、比叡山靜慮院供養、 山門堂舍記
權少僧都源信、往生要集ヲ撰ス、 扶桑略記 往生要集

五月小 乙巳朔盡

二日、武德殿ヲ造ラシム、 日本紀略 百練抄
冷泉上皇ノ皇女尊子內親王薨ズ、 小右記 皇年代記
日本紀略 一代要記 大鏡裏書 齋院記 大鏡
三日、左近府荒手結、 小右記
五日、右近府眞手結、 小右記
八日、薨奏以前官奏アリ、 小右記
九日、郡司讀奏、 小右記 北山抄

十日、女御忯子、桂芳坊ニ於テ修法ヲ行フ、 小右記
十一日、競馬、 小右記
十三日、中宮二條第ニ遷御ニ依リテ、雜事ヲ定ム、
小右記
犯人藤原齊明兄弟ノ罪名ヲ定ム、 日本紀略
十六日、諸國交替使ヲ定ム、 日本紀略
信濃、白雉ヲ獻ズ、 小右記
十七日、圓融上皇、圓融寺ニ御幸アラセラル、 小右記
十九日、帶刀手結、是日、圓融上皇、仁和寺ニ於テ、
競馬ヲ御覽アラセラル、 小右記
二十日、堀河院御讀經僧名定、圓融上皇、本院ニ還
御アラセラル、 小右記
兵部少輔藤原忠輔、白雉勘文ヲ獻ズ、是日、犯人藤
原齊明ノ首ヲ梟ス、 日本紀略
廿一日、白雉ヲ北山ニ放ツ、 日本紀略 小右記
廿四日、左右馬寮ノ御馬御覽、 小右記
廿五日、村上天皇國忌、 小右記

廿七日、堀河院御讀經、 小右記
尊子内親王薨奏、 小右記
廿九日、御錫紵ヲ除キ給フ、 小右記

六月大盡 甲戌朔

二日、大納言藤原爲光ノ室某卒ス、 小右記 公卿補任 尊卑分脈
五日、御讓位ノ木契ヲ奏ス、 日本紀略
十日、御體御卜、 日本紀略
十一日、月次祭、神今食、 日本紀略
十三日、藤原昇子ノ卒去ニ依リテ、音奏ヲ停ム、 日本紀略
十七日、故尊子内親王ノ四十九日ノ法事ヲ修ス、 小右記 本朝文粹
廿一日、圓融上皇、圓融寺ニ渡御アラセラル、 小右記
内藏頭平信時卒ス、 小右記
廿二日、瀧口ヲ補ス、 小右記
廿三日、皇太后宮權大夫從三位藤原國章薨ズ、 日本紀略 小右記 公卿補任 拾遺和歌集 元輔集

廿八日、權大僧都元杲ヲシテ、請雨經法ヲ修セシム、 日本紀略 小右記
廿九日、出羽ノ恠異ニ依リテ、御卜ヲ行フ、 日本紀略
圓融上皇、本院ニ還御アラセラル、 小右記
中宮季御讀經、 小右記
三十日、諸國司等施藥院ノ事ヲ訴フ、 小右記

七月小盡 甲辰朔

五日、降雨、 日本紀略 三寶院傳法血脈 祈雨日記
六日、大極殿ニ於テ、祈雨御讀經ヲ行フ、 日本紀略
七日、神泉苑御修法結願、 東寺長者補任 江談抄
十日、炎旱ニ依リテ、獄囚ヲ免ズ、 日本紀略
十三日、十六社ニ奉幣シテ、雨ヲ祈ル、 日本紀略 西宮記 北山抄
十四日、藏人藤原宣孝、大藏胤村ノ亂暴ヲ訴フ、 日本紀略
十八日、女御藤原忯子卒ス、 日本紀略 一代要記 榮華物語

廿二日、故女御忯子ニ従四位上ヲ贈ル、 日本紀略

廿三日、女御忯子ノ卒去ニ依リテ、相撲節ヲ停ム、 日本紀略

八月小 癸酉朔盡

五日、釋奠、 日本紀略

六日、内論義、 日本紀略

七日、小除目、 日本紀略

十日、内裏歌合、 後拾遺和歌集 新千載和歌集 新拾遺和歌集

十一日、定考穢ニ依リテ延引ス、 日本紀略

廿三日、定考 日本紀略 西宮記裏書 江次第

廿七日、祈雨奉幣、 日本紀略 園太暦

圓融上皇御惱、 小右記目錄 百錬抄

廿九日、圓融上皇御落餝アラセラル、 日本紀略 皇年代略記 一代要記 東寶記 元亨釋書

閏八月大 壬寅朔盡

二日、大納言藤原爲光、故女御忯子四十九日ノ法事ヲ修ス、 日本紀略 本朝文粹

六日、圓融法皇ニ度者百人ヲ奉ル、 小右記目錄

二十日、季御讀經、 日本紀略

廿三日、省試、 日本紀略

廿六日、野宮點地、 日本紀略

三十日、大嘗祭ニ依リテ大祓ヲ行フ、 日本紀略

九月小 壬申朔盡

一日、法皇、僧性空ヲ召シ給フ、 百錬抄

二日、齋宮濟子女王、左兵衞府ニ入リ給フ、 日本紀略

三日、大嘗祭ニ依リテ、御燈ヲ停ム、 日本紀略

八日、法皇、北野社ニ奉幣シ給フ、 小右記目錄 玉葉

九日、平座、 日本紀略

十一日、伊勢例幣、 日本紀略

十四日、大嘗祭御禊日時ヲ定ム、 日本紀略

右近中將藤原義懷ヲ參議ニ任ズ、 公卿補任

十九日、御物忌、 日本紀略

法皇、圓融院ニ遷御アラセラル、 扶桑略記 百錬抄 日本紀略

中宮、故參議源惟正ノ家ニ移御アラセラル、日本紀略

二十日、駒牽、樗嚢抄

中宮、御竈神ヲ二條宮ニ渡シ奉ル、日本紀略

廿一日、除目、幷ニ齋宮御禊點地、日本紀略

廿六日、齋宮濟子女王、野宮ニ入リ給フ、日本紀略

廿八日、盜、野宮ニ入ル、日本紀略

廿九日、醍醐天皇國忌、日本紀略

大嘗會ニ依リテ、大祓ヲ行フ、日本紀略

十月大盡 辛丑朔

一日、旬、日本紀略

法皇、石山寺ニ御幸アラセラル、石山寺緣起

五日、女官除目、幷ニ弓場始、日本紀略

七日、楞嚴院眞言堂ヲ御願寺トナス、叡岳要記

十一日、含嘉堂顚倒ス、日本紀略

十三日、直物、小除目、日本紀略

十四日、大嘗祭御禊裝束使等定、日本紀略

十五日、石淸水ニ奉幣ス、日本紀略

大嘗會御禊點地、日本紀略

十八日、賀茂社ニ奉幣ス、日本紀略

廿五日、大嘗會御禊、日本紀略 大嘗會御禊事記

三十日、大嘗祭ニ依リテ、大祓ヲ行フ、日本紀略

十一月小盡 辛未朔

二日、平野祭、春日祭、日本紀略

四日、大和近江兩國ノ惡徒ヲ追却ス、日本紀略

七日、宇佐使藤原中淸ニ餞ス、日本紀略

右兵衞佐藤原用光出家ス、日本紀略

九日、直物、日本紀略

十五日、一代一度大神寶使ヲ發遣ス、日本紀略

十九日、敍位、公卿補任

二十日、參議藤原公季等ヲ加階ス、公卿補任

廿一日、大嘗祭、皇年代略記 歷代編年集成 北山抄 百練抄 園太暦

廿九日、大嘗祭解齋大祓、日本紀略

十二月大盡 庚子朔

一日、女敍位、 日本紀略

五日、婉子女王ヲ女御トナス、 日本紀略 一代要記 大鏡裏書 榮華物語

七日、爲平親王ニ昇殿ヲ聽ス、 日本紀略

十日、御體御卜、 日本紀略

十一日、月次祭、神今食、 日本紀略

十四日、臨時祭試樂、 小右記目錄

十六日、賀茂臨時祭、 小右記目錄 日本紀略 大鏡

御乘馬アラセラル、 大鏡

二十日、東大寺雅慶ヲ權律師ニ任ズ、 僧綱補任

廿三日、光仁天皇國忌、 小右記目錄

廿四日、除目、 日本紀略 公卿補任

廿五日、故傳燈大法師元方ニ大僧都ヲ贈ル、 僧綱補任

廿七日、參議藤原義懷ヲ權中納言ニ任ズ、 公卿補任 愚管抄

廿九日、直物、 小右記目錄

是月、皇太后、觀音院ニ御參詣アラセラル、 西宮記

是歳、播磨守藤原秀孝、書寫山法華堂ヲ建立ス、 峯相記

村上天皇ノ女御徽子卒ス、 大鏡裏書 日本紀略 一代要記 三十六人歌仙傳 拾芥抄 河海抄 夜鶴庭訓抄 十訓抄 齋宮女御集 後拾遺和歌集 新古今和歌集 續詞花集 拾遺和歌集

寛和二年

正月小盡 庚午朔

二日、東宮大饗、 日本紀略

七日、白馬節會、 日本紀略

八日、御齋會、 日本紀略

十三日、資子內親王、御出家アラセラル、 日本紀略

十五日、權少僧都源信、往生要集等ヲ宋ノ周文德ニ贈ル、 往生要集 法華驗記

十六日、踏歌節會、 日本紀略

十七日、射禮、 日本紀略 本朝世紀

十八日、左京火事ニ依リテ賭射ヲ停ム、日本紀略
十九日、右京大屬眞髮部久鑒ノ見任ヲ解却ス、日本紀略 本朝世紀
廿一日、雷鳴、本朝世紀
廿五日、兼明親王中務卿ヲ辭ス、公卿補任
廿六日、除目始、日本紀略 本朝世紀
廿八日、地震、本朝世紀
參議藤原爲輔ヲ權中納言ト爲ス、其他任官差アリ、公卿補任
是月、右大臣兼家大饗ヲ行フ、後拾遺和歌集

二月大盡 己亥朔

十六日、列見、是日、官廳恠異アリ、日本紀略 本朝世紀
近江大津衣川邊ノ漁獵ヲ禁ズ、日本紀略
二十日、臨時奉幣、幷ニ大仁王會等日時定、本朝世紀
廿一日、石清水臨時祭調樂、小右記目錄
廿四日、火事、本朝世紀
廿六日、興福寺僧徒、備前守藤原理兼ノ濫行ヲ訴フ、日本紀略
職御曹司築垣頽ル、本朝世紀
京極大路西邊火アリ、本朝世紀
廿七日、官廳母屋ニ鴿入ル、本朝世紀
廿八日、左中辨藤原懷忠ヲ右大辨ニ轉ズ、公卿補任

三月大盡 己巳朔

三日、御燈、日本紀略 本朝世紀
四日、備前守藤原理兼、幷ニ鹿田莊家燒亡犯人等ヲ勘糺セシム、本朝世紀
五日、直物、日本紀略 小右記目錄 本朝世紀
右京前坊屬播磨和頼ノ宅等火ヲ失ス、本朝世紀
七日、東宮闘雞、日本紀略 本朝世紀
十日、左近馬場ヲ南北ニ改メシム、是日、臨時諸社御讀經等ノ宣旨ヲ下ス、本朝世紀 年中行事祕抄
十一日、僧綱召、僧綱補任 護持僧次第
十二日、石清水臨時祭試樂、小右記目錄
鷺、校書殿ニ集ルニ依リテ御占ヲ行フ、小右記目錄

十四日、石清水臨時祭、 本朝世紀 小右記目錄

有明親王ノ室藤原曉子出家ス、 日本紀略 尊卑分脈

十七日、桓武天皇國忌、 本朝世紀

十九日、宜陽殿鳴ル、 本朝世紀

法皇、仁和寺ニ遷御アラセラル、 圓融院御受戒記

參議大江齊光ヲシテ、御戒牒ノ狀ヲ作ラシム、 圓融院御受戒記

二十日、位祿目錄ヲ奏ス、 本朝世紀

廿一日、仁明天皇國忌、 本朝世紀

法皇、東大寺ニ御幸アラセラル、 日本紀略 本朝世紀 圓融院御受戒記

左馬權助藤原邦明出家ス、 本朝世紀

廿二日、法皇御受戒アラセラル、 日本紀略 天台座主記 圓融院御受戒記

武德殿上棟、 日本紀略 本朝世紀

廿三日、十二社ニ奉幣ス、 日本紀略 本朝世紀

法皇、圓融寺ニ還御アラセラル、 圓融院御受戒記

廿五日、侍從藤原相中出家ス、 日本紀略 本朝世紀

廿六日、皇太子、始テ朝覲シ給フ、 日本紀略 本朝世紀

法皇ノ女御詮子ヲ正三位ニ敍ス、 大鏡裏書 院號定部類記

廿七日、地震、 日本紀略 本朝世紀

廿九日、季御讀經定、 小右記目錄

估價法ヲ定ム、 日本紀略 本朝世紀 西宮記

四月小盡 己亥朔

一日、平座、 日本紀略 本朝世紀

權律師覺忍ヲ少僧都ニ任ズ、 護持僧次第

二日、雷鳴、是日、季御讀經結願、 本朝世紀 日本紀略

三日、贈皇太后懷子國忌、 本朝世紀

四日、廣瀨龍田祭、 日本紀略

七日、擬階奏、 日本紀略 本朝世紀

八日、神事ニ依リテ灌佛ヲ停ム、 日本紀略 本朝世紀

紫宸殿ニ於テ、馬寮ノ御馬ヲ御覽アラセラル、 本朝世紀

九日、五月節ヲ停ムル由ヲ諸司諸衛ニ仰ス、 日本紀略 本朝世紀

十日、平野祭、 日本紀略 本朝世紀

二十日、齋院御禊、 日本紀略 本朝世紀

廿二日、大內記慶滋保胤出家ス、 日本紀略 一代要記

廿三日、賀茂祭、 日本紀略

廿八日、雹降ル、 本朝世紀

撿非違使藤原爲長等ヲシテ、運上物ヲ撿封セシム、 日本紀略 本朝世紀

醍醐天皇ノ皇子盛明親王、出家シ給フ、 日本紀略 本朝世紀

廿九日、贈太皇太后安子國忌、 本朝世紀

五月大 戊辰朔盡

八日、盛明親王薨ズ、 扶桑略記 皇胤紹運錄 一代要記 日本紀略 河海抄 天祚禮記職掌錄 天延二年記 西宮記 源氏系圖 拾遺和歌集 新古今和歌集

十三日、中御門大路南邊火アリ、 本朝世紀

十五日、規子內親王薨ズ、 日本紀略 本朝世紀 小右記 一代要記 本朝皇胤系圖 齋宮女御集

十六日、大仁王會闕請定、 本朝世紀

十八日、大仁王會、 日本紀略 本朝世紀

二十日、賑給定、 本朝世紀

廿二日、規子內親王薨奏、 日本紀略 本朝世紀

廿五日、小五月會ヲ行フベキ由ヲ諸司諸衞ニ仰ス、 本朝世紀

廿六日、小五月會、 日本紀略 本朝世紀

廿七日、撿非違使着鈦勘文ヲ進ム、 西宮記

三十日、紫宸殿ニ於テ打毬ヲ御覽アラセラル、 日本紀略

六月小 戊戌朔盡

一日、霖雨ニ依リテ、御卜ヲ行フ、 日本紀略 本朝世紀

六日、法皇、仁和寺ニ於テ、競馬打毬等ヲ御覽アラセラル、 日本紀略

十日、御體御卜、 日本紀略 本朝世紀

十一日、月次祭、神今食、 日本紀略 本朝世紀

十六日、奉幣使諸陵使等ヲ定ム、 本朝世紀

十八日、右大將藤原濟時、白川ニ於テ八講ヲ修ス、

日本紀略　本朝世紀　枕草子

十九日、神祇官ニ齋王濟子内親王ニカヽル流言ノ實否ヲ祈求セシム、日本紀略　本朝世紀　歷代編年集成　十訓抄

左衞門大尉藤原爲長等ヲ糺問セシム、本朝世紀

廿二日、圓融寺御隨身所燒亡ス、日本紀略　本朝世紀

廿三日、潛ニ花山寺ニ幸シ給ヒ、御落飾アラセラル、本朝世紀　百練抄　歷代編年集成　扶桑略記　榮華物語　大鏡　江談抄　古事談　古今著聞集　拾芥抄

御製、後拾遺和歌集　詞花和歌集　新古今和歌集　續拾遺和歌集　新後拾遺和歌集　新千載和歌集

拾遺集ヲ撰ミ給フ、拾芥抄　三代集間事

國忌ヲ定ム、江次第抄

女房、幷ニ下女等ノ一裳ヲ禁ジ給フ、江談抄

醍醐山ニ御幸アラセラル、一切業集

大宰府兵仗ヲ帶スル者ナシ、江談抄

重光樂ヲ作ル、體源抄　續敎訓抄

騎馬ノ者狼籍ス、今昔物語

大納言藤原道綱ノ母　中古三十六人歌仙傳　勅撰和歌作者部類　蜻蛉日記　大鏡　拾遺和歌集　後拾遺和歌集　詞花和歌集　新古今和歌集　新勅撰和歌集　續後撰和歌集　續千載和歌集　續後拾遺和歌集

大膳大夫紀時文　勅撰和歌作者部類　紀氏系圖　拾芥抄　順集　中古三十六人歌仙傳　古今著聞集　續古今和歌集

醫博士丹波康頼　丹波氏系圖　一代要記　本朝書籍目錄　古事談　續古事談

陸奥守藤原爲長　勅撰和歌作者部類　尊卑分脈　小右記　拾遺和歌集　後拾遺和歌集

丹後掾曾禰好忠　大鏡裏書　中古三十六人歌仙傳　袋草子　拾遺和歌集　後拾遺和歌集　桐火桶　勅撰作者部類　詞花和歌集

僧惠慶　中古三十六人歌仙傳　拾遺和歌集　後拾遺和歌集　詞花和歌集　新古今和歌集　兼盛集　惠慶法師集　安法法師集

鍛冶延正　今昔物語

后妃、幷ニ皇子、簾中抄　扶桑略記　本朝皇胤紹運錄　榮華物語

一條天皇

寛和二年

六月

廿三日、受禪アラセラル、皇年代記 日本紀略 一代要記 踐祚部類抄 園太曆
太政大臣賴忠、關白ヲ罷ム、扶桑略記
右大臣兼家ヲ攝政ト爲ス、一代要記 公卿補任 葉黄記
散位藤原安親等ヲ藏人頭ニ補ス、職事補任
廿四日、中納言藤原義懷、藏人藤原惟成出家ス、日本紀略 公卿補任 歷代編年集成 十訓抄
廿八日、花山法皇、尊號ヲ辭シ給フ、日本紀略 一代要記 扶桑略記 古事談
攝政兼家ニ隨身ヲ賜フ、日本紀略 公卿補任

七月大 丁卯朔盡

一日、大祓、日本紀略
二日、御卽位由奉幣、日本紀略
四日、甘雨降ル、日本紀略 扶桑略記
五日、皇太后昌子內親王ヲ太皇太后ト爲シ、御生母女御詮子ヲ皇太后ト爲ス、日本紀略 扶桑略記 一代要記 大鏡裏書 中右記 權記 公卿補任
宮司除目、公卿補任 榮華物語
右史生酒部眞信ヲシテ、廳直ニ補セシム、類聚符宣抄
六日、地震、日本紀略
七日、花山法皇、和歌ヲ詠シ給フ、詞花和歌集
九日、皇太后入內、是日、權中納言藤原道隆ヲ正三位ニ敍ス、日本紀略 權記 攝關傳 大鏡
大宰府、宋商ノ來朝ヲ奏ス、扶桑略記
十三日、奈良ノ衆徒、大和守源賴親ノ罪科ヲ訴フ、一代要記
十四日、右大臣兼家上表ス、中右記
十五日、勅答アリ、中右記
十六日、皇太子ヲ立ツ、日本紀略 扶桑略記 立坊部類記 御遊抄
坊官除目、立坊部類記 公卿補任
攝政右大臣兼家ノ女綏子、東宮ニ入ル、皇年代記 大鏡 榮華物語
十七日、山陵使ヲ發遣ス、日本紀略
二十日、攝政兼家右大臣ヲ辭ス、公卿補任 職原抄

大納言藤原爲光ヲ右大臣ト爲ス、　日本紀略　公卿補任
藏人頭ヲ補ス、　公卿補任　職事補任
沙彌心覺天滿天神廟ニ賽ス、　本朝文粹
廿一日、敍位議、　日本紀略
宗子内親王薨ズ、　日本紀略　一代要記　皇胤系圖
廿二日、御即位アラセラル、　日本紀略　天祚禮記職掌錄　六條院御即位記　大鏡
敍位、　公卿補任
花山法皇、書寫山ニ御幸アラセラル、　日本紀略　朝野群載　書寫山緣起　後拾遺和歌集
廿四日、宗子内親王薨奏、　小右記目錄
廿五日、服御膳ヲ減ジ給フ、　日本紀略
廿六日、女敍位、　日本紀略　公卿補任

八月小 丁酉朔盡

一日、釋奠、　日本紀略
八日、萬機旬、　日本紀略
齋宮恭子女王卜定、　日本紀略　貴女抄
十一日、除目議、　日本紀略　小右記目錄
十五日、前攝津守源滿仲出家ス、　尊卑分脈　今昔物語
十六日、帶刀試、　立坊部類記
二十日、定考、　日本紀略
女敍位、幷ニ僧綱ヲ任ズ、　日本紀略　護持僧次第　僧綱補任
廿五日、大嘗會ノコトヲ定ム、　日本紀略
攝政兼家ヲ三宮ニ准ズ、　公卿補任　葉黃記　日本紀略　一代要記
廿六日、權中納言正三位藤原爲輔薨ズ、　小右記目錄　日本紀略　公卿補任　北山抄
廿七日、入宋僧奝然等ヲ召還セシム、　日本紀略

九月大 丙寅朔盡

二日、攝政第饗宴、　日本紀略
四日、大祓、　日本紀略
五日、大奉幣使ヲ發遣ス、是日、度緣宣旨ヲ延暦寺ニ下ス、　日本紀略
九日、上卿不參ニ依リテ、菊酒ノ下賜ヲ停ム、　古記

十六日、花山法皇、延暦寺ニ於テ御受戒アラセラル、 百練抄 日本紀略 榮華物語 古今著聞集

十七日、大嘗祭御禊事始、 日本紀略

十八日、季御讀經、 日本紀略

廿一日、小除目、 日本紀略 小右記目錄

廿九日、圓融法皇、石山ニ御幸アラセラル、 百練抄

十月小 丙申朔盡

三日、圓融法皇、崇福寺ニ御幸アラセラル、 百練抄

五日、射場始、 法曹類林

六日、太政大臣賴忠ニ隨身兵仗ヲ賜フ、 公卿補任

十日、圓融法皇、大井河ニ御幸アラセラル、 日本紀略 扶桑略記 百練抄 古事談 時中卿橫笛譜裏書

十一日、源相方ヲ正四位下ニ敍ス、 公卿補任

十二日、攝政兼家ヲ三公ノ上ニ列セシム、 公卿補任 攝關傳 葉黃記

十五日、參議藤原道兼ヲ權中納言ニ任ス、其他任官差アリ、 公卿補任

十六日、除目、 小右記目錄

二十日、惠心院ヲ御願寺ト爲ス、 天台座主記 慈惠大僧正傳

廿一日、攝政兼家ノ子道信元服ヲ加フ、 日本紀略 尊卑分脈

廿三日、大嘗會御禊、 大嘗會御禊事記 日本紀略 山槐記 御禊行幸服飾部類 永和大嘗會記

廿四日、中宮春季御讀經、 小右記目錄

廿五日、御卽位ノ由ヲ宇佐宮ニ告ゲ給フ、 日本紀略

備前守藤原理兼、火ヲ鹿田莊ニ放ツ、 朝野群載

廿六日、省試、 日本紀略 桂林遺芳抄

廿九日、大嘗祭大祓、 日本紀略

十一月大 乙丑朔盡

一日、三社ニ奉幣ス、 日本紀略

八日、平野祭、春日祭、 日本紀略

十日、敍位、是日、春日社鳴動ス、 日本紀略 扶桑略記

十五日、大嘗祭、 一代要記 歷代編年集成 小右記 公卿補任

十六日、辰日節會、日本紀略　北山抄

十七日、巳日節會、日本紀略

十八日、清暑堂御遊、御遊抄

敍位、公卿補任

二十日、備前守藤原理兼ヲ除名ス、朝野群載

廿一日、梅宮祭ヲ舊ニ復シテ行ハシム、年中行事抄

廿二日、女敍位、日本紀略

權中納言藤原道兼ヲ正三位ニ敍ス、公卿補任

廿四日、大原野祭、日本紀略

廿五日、梅宮祭、諸社根元記

廿六日、除目召仰、小右記目録

廿八日、除目、小右記目録

廿九日、除目延引、小右記目録

三十日、除目、小右記目録　類聚符宣抄

十二月小 乙未朔盡

五日、公卿分配ノ闕怠ヲ誡ム、類聚符宣抄

八日、御書始、大鏡裏書　河海抄　小右記　中右記　江次第

十二日、賀茂臨時祭、小右記目録

十七日、大原野ニ准ジテ吉田祭ヲ行ハシム、日本紀略　年中行事抄

中宮秋季御讀經、小右記目録

二十日、圓融院ニ行幸アラセラル、日本紀略

廿二日、敍位、公卿補任

廿五日、僧綱ヲ任ズ、日本紀略　僧綱補任　東寺長者補任　釋家初例抄　護持僧次第

僧都禪愉寂ス、歷代皇記

是月、參議源忠清ニ太皇太后宮權大夫ヲ兼ネシム、公卿補任

是歲、殿上歌合、袋草紙　拾遺和歌集　能宣集　詞花和歌集　續後撰和歌集　續古今和歌集　續後拾遺和歌集　新千載和歌集　新後拾遺和歌集

永延元年

正月大 甲子朔盡

一日、節會、日本紀略

二日、朝覲行幸アラセラル、榮華物語

東宮中宮大饗、日本紀略

五日、敍位議、日本紀略

七日、白馬節會、日本紀略

左大臣雅信ヲ從一位ニ敍ス、公卿補任

八日、御齋會、日本紀略

十六日、踏歌節會、日本紀略

十七日、射禮、日本紀略

十八日、賭弓、西宮記 北山抄 江次第

雨ニ依リテ、射遺ヲ停ム、日本紀略

十九日、攝政兼家、大饗ヲ行フ、日本紀略

二十日、左大臣雅信、大饗ヲ行フ、日本紀略

廿二日、右大臣爲光、大饗ヲ行フ、日本紀略

廿五日、政始、日本紀略 永昌記

除目、日本紀略

廿六日、直物、魚魯愚鈔

三十日、重ネテ兵仗ヲ禁ズ、日本紀略

是月、律師詮道寂ス、僧綱補任

二月小 甲午朔盡

二日、春日祭使ヲ發遣ス、日本紀略 榮華物語

三日、春日祭、日本紀略

四日、祈年祭、日本紀略

七日、中宮四條宮ニ還御ス、日本紀略

八日、園韓神祭、日本紀略

十一日、列見、日本紀略

僧奝然、宋ヨリ歸朝ス、日本紀略 百練抄 扶桑略記 歷代皇記 濫觴抄 古事談 元亨釋書 嵯峨淸凉寺緣起

十三日、若竿部首統忠ヲ參河八名郡主帳ニ任ズ、類聚符宣抄

十六日、故天台座主良源ニ諡號ヲ賜フ、日本紀略 天台座主記 東寺要集 朝野群載

故藤原時姫ニ正一位ヲ贈ル、日本紀略 大鏡裏書

始メテ淸凉殿ニ遷リ給フ、日本紀略 皇年代記

十九日、明法博士惟宗允正、章明親王ノ命ニ依リテ勘文ヲ上ル、政事要略

二十日、延暦寺ノ衆徒賀表ヲ上ル、　慈慧大僧正傳
廿五日、石清水臨時祭調樂、　小右記目錄

三月大盡 癸亥朔

三日、御燈、　日本紀略
五日、季御讀經、　日本紀略
新制十三箇條ヲ立ツ、　日本紀略　政事要略
慈德寺ニ阿闍梨五口ヲ置ク、　日本紀略
六日、檀那院ヲ御願寺トナス、　山門堂舍記
十一日、僧綱ヲ任ズ、　日本紀略　釋家初例抄　僧綱補任　東寺長者補任　大鏡裏書
武者ヲシテ、弓箭ヲ帶シテ、朱雀院ニ候セシム、　日本紀略
十六日、賀茂社發掘ノ古錢ニ依リテ御占ヲ行フ、　百練抄　日本紀略
十八日、石清水臨時祭試樂、　小右記目錄
二十日、石清水臨時祭、　日本紀略
廿一日、仁明天皇國忌、　西宮記　小右記目錄
臨時祭使還立、　西宮記　小右記目錄

廿三日、季御讀經、　日本紀略　小右記目錄
廿八日、攝政兼家、春日社ニ詣ス、　日本紀略

四月小盡 癸巳朔

一日、旬ヲ止ム、　日本紀略
盜、千手院ニ入ル、　東大寺別當次第
五日、永延ト改元ス、　日本紀略　皇代略記
十二日、盜、主稅寮ニ入ル、　扶桑略記
廿九日、圓融法皇、母后ノ御爲ニ法會ヲ修シ給フ、　日本紀略
是月、右少辨源時通出家ス、　職事補任

五月大盡 壬戌朔

五日、新制五箇條ヲ定ム、　日本紀略
十日、攝政兼家法華八講ヲ修ス、　日本紀略
十四日、律師勸詮寂ス、　僧綱補任
十七日、宮主、幷ニ東宮宮主ヲ補ス、　類聚符宣抄
十九日、僧綱ヲ任ズ、　日本紀略
廿一日、祈雨奉幣、　日本紀略

右大臣爲光、賀茂社ニ詣ス、 日本紀略

廿四日、大極殿ニ於テ、祈雨御讀經ヲ行フ、 日本紀略

神泉苑ニ於テ、請雨經法ヲ修ス、 日本紀略 祈雨日記

廿八日、大祓、 日本紀略

六大寺ノ僧ヲシテ、東大寺ニ於テ雨ヲ祈ラシム、 東大寺別當次第 東大寺要錄

廿九日、炎旱ニ依リテ、服御常膳ヲ減シ、大赦ヲ行フ、 日本紀略 扶桑略記

六月大 壬辰朔盡

一日、炎旱ニ依リテ、神泉苑ノ水ヲ漑ガシム、 日本紀略

三日、降雨、 日本紀略

廿九日、祈雨感應ニ依リテ、攝政兼家以下賀茂社ニ詣ス、 日本紀略

七月小 壬戌朔盡

十一日、參議源時中ニ左兵衛督ヲ兼ネシム、以下兼官差アリ、 公卿補任 中古三十六人歌仙傳

十二日、右兵衛督藤原遠度ヲ從三位ニ敍ス、 公卿補任

參議大江齊光式部大輔ヲ罷ム、 公卿補任

廿一日、相撲司別當宣下、 日本紀略 樗嚢抄

相撲試樂、 樗嚢抄

攝政兼家、東三條第ニ移ル、 日本紀略

廿六日、相撲內取美濃百姓ヲ召加フ、 日本紀略 樗嚢抄

廿七日、相撲召合、 日本紀略 江次第

廿八日、拔出、 日本紀略

公卿以下ヲシテ、封事ヲ上ラシム、 日本紀略

廿九日、大風雨、 日本紀略

八月大 辛卯朔盡

五日、始メテ北野祭ヲ行フ、 二十二社註式 柱史抄 菅家傳記 公事根源

七日、釋奠、 日本紀略

九日、攝政兼家ノ東三條第ニ於テ、相撲ヲ行フ、 日本紀略

十八日、法橋奝然ノ請ニ因リテ、愛宕山ヲ以テ五
臺山大清涼寺ト號ス、　花鳥餘情
二十日、皇太后、攝政兼家ノ東三條南第ニ移御ア
ラセラル、　日本紀略
廿一日、十八社ニ奉幣ス、　日本紀略
村上天皇ノ皇女保子內親王薨ズ、　日本紀略　一代要記
本朝皇胤紹運錄　榮華物語　齋宮女御集
廿七日、定考、　日本紀略
廿九日、攝政兼家、石清水ニ詣ス、　日本紀略

九月小 辛酉朔 盡

三日、御燈、　日本紀略
五日、直物、除目、　日本紀略　小右記目錄
七日、伊勢神人、國司姓闕ク清邦ヲ訴フ、　百練抄
九日、平座、　日本紀略
十一日、例幣、　日本紀略
十三日、齋宮恭子女王、野宮ニ入リ給フ、　日本紀略
二十日、皇太后入內アラセラル、是日、左近衛少將
藤原道長ヲ從三位ニ敍ス、　日本紀略　公卿補任
廿二日、大仁王會、　日本紀略　扶桑略記
廿三日、季御讀經、　日本紀略
廿五日、眞言院ニ於テ、童子ヲ得度セシム、　日本紀略
廿六日、小除目、　日本紀略　小右記目錄
藤原綏子ヲ尙侍ニ任ズ、　一代要記　大鏡裏書　河海抄
兼明親王薨ズ、　日本紀略　小右記目錄　公卿補任　新儀式　北
山抄　榮華物語　本朝文粹　尊卑分脈　拾芥抄　類聚句題抄　江談
抄　本朝麗藻　後拾遺和歌集　和漢朗詠集　新撰朗詠集　菅江詩說
袋草紙　源平盛衰記
廿七日、佛舍利ヲ諸社ニ奉ル、　日本紀略
左京大夫藤原道長ニ帶劒ヲ聽ス、　日本紀略　一代要記

十月大 庚寅朔 盡

一日、平座、　日本紀略
二日、圓融法皇、水尾寺ニ御幸アラセラル、　百練抄
七日、書寫山講堂供養、　書寫山緣起
十一日、行幸延引ニ依リテ、石清水賀茂兩社ニ奉

幣ス、　日本紀略

十四日、攝政兼家ノ第ニ行幸アラセラル、　皇年代記　日本紀略　江吏部集　榮華物語

角振神等ニ位階ヲ授ク、是日、右大臣正二位爲光ヲ從一位ニ敍ス、以下加敍差アリ、　公卿補任

十六日、儒士ヲシテ、試詩ヲ評定セシム、　日本紀略

廿一日、除目、　小右記目錄

廿六日、圓融法皇、奈良諸寺ヲ巡禮シ給フ、　日本紀略　百練抄　扶桑略記

宋商朱仁聰來著ス、　扶桑略記

是月、參議大江齊光左大辨ヲ辭ス、　公卿補任

十一月小 庚申朔 盡

二日、錢貨ヲ用ザルコトヲ誡ム、　日本紀略　百練抄

六日、參議正三位大江齊光薨ズ、　日本紀略　小右記目錄　公卿補任　朝野群載　大間成文抄　續本朝文粹　江談抄　齊光卿獻天聽書

八日、石清水ニ行幸アラセラル、　日本紀略　扶桑略記　榮華物語　石清水祠官系圖　僧綱補任　釋家初例抄

十一日、修理權大夫藤原安親ヲ參議ニ任ジ、左近衞權中將藤原實資ヲ藏人頭ニ補ス、　小右記目錄　公卿補任　職事補任　一代要記

十七日、大原野祭、　日本紀略

權中納言藤原道兼ヲ從二位ニ敍ス、　公卿補任

兵庫寮倉燒亡ス、　日本紀略　百練抄

十八日、園韓神祭、　日本紀略

十九日、鎭魂祭、　日本紀略

二十日、新嘗祭、　日本紀略

廿一日、豐明節會、　日本紀略

廿二日、東宮鎭魂祭、　日本紀略

廿五日、始メテ吉田祭ヲ行フ、　二十二社註式　諸社根元記　年中行事抄　大鏡裏書　濫觴抄　公事根源　大鏡

廿六日、賀茂臨時祭、　日本紀略　小右記目錄

廿七日、諸寺ヲシテ、錢貨ノ融通ヲ祈ラシム、　日本紀略

右近衞權中將藤原道綱ヲ從三位ニ敍ス、　公卿補任

十二月大盡 己丑朔

四日、兵庫寮ノ失火ニ依リテ、大祓ヲ行フ、日本紀略

五日、攝津掾秦春友ヲ同國史生ニ任ズ、類聚符宣抄

十日、御體御卜、日本紀略

十一日、月次祭、神今食、日本紀略

十二日、兵庫寮ノ失火ニ依リテ、七社ニ奉幣ス、日本紀略

十五日、賀茂社ニ行幸アラセラル、日本紀略 賀茂注進雜記

十六日、十九社ニ奉幣ス、日本紀略

左大臣雅信ノ女倫子、左京大夫藤原道長ニ嫁ス、尊卑分脈 榮華物語 拾遺和歌集 台記

十八日、兵庫寮ノ失火ニ依リテ、大赦ヲ行フ、日本紀略

十九日、御佛名、新古今和歌集

廿五日、但馬掾多治眞人廣光ヲ同國博士ニ任ズ、類聚符宣抄

廿七日、僧法仁等ヲ權律師ニ任ズ、僧綱補任

是歲、北野寶殿ヲ改造ス、扶桑略記 百練抄

少僧都湛昭寂ス、扶桑略記 東大寺別當次第

永延二年

正月小盡 己未朔

一日、小朝拜、節會、日本紀略 妙音院相國白馬節會次第

二日、二宮大饗、日本紀略

三日、朝覲行幸アラセラル、榮華物語

六日、敍位儀、日本紀略

七日、白馬節會、日本紀略

八日、御齋會、日本紀略

權大納言藤原濟時ヲ正二位ニ敍ス、公卿補任

十五日、左近衞權少將藤原伊周ニ禁色ヲ聽ス、日本紀略

十六日、踏歌節會、日本紀略

十七日、射禮延引、日本紀略

廿日、攝政兼家大饗ヲ行フ、日本紀略

廿一日、左大臣雅信大饗ヲ行フ、日本紀略

廿三日、右大臣爲光大饗ヲ行フ、日本紀略
廿八日、除目、日本紀略
廿九日、大納言藤原朝光ニ按察使ヲ兼ネシム、其他任官差アリ、公卿補任 寺門高僧記
非參議源泰淸ヲ從三位ニ敍ス、公卿補任

二月大 戊子朔盡

一日、除目召名、日本紀略
四日、祈年祭、幷ニ大原野祭、日本紀略
七日、大學寮諸堂落成ス、日本紀略 百練抄
八日、僧奝然ノ弟子僧、幷ニ宋僧ヲ宋ニ遣ス、日本紀略 扶桑略記
十日、釋奠、日本紀略
十一日、列見、日本紀略
十三日、按察使任符ヲ陸奥出羽等ニ下ス、類聚符宣抄
廿一日、參議正三位源忠淸薨ズ、日本紀略 公卿補任
廿五日、多治眞人廣光任符ヲ但馬ニ下ス、類聚符宣抄

秦春友任符ヲ攝津ニ下ス、類聚符宣抄
廿七日、參議源伊陟等兼任差アリ、小右記目錄 公卿補任
左大辨藤原懷忠ヲ藏人頭ニ補ス、職事補任

三月小 戊午朔盡

三日、御燈、日本紀略
權中納言藤原道長、文人ヲ會シテ庚申ヲ守ル、江吏部集
十三日、石淸水臨時祭、日本紀略 小右記目錄
十六日、攝政兼家、法性寺ニ於テ、六十算ヲ賀ス、日本紀略
二十日、圓融法皇、圓融寺塔ヲ供養シ給フ、日本紀略
廿一日、季御讀經、日本紀略
廿四日、攝政兼家ノ六十ノ賀ニ依リテ、諷誦ヲ六十箇寺ニ修セシム、日本紀略 花鳥餘情
廿五日、攝政兼家ニ輦車ヲ聽ス、日本紀略 公卿補任
常寧殿ニ於テ、攝政兼家ノ六十ノ賀ヲ行フ、百練

抄　日本紀略　花鳥餘情　大鏡
廿六日、右大臣爲光、法住寺堂ヲ供養ス、 日本紀略
扶桑略記
廿八日、攝政兼家、賀算ノ後宴ヲ行フ、 日本紀略

四月大 丁亥朔盡

一日、平座、 日本紀略
二日、小除目、 日本紀略　小右記目錄
七日、擬階奏、 日本紀略
八日、御物忌ニ依リテ、灌佛ヲ停ム、 日本紀略
十日、平野祭、 日本紀略
十一日、梅宮祭、 日本紀略　伊呂波字類抄　公事根源
十三日、穴太道忠ヲ大膳職官人代ニ補ス、 類聚符宣抄
十四日、吉田祭、 日本紀略
諸祭使ノ奢僭ヲ禁ズ、 政事要略
二十日、齋院選子內親王御禊、 日本紀略　百練抄
廿一日、警固、 日本紀略
廿二日、攝政兼家、賀茂社ニ詣ス、 日本紀略　賀茂注進
雜記

廿三日、賀茂祭、 日本紀略
廿六日、攝政兼家ノ賀算ニ依リテ、六十社ニ奉幣
ス、 日本紀略
前參河守大江定基出家シ、入道寂照ト曰フ、 百練
抄　一代要記　續本朝往生傳　今昔物語　源平盛衰記　十訓抄
廿八日、大中臣宣茂ヲ伊勢大宮司ニ補ス、 類聚符宣
抄

五月小 丁巳朔盡

九日、伊豆直厚正ヲ伊豆田方郡少領ニ任ズ、 類聚
符宣抄
十日、大和橘山變動アリ、 百練抄
十六日、厨家案主正利ヲシテ、文殿役ヲ兼ネシ
ム、 類聚符宣抄
二十日、仁王會ニ依リテ、大祓ヲ行フ、 日本紀略
廿四日、仁王會、 日本紀略
廿七日、東宮御惱、 小右記目錄

閏五月大 丙戌朔盡

八日、強盜藤原道風、前越前守藤原景齊等ノ第ニ入ル、 日本紀略

十九日、伊豆直厚正ノ任符ヲ伊豆ニ下ス、 類聚符宣抄

廿三日、朱雀院ノ警固ヲ停ム、 日本紀略

六月小 丙辰朔盡

二日、僧徒從者ノ制ヲ踰ユルヲ禁ズ、 朝野群載

十一日、月次祭、神今食、 日本紀略

十三日、賊首藤原保輔ヲ追捕ス、 日本紀略 百練抄

十四日、律師雅慶ヲ東寺長者ニ任ズ、 東寺長者補任

十七日、藤原保輔獄中ニ死ス、 日本紀略 小右記 尊卑分脈 江談抄 續古事談 宇治拾遺物語

七月大 乙酉朔盡

三日、足羽忠俊ヲ右馬寮ノ醫師ト爲ス、 日本紀略

廿一日、大祓、 日本紀略

廿三日、仁王會、 日本紀略

若干部首統忠ノ任符ヲ參河ニ下ス、 類聚符宣抄

廿六日、相撲內取、 日本紀略

廿八日、相撲召合、 日本紀略

奢僭ヲ禁ズ、 日本紀略

廿九日、追相撲、 日本紀略

八月大 乙卯朔盡

三日、圓融法皇御灌頂、 東寶記 歷代編年集成 東要記

十一日、定考、 日本紀略

廿三日、齋宮群行ニ依リ、近江伊勢等ヲシテ、來月ヲ齋月ト爲サシム、 類聚符宣抄

廿八日、圓融法皇御灌頂、 東寶記 新勅撰和歌集

廿九日、除目、 小右記目錄

是月、權大納言藤原道兼ノ男福足死ス、 榮華物語

九月小 乙酉朔盡

三日、齋宮群行ニ依リテ御燈ヲ停ム、 日本紀略 小右記目錄

六日、熒惑大微ヲ犯ス、 日本紀略

十五日、齋宮寮除目、 日本紀略

陸奥交易貢進ノ御馬ヲ擇バシム、 本朝世紀

十六日、攝政兼家、新造ノ第ニ於テ宴ヲ行フ、 日本紀略 百練抄

二十日、齋宮群行、 日本紀略

十月大 甲寅朔盡

三日、直物、小除目、 小右記目錄

十三日、永平親王薨ズ、 日本紀略 尊卑分脈 大鏡裏書 榮華物語 大鏡

十七日、季御讀經、 小右記目錄

廿五日、中宮季御讀經、 小右記目錄

廿七日、圓融法皇、攝政兼家ノ新造ノ第ニ御幸アラセラル、 日本紀略

廿八日、圓融法皇、延暦寺ニ御幸アラセラル、 日本紀略

廿九日、圓融法皇御受戒、 東寶記 日本紀略 皇年代記 歴代編年集成 扶桑略記 百練抄 天台座主記

三十日、圓融法皇、花山法皇ヲ訪ヒ給フ、 日本紀略

十一月大 甲申朔盡

一日、平野祭、 日本紀略

二日、梅宮祭、 日本紀略

七日、二條第ニ於テ、攝政兼家ノ賀算ヲ行フ、 日本紀略

十三日、吉田祭、 日本紀略

十七日、大原野祭、 日本紀略

十九日、薨奏以前、神事ヲ行フベキヤ否ヲ議ス、 小右記目錄

廿三日、永平親王薨奏、 小右記目錄

十二月小 甲寅朔盡

二日、少僧都興良寂ス、 扶桑略記 僧綱補任 護持僧次第

五日、賀茂臨時祭試樂、 日本紀略 小右記目錄

七日、賀茂臨時祭、 日本紀略

十日、御體御卜、 日本紀略

十一日、月次祭、神今食、 日本紀略

十八日、中宮季御讀經、 小右記目錄

十九日、右中辨平惟仲ヲ近江權介ニ任ズ、類聚符宣抄

二十日、御佛名、日本紀略

是歳、延暦寺ノ訴ニ依リテ、愛宕山ノ戒壇ヲ建ツルヲ停ム、歴代編年集成

僧性空、圓敎寺ヲ建ツ、扶桑略記 濫觴抄 日本運上錄

永祚元年

正月小 癸未朔 盡

一日、御藥ヲ供ス、小右記

小朝拜、節會、日本紀略 小右記

五日、敍位議、日本紀略 小右記

六日、御惱ニ依リテ、御占ヲ行フ、小右記

七日、白馬節會、日本紀略 小右記

八日、御齋會、日本紀略

權律師覺慶等ヲシテ、不動法ヲ修セシム、是日、左大臣雅信上表ス、小右記

十一日、圓融法皇御所ヲ行ハセラル、小右記

十四日、御齋會內論義、小右記

十六日、踏歌節會、日本紀略 小右記

十七日、射禮、日本紀略

十八日、射遺、日本紀略

賭弓延引、小右記

受領功課ヲ定ム、小右記

二十日、賭弓、小右記

廿一日、圓融法皇、石淸水ニ御幸アラセラル、小右記

廿二日、攝政兼家、大饗ヲ行フ、日本紀略 小右記 榮華物語

廿三日、右大臣爲光、大饗ヲ行フ、日本紀略 小右記

廿四日、暴風、小右記

廿七日、除目、日本紀略 小右記 公卿補任

廿九日、御修法、小右記

二月大 壬子朔 盡

一日、除目、日本紀略 小右記

三日、權大納言藤原道隆ニ、任大臣兼宣旨ヲ下ス、 日本紀略 小右記

四日、祈年祭、 日本紀略

大原野祭、 小右記

五日、春日行幸、幷ニ朝覲行幸ノ事ヲ定ム、 日本紀略 小右記

尾張百姓、守藤原元命ノ非法ヲ訴フ、是日、之ヲ定ム、 日本紀略 百練抄

八日、右大臣爲光、春日社ニ詣ス、 日本紀略 小右記

九日、春日祭、 日本紀略

十日、內藏寮曹司燒亡ス、 小右記

十一日、列見、 日本紀略

中宮御惱、 小右記

尊勝法泰山府君祭等ヲ行ハシム、 小右記

十六日、朝覲行幸アラセラル、 小右記 榮華物語 續古事談

十八日、石清水臨時祭、幷ニ春日行幸等ノ舞人ヲ定ム、 小右記

廿三日、權大納言藤原道隆ヲ內大臣ニ任ス、以下任官差アリ、 日本紀略 小右記 公卿補任 職事補任

廿四日、園韓神祭、 日本紀略

廿六日、祈年穀奉幣、是日、圓融寺ニ行幸アラセラレ、法皇ニ覲シ給フ、 日本紀略

廿八日、攝政兼家賀茂社ニ詣ス、 日本紀略 小右記

三十日、圓融法皇河臨御禊、是日、故備中守藤原棟利ノ第燒亡ス、 小右記

三月小 壬午朔盡

二日、近江權介平惟仲ニ任符ヲ下ス、

三日、御燈、 日本紀略

四日、權大納言藤原道兼ニ皇太后宮大夫ヲ兼ネシメ、以下兼任差アリ、 公卿補任 日本紀略 小右記

僧綱召、 小右記 僧綱補任

七日、參議藤原時光ヲ加階ス、 公卿補任

入道寂照、入宋センコトヲ請フ、 日本紀略

八日、直物、小除目、　小右記

九日、圓融法皇、東寺ニ於テ御灌頂アラセラル、　日本紀略　小右記　三僧記類聚　東寶記　神皇正統記

十三日、石淸水臨時祭、是日、從三位藤原遠度出家ス、　小右記　日本紀略

春日行幸ヲ延引ス、　小右記

十六日、大祓、　日本紀略　小右記

十九日、位記請印、是日、天滿天神託宣アリ、　小右記

右大辨正四位下源致方卒ス、　小右記　源氏系圖　職事補任　拾遺和歌集

二十日、春日行幸試樂、　小右記

廿一日、仁明天皇國忌、　小右記

廿二日、春日社ニ行幸アラセラル、　日本紀略　小右記　玉葉　濫觴抄　續後拾遺和歌集

廿三日、還御アラセラル、　日本紀略　小右記

權大僧都元杲ヲ大僧都ト爲ス、以下補任差アリ、　僧綱補任

廿四日、入道從三位藤原遠度薨ズ、　日本紀略　尊卑分脈　職事補任　公卿補任　小右記

廿八日、季御讀經、　日本紀略

臨時奉幣延引、　西宮記

四月小　辛亥朔　盡

一日、旬平座、　日本紀略

尾張守藤原文信、安倍正國ノ爲ニ刄傷セラル、　小右記

四日、廣瀨龍田祭、　日本紀略

五日、敍位、幷ニ除目、　日本紀略　小右記　公卿補任

六日、犯罪人安倍正國ヲ捕フ、　小右記

七日、擬階奏延引、　日本紀略

八日、神事ニ依リテ、灌佛ヲ止ム、　日本紀略　小右記

競馬、　裝束抄

十日、平野祭、　日本紀略

十一日、擬階奏、　日本紀略

十四日、吉田祭、　日本紀略　小右記

二十日、齋院御禊、 日本紀略 小右記

廿二日、警固、是日、圓融法皇、賀茂社ニ御祈誓アラセラル、 小右記

廿三日、賀茂祭、 日本紀略 小右記

廿四日、解陣、 日本紀略

賀茂祭使還立、 小右記

廿五日、馬場殿競馬、小右記

傳燈大法師位貴慶ヲ天台座主ニ補ス、 朝野群載

廿六日、雷鳴、 小右記

廿八日、攝政第競馬、 日本紀略 小右記

廿九日、贈太皇太后安子國忌、 小右記

五月大盡 庚辰朔

五日、復任除目、 小右記

七日、僧綱ヲ任ズ、 日本紀略 小右記 僧綱補任

九日、故右大辨源致方ノ七々日法事ヲ修ス、 小右記

十一日、法性寺ニ阿闍梨ヲ加ヘ置ク、 日本紀略 僧綱補任

復任除目、 小右記目錄

十三日、獄囚ヲ免ズ、 小右記

十七日、太政官、幷ニ左右辨官廳宣ニ依リテ、史生等ヲ内官主典ニ任ゼシム、 類聚符宣抄

二十日、文人等、大納言藤原朝光ノ山荘ニ於テ詩ヲ賦ス、 江吏部集

廿一日、厨家案主淡海安延ヲシテ、文殿役ヲ兼任セシム、 類聚符宣抄

廿二日、仁王會ニ依リテ、大祓ヲ行フ、 日本紀略

廿三日、臨時仁王會、 日本紀略 小右記

廿五日、村上天皇國忌、 小右記

攝政兼家ノ第ニ於テ、兒童五十六人出家ス、 小右記

廿六日、大雨大雷、是日、圓融法皇息災ヲ石清水社ニ祈ラセラル、 小右記

廿八日、奉幣使幷ニ賑給使定、 小右記

廿九日、位記請印、 小右記

花山法皇ノ女御姚子卒ス、 小右記 尊卑分脈 一代要記 榮華物語

阿闍梨清胤ヲ權律師ニ任ズ、 小右記 僧綱補任

始メテ五臺山阿闍梨ヲ補ス、 小右記

六月小盡 庚戌朔

七日、十一社ニ奉幣ス、 日本紀略 小右記

十日、御體御卜、 小右記

十二日、衞府官人等ノ見任ヲ解却ス、 小右記

十七日、攝政兼家、比叡山ニ登リ法會ヲ修ス、 日本紀略 小右記

十八日、瀧口ノ恪勤セザル者ヲ停ム、 小右記

十九日、賀茂社前ノ大樹顚倒シ、恠異アリ、 日本紀略 百練抄

廿一日、暴雨大雷、 小右記

廿二日、御讀經竟ル、 日本紀略

藏人所ニ於テ、御占ヲ行フ、 小右記

廿三日、大納言藤原朝光上表シテ左大將ヲ辭ス、 小右記

廿四日、皇太后御惱ニ依リテ、非常赦ヲ行フ、 日本紀略 小右記

左大將藤原朝光ノ辭表ヲ返還ス、 小右記

廿五日、軒廊御卜、幷ニ諸社使ヲ定ム、 小右記

大納言藤原朝光、重テ左大將ヲ辭ス、 日本紀略 公卿補任

廿六日、太政大臣從一位藤原賴忠薨ズ、 日本紀略 愚管抄 榮華物語 小右記 公卿補任 大鏡 北山抄 本朝文粹 拾芥抄 禁祕抄 拾遺和歌集 新拾遺和歌集 公任卿集

僧都清胤ヲ四天王寺別當ニ補ス、 天王寺別當次第

廿七日、故太政大臣賴忠ヲ葬ル、 小右記

廿八日、大祓、 日本紀略

廿九日、大祓、 日本紀略

是月、彗星見ル、 日本紀略

疫癘ニ依リテ、仁王經ヲ轉讀セシム、 小右記

七月大盡 己卯朔

十日、法橋奝然ヲ東大寺別當ニ補ス、 東大寺別當次第

十二日、彗星見ル、 一代要記 中右記 諸道勘文 日本紀略

十三日、內大臣道隆ニ左近衞大將ヲ兼ネシム、以下任官差アリ、 小右記目錄 公卿補任 職事補任 官職祕抄

二十日、故太政大臣頼忠ノ薨奏、 小右記

故太政大臣頼忠ノ贈位諡號、固關、 日本紀略 小右記目錄

廿二日、藤原貞正等ヲ尋ネ捕ヘシム、 日本紀略

廿三日、盲僧眞救、率都婆ヲ供養ス、 本朝文粋

廿九日、相撲召合、 日本紀略 壒嚢抄

是月、左大臣雅信ニ牛車ヲ聽ス、 公卿補任

八月大 己酉朔盡

二日、相撲拔出、 日本紀略 壒嚢抄

治部卿從三位藤原尹忠薨ズ、 日本紀略 尊卑分脈 公卿補任

三日、日三方ニ出ヅ、 百練抄 日本運上錄

八日、永祚ト改元ス、 日本紀略 諸道勘文 改元部類 永昌記

九日、釋奠、 日本紀略

十一日、故太政大臣頼忠七々日法會、 日本紀略 小右記目錄

大僧都圓賀寂ス、 日本紀略 護持僧次第 僧綱補任

十三日、大雨洪水、 日本紀略 扶桑略記 歴代編年集成 東大寺要錄 諸道勘文 如是院年代記 今昔物語 撰集抄 類聚符宣抄 本朝世記 左經記

十四日、顚倒門廊等修造定、 日本紀略

十五日、石清水放生會ヲ停ム、 歴代編年集成

十七日、天變怪異、幷ニ霖雨ニ依リテ、伊勢以下諸社ニ奉幣ス、 日本紀略 西宮記

十九日、定考、幷ニ駒牽、 日本紀略 壒嚢抄

廿五日、大祓、 日本紀略

廿六日、復任除目、 小右記目錄

九月九 己卯朔盡

三日、御燈、 日本紀略

四日、竹生島ニ於テ、法華三昧ヲ行フ、 竹生島緣起

七日、大風ニ依リテ、諸社ニ奉幣ス、 日本紀略

八日、天台座主尋禪上表ス、 天台座主記 釋家初例抄

九日、平座、 日本紀略

十一日、伊勢例幣、 日本紀略

十八日、僧綱ヲ任ズ、 僧綱補任

廿三日、仁王會、 日本紀略

廿六日、攝政兼家、率堵婆ヲ吉田ニ立ツ、 日本紀略

廿九日、季御讀經、 小右記目録

大僧都餘慶ヲ天台座主ニ任ズ、 日本紀略 天台座主記 天台座主次第 百練抄 寺門高僧記

是月、尚侍綏子出家ス、 一代要記 大鏡 大鏡裏書 皇年代記

十月小 己酉朔盡

一日、旬平座、 日本紀略

二日、山僧ノ罪科ヲ定ム、 日本紀略

權僧正尋禪ニ封戸ヲ賜フ、 日本紀略 山門堂舍記

四日、重テ天台座主餘慶ニ宣命ヲ賜フ、 歴代編年集成 天台座主記

五日、參議藤原懷忠等ヲ加叙ス、 公卿補任

右大辨從四位下菅原資忠卒ス、 菅原氏系圖 粟田左府尚齒會詩 本朝麗藻 類聚句題抄

八日、左近衞權中將藤原道頼ヲ藏人頭ニ補ス、 職事補任 公卿補任

十五日、石清水放生會、 歴代編年集成

十六日、清涼殿ニ移御アラセラル、 一代要記

二十日、弓場始、 日本紀略

廿一日、甲斐講師平世ヲシテ、御願ヲ勤修セシム、 政事要略

廿三日、御讀經、日本紀略

班符未ダ下ザル間、尾張租帳ヲ勘濟セシム、 政事要略

廿六日、大僧正寛朝、遍照寺ヲ供養ス、 日本紀略

廿七日、擬文章生ノ詩ヲ召ス、 日本紀略

廿九日、山僧等ノ罪科ヲ免ズ、 日本紀略 天台座主記 元亨釋書

十一月大 戊寅朔盡

一日、左中辨正五位上藤原惟成卒ス、 尊卑分脈 大鏡裏書 職事補任 江談抄 日本紀略 古今著聞集 古事談 百練抄 榮華物語 扶桑略記 本朝麗藻 類聚句題抄 新撰朗詠集 拾遺和歌集 新勅撰和歌集 新千載和歌集

三日、權少僧都千到寂ス、日本紀略 僧綱補任
七日、平野祭、春日祭、日本紀略
十日、僧妙空寂ス、叡岳要記 古事談
十三日、鎭魂祭、日本紀略
十四日、新嘗祭、日本紀略
十五日、豐明節會 日本紀略
十六日、東宮鎭魂祭、日本紀略
二十日、賀茂臨時祭、小右記目錄 日本紀略
廿一日、爲尊親王、元服アラセラル、日本紀略 御遊抄
廿二日、內大臣道隆ノ男伊周元服ス、日本紀略
廿三日、大原野祭、鬪爭ニ依リテ延引ス、日本紀略
廿六日、大原野祭鬪爭ニ依リテ御トヲ行フ、日本紀略 年中行事祕抄
廿七日、除目、日本紀略 小右記目錄
廿八日、權中納言源伊陟ニ太皇太后宮權大夫ヲ兼ネシム、公卿補任

十二月大盡 戊申朔

二日、爲尊親王ヲ四品ニ敍シ、帶劒ヲ聽ス、日本紀略 蛙抄
八日、大原野祭停止ニ依リテ、御祓ヲ行フ、日本紀略 年中行事祕抄
十一日、月次祭、神今食、日本紀略
十九日、勘解由使ヲシテ、功課欠負ヲ注進セシム、政事要略
二十日、攝政兼家ヲ太政大臣ニ任ズ、日本紀略 公卿補任 中右記 小右記 初任大臣大饗雜例
天台座主餘慶ヲ罷ム、天台座主記 歷代皇記 扶桑略記
廿五日、御元服ノコトヲ伊勢ニ告グ、日本紀略 西宮記
法琳寺別當譽好寂ス、法琳寺別當補任
廿六日、直物、日本紀略
廿七日、荷前、日本紀略
御元服ノコトヲ山陵ニ告グ、江次第 西宮記 樗嚢抄
少僧都陽生ヲ天台座主ニ任ズ、日本紀略 歷代編年集成 天台座主記 天台座主次第

僧綱ヲ任ズ、日本紀略 天台座主記 僧綱補任 歴代皇記 大鏡裏書 東寺長者補任

是月、律師觀命寂ス、僧綱補任 寳幢院撿挍次第

正暦元年

正月小 戊寅朔盡

五日、御元服アラセラル、日本紀略 御遊抄 北山抄 小右記

七日、白馬節會、日本紀略

御元服後宴、大赦ヲ行フ、天子冠禮部類 日本紀略 西宮記 北山抄 御元服雜抄

權中納言藤原道長等加敍、公卿補任

十一日、朝覲行幸アラセラル、是日、右兵衛督藤原高遠ヲ從三位ニ敍シ、仁和寺別當濟信ヲ權律師ニ任ズ、日本紀略 百練抄 玉蘂 續古事談 公卿補任 中古三十六人歌仙傳 東寺長者補任 釋家初例抄

十六日、踏歌節會、台記

廿五日、內大臣道隆ノ女定子入內ス、日本紀略 大鏡裏書 權記 婚記

廿九日、權中納言源伊陟等兼任差アリ、公卿補任

是月、攝政兼家、二條院ニ於テ大饗ヲ行フ、榮華物語

二月小 丁未朔盡

二日、西寺火アリ、日本紀略 江次第

十一日、列見、左經記

藤原定子ヲ女御ト爲ス、日本紀略 大鏡裏書 一代要記 榮華物語

十四日、妙音院ヲ御願寺ト爲ス、院司供僧ヲ補シ、年分度者ヲ置ク、山門堂舍記

權僧正尋禪、封戸ヲ妙音院ニ寄ス、日本紀略 山門堂舍記

十七日、前天台座主尋禪寂ス、天台座主記 僧綱補任 釋家初例抄 尊卑分脈 楞嚴院撿挍次第 歴代皇記 大鏡 續本朝往生傳 大雲寺緣起

廿二日、參議兼任ノ遙授國司ノ公廨等、返抄ヲ以テ公文ヲ勘會セシム、政事要略

廿三日、近衛次將兼任ノ遙授國司ノ公廨等、返抄ヲ以テ公文ヲ勘會セシム、政事要略

釆女勝子、職ヲ姪徳子ニ讓ランコトヲ請フ、 朝野群載

廿五日、傳燈大法師位賴算ヲ東寺定額僧ト爲ス、 朝野群載

是月、丹波守從五位上藤原貞嗣卒ス、 尊卑分脈 續古事談

三月大 丙子朔盡

五日、明法得業生惟宗輔政ヲ課試セシム、 類聚符宣抄

十七日、攝政兼家、上表シテ官職、幷ニ封戸ヲ辭ス、 本朝文粹

十九日、石淸水臨時祭、 小右記目錄

東大寺別當平崇、正法院ヲ供養ス、 東大寺要錄

二十日、圓融法皇、圓融寺五重塔ヲ供養セラル、 扶桑略記 濫觴抄

四月小 丙午朔盡

一日、賀茂祭使等ノ奢僭ヲ禁ジ、典侍車前駈ノ數ヲ定ム、 政事要略

十八日、法琳寺別當妙鑒寂ス、 法琳寺別當補任

廿一日、季御讀經、 小右記目錄

攝政兼家重テ上表ス、 本朝文粹

廿八日、資子內親王、母后ノ爲ニ法華八講ヲ修シ給フ、 日本紀略

五月小 乙亥朔盡

五日、攝政兼家ヲ關白ト爲ス、 百練抄 河海抄 日本紀略 本朝文粹

八日、關白兼家出家ス、內大臣道隆ヲ關白ト爲ス、 日本紀略 公卿補任 神皇正統記

十日、前關白兼家、二條第ヲ佛寺ト爲ス、 一代要記 日本紀略 榮華物語 門葉記抄

十二日、大赦、是日、前關白兼家ニ度者ヲ賜フ、 日本紀略

十三日、左近衞中將藤原道賴ヲ參議ニ任ズ、 公卿補任

十四日、右大辨藤原有國ヲ藏人頭ニ補ス、 職事補任 公卿補任

廿三日、前關白兼家ヲ三宮ニ准ジ、封戸ヲ加給ス、

一代要記　日本紀略　公卿補任　平家物語

廿五日、關白道隆ニ牛車ヲ聽ス、　日本紀略

廿六日、關白道隆ヲ攝政ト爲ス、　日本紀略　公卿補任　上卿故實

廿八日、圓融法皇、御修行アラセラル、　日本紀略

六月大甲辰朔盡

一日、攝政道隆ニ隨身牛車ヲ聽ス、　日本紀略　公卿補任

大納言藤原濟時等兼任差アリ、　日本紀略　公卿補任

三日、僧綱ヲ任ス、　僧綱補任

二十日、左衞門佐從五位上高階敏忠卒ス、　高階氏系圖　小右記目錄

廿八日、御藥、　日本紀略　百練抄

是月、前關白兼家、封戶、准三后ヲ辭ス、　本朝文粹

肥後守從五位上淸原元輔卒ス、　三十六人歌仙傳　勅撰作者部類　拾芥抄　順集　八雲抄　今昔物語　袋草紙　撰集抄　拾遺和歌集　後拾遺和歌集　新古今和歌集　續詞花和歌集　元輔集　檜垣嫗集

七月小甲戌朔盡

二日、前關白從一位藤原兼家薨ズ、　日本紀略　百練抄　公卿補任　大鏡　愚管抄　榮華物語　源平盛衰記　拾遺和歌集　古事談　續古事談　江談抄　本朝文粹　後拾遺和歌集　小大君集　今昔物語

四日、廣瀨龍田祭、　小右記

七日、乞巧奠、　年中行事祕抄　年中行事抄

九日、前關白兼家ヲ葬ル、　小右記目錄　本朝世紀　古今著聞集

十三日、固關、　本朝世紀

十五日、左大臣雅信ニ牛車ヲ聽ス、前關白兼家ノ薨奏アリ、御錫紵ヲ服シ給フ、　本朝世紀　小右記目錄

廿三日、開關、　本朝世紀

廿八日、除目、　本朝世紀

廿九日、皇太后式曹司ニ行啓アル　ベキ旨ヲ官人ニ命ズ、　本朝世紀

是月、內藏頭平惟仲ヲ右大辨ニ任ズ、　公卿補任

八月大癸卯朔盡

二日、恠鳥、南殿ノ前ニ來ル、　日本紀略

四日、積善寺ニ阿闍梨ヲ置ク、日本紀略
五日、前關白兼家薨後始テ政ヲ行フ、本朝世紀
陸奥交易貢進ノ御馬ヲ擇バシム、本朝世紀
六日、御惱平愈シ給フ、日本紀略
十一日、開關、日本紀略 本朝世紀
十二日、雷鳴暴雨、前關白兼家ノ七々日法會ヲ修ス、日本紀略 本朝世紀 小右記目錄
十五日、釋奠、日本紀略 本朝世紀 小右記
十六日、御藥、小右記目錄
信濃勅使駒牽、日本紀略 本朝世紀
十七日、位記召給、本朝世紀
廿二日、伊勢以下諸社ニ奉幣ス、日本紀略
廿四日、仁王會、日本紀略
廿六日、光孝天皇國忌、日本紀略
廿七日、定考、日本紀略 本朝世紀 西宮記
廿八日、大風洪水、日本紀略 本朝世紀
廿九日、除目、日本紀略 小右記目錄 本朝世紀
播磨守源清延ヲ從三位ニ敍ス、公卿補任
三十日、參議藤原實資等ヲ加階ス、公卿補任 小右記目錄

九月大 癸酉朔盡

一日、右近衛中將藤原伊周ヲ藏人頭ニ補ス、公卿補任
二日、下名、日本紀略 本朝世紀
三日、御燈、日本紀略
九日、重陽宴、日本紀略
十一日、伊勢例幣、日本紀略 園太曆
十七日、止雨奉幣、日本紀略
廿二日、章明親王薨ジ給フ、一代要記 皇胤紹運錄 日本紀略 御遊抄 九曆 圓融院扇合
廿七日、季御讀經、日本紀略
廿八日、天台座主陽生ヲ罷ム、天台座主記
廿九日、大祓、日本紀略 小右記目錄

十月小 癸卯朔盡

一日、旬平座、　日本紀略
四日、太皇太后、本宮ニ遷リ給フ、　日本紀略
五日、中宮ヲ改メテ、皇后ト爲シ、女御藤原定子ヲ中宮ト爲ス、　日本紀略　扶桑略記　大鏡裏書　一代要記　權記　中右記　婚記　公卿補任　榮華物語
七日、權少僧都正算寂ス、　日本紀略　僧綱補任
十日、小除目、直物、　日本紀略
十三日、弓場始、　日本紀略
二十日、甲斐柏前眞衣野駒牽、　本朝世紀
廿二日、中宮入內、　日本紀略　本朝世紀
前天台座主陽生寂ス、　天台座主記　僧綱補任　歷代編年集成　歷代皇記　拾遺往生傳　元亨釋書
廿五日、地震、　日本紀略　本朝世紀
皇太后、職曹司ニ出御アラセラル、　左經記
卜文、　本朝世紀
廿六日、從五位上高階貴子ヲ正三位ニ敍ス、　權記

十一月 大 壬申朔 盡

一日、平野祭、春日祭、　日本紀略　本朝世紀
二日、梅宮祭、　本朝世紀
七日、正曆ト改元ス、　日本紀略　本朝世紀　改元部類　元祕別錄
故章明親王ノ七々日法會ヲ修ス、　小右記目錄
十一日、位記召給、　本朝世紀
十三日、吉田祭、　日本紀略　本朝世紀
十四日、甲斐穗坂駒牽、　本朝世紀
十六日、阿波ニ穀一年ヲ給ス、　日本紀略　本朝世紀
二十日、新嘗祭、　小右記
廿一日、豐明節會、　小右記　左經記
廿六日、賀茂臨時祭、　小右記目錄
是月、惣持院火アリ、　歷代編年集成

十二月 大 壬寅朔 盡

一日、武藏諸牧ノ御馬ヲ分ケ取ラシム、　本朝世紀
三日、天智天皇國忌、　本朝世紀
皇太后、職曹司ヨリ東三條院ニ遷御アラセラル、

日本紀略　本朝世紀

八日、皇太后、法華八講ヲ修シ給フ、　日本紀略　本朝世紀

九日、郡司讀奏、　本朝世紀

十日、御體御卜、　本朝世紀

十一日、月次祭、神今食、　日本紀略　本朝世紀

十三日、皇太后、東三條院ヨリ職曹司ニ移御アラセラル、　日本紀略　本朝世紀

諸國不堪佃田ノ事ヲ定ム、是日、大神祭使發遣ニ依リテ、荷前使ノ差定ヲ停ム、　本朝世紀

十五日、擬侍從、荷前使定、　本朝世紀

十九日、立后ニ依リテ、山陵使ヲ發遣ス、　本朝世紀

二十日、少僧都暹賀ヲ天台座主ニ補ス、　天台座主記　日本紀略　歴代編年集成

廿六日、圓融法皇御惱、　小右記目録

是月、駿河守從五位上平兼盛卒ス、　日本紀略　三十六人歌仙傳　本朝文粹　袋草紙　顯照拾遺抄　大和物語　拾遺和歌集　後拾遺和歌集　新勅撰和歌集　續古今和歌集　順集　兼盛集　重之集　小大君集

是歳、東大寺ノ末寺長谷寺ヲ興福寺ノ末寺ト爲ス、　東大寺別當次第

攝津勝尾寺觀音靈驗アリ、　元亨釋書

正暦二年

正月大 壬申朔 盡

七日、參議藤原安親ヲ加階ス、　公卿補任

廿二日、外記廳政始、　西宮記

廿六日、圓融法皇御惱、　小右記目録　榮華物語

右近衞中將藤原伊周等任官差アリ、　公卿補任　職事補任

廿七日、參議藤原佐理ヲ大宰大貳ニ任ズ、　公卿補任　朝光卿集

三十日、度者、大炊寮米等ヲ圓融法皇ニ上ル、　小右記目録

二月小 壬寅朔 盡

二日、勘解由長官藤原在國ヲ除名ス、　日本紀略　百練抄　公卿補任

五日、圓融法皇ノ御惱ニ依リテ、百人ニ授戒ス、 小右記目錄
山陵使ヲ發遣ス、 小右記目錄
十二日、圓融法皇ノ御惱ニ依リテ、大赦ヲ行フ、 日本紀略
圓融法皇崩御アラセラル、 日本紀略 歷代編年集成 小右記目錄 皇胤紹運錄 玉葉 年中行事抄 永昌記 榮華物語 新古今和歌集 玉葉和歌集 續詞花和歌集
十六日、季御讀經、 小右記目錄
十七日、圓融法皇御入棺、警固固關、 小右記目錄
十九日、圓融法皇ヲ圓融寺北原ニ葬ル、 日本紀略 小右記目錄 榮華物語
廿三日、七箇寺ニ於テ諷誦ヲ修ス、 小右記目錄
廿九日、圓融法皇御法事定、 小右記目錄

閏二月小 辛未朔盡

一日、日食、 大外記師夏記
二日、御除服、 小右記目錄
四日、左近衞大將藤原濟時、圓融法皇御法事行事ヲ辭ス、 小右記目錄
十八日、權僧正餘慶寂ス、 日本紀略 歷代編年集成 僧綱補任 天台座主記 愚管抄 諸門跡譜 權記 元亨釋書 宇治拾遺物語 今昔物語 古事談
廿二日、圓融法皇御法事ヲ御齋會ニ准ズ、 小右記目錄
廿七日、圓融法皇四十九日御法會、 日本紀略 小右記目錄 榮華物語 本朝文粹
是月、少僧都勝算ヲ園城寺長吏ニ補ス、 園城寺長吏次第

三月大 庚子朔盡

一日、御忌籠僧ニ度者ヲ給フ、 小右記目錄
二日、圓融法皇御法會、 小右記目錄
十八日、僧仁康、河原院ニ於テ、五時講ヲ修ス、 日本紀略 一代要記 歷代編年集成 本朝文粹
廿五日、右大辨平惟仲、藏人頭ヲ辭ス、 職事補任 一代要記
左中辨源扶義ヲ藏人頭ニ補ス、 職事補任 公卿補任

四月小 庚午朔盡

二日、太皇太后ノ三條第火アリ、 日本紀略 百練抄

三日、平野祭、 日本紀略 江次第

四日、廣瀨龍田祭、梅宮祭、 日本紀略

五日、齋院御禊前駈次第使等定、是日、故從四位上平珍材ニ從三位ヲ贈ル、 日本紀略

七日、擬階奏、 日本紀略

八日、大神宮使發遣ニ依リテ灌佛ヲ止ム、 日本紀略

九日、太皇太后修理職ニ移御アラセラル、 日本紀略

十日、除目、 日本紀略

十三日、齋院選子内親王御禊、 日本紀略

十四日、警固、 日本紀略

十六日、賀茂祭、 日本紀略

十七日、解陣、 日本紀略

十九日、吉田祭、 日本紀略

廿五日、除目、是日、祈雨奉幣アリ、 日本紀略 小右記目錄

廿六日、除目、 日本紀略 公卿補任

五月小 己亥朔 盡

二日、文殿使部河内廣延ヲ廚家案主ニ定ム、 類聚符宣抄

八日、攝政道隆、阿波ノ牛ヲ外記ニ賜フ、 日本紀略

十日、祈年穀奉幣、 日本紀略

廿八日、攝政道隆、右近馬場ニ於テ競馬ヲ覽ル、 古今著聞集 今昔物語

廿九日、皇太后、故兼家ノ爲メニ法會ヲ修シ給フ、 日本紀略

六月大 戊辰朔 盡

三日、法橋奝然ノ弟子僧、宋ヨリ文殊像ヲ持來ル、 日本紀略 三僧記類聚

旱魃ニ依リ、神泉苑ニ於テ、請雨經法ヲ修ス、 日本紀略 祈雨日記 請雨經法記

十一日、月次祭、神今食、 日本紀略

十三日、祈雨奉幣、 日本紀略

東大寺ニ於テ、大般若經ヲ轉讀シテ雨ヲ祈ル、 日本紀略

十四日、陰陽博士安倍吉平ヲシテ、雩祭ヲ行ハシム、 日本紀略

十五日、太皇太后、東三條南院ニ遷御アラセラル、 日本紀略

十八日、室生龍穴ニ於テ、仁王經ヲ轉讀セシム、 日本紀略

廿一日、法興院ニ於テ、故兼家ノ周忌法會ヲ修ス、 日本紀略 小右記目錄

廿二日、神泉苑ノ水ヲ紀伊葛野兩郡ニ灌ガシム、 日本紀略

廿四日、諸社祈雨奉幣ス、 日本紀略 二十二社註式 江次第 賀茂注進雜記

廿七日、山陵使ヲ發遣シ、大般若經ヲ轉讀セシメテ雨ヲ祈ル、 日本紀略

三十日、大祓、 日本紀略

是月、旱魃、 日本紀略

七月 小盡 戊戌朔

四日、廣瀬龍田祭、 日本紀略

七日、攝政道隆、上表シテ内大臣ヲ辭ス、 公卿補任

十日、式部大輔高階成忠ヲ加階ス、 扶桑略記 公卿補任 榮華物語

廿二日、左大臣雅信、仁和寺新造ノ堂ヲ供養ス、 日本紀略

廿三日、攝政道隆、上表シテ内大臣ヲ辭ス、 日本紀略 公卿補任 尊卑分脈 神皇正統記

廿五日、諒闇ノ年、大臣大饗ノ例ヲ勘セシム、 小右記目錄

廿七日、皇太后、内裏ニ遷御アラセラル、 日本紀略

參議正四位上藤原伊周ヲ從三位ニ敍ス、 日本紀略 公卿補任

是月、法興院ヲ供養ス、 百練抄 扶桑略記 歷代皇記 花鳥餘情

大僧都眞喜ヲ權僧正ニ任ズ、 扶桑略記 歷代皇記

八月 大盡 丁卯朔

一日、諒闇ニ依リテ釋奠ヲ停ム、 小右記目錄

七日、復任除目、 小右記目錄

十一日、定考、　日本紀略

十八日、祈年穀奉幣、止雨御祈ヲ行フ、　日本紀略

是月、祭主正四位上大中臣能宣卒ス、　中臣氏系圖　三十六人歌仙傳　袋草紙　八雲抄　撰集抄　拾遺和歌集　後拾遺和歌集　詞花和歌集　能宣集

九月小 丁酉朔盡

一日、皇太后御惱ニ依リテ、職曹司ニ出御アラセラル、　日本紀略

二日、諒闇ノ年、內侍闈司等鈍色装束ヲ著スベキヤ否ヲ勘セシム、　小右記目錄

三日、御燈、　日本紀略

七日、任大臣節會、　日本紀略　權記　公卿補任　任大臣大饗部類記　初任大臣大饗雜例

太政大臣爲光ニ輦車ヲ聽ス、　一代要記　歷代皇記

八日、龜、左兵衞陣ニ入ル、　日本紀略

九日、重陽宴、　權記

十日、尾張、白雉ヲ獻ズ、　日本紀略

十一日、伊勢例幣、　日本紀略

十六日、皇太后御落飾アラセラル、仍リテ院號ヲ上リテ東三條院ト曰フ、　日本紀略　女院小傳　日本運上錄　類聚符宣抄　院號定部類記　左經記　公卿補任　中古三十六人歌仙傳

廿一日、除目、　日本紀略　小右記目錄　公卿補任

廿三日、參議藤原實資ニ左兵衞督ヲ兼ネシム、　公卿補任

是月、從二位高階成忠、眞人ヲ改メテ朝臣ト爲ス、　公卿補任　一代要記　日本紀略

宋僧行近經教ヲ比叡山源信ニ贈ル、　日本紀略

十月大 丙寅朔盡

一日、御讀經結願、　小右記目錄

八日、修理職長上ヲ補ス、　類聚符宣抄

十一日、從二位高階成忠出家ス、　高階氏系圖　公卿補任

十五日、東三條院、長谷寺ニ參詣シ給フ、　百練抄　院號定部類記

十一月大 丙申朔盡

三日、東三條院、大納言藤原道長ノ第ニ移御アラ

セラル、 院號定部類記

二十日、新嘗祭、 日本紀略

廿一日、諒闇ニ依リテ豊明節會ヲ停ム、 日本紀略

廿二日、東宮鎭魂祭、 日本紀略

十二月大 丙寅朔 盡

一日、大納言藤原濟時ノ女娍子東宮ニ入ル、 榮華物語 日本紀略

二日、太政大臣爲光ノ上表ニ勅答アリ、 日本紀略

八日、圓融院御齋會行事所始、 小右記目錄

九日、淑景舍ニ移御アラセラル、 日本紀略

十一日、月次祭、神今食、 日本紀略

十三日、大神祭使發遣ニ依リテ、荷前使ヲ定メズ、 日本紀略 樗囊抄

十七日、荷前使ヲ定ム、 日本紀略

太皇太后、修理職ヨリ本宮ニ遷御アラセラル、 日本紀略

二十日、荷前使ヲ發遣ス、 日本紀略

廿一日、御佛名、 政事要略

廿二日、右大臣重信ノ上表ニ勅答アリ、 日本紀略 本朝文粹

廿三日、少僧都暹賀ヲ大僧都ト爲ス、 天台座主記 僧綱補任

是歲、右馬權助高階助順ヲシテ、賀茂社ヲ修理セシム、 類聚符宣抄

前權少僧都覺忍寂ス、 護持僧次第 僧綱補任

正暦三年

正月小 丙申朔 盡

一日、諒闇ニ依リテ、節會小朝拜ナシ、 日本紀略 權記

四日、天變、 權記

五日、東三條院ニ舊ノ如ク年官年爵ヲ上ル、 類聚符宣抄

七日、白馬節會ヲ停ム、 日本紀略

八日、御齋會始、 日本紀略

十四日、御齋會竟、 日本紀略 權記

十七日、除目、　日本紀略

二十日、參議藤原安親ニ帶劒ヲ聽ス、　公卿補任

二月大盡 乙丑朔

三日、諒闇ニ依リテ、釋奠ヲ停ム、　權記

大膳大屬川原兼之ヲシテ、大膳職ニ納ムル調庸以下ヲ勾當セシム、　類聚符宣抄

四日、祈年祭、　日本紀略

六日、圓融天皇ノ御周忌ニ依リテ、御齋會ヲ行フ、　日本紀略　小右記目錄　榮華物語

九日、式部大輔菅原輔正ヲ從三位ニ敍ス、　日本紀略　公卿補任　朝野群載

十四日、列見、　日本紀略

十六日、仁王會ニ依リテ、大祓ヲ行フ、　日本紀略

十八日、仁王會、　日本紀略

廿四日、諒闇竟ルニ依リテ、大祓ヲ行フ、　日本紀略

廿七日、諸社ニ奉幣ス、　日本紀略

廿八日、散位伴保正座次ノ疑ヲ明法道ニ決ス、　法曹類林

廿九日、東三條院石山寺ニ參詣シ給フ、　日本紀略　百練抄　石山寺緣起

是月、散位正五位下藤原仲文卒ス、　拾芥抄　三十六歌仙傳　勅撰作者部類　尊卑分脈　拾遺和歌集　仲文集

三月小盡 乙未朔

三日、御燈、　日本紀略

前齋宮輔子內親王薨ズ、　日本紀略　一代要記　榮華物語　本朝皇胤紹運錄　西宮記裏書　高光集　齋宮記

六日、輔子內親王薨奏、　日本紀略　小右記目錄

十四日、皇后宮權大夫藤原佐理ヲ正三位ニ敍ス、　公卿補任

十五日、直物、　日本紀略

廿二日、石清水臨時祭試樂、　日本紀略　權記

廿四日、石清水臨時祭、　日本紀略　小右記目錄

廿七日、季御讀經、　日本紀略

四月大盡 甲子朔

一日、旬、平座、　日本紀略

四日、廣瀨龍田祭、　日本紀略
七日、擬階奏、　日本紀略
八日、灌佛、　權記
九日、平野祭、　日本紀略　江次第
十日、梅宮祭、　日本紀略
十三日、吉田祭、　日本紀略
十九日、齋院選子內親王御禊、　日本紀略
二十日、警固、　日本紀略
廿一日、攝政道隆、賀茂社ニ詣ヅ、　日本紀略
廿二日、賀茂祭、　日本紀略　榮華物語
廿三日、解陣、　日本紀略
廿五日、內大臣藤原道兼、賀茂社ニ詣ス、　日本紀略
廿七日、東三條院ニ行幸アラセラル、　日本紀略　御遊抄
權大納言藤原道長ヲ從二位ニ敍ス、　權記　公卿補任

五月小盡 甲午朔

一日、遍昭寺塔供養、　日本紀略
十一日、諸社ニ奉幣ス、　日本紀略
廿一日、荒手結、　權記
廿六日、洪水、　日本紀略
廿八日、右近馬場ニ於テ、競馬ヲ行フ、　日本紀略　百練抄
是月、花山法皇、熊野山ニ御幸アラセラル、　熊野山御幸記　大鏡　熊野山舊記　源平盛衰記　粉川寺緣起

六月小盡 癸亥朔

一日、雷鳴、洪水、　日本紀略
小除目、　日本紀略　小右記目錄
八日、中納言源保光、圓明寺ヲ供養ス、　日本紀略　權記　陰陽新書
太政大臣爲光、封戶ヲ法住寺ニ施入ス、　日本紀略
十一日、月次祭、神今食、穢ニ依リテ延引ス、　日本紀略
十四日、彈正大弼從四位上源守淸卒ス、　權記　皇胤紹運錄　愚問記
十六日、太政大臣從一位藤原爲光薨ズ、　日本紀略

權記　公卿補任　榮華物語　西宮記　扶桑略記　大鏡　拾芥抄　續古事談　拾遺和歌集　後拾遺和歌集　新續古今和歌集　萬代和歌集

十七日、月次祭、神今食、　日本紀略　吉記

七月大盡 壬辰朔

四日、廣瀬龍田祭、　日本紀略

五日、大祓、　日本紀略

八日、僧深覺ヲ東大寺別當ニ補ス、　東大寺別當次第　東寺長者補任　仁和寺諸院家記　東大寺具書

十二日、仁王會、　日本紀略

十五日、故太政大臣爲光薨奏、贈位謚號アリ、　權記　日本紀略

十七日、藤原在國ヲ本位ニ復ス、　日本紀略　公卿補任

廿一日、諸社ニ奉幣ス、　日本紀略

廿四日、開關解陣、　日本紀略　權記

廿七日、相撲召合、　權記

攝政道隆、興福寺ヲシテ、光明朱砂ヲ出送セシム、　朝野群載

八月小盡 壬戌朔

三日、復任除目、　日本紀略

五日、故太政大臣爲光ノ七々日法會ヲ修ス、　日本紀略

六日、釋奠、　日本紀略

七日、內論義、　日本紀略

十一日、定考、　日本紀略　百練抄

廿三日、右兵衛督藤原高遠ヲ兵部卿ニ任ズ、　中古三十六人歌仙傳

盜アリ、東大寺千手院ノ銀佛ヲ竊取ス、　東大寺別當次第

廿七日、除目、　日本紀略

廿八日、權大納言源重光ヲ罷ム、　權記　公卿補任

權中納言藤原伊周ヲ權大納言ト爲シ、參議源時中ヲ權中納言ト爲シ、權中納言藤原道頼ニ右衛門督ヲ兼ネシム、　公卿補任　職事補任　古事談

廿九日、除目、　小右記目錄

九月大盡 辛卯朔

一日、除目、下名、 小右記目錄

三日、御燈、 日本紀略

九日、重陽宴、 日本紀略 百練抄 本朝文粹 本朝麗藻

十一日、例幣、 日本紀略

廿七日、故攝政伊尹ノ室恵子女王卒ス、 小右記目錄 日本紀略 公卿補任 尊卑分脈 大鏡 拾遺和歌集

廿八日、季御讀經、 日本紀略

是秋、眞如堂ヲ建立ス、 眞如堂緣起

十月小盡 辛酉朔

一日、旬、 日本紀略

十日、弓場始、 日本紀略

十四日、前權大納言源重光ニ致仕ニ准シテ職封ヲ賜フ、 日本紀略

尉以下官人、恣ニ看督長ヲ進退シ、隨身ヲ城外ニ向ハシムルコトヲ禁ズ 政事要略

二十日、宇佐使ヲ發遣ス、 日本紀略

廿三日、攝政道隆、法興院ニ於テ、法華經ヲ供養ス、 日本紀略

廿六日、清涼殿ニ於テ、臨時樂ヲ覽給フ、 日本紀略 續古事談

廿八日、紀伊追捕使ヲ補ス、 類聚符宣抄

十一月大盡 庚寅朔

四日、強盜、齋院ニ入ル、 日本紀略 齋院記

五日、伊勢以下諸社ニ奉幣ス、 日本紀略

七日、平野祭、 日本紀略

八日、梅宮祭、 日本紀略

九日、強盜、齋院ニ入ルニ依リテ、御卜ヲ行フ、 日本紀略

十二日、園韓神祭、 日本紀略

十三日、鎭魂祭、 日本紀略

十四日、新嘗祭、 日本紀略

十五日、豐明節會、 日本紀略

十六日、東宮鎭魂祭、 日本紀略

十九日、吉田祭、 日本紀略

二十日、賀茂臨時祭、 日本紀略

廿一日、平野社行幸ニ依リテ、點地ヲ行フ、 日本紀略

廿六日、強盜、齋院ニ入ルニ依リテ、賀茂社ニ奉幣ス、 日本紀略 齋院記

廿七日、行幸延引ニ依リテ、平野社ニ奉幣ス、 日本紀略

中宮、二條院ニ遷御アラセラル、 日本紀略 百練抄

三十日、阿波追討使源忠良、海賊ヲ誅ス、 日本紀略

十二月大 庚申朔 盡

三日、海賊ノ首ヲ梟シ、降人ヲ獄ニ下ス、 日本紀略

四日、天滿天神託宣アリ、 安樂寺託宣記

五日、源忠良ノ海賊ヲ誅スルヲ賞ス、 日本紀略

七日、權大納言藤原伊周等ヲ加階ス、 公卿補任

八日、伊勢以下諸社ニ奉幣ス、是日、中宮入內アラセラル、 日本紀略

十一日、月次祭、神今食、 日本紀略 權記

十三日、興福寺僧徒攝政道隆ノ四十算ヲ賀ス、 日本紀略

十四日、平野社ニ行幸アラセラル、 日本紀略 編年合運 權記

十五日、大僧正寛朝ニ輦車ヲ聽ス、 權記

十七日、荷前使ヲ定ム、 日本紀略

二十日、勘解由次官藤原惟貞ヲシテ、文章得業生藤原爲文ノ策ヲ問ハシム、 桂林遺芳抄

廿一日、法興院攝政道隆ノ四十算ヲ賀ス、 日本紀略

廿六日、荷前使ヲ發遣ス、 日本紀略 權記

廿八日、內記藤原弘道ヲシテ、文章得業生大江通直ノ策ヲ問ハシム、 桂林遺芳抄

是歲、比丘尼釋妙寂ス、 法華驗記 今昔物語 元亨釋書

正曆四年

正月小 庚寅朔 盡

一日、朝拜、節會、 日本紀略 權記

二日、東宮、大饗ヲ行ハセラル、日本紀略

三日、東三條院ニ行幸アラセラル、日本紀略 權記 御遊抄

六日、敍位議、日本紀略

七日、白馬節會、日本紀略 權記

八日、御齋會、日本紀略

九日、女敍位、右中辨源俊賢等ニ昇殿ヲ聽ス、日本紀略 權記

十日、除目、日本紀略

十一日、禪林寺火アリ、日本紀略 扶桑略記

文章博士大江匡衡他ノ官ノ兼任ヲ請フ、本朝文粹

十三日、大納言藤原濟時ニ按察使ヲ兼ネシム、公卿補任

十四日、御齋會竟ル、內論義アリ、日本紀略 權記

十六日、踏歌節會、日本紀略 權記

十七日、穢ニ依リテ、射禮ヲ延引ス、權記

十八日、賭弓、日本紀略

廿二日、內宴、權記

廿三日、政始、日本紀略

攝政道隆、大饗ヲ行フ、日本紀略 權記

廿四日、左大臣雅信、大饗ヲ行フ、日本紀略 權記

廿六日、右大臣重信、大饗ヲ行フ、日本紀略 權記

廿八日、內大臣道兼、大饗ヲ行フ、日本紀略 權記

二月大盡己未朔

二日、內裏穢ニ依リテ、春日祭ヲ延引ス、日本紀略

四日、祈年祭、日本紀略

十一日、列見、日本紀略

十九日、釋奠、園韓神祭、日本紀略

廿一日、大原野祭、日本紀略

廿二日、敦道親王、御元服シ給フ、日本紀略 權記 御遊抄

廿三日、敦道親王ヲ四品ニ敍シ、帶劍ヲ聽ス、日本紀略 權記

廿五日、春日祭使ヲ發遣ス、日本紀略

廿六日、春日祭、日本紀略

廿八日、賭弓、權記

廿九日、修理大夫藤原懷平ノ室某卒ス、權記 尊卑分脈

三月大己丑朔盡

三日、御燈、日本紀略

四日、大祓、日本紀略

六日、仁王會、日本紀略

九日、直物、日本紀略 小右記目錄

十六日、石清水臨時祭試樂、小右記目錄

十八日、石清水臨時祭、日本紀略 年中行事祕抄

二十日、季御讀經定、小右記目錄

廿三日、祈年穀奉幣、日本紀略

廿五日、季御讀經、日本紀略 小右記目錄

廿九日、殿上賭弓、日本紀略 權記

三十日、攝政道隆ノ東三條南院火アリ、日本紀略 權記

四月小己未朔盡

一日、旬平座、日本紀略

二日、犬死穢ニ依リテ、平野祭ヲ延引ス、日本紀略

三日、犬死穢ニ依リテ、梅宮祭ヲ延引ス、日本紀略

四日、犬死穢ニ依リテ、廣瀨龍田祭ヲ延引ス、日本紀略 左經記

七日、擬階奏、日本紀略

八日、灌佛、日本紀略

十三日、警固、日本紀略

十五日、賀茂祭、日本紀略 權記

廿二日、攝政道隆ヲ關白ト爲ス、日本紀略

廿四日、中宮萬燈會、權記

廿六日、廣瀨龍田祭、日本紀略

廿七日、梅宮祭、日本紀略

五月大戊子朔盡

二日、左大臣雅信罷ム、尊卑分脈 公卿補任

五日、帶刀陣ニ於テ、十番歌合ヲ行フ、續千載和歌集

長門守從五位上源淸邦卒ス、尊卑分脈

七日、臨時御祈ニ依リテ、諸社ニ奉幣ス、 日本紀略

十四日、大祓、 日本紀略

十七日、仁王會、 日本紀略

二十日、菅原道眞ニ左大臣正一位ヲ贈ル、 日本紀略 政事要略 安樂寺託宣記 菅家傳記

六月小盡 戊午朔

七日、諸社ニ奉幣ス、 日本紀略

十日、御體御卜、 日本紀略

十一日、月次祭、神今食、 日本紀略

十三日、山陵使ヲ發遣ス、 日本紀略

故太政大臣爲光ノ周忌法會ヲ修ス、 小右記目錄

十六日、始テ內文、幷ニ官奏ヲ覽給フ、 日本紀略 百練抄

二十日、疾疫ニ依リテ、大般若經ヲ轉讀セシム、 日本紀略

廿五日、關白道隆、法興院三昧堂ヲ供養ス、 日本紀略 百練抄

是夏、咳逆疫流行ス、 日本紀略

七月小盡 丁亥朔

四日、廣瀨龍田祭、 日本紀略

八日、除目、 日本紀略 小右記目錄 本朝世紀 權記 魚魯愚別錄

十二日、雷鳴、 本朝世紀

十七日、雷鳴、 本朝世紀

相撲召合音樂アルベキ由ヲ仰ス、 本朝世紀

二十日、雷、美福門ニ震ス、 日本紀略 百練抄 本朝世紀 權記

廿一日、衞府官人、闕怠ニ依リテ停任セラル、 本朝世紀

廿二日、內大臣通兼ノ第ニ於テ、相撲ヲ行フ、 北山抄裏書

廿六日、左大臣雅信出家ス、 日本紀略 本朝世紀

相撲內取、 權記 江次第

廿七日、相撲召合、 日本紀略 本朝世紀 權記 樗囊抄

廿八日、相撲拔手、 日本紀略 本朝世紀 權記 西宮記

廿九日、追相撲出居闕怠ニ依リテ、左近衞少將源

明理等ヲ勘糺セシム、本朝世紀

前左大臣従一位源雅信薨ズ、日本紀略 尊卑分脈 本朝世紀 權記 榮華物語 公卿補任 本朝皇胤紹運錄 大鏡 花鳥餘情 體源抄 源氏催馬樂師傳相承 郢曲相承次第 和琴血脈 源平盛衰記 小右記 江談抄 醍醐雜抄 新古今和歌集

八月大盡 丙辰朔

一日、日食、日本紀略 本朝世紀

二日、釋奠、宴座ヲ停ム、日本紀略 本朝世紀

八日、御疱瘡、小右記目錄

圓仁圓珍ノ兩門徒相爭フ、天台座主記 扶桑略記 元亨釋書 大雲寺緣起 叡岳要記

十一日、定考、宴座ヲ停ム、日本紀略 本朝世紀 台記

大赦、日本紀略 政事要略

臨時仁王會、大祓ノ日ヲ定ム、本朝世紀

十二日、小定考、本朝世紀

十四日、圓仁圓珍ノ兩門徒ノ爭ニ依リテ、阿闍梨院源狀ヲ上ル、卅五文集

十五日、天滿天神託宣アリ、安樂寺託宣記

二十日、勅使、大宰府ニ參向ス、安樂寺託宣記 大鏡裏書 北野緣起

廿一日、天變、幷ニ疱瘡等ニ依リテ、大祓ヲ行フ、日本紀略 本朝世紀 小右記目錄

廿二日、太皇太后、御方違ニ依リテ、前備後守源相方ノ第ニ移御アラセラル、本朝世紀

廿五日、仁王會ニ依リテ、大祓ヲ行フ、日本紀略 本朝世紀

廿八日、仁王會、日本紀略 本朝世紀

大宰府、神作ノ詩ヲ獻ズ、安樂寺託宣記

九月小盡 丙戌朔

二日、僧聖圓ヲ讚岐讀師ニ任ズ、政事要略

九日、平座、水左記

十一日、例幣、西宮記裏書

十六日、罪科未斷囚日置宮主丸赦ニ會フヤ否ヲ勘セシム、政事要略

十九日、内大臣道兼、春日社ニ詣ス、權記

廿六日、賀茂社大風ニ依リテ破壞ス、類聚符宣抄

季御讀經、小右記目錄

是秋、疱瘡流行ス、日本紀略　扶桑略記

十月大盡乙卯朔

一日、旬平座、日本紀略　本朝世紀

太皇太后、本宮ニ還御アラセラル、本朝世紀

三日、大原野行幸行事ヲ定ム、本朝世紀

五日、始メテ行事雜事ヲ行フ、本朝世紀

七日、赤山神ニ從四位下ヲ授ク、本朝世紀

四道博士ヲシテ、兼國公廨等ノ請文ヲ以テ、公文ヲ勘會セシム、政事要略

九日、直物、小除目、日本紀略　小右記目錄　本朝世紀

十日、復任除目、小右記目錄

駒牽、本朝世紀

十四日、行幸御祈ニ依リテ、諸社ニ奉幣ス、本朝世紀

十六日、大原野行幸點地、日本紀略　本朝世紀

十九日、東三條院、圓融天皇ノ御爲ニ、善根ヲ修セラル、日本紀略　小右記目錄

廿二日、穢ニ依リテ、行幸ヲ延引ス、日本紀略　本朝世紀

廿六日、不堪佃田定、本朝世紀

三十日、權少僧都覺慶ヲ少僧都ニ任ズ、僧綱補任

閏十月小盡乙酉朔

十二日、武藏秩父駒牽、本朝世紀　小右記

十三日、關白道隆ノ第ニ於テ、讀經ヲ行フ、本朝世紀

十四日、度緣請印、本朝世紀

故右大臣師輔靈託アリ、小右記目錄　百練抄

十六日、御讀經、日本紀略　本朝世紀

十七日、僧事、日本紀略　本朝世紀

二十日、菅原道眞ニ太政大臣ヲ贈ル、日本紀略　百練抄　本朝世紀　菅家傳記

一分召、本朝世紀

廿六日、去年不堪田、及ビ諸國越濟ヲ定ム、本朝世紀

復任除目、本朝世紀

內大臣道兼、上表シテ右大將ヲ辭ス、 権記

廿八日、防鴨河使ヲ任ズ、 小右記目録 本朝世紀

官奏、 本朝世紀

十一月 大盡 甲寅朔

一日、朔旦冬至、 日本紀略 権記 本朝世紀 江次第 政事要略

三日、諸衛夜行番ヲ定ムベキ由ヲ仰ス、 本朝世紀

七日、平野祭、春日祭、 日本紀略 本朝世紀

八日、梅宮祭、 日本紀略 本朝世紀

九日、賀茂前司等愁申雜事ヲ定ム、是日、武藏諸牧御馬解文ヲ進ム、 本朝世紀

十二日、朔旦敍位、 日本紀略 小右記 本朝世紀

十四日、新嘗祭、 日本紀略

十五日、豐明節會、 本朝世紀 日本紀略

參議藤原懷忠等ヲ加階ス、 公卿補任

十六日、東宮鎭魂祭、 本朝世紀

十八日、大原野行幸ニ依リテ、御卜ヲ行フ、 本朝世紀

賀茂臨時祭試樂、 小右記目録

十九日、吉田祭、 日本紀略 本朝世紀

二十日、賀茂臨時祭、 日本紀略 小右記目録 本朝世紀

廿一日、行幸ニ依リテ、服穢ノ輩ノ參內ヲ禁ズ、 本朝世紀

廿二日、行幸ニ依リテ、諸社ニ奉幣ス、 日本紀略 本朝世紀

廿五日、女敍位、小除目、 日本紀略 本朝世紀

廿六日、行幸召仰、 本朝世紀

廿七日、始メテ大原野ニ行幸アラセラル、 日本紀略 本朝世紀 二十二社註式 濫觴抄 北山抄

十二月 小盡 甲申朔

三日、天智天皇國忌、 本朝世紀

四日、諸衛ノ夜行番ヲ定ム、是日、參議藤原公任ノ行幸ニ供奉セザリシ由ヲ問ハシム、 本朝世紀

五日、中和門ノ觸穢ニ依リテ、神今食供奉ノ諸司ノ參入ヲ止ム、 本朝世紀

九日、山陵使ヲ定ム、 本朝世紀

十日、御體御卜、 日本紀略 本朝世紀

前美濃守藤原忠信ヲ従三位ニ敍ス、是日、忠信出家ス、 日本紀略 本朝世紀 公卿補任

十一日、穢ニ依リテ、月次祭神今食ヲ神祇官ニ付ス、 日本紀略 本朝世紀

十三日、荷前使ヲ發遣ス、 日本紀略 本朝世紀

十六日、菅原道眞贈官位ノ勅使大宰府ニ參著ス、 北野宮縁起 北野縁起 安樂寺託宣記

十七日、僧綱ヲ任ズ、 日本紀略 小右記目録 本朝世紀 僧綱補任

十九日、御佛名、 日本紀略 本朝世紀

廿三日、光仁天皇國忌、 本朝世紀

廿四日、復任除目、 日本紀略 本朝世紀

廿五日、位記請印、僧綱召宣命、復任召名ヲ下ス、 本朝世紀

廿六日、郡司召、 本朝世紀

廿七日、竊盜、權大納言藤原伊周ノ宿所ニ入ル、 本朝世紀

廿九日、大祓、追儺、上野駒牽、 本朝世紀

是歳、始メテ俊士ヲ置ク、 拾芥抄

僧相助寂ス、 三外往生記

正暦五年

正月 大盡 癸丑朔

一日、小朝拜、節會、 日本紀略 權記

二日、二宮大饗、 日本紀略

三日、東三條院ニ行幸アラセラル、 日本紀略 權記 御遊抄

七日、白馬節會、 日本紀略 妙音院相國白馬次第

八日、御齋會、 日本紀略

十日、除目、 日本紀略 中右記 本朝世紀

十六日、踏歌節會、 日本紀略 本朝世紀

十七日、政始、 本朝世紀

廿三日、關白道隆大饗、 日本紀略 本朝世紀

廿八日、太皇太后、前備後守源相方第ニ遷御アラ

セラル、本朝世紀

廿九日、直物、日本紀略 本朝世紀

二月大 癸未朔 盡

二日、春日祭、日本紀略 本朝世紀

四日、祈年祭、日本紀略 本朝世紀

五日、釋奠、日本紀略 本朝世紀

七日、園韓神祭、日本紀略

八日、臨時奉幣使ヲ定ム、本朝世紀

九日、大原野祭、日本紀略 本朝世紀

十日、賊、後涼殿ニ放火ス、百練抄 本朝世紀

十一日、列見、日本紀略 本朝世紀

中宮行啓ノ供奉官人ヲ定ム、本朝世紀

十三日、臨時仁王會ヲ定ム、本朝世紀

中宮、東三條院ニ行啓アラセラル、本朝世紀

十七日、祈年穀奉幣、日本紀略 本朝世紀 日吉山王新記 二十二社註式

關白道隆ノ奏請ニ依リ、積善寺ヲ以テ、御願寺ト爲ス、本朝文粹 日本紀略

弘徽殿飛香舍兩渡殿ニ火アリ、日本紀略

二十日、關白道隆、積善寺ヲ供養ス、中宮、東三條院ニ行啓アラセラル、百練抄 日本紀略 本朝世紀 扶桑略記 榮華物語 枕草子

廿一日、仁王會ニ依リテ、大祓ヲ行フ、日本紀略 本朝世紀

廿三日、仁王會定、本朝世紀

權大納言藤原道長著座、本朝世紀 日本紀略 公卿補任

廿四日、仁王會、日本紀略 本朝世紀

廿九日、權大納言藤原道長、始メテ廳座ニ著ス、本朝世紀

三月小 癸丑朔 盡

二日、內裏放火ノ事ニ依リテ、十七社ニ奉幣ス、日本紀略

三日、御燈、日本紀略 本朝世紀

四日、季御讀經定、本朝世紀

六日、源滿正等ヲシテ、盜賊ヲ搜捕セシム、權記

日本紀略　本朝世紀
八日、右大臣重信、在京諸司官人ヲシテ、外記廳ニ見参セシム、　本朝世紀
十日、僧如覺寂ス、　多武峯略記　拾遺和歌集　新古今和歌集　新勅撰和歌集　玉葉和歌集　續後拾遺和歌集　夫木和歌抄　勅撰和歌作者部類　三國傳記　續後撰和歌集
十三日、肥前守從五位下平維敏卒ス、　本朝世紀　尊卑分脈　平氏系圖
十七日、桓武天皇國忌、　本朝世紀
十八日、石清水臨時祭、　日本紀略　小右記目録
廿二日、除目議、　小右記目録　本朝世紀
廿三日、京官除目、　日本紀略　本朝世紀
廿五日、内裏放火、及ビ疫癘ノ事ニ依リテ、諸社ニ奉幣ス、　日本紀略　百練抄　本朝世紀
廿六日、季御讀經、　日本紀略
大赦、　日本紀略

四月大壬午朔盡

一日、平座、是日、仁王會ニ依リテ大祓ヲ行フ、　日本紀略　本朝世紀
三日、平野祭、　日本紀略
贈皇太后懷子國忌、　日本紀略　本朝世紀
四日、廣瀬龍田祭、梅宮祭、　日本紀略　本朝世紀
五日、齋院御禊前駈ヲ定ム、　本朝世紀
七日、仁王會、　日本紀略　本朝世紀　台記
八日、大神祭使ノ發遣ニ依リテ、灌佛ヲ停ム、　台記
臨時賑給使ヲ定ム、　本朝世紀
十日、疾疫ニ依リテ、大祓ヲ行フ、　日本紀略　源平盛衰記
十三日、齋院選子内親王御禊、　日本紀略
十四日、擬階奏、賀茂祭警固、　日本紀略　本朝世紀
十五日、關白道隆、賀茂社ニ詣ス、　日本紀略　本朝世紀　大鏡
十六日、賀茂祭、　日本紀略　本朝世紀
十七日、解陣、　日本紀略　本朝世紀
十九日、臨時奉幣使ヲ定ム、　本朝世紀
二十日、疫癘ニ依リ、七大寺ノ僧ヲシテ、重テ大般

若經ヲ轉讀セシム、類聚符宣抄
廿三日、中務輔障ヲ申スニ依リテ、位記請印ヲ止ム、本朝世紀
廿四日、京中路頭病人多ニ依リテ、之ヲ收養セシム、日本紀略 本朝世紀
廿五日、奉幣ニ依リテ、大祓ヲ行フ、是日、山陵使ヲ定ム、日本紀略 本朝世紀
廿七日、疾疫ニ依リテ、伊勢以下諸社ニ奉幣ス、日本紀略 本朝世紀
廿八日、疾疫ニ依リテ、御讀經ヲ行フ、日本紀略 本朝世紀
三十日、狐、清涼殿ニ入ルニ依リテ御占ヲ行フ、日本紀略 本朝世紀

五月小 壬子朔盡

一日、權少僧都法仁寂ス、僧綱補任
二日、成選位記ヲ給ス、本朝世紀
神祇官陰陽寮官人ヲシテ、災厄疾疫ヲ占ハシム、日本紀略 小右記目錄

三日、疾疫ニ依リテ山陵使ヲ發遣ス、日本紀略 小右記目錄 本朝世紀
七日、臨時仁王會ヲ定ム、本朝世紀
九日、東宮ノ皇子敦明御誕生アラセラル、日本紀略 本朝世紀 大鏡裏書 榮華物語
十日、臨時奉幣使ヲ定ム、是日、大宰府解狀ヲ進ム、本朝世紀
十一日、仁王會ヲ修スベキ官符ヲ諸國ニ賜フ、日本紀略 本朝世紀
十三日、仁王會ニ依リテ、大祓ヲ行フ、是日、著鈦政延引、日本紀略 本朝世紀 西宮記
十五日、仁王會、日本紀略 本朝世紀
十六日、疾疫ヲ免ンガ爲ニ、諸人油小路ノ井水ヲ汲ム、日本紀略 本朝世紀
十九日、賑給使定、本朝世紀
二十日、諸社ニ奉幣ス、日本紀略 本朝世紀
廿三日、太皇太后、前備前守源相方第ヨリ還御アラセラル、本朝世紀

賀茂社修造ノ事ニ依リテ、官符ヲ別雷社司ニ下ス、類聚符宣抄

廿四日、京中諸國疾疫流行ス本朝世紀

廿六日、大赦、是日、疾疫祈禳ノ爲メ諸司諸家ヲシテ、石塔ヲ建テシム、日本紀略　西宮記　本朝世紀

是月、新羅明神託宣アリ、四大寺傳記附錄

六月大盡辛巳朔

三日、禁中物恠アリ、本朝世紀

四日、丹生貴布禰兩社奉幣使定、本朝世紀

十日、御體御卜、日本紀略　本朝世紀

十一日、月次祭、神今食、日本紀略　本朝世紀

十三日、祈雨奉幣、日本紀略　本朝世紀

十四日、臨時仁王會ヲ定ム、本朝世紀

十五日、月食、本朝世紀

十六日、妖言ニ依リ、諸人門戶ヲ閉ヂテ往還セズ、日本紀略　本朝世紀

廿二日、仁王會、日本紀略　本朝世紀

廿七日、疫神ヲ船岡山ニ安置シテ、御靈會ヲ行フ、日本紀略　本朝世紀　朝野群載　公事根源　後拾遺和歌集

三十日、大祓、本朝世紀

是月、伯耆守從五位下藤原伊相卒ス、尊卑分脈

七月小盡辛亥朔

六日、正權僧正ノ班次ヲ定ム、釋家初例抄

七日、故關白兼通ノ室能子女王薨ズ、小右記目錄　公卿補任　尊卑分脈

八日、小除目、日本紀略　小右記目錄　一代要記

十一日、左近衞中將從四位上藤原道信卒ス、小右記目錄　勅撰和歌作者部類　尊卑分脈　中古三十六人歌仙傳　實方朝臣集　榮華物語　大鏡　俊祕抄　今昔物語　千載和歌集　後拾遺和歌集　新古今和歌集　續拾遺和歌集

十六日、高野山大塔等、雷火ニ依リテ燒失ス、東寺長者補任　東寺私用集　東寺王代記　本朝世紀　弘法大師行狀記

二十日、大風、是日、相撲召仰アリ、日本紀略　樗囊抄

廿一日、疾疫ニ依リテ、御讀經ヲ修セシム、日本紀略

僧平崇ヲ東大寺權別當ニ補ス、東大寺別當次第
廿二日、賑給、日本紀略
廿七日、相撲召合、日本紀略 權記
廿八日、相撲拔出、日本紀略 權記

八月大 庚辰朔盡

七日、關白道隆ノ第ニ於テ相撲アリ、日本紀略
八日、釋奠、日本紀略
左近衞中將藤原隆家ヲ從三位ニ敍ス、公卿補任
十日、疾疫ニ依リテ、大般若經ヲ轉讀セシム、日本紀略
十一日、定考、日本紀略 眞如堂緣起
十四日、東寺權大僧都寛朝、新ニ阿闍梨ヲ加ヘンコトヲ請フ、東寺長者補任 東寺王代記 東寺要集
廿一日、諸社ニ奉幣ス、日本紀略
廿八日、大臣召、日本紀略 公卿補任 職事補任

九月小 庚戌朔盡

一日、右大臣道兼ニ右大將ヲ兼ネシム、日本紀略
大鏡裏書
七日、左大臣重信ニ皇太子傅ヲ兼ネシム、公卿補任
八日、除目、日本紀略 小右記目錄 公卿補任
外記廳前、虹立ツニ依リテ御卜ヲ行フ、日本紀略
中右記
九日、平座見參、日本紀略
十一日、伊勢例幣、日本紀略
廿二日、季御讀經、日本紀略 小右記目錄
廿五日、前中納言藤原文範ニ封戶ヲ加フ、日本紀略
廿六日、傳燈法師位平世ヲシテ、御願ヲ勤修セシム、政事要略

十月大 己卯朔盡

一日、平座見參、日本紀略
二日、關白道隆、東三條ノ第ニ於テ、逆修佛事ヲ行フ、日本紀略 百練抄
十二日、左大臣重信、仁和寺墓所ニ詣ヅ、日本紀略
十六日、山陵使ヲ發遣シテ、疾疫ヲ祈禳ス、日本紀略

廿三日、大宰大貳藤原佐理、宇佐宮神人ト闘フ、
日本紀略

廿四日、地震、御卜、　日本紀略

是月、宮道義行ノ宥罪ヲ議ス、　本朝文粋

十一月小 己酉朔盡

一日、梅宮祭、　日本紀略

三日、宇佐宮司ノ訴ニ依リテ、大宰府使ヲ發遣ス、
日本紀略

五日、僧綱ヲ任ズ、　僧綱補任　日本紀略　歴代皇記　天台座主
記　元亨釋書　釋家初例抄　東寺長者補任

比叡山揔持院火アリ、　日本紀略　天台座主記　我慢抄

七日、大宰府使ヲ改定ス、　日本紀略

十二日、平野祭、春日祭、　日本紀略

十三日、檢非違使ヲシテ、阿闍梨義静ヲ捕ヘシム、
百練抄

十六日、大原野祭、　日本紀略

關白道隆、東三條南院ニ遷ル、　百練抄

十七日、園韓神祭、　日本紀略

十九日、新嘗祭、　日本紀略

二十日、豊明節會、　日本紀略

廿一日、東宮鎭魂祭、　日本紀略

廿四日、吉田祭、　日本紀略

廿五日、賀茂臨時祭、　日本紀略

十二月大 戊寅朔盡

一日、日食、　日本紀略

十一日、月次祭、神今食、　日本紀略

十七日、諸社奉幣使ヲ發遣ス、　日本紀略

廿五日、荷前使、　日本紀略

廿九日、攝津前司藤原正輔ヲシテ、任中ノ税帳ヲ
越勘セシム、　類聚符宣抄

是月、中宮、雪山ヲ作ラシメラル、　枕草子　公事根源

是歳、諸國疫疾流行ス、　日本紀略　百練抄　榮華物語　小大
君集

鏡作社ニ奉幣シテ、神階ヲ追贈シ、末社ヲ造立シ
テ疾疫ヲ祈禳ス、　鏡作大明神縁起

法性房尊意、大威德法ヲ行フ、 立川寺年代記

近江掾大江成基、諸司ノ助闕ヲ任ゼラレンコトヲ請フ、 本朝文粹

律師禪徹寂ス、 僧綱補任

權律師長隆寂ス、 僧綱補任 法隆寺別當次第

長德元年

正月小盡戊申朔

一日、節會、 日本紀略

中納言源保光ヲ從二位ニ敍ス、 公卿補任

二日、朝覲行幸アラセラル、是日、二宮大饗アリ、 日本紀略 小右記

五日、敍位議、 日本紀略 小右記

七日、白馬節會、 日本紀略

八日、御齋會、 日本紀略

九日、鴨院、及ビ二條第燒亡ス、冷泉上皇東三條第ニ遷御アラセラル、 日本紀略 小右記

十一日、除目、 日本紀略 小右記

十三日、權中納言源伊陟ヲ中納言ニ任ズ、 公卿補任

十六日、踏歌節會、 日本紀略 三節會次第

十七日、射禮、 日本紀略 西宮抄

十八日、射遺、 日本紀略

十九日、關白道隆ノ女源子東宮ニ入ル、 日本紀略 小右記 榮華物語 尊卑分脈

廿二日、賭弓、 日本紀略 西宮抄

廿六日、夢想ニ依リテ、御卜ヲ行フ、 百練抄

廿八日、內大臣伊周大饗、 小右記

廿九日、故右近衞少將藤原義孝ノ室某卒ス、 權記 公卿補任 榮華物語

是月、法琳寺別當賀仲寂ス、 法琳寺別當補任

二月大盡丁丑朔

一日、釋奠、 日本紀略

二日、直物、 日本紀略 小右記

三日、大原野祭、 日本紀略

東三條院ノ宮人ト中宮ノ宮人ト鬪爭ス、 小右記

四日、祈年祭、 日本紀略

五日、關白道隆上表ス、 本朝文粹

七日、春日社奉幣使ヲ發遣ス、 小右記

仁王會ニ依リテ大祓ヲ行フ、 日本紀略

故太政大臣爲光ノ第燒亡ス、 日本紀略

九日、仁王會、 日本紀略

十日、東宮御息所、中宮ニ謁シ給フ、 枕草子

十一日、列見、 日本紀略

十三日、園韓神祭、 日本紀略

十七日、右大臣道兼ノ二男元服ス、 日本紀略 小右記

廿二日、長徳ト改元ス、 日本紀略 扶桑略記 一代要記 改元部類 元祕別錄

廿五日、臨時奉幣ニ祇園社ヲ加フ、 廿二社註式

廿六日、關白道隆上表ス、勅答アリ、 日本紀略 小右記 公卿補任 本朝文粹 園太曆

廿七日、季御讀經、 日本紀略 小右記目錄

權大僧都元杲寂ス、 諸門跡譜 醍醐報恩院血脈 僧綱補任 三寶院傳法血脈 東寺長者補任 東寺要集 三僧記類聚 弘法大師記 一切業集 祈雨日記裏書 日本紀略 小右記 眞言諸山符案 眞言列祖表白集 元杲大僧都自傳 續古事談 弘鑁口說

廿八日、東三條院、石山ニ行啓アラセラル、 日本紀略 小右記 大鏡

廿九日、大神宮禰宜荒木田茂忠同敏忠卒ス、 類聚符宣抄 禰宜至要抄 大神宮例文 二所大神宮禰宜轉補次第

三十日、伊豆前司藤原理明不與狀ヲ諸司ニ下ス、 西宮記 左經記

是月、左馬頭藤原相尹ノ母卒ス、 小右記 尊卑分脈

三月 大盡 丁未朔

三日、御燈、 日本紀略

九日、關白道隆ノ病ニ依リテ、內大臣伊周ヲシテ、巨細ノ雜事ヲ行ハシム、 日本紀略 公卿補任 大鏡裏書 小右記 榮華物語

石淸水別當光譽寂ス、 僧綱補任 石淸水祠官系圖 八幡愚童訓

二十日、大納言正二位藤原朝光薨ズ、 日本紀略 愚管抄 一代要記 公卿補任 權記 小右記 大鏡裏書 榮華物語 河海抄 類聚符宣抄 江吏部集 大鏡 古事談 拾遺和歌集 新古今

和歌集　新勅撰和歌集　續後撰和歌集　玉葉和歌集　朝光集　小大君集　高光集

廿四日、石清水臨時祭、　日本紀略　年中行事祕抄

廿五日、小除目、臨時御讀經、　日本紀略　年中行事祕抄

廿七日、小除目、　小右記目錄

四月小盡 丁丑朔

一日、平座見參、　日本紀略

三日、關白道隆ヲ罷ム、　公卿補任

四日、廣瀨龍田祭、　日本紀略

五日、內大臣伊周ニ隨身兵仗ヲ賜フ、　日本紀略　公卿補任　小右記

六日、前關白道隆出家ス、　日本紀略　小右記　榮華物語

中納言藤原顯光ヲ權大納言ニ任ス、以下任官差アリ、　公卿補任

七日、擬階奏、　日本紀略

八日、平野祭、　日本紀略

九日、梅宮祭、　日本紀略

十日、入道前關白正二位藤原道隆薨ズ、　攝關傳　日本紀略　小右記　公卿補任　神皇正統記　河海抄　枕草子　大鏡　古今著聞集　公事根源抄　榮華物語　朝野群載　山門堂舍記　門葉記抄　愚管抄　後拾遺和歌集　赤染衛門集

十二日、內裏觸穢、是日、中宮登花殿ニ入リ給フ、　日本紀略

十三日、奉幣延引ニ依リテ、大祓ヲ行フ、　日本紀略

十四日、左衛門尉大中臣宣理卒ス、　大中臣氏系圖

十八日、雷鳴リ、雹降ル、是日、齋院選子內親王御禊、　日本紀略

十九日、警固、是日、丹波康頼卒ス、　日本紀略　延慶本醫心方

二十日、賀茂祭ニ依リテ、大祓ヲ行フ、　日本紀略

廿一日、賀茂祭、　日本紀略　園太曆

廿二日、解陣、　日本紀略

故關白道隆ノ家ニ賻物ヲ賜フ、　日本紀略

廿三日、大納言正二位藤原濟時薨ズ、　尊卑分脈　日本紀略　小右記　中右記　今昔物語　公卿補任　內裏謌合　西宮記　榮華物語　愚管抄　大鏡　河海抄　江談抄　古事談　續古事談　新勅撰和歌集　拾遺和歌抄

廿四日、吉田祭、 日本紀略
故關白道隆ヲ葬ル、 日本紀略 小右記
廿五日、參議藤原實資ヲ撿非違使別當ニ補ス、 公卿補任
廿七日、五畿內諸國ニ勅シテ、觀音像、及ビ大般若經ヲ圖寫セシム、 日本紀略
右大臣道兼ヲ關白ト爲ス、 日本紀略 攝關傳
大納言藤原道長ニ左近衞大將ヲ兼ネシム、 日本紀略 榮華物語 大鏡 公卿補任
廿八日、小除目、 小右記

五月大 丙午朔 盡

二日、關白道兼慶賀、 公卿補任 大鏡
八日、左大臣正二位源重信薨ズ、 日本紀略 公卿補任 神皇正統記 大鏡 園太曆 小右記 續古事談 拾芥抄
關白正二位藤原道兼薨ズ、 日本紀略 百練抄 公卿補任 古事談 榮華物語 大鏡 愚管抄 古今著聞集 江談抄 源平盛衰記 拾芥抄 江吏部集 拾遺和歌集 小大君集
中納言從二位源保光薨ズ、 日本紀略 公卿補任 北山抄 拾芥抄 新續古今和歌集
權少僧都淸胤寂ス、 日本紀略 歷代皇記 僧官補任 僧綱補任 榮華物語 金葉和歌集 詞花集
十一日、權大納言藤原道長ニ內覽宣旨ヲ賜フ、 日本紀略 小右記 公卿補任 朝野群載 康富記 大鏡 榮華物語 古事談
十四日、御讀經始、賑給、 日本紀略
十五日、故關白道兼ヲ葬ル、 日本紀略
十六日、故左大臣重信ヲ葬ル、 公卿補任
十七日、復任除目、 日本紀略 小右記目錄
十九日、故關白道兼四十九日法會、 日本紀略 小右記目錄
廿二日、中納言正三位源伊陟薨ズ、 日本紀略 公卿補任 河海抄 天延二年記 十訓抄
廿五日、故中納言源伊陟ヲ葬ル、 日本紀略
廿六日、御讀經、是日、故關白右大臣道兼ニ太政大臣正一位ヲ贈リ、左大臣重信ニ正一位ヲ贈ル、 日本紀略 小右記 公卿補任
廿九日、前出雲守正五位下藤原相如卒ス、 榮華物語

十訓抄　尊卑分脈　勅撰和歌作者部類　今昔物語　詞花和歌集　新勅撰和歌集　續後拾遺和歌集　風雅集　相如集　玄々集

六月小　丙子朔盡

五日、權大納言藤原道長ニ任大臣ノ兼宣旨ヲ賜フ、道長著陣ス、日本紀略　公卿補任　爲房記

十日、御體御卜、日本紀略

十一日、月次祭、神今食延引、日本紀略　小右記

權大納言正三位藤原道頼薨ズ、日本紀略　小右記　榮華物語　公卿補任　大鏡　枕草子

十二日、月次祭延引、大祓ヲ行フ、日本紀略

十六日、月次祭、神今食、日本紀略　園太暦

十九日、權大納言藤原道長ヲ右大臣ニ任ス、日本紀略　公卿補任　小右記

中宮入內、日本紀略　榮華物語

二十日、右大臣道長ニ左近衛大將ヲ兼ネシム、公卿補任　小右記

故關白道兼ノ爲ニ法會ヲ修ス、榮華物語

廿一日、小除目、日本紀略　小右記目錄

右大臣道長著座、結政請印、定家朝臣記

右近衛府廳東西倉燒亡ス、日本紀略

廿三日、右大臣道長著陣、台記

廿九日、中宮、太政官朝所ニ移御アラセラル、枕草子

是月、大僧正寛朝、阿闍梨八人ヲ以テ、東寺寺分ト爲サンコトヲ請フ、東寺要集

是夏、疾疫流行ス、日本紀略　百練抄　寺門高僧記　榮華物語

七月大　乙巳朔盡

二日、雷鳴陣ヲ立ツ、日本紀略　權記

二十日、諸司諸衞闕官補任員ヲ定ム、拾芥抄

廿三日、諸國官物、四分ノ一ヲ免ゼラレンコトヲ請フ、日本紀略

強盜藤原時教ヲ捕ヘシム、小右記

廿四日、右大臣道長、內大臣伊周ト口論ス、小右記

廿七日、權中納言藤原俊家ノ僕從等鬪爭ス、小右記

廿八日、藏人所別當ヲ補ス、台記　尊卑分脈

八月小盡乙亥朔

一日、月奏、朝野群載

三日、釋奠、日本紀略

權中納言藤原俊家ヲシテ、下手人ヲ出サシム、小右記 百練抄

十一日、定考、日本紀略

十二日、小定考延引、西宮記

十九日、經問者生課試ノ例ヲ定ム、類聚符宣抄

廿一日、臨時奉幣、日本紀略 二十二社註式 百練抄

廿二日、慈徳寺供養、一代要記

石清水權別當曆雅寂ス、石清水祠官系圖

廿五日、除目召仰、小右記目錄 類聚符宣抄

肥前守從五位上藤原理能卒ス、尊卑分脈

廿七日、除目、日本紀略 小右記目錄

廿八日、内大臣伊周ニ東宮傅ヲ兼ネシム、以下補任差アリ、權記 日本紀略 公卿補任

廿九日、權左中辨源俊賢ヲ參議ニ任ズ、公卿補任

散位藤原行成ヲ藏人頭ニ補ス、職事補任 公卿補任 日本紀略 權記 古事談 大鏡

權律師禪閑寂ス、僧綱補任

是月、諸國ニ受領官符ヲ下ス、本朝文粹

九月大盡甲辰朔

三日、御燈、日本紀略

四日、宋人來著文ヲ奏ス、台記

五日、小定考、日本紀略 西宮記

權中納言藤原實資ヲ檢非違使別當ニ補ス、公卿補任 一代要記

六日、若狹到着ノ宋人ヲ越前ニ移ス、日本紀略 百練抄

九日、平座見參、止雨奉幣、日本紀略

十日、中宮、職曹司ニ於テ佛事ヲ行ヒ給フ、枕草子 十訓抄

十一日、伊勢例幣、日本紀略

十三日、不堪佃田申文、台記

人家ヲ斫壞シ、財物ヲ掠損スル輩ヲ追捕ス、法曹至要抄
十五日、六波羅密寺ノ僧覺信、阿彌陀峯ニ於テ、自ラ焚死ス、花山法皇御幸シテ之ヲ覽給フ、日本紀略 百練抄
十六日、作物別當ヲ補シ、五節ヲ奉ズベキ人ヲ定ム、權記
廿二日、越前交易絹解文、及ビ位祿申文ヲ定ム、權記
廿四日、季御讀經、日本紀略 小右記目錄
宋人交易ノ解文ヲ若狹ノ國司ニ返還ス、權記
廿七日、陸奥守藤原實方赴任ス、日本紀略 權記
廿八日、直物、小右記 權記 公卿補任
大宰大貳藤原佐理ノ對捍ヲ議ス、權記

十月小 甲戌朔盡

一日、旬、御修法結願、日本紀略 小右記 權記
三日、左右衞門府ニ堋ヲ築ク、是日、播磨守源相方ニ昇殿ヲ聽シ、秋田城介姓闕ク信親ニ任國ニ赴クノ文ヲ給フ、權記
五日、弓場始、日本紀略 權記
六日、犯人ヲ勘糺セシム、權記
七日、僧綱ヲ任ズ、日本紀略 僧綱補任 權記
中宮御讀經、權記
九日、播磨守源相方等ニ雜袍ヲ聽ス、權記
十日、石清水行幸ニ依リテ、東三條院、及ビ中宮、職曹司ニ遷御アラセラル、權記 日本紀略
田上御網代司ヲ補スル名簿、及ビ造茶所造進料物ノ文ヲ下ス、權記
十二日、石清水行幸ニ依リテ、七社ニ奉幣ス、日本紀略 權記
十三日、石清水行幸ニ依リテ調樂、權記
十五日、雷鳴大雨、日本紀略
十六日、位祿未給申文、勸學院領尾張玉江莊司殺害セラル、日記ヲ奏ス、權記
十七日、雷鳴ニ依リテ、勘文ヲ進ゼシム、權記

十八日、小除目、是日、大宰大貳藤原佐理ノ任ヲ停ム、 日本紀略 小右記目録 百練抄 權記 公卿補任 榮華物語 宇佐宮託宣集 古事談

十九日、石清水行幸ニ依リテ、大祓、及ビ試樂アリ、是日、兵部大輔〔姓闕〕資成ニ禁色ヲ聽ス、 日本紀略 權記

廿一日、石清水ニ行幸アラセラル、 日本紀略 石清水祠官系圖 僧綱補任 釋家初例抄

廿二日、石清水ヨリ還幸アラセラル、 日本紀略 枕草子

廿三日、阿闍梨仁聚寂ス、 法琳寺別當補任

廿四日、中宮季御讀經、 小右記目録

廿五日、官符ヲ下シ、尾張玉江莊司ヲ殺シタル者ヲ搜捕セシム、 權記

前大宰大貳藤原佐理ヲ召ス、 類聚符宣抄

刑部卿源清遠出家ス、 尊卑分脈

廿七日、大僧正寛朝、廣澤ニ於テ、灌頂會ヲ修ス、 日本紀略

廿八日、右衞門尉〔姓闕〕忠致殺害セラル、 日本紀略

十一月大 癸卯朔 盡

六日、平野祭、春日祭、 日本紀略

七日、梅宮祭、 日本紀略

十一日、園韓神祭、 日本紀略

十三日、新嘗祭、 日本紀略

十四日、豐明節會、 日本紀略

十五日、東宮鎭魂祭、 日本紀略

十七日、賀茂臨時祭試樂、 日本紀略 小右記目録

十八日、吉田祭、 日本紀略

十九日、賀茂臨時祭、 日本紀略 小右記目録

廿一日、御書ヲ東三條院ニ上リ給フ、 參議要抄

廿二日、大原野祭、 日本紀略

廿五日、雷鳴ニ依リテ、御トヲ行フ、 日本紀略

非參議源清延出家ス、 公卿補任

廿八日、擬文章生ノ試アリ、 日本紀略

十二月小 癸酉朔 盡

八日、諸社奉幣、 日本紀略

十日、御體御卜奏、 日本紀略

十三日、山陵使ヲ發遣ス、 日本紀略

廿二日、御讀經始、 日本紀略

廿四日、大僧正寛朝ニ牛車ヲ聽ス、 東寺長者補任 西宮記

廿五日、荷前使、 日本紀略

藤原周頼等ノ除籍ヲ免ジ、民部少丞姓闕ク俊遠等ノ闘爭ノ事ヲ召問ス、 權記

廿八日、大鹿友忠ヲ文殿使部ニ補ス、 類聚符宣抄

是月、官符ヲ諸國受領ニ下ス、 本朝文粹

是歲、宋僧源清、新書法華示指珠等ヲ送リ佚書ヲ乞フ、 東寺王代記 本朝文粹

內大臣伊周、右大臣道長ヲ呪詛ス、 榮華物語 百練抄

始テ北野宮寺ノ別當ヲ補ス、 北野宮寺緣起

長德二年

正月大 壬寅朔盡

一日、節會、御物忌ニ依リテ出御ナシ、 日本紀略 三節會次第

二日、東宮大饗、 日本紀略

五日、東三條院ニ行幸アラセラル、 日本紀略

六日、敍位議、 日本紀略

七日、白馬節會、 日本紀略 妙音院相國白馬節會次第

八日、御齋會、 日本紀略

十日、女敍位、 日本紀略

十五日、式部權少輔大江匡衡、申文ヲ上ル、 本朝文粹

十六日、踏歌節會、 日本紀略

內大臣伊周、權中納言藤原隆家ノ從者ヲシテ、法皇ヲ射奉ラシム、 日本紀略 百練抄 榮華物語

十七日、射禮、是日、入道從四位上刑部卿源清遠卒ス、 日本紀略 尊卑分脈 歷代編年集成 皇代記

十八日、射遺、 日本紀略

二十日、歩射、 日本紀略

廿三日、除目、左右史生等ノ官途ヲ定ム、 日本紀略 類聚符宣抄

廿五日、大納言藤原顯光ニ按察使ヲ兼ネシム、　大鏡裏書　公卿補任

廿六日、右大臣道長大饗、　日本紀略

是月、入道前播磨守從三位源清延薨ズ、　日本紀略　尊卑分脈　公卿補任

二月小　壬申朔盡

四日、祈年祭、　日本紀略

五日、撿非違使ヲシテ、兵衞佐某ヲ捕ヘシム、　百練抄

六日、釋奠、園韓神祭、　日本紀略

八日、大風、大原野祭、　日本紀略

十一日、列見、是日、明法博士ヲシテ、內大臣伊周等ノ罪名ヲ勘セシム、　日本紀略

廿一日、廿社奉幣、　日本紀略

廿二日、東三條院、法華講ヲ修シ給フ、　日本紀略　榮華物語　河海抄

廿五日、諸社奉幣、　日本紀略　日吉山王新記

三月大　辛丑朔盡

四日、大祓、　日本紀略

五日、參議正三位藤原安親薨ズ、　日本紀略　公卿補任

七日、仁王會、　日本紀略

十一日、季御讀經、　日本紀略　小右記目錄　西宮記

十四日、直物、　日本紀略

十六日、石淸水臨時祭試樂、　小右記目錄

十八日、石淸水臨時祭、　小右記目錄

十九日、直物、　小右記目錄

廿六日、參議藤原安親薨奏、　日本紀略

廿八日、東三條院御惱ニ依リテ、大赦ヲ行フ、　日本紀略　小右記目錄

東三條院、院號ヲ辭シ給フ、　小右記目錄　玉葉

四月小　辛未朔盡

一日、平座見參、　日本紀略

內大臣伊周、太元法ヲ法琳寺ニ修ス、　日本紀略

二日、地震、平野祭、　日本紀略

式部權少輔大江匡衡、再ビ申文ヲ上ル、　本朝文粹

三日、梅宮祭、　日本紀略

贈皇太后懷子國忌、日本紀略
四日、廣瀨龍田祭、日本紀略
七日、擬階奏、日本紀略
十二日、齋院御禊、日本紀略
十三日、警固、日本紀略
十五日、賀茂祭、日本紀略
十六日、解陣、日本紀略
廿四日、中宮、二條第ニ遷御アラセラル、一代要記
內大臣伊周ヲ貶シテ大宰權帥ト爲シ、權中納言藤原隆家ヲ出雲權守ト爲ス、日本紀略 公卿補任 扶桑略記 百練抄 古事談 榮華物語
參議藤原道綱ヲ中納言ニ任ズ、以下補任差アリ、公卿補任 職事補任

五月大盡 庚子朔

一日、大宰權帥藤原伊周等配所ニ赴カズ、日本紀略 公卿補任
中宮、御落餝アラセラル、日本紀略 百練抄 權記
四日、大宰權帥藤原伊周等、配所ニ赴ク、日本紀略 扶桑略記 古事談 榮華物語
二十日、解陣大祓、日本紀略
廿一日、伊周等左遷ノ由ヲ山陵ニ告グ、日本紀略
廿七日、御讀經、日本紀略

六月小盡 庚午朔

三日、右大臣道長上表ス、日本紀略
八日、二條宮燒亡ス、日本紀略
九日、開闔、日本紀略
十日、御體御卜、日本紀略
十一日、月次祭、日本紀略
十五日、大藏少輔藤原惟憲ヲ大輔代ト爲ス、類聚符宣抄
十七日、僧綱ヲ任ズ、日本紀略 僧綱補任
筑前權守藤原成周、成房ト改名ス、類聚符宣抄
廿五日、東三條院、入內アラセラル、是日、任大臣兼宣旨、擬文章生ノ試アリ、日本紀略 公卿補任 初任大臣大饗雜例
大膳少屬大友忠節ヲシテ、職納諸國調庸交易雜

物ヲ勾當セシム、類聚符宣抄
廿六日、地震、日本紀略
廿七日、雹降ル、日本紀略

七月大盡己亥朔

三日、奉幣使ヲ發遣ス、日本紀略
四日、廣瀨龍田祭、日本紀略
十一日、雜物ヲ中宮ニ進セラル、日本紀略
十三日、御讀經、日本紀略
十五日、京畿盆供ニ輕物ヲ使用ス、日本紀略
二十日、右大臣道長ヲ左大臣ニ、大納言藤原顯光ヲ右大臣ニ任ズ、以下任官差アリ、日本紀略 園太暦
大納言藤原公季ノ女義子入內ス、日本紀略 一代要記 榮華物語
廿一日、小除目、小右記目錄
廿八日、相撲召合、日本紀略 樗囊抄 西宮記
中納言藤原道綱ニ帶劒ヲ聽ス、日本紀略
廿九日、相撲拔出、日本紀略

閏七月大盡己巳朔

六日、東三條院御惱、小右記目錄
九日、伊勢以下諸社ニ奉幣ス、日本紀略
十日、鴨川洪水、日本紀略
十三日、文章博士大江匡衡ヲシテ、判ヲ省試ノ詩ニ加ヘザルコトヲ問ハシム、日本紀略
十九日、宋人鵝羊ヲ獻ズ、日本紀略
廿一日、大風、諸司、幷ニ大小屋舍顚倒ス、日本紀略
廿四日、諸社ニ奉幣ス、日本紀略

八月小盡己亥朔

二日、復任除目、是日、大宰大貳藤原有國赴任ス、日本紀略
四日、除目、日本紀略 小右記目錄
五日、大納言藤原公季等ヲ補任ス、公卿補任 朝野群載
九日、釋奠、日本紀略
藤原義子ヲ女御ト爲ス、日本紀略 皇年代記 一代要記 朝野群載
左大臣道長、左大將ヲ辭ス、道長ニ童隨身ヲ賜フ、

公卿補任　花鳥餘情　原中最祕抄

十一日、定考、　日本紀略

十四日、省試詩ヲ定ム、　日本紀略

廿六日、前齋宮寮頭源爲正、賊ニ殺サル、　日本紀略

廿八日、參議右大辨源扶義ヲ左大辨ト爲ス、　公卿補任

九月大 戊辰朔盡

四日、諸卿ヲシテ、受領ヲ任ズベキ輩ヲ選バシム、
小右記目錄

七日、弓場始、　樗嚢抄

八日、大納言藤原公季ニ左大將ヲ兼ネシム、　公卿補任　日本紀略

十九日、權中納言藤原實資、右衞門督別當ヲ辭ス、
公卿補任　一代要記　大鏡裏書

除目、　小右記目錄　公卿補任　一代要記　大鏡裏書　中古三十六人歌仙傳

十月小 戊戌朔盡

六日、宋商朱仁聰ノ事ヲ定ム、　日本紀略

七日、弓場始、　日本紀略

出雲權守藤原隆家、申文ヲ上ル、　扶桑略記　本朝文粹

九日、左大臣道長ニ隨身ヲ賜フ、　日本紀略　公卿補任

十日、是ヨリ先、大宰權帥藤原伊周、密ニ播磨ヨリ入京ス、是日、之ヲ本府ニ逐ハシム、　日本紀略　扶桑略記　百練抄　公卿補任　尊卑分脈　古事談　榮華物語

十九日、直物、幷ニ小除目、　日本紀略

廿七日、左大臣道長ノ上表ニ勅答アリ、　日本紀略

是月、正三位高階貴子薨ズ、　榮華物語　勅撰和歌作者部類
公卿補任　尊卑分脈　權記　大鏡　續古事談　古今著聞集　拾遺和歌集　詞花和歌集　新古今和歌集

十一月大 丁卯朔盡

一日、左大臣道長、春日社ニ詣ヅ、　日本紀略　玉葉

六日、平野祭、春日祭、　日本紀略

北野社燒亡ス、　日本紀略　康富記

七日、梅宮祭、　日本紀略

八日、明法博士ヲシテ、宋商朱仁聰ノ罪名ヲ勘セシム、　日本紀略　百練抄

十一日、園韓神祭、 日本紀略
大宰權帥伊周ノ入京ヲ密告スル者ヲ賞シテ、位ヲ授ク、 日本紀略 榮華物語
十二日、鎭魂祭、 日本紀略
左近府生輕部公友ヲ獄ニ下ス、 日本紀略
十三日、新嘗祭、 日本紀略
十四日、右大臣顯光ノ女元子入內ス、 日本紀略 一代要記 榮華物語
十五日、東宮鎭魂祭、 日本紀略
十六日、竊盜ノ徒年ヲ定ム、 市行記
十七日、賀茂臨時祭試樂、 日本紀略
十八日、吉田祭、 日本紀略
十九日、賀茂臨時祭、 日本紀略
廿二日、大原野祭、 日本紀略
廿六日、式部大輔菅原輔正ヲシテ、怠狀ヲ上シム、 日本紀略
文殿使ヲ任ズ、 類聚符宣抄

十二月小盡 丁酉朔

二日、藤原元子ヲ女御ト爲ス、 日本紀略 大鏡裏書
六日、擬文章生藤原廣等及第ス、 日本紀略
八日、宇佐使ヲ發遣ス、 日本紀略
十日、御體御卜奏、 日本紀略
建禮門內ニ死人アリ、 日本紀略
十一日、月次祭、神今食、 日本紀略 園太曆
十三日、荷前使ヲ定ム、 日本紀略
十四日、東宮ノ皇子敦明御著袴、 日本紀略
十六日、皇女脩子御誕生アラセラル、 日本紀略 皇年代記 榮華物語
十七日、明法輩、着鈦勘文ヲ進ム、是日、別當宣ニ依リテ、着鈦勘文ヲ改ム、 市行記
十八日、中宮ニ絹布等ヲ進メラル、 日本紀略
荷前使ヲ發遣ス、 日本紀略
十九日、着鈦政、 市行記
廿二日、御佛名、 日本紀略
廿六日、宋僧源淸送ル所ノ法文、牒狀及ビ解文ヲ

下ス、 日本紀略 本朝文粹

廿七日、右大臣顯光、右大將ヲ辭ス、 公卿補任 大鏡裏書

左大臣道長、式部大輔藤原輔正ノ怠狀ヲ文章博士大江匡衡ニ下ス、 日本紀略

廿九日、中納言藤原道綱ニ右大將ヲ兼ネシム、 日本紀略 公卿補任

民部卿從二位藤原文範薨ズ、 公卿補任 園太曆 北山抄 江談抄 大槐祕抄 古事談 續古事談 大鏡 大鏡裏書 佛法傳來次第 新續古今和歌集

是歲、米穀價貴ク、京都失火多シ、 日本紀略

清閑寺ヲ御願寺ト爲ス、 伊呂波字類抄

大僧都觀修ヲ園城寺長吏ニ任ズ、 僧官補任

權少僧都元眞官ヲ辭ス、 僧綱補任 醍醐報恩院血脈

大神宮禰宜行兼卒ス、 豐受大神宮禰宜補任次第

長德三年

正月 大盡 丙寅朔

一日、節會、 日本紀略

二日、東三條院ニ行幸アラセラル、 日本紀略 御遊抄

六日、敍位、 日本紀略

七日、白馬節會、 日本紀略

參議藤原誠信等ヲ加階ス、 公卿補任

八日、御齋會、 日本紀略

十三日、典藥頭丹波忠康、申文ヲ上ル、 除目申文抄

十六日、踏歌節會、出御ナシ、 日本紀略

十七日、射禮、 日本紀略

十八日、射遺、 日本紀略

廿一日、從五位下宮道義行款狀ヲ上ル、 本朝文粹

廿八日、政始、是日、參議藤原誠信ニ、左衞門督ヲ兼ネシム、 西宮記 公卿補任

廿九日、右大臣顯光大饗、 西宮記

二月 小盡 丙申朔

二日、釋奠、 日本紀略

四日、祈年祭、 日本紀略

六日、園韓神祭、 日本紀略

八日、大原野祭、日本紀略
十一日、列見、日本紀略
十四日、文章博士大江匡衡ヲシテ、年號ヲ勘進セシム、日本紀略
正月二月京中數所火ヲ失ス、日本紀略

三月小乙丑朔盡

三日、御燈、日本紀略
七日、直物、日本紀略 小右記目錄
十五日、二十社ニ奉幣ス、日本紀略
十六日、賀茂臨時祭試樂、小右記目錄
十八日、賀茂臨時祭、小右記目錄
十九日、皇后遵子、御落餝アラセラル、日本紀略 一代要記 今昔物語 續古今和歌集
廿一日、御靈神ノ崇ニ依リテ、御祓ヲ行ヒ、神殿ヲ造立セシム、中右記
廿五日、東三條院ノ御惱ニ依リテ、大赦ヲ行フ、日本紀略 小右記目錄
廿六日、季御讀經、小右記目錄
東三條院ノ御惱ニ依リテ、大祓ヲ行フ、是日、強盜、備後守藤原致遠ノ宅ニ入ル、日本紀略
廿七日、賊、上總權介姓闕季雅ノ宅ニ入ル、日本紀略

四月大甲午朔盡

一日、平座見參、日本紀略
三日、平野祭ニ依リテ、贈皇太后懷子ノ國忌ヲ寺家ニ附ス、日本紀略
四日、廣瀨龍田祭、梅宮祭、日本紀略
五日、太皇太后宮權大夫藤原佐理ニ朝參ヲ許ス、是日、大宰權帥藤原伊周、出雲權守藤原隆家ノ罪ヲ赦ス、日本紀略 扶桑略記 百練抄 公卿補任 尊卑分脈 榮華物語
七日、擬階奏、日本紀略
八日、大神祭ニ依リテ、灌佛ヲ停ム、日本紀略 年中行事祕抄 年中行事抄
十三日、御禊、日本紀略

十四日、警固、 日本紀略

十六日、賀茂祭、 日本紀略

十七日、解陣、 日本紀略

花山法皇ノ供奉人ヲ撿シテ、濫行ノ輩ヲ出サシム、 百練抄 古事談 大鏡 大鏡裏書

十九日、吉田祭、 日本紀略

廿二日、奉幣使ヲ發遣ス、 日本紀略 伊勢公卿勅使雜例

廿四日、強盜、權中納言平惟仲ノ第ニ入ル、 日本紀略

廿五日、強盜、閑院右少辨曹司ニ入ル、 日本紀略

廿九日、強盜秦童子丸ノ着鈦スベキヤ否ヲ勘セシム、 政事要略

是月、天台宗ノ學僧ヲシテ、宋ヨリ送ル所ノ法華示指珠等五部ノ新書ヲ毀破セシム、 元亨釋書

五月小 甲子朔盡

一日、日食、 日本紀略

五日、仁王會ニ依リテ、大祓ヲ行フ、 日本紀略

七日、權律師靜安ヲ律師ニ任ズ、 僧綱補任

八日、仁王會、 日本紀略

十三日、出雲權守藤原隆家入京ス、 扶桑略記 尊卑分脈

十七日、右近馬場ニ於テ競馬アリ、 日本紀略

十九日、東宮ノ皇子敦儀御誕生アラセラル、 日本紀略 一代要記

廿二日、大地震、 日本紀略 續古事談

廿三日、盜人火長等ヲ殺傷ス、 市行記

廿四日、安倍晴明ニ宜陽殿御劒ノコトヲ問ハシム、 中右記

廿六日、着鈦政、 市行記

廿七日、警固中御讀經ヲ行フ、 參議要抄

六月大 癸巳朔盡

一日、雷鳴、 日本紀略

五日、東三條院御惱、 小右記目錄

十日、内裏穢ニ依リテ、御卜奏ヲ內侍ニ付ス、 日本紀略

十一日、月次祭、穢ニ依リテ、所司ニ付ス、 日本紀略 園太曆

十三日、諸卿異賊牒狀ヲ僉議ス、 百練抄
十七日、僧綱ヲ任ズ、 僧綱補任
廿二日、東三條院ニ行幸アラセラル、 日本紀略 小右記目錄
中宮入內アラセラル、 日本紀略 百練抄 榮華物語
廿三日、丹生貴布禰社ニ奉幣使ヲ遣ス、是日、任大臣兼宣旨ヲ下ス、 日本紀略 小右記目錄 康平記

七月大盡 癸亥朔

四日、廣瀨龍田祭、 日本紀略
五日、任大臣、 公卿補任
九日、大納言源時中ニ按察使ヲ兼ネシム、以下兼官差アリ、 小右記目錄 公卿補任 日本紀略
十七日、文章生ノ試アリ、
十九日、祈年穀奉幣、 日本紀略
二十日、式部少輔大江匡衡、文章生ノ試判ノ違例ヲ糺サレンコトヲ請フ、 本朝文粹
廿一日、淸涼殿ニ於テ、御讀經ヲ行フ、 日本紀略

三十日、相撲召合、 日本紀略 樗嚢抄 權記

八月大盡 癸巳朔

一日、相撲拔出、 日本紀略
五日、釋奠、 日本紀略
八日、東三條院、石山ニ詣デ給フ、 日本紀略
十一日、定考、 日本紀略
十五日、大內記紀齊名申文ヲ進ム、 本朝文粹
廿七日、除目、 日本紀略 小右記目錄
前鎭守府將軍正四位下源滿仲卒ス、 尊卑分脈 足利系圖 神皇正統錄 今昔物語 花鳥餘情 小右記 古事談 神皇正統記 親長卿記 多田院文書 扶桑略記 日本紀略 源平盛衰記 歷代編年集成 續古事談 後撰和歌集 劒卷 太平記 榻鴫曉筆 拾遺和歌集 元輔集
廿九日、式部權少輔大江匡衡申文ヲ上ル、 本朝文粹
大內記紀齊名、重テ申文ヲ上ル、 本朝文粹
是月、權律師會喬寂ス、 僧綱補任

九月小盡 癸亥朔

三日、御燈、　日本紀略

八日、宋ヨリ獻ズル所ノ鵝羊ヲ返ス、　日本紀略

九日、重陽宴、　日本紀略　西宮記　撰集秘記　江吏部集

十一日、伊勢例幣、　日本紀略

廿三日、季御讀經、　日本紀略　小右記目錄

廿九日、侍從藤原高遠ヲ左兵衞督ニ任ズ、　公卿補任

十月大 壬辰朔盡

一日、旬、　日本紀略　百練抄　西宮記

大宰府、異賊亂入ヲ奏ス、　日本紀略　百練抄　西宮記

五日、弓場始延引、　樗嚢抄

九日、中宮、法興院ニ於テ、先妣ノ周忌法會ヲ修セラル、　小右記目錄

十一日、弓場始、　日本紀略　樗嚢抄

十三日、異賊騷動ニ依リテ、諸社ニ奉幣ス、　日本紀略

廿一日、御讀經結願、　日本紀略

廿二日、左中辨藤原行成ヲ右大辨ト爲ス、　公卿補任

廿七日、季御讀經、　小右記目錄

十一月小 壬戌朔盡

二日、大宰府、異賊追討ノ由ヲ奏ス、　日本紀略

五日、官符ヲ大宰府ニ下ス、　日本紀略

七日、殺害ノ事ニ依リテ、左府生西忠宗等ヲ召問ス、　政事要略

八日、女官除目、　日本紀略

十一日、平野祭、春日祭、　日本紀略

十二日、梅宮祭、　日本紀略

十四日、皇女脩子ヲ內親王ト爲ス、　日本紀略　皇年代記

十六日、園韓神祭、　日本紀略

徒罪役限ヲ定ム、　政事要略

十八日、新嘗祭、　日本紀略

十九日、豐明節會、　日本紀略

二十日、東宮鎭魂祭、　日本紀略

廿二日、賀茂臨時祭試樂、　小右記目錄

廿四日、賀茂臨時祭、 日本紀略 小右記目錄
廿六日、直物、 日本紀略

十二月大盡 辛卯朔

十一日、月次祭、 日本紀略
二十日、荷前使ヲ定ム、是日、御佛名アリ、 日本紀略
廿五日、荷前使ヲ發遣ス、 日本紀略
是月、大宰權帥藤原伊周入京ス、 公卿補任 榮華物語 詞花和歌集
是歲、權少僧都仁覺寂ス、 僧綱補任
前大內記從五位下慶滋保胤卒ス、 續本朝往生傳 日本紀略 伊呂波字類抄 賀茂氏系圖 本朝麗藻 善秀才宅詩合 朝野群載 江談抄 本朝文粹 續世繼 古今著聞集 古事談 十訓抄 日本往生極樂記序 峯相記 書寫山緣起 撰集抄 今昔物語 拾遺和歌集

長德四年

正月小盡 辛酉朔

七日、白馬節會、御物忌ニ依リテ出御ナシ、 日本紀略
八日、御齋會始、 日本紀略

權律師慶譽寂ス、 僧綱補任
十日、女敍位、 日本紀略 台記
十四日、御齋會竟、內論義、 小右記
十六日、踏歌節會、 日本紀略
十七日、射禮、 日本紀略
十八日、射遺、 日本紀略
十九日、諸社ニ奉幣ス、 日本紀略
廿二日、圓敎寺供養ニ行幸アラセラル、 日本紀略 百練抄 仁和寺諸堂記
僧淸壽ヲ權律師ニ任ズ、 東寺長者補任 僧綱補任 仁和寺諸院家記
廿三日、除目、 日本紀略
廿五日、權中納言平惟仲ヲ中納言ニ轉ズ、其他任官差アリ、 公卿補任
廿六日、彗星見ル、 一代要記 中右記
廿八日、左大臣道長、賀茂社ニ詣ヅ、 日本紀略

二月大盡 庚寅朔

一日、太皇太后ノ御惱ニ依リテ、春日祭以前ニ佛事ヲ行フ、 小右記目錄

二日、大原野祭、 日本紀略

四日、祈年祭、 日本紀略

七日、春日祭、 日本紀略

八日、釋奠、 日本紀略

十一日、列見、是日、故右大臣道兼ノ女尊子入内ス、 日本紀略 一代要記 榮華物語

十五日、太皇大后ノ御惱ニ依リテ、莊園ヲ觀音院ニ施入ス、 小右記目錄

十九日、祈年穀奉幣、 日本紀略

廿三日、直物、小除目、 日本紀略 小右記目錄

是月、大宰府、異賊ヲ追伐ス、 百練抄

三月小 庚申朔 小盡

三日、御燈、 日本紀略

四日、左大臣道長、病ニ依リテ出家スベキノ由ヲ奏ス、 日本紀略

五日、左大臣道長上表ス、 日本紀略 公卿補任

十一日、御讀經、 日本紀略

十二日、左大臣道長上表ス、勅答アリ、 日本紀略 台記 本朝文粹

十八日、仁王會、 日本紀略

十九日、皇太后藤原遵子、御出家アラセラル、 一代要記

二十日、臨時祭試樂、 小右記目錄

廿三日、石清水臨時祭、 日本紀略

廿六日、季御讀經、 日本紀略 小右記目錄

廿八日、神祇官北廳屋等燒亡ス、 日本紀略 淸獬眼抄

四月小 己丑朔 小盡

四日、廣瀨龍田祭、 日本紀略

七日、擬階奏延引、 日本紀略

八日、平野祭、是日、羽蟻群飛ス、 日本紀略

九日、梅宮祭、 日本紀略

十日、神祇官齋院舍燒亡ニ依リテ御卜ヲ行フ、 日本紀略

松尾祭、闘争アリ、日本紀略

十一日、擬階奏、日本紀略

十五日、神祇官齋院舎燒亡ニ依リテ、大祓ヲ行フ、日本紀略

十八日、御禊、日本紀略

十九日、警固、日本紀略

廿一日、賀茂祭、日本紀略

廿四日、吉田祭、日本紀略

廿七日、除目、日本紀略 小右記目錄

是月、式部丞正六位上源通義卒ス、尊卑分脈

周防玉祖神宮司玉祖惟高死ス、尋デ蘇ス、今昔物語

五月大 戊午朔盡

三日、太皇太后御悩、小右記目錄

四日、諸社奉幣、日本紀略

廿四日、御讀經、日本紀略

是月、疫瘡流行ス、小右記目錄

六月小 戊子朔盡

二日、鹿、中院ニ入ル、日本紀略

三日、御座上怪異御卜ヲ行フ、日本紀略

十日、御體御卜、日本紀略

十一日、月次祭、神今食、穢ニ依リテ延引ス、日本紀略

十二日、大僧正寛朝寂ス、日本紀略 東寺長者補任 東大寺別當次第 元亨釋書 釋家初例抄 東寶記 西宮記 今昔物語 醍醐源抄 續本朝往生傳 日吉山王利生記

廿六日、東三條院、及ビ爲平親王御悩、小右記目錄

廿八日、月次祭、神今食、日本紀略

是月、女御元子病アリ、榮華物語

七月大 丁巳朔盡

二日、東三條院御不豫ニ依リテ、大赦ヲ行フ、日本紀略 山槐記 廷尉故實

疫瘡ニ依リテ、御卜仗議アリ、小右記目錄

二日、律師靜安寂ス、僧綱補任

十日、前權大納言正三位源重光薨ズ、日本紀略 本朝皇胤紹運錄 尊卑分脈 公卿補任 小野宮年中行事 西宮記 北山抄 續教訓抄 續古事談 榮華物語 後撰和歌集 續後撰和歌集

十三日、花山法皇ノ女御婉子女王卒ス、　日本紀略　本朝皇胤紹運録　一代要記　榮華物語　大鏡　小右記

十四日、右中辨藤原説孝ヲ藏人頭ニ補ス、　職事補任

十八日、御不豫ニ依リテ、東三條院入内アラセラル、　小右記目録

二十日、御疱瘡ニ依リテ、大赦ヲ行フ、　日本紀略　小右記目録　諸道勘文　山槐記

大納言藤原道綱、右大將ヲ辭ス、　公卿補任

盛子内親王薨ズ、　一代要記　本朝皇胤紹運録　榮華物語　尊卑分脈　順集

廿一日、伊勢臨時奉幣、　伊勢公卿勅使雜例

廿五日、參議正四位下源扶義卒ス、　日本紀略　尊卑分脈　公卿補任　續本朝文粹　桂林遺芳抄　續本朝往生傳　今昔物語

廿七日、服假重法ヲ定ム、　小野宮年中行事

三十日、前參議正三位藤原佐理薨ズ、　日本運上録　日本紀略　新札往來　公卿補任　權記　百練抄　歴代編年集成　古今著聞集　大鏡　續古事談　江談抄　尺素往來　尊卑分脈　遊学往來　愚祕抄　後拾遺和歌集　重之集

權律師安眞寂ス、　僧綱補任

是月、從二位高階成忠薨ズ、　日本紀略　大鏡裏書　高階氏系圖　朝野群載　改元部類　西宮記裏書　伊呂波字類抄　公卿補任　一代要記　榮華物語　玉蘂　江談抄　大鏡　古今著聞集　權記

備後守從四位下藤原方隆卒ス、　尊卑分脈

夏秋ノ間疫瘡甚シ、　小右記目録　日本紀略　榮華物語

八月大 丁亥朔盡

一日、天台座主權僧正暹賀寂ス、　日本紀略　歴代編年集成　天台座主記　僧綱補任　護持僧次第　僧官補任　本朝文粹　元亨釋書　日吉山王利生記

大僧都聖救、官ヲ辭ス、　僧綱補任

二十日、大風アリ、殿舎等顚倒ス、　日本紀略　諸道勘文

廿七日、小除目、　日本紀略　小右記目録

廿八日、石清水別當朝鑒寂ス、　石清水祠官系圖

是月、駒牽、　樗嚢抄

右中將從四位上源宣方卒ス、　本朝文粹　尊卑分脈　拾遺和歌集　新古今和歌集　玉葉和歌集　公任集

大僧都聖救寂ス、　歴代皇記　楞嚴院檢校次第　僧綱補任

九月小 丁巳朔盡

三日、御燈、 日本紀略
九日、節會ヲ停ム、 日本紀略
十一日、伊勢例幣延引、 日本紀略
十四日、大宰府、南蠻追捕ノ由ヲ奏ス、 日本紀略
十六日、前齋宮樂子內親王薨ズ、 日本紀略 小右記目錄
一代要記 本朝皇胤紹運錄
廿九日、季御讀經結願、 西宮記
是月、石淸水俗別當紀安遠出家ス、 石淸水祠官系圖

十月 大盡 丙戌朔

一日、日食、 日本紀略
三日、大地震、 日本紀略
十日、前齋宮樂子內親王薨奏、 日本紀略
十五日、車ヲ左衞門陣ニ渡スニ依リテ、牛童ヲ左獄ニ下ス、 日本紀略
十六日、權神琴師ヲ補ス、 類聚符宣抄
廿二日、京官除目、 日本紀略 公卿補任
廿三日、除目、僧綱召、 小右記目錄 公卿補任
廿四日、僧綱ヲ任ズ、 僧綱補任 東寺長者補任
廿六日、除目下名延引ス、 小右記目錄
廿八日、除目下名、 小右記目錄
廿九日、左大臣道長ノ室源倫子ヲ從三位ニ敍ス、
台記
前大僧都覺慶ヲ天台座主ニ補ス、 天台座主記
是月、權大僧都穆算ヲ園城寺長吏ニ補ス、 園城寺長吏次第 僧官補任

十一月 大盡 丙辰朔

五日、平野祭、春日祭、 日本紀略
六日、梅宮祭、 日本紀略
九日、伊勢例幣使ヲ發遣ス、 日本紀略
十三日、陸奧守正四位下藤原實方卒ス、 尊卑分脈
中古三十六人歌仙傳 續本朝往生傳 榮華物語 權記 河海抄 續本朝文粹 古事談 撰集抄 源平盛衰記 今昔物語 續世繼 親房卿古今集序註 徒然草 神祇拾遺 兼邦百首 枕草子 蜻蛉日記 拾遺和歌集 後拾遺和歌集 詞花和歌集 千載和歌集 新古今和歌集 新勅撰和歌集 續後撰和歌集 玉葉和歌集 風雅集 續詞花和

歌集　萬代和歌集　小大君集　公任卿集　實方朝臣集

十六日、丹生貴船二社ニ奉幣ス、　日本紀略

十七日、吉田祭、　日本紀略

廿一日、園韓神祭、　日本紀略

廿三日、鎭魂祭、　日本紀略

廿四日、新嘗祭、御物忌ニ依リテ、中院行幸ヲ停メラル、　日本紀略

廿五日、豐明節會、　日本紀略

廿六日、東宮鎭魂祭、　日本紀略

廿九日、賀茂臨時祭試樂、　日本紀略　小右記目錄

三十日、賀茂臨時祭、　日本紀略　小右記目錄

是月、權僧正勸修ヲ園城寺長吏ニ復任ス、　園城寺長吏次第　僧官補任

十二月小盡 丙戌朔

三日、強盜、宣耀殿ニ入ル、　日本紀略　百錬抄

十日、御體御卜、　日本紀略

十一日、月次祭、神今食、　日本紀略

十三日、荷前使ヲ定ム、　日本紀略

鹿嶋宮司ヲ任ズ、　類聚符宣抄

十六日、直物、仗議、　小右記目錄

權律師深覺ヲ東大寺別當ニ復任ス、　東大寺別當次第　東寺長者補任

十七日、脩子內親王御著袴、　日本紀略

廿一日、荷前使發遣、　日本紀略

東三條院法華八講ヲ修セラル、　日本紀略

廿二日、復任除目、　日本紀略

廿五日、着鈦政、　市行記

廿六日、文章生藤原廣業ニ課試宣旨ヲ下ス、　公卿補任　本朝麗藻

廿九日、僧綱ヲ任ズ、　日本紀略　僧綱補任

是歲、高野山講堂ヲ造ル、　東寺王代記

太皇太后宮亮從四位下藤原爲賴卒ス、　千載和歌集　尊卑分脈　勅撰和歌作者部類　世繼物語　河海抄　榻鴫曉筆　後拾遺和歌集　新古今和歌集　夫木和歌抄　爲賴朝臣集

少僧都信慶寂ス、　僧綱補任

斑瘡流行ス、百練抄 神皇正統錄

長保元年

正月大盡 乙卯朔

一日、元日節會、日本紀略

五日、敍位、日本紀略

七日、白馬節會、日本紀略 三節會次第雜例

內大臣正三位公季ヲ從二位ニ敍ス、以下加階差アリ、公卿補任 江次第

八日、御齋會、後七日法、日本紀略 釋家初例抄 東寶記

十三日、長保ト改元ス、日本紀略 扶桑略記 皇年代記 行類抄 權記 元祕別錄 江吏部集

十六日、踏歌節會、日本紀略

十七日、射禮、日本紀略

十九日、左大臣道長大饗、日本紀略

廿五日、內大臣公季大饗、日本紀略

廿七日、大膳進藤原仲遠、白雉ヲ獻ズ、日本紀略

廿八日、除目、日本紀略

三十日、中納言平惟仲ニ中宮大夫ヲ兼ネシム、公卿補任

是月、尙侍綏子等敍位、一代要記

二月小盡 乙酉朔

三日、釋奠、日本紀略

四日、祈年祭、日本紀略

五日、左史生礒部爲松ヲ左抄符預史生ニ補ス、類聚符宣抄

七日、大原野祭、日本紀略 本朝世紀

八日、甲斐立野秩父牧御馬ヲ貢ス、本朝世紀

九日、左大臣道長ノ女彰子著裳、日本紀略 本朝世紀

十一日、列見、日本紀略 本朝世紀

左大臣道長ノ室源倫子、女彰子ヲ從三位ニ敍ス、一代要記 中右記 台記 玉葉

十三日、春日祭、本朝世紀

十五日、僧戒算、眞如堂涅槃佛ヲ供養ス、眞如堂緣起

十七日、園韓神祭、日本紀略 本朝世紀

二十日、諸社奉幣、日本紀略 本朝世紀

廿二日、内文請印、 本朝世紀

廿五日、興福寺權別當明久ヲ權律師ニ任ズ、 僧綱補任 興福寺略年代記

廿七日、左大臣道長、春日社ニ詣ヅ、 日本紀略 本朝世紀 台記

廿八日、仁王會御讀經定、 本朝世紀

三月大盡 甲寅朔

三日、御燈、 日本紀略 本朝世紀

七日、大宰府、雨米、及ビ涌出油ヲ献シ、駿河、富士山燒クル由ヲ奏ス、 日本紀略 本朝世紀

八日、大膳進藤原仲遠獻ズル所ノ白雉ヲ放シム、 本朝世紀

諸道ヲシテ、大宰府獻ズル所ノ雨米、涌出油等ヲ勘セシム、 百練抄 日本紀略 本朝世紀

十日、撿非違使廳結縁經ヲ行フ、 古今著聞集

十六日、東三條院ニ行幸アラセラル、是日、左大臣道長ニ隨身兵仗ヲ賜フ、 日本紀略 本朝世紀 小野宮年中行事 公卿補任 台記

十七日、桓武天皇國忌、 本朝世紀

十九日、仁王會ニ依リテ大祓ヲ行フ、 本朝世紀

二十日、仁王會、 日本紀略 本朝世紀

廿一日、仁明天皇國忌、 本朝世紀

高野山撿挍雅眞寂ス、 高野山勧發集 金剛峯寺撿校次第

廿三日、僧綱召、 日本紀略 本朝世紀

廿六日、位祿目録ヲ奏ス、是日、明法博士令宗允正ヲシテ、前下野守平維衡等ノ罪名ヲ勘セシム、 日本紀略 本朝世紀

石清水臨時祭試樂、 小右記目録

廿八日、受領任符請印、 本朝世紀

廿九日、石清水臨時祭、 日本紀略 本世朝紀 年中行事抄

少納言藤原統理出家ス、 日本紀略 本朝世紀 尊卑分脈 續世繼

三十日、太皇太后御惱、 小右記目録

閏三月小盡 甲申朔

四日、直物、小除目、 日本紀略 小右記目録 本朝世紀

七日、季御讀經、 日本紀略 本朝世紀

太皇太后ノ御惱ニ依リテ、不動調伏法ヲ修ス、 小右記目錄

十七日、諸社奉幣、 日本紀略 本朝世紀

十九日、廳內文ヲ覽ル、 本朝世紀

廿一日、木工長上ヲ補ス、 類聚符宣抄

廿二日、權律師淸範寂ス、 日本紀略 僧綱補任 古事談 今昔物語 眞俗雜記抄 續本朝往生傳 河海抄 大鏡

廿六日、東宮御讀經、 本朝世紀

廿七日、非執政ヲ改メテ、非參議ト稱ス、 政事要略

廿九日、除目、 小右記目錄 公卿補任

文章博士大江以言、吉祥院ニ於テ、詩ヲ賦ス、 本朝麗藻

四月小盡 癸丑朔

一日、旬、 日本紀略 本朝世紀

三日、廢務、 本朝世紀

八日、平野祭、 日本紀略 本朝世紀

九日、梅宮祭、 日本紀略 本朝世紀

十一日、左京大夫從三位源泰淸薨ズ、 日本紀略 一代要記 公卿補任 本朝皇胤紹運錄 尊卑分脈

十三日、位記請印延引、 本朝世紀

十九日、警固、 日本紀略 本朝世紀

廿一日、賀茂祭、 日本紀略 本朝世紀

廿二日、解陣、 日本紀略 本朝世紀 政事要略

廿四日、吉田祭、 日本紀略 本朝世紀

廿九日、贈太皇太后安子國忌、 本朝世紀

五月大盡 壬午朔

五日、散位平維衡等ノ罪名等雜事ヲ定ム、 本朝世紀

九日、陸奥交易ノ御馬御覽、 日本紀略 本朝世紀

十一日、成撰ノ位記ヲ授ク、 本朝世紀

廿三日、賑給使、臨時仁王會定、 本朝世紀

廿九日、內文請印、 本朝世紀

六月小盡 壬子朔

三日、左衞門權佐令宗允亮、私亭ニ於テ令ヲ講ズ、 日本紀略 本朝麗藻

九日、庚申御遊、 日本紀略 本朝世紀 江吏部集

十日、御體御卜、 日本紀略 本朝世紀

十一日、月次祭、神今食、 日本紀略 本朝世紀

十二日、大祓、 本朝世紀

十四日、祇園天神會、 本朝世紀

内裏火アリ、 日本紀略 本朝世紀

十五日、御印鈴鎰等ヲ外記局ニ納ム、 本朝世紀

十六日、内裏火災ニ依リテ、一條院ニ遷御アラセラル、 日本紀略 百練抄 皇年代記 本朝世紀

東宮、修理職ニ移御アラセラル、 本朝世紀

中宮御修法、 本朝世紀 枕草子

十八日、相撲ヲ停ム、 日本紀略 本朝世紀

廿四日、勘解由長官藤原有國、參議ニ任ゼラレンコトヲ請フ、 朝野群載

廿五日、奉幣使定、是日、大祓ヲ行フ、 本朝世紀

廿七日、内裏火災ニ依リテ、御卜ヲ行フ、 日本紀略 本朝世紀

廿八日、内裏火災ニ依リテ、諸社ニ奉幣ス、 日本紀略 本朝世紀

廿九日、大祓、 日本紀略 本朝世紀

七月大盡 辛巳朔

二日、竈神ヲ一條院ニ渡シ奉ル、 日本紀略 小右記

三日、花山法皇女御婉子女王周忌法會、 小右記

四日、廣瀬龍田祭、 日本紀略

修理大夫平親信等ニ昇殿ヲ聽ス、 小右記

五日、東三條院御讀經結願、 小右記

八日、東宮、修理職ヨリ東三條殿ニ移リ給フ、是日、御讀經アリ、 小右記 日本紀略

中納言平維仲ノ中宮大夫ヲ罷ム、是日、參議藤原懷平ノ亡室七々日法會アリ、 公卿補任 小右記

十一日、陣定、 日本紀略 小右記

大宰府、蓮一莖二花開ク由ヲ言上ス、 日本紀略 百練抄 神皇正統錄

十三日、施米定、 江次第

花山法皇女御婉子女王周忌、　小右記

十六日、山陵使ヲ定ム、是日、淡路民ノ愁訴ニ因リテ、宣旨ヲ淡路守姓闕ク扶範ニ下ス、　小右記

二十日、仁王會ニ依リテ、大祓ヲ行フ、　日本紀略

廿二日、仁王會、是日、造内裏ノ諸事、幷ニ平維衡同致頼等ノ事ヲ定ム、　日本紀略　小右記

廿三日、山陵使ヲ發遣ス、　小右記

廿五日、諸寺別當、諸國司、申請ノ雜事ヲ僉議ス、　小右記

廿七日、衣服ノ過差、及ビ六位以下ノ乘車ヲ禁ズ、　政事要略

村上天皇ノ皇女盛子内親王周忌法會、是日、權僧正觀修、大僧都明豪等ノ侍童鬪爭ス、　小右記

廿八日、權左中辨藤原說孝、紫宸殿ニ醉臥ス、　小右記

是月、右大辨藤原行成ヲシテ、年中行事御障子ニ書セシム、　小右記

加賀守從五位下源重文卒ス、　尊卑分脈

八月小 辛亥朔盡

一日、中納言藤原實資、牛ヲ花山法皇ニ獻ズ、　小右記

四日、右大將藤原道綱、亡室ノ周忌法會ヲ修ス、　小右記

七日、釋奠、　日本紀略　小右記

九日、中宮、職曹司ヨリ、前但馬守平生昌ノ第ニ移御アラセラル、　日本紀略　小右記　枕草子

所々職司、及ビ東大寺別當ヲ補ス、　小右記　東大寺別當次第　東寺長者補任

十日、臨時奉幣、　日本紀略　小右記

十四日、造内裏事始、是日、法性寺八講アリ、　日本紀略　小右記

十六日、駒牽、　小右記

十七日、政始、中宮御修法、　日本紀略　小右記　清獬眼抄

十九日、大宰府、異賊追討ノ由ヲ奏ス、　日本紀略

東宮ノ皇子敦儀親王著袴、　小右記

二十日、東三條院、慈德寺ニ詣デ給フ、　小右記

廿一日、東三條院慈德寺供養ヲ行ハセラル、是日、律師嚴久ヲ權少僧都ニ任ズ、百練抄 扶桑略記 僧綱補任 小右記
廿五日、定考、日本紀略 小右記
廿七日、外記局怪異アリ、小右記
廿八日、太皇太后御惱、是日、御讀經ヲ行フ、小右記
牛、結政所ニ入ル、小右記

九月大 庚辰朔盡

一日、前石見守藤原實明牛ヲ貢ス、小右記
三日、御燈、日本紀略
五日、右仗座犬ノ怪アリ、小右記
七日、右大辨藤原行成、藏人頭ヲ辭スル表ヲ上ル、小右記
八日、內裏觸穢、日本紀略 小右記 中右記
九日、平座見參、幷ニ殿上作文、日本紀略 小右記
右大辨藤原行成ノ辭表ヲ返還ス、小右記
十日、太皇太后、伊勢使ヲ定メ給フ、小右記
十一日、內裏ノ穢ニ依リテ、伊勢例幣ヲ延引ス、日本紀略 小右記
十二日、左大臣道長、嵯峨ニ遊覽ス、小右記 十訓抄 公任卿集
東三條院ニ於テ、競馬アリ、小右記
十六日、左大臣道長ノ第ニ於テ、競馬アリ、小右記
十九日、東三條院、內裏猫兒ノ養產ヲ行ハセラル、小右記 枕草子
廿三日、京官除目、日本紀略 小右記
太皇太后ノ御惱ニ依リテ、少僧都勝算ニ不動法ヲ修セシム、小右記
廿四日、除目、日本紀略 小右記
廿五日、左大臣道長ノ女彰子入內ノ事ヲ定ム、台記 中右記
太皇太后、諷誦ヲ修シ給フ、小右記
三十日、詩御宴、日本紀略 江吏部集

十月大 庚戌朔盡

一日、旬平座、小右記

五節ヲ定ム、小右記

十日、故女御婉子女王ヲ改葬ス、小右記

十一日、伊勢例幣、日本紀略 小右記

十八日、季御讀經、日本紀略 小右記

十九日、太皇太后ノ行啓雜事ヲ定ム、小右記

廿一日、射場始、小右記

廿四日、太皇太后ノ御惱ニ依リテ、御讀經御修法アリ、小右記

廿五日、太皇太后行啓アラセラレ、左大臣道長ノ女、大藏錄姓闕ク連雅ノ第ニ移ル、是日、中納言藤原實資ノ舍人右衞門門部ト鬪諍ス、小右記 台記

左右衞門陣宿直撿非違使ヲシテ、闕怠ナカラシム、政事要略

廿七日、東宮御讀經結願、小右記

廿八日、皇后宮御讀經、小右記

廿九日、讃岐讀師聖圓ニ官符ヲ賜フ、政事要略

是月、敦道親王詩會ヲ行ハセラル、江吏部集

十一月大盡 庚辰朔

一日、左大臣道長ノ女從三位彰子入內ス、日本紀略 皇年代記 台記 中右記 小右記 榮華物語

太皇太后ノ御惱ニ依リテ、不斷法華經御讀經ヲ行フ、小右記

二日、東三條院ニ移御アラセラル、小右記

三日、內裏作事ニ依リテ、大祓ヲ行フ、日本紀略

左大臣道長ノ室從三位倫子ニ輦車ヲ聽ス、台記 中右記

四日、春日祭使ヲ立ツ、小右記

少僧都勝算太皇太后ノ御惱ヲ加持ス、小右記

五日、平野祭、春日祭、日本紀略 小右記

六日、梅宮祭、春日使還饗、是日、太皇太后ノ御惱ニ依リテ、御修法ヲ行フ、日本紀略 小右記

七日、皇子敦康御誕生アラセラル、是日、從三位彰子ヲ女御ト爲ス、小右記 日本紀略 中右記 台記 愚管抄 榮

華物語　續世繼　女院小傳

十一日、見物ヲ以テ、齋院相嘗祭料ヲ下行セシム、
小右記

十三日、旬、　日本紀略　小右記

十五日、讀奏、是日、花山法皇、熊野御幸ヲ停メラル、　小右記

十六日、五節舞姫調習、　小右記

十九日、新内裏木作始、　日本紀略

太皇太后、御惱ニ依リテ、御修法ヲ行フ、　小右記

廿一日、大原野祭、　日本紀略

廿二日、園韓神祭、五節帳臺試、　日本紀略　小右記

廿三日、鎭魂祭、五節御前試、　日本紀略　小右記

廿四日、新嘗祭、　日本紀略　江次第　小右記

廿五日、豐明節會、　日本紀略　小右記

廿六日、東宮鎭魂祭、　日本紀略

廿七日、宇佐使ヲ發遣ス、　日本紀略　拾芥抄

廿八日、賀茂臨時祭試樂、　小右記

廿九日、太皇太后還宮ノ事ヲ定ム、　小右記

三十日、賀茂臨時祭、　日本紀略

十二月小盡　庚戌朔

一日、前紀伊守藤原忠信ノ第燒亡ス、　小右記

太皇太后昌子内親王崩ゼラル、　日本紀略　小右記　榮華物語　扶桑略記　醍醐寺雜事記　一代要記　中右記　諸門跡譜　新古今和歌集　新勅撰和歌集

二日、太皇太后御入棺、觀音院ニ移シ奉ル、　小右記

五日、太皇太后御葬送、警固、固關、素服擧哀ヲ停ム、　日本紀略　小右記

六日、大神祭停止、　小右記

故太皇太后七々日御法會雜事ヲ定ム、　小右記

七日、太皇太后崩御ニ依リテ、大夫ヲ止ム、　公卿補任

九日、廢務、　日本紀略

十一日、月次祭、神今食ヲ停ム、　日本紀略　小右記

左衞門權佐令宗允亮ヲシテ、宮司除服期ヲ勘セシム、　小右記　小右記目錄

十二日、故太皇太后宮御修法、小右記

十三日、政始、日本紀略 小右記

十五日、前下野守平維衡ノ罪名等ヲ定ム、小右記

十六日、著鈦政、市行記

式部少輔從五位下紀齊名卒ス、小右記 吾妻鏡 續本朝往生傳 江談抄 本朝書籍目錄 續世繼 十訓抄 本朝文粹 和漢朗詠集 新撰朗詠集 類聚句題抄

十七日、荷前使、日本紀略 小右記

十八日、故太皇太后ノ御法事僧供ヲ定ム、小右記

故太皇太后宮御修法、小右記

廿一日、直物、日本紀略

廿三日、左大臣道長ノ女生ル、小右記

廿七日、前下野守平維衡等ヲ佐渡隱岐等ニ流ス、日本紀略 百練抄 尊卑分脈 小右記 左經記 今昔物語

廿九日、追儺、小右記

是歳、左大臣道長臨時給、魚魯愚別錄

藤原宗忠、前相模介橘輔政ノ子ヲ射殺ス、小右記

長保二年

正月大 己卯朔盡

一日、節會ヲ停ム、是日、公卿東三條院ニ於テ拜賀アリ、日本紀略 北山抄 權記

四日、不動法ヲ修シ、文殊像ヲ新堂ニ安置シ、正月會ヲ行フ、是日、左馬寮邊火アリ、權記

五日、故太皇太后五七日法會、小右記目錄

七日、敍位、節會ヲ停メ清涼殿ニ於テ、白馬ヲ御覽アラセラル、日本紀略 權記 園太暦 妙音院相國白馬節會次第

八日、御齋會始、日本紀略

秋田城立用不動穀ノ官符ヲ出羽ニ送ル、權記

民部少輔大江清通ノ第燒亡ス、權記

九日、大雪、是日、東三條院西對ニ火アリ、日本紀略 權記

十日、僧靜昭ヲ法橋ニ敍ス、僧綱補任 歴代皇記

十一日、手作布ヲ造靈巖寺妙見堂料ニ充ツ、權記

十三日、上野駒牽、權記

十五日、政始、 權記
十六日、受領功過ヲ定ム、 權記
十七日、東三條院、內裏ニ還御アラセラル、 權記
十九日、故太皇太后七々日御法會、 權記 小右記目錄
近江筑摩御厨長物部永邦ニ任符ヲ作ラシム、 權記
二十日、熊野修行僧京壽ノ別當官符ヲ抑留セシム、 權記
廿二日、除目、 日本紀略 權記
廿三日、中納言平維仲ヲ正三位ニ敍ス、 公卿補任
廿四日、右大臣從二位顯光ヲ正二位ニ敍ス、以下加階差アリ、 公卿補任
廿六日、南庭ノ版位紛失ニ依リテ、賭弓ヲ延引ス、 權記
廿七日、御乳母橘德子ヲ從三位ニ敍ス、 權記
廿八日、立后雜事定、是日、東三條院行啓アラセラレ、女御彰子參內ス、 權記
中納言平惟仲、加階後始テ廳ノ事ヲ行フ、 權記

三十日、法華經ヲ東三條院ニ講ズ、 權記

二月小盡 己酉朔

二日、所々別當定、是日、信濃勅旨牧監ヲ任ズ、藤原成房、源則忠還昇ス、 權記 類聚符宣抄
三日、東宮御射蹴鞠等ノ御遊戲アリ、 權記
四日、祈年祭、 權記
七日、大原野祭、 日本紀略 權記
右近衛少將藤原公信ニ禁色ヲ聽ス、 權記
僧正眞喜寂ス、 興福寺寺務次第 僧綱補任 權記 元亨釋書 日本紀略 扶桑略記
九日、釋奠、 日本紀略
十日、女御彰子ニ立后宣旨ヲ賜フ、 日本紀略 權記 榮華物語
十一日、春日祭使發遣、及ビ列見アリ、是日、參議藤原公任上表シテ撿非違使別當ヲ辭ス、 日本紀略 權記
中宮入內アラセラル、是日、皇子敦康ニ牛車ヲ聽ス、 日本紀略 權記 榮華物語

十二日、春日祭、 權記

圓融天皇國忌、 權記

十三日、內裏、法興院ニ穢アリ、 權記

十七日、園韓神祭、 日本紀略

十八日、皇子敦康百日ノ御儀アリ、是日、競馬ノコトヲ奏ス、 權記

廿二日、臨時仁王會、及ビ立后行事定、是日、美濃守源爲憲ヲ解任シ、藤原宗忠ヲ流罪ニ處ス、 權記

廿三日、天變ヲ奏ス、 權記

廿四日、故太皇太后宮司除服ス、 小右記目錄

廿五日、皇后遵子ヲ皇太后ト爲シ、中宮定子ヲ皇后ト爲シ、女御彰子ヲ中宮ト爲ス、 扶桑略記 日本紀略 大鏡 榮華物語 中右記 小右記目錄 公卿補任 權記

廿七日、祈年穀奉幣、是日、勸學院學生立后ヲ賀ス、 日本紀略 權記

廿八日、東三條院御讀經結願、 權記

三月大盡 戊寅朔

一日、日食、 權記

二日、中宮作文、 權記 江吏部集

三日、御燈、 日本紀略

四日、直物、除目、幷ニ大祓、 小右記目錄 日本紀略 權記

五日、仁王會、 日本紀略 權記 元亨釋書

東三條院還御アラセラル、 權記

六日、左大臣道長ノ第ニ於テ競馬アリ、 權記

八日、東三條院參內アラセラル、 權記

十日、季御讀經定、 權記

十三日、東宮ノ令旨ニ依リテ、民部丞藤原爲資、書四卷ヲ獻ズ、 權記

權僧正勸修ヲシテ、千手觀音法ヲ修セシム、 權記

十四日、始テ官奏アリ、 權記

十五日、右大辨藤原行成ニ藏人頭ノ辭狀ヲ返ス、 權記

十六日、季御讀經、日本紀略 小右記目錄

右大辨藤原行成ニ命ジ、其手跡ヲ進獻セシム、 權

記
十八日、內論義、 權記
十九日、位祿目錄ヲ奏シ、二季御讀經等料米施物ヲ定ム、 權記
僧綱ヲ任ズ、 僧綱補任 歷代皇記 天台座主記 權記
右大辨藤原行成ヲシテ、法華經外題ヲ書セシム、 權記
二十日、東三條院、住吉石清水等ニ詣デ給フ、 日本紀略 百練抄 權記
御惱ニ依リテ、御修法ヲ延引ス、 權記
廿三日、六社奉幣、 日本紀略
廿五日、東三條院、住吉ヨリ還御アラセラル、 權記 日本紀略 朝野群載
廿六日、內裏立柱上棟、 日本紀略
廿七日、石清水臨時祭試樂、是日、皇后、前皇后大進平生昌ノ第ニ出御アラセラル、 日本紀略 小右記目錄 榮華物語
廿九日、石清水臨時祭、 小右記目錄 權記 年中行事祕抄

四月小 戊申朔 盡

一日、平野祭、 權記
二日、梅宮祭、 日本紀略
四日、廣瀨龍田祭、 日本紀略 權記
六日、山陵使發遣日等ヲ定ム、 權記
七日、擬階奏、是日、豐樂院招俊堂雷火ニ罹ル、 日本紀略 皇年代記 權記
中宮入內アラセラル、 日本紀略 權記 公卿補任 中右記 榮華物語 十訓抄
八日、大神祭、灌佛、是日、雷火ヲトヒ、御修法料米ヲ下ス、 權記 北山抄
九日、藤原賴任ヲ百五物ヲ催スノ使ニ補ス、 權記
十一日、齋院御禊、 日本紀略 權記
十三日、右大臣顯光賀茂社ニ詣ヅ、 權記
十四日、賀茂祭、 日本紀略 權記
十五日、解陣、 日本紀略
十七日、吉田祭、 日本紀略 權記

皇子敦康ヲ親王ト爲ス、一代要記 權記 朝野群載

二十日、中宮御讀經、是日、僧仁康河原院大佛ヲ祇陀林寺ニ移ス、日本紀略 百練抄 權記

廿三日、招俊堂燒亡ノ御卜ヲ行フ、日本紀略

廿五日、左大臣道長ノ第ニ競馬アリ、日本紀略 權記

廿六日、興福寺僧定好ヲ維摩會講師ト爲ス、僧綱補任 權記

廿七日、左大臣道長上表ス、權記

五月小 丁丑朔盡

三日、紫雲見ル、百練抄

四日、祈雨奉幣、日本紀略 權記

中宮ニ渡御アラセラル、權記

五日、菖蒲輿藥玉等ヲ進ム、榮華物語 枕草子

六日、諸社奉幣ニ依リテ、右近眞手結延引、日本紀略 權記 小野宮年中行事

七日、右近衞府眞手結、權記

八日、興福寺使濫行ス、權記

九日、左大臣道長第二度上表、本朝文粹

左大臣道長病ム、小右記目錄 權記

十四日、東三條院、御惱ニ依リテ、法華八講ヲ行フ、是日、東宮御讀經アリ、日本紀略 權記

十八日、仁王經御讀經、是日、東三條院、御惱ニ依リテ、大赦ヲ行フ、日本紀略 權記

左大臣道長、第三度上表、公卿補任 本朝文粹

廿二日、大納言藤原道綱、上表シテ右大將ヲ辭ス、權記

廿三日、仁王會ヲ定ム、是日、詔書ノ落字ヲ入レ草昧ノ字ヲ勘セシム、日本紀略 權記

廿六日、仁王會、權記

東三條院ニ於テ、大般若經不斷轉讀アリ、權記

左大臣道長法華八講ヲ修ス、日本紀略

廿七日、惟宗行賢等ヲ追放ス、權記

廿八日、中宮、土御門院ニ出御アラセラル、是日、僧徒ヲシテ諸社ニ候セシム、權記

是月、着鈦政、市行記

六月大盡 丙午朔

五日、道俗ノ服色車馬等ヲ定ム、權記 政事要略

八日、大納言藤原道綱、造宮行事ヲ辭ス、權記

九日、東三條院、遷御アラセラル、是日、中納言實資ヲ造宮行事ト爲ス、權記

十日、御物忌ニ依リテ、御體御卜奏ヲ內侍所ニ附ス、日本紀略 權記

十一日、月次祭、神今食、日本紀略

十六日、大神社ノ鳴ニ依リテ、御卜ヲ行フ、日本紀略

十九日、左馬權助姓闕ク親枝卒ス、權記

二十日、穀倉院位祿官符ヲ遠江土佐等ノ國司ニ送ル、權記

民部大輔藤原國幹卒ス、前因幡守藤原孝忠卒ス、權記 今昔物語

廿一日、甘雨下ル、是日、二社祈雨使臨時奉幣日時定ヲ行ヒ、造宮ニ依リテ、諸國ノ半租ヲ免ス、日本紀略 權記

廿二日、二社祈雨使ニ宣命ヲ賜フ、權記

廿五日、仁王會、日本紀略 權記

廿八日、施米文ヲ奏ス、權記

靈巖寺妙見堂ノ修理ニ依リテ、料物ヲ賜フ、權記

七月小盡 丙子朔

一日、臨時奉幣延引、權記

二日、勸學院ニ信濃ノ莊ヲ賜フ、權記

右大將藤原道隆ノ室卒ス、權記 公卿補任 榮華物語

四日、廣瀨龍田祭、日本紀略

七日、中宮、東三條院和歌ヲ贈答シ給フ、榮華物語

八日、詔書草昧ノ字ヲ勘セシム、權記

十一日、宇佐八幡宮假殿遷宮ノ日時文ヲ奏ス、權記

十二日、東三條院御方違御幸アラセラル、權記

十三日、大神社殿鳴ニ依リテ、廿一社ニ奉幣ス、仍リテ、盂蘭盆、御拜ヲ行セラレズ、是日、算道擧狀相違ノコトヲ議セシム、日本紀略 小右記目錄 權記

十四日、唐物ノ直ヲ定ム、　權記
十六日、山陵使ヲ發遣ス、　日本紀略　權記
左大臣道長ノ上表ニ勅答アリ、道長ノ室源倫子ニ位記ヲ賜フ、　權記
右大辨藤原行成、殿舎門等ノ額ヲ書ス、是日、靈巖寺妙見像ノ彩色料ヲ佛師康尚ニ賜フ、　權記
十七日、令宗允亮奴婢衣服等制度ノ問答ヲ記ス、　政事要略
二十日、萬里小路ノ邊火ヲ失ス、　權記
廿三日、中宮、左大臣道長ノ第ヨリ、權亮源則忠ノ第ニ移御アラセラル、　日本紀略　權記
廿四日、阿波權守源濟政ノ家人、前武藏守藤原寧親ノ從者ヲ射殺ス、　權記
廿五日、相撲內取、　日本紀略　權記
廿六日、內大臣公季相撲ヲ覽ル、　權記
廿七日、相撲召合、　日本紀略　樗嚢抄　權記　榮華物語
廿八日、相撲拔出、是日、臨時相撲ヲ覽ルベキ由ヲ仰ス、　日本紀略　權記
是月、木工助藤原濟成死ス、　權記

八月大盡
乙巳朔

三日、釋奠、是日、詔書草昧ノ字ヲ勘セシム、　權記　日本紀略
八日、皇后、內裏ニ入御アラセラル、　日本紀略
十二日、臨時相撲、　日本紀略　權記
中宮職、始メテ石淸水神輿ヲ調進ス、　榊葉集
大僧都實因寂ス、　僧綱補任　權記　今昔物語　峯相記　元亨釋書　宇治拾遺物語　拾遺和歌集　玄々集
十三日、定考、官奏アリ、　日本紀略　權記
神祇官ニ壽ヲ祈ラシム、　權記
十五日、內供奉雅守寂ス、　權記
十六日、洪水、　日本紀略　權記
二十日、立后ヲ山陵ニ告グ、　權記
女御元子ヲ從三位ニ敍シ、藤原尊子ヲ女御ト爲ス、　日本紀略　大鏡裏書　權記

皇后還御以前ニ仁王會ヲ修セシム、是日、信濃御馬解文ヲ奏ス、 權記

廿三日、止雨奉幣、 權記

廿四日、宋ノ商客仁聰、雜物代ヲ賜ハザル事ヲ愁訴ス、 權記

廿七日、皇后、本宮ニ還御アラセラル、 日本紀略 權記

中宮和歌御會、 權記

廿九日除目延引、是日、女御義子ヲ從三位ニ敍シ、僧綱ヲ任ズ、 日本紀略 僧綱補任 釋家官班記 天台座主記 歷代皇記 東寺長者補任 權記 興福寺事務次第 一代要記

三十日、內供奉阿闍梨等ヲ補ス、 權記 東寺要集

九月小盡 乙亥朔

一日、內裏造作所等ニ饗ヲ賜フ、 日本紀略

二日、氷魚使等ヲ定ム、是日、出羽年料ノ鵜ヲ貢進ス、 權記

五日、伊勢神寶使發遣ニ依リテ、大祓ヲ行フ、 日本紀略

七日、伊勢神寶使ヲ發遣ス、 日本紀略 權記

八日、東三條院、石山寺ニ詣デ給フ、是日、左大臣道長等、新造內裏ヲ巡見ス、 權記

中宮內裏ニ入御ス、 權記

九日、諸卿不參ニ依リテ、平座見參延引ス、是日、御修法結願、 日本紀略 權記

十日、盜アリ、陽明門ノ邊ニ放火ス、 權記

十一日、伊勢例幣、 日本紀略 權記

下總尊光院ヲ造營ス、 下總國千葉鄉妙見寺緣起

十五日、新委不動穀ヲ臨時仁王會料ニ充ツ、 西宮記

十六日、內宮遷宮、 大神宮例文 明月記 權記

廿一日、五體不具穢、秋季御讀經、及ビ新造內裏御修法僧名定アリ、 日本紀略 權記

廿三日、犬死穢、是日、后宮御封二百戶、請ニ依ラシム、 權記

廿四日、殿上作文、 權記 江吏部集

祭主從五位上大中臣永頼卒ス、大神宮例文　大中臣氏系圖　古事談
廿六日、諸社奉幣日時定、及ビ小除目、穢ニ依リテ、大祓ヲ行フ、是日、織部司新職五靈鳳桐ノ御服ヲ進ム、日本紀略　權記
廿七日、不堪佃田申文、絹ヲ掌侍隆子ニ賜ヒ、權少僧都定澄ヲ龍蓋龍門兩寺別當ト爲ス、權記
廿八日、草昧字勘文、日本紀略　權記
廿九日、山陵使發遣、大祓アリ、日本紀略
是月、強盜、式部權大輔大江匡衡ノ第ニ入ル、權記

十月大盡　甲辰朔

一日、旬平座、日本紀略
新造內裏御修法始、內裏殿舍覆勘アリ、日本紀略　權記
三日、季御讀經、日本紀略　小右記目錄
六日、皇后宮御修法、權記
七日、除目、是日、新造內裏ニ遷幸ニ依リテ、御祈アリ、日本紀略　權記
九日、新造內裏御修法結願、度者ヲ僧徒ニ賜フ、日本紀略　權記
十一日、新造內裏ニ遷御アラセラル、是日、宜陽殿ニ於テ、饗膳アリ、日本紀略　權記
十五日、新所旬、日本紀略　權記
十七日、御庚申、是日、山鷄ノ怪アリ、日本紀略　權記
十八日、故中宮御法會、小右記目錄　江吏部集
十九日、東大寺西塔正法院、興福寺喜多院燒亡ス、東大寺要錄
廿一日、敍位議、是日、四條坊門堀河邊火アリ、日本紀略
廿五日、草昧字勘文ヲ奏ス、權記
天台座主覺慶ヲシテ、熾盛光法ヲ行ハシム、是日、前女御莊子ノ御惱ニ依リテ、修善ヲ行フ、權記
廿七日、八社奉幣使發遣アリ、日本紀略　權記
廿八日、甲斐眞衣野穗坂ノ御馬ヲ取シム、權記

三十日、皇后宮御修法、是日、御念佛終ル、 權記

十一月大盡 甲戌朔

三日、右兵衞佐藤原重尹ノ従者狼籍ス、 權記

五日、權律師眞惠寂ス、 僧綱補任

六日、北野社燒亡ス、 百練抄

七日、防鴨河使定、是日、齋宮恭子女王著袴ノ儀アリ、 更科日記裏書 權記

十日、春日祭使ヲ發遣ス、 權記

十一日、平野祭、春日祭、 日本紀略 權記

十二日、梅宮祭、 日本紀略

十三日、諸卿草昧字ノ忌諱ヲ定ム、 日本紀略 百練抄

十五日、紫宸殿奏樂アリ、 河海抄

十七日、鎭魂祭、五節御前試、 日本紀略 權記

十八日、新嘗祭、童女御覽、 日本紀略 權記

十九日、豐明節會、 權記

二十日、賀茂臨時祭調樂延引、女王祿、 權記

廿一日、疫疾ニ依リテ、諸社ニ奉幣ス、 日本紀略 權記

廿二日、賀茂臨時祭試樂、 權記

廿四日、賀茂臨時祭、 權記

廿五日、東三條院御賀アリ、是日、東寺寶藏火アリ、 東寺長者補任 東寺王代記 東寶記 三僧記類聚

廿六日、除目、 日本紀略 權記 魚魯愚別録

廿七日、疫疾ニ依リテ、死人多シ、 日本紀略 歴代編年集成

廿九日、故太皇太后昌子周忌法會、 小右記目録 權記

十二月小盡 甲辰朔

一日、法橋觀教ヲ賀茂社御祈使ト爲ス、 權記

二日、小一條院御讀書始、 日本紀略 權記 江吏部集

八日、東三條院御經供養、 權記

九日、越智爲時ノ榮爵宣旨ヲ下サル、 權記

十日、御體御卜、 權記

十一日、月次祭、神今食、是日、看督長等濫行ス、 日本紀略 權記

十三日、荷前使定、是日、東宮、東三條院ヨリ内裏

ニ入御アラセラル、　日本紀略　權記
十五日、天變アリ、是日、弓場始、東三條院燒亡ス、
日本紀略　權記
皇女媄子御誕生アラセラル、是日、撿非違使ヲシテ
主稅算師ッ姓闕賴利ヲ召サシム、　權記
皇后定子崩御アラセラル、　日本紀略　百練抄　權記　榮
華物語　大鏡　一代要記　歷代編年集成　枕草子　小右記　扶桑略
記　皇年代記　十訓抄　無名草子　千載和歌集　新古今和歌集　續
古今和歌集
十八日、中宮御讀經結願、　權記
十九日、少將藤原成房、飯室ニ至リ、出家セントシ
テ果サズ、　權記
廿一日、皇后崩御後雜事定、是日、仁壽殿ノ佛體ヲ
改造シ、臨時祭調樂役闕怠ノ罪ヲ免ジ、西大寺ノ
僧等ヲ赦ス、　日本紀略　權記
廿二日、固關、　小右記目錄
廿三日、東三條院、一條院ニ遷御アラセラレ、御佛
名アリ、是日、眞言院孔雀經御修法ヲ行ヒ、故皇后
ノ御遺骸ヲ六波羅密寺ニ移シ奉ル、　權記
東大寺西塔等火アリ、　東大寺別當次第
廿四日、季御讀經、臨時御讀經、御佛名、中宮御佛
名アリ、荷前使ヲ發遣ス、　日本紀略　權記
廿七日、故皇后御葬送、仍リテ音奏ヲ停メ錫紵ヲ
著シ給ヒ、廢朝アリ、是日、開關ヲ定ム、　日本紀略
權記　小右記目錄　後拾遺和歌集
廿八日、東宮御佛名、　權記
廿九日、皇后ノ崩御ニ依リテ、着鈦政ヲ停ム、　小右
記目錄　權記
大外記菅原宣義ヲシテ、詔書草昧字ヲ改シム、是
日、開關解陣アリ、　日本紀略　權記
御除服アラセラレ、朱雀門前ニ大祓ヲ行フ、是日、
故皇后二七日御法會ヲ行フ、　日本紀略　權記
是冬、疫死甚盛ナリ、　日本紀略
是歲、紫野ニ今宮ヲ建ツ、　日本運上錄　公事根源
太皇太后昌子內親王ヲ改葬ス、　權記

前相模權守從五位上源重之卒ス、尊卑分脈　勅撰和歌作者部類　三十六人歌仙傳　金葉和歌集　續世繼物語　後拾遺和歌集　重之集　拾遺和歌集　後拾遺和歌集　新古今和歌集　玉葉和歌集

長保三年

正月大　癸酉朔盡

一日、節會ヲ停ム、平座見參アリ、御藥ヲ供ス、是日、東三條院拜禮アリ、日本紀略　權記

二日、美濃進ムル所ノ元日祿料絹解文ヲ奏ス、權記

五日、敍位ヲ停ム、日本紀略

七日、白馬節會ヲ停ム、日本紀略　妙音院相國白馬節會次第　白馬節會次第

八日、御齋會始、是日、正親町南洞院東路火アリ、日本紀略　權記

九日、東大寺大佛怪異、日本紀略　西宮記裏書

十日、故皇后定子三七日御諷誦、是日、黃金等ヲ前皇后遵子ニ遺シ奉ル、權記

左大臣道長ノ室、母ノ七十算ヲ賀ス、日本紀略　權記

十三日、東三條院遷御雜事定、權記

十四日、御齋會內論義、日本紀略　權記

十六日、政始、是日、右大辨藤原行成ヲシテ、勸學院ノ作事ヲ監セシム、權記　水黃記

十七日、疫癘御卜、大佛ノ怪異ニ依リテ、御讀經ヲ行フ、是日、大僧正觀修ノ辭表ヲ返ス、觀修千光院ニ阿闍梨ヲ置ンコトヲ請フ、權記　西宮記裏書　類聚符宣抄

廿二日、除目始、日本紀略　魚魯愚鈔　權記

廿四日、除目、入眼、日本紀略　權記　公卿補任　北山抄

廿九日、故皇后ノ御法會ヲ法興院ニ修ス、權記

三十日、女敍位、權記　大鏡裏書　一代要記

僧正覺慶ノ辭表ヲ返還シ、大僧正勸修ニ勅答アリ、權記

二月大　癸卯朔盡

一日、大原野祭、是日、故皇后定子ノ六七日忌ニ依

リ、令宗允亮ヲシテ輕服ノ色ヲ勘セシム、 日本紀略 權記 花鳥餘情

三日、東三條院御賀舞人ノ替ヲ定メ、任符ノ誤ヲ正ス、是日、左衞門少尉平中方等ヲ撿非違使ニ補ス、菅原芳文申文、幷ニ竹田種理ノ奏狀ヲ下ス、 權記 類聚符宣抄

四日、祈年祭、 日本紀略

右近衞權中將源成信、左近衞少將藤原重家出家ス、 日本紀略 百練抄 權記 尊卑分脈 古事談 續古事談 愚管抄 大鏡 拾遺和歌集 新勅撰和歌集 伊勢大輔集

右大辨藤原行成職ヲ辭ス、聽サズ、 權記

五日、釋奠、是日、春日祭使ヲ發遣ス、 日本紀略 權記 小右記

九日、東三條院ノ御賀ヲ延引ス、 權記 榮華物語

十日、臨時奉幣、 日本紀略 權記

東三條院、三條院ニ遷御アラセラル、 權記 榮華物語

十一日、列見、園韓神祭、 日本紀略 權記

十二日、圓融天皇國忌、是日、右大辨藤原行成、虎鼠毛ノ馬ヲ爲尊親王ニ獻ズ、 權記

故入道前太政大臣兼家ノ女某、出家ス、 權記

十六日、臨時仁王會僧名等定、是日、侍從源敦定出家ス、 權記 本朝皇胤紹運錄

十七日、權僧正餘慶同尋禪ニ謚號ヲ賜フ、 權記

二十日、祈雨奉幣使ヲ定ム、 權記

廿一日、冷泉院臨時御給、幷ニ石淸水臨時祭定、 權記

廿二日、鹿島使、大原野社損色使等ノ事ヲ奏ス、 權記 平記

廿四日、紀伊守從五位下源兼相卒ス、 權記

廿六日、兵部卿藤原隆家ノ座次ヲ定ム、 政事要略

廿八日、祈雨奉幣、 日本紀略

廿九日、右大辨藤原行成、世尊寺ヲ供養ス、 日本紀略

三月小盡 癸酉朔

二日、故惠子女王御給、 權記

三日、御燈、 日本紀略

五日、八省院ノ掃除ヲ實檢シ、豐樂院ノ破壞ヲ巡見ス、権記

六日、季御讀經始、日本紀略 権記

七日、伊勢使ヲ發遣ス、西宮記裏書

八日、內論義、権記

九日、季御讀經竟ル、日本紀略 権記 左經記

十日、僧綱ヲ任ズ、是日、御除服、疫疾ニ依リテ、仁王會ヲ行フ、日本紀略 百練抄 皇年代記 政事要略 権記 仁和寺御傳 元亨釋書

十一日、觀音院火アリ、権記

十六日、東三條院ニ行幸アラセラレ、左大臣道長ニ隨身ヲ賜フ、是日、御讀經結願、台記 権記

十八日、直物、小除目、是日、疫疾ニ依リテ、仁王會ヲ行フ、日本紀略 扶桑略記 権記 小右記目錄

崇道天皇ノ御在所ヲ修理シ、御稻倉ヲ修塡ス、権記

二十日、石淸水臨時祭試樂、権記

廿二日、石淸水臨時祭、日本紀略 小右記目錄 権記

內藏允文部保實等、佛堂ヲ供養ス、権記

廿五日、陣定、是日、媄子內親王百日ノ御儀アリ、権記

廿七日、故右大臣道兼ノ男兼綱元服シ、大納言藤原道綱ノ女豐子著裳ス、権記

廿八日、大極殿御讀經、及ビ東宮御讀經發願アリ、是日、仁王會ノ日ヲ議ス、日本紀略 扶桑略記 権記

廿九日、世尊寺供僧、五大堂作料宣旨ヲ申定ム、権記

四月大盡壬寅朔

一日、旬平座、日本紀略 権記

二日、御讀經結願、権記

豐後守穴太愛親、交替政ヲ行ハンコトヲ請フ、朝野群載

三日、贈皇太后懷子國忌、権記

四日、廣瀨龍田祭、廢務、日本紀略 権記

七日、平野祭、松尾祭、擬階奏、日本紀略 権記

八日、東三條院灌佛、是日、禪定寺ヲ建立ス、 權記 東大寺要錄

九日、御禊前駈ヲ定ム、 權記

十二日、疫疾ニ依リテ、大祓ヲ行フ、 日本紀略

十五日、小除目、 日本紀略 小右記目錄

十七日、齋院御禊、 日本紀略 權記

十八日、警固、 日本紀略

二十日、賀茂祭、 日本紀略 權記

廿一日、解陣延引、 日本紀略

廿三日、吉田祭、 日本紀略

右大辨藤原行成、重ネテ上表ス、 權記

廿五日、山城守正五位下藤原宣孝卒ス、 尊卑分脈 勸修寺家譜 朝野群載 玄々集

廿六日、阿闍梨五口ヲ勝蓮花院ニ置ク、是日、式部丞源兼宣出家ス、 日本紀略 權記

五月 小盡 壬申朔

二日、權神琴師伊岐貞廉死ス、 類聚符宣抄

三日、右大臣顯光ノ辭表ヲ返ス、 權記

八日、御物忌、 權記

九日、御靈會ヲ紫野今宮ニ行フ、 日本紀略 扶桑略記 歷代編年集成 諸社根元記 年中行事大概

天台座主房ニ御讀經料布ヲ給フ、 權記

十日、左大臣道長、舍利會ヲ比叡山ニ行フ、 權記

十一日、六月會探題博士ノコトヲ奏ス、是日、右近衞中將源經房ノ辭表ヲ返ス、 權記

十三日、臨時御讀經僧、幷ニ賑給使、位祿定アリ、是日、未斷囚人ノ勘文ヲ奏ス、 權記 江次第

外記慶滋爲政ヲシテ、怠狀ヲ進メシム、 日本紀略

十五日、右大辨藤原行成ヲシテ、清涼殿ノ御障子ニ書セシム、 權記

十九日、疫癘御祈定、御讀經始、是日、藏人源忠隆ヲ御厨子所別當ト爲ス、 日本紀略 小右記目錄 權記 政事要略

二十日、大和守從五位下藤原爲文卒ス、 尊卑分脈

廿一日、神祇官疫癘御祈、是日、陣ニ於テ内文ヲ覽ル儀アリ、 權記 江次第

右衞門大志犬養爲政等ヲシテ、坂上春丸ノ罪狀ヲ勘セシム、 西宮記

廿二日、著鈦政、是日、撿非違使ヲシテ、畿内無主品位田地子拒捍未進輩ヲ勘セシム、 西宮記 政事要略

穀倉院納調庸租税合期進濟ノ官符ヲ下ス、 朝野群載

廿三日、仁王經ヲ世尊寺ニ講ズ、 權記

廿四日、御讀經結願、 權記

廿九日、疫疾ニ依リテ、大般若經ヲ内裏十二門ニ轉讀ス、 日本紀略 權記

大宰權帥平惟仲ニ傔仗隨身ヲ賜フ、 類聚符宣抄

是月、疫疾流行ス、 小右記目錄 皇年代記

六月小 辛丑朔盡

二日、東宮御惱、 權記

四日、御物忌、 權記

十日、殿上ニ羽蟻群飛ス、是日、御體御卜、 日本紀略 權記

十一日、月次祭、神今食、 日本紀略 園太暦 大神宮諸雜事記 伊勢公卿勅使雜例

十九日、東宮御惱、 小右記目錄 權記

二十日、賀茂吉田社穢アリ、 權記

廿二日、施米文ヲ奏ス、 權記

大宰權帥平惟仲赴任ニ依リテ、御衣ヲ賜フ、 權記

廿六日、東大寺僧松橋ヲ維摩會講師ト爲ス、 僧綱補任

廿八日、左中辨從四位下高階信順卒ス、 權記 職事補任

七月大 庚午朔盡

四日、廣瀨龍田祭、 日本紀略

十三日、小除目、大納言藤原道綱右大將ヲ辭ス、 日本紀略 權記 公卿補任 大鏡裏書

十七日、阿闍梨四口ヲ般若院ニ置ク、 日本紀略

右京少進藤原致與ヲ補フ、 權記

権大僧都濟信ニ法務ヲ兼ネシム、仁和寺御傳　釋家初例抄
十九日、右大將ヲ任ズル日ヲ擇ブ、權記
大僧正勸修辭表ヲ上ル、僧綱補任　歷代皇記裏書
廿一日、御物忌、權記
廿三日、伊賀守藤原爲義ヲ敦康親王ノ家司ト爲ス、權記
廿六日、石淸水權別當康平寂ス、石淸水祠官系圖
是月、伊勢大神宮使ヲ定ム、伊勢公卿勅使雜例　神皇雜用先規錄
疾疫流行ス、百練抄

八月小 庚子朔盡

一日、右大辨藤原行成ノ室、觀音ノ驗應ニ依リテ、男子ヲ平產ス、權記
二日、內裏死穢アリ、日本紀略
三日、敦康親王、中宮ニ入リ給フ、權記
八日、御物忌、釋奠、日本紀略　權記
九日、釋奠內論義、日本紀略　權記
十一日、定考、敦康親王魚味始、政所雜事始アリ、
是日、大納言源時中ノ辭表ヲ返還ス、日本紀略　公卿補任　權記
十二日、殿上杯酒アリ、權記
十五日、月食、日本紀略
十六日、駒牽、日本紀略　權記
十七日、女官除目、日本紀略
廿一日、御物忌、權記
廿二日、度緣請印、權記
廿三日、除目、小右記目錄　權記
大納言源時中、重テ上表ス、公卿補任　權記
廿五日、權大納言藤原懷忠ヲ大納言ニ任ズ、以下補任差アリ、公卿補任　大鏡裏書　權記　職事補任
廿八日、疫疾ニ依リテ、上野勅旨駒牽ヲ停ム、小野宮年中行事　政事要略
是月、疾疫漸ク止ム、扶桑略記

九月小盡 己巳朔

三日、御燈、 日本紀略

參議從三位藤原誠信薨ズ、 日本紀略 小右記目錄 大鏡裏書 尊卑分脈 權記 公卿補任 十訓抄 大鏡 榮華物語 口遊序 寶物集 順集

六日、諸別當ノ令旨ヲ下ス、是日、參議藤原行成、醍醐天皇宸筆ノ宇多天皇御賀願文等ヲ左大臣道長ニ贈ル、 權記

七日、陣申文、 權記

八日、不堪佃田申文、 權記

九日、平座見參、是日、中宮、土御門第ニ移御アラセラル、 日本紀略 權記

十一日、伊勢例幣、幷ニ行幸、 日本紀略 權記

十四日、陣申文、 權記

左大臣道長、東三條院四十ノ御賀ニ依リテ法華八講ヲ修ス、是日、式部丞藤原忠孝ノ第火アリ、 日本紀略 皇年代記 權記

十五日、季御讀經、 小右記目錄 日本紀略 權記

十八日、東三條院御惱、 權記

廿一日、伊勢二宮祭、陣申文、 伊勢公卿勅使雜例 權記

廿三日、行幸雜掌ヲ定ム、 權記

廿六日、右大辨藤原行成、秀才大江擧周課試勘文、幷ニ延暦寺西塔料米等ノ官符ヲ左大臣道長ニ進ム、 權記

廿八日、參議藤原誠信薨奏、 日本紀略

十月大盡 戊戌朔

一日、旬平座、是日、參議藤原行成、殿上樂ノ日記ヲ獻ズ、 日本紀略 權記

定額僧處算ヲ天王寺別當ニ任ズ、 天王寺別當次第

三日、直物、小除目、是日、東三條院ノ御賀ニ依リテ、諷誦ヲ修シ、賑給ヲ行フ、 小右記目錄 日本紀略 公卿補任 權記 朝野群載

七日、東三條院御賀試樂、 日本紀略 權記 大鏡

八日、參議藤原行成、御屏風ノ和歌ヲ書ス、 權記

東三條院、左大臣道長ノ土御門第ニ渡御アラセ

ラル、 權記

九日、土御門第ニ行幸アラセラレ、東三條院四十ノ御賀ヲ行ハセラル、 日本紀略 扶桑略記 一代要記 權記 玉葉 榮華物語 體源抄 後拾遺和歌集 詞花和歌集 續後撰和歌集 玉葉和歌集 續詞花和歌集 萬代和歌集 公任卿集

爲尊親王、參議藤原行成ノ小兒ヲ養育セラル、 權記

十日、東三條院ノ御賀ニ依リテ、院司ヲ加階ス、 日本紀略 權記 公卿補任

十一日、内大臣藤原公季慶賀ヲ申ス、 日本紀略

十七日、僧綱ヲ任ス、 日本紀略 權記 僧綱補任 天台座主記 歴代皇記 釋家初例抄

十八日、參議藤原行成ニ昇殿ヲ聽ス、是日、施藥院伊豫ノ庸米返抄ヲ藥王寺僧延胤ニ賜フ、 權記

十九日、陣申文、幷ニ弓場始、是日、參議藤原行成等、加階後參衙ス、 權記

廿一日、中宮御讀經始、是日、參議藤原行成任官後始テ外記政ニ著ス、 權記

廿三日、御庚申、 權記

廿四日、中宮御讀經結願、幷ニ競馬アリ、 權記

廿五日、内印アリ、是日、大僧正覺慶等宣命ヲ奏ス、 權記

廿七日、東三條院石山寺ニ行啓シ給フ、 權記 石山寺縁起 榮華物語

廿九日、左大臣道長ノ第御讀經始、 權記

十一月 大盡 戊辰朔

一日、阿闍梨五口ヲ惣持寺ニ置ク、是日、中納言藤原公任、著座後始テ政ニ著ス、 日本紀略 權記

二日、東三條院、觸穢ニ依リテ東院ニ移御アラセラル、 權記

五日、平野祭、春日祭、 日本紀略

六日、梅宮祭、 日本紀略

七日、中宮、内裏ニ入御アラセラル、 日本紀略

十一日、封戸ヲ前大僧正勸修等ニ賜フ、 日本紀略

十三日、敦康親王著袴ノ儀アリ、 日本紀略 權記 僧綱補任

十四日、筑前香椎廟ノ宮司ヲ任ズ、 類聚符宣抄

十七日、吉田祭、日本紀略

十八日、內裏火アリ、職曹司ニ遷幸アラセラル、日本紀略 百練抄 皇年代記 權記

某、觀藥ノ出家ヲ延バサレンコトヲ請フ、朝野群載

十九日、內裏火災ニ依リテ警固アリ、大原野祭等ヲ停ム、日本紀略 權記

廿二日、一條院ニ移御アラセラル、日本紀略 權記

廿四日、大祓、日本紀略

廿五日、新嘗祭ヲ停メ、造宮期、幷ニ八省豐樂院修理等ヲ定ム、權記

廿六日、東宮鎭魂祭、日本紀略

女王祿、權記

廿八日、內裏火災ニ依リテ大祓アリ、是日、諸社奉幣使、幷ニ山陵使等ヲ定ム、日本紀略 權記

廿九日、御禊アリ、是日、上達部女房等ノ美服ヲ禁ズベキ事ヲ定メ、諸道ヲシテ、造宮殿舍ノコトヲ勘申セシム、百練抄 權記

三十日、賀茂臨時祭、日本紀略 小右記目錄

十二月大盡 戊戌朔

二日、大和ノ百姓愁文ヲ上ル、權記

三日、天智天皇國忌、權記

四日、故皇后定子周忌法會、小右記目錄 權記

陰陽寮ヲシテ、廣瀨祭ノ日時ヲ勘セシム、權記

七日、政始、中納言藤原公任、撿非違使別當ヲ罷ム、日本紀略 權記 公卿補任

八日、除目、權中納言藤原齊信、著座後始テ廳ニ著ス、權記 小右記目錄

十日、御體御卜、權中納言藤原齊信ヲ撿非違使別當ニ補ス、是日、皇太后宮御讀經結願、幷ニ犬產ノ穢アリ、日本紀略 權記 公卿補任

十一日、月次祭、神今食、日本紀略

十二日、新嘗祭ナキニ依リテ、御膳ノ次ニ白黑酒ヲ供ス、年中行事抄 年中行事祕抄

十四日、東三條院、法興院ニ行啓アラセラレ、不斷

念佛ヲ行ヒ給フ、　權記

十六日、荷前使、臨時仁王會定アリ、　年中行事抄　年中行事祕抄　樗嚢抄

十七日、不堪佃田奏、是日、爲尊親王御修法ヲ淸水寺ニ行フ、　日本紀略　權記

十九日、鎭魂祭、是日、前大納言源時中ノ男朝任元服ス、　日本紀略　權記　康富記

二十日、度緣請印、　權記

廿二日、官奏、　權記

廿四日、敦康親王御讀經僧名定、　權記

廿五日、備前ノ租帳ヲ勘濟ス、　政事要略

文章得業生大江擧周對策、　本朝文粹

廿七日、諸社臨時奉幣、是日、右衞門少尉源忠隆白雉ヲ獻ズ、　日本紀略　權記

廿八日、位記ヲ召給フ、　權記

廿九日、旬、是日、敦平親王著袴ノ儀アリ、　日本紀略　權記

三十日、敦康親王御讀經始、　權記

前大納言從二位源時中薨ズ、　日本紀略　權記　公卿補任　小右記目錄　尊卑分脈　大鏡　古事談　續古事談　續教訓抄　時中卿橫笛譜裡書　絲竹口傳　樂臣類聚　體源抄　郢曲相承次第

閏十二月 小盡 戊辰朔

三日、敦康親王御讀經結願、　日本紀略　權記

四日、外記政、廿一社奉幣使定、　權記

五日、山陵使ヲ發遣ス、是日、東三條院御惱アリ、　日本紀略

七日、陣定、　日本紀略　權記

八日、衣服車馬ノ制度ヲ定ム、　拾芥抄　政事要略

九日、廣瀨龍田祭、　日本紀略　權記

東三條院御惱、　權記

十日、荷前使發遣、　日本紀略　年中行事抄　年中行事祕抄　權記

東三條院御惱、　小右記目錄

十一日、著鈦政、　西宮記

十二日、東三條院御惱、　權記

十三日、祈年穀奉幣、　日本紀略

十四日、東三條院ノ御惱ニ依リテ、未斷囚人ヲ勘免ス、 權記

十五日、東三條院ノ御惱ニ依リテ、大赦ヲ行フ、是日、左兵衞佐藤原長信出家ス、 日本紀略 小右記目錄 權記

十六日、東三條院ニ行幸アラセラル、是日、東三條院剃髮シ給フ、 日本紀略 權記

大宰權帥藤原伊周ヲ本位ニ復ス、 公卿補任 古事談 愚管抄

十七日、東三條院、參議藤原行成ノ第ニ渡御アラセラル、 日本紀略 權記

十八日、東三條院參議行成ノ第ヨリ還御、 權記

二十日、御佛名、 日本紀略 權記

廿二日、東三條院崩ジ給フ、 日本紀略 百練抄 扶桑略記 歷代編年集成 一代要記 皇年代記 大鏡裏書 女院小傳 女院記 權記 榮華物語 大鏡 日本運上錄 院號定部類記 小右記 古事談 師元年中行事 原中最祕抄 金剛峯寺檢挍次第 寺門高僧記 高野山勸發集 增賀上人行業記 拾遺和歌集 千載和歌集 新勅撰和歌集 續古今和歌集 新千載和歌集 萬代和歌集

廿三日、東三條院御葬送雜事ヲ定ム、 日本紀略 權記

廿四日、東三條院御葬送アリ、仍リテ警固、固關ヲ行フ、 日本紀略 小右記目錄

廿五日、東三條院崩奏、是日、東三條院ノ御遺骨ヲ宇治山ニ移シ奉ル、 小右記目錄 權記

廿八日、東三條院初七日御誦經使ヲ遣ス、 日本紀略

廿九日、東三條院ノ崩御ニ依リテ追儺ヲ停ム、是日、開關大祓アリ、 日本紀略 北山抄 年中行事抄 年中行事祕抄 江次第 政事要略 權記

是歲、法橋源信、華臺院ヲ建立ス、 山門堂舍記

山城國司、每年ノ正稅公廨雜稻ヲ減省センコトヲ請フ、 朝野群載

平致賴ヲ召返ス、 左經記

長門守從五位下源加卒ス、 尊卑分脈脫漏

長保四年

正月 大盡 丁酉朔

一日、諒闇ニ依リテ節會ナシ、日本紀略

故東三條院ニ法華經ヲ供養ス、是日、皇子皇女ノ戴餅アリ、權記

三日、判官代姓闕則季ヲシテ、御封布未進ヲ勘セシム、權記

四日、醍醐天皇皇后穩子國忌、是日、左大臣道長等、法橋覺運ニ摩訶止觀ヲ受ク、權記

六日、故東三條院二七日御讀經、日本紀略

七日、御錫紵ヲ除キ給ヒ、倚廬ヨリ還御アラセラレ、侍臣ノ橡衣ヲ著スルコトヲ聽ス、日本紀略 小右記目錄 權記

八日、御齋會、日本紀略 權記

十二日、花山法皇御惱、小右記目錄 權記

十三日、故東三條院三七日御讀經、日本紀略

二十日、故東三條院四七日御讀經、日本紀略

廿二日、右大臣顯光病ム、小右記目錄

廿四日、中宮御惱、權記

廿七日、故東三條院五七日御讀經、日本紀略 小右記目錄 權記

令宗允亮、諒闇中服色ノ問答ヲ記ス、政事要略

廿八日、故東三條院御法會ノ請僧等ヲ定ム、權記

二月大盡 丁卯朔

一日、釋奠ヲ停ム、日本紀略

二日、諸社祭ヲ停ム、日本紀略

右近衞權中將藤原成房出家ス、權記

三日、故東三條院六七日御讀經、日本紀略

四日、祈年祭ヲ停ム、日本紀略

六日、天變、權記

七日、故東三條院ノ御齋會ヲ慈德寺ニ行フ、日本紀略 權記 榮華物語

十日、故東三條院七々日御讀經、日本紀略 小右記目錄 權記 榮華物語

十一日、列見延引、日本紀略

故東三條院御法會後音奏ノ有無ヲ定ム、小右記目錄 權記

十五日、阿闍梨靜照涅槃經ヲ三條院ニ講ズ、権記
十六日、日向實錄帳解文ヲ議セシム、権記
十七日、安藝申文等ノコトヲ議セシム、権記
十九日、治部省笛師ノ文狀ヲ下シ、近衞府大粮ノ事、阿波ノ正稅交易絹續文相違等ヲ尋ネシム、権記
廿二日、季御讀經定、権記
廿三日、政アリ、左衞門督座怪アリ、権記
廿五日、列見、宴座ナシ、日本紀略　権記
廿六日、東宮御讀經結願、権記
廿八日、除目儀、日本紀略　権記
三十日、除目入眼、日本紀略　公卿補任　小右記目錄　権記

三月小盡　丁酉朔

一日、除目下名、是日、左大臣道長ノ第ニ法華八講ヲ修ス、日本紀略　権記
季御讀經ノ闕請ヲ補ス、権記
四日、季御讀經始、日本紀略　権記

五日、花山法皇、播磨書寫山ニ御幸アラセラル、書寫山緣起　峯相記　法華驗記　書寫山性空傳　朝野群載　後拾遺和歌集
七日、季御讀經結願、上野駒牽、日本紀略　小右記目錄　権記
九日、御物忌、幷ニ敦康親王御祓、権記
十日、東宮、幷ニ四條宮季御讀經始、権記
十一日、雷風雨水、是日、信濃守源濟政等赴任ス、日本紀略　仁壽鏡　権記
十二日、武藏ノ勅旨諸牧別當等ニ任符ヲ遣ス、権記
宮内卿源尊光出家ス、権記
十三日、中宮御讀經、権記
十四日、前大僧正勸修、爲尊親王ノ邪氣ヲ加持ス、権記
十五日、僧寂照宋ニ赴カンコトヲ請フ、日本紀略　百練抄　後拾遺和歌集
十七日、爲尊親王、石井ニ渡御セラル、権記

十八日、興福寺僧明憲ヲ維摩會講師トナス、 權記

十九日、內印、幷ニ位記請印アリ、是日、造內裏雜事、幷ニ臨時奉幣使等ヲ定メ、筑前香椎宮司ニ任符ヲ下ス、 日本紀略 百練抄 權記 類聚符宣抄

二十日、爲尊親王、石井ヨリク姓闕文佐ノ中御門ノ第ニ遷リ給フ、 權記

廿一日、仁明天皇國忌、 權記

廿五日、祈年穀奉幣、是日、栖霞寺觀空寺田地ヲ爭ヒ、敦康親王家釜殿ノ男愁訴ス、 日本紀略 權記

廿六日、尾張守大江匡衡、敦康親王御封代ノ絹ヲ進ム、 權記

廿九日、仁王會ニ依リテ、大祓ヲ行フ、 日本紀略

是月、豐原爲時ヲ左衞門志ニ任ズ、 朝野群載

四月大盡 丙寅朔

一日、諒闇ニ依リテ平座見參ナシ、 日本紀略 權記

二日、臨時仁王會、 日本紀略 權記

三日、御惱、 小右記目錄

贈皇太后懷子國忌、花山法皇、法華經開結經等ヲ供養シ給フ、 權記

四日、廣瀨龍田祭、 日本紀略 權記

七日、擬階奏、幷ニ平野祭、松尾祭、 日本紀略 權記

八日、大雷、 權記

梅宮祭、 日本紀略 權記

十日、左大臣道長等、若狹守藤原至道等ノ申請ヲ定ム、 權記

十一日、直物、幷ニ小除目敍位、 日本紀略 小右記目錄 魚魯愚抄別抄

十五日、位記請印、 權記

十七日、齋院御禊、 日本紀略

十八日、賀茂祭警固延引、 日本紀略

十九日、警固、 日本紀略

二十日、賀茂祭、 日本紀略 權記

藏人頭左近衞權中將源經房ノ牧童、右衞門尉源忠隆ノ隨身ト鬪爭ス、 權記

廿二日、解陣、 日本紀略

廿三日、吉田祭、 日本紀略

散位從五位下源政道卒ス、 權記

廿五日、皇太后、法華經ヲ供養シ給フ、是日、大般若經講勘文ヲ奏シ、最勝王經講ノ事ヲ定ム、 權記

廿九日、花山法皇、觀音堂ニ御幸アラセラル、 權記

權律師覺縁寂ス、 日本紀略 僧綱補任 權記 今昔物語

五月小 丙申朔盡

一日、供御院預ヲ補ス、 朝野群載

四日、東宮御惱、 小右記 權記

五日、左近衞府眞手結、 小右記

六日、右近衞府眞手結、 小右記

花山法皇、觀音院ヨリ還御アラセラル、是日、爲尊親王、腫物ヲ患ヒ給フ、 權記

前出羽守從五位上藤原義理卒ス、 權記

七日、始テ最勝王經講ヲ修ス、是日、敦康親王家御讀經アリ、東宮御惱甚シ、 日本紀略 師緒年中行事 江談抄 釋家初例抄 小右記 權記 葉黄記 公事根源抄

十一日、最勝王經講結願、 日本紀略 權記

十二日、東宮御惱危急、 小右記目錄

十五日、出雲國造ヲ任ズ、 類聚符宣抄

十六日、左大臣道長ノ第讀經アリ、是日、參議藤原行成ノ牧童過失ス、 權記

十七日、頭中將姓闕ク、宗家卒ス、 權記

二十日、造宮木作始ノ日ヲ改メ、立柱上棟ノ日ト爲ス、 日本紀略

廿一日、著鈦政、 市行記

廿二日、參議藤原行成、禮節ノ疑ヲ令宗允亮ニ問フ、 政事要略

廿七日、文章博士大江匡衡、穀倉院學問料ヲ無位大江能公ニ賜ハランコトヲ請フ、 本朝文粹

六月小 乙丑朔盡

三日、丁卯、故關白道隆ノ女某卒ス、 權記 大鏡 榮華物語

四日、四條高倉邊火アリ、 權記

五日、爲尊親王、病ニ依リテ出家セラル、 權記
七日、祈雨奉幣、 日本紀略
敦康親王、左大臣道長ノ第ニ渡御セラル、 權記
九日、天變、内裏木作始ニ依リテ、大祓ヲ行フ、 權記 日本紀略
十日、御體御卜、 日本紀略
十一日、月次祭、神今食、 日本紀略
十二日、大雷、 權記
十三日、彈正尹爲尊親王薨ズ、 權記 日本紀略 一代要記 本朝皇胤紹運錄 尊卑分脈 古今著聞集 榮華物語 大鏡 千載和歌集 續拾遺和歌集 和泉式部續集
十五日、權少僧都定澄ヲシテ、雨ヲ祈ラシム、 類聚符宣抄 西宮記裏書
十六日、右官掌ヲ補ス、 權記 朝野群載
十八日、故彈正尹爲尊親王御葬送、 權記
權律師明久寂ス、 日本紀略 興福寺略年代記 僧綱補任 權記
二十日、東宮御讀經結願、 權記

敦康親王、大藏卿藤原正光ノ第ニ方違ス、 權記
廿三日、東宮御惱、 權記
廿六日、臨時御讀經始、 日本紀略
廿七日、諸卿高麗人申請ノ旨ヲ定ム、 百練抄
廿八日、出雲國造ノ任符ヲ下ス、 類聚符宣抄
廿九日、大祓、 日本紀略

七月大 甲午朔 盡

一日、日食、 日本紀略 權記
二日、臨時御讀經結願、是日、法橋靜昭、敦康親王ノ本命供ヲ奉仕ス、 權記
七日、内裏造營ニ依リテ、六社ニ奉幣ス、 日本紀略
十日、内裏造營ニ依リテ、山陵使ヲ發遣ス、 日本紀略 權記
天台座主覺慶、上表シテ大僧正ヲ辭ス、是日、下文ヲ松尾賀茂ニ賜フ、 權記
十三日、御讀經ヲ建禮門ニ修ス、 日本紀略
十六日、高麗人ノ漂著ニ依リテ宣旨ヲ大宰府ニ

下ス、 權記
十九日、内裏立柱上棟、是日、金峯山御巻數ヲ奏ス、 日本紀略 權記
廿六日、僧綱ヲ任ズ、 日本紀略 權記 僧綱補任 大鏡裏書 東大寺別當次第 東寺長者補任 天台座主記 元亨釋書
三十日、御念佛ヲ東三條院ニ行フ、 權記

八月小 甲子朔盡

一日、二社ニ奉幣シテ晴ヲ祈ル、 日本紀略
故爲尊親王四十九日法會、 權記 和泉式部續集
三日、東宮女御藤原某卒ス、 日本紀略 小右記目録 小右記 尊卑分脈 榮華物語 大鏡 續古今和歌集
東宮、御馬ヲ前大僧正某ニ賜フ、是日、故東宮女御ヲ東三條院ヨリ世尊寺ニ移ス、 權記
東宮、乳母ノ第ニ出御アリ、 小右記目録
六日、前左馬權頭正四位下源兼資卒ス、 權記 尊卑分脈
八日、盗アリ、敦道親王ノ第ニ入ル、 權記
九日、御讀經闕請定、 權記
十日、故東三條院御法會定、 權記
十一日、定考、 日本紀略 權記
十四日、季御讀經始、是日、東宮、東三條院ヨリ大納言藤原道綱ノ第ニ移リ給ヒ、尋デ還御セラル、 日本紀略 小右記目録 權記
十七日、季御讀經結願、甲斐穂阪駒牽、是日、栖霞寺、觀空寺ノ論田文ヲ定ム、 日本紀略 小右記目録 權記
十八日、花山法皇、巨勢廣貴ヲシテ、播磨書寫山僧性空ノ像ヲ寫サシメ給フ、 權記
二十日、大僧正明豪上表ス、 權記
廿二日、左衞門權佐令宗允亮、牧馬牛ノ勘文ヲ作ル、 政事要略 令義解
敦康親王家御讀經、 權記
大僧正明豪寂ス、 歴代皇記 護持僧次第 楞嚴院檢校次第 僧綱補任 權記 續古事談
廿三日、不堪佃田奏、信濃望月駒牽、是日、大宰府書生行島伊明ヲ榮爵ニ敍スル解文ヲ奏ス、 權記
廿八日、伊勢豊受宮遷宮官符請印、 日本紀略

九月小 癸巳朔盡

五日、流星アリ、伊勢豊受宮神寶送文請印、不堪佃田奏、是日、敦康親王家御修法アリ、扶桑略記 權記
六日、日月薄蝕、幷ニ流星アリ、伊勢神寶使發遣ニ依リテ、大祓ヲ行フ、日本紀略 扶桑略記 權記 仁壽鏡
七日、流星アリ、伊勢神寶使發遣、日本紀略 權記
八日、天變ニ依リテ大赦ヲ行フ、是日、中御門南邊火アリ、日本紀略 權記 市行記 廷尉故實 左經記
九日、諒闇ニ依リテ、菊酒ヲ賜フコトヲ停ム、權記
十四日、左大臣道長長谷ニ詣ヅ、權記
十五日、伊勢豊受宮遷宮、扶桑略記 二所大神宮例文
御八講料經卷宸筆始、中宮御讀經、權記
十七日、前大僧正勸修、解脱寺内常行堂ヲ供養ス、扶桑略記 權記
廿一日、京官除目召仰、魚魯愚別録
東大寺ノ大佛、幷ニ鐘怪異アリ、類聚符宣抄
廿三日、京官除目ノ儀、日本紀略 小右記目錄 權記
廿四日、京官除目、日本紀略 權記 公卿補任 一代要記

御八講僧名定、宸筆御八講記
廿六日、廿一社ニ奉幣ス、日本紀略 權記
廿八日、伊勢奉幣、除目下名、大神宮諸雜事記 日本紀略 權記
左大臣道長ノ第競馬、是日、中納言藤原隆家慶賀アリ、權記
廿九日、御八講奉仕者、幷ニ僧名定、權記

十月大 壬戌朔 盡

一日、諒闇ニ依リテ旬平座見參ヲ停ム、是日、次侍從ヲ補ス、日本紀略 小右記目錄 權記
仁王會ニ依リテ大祓ヲ行ヒ、東大寺ノ怪異ニ依リテ御卜ヲ行フ、日本紀略 西宮記
弓場始、自暦記
左大臣道長第枇杷殿立柱上棟、權記
五日、東大寺ノ怪異ニ依リテ、仁王經ヲ轉讀ス、類聚符宣抄
仁王會ノ闕請ヲ補ス、權記

六日、仁王會、 日本紀略 權記
九日、畿內諸國ヲシテ、神社、及ビ國分寺諸定額寺ノ破損ヲ修造セシムル符ヲ下ス、 類聚符宣抄 政事要略 江次第
御八講僧名定ノ文ヲ下ス、 宸筆御八講記
東宮御讀經始、大粮申文、 權記
十四日、右兵衞府燒亡ス、 日本紀略 扶桑略記
十六日、參議藤原行成ノ室釋壽尼寂ス、 權記 公卿補任
十九日、撿非違使ヲシテ、畿內無主品位田地子拒捍未進輩ヲ勘セシム、 政事要略
廿二日、故東三條院ノ御爲ニ、法華八講ヲ行フ、 日本紀略 宸筆御八講記 權記 文永七年宸筆御八講記 榮華物語 江吏部集
廿三日、法華八講第二日、 日本紀略 權記
權律師院源ヲ權少僧都ニ任ズ、 權記 僧綱補任 僧官補任
清涼殿北屋ニ放火アリ、 權記
廿四日、法華八講第三日、 日本紀略
廿五日、法華八講結願、 日本紀略

十一月大盡 壬辰朔

五日、平野祭、春日祭、 日本紀略
六日、梅宮祭、 日本紀略
九日、直物、小除目、 日本紀略 小右記目錄
安倍晴明ヲシテ、泰山府君ヲ祭ラシム、 權記
十二日、大風雹、 扶桑略記
十四日、式部權大夫大江匡衡、狀ヲ上ル、 本朝文粹
十六日、民部大輔從四位上菅原爲紀卒ス、 菅原氏系圖 尊卑分脈
十七日、吉田祭、 日本紀略
十八日、除目、 日本紀略
十九日、小除目、 小右記目錄
廿一日、大原野祭、 日本紀略
廿二日、園韓神祭、 日本紀略
廿三日、鎭魂祭、 日本紀略

廿四日、新嘗祭、 日本紀略

廿六日、東宮鎭魂祭、 日本紀略

是月、參議藤原忠輔勘解由長官ヲ辭ス、 公卿補任

十二月小盡 壬戌朔

七日、鹿島宮司ヲ任ズ、 類聚符宣抄

九日、月次祭、神今食ノ日、供奉諸司ノ參內ヲ停ム、 日本紀略

十日、御體御卜、 日本紀略

鹿島宮司ノ任符ヲ下ス、 類聚符宣抄

逃亡囚藤井忠茂ノ罪科ヲ定ム、 西宮記

十一日、月次祭、神今食、 日本紀略

十二日、御諷誦ヲ東三條院ニ修ス、 權記

十三日、著鈦政、 市行記

十四日、御念佛ヲ東三條院ニ行フ、 權記

十五日、皇太后宮御佛名、 權記

十六日、御佛名、 權記

十九日、冷泉上皇南院ニ歸リ給ヒ、御佛名ヲ行ハセラル、 權記

廿一日、故東三條院周忌ニ依リテ御齋會アリ、 日本紀略 小右記目錄 權記

廿二日、東宮御佛名、是日、故東三條院周忌ニ依リテ御八講ヲ行フ、 權記 小右記目錄 師光年中行事 年中行事祕抄

廿三日、荷前、光仁天皇國忌、 日本紀略 權記

廿四日、中宮御佛名、諒闇終ルニ依リテ大祓ヲ行フ、是日、左大臣道長等除服ス、 日本紀略 權記

廿七日、媞子內親王、著袴シ給フ、 權記

廿九日、追儺大祓、 日本紀略 權記

是月、始テ內侍所御神樂ヲ置ク、 一代要記 禁祕抄 江次第 公事根源抄

長保五年

正月大盡 辛卯朔

一日、節會、 日本紀略

三日、二宮大饗、 日本紀略

五日、敍位儀、 日本紀略 政事要略

七日、白馬節會、是日、大納言正三位藤原懷忠ヲ從二位ニ敍ス、以下加階差アリ、 日本紀略 公卿補任 政事要略

八日、御齋會、 日本紀略

法橋靜昭寂ス、 僧綱補任 權記 勅撰和歌作者部類 續古事談 詞花和歌集 公任卿集

十日、左大臣道長大饗、 日本紀略 政事要略

十五日、女敍位、 日本紀略

十六日、踏歌節會、 日本紀略

十七日、射禮、 日本紀略

十九日、賭弓、 日本紀略

廿八日、除目、 日本紀略

三十日、除目、 日本紀略 魚魯愚抄別抄 揚名問答 公卿補任 拾芥抄

二月 大 辛酉朔盡

一日、除目下名、 日本紀略

四日、祈年祭、 日本紀略

七日、釋奠、幷ニ大原野祭、 日本紀略

八日、平佐良、下總ノ府館ヲ燒キ官物ヲ掠ムル事ヲ定ム、 百練抄

十六日、行幸ニ依リテ、七社ニ奉幣ス、 日本紀略

十七日、園韓神祭、 日本紀略

二十日、左大臣道長ノ子頼通元服シ、女某著裳ス、是日、頼通ヲ正五位下ニ敍シ、禁色昇殿ヲ聽ス、 日本紀略 公卿補任 榮華物語 台記

廿五日、行幸ニ依リテ、御讀經、幷ニ大祓ヲ行フ、 日本紀略

廿六日、參議藤原懷平ニ春宮權大夫ヲ兼ネシム、 公卿補任

廿七日、行幸路ヲ巡撿ス、 日本紀略

廿八日、直物、小除目、 日本紀略 小右記目錄

三月 小 辛卯朔盡

三日、春日若宮神出現ス、 春日社記 春日社細記 四大寺傳記

四日、大白星現ル、是日、石清水ニ行幸アラセラル、行幸勸賞ニ依リテ、諸司ヲ散位僧綱ニ任ズ、日本紀略 西宮記 僧綱補任 石清水祠官系圖 元亨釋書 釋家初例抄 類聚符宣抄

五日、石清水ヨリ還幸アラセラル、日本紀略

七日、伊勢奉幣、日本紀略

十日、季御讀經、日本紀略 小右記目錄

十五日、石清水臨時祭試樂、日本紀略

十六日、石清水臨時祭、日本紀略 小右記目錄

十九日、中宮御惱、小右記目錄

廿六日、賀茂社ニ行幸アラセラル、日本紀略 西宮記

正三位ヲ貴布禰神ニ授ク、二十二社註式

權大納言藤原實資等ヲ加階ス、公卿補任

四月 大盡 庚申朔

一日、平野祭、平座見參ナシ、日本紀略 吉記 園太暦

二日、梅宮祭、日本紀略

四日、廣瀨龍田祭、日本紀略

八日、灌佛、布施錢ヲ改メテ、初テ紙ヲ用フ、日本紀略 西宮記 北山抄 江次第 小野宮年中行事

十一日、齋院御禊、日本紀略

十三日、賀茂祭警固、日本紀略

十四日、賀茂祭、日本紀略 年中行事祕抄

十五日、解陣、日本紀略

十七日、吉田祭、日本紀略

五月 小盡 庚寅朔

四日、祈年穀奉幣、日本紀略

奉幣ニ依リテ手結ヲ延引ス、小野宮年中行事

十五日、左大臣道長ノ第歌合、後拾遺和歌集 詞花和歌集 續後拾遺和歌集 續詞花和歌集 袋草紙遺編

十八日、仁王會ニ依リテ大祓ヲ行フ、日本紀略

十九日、洪水、日本紀略 扶桑略記

二十日、洪水ニ依リテ仁王會延引ス、日本紀略

廿二日、賑給使定、日本紀略

六月 大盡 己未朔

一日、賀茂社人溺死ス、小右記目錄
二日、庚申ヲ守ル、日本紀略
五日、神位記請印、日本紀略
九日、僧增賀寂ス、一代要記 扶桑略記 智源法師法華驗記 今昔物語 續本朝往生傳 多武峯略記 元亨釋書 撰集抄 古事談 書寫山緣起 徒然草 三國傳記 續世繼物語 新古今和歌集
十日、御體御卜、日本紀略
十一日、月次祭、神今食、日本紀略
十二日、仁王會ニ依リテ、大祓ヲ行フ、日本紀略
興福寺僧眞興ヲ維摩會講師ト爲ス、僧綱補任
十三日、臨時仁王會、防鴨河使除目、日本紀略
廿二日施米定、日本紀略
三十日、大祓、日本紀略

七月小 己丑朔盡

十五日、不斷御讀經、日本紀略
二十日、相撲召仰、日本紀略
宋商客來著ノ事ヲ定ム、百練抄
廿六日、相撲內取、日本紀略
廿七日、相撲召合、日本紀略
廿八日、相撲御覽、日本紀略

八月大 戊午朔盡

一日、日食、日本紀略
七日、權少僧都深覺ヲ東寺長者ニ補ス、東寺長者補任 勸修寺長吏次第
十日、釋奠、日本紀略
十一日、定考、幷ニ釋奠內論義、日本紀略
十六日、小除目、日本紀略 小右記目錄
廿五日、僧寂照等入宋ス、扶桑略記 歷代皇記
廿八日、大風、伊勢大神宮內外院破損ス、類聚符宣抄

九月小 戊子朔盡

三日、御燈、日本紀略
備後國司藤原寧親、前司藤原理明ヲシテ、交替ノ例務ヲ勤行セシメンコトヲ請フ、類聚符宣抄
九日、平座見參、日本紀略

十一日、伊勢例幣、　日本紀略

十六日、內裏造營ニ依リテ、諸社ニ奉幣ス、　日本紀略

十九日、臨時仁王會、是日、左大臣道長、石淸水幷ニ住吉ニ詣ヅ、　日本紀略　百練抄　花鳥餘情

二十日、內裏造營終ルニ依リテ、御讀經ヲ行フ、　日本紀略

廿二日、前大宰權帥正三位藤原伊周ヲ從二位ニ敍ス、　公卿補任

是秋、年穀豐饒ス、　日本紀略

十月大　丁巳朔盡

一日、平座見參、　日本紀略

四日、左大臣道長等、新造內裏ヲ巡檢ス、　日本紀略

八日、一條院ヨリ、新造內裏ニ遷御アラセラル、　日本紀略　扶桑略記

九日、宜陽殿饗膳アリ、　日本紀略

十一日、新所旬、　日本紀略

十四日、縫殿助大中臣宣茂ヲシテ、大神宮內外院ヲ修造セシム、　類聚符宣抄

十五日、左大臣道長、興福寺維摩會ニ參ズ、　日本紀略　百練抄

十六日、僧綱ヲ任ズ、　日本紀略　僧綱補任　興福寺略年代記　釋家初例抄

廿五日、興福寺別院建法寺ノ鐘ヲ藥師寺鐘樓ニ懸ク、　藥師寺緣起

廿八日、木島明神ニ從一位ヲ授ク、　廣隆寺來由記

十一月小　丁亥朔盡

二日、大中臣良兼ヲ權神琴師ニ補ス、　類聚符宣抄

五日、造宮ノ賞ニ依リテ、權中納言藤原隆家等ヲ加階ス、　日本紀略　公卿補任　中古三十六人歌仙傳

十日、平野祭、春日祭、　日本紀略

十一日、梅宮祭、　日本紀略

十三日、大風暴雨雷電アリ、　日本紀略　扶桑略記

十四日、大原野祭、　日本紀略

十五日、園韓神祭、　日本紀略

十六日、鎭魂祭、　日本紀略

十七日、新嘗祭、日本紀略

十八日、豐明節會、日本紀略　一代要記

十九日、東宮鎭魂祭、日本紀略

廿一日、賀茂臨時祭試樂、日本紀略

廿二日、吉田祭、日本紀略

廿三日、賀茂臨時祭、日本紀略

廿七日、宇佐神人大宰權帥平惟仲ノ苛酷ヲ訴フ、百練抄

廿八日、看督長ノ懈緩ヲ誡ム、政事要略

十二月大 丙辰朔盡

四日、宇佐使ヲ發遣ス　日本紀略　北山抄

七日、宇佐石清水ノ恠異ニ依リテ、御卜ヲ行フ、日本紀略　小右記　類聚符宣抄

十日、御體御卜、日本紀略

十一日、月次祭、神今食、日本紀略

十二日、宇佐石淸水ノ恠異ニ依リテ、廿一社ニ奉幣ス、日本紀略　類聚符宣抄

十三日、荷前使ヲ定ム、日本紀略

十五日、季御讀經、日本紀略

十九日、除目、日本紀略　小右記目錄　魚魯愚抄別抄　揚名問答

廿五日、除目下名、日本紀略　權少外記重憲記

廿七日、荷前使ヲ發遣ス、日本紀略

三十日、僧綱ヲ任ズ、僧綱補任　釋家初例抄

是歳、年穀豐饒ス、日本紀略　百練抄

寛弘二年

正月小 丙戌朔盡

一日、節會、小朝拜、是日、國栖不參、日本紀略　權記　北山抄　妙音院相國白馬節會次第

二日、二宮大饗、日本紀略

三日、左大臣道長家拜禮、日本紀略

四日、醍醐天皇皇后穩子國忌、權記

五日、敍位議、幷ニ中文等アリ、日本紀略　權記

六日、敍位入眼、幷ニ中宮御給アリ、權記

七日、白馬節會、日本紀略　權記

八日、御齋會始、日本紀略 權記

十日、女御尊子ヲ從四位上ニ敍ス、一代要記

十四日、御齋會竟ル、是日、法橋眞與ヲ權少僧都ニ任ズ、日本紀略 權記 僧綱補任

十六日、踏歌節會、日本紀略

十七日、射禮、日本紀略 權記

十八日、賭弓、幷ニ射遺、日本紀略 權記

十九日、大雨雷電、日本紀略

廿一日、御物忌ニ依リテ、不動法ヲ修セラル、權記

廿二日、除目始、日本紀略 權記

廿四日、除目終、日本紀略 權記 公卿補任 一代要記 魚魯愚抄別抄

廿五日、除目下名、日本紀略

廿六日、參議藤原行成ニ御屛風和歌ヲ書セシム、權記

二月大乙卯朔盡

一日、大原野祭、日本紀略 權記

三日、釋奠、日本紀略

四日、祈年祭、日本紀略

五日、春日祭使ヲ發遣ス、權記 江次第 台記 榮華物語

六日、春日祭、日本紀略

七日、東宮尙侍藤原綏子薨ズ、日本紀略 一代要記 皇年代記 權記 尊卑分脈 大鏡 榮華物語

十一日、園韓神祭、幷ニ列見延引、日本紀略

十四日、世尊寺官符案ヲ郡司ニ賜フ、權記

十六日、東宮尙侍藤原綏子薨奏、小右記目錄

廿六日、直物、幷ニ小除目、是日、住吉ノ神人陽明門外ニ愁訴ス、撿非違使ヲシテ、諸司所々新任人等ノ饗種ヲ禁ゼシム、日本紀略 小右記目錄 權記 朝野群載

廿八日、列見、日本紀略 權記

廿九日、祈年穀奉幣、日本紀略 權記

三月小乙酉朔盡

二日、東宮御射、權記

三日、御燈、是日、曲水宴ヲ停ム、作文アリ、日本紀略

權記　江吏部集

四日、左近弓場ニ於テ射儀アリ、權記

七日、諸國申文、幷ニ季御讀經ヲ定ム、權記

十日、鴨院北門立柱、是日、鴨河ノ水ヲ防ギテ東ニ移ス、權記

十三日、左大臣道長、萬燈會ヲ法興院ニ行フ、日本紀略　權記

十五日、仁王會ニ依リテ、大祓ヲ行フ、日本紀略　權記

十六日、仁王會、權記

十七日、桓武天皇國忌、權記

十八日、靈山堂供養、日本紀略

二十日、石淸水臨時祭試樂、日本紀略

廿一日、仁明天皇國忌、權記

廿二日、石淸水臨時祭、日本紀略　小右記目錄　權記　魚魯愚別錄

廿四日、御讀經闕請ヲ補シ、御前僧ヲ定ム、權記

宇佐宮命婦、幷ニ神人、大宰權帥平惟仲ノ非例ヲ爲スヲ訴フ、日本紀略　權記

廿五日、左大臣道長ノ室、兩部曼陀羅等ヲ仁和寺ニ供養ス、日本紀略　權記

廿七日、季御讀經、陣定、小右記目錄　百練抄　權記　日本紀略

廿八日、花山法皇、花ヲ覽給フ、百練抄　權記

四月大盡　甲寅朔

一日、平座見參、日本紀略

三日、贈皇太后懷子國忌、權記

四日、廣瀨龍田祭、日本紀略

七日、平野祭、幷ニ擬階奏、日本紀略

八日、梅宮祭、日本紀略

十日、宇佐宮神人怠狀ヲ進ム、日本紀略

十一日、郡司召、柱史抄

十三日、鹿、大藏省等ニ入ル、日本紀略

十七日、齋院御禊、幷ニ軒廊御卜、日本紀略　權記

十八日、賀茂祭警固、日本紀略

二十日、賀茂祭、日本紀略　權記

廿一日、解陣、 日本紀略

廿三日、吉田祭、 日本紀略 權記

廿五日、左大臣道長ノ土御門第ニ於テ、競馬アリ、 權記

廿七日、颱風アリ、外記政、中宮御讀經始、是日、臨時奉幣使、幷ニ臨時御讀經ヲ定ム、 權記

廿八日、陣定、中宮御讀經結願、是日、封戸百烟ヲ解脱寺ニ充ツ、 日本紀略 權記

廿九日、贈太皇太后安子國忌、 權記

五月大 甲申朔 盡

四日、奉幣ニ依リテ、騎射手結ヲ延引ス、 小野宮年中行事

冷泉上皇ノ皇子昭登、清仁ヲ親王ト爲ス、 日本紀略 三代集間事

五日、臨時奉幣使ヲ發遣ス、 日本紀略 權記

七日、外記政、 權記

九日、犬弓場殿ニ登ル、 日本紀略 權記

十五日、內裏ニ產穢アリ、 日本紀略 權記

十七日、御讀經、 日本紀略 權記

十九日、左大臣道長、故東三條院ノ爲ニ法華八講ヲ修ス、 日本紀略 百練抄

廿四日、權少僧都明救等辭ス、是日、僧綱ヲ任シ、大威儀師延源ニ居籍、榻等ヲ聽ス、 僧綱補任 日本紀略 小右記 朝野群載 東寺王代記 釋家初例抄

廿七日、花山法皇、競馬ヲ左大臣道長ノ第ニ覽給フ、 日本紀略 百練抄 榮華物語 大鏡

廿八日、著鈦政、 西宮記

六月小 甲寅朔 盡

三日、左京大夫從三位源則忠薨ズ、 尊卑分脈 源氏系圖 本朝皇胤紹運錄 本朝世紀 粟田左府尚齒會詩 本朝麗藻 拾遺和歌集

七日、賑給、 日本紀略

八日、大宰帥平惟仲ノ任ヲ停ム、 日本紀略

十日、月次祭、 日本紀略

十七日、小除目、 日本紀略 小右記目錄

廿二日、宇佐宮ニ官符ヲ下ス、 宇佐宮託宣集

是月、密宴アリ、 日本紀略 本朝麗藻

七月大盡 癸未朔

二日、祈雨奉幣、 日本紀略

四日、廣瀬龍田祭、 日本紀略

七日、殿上作文、 權記

八日、雨ヲ室生山龍穴ニ祈ル、 日本紀略 西宮記裏書 類聚符宣抄

十一日、位記請印、 權記

十二日、雨ヲ廿一社、幷ニ七大寺ニ祈ラシム、 日本紀略 西宮記裏書 類聚符宣抄

十六日、祈雨奉幣使ヲ定ム、 權記

二十日、寛弘ト改元ス、 日本紀略 一代要記 改元部類 權記 江吏部集

大極殿、幷ニ七大寺ニ於テ祈雨讀經ヲ行フ、 日本紀略

廿四日、祈雨奉幣、 日本紀略

廿五日、再ビ七大寺ノ僧ヲシテ、雨ヲ東大寺ニ祈ラシム、 西宮記裏書 類聚符宣抄

廿六日、相撲內取、 日本紀略

廿八日、相撲召合、 日本紀略 權記

廿九日、相撲御覽、 日本紀略 權記

八月小盡 癸丑朔

二日、旱魃ニ依リテ、軒廊御卜ヲ行フ、 日本紀略

四日、祈雨ニ依リテ、二社ニ奉幣ス、 日本紀略 權記

五日、釋奠、 日本紀略

六日、內論義延引、是日、祈雨ニ依リテ、仁王經ヲ大極殿ニ修ス、左大臣道長、八省、及ビ豐樂院ノ作事ヲ巡檢ス、 日本紀略 權記

十一日、定考延引、幷ニ大極殿仁王經結願、 日本紀略 權記 左經記 西宮記裏書

十六日、祈雨奉幣、信濃駒牽、 日本紀略 權記 西宮記

十七日、御諷誦ヲ延暦寺ニ修セシム、 權記

二十日、定考、 日本紀略

廿一日、小定考、宇佐宮ニ推問使ノ宣旨ヲ下ス、是日、中宮御惱、 日本紀略 權記

廿三日、位記請印、不堪佃田定、是日、東宮ノ女一

宮當子著袴ノ儀ヲ行ハセラル、 權記 小右記
廿八日、除目、中宮御修法、是日、敦康親王、左大臣
道長ノ土御門ノ第ニ行啓シ給フ、 日本紀略 權記
權少僧都平傳寂ス、 日本紀略 僧綱補任
廿九日、除目、 小右記目録 公卿補任 權記
是月、旱ス、 日本紀略

九月大盡 壬午朔

三日、御燈、 日本紀略
四日、殿上人野遊、 權記
五日、小蛇、侍從所ニ出ヅ、 權記
九日、平座見參、侍臣詩ヲ賦ス、 日本紀略 權記
十一日、伊勢例幣、 日本紀略
十二日、左大臣道長ノ第ニ於テ作文アリ、 權記
十三日、中宮御修法結願、 權記
十四日、不堪田、 權記
二十日、陣政、 權記
廿二日、敦康親王御祓ヲ行フ、 權記

廿三日、季御讀經僧名定、 權記
廿五日、官奏アリ、賀茂爲政ノ姓ヲ慶滋ト改ム、是
日、四教傳法ノコトアリ、 權記
廿六日、平野社等ニ行幸ノ事ヲ定ム、是日、參議藤
原行成ニ御障子ノ色紙ヲ書セシム、 權記

閏九月小盡 壬子朔

一日、甲斐駒牽、 日本紀略 樗嚢抄
五日、宇佐大宮司大神邦利、門司別當姓闕ク兼方ヲ
殺害スル罪科ヲ定ム、是日、丹波守姓闕ク業遠、造
羅城門ノ賞ニ依リテ重任ス、 日本紀略
九日、庚申ノ儀、 日本紀略
十三日、行幸ニ依リテ、松尾平野等點地アリ、 日本
紀略
美濃國分寺堂塔等ノ破損ヲ檢錄セシムル官符ヲ
下ス、 類聚符宣抄
十四日、陣定、 權記
十七日、位記召給、 權記

十八日、御前僧ヲ定メ、犬死穢ヲ奏ス、　權記

廿一日、左大臣道長ノ別業ニ於テ作文アリ、　權記　本朝麗藻　本朝文粹

廿七日、季御讀經始、　日本紀略　權記　小右記目録

廿九日、殿上作文、中宮御讀經始、　權記

十月大盡　辛巳朔

一日、旬平座、季御讀經竟ル、　日本紀略　權記　小右記目録

臨時奉幣使定、　權記

二日、大外記宿禰廣澄姓ヲ清原眞人ト改ム、　清原氏系圖

四日、臨時奉幣使ヲ發遣ス、　日本紀略　權記

五日、弓場始、　日本紀略　權記

六日、大宰府典代永峯忠義ヲシテ、下獄以前、左衛門府弓場ニ候セシム、　權記

十日、臺盤所羹次アリ、是日、弓場殿ニ出御アラセラル、　權記

十四日、始テ松尾社ニ行幸アラセラル、　日本紀略　二十二社註式　權記　後拾遺和歌集

式部權大輔大江匡衡、大般若經ヲ尾張熱田社ニ供養ス、　本朝文粹

十七日、臺盤所地火爐次ノ事アリ、　日本紀略　權記　續古事談

廿一日、始テ平野北野兩社ニ行幸シ給フ、　日本紀略　百練抄　權記　濫觴抄　皇年代記　菅家傳記　北野宮寺縁起　荏柄天神縁起

行幸ノ賞ニ依リテ、權中納言藤原齊信等ヲ加階シ、北野社別當是算ヲ法橋ニ敍ス、　權記　公卿補任　僧綱補任　釋家初例抄　政事要略

廿二日、東宮御讀經、　權記

廿三日、權少僧都眞興寂ス、　日本紀略　釋家初例抄　僧綱補任　元亨釋書

廿六日、復任除目、　日本紀略

廿七日、陣定、　權記

左衛門權佐令宗允亮ヲ正五位下ニ敍スル官符ヲ下ス、　政事要略

廿八日、女官除目、　小右記目録

廿九日、省試、権記

左大臣道長ノ第讀經始、権記

十一月小盡辛亥朔

一日、御暦奏、権記

三日養次、是日、藤壺ニ出御アラセラル、権記

五日、參議藤原行成御障子ノ色紙ヲ書ス、是日、盗アリ、冷泉院第ニ入ル、権記

七日、山科祭幷ニ直物、小除目、日本紀略 小右記目錄 権記

十日、平野祭、春日祭、日本紀略

十一日、梅宮祭、日本紀略

十四日、大原野祭、日本紀略 権記

左大臣道長、推問使ヲ召問フベキ由ヲ命ズ、権記

十五日、月食、日本紀略 扶桑略記

十六日、鎮魂祭、是日、右京火アリ 日本紀略 権記

園韓神祭、日本紀略

十七日、新嘗祭、日本紀略

十八日、豐明節會、日本紀略 権記

十九日、女王祿、幷ニ東宮鎮魂祭、日本紀略 権記

二十日、土佐國司正税公廨雜稻ノ減省ヲ請フ、朝野群載

廿一日、賀茂臨時祭試樂、権記

廿三日、賀茂臨時祭、小右記目錄

廿七日、殿上作文、権記

女官除目、日本紀略 一代要記 権記

廿八日、仁王會ヲ定ム、権記

是月、左衛門志豐原爲時ヲ右衛門尉ニ轉ズ、朝野群載

十二月大盡庚辰朔

一日、日食、日本紀略 権記

三日、中宮ノ御願トシテ前大僧正觀修ヲシテ修法セシム、東寺要集

六日、左大臣道長ノ第、讀經結願、権記

七日、尙侍藤原妍子ヲ從三位ニ敍ス、一代要記 権記

十一日、月次祭、神今食、日本紀略 西宮記

僧行圓、行願寺ヲ建立ス、日本紀略　百練抄　權記
中御門南邊火アリ、權記
十二日、大神祭、是日、左大臣道長ノ第、地火爐次アリ、權記　西宮記
十三日、外記政、元日侍從、荷前使定、參議藤原行成ノ仁王經新寫ヲ賞シテ、御衣ヲ賜フ、日本紀略　權記　朝野群載
十五日、仁王會ヲ大極殿ニ修ス、日本紀略　市行記　權記
十六日、著鈦政、西宮記
十七日、荷前、西宮記　權記
十八日、大宰府典代長岑忠義過狀ヲ進ム、權記
十九日、御佛名、權記
廿一日、外記政、是日、左大臣道長ノ第讀經アリ、權記
廿二日、御八講ヲ慈德寺ニ行フ、權記
廿三日、光仁天皇國忌、敦康親王ノ第ニ御修法アリ、權記
廿四日、中宮御佛名、權記

廿六日、左大臣道長ノ子賴宗等元服、幷ニ敍位アリ、日本紀略　權記
廿七日、除目、是日、尚侍藤原姸子ノ慶賀アリ、日本紀略　小右記目錄　權記
廿八日、大宰權帥平惟仲ヲ罷メ、參議藤原懷平ニ左兵衞督ヲ兼ネシム、日本紀略　扶桑略記　百練抄　公卿補任　權記　中古三十六人歌仙傳
是歲、炎旱、百練抄
興福寺僧智印ヲ維摩會講師ト爲ス、僧綱補任
大內記從四位上中原致時卒ス、中原氏系圖　二中歷　勅撰和歌作者部類　後拾遺和歌集

寛弘二年

正月小庚戌朔盡

一日、小朝拜、節會、日本紀略　小右記　權記
二日、東宮、中宮大饗、日本紀略　法成寺攝政記　小右記
左大臣道長臨時客、玉蘂
權中納言藤原隆家、姓闕ク慶家ノ冠ヲ打落ス、小右記
三日、左大臣道長、中宮ノ御手跡ヲ參議藤原行成

ニ賜フ、 權記

左大臣道長冷泉院拜禮、 法成寺攝政記

四日、前大宰權帥藤原伊周ノ子道雅元服ス、 小右記

五日、正六位上賀茂忠經等、揚名介ヲ望ム、 魚魯愚抄別抄 魚魯愚別錄

六日、敍位儀、 日本紀略 法成寺攝政記 小右記 權記

七日、白馬節會、除目下名、 日本紀略 法成寺攝政記 小右記 權記 江次第 妙音院相國白馬節會次第

右大將藤原實資ヲシテ、年中行事節會ノ卷ヲ獻ゼシム、 小右記

八日、御齋會始、 日本紀略 小右記

藥師寺中門造立始、 藥師寺緣起

九日、女敍位ノ日ヲ定ム、 法成寺攝政記

十日、女敍位、是日、文章得業生藤原資業ニ昇殿ヲ聽ス、 日本紀略 小右記 一代要記 皇年代記 大鏡裏書 法成寺攝政記

中宮大原野行啓雜事ヲ定ム、 法成寺攝政記

十一日、荒手結、 小右記

十三日、女敍位、 一代要記 皇年代記 大鏡裏書

眞手結、 小右記

十四日、御齋會竟ル、是日、皇太后宮內ニ穢アリ、 日本紀略 法成寺攝政記 小右記 權記

十六日、踏歌節會、是日、雜袍禁色宣旨ヲ藏人頭藤原經房ニ賜フ、 日本紀略 小右記 法成寺攝政記

簪蒔櫛等紛失ニ依リテ、藏人藤原經通等ヲ勘責ス、 小右記

十七日、射禮、 日本紀略 小右記

十八日、賭弓、 日本紀略 小右記 權記

左大臣道長ノ第ニ於テ修善アリ、 法成寺攝政記

二十日、政始、中宮行啓ニ依リテ、造道橋ノ宣旨ヲ下ス、是日、左大臣道長、枇杷殿ノ廐ヲ新造ス、 小右記 法成寺攝政記

廿一日、正六位上藤原雅光、揚名介ヲ望ム、 魚魯愚別錄

左大臣道長、法華經ヲ供養ス、 法成寺攝政記

廿四日、參議藤原行成、親王冠笄式記ヲ獻ズ、 權記

廿五日、除目始、是日、群盜、大藏大輔平孝信ノ第ニ入ル、 日本紀略 法成寺攝政記 小右記

廿七日、除目竟ル、 日本紀略 法成寺攝政記 小右記 權記 魚魯愚抄別抄

廿八日、除目下名、是日、右京權大夫藤原道雅、慶賀ヲ行ヒ、昇殿ヲ聽サル、中宮、大原野行啓ニ依リテ、絹等ヲ宮女房ニ賜フ、 日本紀略 法成寺攝政記

二月大盡 己卯朔

一日、大原野祭、 日本紀略 法成寺攝政記

二日、左大臣道長、東三條ノ第ニ於テ修善アリ、 法成寺攝政記

四日、祈年祭、 日本紀略

左大臣道長、修善ニ依リテ獄囚ヲ免ズ、 法成寺攝政記

五日、春日祭使ヲ發遣ス、 法成寺攝政記 小右記 榮華物語

六日、春日祭、 日本紀略 權記

八日、大歌所、幷ニ大藏省倉等火アリ、敦康親王御對面、及ビ修子内親王著裳ノ事ヲ定ム、 日本紀略 法成寺攝政記 小右記 權記

九日、釋奠、 日本紀略 小右記 權記

右大將藤原實資ヲシテ、年中行事ヲ書寫セシム、 小右記

十日、左大臣道長、東三條ノ新第ニ移ル、 法成寺攝政記 小右記

十一日、列見、 日本紀略 小右記

十二日、圓融天皇國忌、是日、御八講、 法成寺攝政記 小右記

十五日、祈年穀奉幣、 日本紀略 小右記

十六日、天變、 小右記

盜アリ、右近番長身人部保友ヲ射殺ス、 法成寺攝政記 小右記

十七日、後院別當宣旨ヲ下ス、 法成寺攝政記

十九日、臨時仁王會ヲ定ム、 法成寺攝政記 小右記

諸國ニ檜皮ヲ召ス、 法成寺攝政記

二十日、小除目、相撲使定、中納言藤原隆家ニ帶劍

ヲ聽ス、是日、中宮、上東門院ニ行啓シ給フ、日本紀略　法成寺攝政記　小右記

廿二日、仁王會ニ依リテ、大祓ヲ行フ、日本紀略

廿三日、甘雨降ル、中宮、大原野ニ行啓ニ依リテ、調樂ヲ左大臣道長ノ第ニ行フ、法成寺攝政記　小右記

廿五日、臨時仁王會、日本紀略　法成寺攝政記　小右記

前大宰權帥藤原伊周ノ座次ヲ定ム、日本紀略　法成寺攝政記　小右記　公卿補任　濫觴抄

廿七日、中宮、大原野行啓ニ依リテ、諸社ニ奉幣ス、法成寺攝政記

廿八日、盜アリ、大藏大輔平孝信ヲ殺ス、日本紀略

是月、暑熱甚シ、小右記

三月小　己酉朔盡

一日、左大臣道長、鴨河ニ祓ヲ行フ、法成寺攝政記　小右記

三日、御燈、是日、殿上作文、日本紀略　法成寺攝政記

四日、左大臣道長ノ室源倫子ヲ正二位ニ敍ス、中右記

六日、中宮、大原野行啓ニ依リテ試樂ヲ行フ、法成寺攝政記　小右記

八日、中宮、大原野ニ行啓アラセラル、日本紀略　百練抄　大鏡裏書　顯昭註古今和歌集　江次第　法成寺攝政記　小右記　權記　政事要略　大鏡

大法師道算、攝津ノ講師ノ補任、及ビ大佛ノ頭光修理ノ事ヲ請フ、東大寺要錄

十二日、御庚申ノ事アリ、法成寺攝政記　小右記

十三日、石清水臨時祭、小右記目錄

十四日、前大宰權帥從二位平惟仲薨ズ、日本紀略　一代要記　公卿補任　尊卑分脈脫漏　小右記　權記　江談抄　古事談　續世繼　竹生島緣起　北山抄　小大君集

十五日、陣定、小右記　權記

十七日、桓武天皇國忌、權記

左大臣道長ノ第修善結願、法成寺攝政記

二十日、石清水臨時祭試樂、日本紀略　法成寺攝政記　小右記

廿一日、仁明天皇國忌、權記

廿二日、石清水臨時祭、日本紀略　法成寺攝政記　小右記　權記

廿五日、眞言院ニ於テ、御修善アリ、 法成寺攝政記

左大臣道長ノ第ニ於テ讀經アリ、 權記 小右記

廿六日、女御尊子參内ス、前大宰權帥藤原伊周等ニ昇殿ヲ聽ス、是日、獄囚ニ食ヲ賜フ、 日本紀略 法成寺攝政記 小右記 權記

廿七日、敦康親王參覲アラセラル、是日、脩子内親王ヲ三品ニ敍ス、 日本紀略 皇年代記 法成寺攝政記 小右記

強盜多治大丸過狀ヲ進ム、 政事要略

廿八日、脩子内親王位記請印、 日本紀略 小右記 權記

廿九日、左大臣道長ノ第ニ於テ、作文アリ、 法成寺攝政記 小右記 本朝麗藻

四月大盡 戊寅朔

一日、平座見參、 日本紀略 權記

二日、鎰結政座ヲ嚙ム、 權記

三日、雷電風雨アリ、贈皇太后懷子國忌、 日本紀略 法成寺攝政記 權記

四日、廣瀨龍田祭、 日本紀略

左大臣道長ノ第ニ於テ、射儀アリ、 法成寺攝政記 小右記 權記

五日、齋院御禊前駈定、是日、位祿目錄ヲ奏ス、 法成寺攝政記 小右記

七日、平野祭、擬階奏、 日本紀略 權記 小右記

八日、梅宮祭、神事ニ依リテ、灌佛ヲ停ム、是日、直物アリ、 日本紀略 法成寺攝政記 小右記 魚魯愚抄別抄 源語祕訣

鎰、結政座ヲ嚙ムニ依リテ、御讀經ヲ行フ、 權記

福田院別當雅靜寂ス、 日本紀略 小右記 今昔物語

十四日、陣定、是日、齋院御禊、宣旨、及ビ點地ヲ勘ス、 小右記 權記

十七日、齋院選子内親王御禊、 日本紀略 小右記 權記

十八日、賀茂祭警固、 日本紀略 小右記

十九日、右大臣顯光、賀茂社ニ詣ヅ、 法成寺攝政記 小右記 權記

二十日、賀茂祭、 日本紀略 小右記 法成寺攝政記 小右記 權記

前大宰權帥平惟仲ノ遺骨入京ス、 法成寺攝政記 小右記

廿二日、解陣、大宰大貳藤原高遠ヲ正三位ニ敍ス、
是日、雨ニ依リテ、競馬ヲ停ム、 日本紀略 小右記 權記
一代要記 中古三十六人歌仙傳
廿三日、吉田祭、 日本紀略 小右記
冷泉上皇ノ皇子大宰帥敦道親王、河陽ニ赴カセ
ラル、 小右記
廿四日、前大宰權帥平惟仲ノ薨奏アリ、 日本紀略
小右記
興福寺僧蓮聖ヲ維摩會講師トナス、 僧綱補任
左大臣道長ノ第ニ於テ、大般若不斷讀經アリ、 法
成寺攝政記
廿五日、除目延引、季御讀經、及ビ御修法ヲ定ム、
是日、馬寮競馬ノ毛附文ヲ上ル、 法成寺攝政記 小右記
權記
廿六日、天變恠異ニ依リテ、獄囚ヲ免ズ、 小右記
廿七日、和泉守藤原脩政ノ請ニ依リテ、相撲使ヲ
免ズ、 小右記
廿九日、贈太皇太后安子國忌、御讀經闕請ヲ補ス、

法成寺攝政記 權記
三十日、季御讀經發願、 日本紀略 法成寺攝政記 小右記
權記
盜、藏人《ク》姓闕量能ノ第ニ入ル、 法成寺攝政記 小右記
是月、御惱アリ、 小右記

五月小 戊申朔 盡

一日、馬寮競馬毛附文ヲ進ム、 小右記
二日、內論義、臨時御讀經僧名定アリ、是日、盜、藏
人《ク》姓闕量能ノ第ニ入ル、量能之ヲ捕フ、 法成寺攝政
記 權記
三日、季御讀經結願、 日本紀略 法成寺攝政記 權記
左近衞府荒手結、 小右記
僧行圓、行願寺ヲ供養ス、 日本紀略 元亨釋書
四日、臨時御讀經發願、右近衞府荒手結、 小右記
左大臣道長、千部仁王經ヲ供養シ、是日、法華三十
講ヲ始ム、 法成寺攝政記 小右記
五日、左近衞府眞手結、 小右記

中宮、薬玉ヲ齋院ニ遣リ給フ、 法成寺攝政記
六日、大宰大貳藤原高遠赴任ス、 小右記 後拾遺和歌集 續古今和歌集
七日、右近衞府眞手結、 小右記
九日、今宮祭、 日本紀略
十一日、臨時御讀經結願、賑給使定、 小右記 權記
十三日、高田牧司ノ訴ニ依リテ、故大宰權帥平惟仲ノ雜色長ヲ捕ヘテ廐ニ拘ス、 小右記
左大臣道長ノ第ニ於テ、騎射、及ビ庚申作文アリ、 法成寺攝政記 小右記
十五日、大風雨、是日、左大臣道長ノ第ニ於テ、法華三十講アリ、 法成寺攝政記 小右記 權記
十六日、月食、 法成寺攝政記
十七日着鈦政、 市行記
十九日、祈年穀奉幣使定、東宮御讀經、是日、敦康親王ノ病惱ニ依リテ、不斷讀經ヲ行フ、 法成寺攝政記 小右記 權記
二十日、冷泉上皇御惱、 法成寺攝政記 小右記

廿三日、雷、大炊寮廳、及ビ大監物姓闕ク範輔等ノ第ニ震ス、 日本紀略 小右記
廿四日、丹生貴布禰二社ニ奉幣ス、中宮御諷誦ヲ行ハセラル、左大臣道長ノ第ニ於テ立義アリ、 園太曆 法成寺攝政記 小右記 權記
廿六日、祈年穀奉幣、 日本紀略 小右記
廿八日、左大臣道長ノ第、法華三十講竟ル、 法成寺攝政記

六月大 丁丑朔 盡

一日、左大臣道長病ム、 法成寺攝政記 小右記
七日、權僧正勝算、不動像ヲ供養ス、 小右記 權記
十一日、月次祭、 日本紀略 小右記
十三日、賀茂社恠異ニ依リテ御トヲ行フ、 權記
十五日、多武峯蓮華會、 多武峯略記
十七日、中宮御讀經始、 小右記 權記
十九日、除目、 日本紀略 法成寺攝政記 小右記 公卿補任 職事補任

廿七日、左大臣道長上表ス、 法成寺攝政記

左衞門府六月祓、 小右記

廿八日、法興院御八講始、 法成寺攝政記　小右記

廿九日、左大臣道長、饗祿ヲ新任官人ニ賜フ、 法成寺攝政記　小右記

三十日、左少辨藤原輔尹ニ東宮昇殿ヲ聽ス、 法成寺攝政記

七月大 丁未朔 盡

一日、旬、 日本紀略

二日、法興院御八講結願、 法成寺攝政記

三日、牛馬ノ怪アリ、 法成寺攝政記

四日、廣瀨龍田祭、 日本紀略

七日、殿上作文、 日本紀略　法成寺攝政記　權記　本朝麗藻

八日、肥後守橘爲愷、郎從小槻良材ノ爲ニ殺害セラル、 小右記　法成寺攝政記

十日、御書所衆ノ闕ニ依リテ、學生ノ試アリ、 日本紀略　法成寺攝政記　小右記　權記　江次第

十一日、相撲召仰、 法成寺攝政記　小右記　權記　西宮記　壒嚢抄

十七日、地震、相撲雜事定、是日、元興寺別當法橋扶公ニ大安寺別當ヲ兼ネシム、 法成寺攝政記　小右記　權記

十八日、絹笠岳御靈會、 日本紀略

廿一日、前大宰權帥藤原伊周ニ帶劍ヲ聽ス、 日本紀略　百練抄　小右記

中納言藤原公任上表ス、聽サズ、從二位ニ敍ス、 日本紀略　扶桑略記　法成寺攝政記　小右記　權記　公卿補任　中古三十六人歌仙傳　本朝文粹

廿五日、僧行圓、法華八講ヲ行願寺ニ修ス、 日本紀略

廿六日、相撲內取、 日本紀略　法成寺攝政記

廿七日、左大臣道長ノ第、讀經アリ、 法成寺攝政記

廿八日、相撲召合、 日本紀略　法成寺攝政記　小右記　權記　體源抄　舞樂要錄

廿九日、相撲拔出、 日本紀略　法成寺攝政記　小右記　體源抄

散位源爲賢、山城國衙ニ牒シテ、紀伊郡佐比里等ノ公驗燒失ニ依リテ立券ヲ請フ、 三鈷寺文書

八月丁丑朔 小盡

一日、釋奠、 日本紀略 權記

㝡勝講僧名日時定、 法成寺攝政記 權記

東宮ノ皇子 師明 誕生アラセラル、 異本本朝皇胤紹運錄 仁和寺御傳 後拾遺往生傳

二日、釋奠內論義、 日本紀略 小右記

三日、內文ヲ行フ、 權記

四日、始テ北野社臨時祭ヲ行フ、 二十二社註式

五日、丹生貴布禰二社奉幣日時ヲ勘セシム、是日、仁王會ヲ定ム、 法成寺攝政記 小右記 權記

八日、止雨奉幣、 日本紀略 法成寺攝政記

中宮御讀經ノコトヲ奏ス、 法成寺攝政記

十一日、定考、 日本紀略 權記

十三日、除目、中宮、鴨院ニ移御アラセラル、是日、左大臣道長東三條第ニ赴ク、 日本紀略 小右記目錄 法成寺攝政記 權記

東大寺、鳥獸ノ怪、及ビ大佛像汗出ル由ヲ奏ス、 日本紀略

十四日、㝡勝講始、 百練抄 歷代編年集成 法成寺攝政記 小右記 權記

大宰府、宋人來著ノコトヲ奏ス、 日本紀略 權記

十五日、殿上垸飯、 法成寺攝政記 權記

十六日、信濃駒牽、 權記

十七日、東宮御惱、 小右記目錄 法成寺攝政記

十八日、㝡勝講結願、 法成寺攝政記 權記

二十日、仁王會ニ依リテ、大祓ヲ行フ、 日本紀略 權記

左大臣道長ノ子藤原長家生ル、 法成寺攝政記 尊卑分脈 大鏡

廿一日、臨時仁王會、是日、㝡勝王經ヲ講ズ、 日本紀略 小右記 權記

宋商客來著ノコトヲ定ム、 百練抄 小右記 權記

廿三日、敦康親王ノ修法結願、 權記

廿四日、宋商客ヲ留ムベキ宣旨ヲ下ス、 小右記

廿五日、中宮不斷御讀經、 法成寺攝政記 權記

廿六日、光孝天皇國忌、 權記

廿八日、權少僧都覺運ヲ權大僧都ニ任ズ、 權記 僧綱補任

季御讀經定、 法成寺攝政記 權記

九月大盡 丙午朔

一日、左大臣道長、土御門第ヨリ東三條第ニ歸ル、 權記

三日、御燈、 日本紀略

左大臣道長ノ第作文、 法成寺攝政記 江吏部集

四日、撿非違使、治部丞姓闕致光ノ從者ヲ捕フ、 法成寺攝政記 權記

六日、撿非違使林重親ヲ勘問ス、 日本紀略 權記 政事要略

七日、位記ヲ召給フ、是日、撿非違使林重親ヲ罷ム、 權記 日本紀略 法成寺攝政記

八日、阿闍梨泉澍寂ス、 法琳寺別當補任

九日、平座見參、是日、殿上作文アリ、 日本紀略 法成寺攝政記 小右記 權記 江吏部集

十日、宣旨ヲ下シテ、豐樂院、及ビ羅城門ヲ修造セシム、 法成寺攝政記

十一日、伊勢例幣、是日、左大臣道長、蓮府秘抄ヲ獻ジ、殿上人ヲ會シテ、庚申ノ作文ヲ行フ、 日本紀略 法成寺攝政記 權記

十六日、東大寺怪異ニ依リテ、御卜ヲ行フ、 日本紀略 西宮記裏書

十九日、季御讀經ノ闕請ヲ補ス、是日、臨時御讀經定アリ、 權記 西宮記裏書

廿二日、左大臣道長、賀茂社ニ詣ヅ、 法成寺攝政記 權記

廿六日、季御讀經始、 日本紀略 法成寺攝政記 權記

敦道親王家御修法アリ、 權記

廿八日、左大臣道長、木幡淨妙寺ノ鐘ヲ鑄ル、 法成寺攝政記 權記 政事要略

廿九日、季御讀經結願、 日本紀略 法成寺攝政記

十月小盡 丙子朔

一日、旬、 日本紀略 法成寺攝政記 小右記 權記

武藏守從四位上藤原寧親卒ス、 尊卑分脈

三日、檢非違使林重親復職ス、 法成寺攝政記

四日、東大寺怪異ニ依リテ、廿一社ニ奉幣ス、 法成寺攝政記 權記 西宮記裏書 東大寺要錄

右衞門督藤原齊信別當ヲ辭ス、 法成寺攝政記

五日、射場始、 法成寺攝政記

八日、中宮御讀經始、是日、敦康親王御書始ノ日時ヲ定ム、 法成寺攝政記 權記

十日、大宰典代長峯忠義ノ罪名勘文ヲ奏ス、 權記

阿闍梨法圓ヲ法琳寺別當ニ補ス、 法琳寺別當補任

十一日、中宮御讀經結願、是日、殿上羹次アリ、 法成寺攝政記 權記

十二日、左大臣道長、長谷寺不斷念佛ニ詣ヅ、 法成寺攝政記 權記

十三日、烏、朝餉方ニ入ル、 小右記

十九日、左大臣道長、木幡淨妙寺三昧堂ヲ供養ス、 日本紀略 扶桑略記 濫觴抄 法成寺攝政記 小右記 權記 榮華物語 本朝文粹 政事要略 諸門跡譜 寺門高僧記

大宰府ヨリ解文至ル、 權記

二十日、御讀經闕請ヲ補ス、 法成寺攝政記 權記

廿二日、御讀經始、是日、從三位藤原繁子諷誦ヲ修ス、 日本紀略 法成寺攝政記 權記

右近衞少將藤原賴通ヲ從四位上ニ敍ス、 法成寺攝政記 公卿補任

廿五日、御讀經結願、是日、敦康親王、石山寺ニ參詣シ給フ、 日本紀略 法成寺攝政記 小右記 權記

廿七日、左大臣道長、中宮ノ御爲ニ諷誦ヲ志賀寺ニ修ス、 法成寺攝政記 權記

廿九日、中宮、八島ニ於テ、祓ヲ行ヒ給フ、 法成寺攝政記

十一月大盡 乙巳朔

二日、雷鳴風雨アリ、阿闍梨某ノ兒童、左近藏人ノ從女ヲ傷ク、 日本紀略 法成寺攝政記 小右記

三日、春日祭使ヲ發遣ス、是日、敦康親王、石山ヨ

リ歸京セラル、 法成寺攝政記 權記

四日、平野祭、春日祭、 日本紀略 權記

五日、梅宮祭、 日本紀略 權記 二十二社註式

八日、陸奧守平維敍ノ第、火アリ、 法成寺攝政記

九日、奉幣使定、是日、雷鳴ニ依リテ、御卜ヲ行フ、 日本紀略 權記

十一日、天變ニ依リテ、仁王會、幷ニ恩赦ヲ行フ、 日本紀略 小右記

十三日、敦康親王讀書始、 日本紀略 小右記 權記 江吏部集

前大宰權帥藤原伊周ヲシテ、朝議ニ參預セシム、 百練抄 公卿補任 小右記

十五日、月食、內裏災ス、是日、甲斐駒牽延引、 日本紀略 法成寺攝政記 小右記 權記 樗囊抄

大宰典代長岑忠義ノ罪名、及ビ相模前司姓闕ク輔政申請ノ事ヲ定ム、 法成寺攝政記 小右記 權記

十六日、內裏火災ニ依リテ、神事ヲ停メ、廢務ス、

是日、神鏡ヲ灰燼中ニ求ム、 日本紀略 法成寺攝政記 小右記 古今著聞集

吉田祭ヲ延引ス、 小右記

十七日、諸道ヲシテ、神鏡改鑄ノ可否ヲ勘セシメ、左大臣道長ノ東三條第ニ遷御ノ日時ヲ定ム、 日本紀略 百練抄 法成寺攝政記 神宮雜事記 江次第 禁祕抄 兼文宿禰勘文

二十日、大原野祭ヲ停ム、 小右記

廿一日、五節舞姫ヲ停ム、 日本紀略

廿二日、內裏火災ニ依リテ、御卜ヲ行フ、 小右記

鎭魂祭、 日本紀略

廿三日、內裏ノ火災ニ依リテ、新嘗祭ヲ神祇官ニ行フ、 日本紀略 小右記

廿七日、東三條第ニ遷御アラセラレ、中宮、東宮モ亦行啓アラセラル、是日、東三條第ニ御讀經ヲ行フ、 日本紀略 扶桑略記 法成寺攝政記 小右記 權記 玉葉

冷泉上皇、播磨守藤原陳政ノ第ニ移御アラセラル、 小右記

廿八日、東三條第ノ犬產穢ニ依リテ、吉田祭、及ビ

賀茂臨時祭ヲ停ム、小右記 權記

廿九日、賀茂臨時祭等ノ日時ヲ定ム、是日、齋院御禊、小右記

三十日、伊勢奉幣日時定、解陣、法成寺攝政記 權記

是月、左大臣道長ノ四十算ヲ賀ス、一代要記 公卿補任 東寺王代記

十二月小盡 乙亥朔

一日、故太皇太后ノ御法會ヲ修セラル、小右記 歷代編年集成

二日、左大臣道長、東河ニ祓ヲ行フ、法成寺攝政記

三日、天智天皇國忌、小右記

四日、左大臣道長病ム、法成寺攝政記

六日、賀茂臨時祭、法成寺攝政記

九日、內裏ノ火災ニ依リテ、七社ニ奉幣ス、日本紀略 法成寺攝政記 權記

神鏡ヲ東三條第ニ遷シ奉ル、百練抄 法成寺攝政記 小右記 權記 明文抄

十日、神鏡燒失ニ依リテ、伊勢使ヲ發遣ス、日本紀略 法成寺攝政記 小右記 權記 江次第 禁祕抄 體源抄

十一日、月次祭、日本紀略

十三日、山城雜掌秦成安、租帳ヲ勘濟セラレンコトヲ請フ、朝野群載

十五日、伊勢ニ奉幣ス、權記 大神宮諸雜事記

僧寂照、宋ヨリ書ヲ左大臣道長ニ贈ル、法成寺攝政記

十七日、臨時旬、日本紀略 法成寺攝政記 小右記

十八日、伊勢使復命ス、日本紀略 權記

二十日、中宮御惱、是日、左大臣道長ノ第ニ季讀經ヲ始ム、延曆寺、法性寺、道長四十ノ賀書ヲ進ム、法成寺攝政記 權記

廿一日、荷前使、及ビ元日侍從、造宮日時等ヲ定ム、法成寺攝政記 小右記 權記

廿三日、荷前使ヲ發遣ス、日本紀略

御佛名、是日、法興院念佛、左大臣道長ノ第季讀經結願、幷ニ讀經始、法成寺攝政記 權記

廿五日、大粮申文、不堪佃田定アリ、是日、大宰典

代長峯忠義ノ罪科ヲ定ム、法成寺攝政記 權記
廿六日、不堪佃田申文ヲ奏ス、是日、左大臣道長ノ第讀經結願、法成寺攝政記 權記
權大僧都濟信ヲ東大寺別當ニ補ス、東大寺別當次第 仁和寺御傳
廿七日、京官除目、是日、造宮行事始、日本紀略 小右記 法成寺攝政記 權記 公卿補任
廿八日、結政請印、駒牽、權記
大宰典代長峯忠義ヲ佐渡ニ流ス、日本紀略 權記
廿九日、僧綱ヲ任ズ、日本紀略 權記 僧綱補任
追儺、法成寺攝政記
是月、縣犬養爲政ヲ左衞門尉ニ任ズ、朝野群載
是歲、天文博士從四位下安倍晴明卒ス、安倍氏系圖 月刈藻集 眞如堂緣起 今昔物語 古事談 續古事談 元亨釋書 十訓抄 古今著聞集 宇治拾遺物語 太平記 源平盛衰記 體源抄 長門本平家物語 仁和寺諸堂記 園太曆 鑼胹和尙涼煥傳

寛弘三年

正月大 甲辰朔盡

一日、小朝拜、節會、日本紀略 法成寺攝政記 權記 北山抄
三日、中宮和歌ノ事アリ、是日、左大臣道長、臨時客ヲ行フ、法成寺攝政記 權記 玉蘂
四日、花山法皇、鴨院ニ詣デ給フ、權記
五日、敍位議、日本紀略 法成寺攝政記 權記
六日、敍位入眼、權記
七日、白馬節會、日本紀略 法成寺攝政記 權記 勘仲記
八日、御齋會始、是日、脩子內親王ヲ二品ニ敍ス、日本紀略 權記
藥師寺南大門立柱、藥師寺緣起
九日、一條院ヲ修理ス、法成寺攝政記
十日、武藏上野信濃駒牽、是日、五條烏丸ノ邊、火アリ、權記
十四日、御齋會竟ル、日本紀略 權記
十六日、踏歌節會、日本紀略 法成寺攝政記 權記
十七日、射禮、日本紀略 法成寺攝政記 權記
十八日、射遺、日本紀略 法成寺攝政記 權記
廿二日、受領功過ヲ定ム、法成寺攝政記 權記

廿六日、除目始、日本紀略 法成寺攝政記 權記
廿八日、除目竟、日本紀略 法成寺攝政記 權記 公卿補任
廿九日、除目下名延引、日本紀略

二月小 甲戌朔盡

一日、除目下名、日本紀略
二日、地震、日本紀略 法成寺攝政記 權記
四日、祈年祭、日本紀略
六日、大原野祭、日本紀略
七日、犬死穢アリ、法成寺攝政記 權記
十日、位記宣旨ヲ賀茂神祇官少輔千枝等ニ賜フ、法成寺攝政記 二所大神宮例文
十一日、列見、穢ニ依リテ、春日祭ヲ延引ス、日本紀略 法成寺攝政記 權記
十二日、圓融天皇國忌、權記
八省ヲ造ル、法成寺攝政記
十四日、釋奠、東宮射儀、日本紀略 法成寺攝政記 權記
十五日、內裏木造始ニ依リテ、大祓ヲ行フ、日本紀略 權記

十七日、內裏造營始、日本紀略 法成寺攝政記
二十日、受領任符請印、法成寺攝政記
廿二日、春日祭使ヲ發遣ス、日本紀略 權記
廿三日、春日祭、日本紀略 年中行事祕抄
內裏造營ノ成功ヲ定ム、法成寺攝政記
廿五日、女御藤原元子參內ス、法成寺攝政記
廿六日、位記請印、權記
廿七日、祈年穀奉幣、日本紀略 權記

三月小 癸卯朔盡

三日、御燈、日本紀略 法成寺攝政記 權記
四日、東三條殿花宴アリ、是日、東三條殿ヨリ一條院ニ遷御シ給ヒ、東宮、左大臣道長ノ枇杷第ニ渡御アラセラル、仍リテ、角振隼兩神ニ位ヲ授ケ、藤原賴通等ヲ加階ス、日本紀略 百練抄 法成寺攝政記 權記 公卿補任 台記 花鳥餘情 古今著聞集 本朝麗藻 江吏部集
五日、三條院和歌宴アリ、權記
六日、東宮射儀、權記

七日、敦康親王、御修法ヲ行ハセラル、 權記
九日、陸奥押領使ヲ補ス、 類聚符宣抄
十日、内裏立柱上棟、 日本紀略 權記
十一日、東宮射儀、 法成寺攝政記 權記
十三日、内裏造營ニ依リテ六社ニ奉幣ス、 日本紀略 權記
十四日、冷泉上皇、三條院ヨリ南院ニ遷御アラセラル、 日本紀略 權記
鹿田使官符ヲ下ス、 權記
十五日、石清水臨時祭試樂、 小右記目錄 法成寺攝政記 權記
十六日、石清水臨時祭、 小右記目錄 法成寺攝政記 權記
十七日、桓武天皇國忌、 法成寺攝政記
十九日、直物、小除目、 日本紀略 小右記目錄 法成寺攝政記 權記
廿一日、仁明天皇國忌、 權記
廿七日、殿上作文、 權記
是月、花山法皇、鬪雞ヲ御覽アラセラル、 榮華物語

四月大盡 壬申朔

一日、旬、平座見參、平野祭、 日本紀略 權記
二日、梅宮祭、 日本紀略
齋院御禊前駈定、 法成寺攝政記 權記
客星見ル、 百練抄 一代要記 明月記 吾妻鏡
三日、贈皇太后懷子國忌、 權記
四日、廣瀬龍田祭、 日本紀略 權記
五日、角振隼兩明神、及ビ藤原賴通等位記請印アリ、 日本紀略 百練抄
季御讀經ヲ定メ、位祿目錄ヲ奏ス、 權記
東大寺僧仁也ヲ維摩會講師ト爲ス、 權記 僧綱補任
七日、擬階奏、 日本紀略 權記
阿闍梨明普寂ス、 三外往生傳 小右記 慈慧大師傳 慈慧大僧正傳
八日、灌佛、 日本紀略 法成寺攝政記 權記 江次第
十一日、齋院御禊、 日本紀略 法成寺攝政記 權記
淡路國司、押領使ヲ補センコトヲ請フ、 朝野群載

十二日、賀茂祭警固、日本紀略 權記

十四日、賀茂祭、日本紀略 法成寺攝政記 權記

十五日、解陣、日本紀略 法成寺攝政記 權記

十六日、左大臣道長、賀茂社ニ詣ヅ、日本紀略 法成寺攝政記

十七日、吉田祭、日本紀略

十九日、敦康親王御修法ヲ行ハセラル、法成寺攝政記

廿三日、媄子內親王、參內アラセラル、是日、左大臣道長ノ第ニ於テ、季讀經ヲ行ヒ、參議藤原行成、仁王經ヲ書寫ス、法成寺攝政記 權記

廿六日、季御讀經始、日本紀略 法成寺攝政記 權記

廿七日、仁王會日時定、法成寺攝政記 權記

廿八日、內論義アリ、法成寺攝政記 權記

廿九日、季御讀經結願、是日、贈太皇太后安子國忌、小右記目錄 權記

五月小盡 壬寅朔

一日、日食、日本紀略 法成寺攝政記

二日、仁王會、中宮御讀經始、是日、左大臣道長ノ第ニ於テ法華三十講ヲ始ム、日本紀略 法成寺攝政記 權記 榮華物語

四日、臨時御讀經僧名、不斷御讀經日時ヲ定ム、法成寺攝政記

五日、競馬、日本紀略 法成寺攝政記

八日、中宮御讀經結願、權記

九日、今宮祭、日本紀略 諸社根元記 師光年中行事

十日、不斷御讀經始、法成寺攝政記 權記

式部丞藤原定佐、殿上ニ於テ、右少辨藤原廣業ヲ毆ツ、日本紀略 扶桑略記 百練抄 法成寺攝政記

十一日、東宮御讀經結願、位記請印、是日、式部丞藤原定佐ヲ除籍ス、日本紀略 法成寺攝政記 權記

十四日、左大臣道長ノ第、三十講捧物アリ、權記

十七日、不斷御讀經結願、日本紀略 權記

十九日、山陵使ヲ定ム、權記

二十日、山陵使ヲ發遣ス、日本紀略 權記

廿二日、左大臣道長ノ第ニ於テ天台立義アリ、

法成寺攝政記　權記

廿五日、左大臣道長ノ第、法華三十講結願、法成寺攝政記　權記

廿七日、中宮御修法、權記

廿八日、賑給使、幷ニ位記請印等ノ定アリ、權記

六月大盡 辛未朔

十日、御卜奏、日本紀略

十一日、月次祭、是日、大神宮禰宜ヲ補ス、日本紀略　二所大神宮例文　二所大神宮正員禰宜轉補次第記

十三日、小除目、式部丞藤原定佐復職シ、民部權大輔藤原爲任ヲ除籍ス、日本紀略　扶桑略記　小右記目錄　法成寺攝政記　權記

諸道ヲシテ、神鏡改鑄ノ可否ヲ勘セシム、日本紀略　權記

十四日、興福寺僧徒濫行ス、法成寺攝政記

十六日、帶刀藤原正輔、左衞門尉藤原文行ト闘爭ス、日本紀略　法成寺攝政記

二十日、內裏造營ヲ山陵ニ告グ、日本紀略

廿一日、旬、日本紀略　權記

廿二日、左衞門尉藤原文行ノ罪名ヲ奏ス、日本紀略

廿三日、中宮御讀經始、法成寺攝政記　權記

廿四日、臨時御讀經始、是日、客星勘文ヲ奏ス、日本紀略　法成寺攝政記　權記

廿八日、法華八講ヲ法興院ニ修ス、是日、權中納言藤原齊信、檢非違使別當ヲ辭ス、法成寺攝政記　權記　公卿補任

廿九日、臨時御讀經結願、是日、參議藤原懷平ヲ檢非違使別當ニ補ス、法成寺攝政記　權記　公卿補任

版位紛失ニ依リテ之ヲ造ラシム、權記

七月大盡 辛丑朔

三日、神鏡改鑄ノ可否ヲ定ム、日本紀略　百練抄　歷代編年集成　法成寺攝政記　權記

七日、興福寺僧徒ノ愁狀ヲ返送ス、是日、左大臣道長病ム、法成寺攝政記

八日、霖雨霽ル、法成寺攝政記

十三日、客星勘文、幷ニ御祈等ヲ定ム、日本紀略　法

成寺攝政記　權記
興福寺僧徒、左大臣道長ノ第ニ來リ愁訴ス、日本紀略　百練抄　法成寺攝政記
十四日、右衞門府物差等ノ禁獄ヲ免ス、法成寺攝政記
十五日、神鏡ノ勘文ヲ奏ス、是日、興福寺僧徒申文ヲ進ム、權記　法成寺攝政記
十七日、原免囚徒ノ勘文ヲ進ム、朝野群載　玉葉
十九日、客星ノコトニ依リテ、御卜ヲ行フ、是日、相撲召仰アリ、日本紀略　法成寺攝政記
廿三日、臨時仁王會、是日、花山法皇ニ御給爵ノコトヲ奏ス、法成寺攝政記　權記
廿七日、左大臣道長、法性寺五大堂ヲ建立ス、法成寺攝政記
廿八日、相撲內取、法成寺攝政記
三十日、相撲召合、是日、右兵衞佐藤原道雅ニ禁色ヲ聽ス、日本紀略　法成寺攝政記　權記

八月小盡　辛未朔

一日、相撲御覽アリ、日本紀略　法成寺攝政記　權記
六日、左大臣道長、文集抄、扶桑集等ヲ獻ズ、法成寺攝政記
七日、左大臣道長、丈六ノ五大尊ヲ法性寺新堂ニ安置ス、法成寺攝政記
八日、臨時奉幣使ヲ定ム、法成寺攝政記　權記
九日、仁王會ニ依リテ大祓ヲ行フ、日本紀略
十一日、定考、日本紀略　權記
十三日、臨時仁王會、是日、相撲笠正明ノ禁獄ヲ免ズ、日本紀略　法成寺攝政記　權記
十四日、敦康親王御惱、權記　法成寺攝政記
十五日、石淸水放生會、是日、石淸水使ノ事ヲ定ム、中右記　法成寺攝政記
左大臣道長、東河ニ祓ヲ行フ、法成寺攝政記
十六日、信濃駒牽、法成寺攝政記　權記
十七日、內裏中宮御在所ニ於テ、童相撲アリ、日本紀略　法成寺攝政記　權記
十九日、客星ノコトニ依リテ、諸社ニ奉幣ス、日本紀略　法成寺攝政記　權記

廿二日、大雨雷鳴、 法成寺攝政記

廿三日、左大臣道長ノ第ニ於テ童相撲アリ、 日本紀略 法成寺攝政記 權記

廿五日、大神宮禰宜ヲ補ス、 二所大神宮正員禰宜轉補次第記 二所大神宮例文

廿六日、客星ノ事ニ依リテ、恩赦ヲ行フ、 法成寺攝政記

廿七日、止雨使ヲ發遣ス、 法成寺攝政記

九月大 庚子朔 盡

一日、競馬ノ日ヲ定ム、是日、左大臣道長、東河ニ祓ヲ行フ、 法成寺攝政記

三日、御燈、 日本紀略

四日、丹生貴布禰二社ニ奉幣ス、 日本紀略

八日、中宮、左大臣道長ノ上東門第ニ行啓シ給フ、 日本紀略 法成寺攝政記 權記

令宗允亮、諸田租稅ノコトヲ注進ス、 政事要略

九日、重陽宴、 日本紀略 權記

十日、位記請印、 權記

十一日、伊勢例幣、 日本紀略

十四日、小除目、 日本紀略 法成寺攝政記

廿二日、左大臣道長ノ上東門第ニ行幸シ給フ、東宮モ亦行啓アラセラレ、競馬御覽アリ、 日本紀略 法成寺攝政記 金葉和歌集 公卿補任

廿六日、季御讀經定、 法成寺攝政記 權記

廿七日、盜アリ、鴨院ニ入ル、 權記

廿八日、小除目、中宮、幷ニ敦康親王、左大臣道長ノ第ヨリ參內アラセラル、 日本紀略 法成寺攝政記 權記 魚魯愚抄別抄

廿九日、醍醐天皇國忌、 權記

十月大 庚午朔 盡

一日、旬、 日本紀略 法成寺攝政記 權記

二日、小除目、是日、季御讀經闕請ヲ補ス、 日本紀略 法成寺攝政記 權記

四日、季御讀經始、是日、造宮用度物ヲ諸國ニ充ツ、 日本紀略 法成寺攝政記

五日、冷泉上皇ノ御所東三條南院災ス、 日本紀略

百練抄　法成寺攝政記　權記　園太暦　大鏡

七日、季御讀經結願、　日本紀略　權記

九日、中宮御惱、　法成寺攝政記

十日、法性寺僧覺圓守聖等ヲ阿闍梨ニ補ス、是日、女官除目アリ、　法成寺攝政記　小右記目錄

十一日、山鷄一條院ニ飛入ル、冷泉上皇御所造作始、是日、左大臣道長ノ第ニ於テ讀經アリ、　日本紀略　法成寺攝政記

十四日、長谷念佛講、　權記

十六日、弓場始、賀茂臨時祭定、是日、中宮、殿上人ニ酒ヲ賜フ、　日本紀略　法成寺攝政記　壒嚢抄

十七日、位記請印、　權記

十九日、藤原秀高、院使ヲ傷ケテ遁ル、　權記

廿一日、絹調布等ヲ姓闕ク成方ノ家ニ渡サル、　法成寺攝政記

廿三日、位記ヲ召給フ、　權記

廿五日、最勝講始、式部省ニ於テ文章生ノ試アリ、是日、左大臣道長等、法性寺佛像開眼供養ヲ行フ、　日本紀略　法成寺攝政記　權記

廿八日、左大臣道長、法興院ニ萬燈會ヲ修ス、　日本紀略　百練抄　法成寺攝政記　權記

廿九日、最勝講結願、　法成寺攝政記　權記

是月、皇后宮權大夫藤原永頼出家ス、　一代要記　尊卑分脈　小右記

十一月小盡 庚子朔

一日、花山法皇御惱、　小右記目錄

五日、東宮ノ皇子敦明御元服アラセラル、　日本紀略　百練抄　大鏡裏書　法成寺攝政記　權記

八日、春日祭使ヲ發遣ス、　法成寺攝政記　權記

九日、平野祭、春日祭、　日本紀略

十日、梅宮祭、　法成寺攝政記

十三日、大原野祭、　日本紀略　法成寺攝政記　權記

十四日、月食、園韓神祭、是日、五節、　日本紀略　權記　法成寺攝政記

十五日、六位ノ輩ノ美服ヲ著スルヲ勘當ス、　法成寺攝政記

十六日、新嘗祭、 日本紀略

十七日、豐明節會、 日本紀略 法成寺攝政記 權記

二十日、賀茂臨時祭試樂、是日、大和弘福寺僧徒ノ愁狀ニ依リテ、寺家所領ノ收公ヲ免除ス、 小右記目錄 法成寺攝政記 權記 東寺文書

廿二日、賀茂臨時祭、 小右記目錄 法成寺攝政記 權記

廿五日、還宮日時ヲ勘ス、 法成寺攝政記

廿六日、式部省ニ於テ、文章生ノ試アリ、是日、左大臣道長ノ上表ヲ返還ス、 日本紀略 法成寺攝政記 權記

廿七日、中宮御讀經結願、是日、造宮所百日御讀經僧名日時ヲ定ム、 權記

廿八日、皇太后宮御讀經結願、 權記

十二月 大盡 己巳朔

二日、還宮ニ依リテ、諸社ニ奉幣ス、 日本紀略 權記

三日、興福寺萬僧供ヲ行ヒ、春日社ニ大般若經ヲ修ス、是日、脩子內親王廣隆寺ニ詣ヅ、 法成寺攝政記

五日、左大臣道長ノ子教通、能信元服ス、仍リテ教通昇殿ヲ聽サル、是日、大納言藤原懷忠、中文ヲ上ル、 日本紀略 扶桑略記 法成寺攝政記 權記 尊卑分脈 公卿補任 魚魯愚抄

七日、官奏、及ビ陣申文等アリ、 法成寺攝政記 權記

八日、左大臣道長大饗、及ビ法性寺堂供養ノコトヲ定ム、 法成寺攝政記

十日、御卜奏、及ビ位記請印、不堪佃文、幷ニ諸國申文定、是日、犬產ノ穢アリ、 法成寺攝政記 權記

十一日、月次祭、是日、內裏造營終ルニ依リテ、山陵使發遣ノ日時ヲ定ム、 權記

十五日、造宮所御讀經、及ビ除目儀、是日、左大臣道長ノ第ニ於テ季讀經アリ、 日本紀略 小右記目錄 法成寺攝政記 權記

十六日、除目、僧事、正五位下藤原教通ニ禁色ヲ聽ス、 日本紀略 法成寺攝政記 權記 小右記目錄 公卿補任 尊卑分脈 僧綱補任 一代要記

十七日、內裏造營終ルニ依リテ、山陵使ヲ發遣ス、是日、官奏、幷ニ除目召名アリ、 日本紀略 法成寺攝政記 權記

十九日、御佛名、慈徳寺御八講、 日本紀略 法成寺攝政記

廿二日、故東三條院ノ御願ニ依リテ、袈裟千枚ヲ縫フ、是日、法興院不斷念佛發願アリ、 法成寺攝政記

廿三日、荷前使、東宮御佛名、 日本紀略 法成寺攝政記 權記

廿四日、左大臣道長、法性寺ニ詣ヅ、 法成寺攝政記

廿六日、新造内裏ニ額ヲ掛ク、是日、左大臣道長、五大堂五大尊ヲ開眼供養ス、 日本紀略 百練抄 扶桑略記 法成寺攝政記 權記

廿七日、中宮御佛名、著鈦政、 法成寺攝政記 權記 西宮記

廿九日、造宮ノ賞、及ビ東大寺別當ヲ定ム、 法成寺攝政記 權記

三十日、右大辨藤原説孝ニ學文料ヲ賜フ、 法成寺攝政記

是月、宣旨ヲ參議藤原行成ニ下シテ、美福門ノ額字ヲ修飾セシム、 本朝文粹

是歳、異國賊船來ル、 神皇正統錄 如是院年代記

寛弘四年

正月小盡 己亥朔

一日、節會、御物忌ニ依リテ小朝拜ナシ、 日本紀略 法成寺攝政記 權記

參議藤原行成、美福門ノ額字ヲ修飾ス、 歴代編年集成 本朝文粹 古今著聞集 弘法大師行狀記

二日、中宮、大饗ヲ行ハセラル、 日本紀略 法成寺攝政記

三日、左大臣道長等、冷泉上皇ニ拜禮アリ、 法成寺攝政記 權記

五日、敍位議、是日、右衞門督藤原齊信ノ第燒亡ス、左大臣道長ノ室源倫子女子ヲ生ム、 日本紀略 法成寺攝政記 權記

六日、敍位入眼、 權記

七日、白馬節會、 日本紀略 權記

八日、御齋會始、右大臣顯光ノ家人濫行ス、 日本紀略 權記 法成寺攝政記

十日、甲斐穗坂駒牽、 權記

十一日、中宮、左大臣道長ノ女七夜御産養ノ儀ヲ行ハセラル、 法成寺攝政記 權記

十三日、女敍位、日本紀略 法成寺攝政記

十四日、御齋會竟ル、日本紀略 法成寺攝政記 台記

十五日、兵部省手結、權記

十六日、踏歌節會、日本紀略 法成寺攝政記 權記

十七日、射禮、日本紀略 權記

十八日、賭弓、法成寺攝政記 權記

十九日、政始、法成寺攝政記 權記

二十日、脩子內親王ヲ一品ニ敍ス、造宮敍位アリ、日本紀略 皇年代記 一代要記 法成寺攝政記 權記 公卿補任

廿二日、加賀守從四位上藤原兼親卒ス、法成寺攝政記 尊卑分脈

廿六日、除目召仰、是日、脩子內親王敍品ニ依リテ公卿等慶賀ス、日本紀略 法成寺攝政記 權記

廿七日、除目始、日本紀略 法成寺攝政記

廿八日、除目終、日本紀略 公卿補任 一代要記 法成寺攝政記 權記

廿九日、掌侍召アリ、法成寺攝政記 權記

二月大盡 戊辰朔

一日、除目下名、日本紀略

二日、左大臣道長、神馬ヲ宗像社ニ奉ル、法成寺攝政記

四日、祈年祭、是日、春日祭使ヲ發遣ス、日本紀略 法成寺攝政記

五日、春日祭、法性寺五大尊法結願、日本紀略 法成寺攝政記

六日、后町井ニ犬溺死ス、日本紀略

八日、式部省ニ文章生ノ試アリ、日本紀略

九日、祈年穀奉幣日時定、及ビ所々別當定、是日、右中辨藤原經通等ニ昇殿ヲ聽ス、法成寺攝政記 權記

十日、釋奠、園韓神祭、是日、式部省試文ヲ奏ス、日本紀略 法成寺攝政記 權記

十一日、列見、日本紀略 權記

十二日、圓融天皇國忌、是日、大原野祭ヲ延引ス、日本紀略 法成寺攝政記 權記

十三日、左大臣道長、饗祿ヲ右兵衛官人等ニ賜フ、法成寺攝政記

十四日、式部大輔菅原輔正、省試判文ヲ奏ス、是日、仁王會ヲ定ム、日本紀略 法成寺攝政記 權記

十五日、權僧正尋禪ヲ慈忍ト謚シ、同餘慶ヲ智辨ト謚ス、是日、左大臣道長ノ第ニ讀經アリ、 日本紀略 僧官補任 歷代皇記 天台座主記 興福寺別當次第 謚號雜記 權記 法成寺攝政記

十七日、祈年穀奉幣、 日本紀略 法成寺攝政記 權記

廿二日、文章博士大江以言、申文ヲ奏ス、 本朝文粹

廿三日、季御讀經日時定、政アリ、是日、所充文ヲ奏ス、 法成寺攝政記 權記

廿四日、大原野祭、 日本紀略 法成寺攝政記

廿五日、仁王會ノ闕請ヲ補ス、 權記

廿八日、左大臣道長、春日社ニ詣ヅ、 日本紀略 法成寺攝政記

三月小盡 戊戌朔

二日、仁王會ニ依リテ、大祓ヲ行フ、 日本紀略 權記

三日、御燈、是日、左大臣道長、上東門第ニ曲水宴ヲ行フ、 日本紀略 法成寺攝政記 權記 江吏部集

五日、故大宰大貳藤原共政ノ妻死ス、 法成寺攝政記 尊卑分脈 拾遺和歌集 金葉和歌集

六日、仁王會、 日本紀略 法成寺攝政記 權記

七日、石清水臨時祭試樂、 日本紀略 小右記目錄 法成寺攝政記 權記

九日、石清水臨時祭、 日本紀略 小右記目錄 法成寺攝政記 權記 小野宮年中行事

十日、脩子內親王位記請印アリ、 日本紀略

僧性空寂ス、 歷代編年集成 東寺王代記 元亨釋書 日本高僧傳要文抄 今昔物語 明匠略傳 書寫山緣起 長門本平家物語 撰集抄 十訓抄 三國傳記 濫觴抄 權記 古今著聞集 中山寺緣起 古事談 伊豆三島緣起 體源抄 善光寺緣起 臥雲日件錄 法華驗記 太平記 袋草紙 續後撰和歌集 後拾遺和歌集 萬代和歌集 書寫山舊記

十一日、季御讀經ノ闕請ヲ補ス、 小右記目錄 法成寺攝政記

十二日、東宮射儀、 法成寺攝政記 權記

十四日、季御讀經始、是日、東宮傅ヲシテ、廳事ヲ知ラシム、 日本紀略 法成寺攝政記 權記

十五日、敦康親王位記請印アリ、是日、左大臣道長方違ス、 權記 法成寺攝政記

十七日、桓武天皇國忌、季御讀經結願、是日、故權僧正尋禪ノ門徒、上表シテ諡號宣下ヲ謝ス、日本紀略　小右記目錄　法成寺攝政記　權記
十九日、故權僧正餘慶ノ門徒上表シテ諡號宣下ヲ謝ス、法成寺攝政記
二十日、東宮弓負態、左大臣道長ノ第作文、法成寺攝政記　本朝麗藻
廿一日、仁明天皇國忌、權記　小野宮年中行事
廿二日、殿上作文、法成寺攝政記
廿三日、御庚申、法成寺攝政記　權記
廿四日、大納言藤原道綱ノ第火アリ、日本紀略　法成寺攝政記　權記
廿五日、內裏密宴、歷代編年集成
廿八日、敦康親王御惱、是日、東大寺別當ヲ定ム、法成寺攝政記　權記
廿九日、左大臣道長ノ第作文、法成寺攝政記　權記

四月小　丁卯朔盡

一日、旬平座見參、日本紀略　權記

三日、贈皇太后懷子國忌、是日、山科祭ヲ延引ス、日本紀略　法成寺攝政記　權記　小野宮年中行事
四日、廣瀨龍田祭、是日、權大僧都濟信辭狀ヲ上ル、法成寺攝政記
五日、齋院御禊前駈定、權記
六日、平野祭、是日、御惱アリ、日本紀略　法成寺攝政記
七日、梅宮祭、擬階奏、是日、權律師澄心ヲ東大寺別當ニ補ス、日本紀略　法成寺攝政記　權記　東大寺別當次第
八日、灌佛、日本紀略　權記
十一日、左大臣道長ノ第ニ舍利會ヲ行フ、法成寺攝政記
十二日、內裏犬死穢アリ、法成寺攝政記　權記
十五日、山科祭、日本紀略
十六日、左大臣道長ノ女某、百日ノ儀アリ、權記
十七日、齋院御禊、日本紀略　法成寺攝政記　權記　齋院記
十八日、左大臣道長、賀茂社ニ詣ヅ、日本紀略　法成寺攝政記　權記
十九日、賀茂祭、日本紀略　法成寺攝政記　權記

二十日、解陣、賀茂祭使還立、　日本紀略　法成寺攝政記　權記

廿二日、吉田祭、　日本紀略　法成寺攝政記

廿五日、內裏密宴、是日、具平親王ヲ二品ニ敍シ、冷泉上皇ノ皇子敦道親王ヲ三品ニ敍ス、　日本紀略　皇年代記　法成寺攝政記　權記　體源抄　御遊抄　大鏡　花鳥餘情　本朝文粹　本朝麗藻　江吏部集

廿八日、直物、小除目、　日本紀略　小右記目錄　法成寺攝政記　權記　公卿補任

廿九日、左大臣道長・第作文、　法成寺攝政記

五月大丙申朔盡

三日、內侍除目、　日本紀略　小右記目錄　權記

四日、右近衞府荒手結、　法成寺攝政記

八日、中宮御續經結願、是日、臨時御讀經僧名、幷ニ受領功過ヲ定ム、　法成寺攝政記　權記

九日、左大臣道長ノ第、法華三十講始、　法成寺攝政記

十四日、臨時御讀經始、　日本紀略　權記

十六日、鹿島社宮司ヲ任ズ、　類聚符宣抄

十八日、三宅得正ノ罪科ヲ勘ス、　西宮記

二十日、左大臣道長ノ第、法華三十講五卷日、　法成寺攝政記

廿一日、臨時御讀經結願、　日本紀略　權記

廿九日、鹿島社宮司ヲ任ズル官符ヲ下ス、　類聚符宣抄

三十日、左大臣道長ノ第ニ於テ、諸道論義、幷ニ作文アリ、　法成寺攝政記　權記

閏五月小丙寅朔盡

三日、賑給、幷ニ說經御讀經僧名定、　法成寺攝政記

七日、諸社ニ奉幣ス、　日本紀略

八日、左大臣道長ノ第、法華三十講結願、　法成寺攝政記

十五日、殿上作文、　法成寺攝政記　本朝麗藻

十七日、內殿ニ於テ法華經ヲ講ズ、　日本紀略　法成寺攝政記　權記

左大臣道長、長齋ス、　法成寺攝政記　權記

六月大乙未朔盡

四日、流星アリ、 日本紀略 法成寺攝政記
八日、內侍除目、是日、左大臣道長、笠置寺ニ詣ヅ、 法成寺攝政記
十日、御卜、是日、天文博士勘文ヲ上ル、 日本紀略 法成寺攝政記
十一日、月次祭、神今食、 日本紀略
十四日、天變ニ依リテ、臨時奉幣日時、幷ニ仁王會ヲ定ム、 法成寺攝政記 權記
十五日、施米文ヲ奏ス、是日、臨時仁王會僧名日時等ヲ定ム、 法成寺攝政記 權記
十六日、天變ニ依リテ大赦ヲ行フ、 日本紀略 法成寺攝政記 權記
十七日、左大臣道長ノ第讀經始、 權記
十九日、左大臣道長ノ第ニ於テ、論義アリ、 權記
廿一日、天變ニ依リテ、廿一社ニ奉幣ス、 日本紀略 法成寺攝政記
廿二日、敦康親王ノ臺盤所ニ於テ鬪爭アリ、 權記
廿六日、旱魃ニ依リテ二社ニ奉幣ス、是日、參議藤原行成、自抄漢書ヲ獻ズ、是日、行成ニ淮南子ヲ賜フ、 日本紀略 權記
廿七日、左大臣道長ノ室源倫子病ム、 權記
三十日、左大臣道長、祓ヲ修ス、 法成寺攝政記

七月小盡 乙丑朔

一日、雷雨、大隅守菅野重忠、大藏滿高ノ爲ニ射殺セラル、 法成寺攝政記 日本紀略
二日、大宰典長峯忠義ヲ召返ス、是日、左大臣道長長齋ニ依リテ、前大僧正勸修等ヲシテ忌日齋食ヲ勤メシム、 日本紀略 小右記 法成寺攝政記
三日、丹生貴布禰兩社ニ祈雨使ヲ發遣ス、 權記
四日、廣瀨龍田祭、 日本紀略
七日、殿上作文アリ、 權記
十二日、仁王會ニ依リテ、大祓ヲ行フ、 日本紀略 權記
十四日、天變ニ依リテ、臨時仁王會ヲ行フ、 日本紀略 法成寺攝政記 權記
十五日、參議藤原行成ヲシテ、摩訶止觀、玄義、及ビ文句ノ外題ヲ書セシム、 權記

廿一日、敦康親王御惱、 權記

廿三日、敦康親王家臨時御讀經僧名定、是日、因幡ノ官人愁狀ヲ上ル、 權記

廿四日、相撲內取、敦康親王家臨時御讀經ノ日時ヲ奏ス、 權記

廿六日、相撲召合、 日本紀略 權記 樗嚢抄

廿七日、相撲拔出、 日本紀略 權記

八月大盡 甲午朔

一日、犬産ノ穢アリ、 權記

二日、左大臣道長、金峯山ニ詣ヅ、 日本紀略 法成寺攝政記 權記 榮華物語

四日、釋奠、 日本紀略 權記

九日、臨時御讀經始、 日本紀略 權記

十一日、定考、 日本紀略 權記

十四日、臨時御讀經結願、是日、敦康親王家讀經始、 日本紀略 權記

十六日、信濃駒牽延引、 權記

十九日、止雨奉幣、是日、花山法皇御不豫、 日本紀略 權記

二十日、相撲、及ビ布引ヲ御覽アラセラル、 日本紀略 法成寺攝政記 權記

廿六日、光孝天皇國忌、 權記

廿八日、信濃駒牽、 權記

九月大盡 甲子朔

三日、御燈、 日本紀略

九日、重陽宴、 日本紀略 法成寺攝政記 權記 江吏部集

十一日、伊勢例幣、 日本紀略

十三日、中宮御讀經結願、季御讀經日時定、 權記 小右記目錄

十七日、左大臣道長ノ第作文、 法成寺攝政記 江吏部集

二十日、季御讀經闕請定、是日、神祇權大副大中臣輔親ヲ從五位上ニ敍ス、 權記 中古三十六人歌仙傳

廿一日、非參議源則忠ヲ左京大夫ニ任ズ、 一代要記

廿二日、季御讀經、 日本紀略 小右記目錄

廿三日、左大臣道長ノ第作文、是日、五條邊火アリ、

法成寺攝政記　權記　江吏部集

廿七日、除目、　日本紀略　小右記目錄　法成寺攝政記　權記　魚魯愚抄別錄

廿九日、醍醐天皇國忌、　權記

三十日、除目下名、　日本紀略　小右記目錄　法成寺攝政記

十月大 甲午朔 盡

一日、旬平座見參、是日、左大臣道長、釋迦藥師等ノ像ヲ供養ス、　日本紀略　年中行事祕抄　江次第　法成寺攝政記　權記

二日、大宰帥敦道親王薨ズ、　日本紀略　一代要記　法成寺攝政記　權記　大鏡裏書　榮華物語　大鏡　世繼物語　小右記　本朝文粹　江吏部集　新古今和歌集　新勅撰和歌集　公任集

五日、弓場始延引、　樗嚢抄

九日、故敦道親王御葬送アリ、　小右記目錄　法成寺攝政記　權記

僧正雅慶立堂供養ス、　法成寺攝政記

十日、中宮季御讀經、　小右記目錄

十二日、維摩會講師大法師淸春急ニ病アリ、法橋扶公ヲ以テ之ニ代フ、　日本紀略　法成寺攝政記　權記　僧綱補任　釋家官班記

十三日、臨時御讀經始、　日本紀略　法成寺攝政記

十六日、維摩會講師淸春病癒ルヲ奏ス、　日本紀略

廿一日、故敦道親王ノ薨奏アリ、　日本紀略　小右記目錄　權記

廿三日、敦康親王御祓ヲ行ハセラル、　權記

廿八日、弓場始、　日本紀略　權記　樗嚢抄

廿九日、直物、小除目、是日、因幡守橘行平、介姓闕ク千里殺害ノ事等ヲ定ム、　日本紀略　小右記目錄　法成寺攝政記　權記

興福寺僧經理ヲ維摩會講師ト爲ス、　僧綱補任　權記

三十日、大僧都覺運寂ス、　日本紀略　權記　東寺王代記　僧綱補任　興福寺別當次第　歷代皇記　釋家初例抄　續本朝往生傳　元亨釋書　叡岳要記　續世繼　寺德集　峯相記　本朝文粹

十一月小 甲子朔 盡

四日、左大臣道長、近衞府官人ニ饗祿ヲ與フ、　法成寺攝政記

五日、位記召給、権記
八日、春日祭使ヲ發遣ス、法成寺攝政記　権記　本朝世紀　台記
九日、平野祭、春日祭、日本紀略
十日、梅宮祭、春日祭使還立、日本紀略　法成寺攝政記　権記
十三日、大原野祭、日本紀略　法成寺攝政記
十四日、園韓神祭、日本紀略
十五日、鎭魂祭、日本紀略
十六日、新嘗祭、日本紀略　権記
権律師平超寂ス、僧綱補任　藥師寺緣起
十七日、豐明節會、日本紀略　権記　江次第
十八日、東宮鎭魂祭、女王祿、日本紀略　権記
二十日、故敦道親王七々日ノ法會ヲ行フ、小右記目錄　法成寺攝政記
廿一日、吉田祭、是日、賀茂臨時祭試樂、日本紀略　法成寺攝政記　小右記目錄
廿二日、賀茂臨時祭、日本紀略　小右記目錄　法成寺攝政記
廿七日、諸卿始テ新造ノ左衞門陣ノ座ニ著ス、法成寺攝政記　権記

十二月大盡　癸巳朔

二日、左大臣道長、大和木幡淨妙寺ノ新造多寶塔ヲ供養ス、日本紀略　歷代皇記　法成寺攝政記　権記　本朝文粹
五日、陣定、法成寺攝政記　北山抄
八日、攝津雜掌秦吉成租帳勘濟ヲ請フ、類聚符宣抄
九日、荷前使定、是日、左大臣道長ノ第季讀經ヲ行フ、法成寺攝政記
十日、內大臣公季、法性寺三昧堂ヲ供養ス、日本紀略　百練抄　法成寺攝政記　権記　歷代皇記
十一日、月次祭、神今食、神祇権大副大中臣輔親ヲ正五位下ニ敍ス、日本紀略　台記　中古三十六人歌仙傳
十四日、荷前使、幷ニ御佛名、東宮御讀經始、左大臣道長ノ第歲末讀經始、日本紀略　法成寺攝政記　権記
十六日、権大僧都濟信、觀音院ニ阿闍梨ヲ置カンコトヲ請フ、東寺要集

十八日、僧清義朝源等ヲ阿闍梨ニ補ス、是日、大僧都慶圓、無動寺ニ阿闍梨ヲ置カンコトヲ請フ、法成寺攝政記

十九日、觀音院ニ阿闍梨ヲ置ク、法成寺攝政記

二十日、不堪佃田奏、法成寺攝政記

廿一日、地震、日本紀略　法成寺攝政記

廿二日、地震勘文ヲ奏ス、法成寺攝政記

廿三日、中宮御佛名、法成寺攝政記

廿五日、皇太后宮ノ給爵宣旨ヲ下ス、是日、不堪佃田文、幷ニ因幡守橘行平等ノ事ヲ定ム、法成寺攝政記　權記

大神宮大宮司ヲ補ス、二所大神宮例文

廿六日、東宮ノ皇子師明著袴ノ御儀、皇女禔子著裳ノ御儀アリ、法成寺攝政記

廿九日、外記政、幷ニ陣定、皇太后宮御佛名、權記

是歲、加賀金劔宮ニ正一位ヲ授ク、神階記

式部大輔菅原輔正參議ヲ辭シ、男爲理ヲ因幡守ニ任セラレンコトヲ請フ、公卿補任

權律師尋叡寂ス、僧綱補任　今昔物語

寛弘五年

正月小盡癸亥朔

一日、小朝拜、節會、京極殿戴餅ノ儀アリ、日本紀略　法成寺攝政記　權記　榮華物語

二日、東宮、中宮大饗、日本紀略　法成寺攝政記

五日、敍位、日本紀略　法成寺攝政記　權記　公卿補任

七日、白馬節會、日本紀略　法成寺攝政記　權記

八日、御齋會始、右近衞少將藤原教通ニ昇殿ヲ聽ス、日本紀略　法成寺攝政記

十一日、女敍位、法成寺攝政記

十四日、御齋會終、法成寺攝政記　權記

十六日、踏歌節會、前大宰權帥藤原伊周ヲ大臣ニ准ジ、封戸ヲ賜フ、是日、媄子內親王、淸水寺ニ詣デ給フ、日本紀略　公卿補任　法成寺攝政記　權記

十七日、射禮、日本紀略　權記

十八日、賭弓、幷ニ射遺、日本紀略　權記

十九日、政始、法成寺攝政記　權記

二十日、受領功過定、法成寺攝政記　權記

廿五日、左大臣道長大饗ヲ行フ、日本紀略　法成寺攝政記　權記

廿六日、除目始、日本紀略　法成寺攝政記　權記

廿八日、除目終、是日、左大臣道長、法華經ヲ書寫ス、日本紀略　法成寺攝政記　權記　公卿補任　職事補任

二月大盡 壬辰朔

一日、除目下名、娍子内親王、淸水寺ヨリ歸リ給フ、日本紀略　法成寺攝政記　權記

三日、左大臣道長、右近衞府官人以下ニ饗祿ヲ賜フ、法成寺攝政記　權記

四日、祈年祭、日本紀略

五日、春日祭、日本紀略　法成寺攝政記

花山法皇御不豫、小右記目錄

六日、釋奠、日本紀略

七日、祈年穀奉幣日時等定、是日、參議菅原輔正ヲ罷ム、公卿補任　法成寺攝政記　權記

花山法皇御不豫ニ依リテ、行幸アラセラル、權記

八日、花山法皇崩御アラセラル、日本紀略　本朝皇胤紹運錄　法成寺攝政記　權記　榮華物語　元亨釋書　興福寺略年代記　千載和歌集　玉葉和歌集

十日、園韓神祭延引、日本紀略

十一日、列見延引、法成寺攝政記

花山法皇崩奏、御入棺アリ、是日、固關警固、廢朝、幷ニ素服擧哀ヲ停ム、日本紀略　小右記目錄　小右記　法成寺攝政記　權記　玉葉　北山抄　朝野群載

十二日、圓融天皇國忌、御八講始、是日、花山天皇初七日御法會ヲ行フ、法成寺攝政記　年中行事秘抄　權記

十三日、左大臣道長、中宮ノ御爲ニ御修善ヲ行ヒ、燈明諷誦二月會ヲ修ス、法成寺攝政記

十五日、左大臣道長釋迦念佛ヲ修ス、法成寺攝政記

十六日、御八講結願、法成寺攝政記

十七日、花山天皇ノ御葬送アリ、是日、前若狹守從五位上藤原元仲卒ス、日本紀略　小右記目錄　法成寺攝政記　權記　尊卑分脈

十八日、花山天皇ノ御法會ヲ定ム、權記

十九日、開關解陣等アリ、日本紀略 法成寺攝政記 權記 小右記目錄

二十日、不斷御讀經、是日、前飛驒守姓闕ク敦兼卒ス、法成寺攝政記 權記

廿三日、列見、法成寺攝政記 權記

廿七日、尾張郡司等愁訴ス、法成寺攝政記

廿八日、季御讀經僧名日時定、法成寺攝政記

三月小 壬戌朔盡

一日、左大臣道長、祓ヲ行フ、法成寺攝政記

三日、御燈、是日、中宮侍長姓闕ク明範ヲ解却ス、日本紀略 法成寺攝政記

五日、仁王會僧名日時定アリ、御讀經ノ闕請ヲ補ス、法成寺攝政記

十二日、季御讀經始、是日、花山天皇三十五日ノ御法會ヲ修ス、日本紀略 法成寺攝政記 小右記目錄 權記

十四日、季御讀經、諒闇ニ依リテ內論義ヲ停ム、日本紀略 小右記目錄 權記

十五日、季御讀經竟ル、日本紀略 小右記目錄 法成寺攝政記 西宮記

十六日、東宮御讀經始、是日、左大臣道長大學寮等ヲ巡檢ス、法成寺攝政記 日本紀略

十七日、中宮御讀經始、法成寺攝政記

十九日、雷雨、法成寺攝政記

二十日、左大臣道長ノ第季讀經アリ、法成寺攝政記

廿一日、中宮、御修善ヲ行ハセラル、法成寺攝政記

廿二日、花山天皇四十九日御法會、日本紀略 小右記目錄 權記 本朝文粹

廿四日、雷雨、臨時仁王會、日本紀略 法成寺攝政記

廿七日、諸國申請ノ雜事等ヲ定ム、法成寺攝政記 權記

是月、藏人文章生源國經出家ス、法成寺攝政記 尊卑分脈

四月小 辛卯朔盡

一日、旬平座見參、日本紀略

三日、山科祭延引、贈皇太后懷子國忌、權記

四日、廣瀨龍田祭、是日、尊勝院燒亡ス、日本紀略 東大寺別當次第

六日、平野祭、中宮御懷孕ニ依リテ神事ヲ停ム、 日本紀略

七日、擬階奏、是日、御不豫、 日本紀略 法成寺攝政記

八日、灌佛、 日本紀略 法成寺攝政記 權記

九日、小除目、齋院御禊前駈定、 日本紀略 小右記目錄 法成寺攝政記 小右記

十三日、中宮、一條院ヨリ上東門院第ニ遷御アラセラル、 日本紀略 法成寺攝政記 權記 榮華物語 玉葉

十五日、山科祭、 權記

十六日、齋院御禊、 日本紀略 法成寺攝政記

十七日、賀茂祭警固、 日本紀略

十八日、左大臣道長、賀茂社ニ詣ヅ、 法成寺攝政記 權記

十九日、賀茂祭、 日本紀略 法成寺攝政記 權記

廿一日、賀茂祭、祭事懈怠ニ依リテ、左馬頭藤原相尹ヲ召問ス、是日、左京大夫源則忠出家ス、 法成寺攝政記 一代要記 權記

廿二日、吉田祭、是日、文章博士從四位下藤原弘道卒ス、 日本紀略 法成寺攝政記 西宮記裏書 權記 尊卑分脈

廿三日、左大臣道長ノ第、法華三十講始、 法成寺攝政記 權記

廿四日、阿闍梨文慶ヲ權律師ニ任ズ、 日本紀略 僧綱補任 法成寺攝政記 權記 榮華物語

廿六日、伊勢以下諸社ニ奉幣ス、 日本紀略

是月、媞子内親王御惱アリ、 日本紀略

五月大盡 庚申朔

一日、左大臣道長ノ第、庚申ノ儀アリ、 法成寺攝政記 江吏部集 本朝麗藻

二日、御讀經僧名定、 法成寺攝政記

五日、左大臣道長ノ第、法華三十講五卷日、 日本紀略 法成寺攝政記 權記 榮華物語 紫式部集

七日、不斷御讀經、 日本紀略 法成寺攝政記

九日、紫野御靈會、 日本紀略

十日、左大臣道長ノ第ニ於テ騎射アリ、是日、權大僧都嚴久寂ス、 權記 僧綱補任 扶桑略記 楞嚴院檢校次第 榮華物語 古事談

十一日、位記請印、 權記

十六日、陣定、 法成寺攝政記 權記

廿二日、媄子內親王御惱重シ、是日、左大臣道長ノ第、法華三十講結願、 日本紀略 法成寺攝政記 權記

廿三日、中宮御修善始、幷ニ御讀經、 法成寺攝政記

廿五日、媄子內親王薨ズ、 日本紀略 皇年代記 本朝皇胤紹運錄 權記 大鏡 榮華物語 百練抄

廿六日、媄子內親王ノ薨奏、幷ニ葬送アリ、 日本紀略 小右記目錄 權記

廿七日、御錫紵ヲ著シ給フ、 小右記 中右記

廿九日、著鈦政、 西宮記

六月小盡 庚寅朔

二日、疾疫災異ニ依リテ、相撲節停止ノ官符ヲ諸國ニ下ス、是日、敦康親王、脩子內親王、方違行啓アラセラル、 日本紀略 權記

四日、敦康親王御修法ヲ行ハセラル、 權記

十日、御體御卜、 日本紀略

十一日、月次祭、神今食、 日本紀略 園太暦

十三日、內裏ニ於テ、中宮ノ御修善アリ、 法成寺攝政記

十四日、中宮、御修善結願、是日、中宮、入內アラセラル、 日本紀略 法成寺攝政記

十五日、前大僧正勸修、長谷寺ニ阿闍梨ヲ置ンコトヲ請フ、 法成寺攝政記

十六日、長谷寺ニ阿闍梨ヲ置ク、 法成寺攝政記 權記

二十日、中宮御修善延引ス、 法成寺攝政記

廿一日、直物、小除目延引ス、是日、備後交替使ヲ定ム、 法成寺攝政記 權記

廿九日、東三條院御給改任ノ申文アリ、 魚魯愚抄

七月大盡 己未朔

四日、廣瀨龍田祭、 日本紀略

八日、前大僧正觀修寂ス、 日本紀略 僧綱補任 歷代皇記 諸門跡譜 興福寺別當次第 泥之草 左經記 東寺要集 小右記 濫觴抄 東寺長者補任 續世繼 古事談 續本朝往生傳 元亨釋書 新勅撰和歌集

九日、前河内守正四位下源奉職卒ス、 権記 尊卑分脈

十一日、仁王會定、 権記

十三日、敦康親王家御讀經始、 権記

十六日、中宮、上東門第ニ移御アラセラル、 日本紀略 法成寺攝政記 権記

村上天皇ノ女御莊子女王卒ス、 日本紀略 権記 一代要記 本朝皇胤紹運録 皇年代記 榮華物語 忠見集 夫木和歌抄 拾遺和歌集 中務集

十七日、入道前權中納言從二位藤原義懷薨ズ、 権記 大鏡裏書 公卿補任 尊卑分脈 大鏡 榮華物語 續世繼古事談 袋草紙 愚管抄 大鏡 續古今和歌集 萬代和歌集

二十日、中宮、御修善アリ、 法成寺攝政記

廿一日、仁王會ニ依リテ、大祓ヲ行フ、 日本紀略

廿四日、臨時仁王會、是日、中宮、御修善アリ、 日本紀略 法成寺攝政記

廿八日、直物、小除目、 日本紀略 法成寺攝政記 権記 公卿補任 魚魯愚抄別録

八月小盡 己丑朔

二日、中宮、御修善アリ、 法成寺攝政記

三日、祈年穀奉幣日時定、 法成寺攝政記

四日、丹生貴布禰兩社ニ止雨ヲ祈ル、 法成寺攝政記

八日、霖雨ニ依リテ、軒廊御卜ヲ行フ、 日本紀略

九日、釋奠、内論義ナシ、 日本紀略

十一日、定考延引、 法成寺攝政記

十二日、祈年穀奉幣、 日本紀略 法成寺攝政記

十四日、僧行圓、行願寺ニ四十八講ヲ修ス、 日本紀略

十六日、大般若不斷御讀經ヲ修ス、 法成寺攝政記 権記

廿五日、季御讀經結願、是日、軒廊御卜アリ、 権記 小右記目録

廿六日、中宮薫物合、 榮華物語 紫式部日記

廿八日、定考、 日本紀略 権記

是月、中宮ノ御帳ニ於テ、犬産アリ、 百練抄 十訓抄 江談抄

九月大盡 戊午朔

三日、御燈、 日本紀略

五日、季御讀經定、 権記

七日、丹生貴布禰兩社ニ奉幣使ヲ發遣ス、　権記

九日、平座見參、　日本紀略　権記

十日、中宮ノ御産所ヲ設ク、　法成寺攝政記　権記　榮華物語　紫式部日記

十一日、伊勢例幣、是日、皇子敦成御誕生アラセラル、　日本紀略、歷代皇記　法成寺攝政記　権記　榮華物語　中右記　拾芥抄　古事談

十三日、皇子三夜ノ御儀アリ、　法成寺攝政記　榮華物語　紫式部日記

十四日、雪降ル、　日本紀略

十五日、皇子五夜ノ御儀アリ、　日本紀略　権記　榮華物語　紫式部日記

十七日、皇子七夜ノ御儀アリ、　日本紀略　権記　榮華物語　紫式部日記　玉葉和歌集

十九日、皇子九夜ノ御儀アリ、　権記　紫式部日記

廿三日、季御讀經、　日本紀略　法成寺攝政記　小右記目錄　権記

廿五日、參議藤原行成一產二男ヲ擧ク、　権記

廿八日、上東門第ニ行幸ノ日ヲ奏ス、是日、道長ノ第季讀經始、　法成寺攝政記

十月大盡戊子朔

一日、旬平座見參、是日、宇佐八幡宮禰宜姓闕ク成子宮司大神邦利ヲ訴フ、　日本紀略

四日、僧行圓、行願寺ニ釋迦講ヲ行フ、　日本紀略

五日、弓場始、　日本紀略　法成寺攝政記

八日、臨時御讀經僧名定、　法成寺攝政記

十六日、上東門第ニ行幸アラセラル、是日、皇子敦成ヲ親王ト爲ス、道長ノ室源倫子ヲ從一位ニ敍ス、以下加階差アリ、　日本紀略　一代要記　百練抄　歷代編年集成　江吏部集　大鏡裏書　公卿補任　類聚符宣抄　法成寺攝政記　権記　中右記　榮華物語　紫式部日記

十七日、敦成親王ノ家司別當等ヲ補ス、　法成寺攝政記　紫式部日記

廿九日、京官除目、參議藤原行成、兵部卿ヲ罷ム、　日本紀略　小右記目錄　権記

十一月小盡戊午朔

一日、御暦奏、是日、敦成親王五十日ノ御儀アリ、

日本紀略　法成寺攝政記　榮華物語　紫式部日記

二日、除目下名、春日祭使ヲ發遣ス、日本紀略　權記

三日、平野祭、春日祭、日本紀略

五日、訴訟ノ事ニ依リテ、宇佐大宮司大神邦利等ノ所職ヲ停ム、日本紀略　權記

十日、敦成親王政所藏人所始、法成寺攝政記

十二日、道長ノ第ニ作文アリ、法成寺攝政記

十四日、備中租稅減省ヲ奏ス、權記

十五日、吉田祭、日本紀略　法成寺攝政記

十七日、中宮、敦成親王入内シ給フ、日本紀略　法成寺攝政記　榮華物語

二十日、五節帳臺試、權記　榮華物語

廿一日、五節御前試、榮華物語　紫式部日記

廿二日、新嘗祭、日本紀略

廿三日、豐明節會、日本紀略

廿四日、東宮鎭魂祭、日本紀略

廿六日、賀茂臨時祭試樂、小右記目錄　權記

廿八日、賀茂臨時祭、小右記目錄　權記　榮華物語　紫式部日記

廿九日、權中納言藤原忠輔ニ兵部卿ヲ兼ネシム、公卿補任

十二月大丁亥朔盡

四日、陸奥ノ交易馬ヲ御覽アラセラル、權記

五日、冷泉上皇、南院ニ還御アリ、日本紀略　權記

六日、左大臣道長ノ第、穢アリ、權記

七日、皇太后宮御讀經結願、權記

十日、御體御卜、日本紀略

十一日、月次祭、神今食、日本紀略

十三日、御佛名、不堪佃田定、日本紀略　權記

十七日、荷前使定、日本紀略

二十日、敦成親王百日ノ御儀アリ、日本紀略　法成寺攝政記　權記　大鏡　本朝文粹　花鳥餘情

廿二日、秦安武、竊盜犯ノ過狀ヲ進ム、西宮記

廿三日、中宮御佛名、是日、秦安武、物部犬男丸等

ノ罪科ヲ勘ス、 西宮記

廿五日、直物、幷ニ小除目、 日本紀略

廿六日、不堪佃田定、 權記

大僧都穆算寂ス、 僧綱補任 歷代皇記 僧官補任 元亨釋書

廿八日、荷前使ヲ發遣ス、 日本紀略 樗嚢抄

廿九日、主稅寮官人ヲシテ、前美作介橘則隆ノ任中稅帳ヲ勘セシム、 朝野群載

三十日、追儺、 紫式部日記

是月、石山寺、阿闍梨三口ヲ置カンコトヲ請フ、 東寺要集

前少僧都元眞寂ス、 僧綱補任 祈雨日記 密宗血脈抄 江談抄 三寶院傳法血脈

權僧正勝算、園城寺長吏ニ復任ス、 園城寺長吏次第

播磨白雉ヲ獻ズ、 如是院年代記

寛弘六年

正月大盡 丁巳朔

一日、小朝拜、節會、 日本紀略 權記

二日、二宮大饗ヲ行フ、 日本紀略 權記

三日、戴餠、 紫式部日記

五日、敍位儀、是日、荷前使ノ闕怠ヲ誡ム、 日本紀略 權記

七日、白馬節會、前大宰權帥藤原伊周ヲ正二位ニ敍ス、 日本紀略 權記 公卿補任

八日、御齋會始、 日本紀略

十四日、御齋會終、 日本紀略 權記

十五日、文章博士大江匡衡、美濃守ノ闕ニ補セラレンコトヲ請フ、 本朝文粹 類聚符宣抄

十六日、踏歌節會、 日本紀略 權記

十七日、射禮、 日本紀略 權記

十八日、賭弓、 日本紀略 權記

十九日、政始、 權記

廿二日、花山天皇ノ周忌御法會ヲ定ム、 權記

廿三日、左大臣道長大饗、 日本紀略 權記

廿五日、僧正雅慶ヲシテ、孔雀經ヲ眞言院ニ修セ

シム、 東寺長者補任 東寶記

廿六日、除目、 日本紀略 權記 公卿補任 類聚符宣抄 中古三十六人歌仙傳

三十日、中宮、及ビ敦成親王ヲ呪咀スル厭符露顯ス、 日本紀略 權記

二月小盡 丁亥朔

一日、釋奠、 日本紀略

四日、祈年祭、 日本紀略 權記

五日、大原野祭、是日、明法博士等ヲシテ呪咀者ノ罪名ヲ勘セシム、 日本紀略 權記 百練抄

八日、花山天皇周忌御法會、是日、明法博士等呪咀者ノ罪名ヲ勘ス、 小右記目錄 權記 政事要略

十日、春日祭、 日本紀略

十一日、列見、 日本紀略 權記 年中行事抄 列見記

十二日、圓融天皇國忌、御八講アリ、 年中行事祕抄 權記

十四日、祈年穀奉幣、 日本紀略 權記

十五日、園韓神祭、 日本紀略

十八日、仁王會定、是日、敦康親王御惱アリ、 權記

二十日、前大宰權帥藤原伊周ノ朝參ヲ停メ、民部大輔源方理等ヲ除名ス、是日、伊豫守佐伯公行妻等ヲ捕フル官符ヲ下ス、 日本紀略 百練抄 權記 公卿補任 政事要略

廿三日、道長、仁王百講ヲ行フ、 權記 政事要略

廿四日、臨時仁王會ニ依リテ、大祓ヲ行フ、 日本紀略

廿五日、臨時仁王會、 日本紀略 權記

是月、東大寺ニ防河夫役臨時雜役ヲ免除スル官符ヲ下ス、 東大寺別當次第 東大寺要錄

三月大盡 丙辰朔

一日、敦康親王御惱アリ、 權記

三日、御燈、權大納言藤原懷忠、辭狀ヲ上ル、 日本紀略 權記

四日、臨時除目、權大納言藤原懷忠ヲ罷ム、 日本紀略 小右記目錄 公卿補任 權記

敦康親王、御修法ヲ行ハセラル、 權記

十三日、石清水臨時祭試樂、奉幣使ヲ發遣ス、日本紀略
十四日、權中納言藤原行成等、新任後始テ結政ニ參ズ、是日、左近衞中將源頼定ニ昇殿ヲ聽ス、權記
十五日、石清水臨時祭、日本紀略　權記
宇佐相規ヲ宇佐八幡宮大宮司ニ任ズ、類聚符宣抄
十六日、石清水臨時祭使還立、是日、御遊アリ、小右記目錄　權記　枕草子
十七日、桓武天皇國忌、權記
二十日、直物、幷ニ小除目、日本紀略　小右記目錄　權記　公卿補任　職事補任　一代要記
廿二日、雷雨、日本紀略
廿三日、季御讀經始、是日、左中辨藤原朝經ヲ裝束使ト爲ス、日本紀略　小右記目錄　權記　類聚符宣抄
廿六日、季御讀經竟ル、中宮御讀經始、日本紀略　小右記目錄　權記
廿七日、左大臣道長ノ女寛子著裳ス、權記　尊卑分脈

四月小 丙戌朔盡

一日、平座見參、日本紀略
二日、興福寺僧義慶ヲ維摩會講師ト爲ス、僧綱補任　權記
四日、廣瀨龍田祭、日本紀略
五日、小除目、日本紀略　小右記目錄　權記
六日、御惱、殿上作文延引、是日、內裏死穢アリ、權記　日本紀略
九日、算博士從四位下小槻忠臣卒ス、壬生家譜　小槻氏系圖
十五日、吉田祭、內裏死穢ニ依リテ大祓ヲ行フ、日本紀略
廿一日、齋院御禊、日本紀略　權記
廿二日、賀茂祭警固、日本紀略
廿四日、賀茂祭、日本紀略　權記　御産部類記
廿五日、解陣、日本紀略　權記
廿六日、左大臣道長ノ第、法華三十講始、

五月小 乙卯朔盡

一日、上野駒牽、 権記 樗嚢抄

八日、土御門邊火アリ、 権記

九日、左大臣道長ノ第、法華三十講五巻日、 日本紀略

十一日、新寫大般若御讀經僧名定、 権記

十四日、二十社ニ奉幣ス、 日本紀略 権記

十五日、中宮御懷妊ニ依リテ、宇佐使發遣ノ可否ヲ問ハシム、 御産部類記

十七日、道長、舍利會ヲ比叡山ニ行フ、 日本紀略 百練抄 権記

廿一日、擬階奏、 日本紀略 権記

廿三日、臨時御讀經始、大般若經供養、是日、道長ノ第、法華三十講結願 日本紀略 権記

廿五日、村上天皇國忌、 権記

廿八日、臨時御讀經結願、是日、神今食行幸ノ事ヲ定ム、 百練抄 権記

六月大 甲申朔盡

十日、御卜文ヲ奏ス、 権記

十一日、月次祭、神今食、 日本紀略

十三日、權律師觀昭寂ス、 日本紀略 僧綱補任

十五日、道長、祇園社ニ詣ヅ、 日本紀略

十六日、敦成親王、高松殿ニ行啓アラセラル、 権記

十九日、最勝講、 日本紀略 権記 東寺長者補任 元亨釋書 江次第 公事根源抄 興福寺略年代記

前大宰權帥藤原伊周ニ朝參、及ビ帶劍ヲ聽ス、是日、權大納言藤原齊信等ニ帶劍ヲ聽ス、 公卿補任 日本紀略 百練抄 大鏡裏書 権記

中宮、御懷妊ニ依リテ、上東門第ニ移御アラセラル、 日本紀略 権記 榮華物語

廿八日、敦康親王、七間屋ニ遷リ給フ、是日、法興院ニ法華八講ヲ行フ、 権記 年中行事秘抄

七月小 甲寅朔盡

七日、乞巧奠、庚申御遊、 日本紀略 百練抄 江吏部集

廿五日、相撲內取、 日本紀略

廿七日、雷雨、是日、相撲召合、 日本紀略 權記 樗嚢抄

廿八日、相撲御覽、 日本紀略

中務卿具平親王薨ズ、 日本紀略 尊卑分脈 陰陽新書 神明鏡 榮華物語 大鏡裏書 體源抄 花鳥餘情 續世繼 神皇正統記 續教訓抄 袋草紙 續古事談 古今著聞集 寶物集 拾芥抄 八雲抄 源平盛衰記 眞名伊勢物語 弘決外典鈔序 江談抄 本朝麗藻 和漢朗詠集 本朝文粹 拾遺和歌集 後拾遺和歌集 千載和歌集 新古今和歌集 續拾遺和歌集 風雅和歌集 新拾遺和歌集 拾遺抄 玄々集

八月小 癸未朔盡

四日、權中納言藤原行成ニ大學寮等ノ額ヲ書セシム、 權記

五日、釋奠、 日本紀略 權記 江次第 類聚雜例

十一日、定考、是日、東大寺東塔修理始、 日本紀略 權記 東大寺要錄

十三日、官奏、 權記

十四日、故具平親王薨奏、是日、大宰大貳藤原高遠ノ釐務ヲ停ム、 日本紀略 權記 中古三十六人歌仙傳

十七日、信濃駒牽、 權記

二十日、仁王會ヲ定ム、 權記

廿二日、敦成親王家讀經始、 權記

廿五日、宇佐使ヲ發遣ス、 日本紀略 權記

廿七日、近江守源高雅官ヲ辭シ、尋デ出家ス、 權記 尊卑分脈

九月大 壬子朔盡

八日、陣定、 日本紀略 權記

九日、平座見參、 日本紀略

十一日、伊勢例幣、 權記

十三日、除目、 日本紀略 小右記目錄 權記 豐受大神宮禰宜補任次第

十六日、除目下名、 日本紀略

十九日、甲斐眞衣野柏前駒牽、 權記

二十日、位記請印、 權記

廿六日、臨時仁王會ニ依リテ大祓ヲ行フ、 日本紀略

廿七日、道長ノ第ニ犬死穢アリ、 權記

廿九日、醍醐天皇國忌、是日、臨時仁王會ヲ行フ、日本紀略　權記

是月、權僧正雅慶孔雀經法ヲ修ス、東寺王代記

十月大盡　壬午朔

一日、旬、日本紀略　權記

四日、雷電アリ、是日、敦成親王御所ニ於テ、一種物アリ、日本紀略　權記

五日、内裏火アリ、織部司ニ遷御アラセラル、是日、廢務、日本紀略　皇年代記　百練抄　權記

十一日、敦康親王方違行啓アラセラル、權記

十五日、中宮御惱、權記

十九日、織部司ヨリ道長ノ枇杷第ニ遷幸アラセラル、日本紀略　皇年代記　百練抄　權記

二十日、殿上垸飯アリ、是日、藏人從五位下源永光卒ス、權記　尊卑分脈

廿一日、解陣、日本紀略　權記

廿二日、東宮、道長ノ枇杷第ニ遷御アラセラル、日本紀略　榮華物語

十一月小盡　壬子朔

三日、政始、日本紀略

七日、旬音樂ヲ停ム、日本紀略　權記

九日、平野祭、春日祭、日本紀略　權記

十日、大原野祭、日本紀略

十四日、園韓神祭、五節參入、日本紀略　權記

十五日、中宮歌合アリ、權記

十六日、新嘗祭、是日、殿上垸飯、童女御覽アリ、日本紀略　權記

十七日、豐明節會、日本紀略　權記

二十日、賀茂臨時祭試樂、日本紀略　小右記目錄　權記

伊豫守佐伯公行ノ女等ヲ逮捕スル官符ヲ下ス、朝野群載

廿一日、吉田祭、日本紀略

廿二日、賀茂臨時祭、日本紀略　權記

廿三日、弓場始、權記

廿五日、皇子敦良御誕生アラセラル、日本紀略　本朝皇胤紹運錄　權記　榮華物語　御產部類記　菅儒侍讀年譜

廿六日、東大寺東塔修理成ル、 東大寺要錄 東大寺別當
次第
廿七日、皇子三夜ノ御儀アリ、 日本紀略 御産部類記
廿九日、皇子五夜ノ御儀、是日、殿上ニ濫行ノ事ア
リ、 御産部類記

十二月大盡 辛巳朔

一日、左近衛少將藤原伊成出家ス、 權記 御産部類記
古事談
東大寺東塔修理ノ功ヲ賞ス、 東大寺要錄
二日、皇子七夜ノ御儀、 日本紀略 御産部類記 公任集
江吏部集
四日、皇子九夜ノ御儀、 權記 御産部類記
五日、雷鳴、 日本紀略 權記
七日、雷鳴ニ依リテ御卜ヲ行フ、 日本紀略 權記
八日、雷鳴ニ依リテ、臨時奉幣使ヲ定ム、 權記
十日、皇太后宮御讀經始、是日、御卜奏アリ、 權記
十二日、臨時奉幣使ヲ發遣ス、 日本紀略 權記
十五日、雷鳴、 日本紀略

十六日、道長、賀茂社ニ詣ヅ、 權記
十八日、皇太后宮御佛名、 權記
十九日、慈德寺ニ法華八講ヲ行フ、 權記
二十日、荷前使發遣、中宮御讀經、是日、道長ノ第
ニ於テ讀經アリ、 日本紀略 權記
廿一日、郡司讀奏、 權記
廿四日、中宮御佛名、 權記
前參議正三位菅原輔正薨ズ、 日本紀略 菅原氏系圖 公
卿補任 古今著聞集 諸社根元記 御遊抄 類聚符宣抄 菅儒侍讀
年譜 二中歷 皇年代略記 小右記 安樂寺託宣記 天德三年八月
十六日鬪詩行事略記 朝野群載
廿六日、季御讀經始、是日、中宮、道長ノ上東門第
ヨリ、枇杷殿ニ入御アラセラル、 日本紀略 小右記目錄
權記 御産部類記
東宮移御ニ依リテ、藤原賴宗等ヲ加階ス、 公卿補任
御産部類記
廿九日、季御讀經結願、是日、陣申文アリ、 日本紀略
權記 西宮記

三十日、位記請印アリ、是日、鞍馬寺火アリ、 權記

是冬、暖氣アリ、 日本紀略 一代要記 仁壽鏡

是歲、左中辨從四位上高階明順卒ス、 榮華物語 高階氏系圖 大鏡裏書

寛弘七年

正月大盡 辛亥朔

一日、小朝拜、節會、是日、皇子御戴餅アリ、 日本紀略 權記 紫式部日記

二日、內裏管絃、中宮臨時客、 權記 紫式部日記

三日、冷泉上皇拜禮、權中納言藤原行成院昇殿ヲ聽サル、 權記

四日、醍醐天皇皇后穩子國忌、 權記

五日、敍位儀、 日本紀略 權記

六日、位記請印入眼、 權記

七日、白馬節會、 日本紀略 權記

八日、御齋會始、 日本紀略

九日、藏人源朝任等ヲ還任ス、 權記

十四日、御齋會竟、 日本紀略 權記

十五日、皇子敦良五十日ノ御儀、是日、兵部省手結、 日本紀略 權記 御産部類記 紫式部日記

十六日、踏歌節會、是日、皇子敦良ヲ親王ト爲ス、 日本紀略 權記 御産部類記

十七日、射禮、 日本紀略 權記

十八日、賭射、 權記

二十日、女御尊子等ヲ加階ス、 皇年代記 一代要記 權記

廿一日、大風、 日本紀略

廿三日、受領功過ヲ定ム、 權記

廿六日、除目延引ス、大納言藤原道綱ノ女某死ス、 權記

廿七日、磯部滿輔ヲ大炊寮供御院預ニ補ス、 類聚符宣抄

廿九日、前大宰權帥正二位藤原伊周薨ズ、 權記 公卿補任 愚管抄 職原抄 榮華物語 大鏡 源平盛衰記 小右記 中右記 本朝麗藻 本朝文粹 古今著聞集 詞花和歌集 玉葉和歌

集　拾遺和歌集　續古今和歌集

二月大　辛巳朔盡

一日、敦成親王、道長ノ第ニ行啓アラセラル、　權記

二日、東宮御書ヲ尚侍藤原妍子ニ賜ハセラル、是日、爲平親王、典侍源明子ノ第ニ臨マセラル、　權記

四日、祈年祭、春日祭、　日本紀略　權記

阿闍梨法圓寂ス、　入唐五家傳　法琳寺別當補任　後拾遺和歌集　新古今和歌集

七日、釋奠、　日本紀略　權記

十一日、列見、　日本紀略

十四日、除目、　日本紀略　權記　公卿補任　職事補任　江次第　續本朝文粹　中古三十六人歌仙傳

十八日、除目下名、是日、鴨院西對ニ濫行ノ者アリ、　日本紀略　權記

二十日、尚侍藤原妍子東宮ニ入ル、　日本紀略　大鏡裏書　權記　榮華物語

廿一日、東宮後朝御使ヲ尚侍藤原妍子ニ賜ハセラル、　權記

廿二日、敦康親王御修法ヲ行ハセラル、是日、權中納言藤原行成等ニ東宮昇殿ヲ聽ス、　權記

廿六日、暴風雨、敦良親王政所始、權大納言藤原齊信等著座ス、　日本紀略　公卿補任　權記

東宮、尚侍藤原妍子ノ曹司ニ渡御セラル、東宮御馬ヲ伊豫介藤原廣業ニ賜ハセラル、　權記

廿七日、一條院造營始、　左經記

閏二月小　辛亥朔盡

二日、暴風雨、爲平親王、幷ニ敦康親王御除服、　權記

六日、敦良親王百日ノ御儀、　日本紀略　權記　御産部類記　續古今和歌集

九日、祈年穀奉幣、明年三合厄ニ當ルニ依リテ、神寶東遊ヲ十二社ニ奉ル、是日、伊勢賀茂禰宜ヲ加階シ、石清水別當法橋尋慶ヲ法眼ニ敍ス、　日本紀略　權記　二所大神宮例文　豊受大神宮禰宜補任次第　僧綱補任　石清水祠官系圖

十一日、日食、　權記

十三日、仁王會ヲ定ム、 權記

十四日、月食、 日本紀略 權記

十六日、權中納言藤原行成、康保三年夏御記ヲ上ル、 權記

二十日、直物、小除目、小敍位、 日本紀略 小右記目錄 權記

廿一日、仁王會ニ依リテ、大祓ヲ行フ、是日、敦良親王參內ス、 日本紀略 權記 御産部類記

廿三日、臨時仁王會、 日本紀略 權記

廿六日、權中納言藤原行成、康保三年冬御記ヲ上ル、 權記

廿七日、前皇太后宮權大夫從三位藤原永頼薨ズ、 一代要記 尊卑分脈 小右記 拾芥抄

廿八日、內侍除目、 權記

三月大 庚辰朔 盡

一日、權中納言藤原行成、康保二年春御記ヲ上ル 權記

三日、御燈、 日本紀略

六日、季御讀經、 日本紀略 權記

十一日、前伊豫守佐伯公行出家ス、 權記 古事談 日本紀略 百練抄 伊呂波字類抄 元亨釋書 今昔物語

十五日、石淸水臨時祭、是日、石山寺ニ於テ、壽命經ヲ轉讀ス、 日本紀略 權記

十八日、紫宸殿ニ於テ、釋迦如來七佛藥師法華經一千部ヲ供養ス、是日、少僧都院源ヲ權大僧都ニ任ズ、 日本紀略 百練抄 權記 僧綱補任

廿一日、仁明天皇國忌、是日、最勝講始、僧行圓、佛像、及ビ法華經ヲ行願寺ニ供養ス、 日本紀略 權記

廿二日、中宮御讀經始、 權記

廿三日、季御讀經、是日、調庸納畢勘文ヲ修理職ニ進メシム、 小右記目錄 朝野群載

廿五日、最勝講結願、是日、道長ノ室源倫子灌頂堂ヲ供養ス、 日本紀略 東寺長者補任 嘉元四年結緣灌頂記

廿九日、除目、 權記 江吏部集 續本朝文粹 中古三十六人歌仙傳

四月小 庚戌朔盡

一日、旬平座見參、日本紀略

四日、廣瀬龍田祭、日本紀略

五日、故左京大夫源泰清ノ室尼某寂ス、權記

七日、擬階奏、日本紀略

八日、山科祭、日本紀略

十日、春宮權亮從四位上高階業遠卒ス、權記 高階氏系圖

十五日、吉田祭、日本紀略

廿三日、道長、賀茂社ニ詣ヅ、日本紀略

廿四日、賀茂祭、權記 大鏡

廿八日、僧增祐ヲ維摩會講師ト爲ス、僧綱補任

五月小 己卯朔盡

七日、大宰少貳藤原永道ノ交替申文ヲ定ム、北山抄裏書

廿五日、道長ノ第、法華三十講結願、是日、權中納言藤原行成、天曆八年御記ヲ上ル、權記

五日、權中納言藤原行成、天曆八年冬御記ヲ上ル、權記

六月大 戊申朔盡

八日、丹波守大江匡衡、本任放還ヲ待タズ、任國ニ赴カンコトヲ請フ、類聚符宣抄

十九日、權中納言藤原行成、天德四年夏御記ヲ上ル、權記

廿一日、遠江守從四位上源爲文卒ス、權記 尊卑分脈

七月小 戊寅朔盡

三日、大宰大貳平親信ノ赴任ニ依リテ、官符ヲ路次ノ郡司等ニ下ス、朝野群載

四日、廣瀬龍田祭、日本紀略

五日、小除目、相撲試樂、日本紀略

六日、大雨洪水、日本紀略

十四日、相撲召仰、權記 江次第 西宮記

十五日、藤原景齊ニ昇殿ヲ聽ス、權記

十七日、敦康親王元服シ給フ、依リテ三品ニ敍ス、

日本紀略　権記　御遊抄　河海抄　榮華物語

廿四日、文章博士從四位下大江以言卒ス、日本紀略　一代要記　大江系圖　勅撰作者部類　二中歴　古事談　江談抄　本朝文粹　續世繼　十訓抄　古今著聞集　寶物集　和漢朗詠集　體源抄　本朝麗藻　詞花和歌集

大隅守淸原廣澄賊ノ爲ニ殺サル、日本紀略　淸原系圖　今昔物語

廿七日、相撲召合、日本紀略　権記　西宮記

八月小丁未朔盡

一日、釋奠、日本紀略

二日、釋奠內論義アリ、日本紀略　権記

六日、丹生貴布禰二社ニ奉幣シテ、止雨ヲ祈ル、日本紀略

七日、甲斐貢上ノ御馬逗留ノ事ヲ奏ス、権記

十一日、定考、日本紀略　権記

十三日、大宰大貳藤原有國赴任ス、是日、臨時御讀經、及ビ國史編集ノ事ヲ定ム、権記

十六日、地震、日本紀略

廿一日、僧綱ヲ任ズ、是日、季御讀經延引ス、日本紀略　僧綱補任　東寺長者補任　東大寺別當次第　仁和寺御傳　小右記目錄

廿二日、東大寺ニ防河夫役、及ビ臨時雜役ヲ課スルヲ免除ス、東大寺要錄　東大寺別當次第

廿三日、霖雨ニ依リテ、御卜ヲ行フ、日本紀略

廿七日、京官除目、日本紀略　小右記目錄　権記　公卿補任

九月大丙子朔盡

三日、御燈、日本紀略

十一日、伊勢例幣、日本紀略　柱史抄

廿一日、地震、日本紀略

廿五日、大原野社邊ニ葬送アルニ依リテ大祓ヲ行フ、日本紀略

十月大丙午朔盡

一日、旬平座、日本紀略

四日、仁王會、日本紀略　権記

六日、道長病ム、小右記目錄

十日、霖雨ニ依リテ廿一社ニ奉幣ス、日本紀略
敦良親王魚味初、是日、爲平親王出家シ給フ、日本紀略 小右記目錄 權記
十六日、弓場始、是日、駒牽解文ヲ奏ス、日本紀略
廿二日、大雪、是日、敦成親王著袴ノ儀アリ、日本紀略 權記 古事談
廿三日、中宮御爐火アリ、權記
廿六日、季御讀經、日本紀略 小右記目錄 權記
廿八日、仁王會ノ闕請ヲ補ス、權記
三十日、五節舞姫ヲ獻ズ、權記

十一月小盡丙子朔

一日、御暦奏、權記
七日、式部卿爲平親王薨ズ、小右記目錄 權記 大鏡裏書 本朝皇胤紹運錄 日本紀略 榮華物語 大鏡 拾遺和歌集
九日、平野祭、春日祭、日本紀略 小右記目錄
爲平親王ノ薨去ニ依リ、御除服ノ議アリ、是日、左近衞中將正四位下藤原賴親卒ス、小右記目錄 權記 尊卑分脈

十日、故式部卿爲平親王薨奏、幷ニ葬送アリ、是日、梅宮祭延引ス、日本紀略 權記
十三日、大原野祭延引ス、日本紀略
十四日、園韓神祭、日本紀略
十六日、新嘗祭、日本紀略
十七日、豐明節會、日本紀略
十八日、東宮鎭魂祭、日本紀略
二十日、賀茂臨時祭試樂、權記
廿一日、吉田祭、日本紀略
廿二日、賀茂臨時祭、幷ニ梅宮祭、日本紀略 權記
廿三日、賀茂臨時祭還立、小右記目錄
廿五日、大原野祭、是日、直物、小除目、日本紀略 小右記目錄 公卿補任 中古三十六人歌仙傳
廿七日、齋宮恭子女王ニ歸京官符ヲ賜フ、是日、位記請印、幷ニ結政請印ヲ行ヒ、行幸行啓ノ供奉等ヲ定ム、日本紀略 權記 玉葉
廿八日、道長ノ枇杷第ヨリ、一條院ニ遷幸アラセラル、道長ニ御衣ヲ賜フ、道長御馬、及ビ書籍ヲ獻

ズ、是日、中宮、行啓アラセラル、 日本紀略 百練抄 歴代編年集成 權記 公卿補任 行類抄

廿九日、御竈神遷行ノ供奉ニ依リテ、中納言藤原時光ニ帯劔ヲ聽ス、 權記 公卿補任

十二月大 乙巳朔盡

二日、東宮、道長ノ枇杷第ヨリ、一條院別納ニ遷御アラセラル、 日本紀略 權記

三日、天智天皇國忌、 權記

七日、皇太后宮御讀經始、 權記

十日、御卜ヲ行フ、 權記

十一日、月次祭、神今食、 日本紀略

十四日、尚侍藤原妍子東宮ニ入ル、 權記

十七日、新所旬、元日侍從定、權中納言源俊賢ヲ正二位ニ敍ス、 日本紀略 權記 公卿補任

十八日、荷前使定、位記請印、 權記

二十日、荷前使ヲ發遣ス、 日本紀略

廿二日、故式部卿爲平親王ノ法會ヲ行フ、 小右記目錄

廿三日、御佛名、 權記

廿七日、臨時御讀經アリ、 日本紀略 權記

廿九日、中宮東宮御佛名、是日、民部大輔源方理ノ本位ヲ復シ、僧能圓ノ禁獄ヲ免ズ、 日本紀略 權記

三十日、内給爵宣旨ヲ、權中納言源俊賢ニ下ス、是日、律師觀助再ビ辭狀ヲ上ル、 權記

是月、下野租帳等ヲ勘スベキ官符ヲ下ス、 類聚符宣抄

是歳、郡司ヲ任ズ、 北山抄

大友信正ヲ舞樂左方一首ニ補ス、 體源抄

寛弘八年

正月大 乙亥朔盡

一日、小朝拜、節會、 日本紀略 妙音院相國白馬節會次第 小右記

伊豫法樂寺ノ尼安樂寂ス、 拾遺往生傳

二日、中宮東宮大饗、 日本紀略

三日、中宮御和歌會、 小右記

五日、雷電、敍位ノ儀アリ、 日本紀略 小右記
七日、白馬節會、 日本紀略 小右記 公卿補任 一代要記
八日、御齋會始、是日、昇殿等ノコトヲ定ム、 日本紀略 小右記 權記
十一日、政始ノ日ヲ定ム、 小右記
十三日、步射眞手結、 小右記
十四日、御齋會竟、 日本紀略 權記
十六日、踏歌節會、 日本紀略 小右記
十七日、射禮、 日本紀略
十八日、射遺、 日本紀略
二十日、參議藤原實成ノ子公成元服ス、 小右記 權記
廿一日、賭射、 小右記 權記
廿六日、左大史小槻奉親出家ス、 日本紀略 權記
廿九日、除目始、是日、宮中穢ニ依リテ、祈年祭、春日祭、釋奠日時ヲ改定ス、 日本紀略 小右記 權記 魚魯愚抄
三十日、除目、 日本紀略

二月小 乙巳朔 盡

一日、除目終ル、 日本紀略 小右記 公卿補任
二日、除目召名、 日本紀略 小右記 權記
三日、內裏穢ニ依リテ、釋奠ヲ延引ス、 日本紀略
四日、祈年祭、春日祭延引、是日、左大史小槻奉親出家ニ依リテ闕官ヲ論ズ、 日本紀略 小右記
八日、內裏穢ニ依リテ、大祓ヲ行フ、是日、祈年祭ヲ延引ス、 日本紀略
十日、仁王會定、 小右記
十一日、大原野祭、列見、 日本紀略 權記
十二日、圓融天皇國忌、皇太后宮御諷誦ヲ修セラル、 小右記
十三日、釋奠、 日本紀略 權記 園太曆
十五日、權中納言藤原頼通等、春日社ニ詣ヅ、 小右記
廿三日、雷雨、祈年穀奉幣、是日、仁王會ニ依リテ、大祓ヲ行フ、 日本紀略

廿八日、御燈ヲ奉ル可否ヲ議ス、 小右記
廿九日、仁王會、 日本紀略

三月大盡 甲戌朔

一日、道長ノ第ニ犬産ノ穢アリ、 小右記
三日、道長ノ第ニ犬死ノ穢アリ、 小右記
七日、石清水臨時祭試樂、 小右記 權記
九日、石清水臨時祭、 日本紀略 小右記 權記 小野宮年中行事
十二日、道長祓除ス、 權記
十八日、殿上作文アリ、 權記
十九日、直物、小除目、是日、御讀經闕請ヲ補ス、 日本紀略 小右記目録 小右記
二十日、季御讀經、 日本紀略 小右記
廿四日、最勝講始、 日本紀略 小右記
廿六日、齋院近邊ニ鬪爭アリ、 小右記
廿七日、齋宮恭子女王ノ歸京ヲ告グル使ヲ發遣ス、是日、中宮御讀經アリ、道長ノ第ニ金色等身阿彌陀佛供養アリ、 日本紀略 權記 小右記

廿八日、最勝講結願、是日、齋院選子内親王御惱アリ、 日本紀略 小右記 權記

四月大盡 甲辰朔

一日、平座見參、 日本紀略 權記
四日、廣瀬龍田祭、 日本紀略
五日、平野祭、 日本紀略
六日、梅宮祭、 日本紀略
七日、擬階奏、 日本紀略
八日、日食、地震、是日、灌佛、 權記
十四日、賀茂祭馬寮使ノ替ヲ任ズ、 權記
十五日、齋院御禊、 日本紀略 權記
十六日、警固、 日本紀略
十七日、道長、賀茂社ニ詣ヅ、 日本紀略 權記
十八日、賀茂祭、 日本紀略 權記
十九日、解陣、 日本紀略 權記
廿一日、齋宮恭子女王ノ歸京ニ依リテ、大祓ヲ行フ、 日本紀略

廿七日、內裏密宴アリ、是日、僧綱ヲ任ジ、東寺長者大僧都濟信ヲ罷ム、 日本紀略 僧綱補任 東寺長者補任 權記 釋家初例抄

五月小 甲戌朔盡

五日、雷電、 百練抄

七日、敦康親王ノ第ニ恠異アリ、 權記

九日、御讀經アリ、 日本紀略

十六日、左大臣道長ノ第、法華三十講五卷日、 日本紀略 權記

廿一日、一切經供養ヲ行フ、 日本紀略 歷代編年集成 權記

廿二日、御惱、 日本紀略 小右記目錄 權記

廿五日、齋宮恭子女王歸京ス、 日本紀略

廿七日、御惱ニ依リテ御藥ヲ供シ、御讀經ヲ行フ、 日本紀略 權記

廿八日、御惱ニ依リテ、大赦ヲ行フ、 日本紀略 小右記目錄 權記

廿九日、御讀經結願、 權記

六月大 癸卯朔盡

一日、忌火御飯ヲ供ス、 權記

二日、御惱ニ依リテ、東宮ニ御對面アラセラル、是日、敦康親王ヲ一品ニ敍シ、封戶ヲ加フ、 日本紀略 皇年代記 權記 榮華物語

三日、土御門南町火アリ、 權記

九日、御惱ニ依リテ、丈六五大尊ノ像ヲ造ル、是日、權中納言從二位藤原賴通ヲ正二位ニ敍ス、以下加階差アリ、 公卿補任 權記

十一日、月次祭、神今食、是日、伊勢ニ奉幣ス、 日本紀略 權記

十二日、警固固關、 日本紀略 踐祚部類首書

僧懷壽ヲ權律師ニ任ズ、 僧綱補任

十三日、御讓位アラセラル、 日本紀略 皇代記 百練抄 歷代皇記 權記 榮華物語

國忌ヲ定ム、 江次第

朝拜ノ禮ヲ廢ス、 公事根源

御製、信西藏書目錄　本朝麗藻　十訓抄　太子傳見聞記　勅撰作者部類　後拾遺和歌集　續古今和歌集

管絃ニ御堪能アラセラル、禁祕抄　榮華物語　枕草子

冬夜御衣ヲ脫シ給フ、十訓抄　古事談　續古事談

當代才藝者多シ、續世繼　神明鏡　續本朝往生傳　十訓抄

琵琶無名　枕草子　絲竹口傳

笙小蚶氣繪　江談抄

東遊　狛氏新錄

長保樂　教訓抄　舞曲口傳　拾芥抄

アラヽキ舞　續古事談

石淸水臨時祭試樂頭ニ竹杖ヲ挿ム、古事談

隅田三昧堂　八幡愚童訓　石淸水末社記

修學院ヲ官寺ト爲ス、元亨釋書

八宗總博士ヲ補ス、四大寺傳記附錄

地妖　續古事談

鷹犬　白鷹記　鷹經辨疑抄

民部大輔三善道統　三善系圖　類聚符宣抄　桂林遺芳抄　本朝文粹　二中歷　革命勘文　應和三年善秀才宅詩合　粟田左府尚齒會詩

大藏大輔源信明　尊卑分脈　續本朝往生傳

雅樂頭源信義　尊卑分脈　續本朝往生傳　古今著聞集　體源抄　拾芥抄

內匠頭藤原有親　尊卑分脈　勅撰作者部類　後拾遺和歌集

勘解由次官令宗允亮　續本朝往生傳　權記　勘仲記　日本紀略　小野宮年中行事　江談抄　本朝書籍目錄

采女正巨勢弘高　巨勢系圖　續本朝往生傳　權記　書寫山緣起　今昔物語　古今著聞集　參語集　花鳥餘情　榮華物語　大鏡　水左記

藏人藤原惟規　尊卑分脈　勅撰作者部類　紫式部日記　今昔物語　後拾遺和歌集　金葉和歌集　風雅和歌集

攝津守大江爲基　大江系圖　勅撰作者部類　續本朝往生傳　拾遺和歌集　後拾遺和歌集　詞花和歌集　赤染衛門集

上總守藤原時重　古今著聞集　今昔物語　玉葉和歌集

陸奥守藤原國用　尊卑分脈　勅撰作者部類　拾遺和歌集

播磨守源國盛　尊卑分脈　古事談

周防守平公誠　尊卑分脈　勅撰作者部類　拾遺和歌集　詞花和

歌集

前阿波守源方弘　尊卑分脈　枕草子

伊豫守橘行資　尊卑分脈　勅撰作者部類　權記　拾遺和歌集

加賀權守藤原通頼　尊卑分脈　勅撰作者部類　拾遺和歌集

後拾遺和歌集

右近衛將監下毛野重行　續本朝往生傳　小右記

左近衛將曹尾張兼時　續本朝往生傳　江次第　江談抄　權記

今昔物語　古今著聞集　古事談　續古事談　枕草子

近衛舎人播磨安高　今昔物語

撿校豊平　古今著聞集

別當伴廉平　古事談　續古事談　花鳥餘情

馬允橘頼經　古事談

源憩、　尊卑分脈脱漏　日本往生極樂記

相撲人私市宗平　續本朝往生傳　今昔物語　續古事談

相撲人三宅時弘　續本朝往生傳　古今著聞集

相撲人大井光遠　續本朝往生傳　今昔物語

大井光遠ノ妹某　今昔物語

沙彌乗蓮　高階系圖　法華驗記　今昔物語

安法法師　中古三十六人歌仙傳　尊卑分脈　勅撰作者部類　今昔

物語　拾遺和歌集　新古今和歌集　續後拾遺和歌集　安法法師集

了延房阿闍梨　古事談

僧長增　今昔物語

僧清尋　今昔物語

僧光日　法華驗記　今昔物語

僧安勝　長谷寺靈驗記　今昔物語

僧明秀　今昔物語

僧連敏　勅撰作者部類　後拾遺和歌集

清少納言　清原系圖　中古三十六人歌仙傳　勅撰作者部類　誓願

寺縁起　十訓抄　無名草子　榻鴫曉筆　紫式部日記　花鳥餘情　新

古今和歌集　古事談　枕草子　悦目抄　本朝書籍目錄　後拾遺和歌

集　萬代和歌集　公任集　清少納言集

相模守源重之ノ母　尊卑分脈　勅撰作者部類　拾遺和歌集

大和物語　新古今和歌集　續古今和歌集　玉葉和歌集　重之女集

后妃、并ニ皇子皇女　愚管抄　歷代皇記　大鏡裏書　大鏡　榮

華物語　千載和歌集

三條天皇

寛弘八年

六月

十三日、御受禪アラセラル、 百練抄 日本紀略 權記 踐祚部類抄 代始和抄 公卿補任 辨官補任 職事補任

敦成親王ヲ立テ、皇太子ト爲ス、坊官除目アリ、是日、道長等ニ帶劍ヲ聽シ、大納言藤原道綱ノ東宮傅ヲ罷ム、 日本紀略 一代要記 大鏡 榮華物語 立坊次第 玉葉 園太暦 權記 公卿補任

十四日、一條上皇、御惱重ラセラル、 日本紀略 權記 榮華物語

十八日、一條上皇ニ太上天皇ノ尊號ヲ上ル、 皇代略記 類聚雜例

十九日、一條上皇、御落飾アラセラル、 日本紀略 皇年代略記 權記 榮華物語 愚管抄 新古今和歌集

二十日、一條法皇、御惱重ラセラル、是日、道長等御卽位ノ事等ヲ行フ、 權記

廿二日、一條法皇、崩御アラセラル、 日本紀略 小右記 目錄 權記 大鏡 大鏡裏書 本朝皇胤紹運錄 榮華物語 續本朝往生傳 續古事談 古事談 千載和歌集 新古今和歌集 玉葉和歌集 風雅和歌集 赤染衞門集

廿四日、參議藤原有國辭職ス、 權記

廿五日、一條天皇御葬送、御法會等雜事定、 小右記目錄 權記

廿八日、新造內裏入御日時定、一條天皇初七日御諷誦アリ、是日、大炊頭賀茂光榮ヲシテ、御遺骨安置ノ處ヲ占ハシム、 權記

七月 大盡 壬申朔

一日、季御讀經發願、是日、花山天皇ノ皇子元服ノ可否ヲ議ス、 小右記

二日、法興院法華八講結願、 小右記

四日、廢務、 日本紀略

六日、道長、一條天皇ノ穢ニ參籠ス、是日、道長素服ヲ著スル可否ヲ議シ、崩後四十九日間垂纓ノ參院ヲ禁ズ、 小右記

七日、御心喪ノコトヲ定ム、尋デ、遺詔奏、及ビ廢朝ノ宣旨ヲ下サル、小右記 玉葉

八日、一條天皇御葬送、遺詔ニ依リテ、素服擧哀ヲ停ム、日本紀略 歷代編年集成 小右記 權記 榮華物語 赤染衛門集 類聚雜例 永昌記

九日、一條天皇ノ御遺骨ヲ圓城寺ニ移ス、皇年代略記 權記 小右記 類聚雜例 榮華物語

十日、圓成寺ニ阿彌陀護摩ヲ修ス、小右記 權記

十一日、警固々關、是日、中宮、土御門殿ニ移御アラセラル、日本紀略 小右記

參議從二位藤原有國薨ズ、日本紀略 小右記 權記 尊卑分脈 公卿補任 百練抄 宇佐宮託宣集 朝野群載 榮華物語 十訓抄 古事談 續世繼 江談抄 本朝麗藻 粟田口左府尚齒會詩 善秀才宅詩合 類聚句題抄 公任集 玄々集

十三日、一條天皇御中陰間ノ裝束ヲ定ム、小右記

十七日、月奏、一條天皇御周忌間ノ裝束ヲ定ム、是日、參議藤原有國ノ薨奏アリ、小右記 日本紀略

二十日、一條天皇ノ御遺骨ヲ、圓成寺小堂ノ塔中ニ安置ス、小右記 權記

廿一日、一條天皇ノ崩御ニ依リテ、相撲停止ノ宣旨ヲ下ス、日本紀略 小右記 樗嚢抄

廿二日、一條天皇ノ尊號詔書ヲ議ス、是日、殿上ニ於テ御念佛アリ、小右記

廿三日、藏人頭藤原通任ニ禁色雜袍ヲ聽ス、日本紀略 小右記 公卿補任

廿五日、一條院御念佛、小右記

廿九日、一條天皇御法事僧名等ヲ定ム、小右記

八月小盡 壬寅朔

一日、冷泉上皇御惱、小右記

二日、一條天皇四十九日御法會發願、日本紀略 榮華物語 小右記 權記 類聚雜例 本朝文粹

三日、新造内裏移御ニ依リテ、仁王經御讀經ヲ修セラル、小右記

五日、東宮御惱、小右記

六日、中宮、御讀經ノ僧ニ褻裝束ヲ賜フ、小右記

七日、甲斐眞衣野駒牽、小右記
十日、一條院御念佛、是日、行幸召仰アリ、小右記
十一日、東三條第ヨリ、新造內裏ニ移御アラセラル、日本紀略 百練抄 一代要記 小右記 權記 公卿補任
脩子內親王、一條院ヨリ中納言藤原隆家ノ第ニ移リ給フ、是日、道長二條ノ第ヲ敦康親王ニ獻ズ、
一條天皇四十九日御法會結願、藤原實經ニ昇殿ヲ聽ス、小右記 日本紀略 權記 拾芥抄
十五日、御卽位、幷ニ伊勢奉幣日時等ヲ定ム、是日、大嘗會國郡卜定、皇年代記 大嘗會延引勘例 園太曆 小右記 權記 日本紀略
十六日、釋奠、信濃駒牽、日本紀略 小右記 權記
十七日、釋奠後朝、日本紀略
十八日、大嘗會行事所等ヲ定ム、小右記
十九日、除服宣旨ヲ下ス、日本紀略 小右記 權記
二十日、烏、時杭ヲ咋拔ク、日本紀略
廿一日、諸官ヲシテ、大嘗會雜事勘文ヲ進メシム、小右記

廿三日、政始、日本紀略 小右記 權記
從二位藤原姸子、及ビ藤原娍子ヲ女御トナス、是日、花山天皇皇子昭登親王、及ビ淸仁親王元服シ給ヒ、大納言藤原道綱ノ子兼經モ亦元服ス、日本紀略 一代要記 尊卑分脈 小右記 權記
道長、太政官ノ文書ヲ知ルベキ宣旨ヲ蒙リ、牛車ヲ聽サル、日本紀略 百練抄 西宮記 公卿補任 小右記 河海抄
廿四日、大嘗會雜事等ヲ定ム、小右記
廿五日、伊勢奉幣ニ依リテ、大祓ヲ行フ、小右記
廿七日、御卽位ニ依リテ、伊勢ニ奉幣ス、日本紀略 小右記 北山抄
廿八日、定考、諒闇ニ依リテ、音樂、及ビ宴座ヲ停ム、日本紀略 小右記 權記

九月小盡 辛未朔

二日、京都西京町火アリ、小右記
三日、大嘗會ノ年ニ依リテ、御燈ヲ停ム、小右記
五日、坊官除目延引、道長內覽宣旨後、始テ著陣

ス、小右記

六日、雷雨、大嘗會ニ依リテ、大祓ヲ行フ、日本紀略 小右記

七日、大嘗會ニ依リテ、木印ヲ造ル、小右記

九日、平座見參、是日、女御娀子ニ女御代ヲ命ズ、日本紀略 小右記 榮華物語

十日、大嘗會ノ禮服御覽、大嘗會齋場所始、幷ニ御代始內印、及ビ、御卽位擬侍從定、大嘗會御禊日時定、五節定等アリ、是日、花山天皇ノ皇子昭登親王、及ビ清仁親王ヲ四品ニ敍ス、小右記

十一日、伊勢例幣、日本紀略 小右記

十二日、一條院、御讀經御念佛、小右記

十三日、作物所ノ訴ニ依リ、悠紀主基標ノ事ヲ議シ、撿非違使ニ大嘗會ノ加役宣旨ヲ下ス、是日、東宮御馬御覽アリ、小右記

十五日、大嘗會御禊御裝束司次第司供奉人等ヲ定ム、日本紀略 小右記

十六日、坊官除目、是日、大嘗會行事所始、日本紀略 小右記 園太暦

十七日、昭登親王、清仁親王慶賀ヲ奏セラル、小右記

廿一日、天地災變祭ノ用途料米ヲ改ムノ宣旨ヲ下ス、是日、大嘗會悠紀主基給爵宣旨ヲ下シ、清仁親王ヲシテ大嘗會威儀親王ヲ奉仕セシム、小右記

廿四日、左右馬寮ノ御馬御覽アリ、小右記

廿六日、犬産ノ穢アリ、小右記

廿七日、丹波、拔穗使ノ非法濫行ヲ奏ス、小右記

廿八日、上卿不參ニ依リテ、位記召給ヲ延引ス、小右記

廿九日、大祓、是日、主殿首內藏有孝、下人ノ爲ニ刃傷セラル、小右記

十月大盡 庚子朔

一日、旬平座見參、日本紀略

二日、備中丞從五位下平致頼卒ス、尊卑分脈 日本紀略 本朝世紀 百練抄 小右記 今昔物語

五日、除目、幷ニ下名、皇子皇女ヲ親王ト爲シ、敦

明親王ヲ二品ニ敍ス、 小右記目錄 公卿補任 日本紀略
一代要記 皇年代記 後拾遺往生傳
九日、冷泉上皇御惱アリ、 小右記目錄
十五日、敍位ノ儀アリ、 日本紀略 三槐抄裏書
十六日、御卽位ノ儀ヲ行ハセラレ、參議正三位藤原懷平ヲ從二位ニ敍ス、以下加階差アリ、 日本紀略 榮華物語 小右記 天祚禮記職掌錄 北山抄 公卿補任 菅儒侍讀年譜
中宮ハ枇杷殿ニ、東宮ハ凝花舍ニ遷御アラセラル、 日本紀略 皇年代記 榮華物語
十九日、女敍位、 日本紀略
廿二日、御卽位ヲ山陵ニ告ゲ給フ、 日本紀略
廿四日、大赦ヲ行フ、是日、大嘗會祭庭、幷ニ小忌所ノ役ニ隨フ者ヲ宣下ス、 日本紀略
冷泉上皇崩御アラセラル、 日本紀略 小右記目錄 一代要記 大鏡 榮華物語 愚管抄 神皇正統記
廿五日、大嘗會延引ノ宣符ヲ下ス、 園太曆 榮華物語
廿八日、大嘗會延引ニ依リテ、大祓ヲ行フ、是日、音奏ヲ停メ、廢朝、固關アリ、素服擧哀宴飮等ヲ停ム、 日本紀略
廿九日、僧正勝算寂ス、 歷代皇記 僧綱補任 東寺長者補任 園城寺長吏次第 四大寺傳記 續本朝往生傳 壒嚢抄 元亨釋書 小右記 卅五文集 撰集抄

十一月大盡庚午朔

一日、御曆奏、 日本紀略
二日、故式部卿爲平親王ノ周忌法會ヲ行フ、 小右記目錄
四日、帶刀町燒亡ス、 日本紀略
十四日、冷泉天皇三七日ニ依リテ、御誦經使ヲ發遣ス、 日本紀略
十六日、諒闇、御葬送ノコトアリ、 日本紀略 小右記目錄
十九日、公卿ニ素服ヲ賜フ、 小右記目錄
二十日、園韓神祭ヲ停ム、 日本紀略
廿一日、鎭魂祭ヲ停ム、冷泉天皇四七日ニ依リテ、御諷誦使ヲ發遣ス、 日本紀略

廿二日、大嘗會延引、是日、開闢解陣、日本紀略

廿五日、一條院御念佛、小右記目錄

廿七日、御錫紵ヲ除カセラレ、倚廬ヨリ還御アラセラル、是日、侍臣橡衣ヲ著ス、日本紀略　小右記目錄

廿九日、冷泉天皇五七日御法會、小右記目錄

十二月小盡　庚子朔

二日、御齋會僧闕請ヲ補ス、小右記目錄

四日、敦明親王ヲ式部卿ニ任ズ、大鏡裏書　皇年代記

七日、冷泉天皇ノ四十九日御齋會ヲ行フ、日本紀略　小右記目錄

十六日、政始、日本紀略　大外記師夏記

十七日、京官除目始、日本紀略　小右記目錄　魚魯愚別錄

十八日、除目、日本紀略　公卿補任

十九日、除目竟ル、日本紀略

二十日、除目召名、日本紀略

廿五日、荷前使定、諒闇ニ依リテ、元日侍從ヲ定メズ、是日、左近衞權中將藤原公信ヲ藏人頭ニ補シ、伊豫介前坊學士藤原廣業復任ス、日本紀略　公卿補任　職事補任

興福寺僧日觀ヲ維摩會講師ト爲ス、僧綱補任

廿六日、攝津ヲシテ、四箇年ノ租帳ヲ勘濟セシムル宣旨ヲ下ス、類聚符宣抄

石淸水權別當淸忠寂ス、石淸水祠官系圖

廿七日、故女御超子ニ皇太后ヲ贈リ、國忌山陵ヲ置ク、日本紀略　皇年代記　大鏡裏書　中右記　小右記

廿八日、敦良親王御著袴、皇代略記　歷代皇記

長和元年

正月大盡　己巳朔

一日、諒闇ニ依リテ節會ヲ停ム、平座見參アリ、日本紀略

三日、女御藤原妍子ニ立后ノ宣旨ヲ賜フ、日本紀略

七日、諒闇ニ依リテ、白馬節會ヲ停ム、日本紀略　妙音院相國節會次第

八日、御齋會、諒闇ニ依リテ音樂ヲ停ム、日本紀略

十一日、卯杖、日本紀略

十五日、一條院御念佛、 榮華物語 新千載和歌集

十六日、諒闇ニ依リテ、踏歌節會ヲ停ム、 小右記目錄

十九日、右馬頭藤原顯信出家ス、 大鏡 榮華物語 小右記

二十日、政始、 日本紀略

廿五日、除目、 日本紀略 公卿補任 辨官補任

廿七日、女御藤原娍子ヲ從五位下ニ敍ス、 一代要記

廿八日、左近衛權少將源朝任ヲ藏人ニ補ス、 公卿補任

廿九日、除目召名、 日本紀略

二月小盡 己亥朔

四日、祈年祭、大原野祭、 日本紀略、

八日、設樂神、鎭西ヨリ上京ス、 百練抄

十日、雷電風雨、春日祭、 日本紀略

十一日、列見、 日本紀略 西宮抄

十四日、皇太后遵子ヲ太皇太后ト爲シ、皇后彰子ヲ皇太后ト爲シ、女御姸子ヲ皇后ト爲シ、大納言藤原道綱ニ中宮大夫ヲ兼ネシム、 日本紀略 中右記 榮華物語 公卿補任 大鏡裏書 一代要記

廿六日、藥師寺門ノ金剛力士獅子形等ヲ作ル、 藥師寺緣起

三月大盡 戊辰朔

九日、祈年穀奉幣、 日本紀略

十四日、僧綱ヲ任ズ、 日本紀略 僧綱補任 護持僧次第 護持僧記

廿三日、季御讀經、 日本紀略 小右記目錄

廿四日、內裏死穢アリ、 日本紀略 小右記

廿五日、季御讀經、諒闇ニ依リテ御前論義ナシ、 小右記目錄

廿六日、小除目、 日本紀略 小右記

三十日、一條院御念佛、 小右記

是月、延曆寺僧徒立后ヲ賀ス、 日本紀略

四月大盡 戊戌朔

一日、旬平座、諒闇ニ依リテ見參ヲ停ム、 日本紀略 小右記

三日、齋院御禊雜事定、是日、一條天皇御遺領等ノ御處分アリ、 小右記
四日、廣瀬龍田祭、 日本紀略
五日、道長、延暦寺ニ詣ヅ、 小右記
七日、擬階奏、是日、齋院選子内親王ノ奏狀ヲ奏ス、 日本紀略 小右記
八日、山科祭、灌佛ヲ停ム、是日、齋院御禊前駈定、吉田祭日時定、 日本紀略 小右記
皇太后御惱アリ、 小右記
十日、道長ノ第、恠異アリ、 小右記
十一日、平野祭、松尾祭、是日、東三條院ノ井中ニ餠髮等ヲ投ズルモノアリ、 小右記
十二日、梅宮祭、 小右記
十三日、新任國司申請ノ雜事ヲ定ム、甲斐國司ヲシテ、諸牧貢上ノ御馬ヲ合期セシム、 小野宮年中行事 小右記
十四日、齋院御禊ニ依リテ、絹米等ヲ辨備ス、 小右記

十五日、吉田祭ヲ延引ス、是日、道長ノ無禮ヲ怒リ給ヒ、事ヲ右衞門督藤原懷平ニ謀リ給フ、 小右記
十六日、齋院御禊祭行事等ヲ奏ス、 小右記
十八日、御惱アラセラル、 小右記
十九日、御即位後賀茂齋王ヲ改メズ、賀茂社禰宜ヲシテ齋院御禊ヲ祈ラシム、是日、齋院御禊點地アリ、同前駈ニ禁色ヲ聽ス、 日本紀略 齋院記 小右記
二十日、御惱平愈、是日、齋院御禊祭日時等ヲ奏ス、 小右記
廿一日、齋院御禊、 日本紀略 小右記
廿三日、警固、 小右記
廿四日、御即位後齋王ヲ改メザルコトヲ賀茂社ニ告グ、 小右記
廿五日、解陣、 日本紀略
廿七日、大雨、吉田祭、是日、女御藤原娍子ヲ皇后ト爲ス、中宮、飛香舍ニ入御、除目アリ、 日本紀略 小右記 中右記 河海抄 榮華物語 小右記目錄

廿八日、大神祭延引、是日、立后後朝御使アリ、小右記

皇太后御惱、是日、道長等中宮ニ詣ヅ、小右記

是月、故大納言藤原濟時ニ太政大臣ヲ贈ル、大鏡　榮華物語　尊卑分脈　公卿補任

五月小盡戊辰朔

三日、中宮ニ渡御アラセラル、小右記

五日、左近衛府手結、小右記

六日、右近衛府手結、是日、一條院御念佛、小右記

十日、御馬御覽アリ、小右記

十一日、賑給使定、不斷御讀經僧名、幷ニ日時定、

是日、度緣請印アリ、西宮記　小右記

十五日、皇太后、一條天皇ノ御爲ニ法華八講ヲ修セラル、日本紀略　百練抄　小右記

廿三日、臨時御讀經始、左大臣道長、延暦寺ニ詣ヅ、法師等飛礫ス、日本紀略　小右記　百練抄

廿七日、一條天皇ノ御周忌ニ依リテ、圓教寺ニ御法會ヲ修ス、日本紀略　小右記

是月、皇太后宮、及ビ東宮除服セラル、小右記

六月大盡丁酉朔

一日、道長病ム、小右記　百練抄

四日、大嘗會行事所ヲ始ム、是日、道長病ニ依リテ上表ス、聽サズ、隨身ヲ加賜ス、日本紀略　小右記　一代要記　公卿補任

道長ノ第、法華三十講始、小右記

八日、左大臣道長重テ上表ス、是日、道長ノ第ニ於テ萬僧供アリ、皇太后宮、同第ニ行啓アラセラル、日本紀略　公卿補任

猪、比叡社神殿ヲ破壞ス、小右記

十日、道長、法性寺ニ詣ヅ、小右記

十一日、月次祭、神今食、日本紀略

十二日、春日社ニ恠異アリ、小右記

十三日、雷雨アリ、中宮東宮春季御讀經ヲ始ム、小右記

十四日、一條院御念佛、小右記

十五日、道長病中、右大臣顯光ヲシテ、一上ノ事ヲ

執行セシム、 小右記

十七日、民部大輔藤原爲任、道長ヲ呪咀スル落書アリ、 小右記

十八日、道長ノ第、法華三十講五卷日、 小右記

十九日、敦康親王除服セラル、 小右記

廿二日、一條天皇周忌正日御法會ヲ修ス、 小右記

廿三日、道長、讀師經救ヲシテ、維摩會講師ヲ判定セシム、 小右記

廿八日、雷鳴アリ、虹見ユ、法興院法華八講始、是日、道長ノ第ニ犬ノ怪アリ、 日本紀略 小右記 百練抄

廿九日、大嘗會官符請印、 小右記

三十日、大嘗會ニ依リテ、大祓ヲ行フ、 日本紀略 小右記

是夏、民部史生村主忠茂死ス、 類聚符宣抄

七月小 丁卯朔 盡

四日、廣瀨龍田祭、是日、丹生貴布禰二社ニ祈雨奉幣使ヲ發遣ス、 日本紀略

阿闍梨眞圓等ノ弟子鬪爭ス、 小右記

五日、大雨雷鳴、道長ノ第、法華三十講結願、大般若不斷讀經ヲ行フ、 小右記

八日、皇太后、枇杷殿ニ移御アラセラル、左大臣道長重テ上表ス、勅答アリ、 日本紀略 小右記 公卿補任

十二日、御惱アリ、 小右記

道長病ニ依リテ、勅使ヲ賜フ、 小右記

十三日、皇后、諸社ニ奉幣セラル、 小右記

十六日、御惱ニ依リテ、御修法ヲ行フ、又道長ノ第ニ於テ仁王百講アリ、 日本紀略 小右記

式部大輔正四位下大江匡衡卒ス、 日本紀略 一代要記 大江系圖 小右記 中古三十六人歌仙傳 本朝文粹 朝野群載 續本朝文粹 類聚符宣抄 官職祕抄 玉葉 江吏部集 本朝麗藻 江次第 長門本平家物語 江談抄 續古事談 續世繼 今昔物語 文永七年宸筆御八講記 朝野群載 類集句題抄 本朝書籍目錄 勅撰作者部類 後拾遺和歌集 新古今和歌集 續詞花和歌集 匡衡集 詞花和歌集

二十日、御惱ニ依リテ御讀經僧名ヲ定ム、 日本紀略 小右記

廿一日、御惱ニ依リテ、御加持御讀經ヲ行フ、 小右記

廿四日、御惱ニ依リテ、不斷御讀經等ヲ行フ、小右記

廿六日、御惱平愈、是日、主計頭安倍吉平ニ祿ヲ賜フ、日本紀略 小右記

八月大盡 丙申朔

一日、日食、日本紀略 小右記

四日、季御讀經、日本紀略

六日、大嘗會大祓使ヲ發遣ノ日時ヲ定ム、小右記

七日、御瘧ヲ病ミ給フ、中宮、始テ直廬ニ渡御アラセラル、是日、烏時杭ヲ咋拔ク、小右記 日本紀略

八日、祈年穀奉幣、日本紀略

十一日、定考、幷ニ小除目、日本紀略 公卿補任 辨官補任 小右記

十四日、史生是氏ヲシテ、大嘗會行事辨勘文ヲ進メシム、小右記

十六日、御加持御讀經ノ僧等ニ祿ヲ賜フ、小右記目錄

十七日、大祓使官符請印、及ビ大嘗會行事定、近江拔穗使等定、冷泉天皇御周忌法會定アリ、甲斐眞衣野御馬逗留ス、小右記

廿一日、女官除目、日本紀略 小右記

廿七日、天鳴リ、地震ス、日本紀略 小右記

廿九日、權僧正慶圓、法興院別當ヲ辭ス、小右記

三十日、大嘗會ニ依リ、大祓ヲ行フ、日本紀略 小右記

九月小盡 丙寅朔

三日、御燈、日本紀略

六日、皇太后宮御所ニ嵯峨野ノ草花ヲ栽ウ、小右記

九日、平座、諒闇ニ依リテ見參ヲ停ム、小右記

十一日、伊勢例幣、日本紀略 小右記

十三日、官奏、小右記

十五日、季御讀經僧名定、小右記目錄

十六日、伴正遠ヲ召籠ム、小右記

十七日、道長、近江辛崎ニ於テ祓ヲ行フ、小右記

二十日、季御讀經、日本紀略

廿二日、右大辨藤原朝經ヲ勸學院別當ニ補シ、是日、少僧都澄心ヲ東大寺別當ニ復任ス、辨官補任 東大寺別當次第

廿九日、大祓、　小右記

十月大盡　乙未朔

六日、冷泉天皇周忌御法會ヲ修ス、　日本紀略　小右記目錄　山槐記

十二日、諒闇竟ルニ依リテ、大祓ヲ行フ、　日本紀略

二十日、大學頭文室如正、式部大輔兼任ヲ請フ、　本朝文粹

廿五日、大僧正雅慶寂ス、　日本紀略　諸門跡譜　勧修寺雑事記　東寺長者補任　僧綱補任　三僧記類聚　東寶記

廿八日、直物、幷ニ小除目、　日本紀略　小右記目錄

三十日、大嘗會ニ依リテ大祓ヲ行フ、　日本紀略

閏十月小盡　乙丑朔

十日、齋院選子内親王御惱アリ、　小右記目錄

十六日、御即位ニ依リテ、宇佐宮ニ奉幣ス、　日本紀略

十七日、法興院内積善寺火アリ、　日本紀略　百練抄

廿七日、大嘗會御禊、　日本紀略　榮華物語　大鏡　北山抄裏書

十一月大盡　甲午朔

一日、朔旦冬至、　日本紀略　江次第　中右記　左經記　行類抄

三日、平野祭、　日本紀略

四日、梅宮祭、　日本紀略

十日、萬機旬、　日本紀略

十七日、道長始テ牛車ヲ用フ、　公卿補任　歴代皇記

廿一日、敍位、　公卿補任　辨官補任

廿二日、大嘗祭、　日本紀略　皇年代略記　榮華物語　北山抄　園太曆

廿三日、豐明節會、　日本紀略　北山抄　御遊抄

廿五日、朔旦冬至ニ依リテ、敍位ヲ行ヒ、徒罪以下ヲ免ズ、　日本紀略

廿六日、權大僧都觀教寂ス、　僧綱補任　尊卑分脈　護持僧次第　釋家初例抄　薫集類抄　古今著聞集　勅撰作者部類　拾遺和歌集

廿九日、前攝津守藤原方正ヲシテ、任中ノ公文ヲ勘セシム、　類聚符宣抄

是月、道長ノ第ニ於テ詩宴アリ、　日本紀略　類聚句題抄

十二月小盡　甲子朔

四日、齋宮卜定、　日本紀略　一代要記　大鏡裏書

十日、齋宮卜定ヲ伊勢ニ告グ、是日、御體御卜アリ、 日本紀略

十一日、月次祭、神今食、 日本紀略

十三日、荷前使ヲ發遣ス、 日本紀略

十五日、京官除目、 日本紀略 小右記 公卿補任

十七日、除目下名、 日本紀略

十九日、大神寶使ヲ伊勢以下五十一社ニ發遣ス、 日本紀略

二十日、賀茂臨時祭試樂、 小右記目錄

右大辨藤原朝經ヲ藏人頭ニ補ス、 職事補任 公卿補任 一代要記

廿一日、賀茂臨時祭、 日本紀略 小右記目錄

外宮神主度會康雄ヲ權禰宜ニ任ズ、 豐受大神宮禰宜補任次第

廿五日、佛名、長和ト改元シ、悠紀、主基國司等ニ祿ヲ賜フ、是日、道長ノ第ニ於テ、讀經アリ、 日本紀略 一代要記 權記 改元部類 榮華物語 小右記

是歲、諸國ノ新守ヲシテ、參期以前年料舂米ヲ進納セシム、 朝野群載

長和二年

正月大盡 癸巳朔

一日、小朝拜、節會、御藥ヲ供ス、 日本紀略 法成寺攝政記 榮華物語

齋宮當子內親王、著袴ノ儀ヲ行ハセラル、 御遊抄

二日、皇太后宮、及ビ二宮大饗、道長臨時客、是日、中宮東宮行啓ノ日ヲ定ム、 法成寺攝政記 小右記 台記 日本紀略

六日、敍位儀、幷ニ入眼請印アリ、 日本紀略 法成寺攝政記 小右記

七日、白馬節會、 日本紀略 小右記

中納言藤原時光等ヲ加階ス、 公卿補任 一代要記 辨官補任 職事補任

八日、御齋會始、 日本紀略 小右記

九日、皇太后宮饗饌、 法成寺攝政記

十日、東宮、皇太后ニ拜覲セラル、 日本紀略 法成寺攝政記 小右記

中宮御懐妊ニ依リテ、東三條第ニ移御アラセラル、 日本紀略 小右記 榮華物語

十一日、中宮饗饌、 法成寺攝政記 小右記

十三日、大風雨、 小右記

十四日、御齋會竟ル、僧綱ヲ任ズ、 日本紀略 法成寺攝政記 小右記 僧綱補任 東寺長者補任 歴代皇記

十五日、政始、藏人補任、及ビ同昇殿定、 法成寺攝政記 小右記 公卿補任 職事補任

十六日、踏歌節會、幷ニ射禮賭弓等延引ノ宣旨ヲ下ス、 小右記 年中行事抄

東三條院火アリ、中宮、權大納言藤原齊信ノ第ニ遷御アラセラル、 日本紀略 法成寺攝政記 小右記 榮華物語

法橋慶算寂ス、 僧綱補任

十七日、射禮ヲ延引ス、 日本紀略

十八日、賭弓ヲ延引ス、 日本紀略

法眼尋慶寂ス、 僧綱補任 石淸水祠官系圖

十九日、中宮饗饌、是日、將監藤原頼行射殺セラル、 法成寺攝政記 小右記

二十日、法印聖淸寂ス、 僧綱補任 釋家初例抄 石淸水祠官系圖

廿二日、除目始、 日本紀略 法成寺攝政記 小右記

廿三日、除目、 日本紀略 法成寺攝政記 小右記

廿四日、除目終ル、 日本紀略 法成寺攝政記 小右記 公卿補任 本朝文粹

廿五日、除目下名、是日、春日祭陪從、幷ニ相撲使ノコトヲ議ス、 日本紀略 小右記

廿六日、法務宣旨、幷ニ阿闍梨宣旨ヲ下シ、式部錄伴信重、大中臣奉親ノ過狀ヲ召ス、 法成寺攝政記 日本紀略

廿七日、大雨、脩子内親王三條宮ニ渡御アラセラル、是日、右衞門佐藤原輔公ノ家人ヲ禁獄ス、 法成寺攝政記 小右記

廿八日、贈皇太后超子國忌、 小右記

三十日、宇佐使代官ヲ定メ、春日祭使代官ノコトヲ議ス、 法成寺攝政記 小右記

二月小 癸亥朔盡

一日、道長、石清水參詣ノ雜事等ヲ定ム、　法成寺攝政記　小右記
三日、道長、右少辨藤原資平ノ任官ヲ論ズ、　小右記
四日、祈年祭、是日、宋ノ獻物ヲ頒賜ス、　日本紀略　法成寺攝政記　小右記
五日、大原野祭、　日本紀略　法成寺攝政記　小右記
六日、中宮饗饌、　法成寺攝政記　小右記
七日、御射儀、幷ニ官奏アリ、是日、中宮御懷姙ニ依リテ宇佐使ヲ延引ス、　法成寺攝政記　小右記
九日、春日祭使發遣、　法成寺攝政記　小右記
十日、春日祭、　日本紀略　小右記
十一日、列見、是日、道長、佛堂ヲ法興院ニ造ル、　日本紀略　法成寺攝政記
十二日、圓融天皇國忌、是日、圓融寺御八講始、　法成寺攝政記
十三日、射御覽、　法成寺攝政記
十四日、射場所事始、尙侍位記ヲ賜フ、是日、皇太后宮ニ犬死穢アリ、　小右記　法成寺攝政記

十五日、園韓神祭、是日、釋奠、　日本紀略　小右記
十六日、圓融寺御八講結願、是日、位記請印アリ、中納言藤原隆家皇后宮大夫ヲ辭ス、　小右記　公卿補任
僧明空ヲ維摩會講師ト爲ス、　僧綱補任　小右記
十七日、射禮賭射ノ日ヲ定ム、　日本紀略　小右記
十九日、檢非違使藤原惟佐等、侍醫河內延通ノ子某ヲ捕フ、　法成寺攝政記
二十日、相撲使ヲ定ム、是日、道長中宮ノ御爲ニ修善ヲ行フ、　小右記　法成寺攝政記
廿一日、中宮饗饌、射場所粥次ヲ始ム、　法成寺攝政記　小右記
廿五日、祈年穀奉幣使日時勘文、及ビ季御讀經僧名日時勘文ヲ奏ス、是日、人不參ニ依リテ、臨時御遊ヲ停ム、　法成寺攝政記　小右記
廿四日、故播磨守藤原說孝第ノ穢、內裏ニ及ブ、仍リテ、奉幣臨時祭等ヲ延引ス、　法成寺攝政記　小右記
廿五日、皇太后宮一種物ヲ停止ス、　法成寺攝政記　小右記

廿六日、盗、故大宰權帥藤原伊周ノ第ニ入ル、 法成寺攝政記 小右記

廿七日、陰陽頭ク姓闕文高ヲシテ、手結日ヲ勘セシム、 小右記

廿八日、詔書覆奏、安倍吉平ヲシテ、馬場馬留舍ノ忌方ヲ勘セシム、是日、射場所粥次、府生ク姓闕正武矢員ヲ進ム、僧、北野ニ佛塔講ヲ供養ス、 小右記

廿九日、右近衛陣官人ヲ戒飾シ、將監ク姓闕公友ヲシテ過狀ヲ召ス、是日、府生ク姓闕光頼ノ射ヲ賞シテ祿ヲ賜フ、 小右記

是月、權大僧都深覺東寺長者ヲ辭ス、 東寺長者補任

大僧正濟信ヲ勸修寺別當ニ補ス、 勸修寺雜事記

三月大盡壬辰朔

一日、道長、東河ニ解除ス、 法成寺攝政記

三日、御燈、廢務、東宮御惱、是日、道長夢想ニ依リテ修善ヲ行フ、 日本紀略 法成寺攝政記 小右記

四日、官奏、 法成寺攝政記

五日、皇太后宮御所ニ於テ射儀アリ、是日、京都南方火アリ、 法成寺攝政記 小右記

六日、月、東井ニ入リ、第三星ヲ犯ス、左近衛府荒手結、是日、御射儀アリ、 法成寺攝政記 小右記

八日、大雨、左近衛府眞手結延引、是日、府生ク姓闕正武矢員ヲ進ム、 小右記

九日、兵部手結、幷ニ帶刀手結、 法成寺攝政記 小右記 小野宮年中行事

十日、左近衛府眞手結、是日、案主ク姓闕常澄兼清等ノ過狀ヲ召ス、 小右記

十一日、射禮、 日本紀略 小右記 小野宮年中行事 年中行事抄

十二日、射遺、 日本紀略

十三日、御射儀アリ、 法成寺攝政記

十四日、賭弓、 日本紀略 法成寺攝政記 小右記 小野宮年中行事

十五日、大雨、直物延引、薩摩守ク姓闕清定辭狀ヲ上

ル、 法成寺攝政記 小右記

十六日、除目、皇后行啓供奉諸司ヲ定ム、皇太后宮御所弓負態アリ、 日本紀略 公卿補任 法成寺攝政記 小右記

十八日、道長、皇太后ノ御爲ニ佛經ヲ供養ス、 法成寺攝政記

二十日、皇后、及ビ皇子皇女等入内セラル、是日、民部大輔藤原爲任ヲ加階ス、 日本紀略 法成寺攝政記 小右記 榮華物語

廿二日、直物延引、御射儀アリ、 法成寺攝政記 小右記

廿三日、敦儀親王、敦平親王元服セラレ、三品ニ敍セラル、是日、式部卿敦明親王ニ帶劒ヲ聽ス、 日本紀略 法成寺攝政記 小右記 花鳥餘情 御遊抄

廿四日、雪降ル、 日本紀略 法成寺攝政記 神皇正統錄

廿五日、御物忌ニ依リ、直物延引ス、大仁王會日時行事、及ビ齋宮御禊行事等ヲ定ム、是日、皇后宮、公卿女房ニ祿ヲ賜フ、 法成寺攝政記 小右記

廿六日、道長、東河ニ解除ス、是日、左中辨藤原經通ノ家人、妻子ヲ傷殺ス、 法成寺攝政記 小右記

廿七日、石清水臨時祭試樂、是日、觸穢ニ依リテ大神祭使、賀茂祭行事等ヲ替ヘシム、 日本紀略 法成寺攝政記 小右記

廿九日、雷鳴雨氷、石清水臨時祭、是日、皇太后宮饗饌アリ、 日本紀略 年中行事秘抄 法成寺攝政記 小右記

三十日、石清水臨時祭還立、是日、見物車濫行ス、前大和守姓闕ク景齊ノ從者姓闕ク常利ヲ禁固セシム、 法成寺攝政記 小右記

權中納言源俊賢ノ子侍從顯基ニ昇殿ヲ聽ス、是日、大納言藤原實資、冷泉院神泉苑ノ繪圖ヲ道長ニ獻ズ、 小右記

四月 小盡 壬戌朔

一日、旬平座見參、是日、官奏アリ、 日本紀略 法成寺攝政記 小右記

三日、道長、法興院ニ堂ヲ建ツ、 法成寺攝政記

四日、廣瀨龍田祭、 日本紀略

五日、權律師盛算ヲ東寺長者ニ任ズ、 僧綱補任 東寺長者補任 歷代皇記

六日、皇太后、唐鞍具ヲ左大臣道長ニ賜フ、 法成寺攝政記

七日、擬階奏、齋院御禊日時、幷ニ前駈ヲ定ム、 日本紀略 法成寺攝政記

八日、地震雷雨、 法成寺攝政記

九日、官中文書領宣旨ヲ下ス、 法成寺攝政記

十日、皇太后御惱、道長、右大臣顯光竝ニ病ム、 法成寺攝政記

十一日、平野祭、 日本紀略

十二日、梅宮祭、 日本紀略 法成寺攝政記

十三日、中宮、東宮大夫藤原齊信ノ第ヨリ、上東門第ニ還御アラセラレ、皇太后、枇杷第ニ行啓シ給フ、 日本紀略 法成寺攝政記

十五日、吉田祭、是日、直物、小除目アリ、 法成寺攝政記 日本紀略 小右記目錄

十九日、信濃守藤原公則等、馬胡籙等ヲ東宮、幷ニ敦良親王ニ獻ズ、 法成寺攝政記

廿一日、齋院御禊、 法成寺攝政記 小右記

廿二日、賀茂祭警固 日本紀略

廿三日、道長、賀茂社ニ詣ヅ、 法成寺攝政記

廿四日、賀茂祭、 法成寺攝政記 小右記

廿五日、昭登親王ノ第、火アリ、 日本紀略

廿七日、小除目、諸雜事定、 日本紀略 法成寺攝政記 小右記目錄

廿九日、贈太皇太后安子國忌、 法成寺攝政記

五月大 辛卯朔 盡

一日、延曆寺舍利會、是日、道長病ム、 法成寺攝政記

二日、祈年穀奉幣、季御讀經ノ日時ヲ勘セシム、 法成寺攝政記

四日、中宮御禊、東宮御修善、是日、道長ノ第法華三十講始、 日本紀略 法成寺攝政記

八日、祈年穀奉幣ノ日ヲ奏ス、 法成寺攝政記

十日、道長ノ第ニ於テ供佛音樂、及ビ作文アリ、 法成寺攝政記

十二日、皇太后宮季御讀經、是日、藤原隆佐、天文

博士安倍吉昌ノ辭表ヲ奏シテ、僧遍救ノ中文ヲ奏セズ、仍リテ隆佐ヲ勘氣ニ處ス、 法成寺攝政記

十三日、內藏權頭藤原信經ノ怠狀ヲ召ス、 法成寺攝政記

十四日、道長、中宮ノ御爲ニ修善ヲ行フ、 法成寺攝政記

十五日、道長ノ第法華三十講五卷日、 日本紀略 法成寺攝政記

十六日、內藏權頭藤原信經等ノ怠狀ヲ返還ス、 法成寺攝政記

前大宰大貳正三位藤原高遠薨ズ、 日本紀略 法成寺攝政記 中古三十六人歌仙傳 尊卑分脈 大鏡 公卿補任 小右記 續本朝往生傳 禁祕抄 枕草子 百練抄 懷竹抄 續古事談 十訓抄 袋草紙 西公談抄 寶物集 兼載雜談 勅撰作者部類 拾遺和歌集 後拾遺和歌集 詞花和歌集 新古今和歌集 新勅撰和歌集 續古今和歌集 續後拾遺和歌集 新拾遺和歌集 新續古今和歌集 夫木和歌集 萬代和歌集 續詞花和歌集

十七日、祈年穀奉幣、 日本紀略 法成寺攝政記

十八日、東宮御惱、是日、道長經卷ヲ供養ス、 法成寺攝政記

二十日、東宮御惱ニ依リテ、御卜ヲ行ヒ、御讀經ヲ修ス、 日本紀略 小右記目錄 法成寺攝政記

廿一日、季御讀經、 日本紀略 法成寺攝政記

廿七日、賑給使ヲ定ム、 法成寺攝政記

六月大 辛酉朔 盡

一日、雷雨、御物忌、 法成寺攝政記

三日、敦良親王、皇太后ニ覲シ給フ、是日、大學寮寮試ノ日ヲ奏ス、 法成寺攝政記

四日、權中納言正三位藤原忠輔薨ズ、 日本紀略 法成寺攝政記 小右記目錄 尊卑分脈 公卿補任 葉黃記 類聚符宣抄 今昔物語 粟田左府尚齒會詩

八日、道長、病ニ依リテ、竈神屋ヲ修補ス、 法成寺攝政記

九日、御馬御覽、 法成寺攝政記

十日、御體御卜、 日本紀略

十一日、月次祭、神今食、是日、道長、右京權大夫賀茂光榮ヲシテ、河原ニ祓除セシム、 法成寺攝政記

十四日、雷雨、 法成寺攝政記

十五日、道長、祇園社ニ詣ヅ、 日本紀略 法成寺攝政記

十七日、權中納言藤原忠輔ノ薨奏アリ、 日本紀略
十八日、中宮、春季御讀經始、 法成寺攝政記
二十日、道長ニ雜具ヲ賜フ、 法成寺攝政記
廿二日、一條天皇ノ國忌ニ依リテ、法華八講ヲ圓教寺ニ行フ、是日、中宮、敦康親王、御讀經ヲ修シ給フ、 法成寺攝政記 年中行事秘抄 小野宮年中行事
敦儀親王ヲ中務卿ニ、敦平親王ヲ兵部卿ニ任ズ、 皇年代記
廿三日、式部卿敦明親王ヲ一品ニ敍ス、是日、除目、始テ大納言五人ヲ置キ、權大納言藤原賴通ニ帶劍ヲ聽ス、 日本紀略 法成寺攝政記 小右記目錄 公卿補任 一代要記 皇年代記 河海抄 拾芥抄
廿七日、道長、權大納言賴通等著陣、受領初ノ日ヲ定ム、 法成寺攝政記
廿八日、昭平親王薨ズ、 日本紀略 本朝皇胤紹運錄 一代要記 榮華物語 勅撰作者部類 續古今和歌集
法興院法華八講始、 法成寺攝政記
廿九日、敦明親王御惱、是日、御樋殿顚倒ス、 法成寺攝政記 小右記
三十日、大祓、是日、法興院法華八講五卷日、 日本紀略 法成寺攝政記
是月、美濃、異魚圖ヲ獻ズ、 百練抄

七月小 辛卯朔 盡

一日、大仁王會願文ヲ奏シ、御讀經日時ヲ定ム、是日、檢非違使別當ノ宣旨ヲ下ス、 小右記
二日、法興院法華八講結願、 小右記
三日、御讀經僧名定、齋宮南小路門前ニ飛礫アリ、
是日、權大納言藤原賴通等著陣ス、 小右記
四日、廣瀨龍田祭、 日本紀略
六日、大納言藤原實資、錫紵薨奏同日ノ例、幷ニ齋王入宮ノ方位ヲ論ズ、 小右記
皇女禎子御誕生アラセラル、 日本紀略 歷代編年集成 小右記 榮華物語 大鏡
八日、皇女三夜ノ御儀、 小右記 榮華物語
九日、內豎ヲ禁獄シ、藏人藤原敦親ヲ勘責ス、 小右記

十日、皇女五夜ノ御儀、是日、權中納言藤原行成、和歌ノ序ヲ作ル、 日本紀略 小右記

十二日、皇女七夜ノ御儀、大納言藤原實資、右兵衛督源憲定ノ女ノ任官ヲ論ズ、 日本紀略 小右記

十四日、皇女九夜ノ御儀、大納言藤原實資、右中辨藤原定頼ノ外祖父ノ服ヲ論ズ、 日本紀略 小右記 大鏡

十五日、權中納言藤原懷平著陣、是日、雅樂頭清原爲成ヲシテ、東西兩寺于蘭盆供ノ呉樂ヲ行ハシム、 小右記

十六日、官奏、是日、權中納言藤原懷平ニ昇殿ヲ聽ス、 小右記

十七日、御錫紵ヲ著シ給フ、昭平親王ノ薨奏アリ、是日、相撲召仰ノ日ヲ定ム、 小右記

十八日、御錫紵ヲ除キ給フ、是日、伊賀ノ相撲某ヲ捕フ、 小右記

十九日、雷雨、東宮御讀經結願、是日、相撲ノ日ニ雨色ノ衣ヲ著スルヲ停ム、 小右記

源雅通ノ四條第火アリ、是日、濫行ニ依リテ牛童等ヲ禁獄ス、 小右記

二十日、相撲召仰、 小右記

廿一日、相撲內取、大宰油綱丁某ノ相撲ヲ免除ス、 小右記

廿二日、內藏權頭藤原信經ノ怠狀ヲ返還シ、牛童等ノ罪ヲ原免ス、是日、隨身下毛野公時ヲ府掌ニ補ス、 小右記

廿三日、左相撲使近衛上道吉方以下相撲人ニ熟瓜ヲ賜フ、 小右記

廿四日、天地鳴動ス、 小右記

廿五日、右相撲使將監公助等相撲人ニ瓜ヲ賜フ、 小右記

廿六日、相撲內取、 小右記

廿七日、雨ニ依リテ、相撲ヲ延引ス、 小右記

廿九日、相撲召合、濫行者ヲ禁獄ス、 日本紀略 樗嚢抄 小右記 江次第

八月大盡 庚申朔

一日、相撲拔出、是日、右兵衛督源憲定等ニ昇殿ヲ聽ス、日本紀略 小右記
五日、止雨奉幣使ヲ丹生貴布禰社ニ發遣シ、左兵衛尉宮道式光等ヲ任官ス、是日、道長ノ第ニ觸穢アリ、小右記
六日、道長ノ第ノ穢ニ依リテ、五番ノ相撲ヲ延引ス、小右記
八日、釋奠、日本紀略 小右記
九日、地震、信濃布牧馬等ヲ相撲人等ニ賜フ、是日、參議藤原兼隆、厩舍人ヲ殺ス、日本紀略 小右記
十日、齋宮御禊御前、幷ニ一代一度大仁王會僧名ヲ定ム、小右記 小右記裏書
十一日、定考、是日、野宮料材木ヲ撿封ス、日本紀略 小右記
十二日、地震、臨時御讀經始、日本紀略 小右記
十三日、左衛門督藤原教通等、嵯峨前栽ヲ皇太后宮ニ上ル、小右記
十四日、齋宮行事所出車廻文ヲ進ム、是日、法性寺八講結願、是日、前攝津守藤原方正ノ籠居ヲ免ジ、右衛門尉平致方ヲ召籠ム、小右記
道長、石淸水ニ奉幣シ、五大尊法ヲ法性寺ニ修ス、小右記 台記
十六日、駒牽、是日、相撲使違期勘文ヲ進ム、小右記
十七日、臨時御讀經結願、道長、檢非違使平致方ヲ譴責ス、是日、堀河邊火アリ、日本紀略 小右記
十九日、一代一度大仁王會、日本紀略 小右記
廿一日、齋宮御禊、日本紀略 小右記
廿五日、臨時奉幣使定、是日、齋宮野宮入御ノ前駈ヲ定ム、小右記 台記
廿七日、皇女五十日ノ御儀アリ、小右記 榮華物語
廿八日、番長勝良眞等ノ補任アリ、小右記
廿九日、祈年穀奉幣、日本紀略 小右記 台記
三十日、維摩會請書加署、是日、左大臣道長經卷ヲ供養ス、台記

九月小 庚寅朔盡

二日、行幸ニ依リテ袙袴料等ヲ隨身ニ賜フ、小右記
三日、御燈、是日、藏人頭藤原公信ノ從者、侍從藤原資平ノ從童ヲ殺害ス、日本紀略 小右記
四日、眞衣野駒牽、小右記
五日、御夢想アリ、御馬解文ヲ奏ス、小右記
九日、平座見參、日本紀略
十日、隨身岡田藤延ヲ案主ニ補シ、子延友ヲ隨身ニ補ス、小右記
十一日、伊勢奉幣、雨ニ依リテ行幸ナシ、是日、文章博士菅原宣義ヲシテ、一切經供養願文ヲ作ラシム、日本紀略 小右記
十三日、道長ノ第ニ於テ競馬アリ、小右記
十四日、東遊舞人ノ員ヲ定ム、小右記
十六日、道長ノ第ニ行幸アラセラル、日本紀略 百練抄 小右記 榮華物語
尚侍藤原威子等敍位アリ、權中納言藤原教通等ヲ加階ス、公卿補任 小右記 大鏡裏書 榮華物語
道長、貢馬ヲ見ル、小右記
十七日、左馬權頭藤原保昌等ノ昇殿ヲ聽ス、是日、番長姓闕ク保重ニ過狀ヲ進シム、樗嚢抄 小右記
神社行幸、幷ニ季御讀經僧名定、是日、唐物御覽アリ、小右記
二十日、道長ノ第、季讀經始、小右記
廿一日、行幸祿物ヲ侍從等ニ賜フ、小右記
廿二日、季御讀經始、是日、五節ヲ定ム、日本紀略 小右記
廿三日、典侍除目、是日、大宰帥敦康親王ノ第作文アリ、小右記
道長ノ第、季讀經結願、是日、大納言藤原道綱左馬寮ノ御馬ヲ賜ランコトヲ請フ、小右記
廿五日、地震、季御讀經結願、是日、東宮舞樂御覽アリ、權中納言藤原懷平ニ東宮昇殿ヲ聽ス、日本紀略 小右記
廿七日、齋宮當子內親王野宮ニ入リ給フ、日本紀略 小右記

廿八日、府生紀保方等ノ過狀ヲ留メ、菅野親重等ノ過狀ヲ返還ス、是日、清涼殿舞樂延引ス、 小右記

廿九日、府生姓闕ク公奉等ノ過狀ヲ返還ス、 小右記

十月大己未朔盡

一日、平座見參、是日、宇佐神寶使ヲ發遣ス、 日本紀略

十日、不堪田奏、 日本紀略

十三日、觀音院塔供養、 日本紀略 小右記

十九日、權中納言藤原懷平、檢非違使別當ヲ辭ス、 公卿補任 歷代皇記

二十日、皇女百日ノ御儀、 日本紀略 小右記

廿二日、除目、是日、皇女禎子ヲ內親王ト爲ス、 日本紀略 小右記目錄 女院記 女院小傳

廿三日、八十島祭、是日、除目、 日本紀略 公卿補任 魚魯愚抄

廿五日、除目入眼、 小右記目錄

廿六日、除目下名、 日本紀略

廿八日、行幸ニ依リテ七社ニ奉幣ス、 日本紀略

十一月小己丑朔盡

一日、御曆奏、 樗嚢抄

四日、行幸御祈ニ依リテ、七社ニ奉幣ス、 日本紀略

九日、梅宮祭、 日本紀略

十日、禎子內親王參內シ給フ、 榮華物語

十五日、新嘗祭、 日本紀略

十六日、豐明節會、 日本紀略

十九日、賀茂臨時祭試樂、是日、八省院大祓アリ、 日本紀略 小右記目錄

廿一日、賀茂臨時祭、 日本紀略 小右記目錄

廿八日、石清水ニ行幸アラセラル、 日本紀略 西宮記 宇治拾遺物語

八幡別當定清ヲ法橋ニ敍シ、俗別當紀兼輔ヲ正五位上ニ敍ス、 石清水祠官系圖 僧綱補任

廿九日、石清水ヨリ枇杷殿ニ還御アラセラル、是日、采女町、幷ニ內膳司燒亡ス、 日本紀略

是月、御耳目ヲ病ミ給フ、 和漢合符

十二月 大盡 戊午朔

一日、日食、　日本紀略
七日、太政官符ヲ備中國司ニ下シテ、太皇太后宮職ノ戶座ヲ替ヘシム、　類聚符宣抄
十一日、月次祭、　日本紀略
十三日、大祓、　日本紀略
十五日、雨雪、是日、賀茂社ニ行幸アラセラル、　日本紀略　賀茂注進雜記　辨官補任　大鏡
十九日、敍位、權中納言藤原教通ヲ撿非違使別當ニ補ス、是日、御佛名、　日本紀略　公卿補任　辨官補任
廿三日、中宮侍長藤原惟兼、中宮少進藤原惟信ヲ毆ツ、仍リテ道長、惟兼ヲ捕ヘシム、　日本紀略
廿四日、中宮少進藤原惟信卒ス、　日本紀略
廿六日、直物、小除目、是日、僧綱ヲ任ズ、　日本紀略　小右記　僧綱補任　元亨釋書　百練抄
廿七日、荷前使、是日、阿闍梨源賢等ヲ法橋ニ敍ス、　僧綱補任　釋家初例抄
是歲、宋ヨリ牒狀來ル、　日本運上錄
式部卿敦明親王巡給、　魚魯愚抄
公卿、子息ノ年給ヲ以テ、諸司助ニ任ゼラレンコトヲ請フ、　朝野群載
僧寂源、勝林院ヲ草創ス、　元亨釋書

長和三年

正月 小盡 戊子朔

一日、節會、出御ナシ、　日本紀略
二日、中宮ノ御方ニ渡御アラセラル、是日、禎子內親王鏡餅ヲ覽給フ、　榮華物語　河海抄
東宮大饗、道長臨時客、　日本紀略　小右記
三日、神祇權大副大中臣公範卒ス、　大中臣氏系圖
五日、坎日ニ依リテ敍位ヲ停ム、　日本紀略
六日、敍位儀、　日本紀略　公卿補任
七日、白馬節會、　日本紀略　小右記　辨官補任
御齒ヲ取ラシメ給フ、是日、左近衞權少將藤原兼經還昇ス、　小右記
八日、御齋會、　日本紀略　小右記

十日、女敍位、　日本紀略

十四日、右少辨藤原資業ヲ藏人ニ補ス、　職事補任　辨官補任

十六日、御物忌ニ依リテ、踏歌節會延引ス、　日本紀略

十九日、中宮、內裏ニ還御アラセラル、是日、僧仁海ヲ東寺長者ニ補ス、　日本紀略　東寺長者補任

廿二日、除目始、是日、散位源爲憲、美濃加賀等ノ國守ノ闕ニ補セラレンコトヲ請フ、　本朝文粹

廿四日、除目終、　日本紀略　小右記　公卿補任　辨官補任

廿六日、除目下名、　日本紀略　職事補任

廿七日、彗星見ル、　一代要記　中右記　小右記

二月小盡　丁巳朔

一日、釋奠、　日本紀略

四日、春日祭、　日本紀略

七日、鎭守府將軍平維良上京ス、　小右記

八日、大內記藤原隆佐ヲ式部大丞ニ任ズ、　公卿補任

九日、內裏燒亡ス、　日本紀略　一代要記　百練抄　皇年代記　小右記　榮華物語

春日行幸ヲ延引ス、是日、御加持ヲ受ケ給フ、　小右記

十日、廢務、遷御ノ日時ヲ勘セシム、燒死ノ穢アリ、是日、主殿頭源延信卒ス、　日本紀略　小右記

十一日、大原野祭延引、是日、御修法アリ、　日本紀略　小右記

十二日、圓融天皇國忌、是日、雜人濫行ス、　小右記

十四日、枇杷殿ニ遷御ノコトヲ定ム、　小右記

十五日、大納言實資、道長ノ非行ヲ慨ス、內裏火災ニ依リテ奸盜アリ、　小右記

十八日、造宮行事定、是日、右大辨藤原朝經ヲ參議ニ任ス、　小右記　公卿補任

十九日、相撲使ノ事ヲ議ス、是日、僧都尋光、御加持ニ候ス、　小右記

二十日、松下曹司ニ移御アラセラル、是日、大納言藤原實資ノ家ニ怪アリ、　日本紀略　小右記

廿五日、少僧都澄心寂ス、　日本紀略　東大寺別當次第　僧綱補任

廿六日、政始、權少僧都清壽ヲ東大寺別當ニ補ス、
日本紀略　東大寺別當次第

廿九日、參議從三位藤原正光薨ズ、　日本紀略　公卿補任　枕草子

三月大 丙戌朔盡

二日、手結ノ日ヲ定ム、　小右記

三日、御燈、　日本紀略

五日、小除目、　日本紀略

十日、參議藤原正光ノ薨奏アリ、　日本紀略

十一日、射禮、　日本紀略

十二日、賭弓ヲ停止ス、是日、內藏寮掃部寮燒亡ス、　日本紀略　百練抄　小右記

鎭西ノ兵、新羅ノ賊軍ヲ擊ツ、　神皇正統錄　和漢合運　鎭西要略

祈年穀奉幣使、幷ニ仁王會ノ日ヲ定ム、　小右記

十四日、神鏡ヲ松下曹司ニ移シ奉ル、　日本紀略

十五日、神鏡ヲ太政官細殿ニ安シ奉ル、是日、左大臣道長、恠異ニ依リテ、百座仁王講ヲ修ス、　小右記

十六日、列見、　日本紀略　小右記　台記

十八日、祈年穀奉幣、　日本紀略

廿一日、仁明天皇國忌、石淸水臨時祭ヲ延引ス、
小野宮年中行事

廿二日、皇太后、枇杷殿ヨリ、大納言藤原頼通ノ第ニ移御アラセラル、　小右記　日本紀略

東大寺僧朝晴ヲ維摩會講師ト爲ス、　僧綱補任　小右記

廿四日、仁王會、　日本紀略　小右記

廿七日、石淸水臨時祭、是日、僧安齋ヲ大安寺別當ニ補ス、　日本紀略　小右記　小野宮年中行事　榮華物語

廿八日、除目、直物、　日本紀略　公卿補任　辨官補任

廿九日、齋院御禊雜事ヲ定ム、　小右記

四月大 丙辰朔盡

一日、旬平座、是日、賀茂祭使勘宣旨ヲ下ス、　日本紀略　小右記

四日、廣瀨龍田祭、　日本紀略

五日、平野祭、是日、道長病ム、 日本紀略 小右記
六日、梅宮祭、是日、陣定アリ、枇杷殿ニ移御ニ依リテ御讀經ヲ行フ、 小右記
七日、擬階奏、是日、齋院御禊祭行事ヲ定ム、 日本紀略 小右記
八日、灌佛、 小右記
九日、松下曹司ヨリ、枇杷殿ニ移御アラセラル、是日、齋院御禊前駈定、 日本紀略 百練抄 小右記
十日、大神祭使ヲ發遣ス、 小右記
十一日、地震、是日、賢所恠異アリ、 日本紀略 小右記
十五日、齋院御禊、是日、看督長、隨身紀元武ノ綾衣ヲ著スルヲ制ス、 日本紀略 小右記
十七日、警固、 小右記
十八日、賀茂祭、 日本紀略 小右記
十九日、解陣、賀茂祭使還立、 日本紀略 小右記
廿一日、吉田祭、 小右記
內膳典膳坂田守忠ヲ拷訊ス、是日、撿非違使廳ノ者狼藉ス、 小右記
廿三日、政始、道長ノ第ニ行幸ノ日時等ヲ定ム、是日、東宮御馬御覽アリ、 日本紀略 小右記
廿六日、道長、賀茂社ニ詣ヅ、是日、未ダ放還セザル國司、幷ニ隨身紀元武等ヲ免ズ、 日本紀略 小右記
權少僧都清壽ヲ東大寺別當ト爲ス、 東大寺別當次第
廿九日、贈太皇太后安子國忌、是日、御馬馳延引ス、 小右記
僧善增殺サル、 小右記

五月小盡 丙戌朔

一日、道長ノ第、法華三十講始、是日、道長、行幸饗饌等ノ事ヲ奏ス、 小右記
三日、雷雨、左近衛府荒手結延引ス、 小右記
四日、左近衛府荒手結、 小右記
五日、右近衛府荒手結、是日、諸人廣隆寺藥師堂ニ參詣ス、 小右記 日本紀略 山城廣隆寺來由記
六日、左近衛府眞手結、 小右記
七日、右近衛府眞手結、 小右記
八日、道長ノ第、法華三十講五卷日、 日本紀略 小右記

九日、行幸召仰、幷ニ公卿出馬アリ、 小右記

十三日、道長ノ第ニ行幸ノ日時ヲ改定ス、 小右記

十六日、道長ノ第ニ行幸アラセラル、 日本紀略 小右記 江次第 花鳥餘情

行幸ノ賞ニ依リテ、左近衛中將藤原能信ヲ從三位ニ敍シ、民部權大輔藤原兼綱ヲ藏人頭ニ補ス、 日本紀略 公卿補任 歴代皇記 職事補任 小右記

十七日、御馬御覽アリ、左馬頭藤原保昌等ニ勅祿ヲ賜フ、 小右記

十九日、左大臣道長ノ第ニ詩宴アリ、 日本紀略

廿二日、雷雨、 小右記

廿四日、內裏造營定、 日本紀略 小右記

廿五日、式部大丞藤原隆佐ヲ從五位下ニ敍ス、是日、道長ノ第法華三十講結願、 公卿補任 小右記

廿六日、皇太后宮御修法ヲ行ハセラル、 小右記

廿七日、僧安奝ヲ大安寺別當ニ補ス、 小右記

廿八日、道長、桂山莊等ヲ遊覽ス、 小右記

六月 大盡 乙卯朔

七日、雨ニ依リテ、旬儀延引ス、 小右記

十日、御體御卜、 日本紀略

十一日、月次祭、神今食、 日本紀略 小右記

十三日、東大寺大佛殿前庭ニ蓮三莖生ゼシコトニ依リテ御占ヲ行フ、 東大寺別當次第

十五日、祇園社ニ奉幣ス、御馬御覽アリ、是日、內裏犬死穢アリ、 小右記

十七日、小除目、諸國々司申請ノ條々ヲ定ム、 日本紀略 公卿補任 小右記

犬死穢ニ依リテ、御讀經延引ス、是日、右衛門權佐藤原賴任等ニ昇殿ヲ聽ス、 小右記

十九日、造宮事始、 日本紀略

廿二日、圓教寺御八講、 小右記

廿三日、齋宮裝束司除目、 小右記

廿七日、春季御讀經始、施米文ヲ奏ス、 小右記

廿八日、法興院御八講始、 小右記

廿九日、道長、祇園社ニ詣ヅ、 小右記

七月 小盡 乙酉朔

二日、權少僧都明肇寂ス、僧綱補任　尊卑分脈

四日、廣瀨龍田祭、日本紀略

十五日、東宮御惱、小右記目錄

十六日、故太政大臣賴忠ノ室嚴子女王卒ス、小右記目錄　大鏡裏書　本朝皇胤紹運錄　小右記

十九日、東宮御惱、

廿二日、東宮、權大納言賴通ノ第ヨリ、道長ノ第ニ遷リ給フ、日本紀略

八月大盡　甲寅朔

四日、釋奠、日本紀略

七日、臨時奉幣、日本紀略

十一日、定考、日本紀略

十七日、駒牽、樗嚢抄

二十日、南殿ニ出御アラセラル、日本紀略

廿一日、大風、是日、省試アリ、日本紀略

廿四日、齋宮寮官除目、是日、式部省評定アリ、日本紀略

廿九日、外記ヲシテ文章博士等ヲ召問セシム、日本紀略

三十日、齋宮群行ニ依リテ、大祓ヲ行フ、是日、太皇太后、嚴子女王ノ爲ニ、四十九日ノ法會ヲ修シ給フ、日本紀略　小右記目錄

九月大盡　甲申朔

三日、齋宮群行ニ依リテ、御燈ヲ止ム、齋宮部類

九日、齋宮群行ニ依リテ、重陽宴ヲ止ム、平座見參アリ、日本紀略　大鏡

十一日、伊勢例幣、日本紀略

二十日、齋宮當子內親王、伊勢ニ參向セラル、是日、參議藤原通任ニ帶劒ヲ聽ス、日本紀略　公卿補任

十月小盡　甲寅朔

一日、平座見參、日本紀略

二日、維摩會講師ノ請書加署アリ、是日、齋宮長奉送使右中辨藤原資業參內ス、小右記

六日、式部卿敦明親王ノ王子敦貞誕生シ給フ、小右記

十一日、造宮事始、是日、尾張守藤原元命愁文ヲ進ム、 日本紀略 小右記 榮華物語 園太暦

皇太后宮一種物アリ、大宰帥敦康親王參內セラル、 小右記

十二日、式部卿敦明親王々子、七夜ノ御儀ニ依リテ、御劍御馬等ヲ賜フ、 小右記

十三日、除目召仰、 小右記

十四日、除目始、是日、權中納言藤原敎通ニ檢非違使別當ヲ辭スル狀ヲ返還ス、 日本紀略 小右記

十五日、除目入眼、受領功課ヲ定ム、是日、筑前守平理義ヲ従四位下ニ敍ス、 日本紀略 公卿補任 園太暦 小右記

十六日、除目下名、 日本紀略

十七日、造宮ニ依リテ、諸社ニ奉幣ス、 日本紀略 小右記

二十日、權中納言藤原敎通、再ビ檢非違使別當ノ辭狀ヲ上ル、是日、延暦寺平等房火アリ、 小右記

廿三日、陣定、 日本紀略 小右記

廿四日、冷泉天皇國忌、 小右記

廿五日、大宰帥敦康親王、左大臣道長ノ宇治第ニ渡御セラル、 小右記

廿六日、隨身秦近利等ヲ御馬乘ト爲ス、 小右記

廿七日、敦康親王、道長ノ宇治第ヨリ歸京シ給フ、 小右記

廿八日、僧綱ヲ任ズ、 小右記 僧綱補任 東寺長者補任 護持僧次第

廿九日、御馬乘騎射射手等、不參ニ依リテ、起請文ヲ上ラシム、 小右記

十一月 大盡 癸未朔

一日、御暦奏、 小右記

二日、春日祭、 日本紀略 小右記

三日、梅宮祭、是日、射場始ノ日時ヲ議ス、 日本紀略 小右記

園韓神祭解除料米錢等ヲ神祇官ニ下ス、 朝野群載

七日、射場始、小除目、權中納言藤原敎通、檢非違使別當ヲ辭ス、 日本紀略 小右記 公卿補任 一代要記 歷

代皇記

九日、敦康親王、脩子内親王ヲ訪ヒ給フ、　小右記

十三日、中原師重、明經得業生ヲ望ム、　小右記

十四日、吉田祭、　日本紀略

十五日、御馬御覽アリ、　小右記

十七日、東宮參内シ給フ、　日本紀略　小右記

十八日、大原野祭、　日本紀略　小右記

十九日、園韓神祭、是日、住吉社遷宮、　日本紀略

二十日、鎭魂祭、　日本紀略

廿一日、新嘗祭、　日本紀略　小右記

廿二日、豐明節會、御物忌ニ依リテ出御ナシ、　日本紀略　小右記

天台座主大僧正覺慶寂ス、　日本紀略　小右記　元亨釋書　僧綱補任　尊卑分脈　天台座主記　歴代皇記　伊呂波字類抄　江談抄　續詞花和歌集

廿四日、雷鳴大風、御馬御覽、隨身姓闕ク扶武ニ勅祿ヲ賜フ、　日本紀略　小右記

廿五日、賀茂臨時祭試樂、　小右記

廿七日、賀茂臨時祭、　日本紀略　小右記

廿八日、東宮御讀書始、　日本紀略　小右記　榮華物語　大鏡裏書　台記　園太暦

三十日、御馬御覽アリ、　小右記

十二月小盡癸丑朔

一日、式部卿敦明親王家ノ雜人、右中辨藤原定賴ノ從者ト鬪爭ス、　小右記

二日、内裏上棟、是日、陰陽寮ヲシテ移徙ノ月ヲ勘セシム、　日本紀略　小右記　園太暦

三日、右中辨藤原定賴ノ從者等ヲ追捕ス、　小右記

四日、御不豫、是日、番長播磨爲雅、府生トナランコトヲ請フ、　小右記

五日、春日行幸ノ行事ヲ改ム、隨身ノ衣服ヲ大納言藤原實資ニ賜フ、是日、犬死穢アリ、　小右記

六日、太皇太后宮御讀經始、　小右記

九日、駒迎、太皇太后宮御讀經結願、是日、右大臣顯光桂山莊ニ饗饌ヲ行フ、　小右記

十日、御卜奏、　日本紀略

十一日、熒惑星三公星ヲ犯ス、是日、月次祭、神今食、日本紀略 小右記

十三日、天變勘文アリ、是日、除目、小右記 日本紀略

十五日、春日行幸、幷ニ季御讀經日時定、小右記

十六日、源隆國ヲ從五位下ニ敍ス、公卿補任

十七日、花山院火アリ、日本紀略 小右記

十九日、慈德寺法華八講始、是日、皇太后宮御讀經アリ、小右記

廿一日、皇后、北斗星ヲ祭リ給フ、小右記

廿二日、皇后宮ニ米絹等ヲ賜ヒ、前陸奥守藤原濟家等ニ絹檀紙等ヲ賜フ、小右記

廿三日、御佛名、小右記

廿四日、明經得業生中原師重ニ官符ヲ賜フ、小右記

廿五日、季御讀經始、是日、禎子內親王御惱、左大臣道長モ亦病アリ、小右記

東宮御佛名、是日、右近將監藤原賴行、三位中將藤原能信ノ從者ヲ射殺ス、小右記

廿六日、陣申文、相模等勘出ノ宣旨ヲ下ス、小右記

皇太后宮御佛名、是日、大僧正慶圓ニ被物ヲ賜フ、小右記

廿七日 荷前使ヲ定ム、小右記

廿八日、大僧正慶圓ヲ天台座主ト爲ス、小右記

季御讀經結願、中宮御佛名、直物延引、御馬解文等ヲ奏ス、是日、主水令史淸原淸松ヲ藏人ニ補ス、小右記 類聚符宣抄

是歲、少僧都文慶ヲ園城寺長吏ニ補ス、僧綱補任

長和四年

正月大盡 壬午朔

一日、節會、日本紀略

二日、中宮東宮大饗、日本紀略

四日、醍醐天皇皇后穩子國忌、是日、大僧正慶圓ヲ天台座主ニ補スルノ宣旨ヲ下ス、小右記 天台座主記 左經記

五日、敍位儀、日本紀略 公卿補任

七日、白馬節會、日本紀略

八日、御齋會、 日本紀略

廿六日、除目、 日本紀略

廿八日、道長病ム、 小右記目録

二月小盡 壬子朔

四日、祈年祭、大原野祭、 日本紀略

大僧都隆圓寂ス、 日本紀略 僧綱補任 尊卑分脈 釋家初例抄 大鏡 榮華物語

六日、釋奠、 日本紀略

九日、春日祭、 日本紀略

十一日、列見、 日本紀略

十二日、內裏觸穢、是日、大宰大監藤原藏規、宋ノ周文德獻スル所ノ孔雀等ヲ上ル、 日本紀略

十四日、園韓神祭、是日、紅雪ヲ服シ給フ、 日本紀略 小右記目録

十五日、大宰帥敦康親王、備後掾ヲ請任セラル、 魚魯愚抄

十六日、除目始、 日本紀略

十八日、除目終、始テ中納言八人ヲ置ク、 日本紀略 公卿補任

二十日、除目下名、 日本紀略

廿一日、權中納言藤原懷平等ヲ加階ス、 公卿補任

廿五日、御眼疾ニ依リテ、晝御膳ヲ供スルヲ停ム、 小右記目録

三月小盡 辛巳朔

三日、御燈、 日本紀略 小右記目録

四日、上野穀倉院領田四至糺定ノコトヲ武藏ノ國衙ニ移送ス、 朝野群載

十一日、射禮、 日本紀略

十二日、賭弓、幷ニ射遺、 日本紀略

十四日、石淸水臨時祭、 日本紀略 小右記目録

十七日、季御讀經、 日本紀略 小右記目録

十九日、季御讀經內論義、 小右記目録

二十日、季御讀經結願、 日本紀略

廿一日、御眼疾ニ依リテ、御祈ヲ行フ、 小右記目録

廿五日、政アリ、 西宮記

廿六日、興福寺融禎ヲ維摩會講師ト爲ス、 僧綱補任
廿七日、春日社行幸ヲ延引ス、 日本紀略
廿八日、仁王會ニ依リテ、大祓ヲ行フ、 日本紀略 樗嚢抄
廿九日、臨時仁王會、請僧ノ闕ヲ補ス、 小右記
廣瀬龍田奉幣使發遣ニ依リテ、官符ヲ路次ノ國ニ下ス、 類聚符宣抄
是月、前但馬守姓闕ク國擧出家ス、 小右記
咳病疫癘流行ス、 日本紀略

四月大盡 庚戌朔

一日、平座見參、是日、廣瀬龍田兩社ニ官符ヲ下ス、 類聚符宣抄
二日、右衞門督藤原懷平ノ女卒ス、 小右記
三日、右衞門志源信明濫行ス、是日、前遠江守姓闕ク惟貞中宮御乳母中務典侍ヲ勾引ス、 小右記
四日、廣瀬龍田祭、 日本紀略
五日、牧司源訪ヲ玉串莊司ニ任ズ、 小右記
六日、賀茂祭行事ヲ定ム、 小右記
七日、擬階奏、是日、禎子内親王著袴ノ儀ヲ行ハセラル、 日本紀略 小右記 榮華物語
大宰權帥藤原隆家ニ隨身兵仗ヲ賜フ、 類聚符宣抄
八日、山科祭、灌佛ヲ停ム、是日、大宰帥敦康親王ノ第ニ於テ詩合アリ、 日本紀略 小右記
九日、齋院ノ禊祭料未進勘文ヲ進メシメ、出車出馬等ヲ定ム、 小右記
十日、賀茂社等破損ニ依リテ、修理職木工寮ヲシテ修造セシム、是日、齋院月料米未進ニ依リテ、宣旨ヲ播磨ニ下ス、 小右記
阿闍梨守聖寂ス、 小右記
十一日、平野祭、 日本紀略
十二日、梅宮祭、是日、賀茂社等修造ニ依リテ、藤原直正ヲ諸司長官ニ任ズ、 日本紀略 小右記
十三日、御眼ヲ疾ミ給フ、是日、權中納言藤原教通ノ第火アリ、乳母童女等燒死ス、 小右記

十四日、御眼疾ニ依リテ官奏ヲ停ム、是日、齋院御禊前駈ヲ定ム、小右記

右中辨藤原定頼、燒死ノ穢ニ觸レシニ依リテ、禊祭行事代ノコトヲ論ズ、小右記

十五日、吉田祭、日本紀略

十七日、齋院御禊點地、小右記

十八日、木工寮等賀茂社修理ノ用途勘文ヲ進ム、是日、齋院ノ䡄屋鳥居等ヲ修造ス、小右記

十九日、齋院御禊ノ點地勘文ヲ奏ス、是日、齋院御禊ノ路橋宣旨ヲ山城ニ下ス、小右記

二十日、地震、禊祭料未進ヲ譴責ス、齋院御禊ニ依リテ、松明宣旨ヲ山城ニ下ス、日本紀略 小右記

賀茂祭以前、疫死者ノ道路ヲ掃除セシム、小右記

廿一日、齋院御禊、日本紀略 小右記

廿二日、警固、御眼疾ニ依リテ密勅アリ、是日、大宰權帥藤原隆家赴任ニ依リテ加階ス、小右記 公卿補任 榮華物語

廿三日、大雨、道長、賀茂社ニ詣ヅ、是日、太皇太后宮亮藤原能通ノ第火アリ、日本紀略 小右記

廿四日、賀茂祭、日本紀略 小右記

廿五日、解陣、日本紀略 小右記

廿六日、資子内親王薨ズ、日本紀略 小右記 本朝皇胤紹運錄 大鏡 榮華物語 拾遺和歌集 圓融院扇合記 勅撰作者部類 玉葉和歌集 齋宮女御集

三十日、御眼疾ニ依リテ、紅雪ヲ服シ給フ、小右記

五月小 庚辰朔盡

一日、御眼疾ニ依リテ、七壇御修法ヲ始ム、日本紀略 小右記

二日、諸國相撲使ヲ定ム、道長ノ第法華三十講始、小右記

三日、左近衞府荒手結、小右記

四日、御眼疾、冷泉天皇御物怪ニ依ルト風説ス、小右記

五日、仁王會ヲ定ム、小右記

六日、右近衞府眞手結、枇杷殿四角祭、小右記

御脚疾ニ依リ、律師心譽ヲシテ加持セシム、小右記

七日、御眼疾漸瘉エ給フ、是日、入唐僧寂照等度緣請印アリ、 日本紀略 小右記 百練抄

九日、四堺祭、 小右記

十日、七壇御修法結願、是日、資子內親王薨奏、幷ニ御葬送アリ、御錫紵ヲ著シ給フ、 日本紀略 小右記

十一日、薨奏後拷訊政アリ、 小右記

十二日、御眼疾輕重アリ、御書ヲ皇后宮ニ賜フ、是日、仁王會雜事ヲ定メ、同闕請僧ヲ補ス、陰陽寮大祓日時勘文ヲ上ル、 小右記

十三日、仁王會ニ依リテ大祓ヲ行フ、仁王會僧辭狀ヲ上ルニ依リテ、闕請ヲ補スルコトヲ仰ス、 日本紀略 小右記

十五日、長谷寺不斷御讀經、律師心譽御修法ヲ始ム、疫疾流行ニ依リテ、臨時仁王會ヲ行フ、 日本紀略 小右記

十六日、仁王會布施供養、御眼疾ニ依リテ、大僧正慶圓、千手法、幷ニ日天法ヲ修センコトヲ請フ、 小右記

十七日、御眼疾重リ給フ、還宮ノ事ヲ仰ラル、 小右記

十八日、御眼疾減ジ給フニ依リテ、御臺盤御膳ニ著御アラセラル、御念珠ヲ律師心譽ニ賜フ、是日、舍利會アリ、 小右記

十九日、御眼疾ニ依リテ、五大尊像ヲ造リ、御修法ヲ行ハセラル、御夢想アリ、 小右記

二十日、御眼疾減ジ給フ、物怪ニ依リ、故權律師賀靜ニ、天台座主ヲ贈ラシム、是日、右近將監播磨保信卒ス、 小右記

廿一日、賀茂社修理ノ文ヲ奏ス、前大隅守姓闕ク爲信出家ス、 小右記

廿二日、大風、物怪アリ、是日、天台座主慶圓、故權律師賀靜ノ贈官ヲ停メント請フ、 小右記

前大隅守姓闕ク爲信卒ス、 小右記

廿三日、御眼疾減ジ給フニ依リ、御膳ニ著御アラセラレ、密奏非常赦アリ、薨奏ノ後、拷訊ノ政ヲ行

フノ可否ヲ勘ヘシム、是日、七大寺ニ御讀經ヲ行フ、小右記

故權律師賀靜ノ贈官ノコトニ依リテ、天台座主慶圓書ヲ左大臣道長ニ贈ル、小右記

廿四日、御眼疾減ジ給フ、是日、盜、冷泉院ニ入ル、小右記

廿五日、造宮御祈トシテ御讀經ヲ行ヒ、天台座主慶圓ヲシテ安鎭法ヲ修セシム、又枇杷殿ニ於テ、御說經アリ、小右記

道長ノ第法華三十講結願、日本紀略 小右記

廿六日、疫疾ニ依リテ、大赦ヲ行フ、是日、著鈦政ヲ延引ス、日本紀略 小右記 諸道勘文

廿七日、律師心譽、御眼疾ヲ加持ス、小右記

廿八日、地震、御眼疾頗減ジ給フ、小右記

廿九日、律師心譽ノ御修法結願、小右記

六月大盡 己酉朔

一日、日食、造酒司醴酒ヲ進ム、日本紀略 小右記

御眼疾幷ニ疫癘流行ニ依リテ、改元ヲ議ス、小右記

二日、御眼疾減ジ給フ、內裏造營巡見ヲ延引ス、道長病ム、小右記

四日、御馬御覽アリ、日食勘文ヲ奏ス、是日、道長風病ニ罹ル、小右記

六日、右衞門佐藤原輔公、長門守姓闕ク有家ノ第燒亡ス、小右記

七日、賀茂社修造ノ勘文ヲ下ス、小右記

右京權大夫從四位上賀茂光榮卒ス、小右記 賀茂系圖 權記 續古事談

十日、御體御卜、造酒司試酒ヲ進ゼズ、是日、左大臣道長、病ニ依リテ、諸卿參入ス、大納言藤原實資穢ニ依リテ假ヲ請フ、日本紀略 小右記

十一日、月次祭、神今食、廢務、是日、將監下毛野公助ヲ年預ト爲ス、日本紀略 小右記

資子內親王四十九日法會、小右記

十二日、解齋ノ御粥ヲ停ム、是日、清涼殿造營ノ材木不足ニ依リテ、料材ヲ封上セシム、小右記

十三日、仁王會定、法橋源憲御加持ヲ奉仕ス、是日、清涼殿造營ノ材木ヲ檢封ス、道長ノ病癒ユ、 小右記

十四日、新造內裏ニ遷御ノ日時ヲ勘セシム、是日、道長內裏造營所ヲ巡見ス、 小右記

十五日、祇園會、是日、權大納言藤原賴通ヲシテ、仁王會ヲ行ハシム、 小右記

十六日、御眼疾ニ依リテ不斷御讀經ヲ行フ、是日、仁王會行事定ノ文ヲ奏ス、 小右記

十七日、內裏遷御延引ス、是日、仁王會、幷ニ臨時不斷御讀經僧名等定アリ、

十九日、御瘧病ニ依リ、安倍吉平ヲシテ占ハシム、 小右記

故律師賀靜ニ僧正法印ヲ贈ル、 日本紀略 百練抄 僧官補任 小右記

僧念救、智識物ヲ請フ、 小右記

二十日、御惱平癒、占ニ依リテ祓ヲ行フ、中務卿敦儀親王病ミ給フ、是日、京人疫神ノ託宣ニ依リテ神殿ヲ建ツ、 小右記 日本紀略

廿一日、仁王會ノ僧闕請ヲ定ム、

廿二日、仁王會ニ依リテ大祓ヲ行フ、圓教寺御八講始、是日、勘解由次官令宗允政、及ビ前阿波守源方弘卒ス、 日本紀略 小右記 尊卑分脈 枕草子

廿三日、仁王會、御眼疾減ジ給フ、是日、道長書ヲ入宋僧寂照ニ遺ル、 日本紀略 小右記 百練抄

廿四日、御眼疾減ジ給フニ依リ、扇繪御覽アリ、御膳ヲ供ス、 小右記

廿五日、今宮御靈會、不斷御讀經始、圓教寺御八講結願、是日、左兵衞督藤原實成、檢非違使別當ノ辭狀ヲ上ル、左右京ノ人、疫神社ニ神馬ヲ獻シ奉幣ス、 小右記

廿七日、御眼疾ニ依リテ、左大臣道長、伊勢御祈ノコトヲ奏ス、 小右記

廿八日、犬死穢アリ、 小右記

廿九日、直物延引、是日、大中臣隆職ヲ常陸鹿島社

宮司ニ補ス、小右記 類聚符宣抄

三十日、禁中物怪アリ、小右記

是月、疫癘流行ス、百練抄 小右記

閏六月小 乙卯朔盡

一日、伊勢使ノコトヲ奏ス、冷泉天皇ノ山陵ニ三昧堂ヲ建ツ、小右記

二日、不斷御讀經結願、藏人藤原臨子ヲ掌侍ニ補ス、御眼疾ニ依リテ、阿闍梨仁海易筮ヲ奉仕ス、參議藤原公信、伊勢使タランコトヲ請フ、日本紀略 小右記

四日、大雨雷電アリ、日本紀略

五日、御眼疾ニ依リテ、相撲ヲ停ム、是日、伊勢使發遣ノ日ヲ定ム、日本紀略 小右記

六日、御眼疾ニ依リテ、僧綱等仁王經ヲ轉讀センコトヲ請フ、小右記

八日、阿闍梨慶祚ヲシテ、尊星王像ヲ開眼セシム、是日、懺法御讀經始ノ日、幷ニ僧名ヲ定メ、仁王經轉讀ノ日ヲ定ム、小右記

十日、御眼疾重リ給フ、小右記

十一日、祈年穀奉幣、日本紀略 小右記

十二日、大雨雷鳴、御眼疾重リ給フニ依リテ、阿闍梨道命ヲシテ、法華經ヲ誦シ、御邪氣ヲ調伏セシム、小右記

祇園別當戒秀寂ス、小右記

十三日、天台座主慶圓ヲ召シ給フ、式部卿敦明親王ノ家人藤原式道ノ謀奸露顯ス、小右記

十六日、懺法御讀經發願、是日、復日ニ依リテ、造宮違期等ノ定延引ス、小右記

十七日、仁王經ヲ大極殿ニ轉讀ス、日本紀略 小右記

十九日、道長、足ヲ傷ク、小右記

二十日、大極殿御讀經結願、小右記

廿二日、御眼疾ニ依リテ、御修法ヲ行フ、小右記

廿三日、內侍所御神樂、懺法御讀經結願、是日、伊勢、幷ニ諸社使宣命幣物、及ビ伊勢使隨身ヲ召仰ス、小右記

廿四日、御眼疾重リ給フ、參議藤原公信ノ觸穢ニ依リテ、伊勢使發遣ノ日ヲ改定ス、是日、故太政大臣賴忠ノ室嚴子女王ノ周忌法會ヲ行フ、　小右記

廿五日、宋ノ商人周文德獻ズル所ノ孔雀、卵ヲ生ム、　日本紀略　百練抄

廿六日、律師心譽ノ加持ニ依リテ、御眼疾減ジ給フ、是日、伊勢使參議藤原公任、病ニ依リテ辭ス、　小右記

廿七日、法興院法華八講、　小右記

廿八日、伊勢、幷ニ諸社使穢ニ依リテ延引ス、　小右記

廿九日、節折、大祓、是日、阿闍梨證常御修法ヲ奉仕ス、修理大夫藤原通任ヲ召問ス、　日本紀略　年中行事祕抄　小右記

七月大 戊申朔盡

二日、藏人藤原親業、隨身左近衞番長茨田弘近ヲ嘲弄ス、　小右記

三日、雷鳴、宣旨ナキニ依リテ陣立テズ、　小右記

五日、伊勢奉幣前御禊、是日、左近衞將監茨田重方其子弘近ノ爲ニ愁訴ス、　小右記

八日、曆博士賀茂守道僧仁統ト共ニ、曆作進ノコトヲ申請ス、　小右記

九日、大納言藤原齊信ノ女死ス、　小右記

十日、御惱ニ依リテ、道長ヲシテ、攝政ニ准ジ、官奏ヲ見セシム、　小右記

十一日、御眼疾ニ依リテ、御修善ヲ始ム、是日、道長ノ足疾癒ユ、　小右記

十五日、雷鳴、河水盈溢ス、道長、雜物ヲ僧念救ニ預ク、　小右記

權律師勸助寂ス、　僧綱補任　日本紀略　權記　伊呂波字類抄

十六日、道長、皇太后宮ニ參謁ス、　小右記

十七日、伊勢使ノコトヲ仰セ給フ、是日、太皇太后宮ニ乙穢アリ、道長等二條第ノ造作ヲ撿ス、　小右記

二十日、御眼疾御修法結願、是日、花山天皇女御諟

子、祓除ス、　小右記

僧念救再ビ入宋ス、　日本紀略　小右記

廿一日、道長、足痛ヲ扶ケ參內ス、　小右記

廿二日、太政官符ヲ常陸國司大中臣隆職ニ下シテ、鹿島宮司ニ任ズ、　類聚符宣抄

太皇太后御惱、　小右記

廿四日、御眼疾ニ依リテ、侍從內侍夢想アリ、　小右記

廿五日、太皇太后御惱平癒アラセラル、　小右記

廿七日、死穢アリ、是日、左大臣道長ノ足疾癒ユ、　小右記

三十日、北野宮司ニ宣旨ヲ下ス、　小右記

是月、權少僧都盛算寂ス、　僧綱補任　東寺長者補任　護持僧次第

八月 大盡 戊寅朔

一日、御眼疾減ジ給フ、是日、道長ヲシテ、官奏ヲ覽セシメ、公事ノ擁怠ヲ誡ムル宣旨ヲ下ス、　小右記　類聚符宣抄

鷺、新造寢殿ノ上ニ集ル、　小右記

二日、故右大臣道兼ノ女某ヲ御匣殿別當ト爲スノ宣旨ヲ下シ、皇太后宮、及ビ道長ノ第、死穢ニ依リテ、伊勢使ノ發遣ヲ延引ス、是日、安倍吉平ヲシテ鷺恠ヲ占ハシム、　小右記

三日、穢後伊勢使發遣ノコトヲ定ム、　小右記

四日、御眼疾ニ依リテ、威儀饌ヲ停ム、左大臣道長ノ足疾未ダ癒エズ、　小右記

九日、大風、　日本紀略

十日、釋奠、疫氣ニ依リテ、內論義、及ヒ宴座ヲ停ム、　日本紀略　小右記

十一日、定考、明經博士等見參ヲ奏ス、　日本紀略　小右記

十二日、內裏乙穢アリ、是日、木工頭藤原周賴等ヲ除籍ス、　小右記

十三日、東宮御惱、闕直者見任解却ノ宣旨ヲ下ス、

是日、道長中宮ニ參ズ、　小右記

十五日、大雨、　小右記

十八日、出雲寺御靈會、童子闘爭ス、 小右記
廿二日、道長、普賢院ノ事ニ依リテ、天台座主慶圓ト和セズ、 小右記
廿五日、御眼疾減ジ給フニ依リ、書御座ニ出御アラセラル、是日、禪林寺大僧都深覺、中納言源俊賢ヲ罵リ辱ム、 小右記
廿六日、楞嚴三昧院政所、三昧院ニ納米二十石ヲ備ヘンコトヲ請フ、 山門堂舍記
廿七日、直物、小除目、陣定、阿闍梨宣旨ヲ下ス、是日、上野介藤原定輔、故資子内親王ノ宮御所ヲ買ヒ、佛事ニ充ツ、 日本紀略 小右記 大鏡
廿八日、上野馬牽進ゼザル解文ヲ持來ル、是日、道長桂山莊ニ往ク、 小右記
是月、赤痢疫病流行ス、 小右記

九月 大盡 戊申朔

二日、府生請奏アリ、藏人頭城外ニ於テ、小舍人ヲ隨身スルコトノ議アリ、 小右記
三日、御燈、是日、府生宣旨ヲ下ス、 日本紀略 小右記
五日、中宮ニ丙穢、東宮ニ犬死穢アリ、依リテ伊勢使ヲ延引ス、 小右記
七日、密勅アリ、是日、竊盗西殿ニ入ル、 小右記
八日、伊勢公卿勅使ニ王氏ヲ副フルノ可否ヲ議ス、 小右記
九日、平座見參、 日本紀略
十日、五節殿上定、是日、僧行圓等小堂ヲ東山ニ構フ、 小右記
十一日、伊勢例幣、 日本紀略 小右記
十四日、御眼疾御祈ノ爲ニ、伊勢、幷ニ諸社ニ奉幣ス、 日本紀略 伊勢公卿勅使雜例 小右記
十五日、御眼疾減ジ給フニ依リ、御膳ニ著御アラセラル、是日、外記廳怪異アリ、 小右記
十六日、御眼疾ニ依リテ、御膳ニ著御ナシ、 小右記
十七日、官奏、木工頭藤原周頼等ノ除籍ヲ免ズ、 小右記
二十日、大雨、枇杷第ヨリ、新造内裏ニ還御アラセ

ラレ、中宮東宮上東門第ヨリ新造内裏ニ還リ給フ、 日本紀略 小右記 榮華物語 公卿補任

廿三日、御眼疾減ジ給フニ依リテ、御膳著御ヲ仰ラル、是日、伊勢使復命ス、大宰權帥藤原隆家諸物ヲ上ル、故式部卿爲平親王ノ室出家ス、 小右記

廿六日、不斷御讀經、幷ニ御念誦アリ、 小右記

廿八日、安倍吉平ヲシテ、御眼疾ヲトセシム、是日、造宮敍位、幷ニ京官除目ノコトヲ議ス、 小右記

三十日、皇太后宮ニ於テ卿相和歌ヲ詠ス、 小右記

十月 小盡 戊寅朔

一日、平座見參、 日本紀略

二日、御眼疾ニ依リテ、御祈使ヲ伊勢、及ビ春日ニ發遣シ給フ、是日、立坊定アリ、中納言藤原時光彈正尹ヲ辭スル狀ヲ上ル、 小右記

三日、御眼疾御祈御修法始、道長造宮敍位ノ日ヲ定ム、是日、禔子內親王行啓シ給フ、 小右記 日本紀略

四日、中納言從二位藤原時光薨ズ、 日本紀略 小右記 尊卑分脈 公卿補任 大鏡

五日、五節、 小右記

六日、大宰帥敦康親王、大井河ヲ遊覽シ給フ、是日、左大臣道長ノ第作文延引ス、 小右記

八日、道長ノ第讀經始、 小右記

十日、維摩會、 小右記

十一日、御眼疾輕重アリ、 小右記

十二日、春日祭使定、及ビ敍位改定ノコトアリ、是日、道長宇治ニ遊ブ、 小右記

十四日、月食、 小右記

十五日、明經生小野保倫ヲ大歌所別當ニ補ス、播磨有年莊公驗紛失ニ依リテ立劵シ、莊司寄人等ノ雜役ヲ免ズ、 朝野群載

禔子內親王、權大納言藤原賴通ニ降嫁ノコトヲ仰ラル、 小右記 榮華物語

十七日、御眼疾御祈御修法結願、是日、皇太后宮ニ於テ作文アリ、 小右記

十八日、中宮御讀經始、 小右記

二十日、敍位議、 日本紀略 小右記
廿一日、敍位、 日本紀略 公卿補任 小右記
廿二日、御惱重ラセ給フニ依リテ、御譲位ノコトヲ仰ラル、 小右記
廿三日、大原野祭御幣請奏宣旨ヲ下ス、是日、御讀經始、 小右記
廿四日、冷泉天皇國忌、 小右記
廿五日、道長ノ五十ノ賀ヲ行ハセラル、 日本紀略 小右記
廿六日、故伊豆守菅原通雅署セザル狀ヲ所司ニ下ス、 類聚符宣抄
廿七日、御眼疾ニ依リテ、春日社ニ奉幣ス、 日本紀略 小右記
京官除目、道長ヲシテ攝政ニ准ジ、除目官奏等ヲ行ハシム、内大臣公季左近衞大將ヲ辭ス、 日本紀略 百練抄 皇年代記 歴代皇記 公卿補任 小右記 魚魯愚抄 愚管抄
受領功課、幷ニ宮々御給ヲ定メ、參議藤原朝經ノ勘氣ヲ免ズ、 小右記
廿八日、除目、 日本紀略 歴代皇記 公卿補任 小右記 中右記
是月、大藏丞藤原信國卒ス、 小右記 尊卑分脈

十一月 大盡 丁未朔

一日、春日祭使ヲ發遣ス、是日、興福寺別當大僧都定澄寂ス、 小右記 日本紀略 興福寺々務次第 歴代皇記 僧綱補任 枕草子
二日、平野祭、春日祭、 日本紀略
三日、除目下名、 日本紀略 小右記
四日、權中納言藤原實成ヲ再ビ檢非違使別當ト爲シ、權大納言藤原頼通ニ御監ノ宣旨ヲ下シ、左衞門尉日下部元任ヲ檢非違使ニ補ス、是日、少納言源守隆ノ殿上ノ簡ヲ削ル、 公卿補任 小右記
五日、御眼疾御祈效驗ナキニ依リテ、御神拜ヲ停メラル、 小右記
六日、大地震、道長ノ第ニ作文管絃アリ、 日本紀略 小右記
八日、安倍吉平ヲシテ、師明親王ノ元服、及ビ當子

内親王等ノ著裳日時ヲ勘セシム、小右記
九日、皇后參內アラセラル、是日、左近衞大將藤原賴通著陣ス、日本紀略 小右記
十日、太政官廳前ニ虹立ツ、日本紀略 小右記
十三日、官掌ヲ補ス、類聚符宣抄
十四日、吉田祭、是日、師明親王ノ御元服、及ビ當子內親王ノ御著裳ヲ延引ス、日本紀略 小右記
十五日、式部卿敦明親王ヲ太子ニ立テントスル議アリ、小右記
十六日、播磨有年莊司寄人等ノ臨時雜役ヲ免ズ、朝野群載
十七日、內裏火アリ、日本紀略 百練抄 一代要記 小右記 榮華物語
故權大納言藤原道賴ノ女死ス、小右記 榮華物語
十八日、內裏火災ニ依リテ、大原野祭、幷ニ內論義ヲ停ム、是日、安倍吉平ヲシテ、行幸、幷ニ御竈神渡御ノ時刻ヲ勘セシム、日本紀略

十九日、五節ヲ停ム、太政官ヨリ枇杷第ニ遷幸アラセラレ、內侍所、御竈神ヲ渡シ奉ル、東宮、道長ノ土御門第ニ移リ給フ、是日、少納言源守隆ノ勘氣ヲ免ズ、日本紀略 小右記
二十日、鎭魂祭ヲ停ム、日本紀略
廿五日、內裏火災ニ依リテ、御馬御覽、臨時祭試樂、及ビ神樂ヲ停ム、小右記
廿七日、賀茂臨時祭、日本紀略 小右記
廿八日、政始、官奏、日本紀略 小右記
三十日、大原野祭、日本紀略 小右記
是月、射場始、出御ナシ、小右記

十二月小 丁丑朔盡

四日、皇子敦良親王讀書始、日本紀略 小右記
六日、太皇太后宮季御讀經始、小右記
七日、歲星天ヲ經ル、是日、御惱アリ、小右記
十日、御體御卜、神今食、御惱減ジ給フ、是日、道長ヲシテ、攝政ニ准ジ、一上ノ儀ヲ行ハシム、少僧都

林懷ヲ興福寺別當ニ補ス、日本紀略 小右記 僧綱補任
十二日、式部卿敦明親王ノ王女御誕生アリ、是日、左近衞大將頼通ノ病ニ依リテ、左大臣道長、櫪馬ヲ名社ニ獻ズ、小右記 榮華物語
十三日、荷前使定、日本紀略 小右記
十五日、御讓位ノコトヲ仰ラル、小右記
十六日、荷前、小鳥群飛ス、小右記 日本紀略
十八日、季御讀經始、日本紀略 小右記
十九日、御佛名、小右記
二十日、僧綱ヲ任ズ、僧綱補任 護持僧記 小右記
廿一日、不堪佃田、并ニ分配ヲ定ム、是日、季御讀經結願、僧綱召アリ、大僧都深覺ニ東寺別當ノ辭狀ヲ返シ賜フ、小右記
廿二日、道長、慈德寺ニ詣ヅ、小右記
廿三日、阿闍梨慧壽ヲ御導師ニ補ス、小右記
廿四日、皇太后宮御讀經結願、東宮御讀經、皇后宮御讀經、中宮御佛名等アリ、是日、道長、再ビ御讓位、并ニ立太子ノコトヲ議ス、小右記
廿五日、官奏、任官ノ事ヲ議ス、是日、道長ノ第ニ於テ讀經アリ、小右記
廿六日、太政官ニ於テ、道長ノ五十算ノ賀アリ、日本紀略 小右記 江次第
廿七日、禎子内親王ヲ三宮ニ准ジ、參議藤原公信ヲ從三位ニ敍ス、是日、式部省試アリ、日本紀略 女院記 小右記 公卿補任 一代要記
廿八日、直物、小除目、造宮雜事ヲ定ム、安倍吉平等ヲシテ、御讀經日時ヲ勘セシム、東宮御佛名定、是日、興福寺、四十御賀卷數和歌等ヲ上ル、小右記目錄 小右記
廿九日、追儺、御讓位ノ日賣參神璽寶劍使ノコトヲ議ス、是日、節料米ヲ隨身所ニ賜フ、小右記
阿闍梨聖全寂ス、拾遺往生傳

長和五年

正月大盡 丙午朔

一日、節會、御惱ニ依リテ、小朝拜、國栖奏ヲ停ム、

日本紀略　小右記　妙音院相國白馬節會次第
二日、皇太后宮、及ビ道長臨時客、是日、御讓位御卽位日時雜事定等アリ、　日本紀略　小右記
三日、道長ノ第拜禮アリ、　日本紀略
五日、故大內記中原致時ノ第火アリ、　小右記
六日、敍位、　日本紀略　小右記　公卿補任
七日、白馬節會、　日本紀略　小右記
八日、御齋會、女敍位、是日、藏人ヲ補ス、　日本紀略　小右記
十日、除目始、　日本紀略　小右記
十一日、御惱アリ、是日、除目、　日本紀略　小右記
十二日、除目竟ル、是日、甲斐眞衣野駒牽アリ、　日本紀略　小右記　一代要記　公卿補任
十三日、御讓位、幷ニ御卽位等ノ定アリ、是日、道長ノ第修善結願、　日本紀略　小右記
十四日、除目下名、御讓位雜事ヲ議ス、　日本紀略　小右記
十六日、御卽位ニ依リテ、八省ニ遷幸ノ日ヲ定ム、
是日、權大納言藤原齊信ニ按察使ヲ兼ネシム、
小右記　公卿補任
十八日、阿闍梨道命ヲ四天王寺別當ニ補ス、是日、大納言藤原實資ヲ春宮大夫ニ任ズル內命アリ、
天王寺別當次第　小右記
十九日、右大臣顯光ノ東宮傅ヲ罷ム、　公卿補任
二十日、直物、小除目、　日本紀略　小右記
廿三日、僧綱ヲ任ズ、服假アル者、御卽位以前出仕ノコトヲ議ス、是日、御馬乘近衞二十人ニ匹絹ヲ賜フ、　小右記
廿四日、權中納言藤原賴宗ニ帶劍ヲ聽ス、是日、學生等省試判ノコトヲ愁訴ス、　公卿補任　小右記
廿五日、固關警固、　日本紀略　小右記　踐祚部類首書
廿八日、贈皇太后超子國忌、是日、三條院別當等ヲ定ム、　小右記
廿九日、御讓位アラセラル、　日本紀略　皇年代記　歷代皇記　百練抄　小右記　榮華物語　愚管抄
當代國忌　江次第

御製　勅撰作者部類　後拾遺和歌集　詞花和歌集　新古今和歌集
榮華物語
左馬頭藤原相尹　尊卑分脈　古事談　續世繼
散位藤原元命　尊卑分脈　小右記　日本紀略　百練抄　尾張國
解文
加賀守源兼澄　勅撰作者部類　尊卑分脈　法成寺攝政記　袋
草紙　榮華物語　拾遺和歌集　兼澄集　後拾遺和歌集　新後拾遺
和歌集　輔親集　元輔集　今昔物語　公任集
伊賀守源爲憲　勅撰作者部類　尊卑分脈　本朝文粹　北山抄
十訓抄　江談抄　袖中抄　大鏡　本朝麗藻　類集句題抄　和漢朗
詠集　新撰朗詠集　善秀才宅詩合　拾遺和歌集　續詞花和歌集　玄
々集　後拾遺和歌集　異本兼澄集
大膳亮源爲清　尊卑分脈　重之集
左京屬邦利延　今昔物語
阿闍梨證空　元亨釋書　寶物集　四大寺傳記　徒然草　小右記
僧蓮入　元亨釋書
少將井尼　勅撰作者部類　顯昭陳狀　新古今和歌集
皇妃、幷ニ皇子皇女　歴代皇記　本朝皇胤紹運錄

嘉子內親王　本朝皇胤紹運錄　齋宮記　尊卑分脈　大神宮諸雜
事記
榮子內親王　本朝皇胤紹運錄

後一條天皇

長和五年

正月大盡 丙午朔

廿九日、受禪アラセラル、是日、式部卿敦明親王ヲ皇太子ト爲シ、左大臣道長ヲ攝政ト爲シ、伊勢奉幣日時、及ビ御卽位日時ヲ定ム、　日本紀略　東寺長者補任　公卿補任　踐祚部類抄　一代要記　編年殘篇　歴代皇記　園太暦　小右記　大鏡　大鏡裏書　續世繼　皇年代記

權大納言藤原賴通春宮權大夫ヲ罷メ、參議藤原兼隆中將ヲ辭シ、參議藤原通任等補任差アリ、式部大輔藤原廣業ニ播磨權守ヲ兼ネシム、是日、公卿ニ昇殿ヲ聽ス、　公卿補任　辨官補任　職事補任　小右記

三十日、大祓、是日、近衞兵衞陣ニ東宮ヲ奉ズベキ宣旨ヲ下ス、攝政道長ニ隨身兵仗ヲ賜フ、　小右記　公卿補任　歴代皇記

二月小盡丙子朔

一日、伊勢奉幣使ヲ發遣ス、 日本紀略

二日、釋奠、 日本紀略

三日、坊官除目、昇殿ノ人々ニ禁色ヲ聽ス、藏人藤原泰通ヲ民部權少輔ニ任ズ、 日本紀略 小右記 職事補任

四日、祈年祭、大原野祭、 日本紀略 小右記

六日、敍位儀、是日、行幸召仰アリ、 日本紀略 小右記

七日、御卽位ノ儀ヲ行ハセラル、 日本紀略 天祚禮祀職掌錄 小右記 榮華物語

清仁親王、昭登親王ニ帶劍ヲ聽ス、是日、參議源賴定等ヲ加階シ、源憲定ニ昇殿ヲ聽ス、 小右記 職事補任 中古三十六人歌仙傳

八日、春日祭使ヲ發遣ス、是日、開關解陣アリ、藏人頭等ヲ補シ、昇殿ヲ聽ス、 小右記 日本紀略 職事補任 公卿補任 辨官補任

夜御殿御帳火ヲ失ス、 小右記

九日、春日祭、 日本紀略 小右記

十日、春日祭使還立、 小右記

十一日、列見延引ス、 日本紀略

十二日、圓融天皇國忌、 小右記

十三日、政始、三條上皇ニ太上天皇ノ尊號ヲ上ル、女敍位アリ、 日本紀略 小右記 歷代皇記

十四日、園韓神祭、 日本紀略 小右記

十五日、除目、 日本紀略 小右記

十七日、祇園社ニ社領ヲ寄附ス、是日、瀧口ヲ試ム、 祇園舊記 日本紀略 小右記

十八日、女官ニ位記ヲ頒與シ給フ、 小右記

十九日、齋宮嫥子卜定、帶刀試アリ、開關覆奏、 日本紀略 貴女抄 小右記 榮華物語

廿二日、齋宮別當ヲ定ム、射場所ニ矢數ヲ進ム、 日本紀略 小右記

廿三日、宇佐使神寶ノコトヲ議ス、道長病ム、 小右記

廿四日、伊勢奉幣ニ依リテ、大祓ヲ行フ、 日本紀略

廿五日、伊勢賀茂兩社ニ奉幣ス、 日本紀略 小右記

廿六日、五畿七道ノ諸社ニ奉幣スル日時、幷ニ廢務ノ有無、及ビ行幸日時ヲ勘セシム、是日、所々ノ別當ヲ定メ、賭弓ヲ延引ス、 小右記

廿七日、列見、造宮宣旨ヲ下ス、是日、僧徒御卽位ノ慶ヲ奏ス、 日本紀略 小右記

廿八日、太上天皇、尊號詔書ニ加署シ給フ、 小右記

三月小 乙巳朔盡

一日、御體御卜、 日本紀略

二日、諸國奉幣使ノ宣命等ヲ議ス、大嘗會使、石淸水臨時祭使、相撲使等ヲ定ム、 小右記

三日、御燈、是日、道長ノ第ニ於テ大饗用器ヲ論ズ、 日本紀略 小右記

五日、殿上人等、道長ノ桂山莊ノ花ヲ觀ル、 小右記

七日、奉幣ニ依リテ、大祓ヲ行フ、是日、右近衞府荒手結、 日本紀略 小右記

八日、諸社奉幣使ヲ發遣ス、 日本紀略 小右記

九日、太上天皇詔書覆奏、兵部省手結、是日、高雄法華會ニ死人アリ、 小右記

十日、左近衞府眞手結、 小右記

十一日、射禮 日本紀略 小右記

十二日、石淸水臨時祭試樂、是日、射遺、賭射ヲ停止ス、 日本紀略 小右記

十三日、枇杷殿ノ尼某死ス、 小右記

十四日、石淸水臨時祭、 日本紀略 小右記

十五日、石淸水臨時祭使還立、 日本紀略 小右記

十六日、右大臣顯光ニ東宮傅ヲ兼ネシム、 公卿補任

齋院修造ノ宣旨ヲ下ス、是日、道長、諸卿ヲシテ大納言ヲ一上トスルヲ議セシム、 小右記

法橋奝然寂ス、 僧綱補任 元亨釋書 歷代皇記 東大寺別當次第 曆代編年集成 日本紀略 百練抄 扶桑略記 朝野群載 善隣國寶記 淸凉寺緣起 保元物語 花鳥餘情 本朝文粹 異稱日本傳 古今著聞集 勅撰作者部類 新古今和歌集 菅江詩說 古事談

十七日、上皇御登山ノ事ヲ奏ス、 小右記

十九日、上皇御登山ニ依リテ、道長、御修善ノ事ヲ命ズ、 小右記

二十日、御卽位山陵使定、是日、四位五位ノ服色ヲ定メ、外衞舍人ノ弓箭ヲ帶シテ陣中ニ入ルヲ糺ス、道長新造二條第ヲ巡檢ス、 小右記

廿一日、賀茂祭ノ宣旨ヲ勘ス、皇太后宮ノ侍修理進內藏有孝濫行ス、是日、藏人所衆ノ饗所ヲ定ム、 小右記

廿二日、犬死穢アリ、是日、道長移徙ノ方忌ニ依リテ、安倍吉平ヲ勘當ス、 小右記

廿三日、帶刀試アリ、是日、太上天皇寢殿ニ移御アラセラル、道長二條第移徙ヲ停ム、 日本紀略 小右記

廿四日、殿上臺盤所ニ於テ、饗饌アリ、 小右記

廿六日、山陵使、及ビ直物延引、是日、殿上作文アリ、皇太后宮侍修理進內藏有孝ノ罪ヲ免シ、同類者ヲ追放ス、 小右記

廿八日、齋院長官源爲理、次官ヲ申請ス、賀茂祭ノ日瀧口ノ馬副者ノ弓箭ヲ帶スルヲ禁ジ、賀茂祭使調置ノコトアリ、 小右記

廿九日、地震、是日、資子內親王ノ周忌法會ヲ行フ、 日本紀略 小右記

是月、法橋育胤寂ス、 僧綱補任

律師懷壽ノ弟子某、前僧都尋光ノ弟子某ヲ殺ス、 小右記

四月大盡 甲戌朔

一日、旬平座見參、 日本紀略 小右記

二日、直物ヲ議ス、 小右記

五日、齋院御禊前駈定、 小右記

六日、造內裏立柱、幷ニ遷御日時等ヲ定ム、 小右記

七日、擬階奏、大嘗會國郡、幷ニ撿挍行事定メアリ、造宮行事所ヲ始ム、 日本紀略 小右記

八日、造宮始、上皇ノ御所灌佛、 小右記

九日、宣旨ヲ諸道奉幣使ニ下ス、僧行圓往還ノ人ヲシテ、粟田口ノ石ヲ拾ハシム 小右記

十一日、平野祭、右大將實資觸穢ニ依リテ、左大將賴通ヲ禊祭行事トナス、 日本紀略 小右記

十二日、梅宮祭、瀧口ヲ中宮使ノ馬副ト爲ス、日本紀略　小右記

十五日、吉田祭、是日、齋院司除目、齋院ノ出車出馬ヲ定ム、日本紀略　小右記

十七日、大嘗會主典代等、及ビ齋院御禊前駈ヲ定ム、是日、賀茂祭使ノ從童綾織物ヲ著スルヲ禁ズ、日本紀略　小右記

廿一日、齋院御禊、賀茂祭御車等次第、幷ニ美車ヲ禁ズ、日本紀略　小右記

廿三日、賀茂祭警固、女騎馬御覽アリ、日本紀略　小右記

廿四日、賀茂祭、櫳右近衞秦近年蘇芳織物ノ袙ヲ著スルニ依リテ、之ヲ破却セシム、是日、道長妾ノ懷孕ニ依リテ賀茂社參詣ヲ止ム、日本紀略　小右記

廿五日、賀茂祭使還立、日本紀略　小右記

廿七日、宇佐奉幣、甲斐穗坂駒牽、日本紀略　小右記

廿八日、直物、除目、權中納言藤原懷平、右衞門督ヲ辭ス、日本紀略　小右記　公卿補任

廿九日、道長病ム、小右記

前越後守藤原爲時出家ス、小右記　尊卑分脈　勅撰作者部類　今昔物語　續本朝往生傳　續世繼　十訓抄　世繼物語　本朝麗藻　類聚句題抄　新撰朗詠集　後拾遺和歌集　新古今和歌集　玄々集

權少僧都淸壽寂ス、僧綱補任

五月小盡　甲辰朔

一日、季御讀經始、道長ノ第法華三十講始、是日、上皇比叡山ニ御幸アラセラル、日本紀略　小右記　大鏡

二日、穗坂駒牽、小右記　榜嚢抄

三日、荒手結、小右記

四日、季御讀經竟ル、眞手結、是日、道長病ム、日本紀略　小右記

五日、勅使ヲ比叡山ニ遣ス、皇太后宮、皇后宮ト和歌ヲ贈答シ給フ、小右記　榮華物語

七日、道長ノ第法華三十講五卷日、日本紀略　小右記

八日、上皇、比叡山ヨリ還御アラセラル、日本紀略　小右記

九日、紫野御靈會、 日本紀略
十一日、道長ノ第ニ於テ法華論義懺法アリ、是日、道長病ム、 小右記
三日、祈年穀奉幣使ヲ定ム、 小右記
十五日、前常陸介平維敍出家ス、 小右記 今昔物語
十六日、東大興福兩寺別當ヲ補ス、興福寺僧法修ヲ維摩會講師ト爲ス、是日、諸寺諸國司申請ノ雜事ヲ定ム、 東大寺別當次第 東寺長者補任 興福寺略年代記 歷代皇記 僧綱補任 小右記
道長ノ第法華三十講結願、是日、道長ノ病平癒ス、 小右記
十七日、山陵使ヲ發遣ス、 日本紀略 小右記
廿一日、祈年穀奉幣使ヲ發遣ス、是日、權中納言藤原實成檢非違使別當ヲ辭ス、 日本紀略 小右記
廿五日、道長位祿目錄ヲ覽ル、大學助大江至孝、威儀師觀峯女ノ宅ニ濫入ス、 小右記
廿六日、道長、其子能信ヲ勘當シ、雜色一人ヲ獄ニ下ス、 小右記

廿七日、著鈦政、檢非違使ヲシテ、大江至孝ヲ搜索セシム、 小右記
廿八日、御惱、是日、一條院御讀經アリ、藤原實資、濟恩寺任牒ニ加署ス、大外記小野文義ヲ施藥院別當ニ補ス、參議平親信辭狀ヲ上ル、 小右記 類聚符宣抄 公卿補任
廿九日、丹生貴布禰兩社ニ奉幣シテ、雨ヲ祈ル、 日本紀略 小右記

六月 大盡 癸酉朔

一日、忌火御飯ヲ供ス、造酒司醴ヲ進メズ、 日本紀略 小右記
二日、新造一條院ニ遷幸シ給フ、皇太后モ亦移御アラセラル、仍リテ、家司宮司等ニ勸賞アリ、 日本紀略 百練抄 小右記 康平記
三日、皇后宮饗饌、聚攤ノ興アリ、 小右記
五日、大祓、 日本紀略
八日、齋主大中臣輔親ヲシテ、雨ヲ祈シム、 小右記
九日、雷雨、權大僧都深覺ヲシテ神泉苑ニ雨ヲ祈

ラシム、 日本紀略 小右記 祈雨日記 古事談

十日、內侍所、及ビ御竈神ヲ一條院ニ渡シ奉ル、是日、御體御卜奏、外記政始アリ、 日本紀略 小右記

道長、及ビ室源倫子ヲ三宮ニ准ジ、年官年爵封戶ヲ加賜シ、道長ニ隨身兵仗ヲ賜フ、 日本紀略 小右記 台記 大鏡裏書 公卿補任

十一日、月次祭、神今食、 日本紀略

十二日、築垣料ヲ神泉苑ニ充ツ、 小右記

十五日、道長、懷孕者アルニ依リテ、祇園社參詣ヲ停ム、 小右記

廿二日、一條天皇國忌、是日、圓教寺御八講アリ、 日本紀略 小右記

廿五日、相撲召合等ノ日、上達部殿上人ノ裝束ヲ改ムルコトヲ禁ズ、 小右記

廿八日、法興院御八講始、是日、越前ノ賊入京ノ流言ニ依リテ、檢非違使官人等ヲシテ警護セシム、 小右記

廿九日、祈雨奉幣使發遣日時ヲ定ム、 小右記

三十日、法興院御八講五巻日、 小右記

是月、疫癘痢病流行ス、 小右記

七月小 癸卯朔 盡

一日、法興院御八講竟ル、 榮華物語

四日、廣瀨龍田祭、 日本紀略

五日、丹生貴布禰兩社ニ祈雨奉幣使ヲ發遣ス、是日、攝政道長上表ス、 小右記 日本紀略

十日、阿波國司戶座卜貢ノ官符ヲ下ス、是日、參議平親信ノ辭職ヲ聽ス、 類聚符宣抄 日本紀略 公卿補任

十六日、旬、 日本紀略

十七日、權中納言藤原實成、檢非違使別當ヲ罷ム、權中納言藤原賴宗ヲ以テ之ニ補ス、是日、相撲召仰アリ、 公卿補任 歷代皇記 榜嚢抄

二十日、冷泉院、法興院、幷ニ上東門第等燒亡ス、 日本紀略 百練抄 編年殘篇 榮華物語

廿二日、相撲停止、 日本紀略 榜嚢抄

廿六日、故左大臣雅信ノ室藤原穆子卒ス、 日本紀略 尊卑分脈 小右記 榮華物語

八月大盡 壬申朔

六日、釋奠、宴座ナシ、　日本紀略　西宮記

九日、齋宮歸京ヲ大神宮ニ告グ、　日本紀略

十一日、大風雨、是日、定考、　日本紀略　台記

十七日、齋宮當子內親王退出シ給フ、　皇年代記　編年殘篇　大鏡裏書

九月大盡 壬寅朔

三日、御燈、是日、齋宮當子內親王歸京シ給フ、　日本紀略

九日、平座見參、　日本紀略

十一日、例幣、御惱アリ、　日本紀略

十五日、大嘗會御禊長官次官司等ヲ定ム、前齋宮當子內親王、宮內省假廳ニ入リ給フ、　日本紀略　榮華物語

十六日、御惱平癒シ給フ、　日本紀略

十七日、御修法始、　日本紀略

廿一日、造宮ノ日ヲ改定ス、　日本紀略

廿三日、枇杷殿燒亡ス、上皇、幷ニ中宮、高倉第ニ遷御アラセラル、　日本紀略　百練抄　皇年代記　榮華物語

廿八日、季御讀經竟ル、是日、盜アリ、穀倉院ニ入ル、　日本紀略

十月小盡 壬申朔

一日、旬宴ヲ停ム、平座見參アリ、免結政所ニ入ルニ依リテ御卜ヲ行フ、　日本紀略

二日、攝政道長第二度ノ表ヲ上ル、　日本紀略　公卿補任

三日、諸衛官人陣立闕怠ニ依リテ、釐務ヲ停ム、　日本紀略　園太暦

九日、大嘗會御禊點地、　日本紀略

十日、小除目、　日本紀略　公卿補任

十九日、陣直ヲ闕ク官人ヲ免ス、　日本紀略

二十日、上皇、高倉第ヨリ新造三條院ニ移御アラセラル、　日本紀略　榮華物語

廿二日、大嘗會御禊召仰、　日本紀略

廿三日、大嘗會御禊、　日本紀略　皇年代記　大嘗會御禊日例　大嘗會御禊事　榮華物語

十一月大 辛丑朔 盡

四日、大嘗會ニ依リテ、三社ニ奉幣ス、日本紀略

七日、小除目、攝政道長第三度ノ表ヲ上ル、勅シテ左大臣ヲ罷メシム、日本紀略 歷代皇記 公卿補任 中右記

八日、平野祭、春日祭、日本紀略

九日、梅宮祭、日本紀略

十三日、園韓神祭、日本紀略

十四日、鎭魂祭、敍位、日本紀略 公卿補任

十五日、大嘗會、日本紀略 皇年代記 歷代編年集成 榮華物語

十六日、豐樂院御宴アリ、日本紀略

十七日、豐樂院御宴、淸署堂御神樂、日本紀略 御遊抄 十訓抄

二十日、吉田祭、日本紀略

廿一日、文章生ノ試アリ、桂林遺芳抄

廿三日、御藥、女敍位、鹿、禁中ニ入ル、日本紀略

廿四日、大原野祭、日本紀略

廿五日、除目、日本紀略

三十日、大嘗會ニ依リテ、大祓ヲ行フ、日本紀略

十二月大 辛未朔 盡

三日、上皇、廣隆寺ニ參籠シ給フ、日本紀略 大鏡裏書

七日、攝政道長上表ス、日本紀略 中右記

八日、初雪見參、道長、桂山莊ニ赴ク、日本紀略

十日、御卜奏、是日、修理大夫藤原通任ノ第等燒亡ス、日本紀略

十一日、月次祭、神今食、日本紀略

十四日、賀茂臨時祭、日本紀略

十九日、荷前使定、日本紀略 樗囊抄

二十日、御佛名、日本紀略

廿二日、中宮、三條院ニ行啓シ給フ、日本紀略 榮華物語

廿六日、荷前使、日本紀略

廿九日、直物、幷ニ小除目、播磨白雉ヲ獻ズ、日本紀略

三十日、追儺、 日本紀略

寛仁元年

正月小盡 辛丑朔

一日、節會、 日本紀略 年中行事抄

二日、中宮東宮大饗、 日本紀略

五日、敍位儀、 日本紀略

七日、白馬節會、 日本紀略 辨官補任 康富記

八日、御齋會、後七日御修法、太元帥法等ヲ行フ、 日本紀略 年中行事祕抄

十日、兵部大輔等節會不參ニ依リテ、怠狀ヲ進メシム、 日本紀略

十一日、逃脫ノ相撲人ヲ搦進ス、 樗嚢抄

十六日、踏歌節會、 日本紀略 年中行事抄

十七日、射禮、 日本紀略 年中行事抄

十八日、賭弓、 日本紀略

廿二日、除目始、是日、內舍人藤原長輔等、賊ヲ捕フ、 日本紀略

廿四日、除目竟ル、權中納言藤原實成復任ス、 日本紀略 公卿補任 一代要記

廿七日、攝政道長大饗、 日本紀略

二月大盡 庚午朔

三日、春日祭、 日本紀略

四日、祈年祭、 日本紀略

六日、瀧口大藏忠親殺サル、 日本紀略

八日、釋奠、 日本紀略

十日、大原野祭、 日本紀略

十一日、列見、 日本紀略

十四日、祈年穀奉幣、 日本紀略

廿三日、七社ニ奉幣ス、 日本紀略

廿五日、中宮御竈神ヲ三條院ニ移ス、 日本紀略

廿七日、道長、木幡寺ニ詣ヅ、 日本紀略 百練抄

廿八日、權大納言藤原賴通ニ任大臣兼宣旨ヲ下ス、 日本紀略

廿九日、直物、小除目、 日本紀略

三月小 庚子朔盡

一日、大安寺火アリ、 日本紀略 百練抄 僧綱補任

四日、任大臣節會、 日本紀略 公卿補任 歴代編年集成 歴代皇記 大鏡裏書 一代要記 初任大臣大饗雜例 興福寺略年代記 榮華物語

六日、石清水行幸試樂、是日、右中辨藤原定頼ヲ藏人頭ニ補ス、 日本紀略 公卿補任 職事補任

八日、甚雨、石清水ニ行幸アラセラル、行幸ノ賞ニ依リテ、祠官兼輔ヲ從四位下ニ敍ス、 日本紀略 歴代編年集成 編年殘篇 石清水祠官系圖

十二日、御讀經始、 日本紀略

十五日、御讀經終、是日、除目アリ、僧綱ヲ任ズ、 日本紀略 大鏡裏書 僧綱補任 護持僧次第

十六日、攝政道長ヲ罷メ、内大臣頼通ヲ攝政ト爲ス、是日、道長ヲ從一位ニ敍ス、 日本紀略 公卿補任 一代要記 百練抄 歴代編年集成 榮華物語 續世繼

大安寺僧印好ヲ維摩會講師ト爲ス、 僧綱補任

十九日、石清水臨時祭、 日本紀略

廿二日、攝政頼通ノ左近衞大將ヲ罷メ、一座宣旨ヲ下シ、隨身兵仗ヲ賜ヒ、牛車ヲ聽シ、左大臣顯光等ニ輦車ヲ聽ス、 日本紀略 公卿補任 歴代皇記 一代要記 葉黄記

法成寺阿彌陀堂供養、 僧綱補任

四月小 己巳朔盡

一日、旬、見參アリ、 日本紀略 江次第

三日、除目、 日本紀略 公卿補任 一代要記

四日、廣瀨龍田祭、 日本紀略

五日、梅宮祭、 日本紀略

七日、擬階奏アリ、年號奏聞ヲ延引ス、 日本紀略 改元部類

八日、灌佛、 日本紀略

十四日、齋院御禊、 日本紀略

十六日、道長、攝政頼通賀茂社ニ詣ヅ、 日本紀略

十七日、賀茂祭、 日本紀略

十八日、權中納言正二位藤原懷平薨ズ、 日本紀略 分尊卑脈 公卿補任 大鏡

廿二日、式部大輔菅原宣義卒ス、 元祕別錄 尊卑分脈 小右記 權記 本朝麗藻

廿三日、寛仁ト改元ス、 日本紀略 一代要記 權記 元祕別錄 改元部類

廿六日、藤原長家ヲ從五位上ニ敍ス、 公卿補任

廿九日、上皇御落飾アラセラル、 日本紀略 本朝皇胤紹運錄 歷代皇記 榮華物語 愚管抄

五月大盡 戊戌朔

三日、前攝政道長三千餘人ニ施行ス、 日本紀略

四日、藏人頭藤原資平ヲ參議ニ任ズ、 公卿補任

七日、御讀經アリ、 日本紀略

九日、三條法皇崩御アラセラル、 日本紀略 百練抄 榮華物語 新拾遺和歌集

十二日、遺詔奏、素服擧哀ヲ停ム、廢朝、警固固關、

是日、御葬送アリ、 日本紀略 大鏡裏書 榮華物語

廿二日、解陣、 日本紀略

廿四日、祈雨奉幣、 園太曆

廿五日、疫癘ニ依リテ、讀經ヲ十五大寺ニ行ハシム、 類聚符宣抄

廿八日、權中納言藤原懷平ヲ葬送ス、是日、律師朝壽寂ス、 日本紀略 僧綱補任

六月小盡 戊辰朔

一日、忌火御膳ヲ供ス、 園太曆

太皇太后藤原遵子崩ゼラル、 日本紀略 一代要記 大鏡裏書 榮華物語 左經記 大鏡 今昔物語 富家語談 薫集類抄 勅撰作者部類 後拾遺和歌集 詞花和歌集 續拾遺和歌集 公卿補任 一代要記

二日、右兵衞督從三位源憲定薨ズ、 日本紀略 本朝皇胤紹運錄 公卿補任

五日、太皇太后遺令奏、素服擧哀ヲ停ム、廢朝、是日、御葬送アリ、 日本紀略 大鏡裏書 編年殘篇

十日、開關解陣、是日、前參議從二位平親信出家ス、 日本紀略

前少僧都源信寂ス、 日本紀略 皇年代記 僧綱補任 僧綱補任抄出 釋家初例抄 法華驗記 元亨釋書 四大寺傳記 續本朝往生傳 今昔物語 古事談 慈慧大僧正傳 明匠略傳 花鳥餘情 河海抄 攝州高山寺舊記 參語集 山門堂舍記 山城廣隆寺來由記

撰集抄　沙石集　續古事談　朝野群載　拾芥抄　往生要集　要法文跋　因明論疏四相違略註釋題辭　妙行心要集序　枕雙紙　宣胤卿記　天聽集　書寫山緣起　袋草紙　勅撰作者部類　續拾遺和歌集　千載和歌集　新古今和歌集　新勅撰和歌集　續後撰和歌集　續古今和歌集　玉葉和歌集　續千載和歌集　續後拾遺和歌集　風雅和歌集　新千載和歌集　續詞花和歌集　古今著聞集

十一日、月次祭、神今食ヲ停メ、八省東廊ニ大祓ヲ行フ、日本紀略　北山抄

十二日、前參議從二位平親信薨ズ、尊卑分脈　公卿補任　洞院家記

十四日、疫癘ニ依リテ、仁王經ヲ轉讀ス、日本紀略

廿二日、雷火ニ依リテ、興福寺塔等災ス、日本紀略　僧綱補任　伊呂波字類抄

廿三日、疫癘ニ依リテ、壽命經ヲ書寫轉讀セシム、日本紀略

廿五日、三條院ニ御法會ヲ行ハセラル、榮華物語

廿七日、賊、道長ノ第ニ入リ、砂金ヲ盜ム、日本紀略

廿八日、御體御卜奏、日本紀略

廿九日、大祓、日本紀略

是月、一品禎子内親王、一條院ニ渡御セラル、榮華物語

齋院長官從五位下源爲理卒ス、左經記　尊卑分脈

七月小丁酉朔盡

一日、祈年穀奉幣等ノ日ヲ定ム、神祇官陰陽寮ヲシテ、霖雨ヲトハシム、是日、攝政頼通丹生貴布禰ニ奉幣ス、日本紀略　左經記

二日、故太皇太后遵子ノ御法會ヲ修ス、小右記目録

群盜、齋院ニ入ル、左經記

三日、瀧口ニ寄スル作法ヲ奏ス、左經記

四日、廣瀨龍田祭、日本紀略

五日、丹生貴布禰二社ニ奉幣ス、齋院々司ヲシテ、解謝ノ祓ヲ行シム、是日、右衞門府生秦貞澄ヲ檢非違使ト爲ス、日本紀略　左經記

七日、雷電アリ、造宮檜皮ヲ葺始ム、權大納言藤原齊信、始テ造宮所ニ著ス、是日、外記廳請印、三宮御節供アリ、陣申文、侍從所節酒盃酌ナシ　左經記

九日、賀茂行幸雑事等ヲ定ム、 小右記

十日、左近衛中將從四位下源雅通卒ス、 小右記 左經記 勅撰作者部類 尊卑分脈 法成寺攝政記 職事補任 榮華物語 拾遺往生傳 元亨釋書 今昔物語 長明發心集 後拾遺和歌集

檢非違使左衛門尉藤原宗相等、盗賊ヲ捕フ、是日、匹絹ヲ使官人ニ賜フ、 左經記

十一日、八省東廊ニ死骸アリ、死穢ニ依リテ、祈年穀奉幣使ヲ神祇官ヨリ發遣ス、是日、伊勢禰宜ヲ加階ス、 日本紀略 小右記 左經記

十三日、甚雨、 左經記

十四日、左少辨源經頼、産ノ穢ニ依リテ假文ヲ上ル、 左經記

十七日、薨奏アリ、是日、左中辨藤原經通等復任ス、 辨官補任 左經記

十九日、故太皇太后遵子ノ御遺骨ヲ木幡ニ移シ、七七御法會ヲ行フ、是日、前齋宮女別當某死ス、 小右記目錄 小右記 左經記

八月大 丙寅朔

一日、先帝ノ中宮妍子、前攝政道長ノ一條第ニ遷御ノコトヲ定ム、 左經記

二日、釋奠、宴座ナシ、是日、先帝ノ中宮妍子、道長ノ一條第ニ遷リ給フ、右中辨藤原定頼ヲ加階ス、 日本紀略 左經記 榮華物語 小右記 辨官補任 公卿補任

丹波等蝗蟲ノ害アリ、 小右記 百練抄

三日、釋奠内論義、是日、蝗蟲ノ害ニ依リテ、廿一社ニ奉幣シ、諸國ヲシテ、仁王經等ヲ轉讀セシム、 日本紀略 左經記 類聚符宣抄

四日、安倍吉平ヲシテ、奉幣、幷ニ御讀經ノ日ヲ勘セシム、是日、放生會ノ日、佛事ヲ行フノ例、及ビ賀茂社司等ノ奏狀ノコトヲ議ス、五畿七道奉幣使官符ニ捺印ス、 小右記

伊勢大神宮司、神宮破損文ヲ上ル、是日、賀茂祭行事宣旨ヲ下ス、 小右記

七日、蝗蟲ノ害ニ依リテ、諸社ニ奉幣ス、 小右記 左經記

敦明親王、皇太子辭退ノ事ヲトセラル、是日、立太

子雜事ヲ定メ、主計頭安倍吉平ヲシテ、日時ヲ擇バシム、攝政賴通解除ス、 左經記 小右記 榮華物語 婚記 立坊部類記

九日、敦明親王、皇太子ヲ辭シ給フ、是日、敦良親王ヲ立テ、皇太子ト爲シ、坊官除目アリ、 日本紀略 大鏡裏書 歴代皇記 東寺長者補任 平記 小右記 左經記 立坊部類記 權記 榮華物語 大鏡 續世繼 神皇正統記

坊官除目、東宮昇殿ヲ聽ス、是日、中將藤原兼經ヲシテ、粮所事ヲ行ハシム、御物忌ニ依リテ、賀茂行幸ヲ延引ス、 小右記 左經記 立坊部類記 公卿補任 一代要記 榮華物語

十一日、定考、 日本紀略 左經記

十五日、石清水ニ奉幣ス、是日、右大辨ノ觸穢ニ依リテ、官奏ヲ延引ス、 左經記

十六日、信濃駒牽、 左經記 中右記

十七日、甲斐穗坂駒牽、 左經記

十八日、地震、東宮ニ於テ犬死穢アリ、仍リテ仁王會ヲ延引ス、 日本紀略 左經記

十九日、御物忌ニ依リテ、賀茂行幸ヲ停ム、 小右記 左經記

二十日、武藏駒牽延引、 左經記

廿一日、東宮始テ拜覲アラセラル、中宮權亮藤原公成ニ東宮昇殿ヲ聽ス、勸學院學生等、東宮、及ビ攝政ニ參賀ス、 日本紀略 立坊部類記 左經記

廿三日、御印、御劒、及ビ左右馬寮ノ御馬ヲ東宮ニ渡サル、是日、皇太后彰子東南一對ニ遷リ給フ、 日本紀略 左經記 大鏡 立坊部類記

廿四日、藤原經賴、西河ニ遊ブ、 左經記

廿五日、一代一度仁王會、幷ニ陰陽寮日時ヲ定ム、文章博士大江通直ヲシテ、呪願文ヲ作ラシム、 小右記

前皇太子敦明親王ニ、小一條院ノ號、幷ニ年官年爵御封ヲ賜ヒ、進屬ヲ以テ、判官代主典代トナシ、左右近衞五人ヲ隨身トナシ、藏人ヲ定ム、是日、興福寺僧等東宮、幷ニ攝政賴通ノ第ニ參賀ス、 日本紀略 大鏡裏書 百練抄 小右記 左經記

廿六日、仁和寺僧等攝政頼通ノ第ニ參賀ス、左經記

廿七日、皇太后宮ニ渡御アラセラル、法性寺僧等攝政頼通ノ第ニ參賀ス、左經記

廿八日、除目始、日本紀略 小右記

廿九日、除目、日本紀略

三十日、除目竟ル、公卿補任 歴代皇記

九月大 丙申朔 盡

一日、大仁王會ヲ修スベキ官符ヲ七道諸國ニ下ス、日本紀略

三日、御燈、日本紀略

七日、造宮檜皮ヲ葺始ム、左經記

九日、平座見參、春宮帶刀騎射ヲ試ム、是日、齋院造作ノ宣旨ヲ下ス、日本紀略 左記經 立坊部類記 小右記

十一日、伊勢例幣ニ依リテ、駒牽解文ヲ奏セズ、日本紀略 左經記 樗嚢抄

十三日、甲斐穗坂駒牽延引ス、穗坂御牧去年御馬解文ヲ奏ス、是日、道長ノ第ニ於テ競馬アリ、樗嚢抄 左經記

犬死穢アリ、小右記

十四日、犬死穢ニ依リテ、近江國司申請ノ事等ヲ停止ス、是日、右衞門佐藤原良頼ニ昇殿ヲ聽ス、小右記

十五日、道長ノ第ニ於テ競馬アリ、左經記

十六日、道長ノ第ニ於テ競馬アリ、日本紀略 左經記

十七日、權大納言藤原俊賢、内文ヲ覽、位記捺印等ヲ奏ス、是日、道長ノ第ニ於テ競馬アリ、左經記

二十日、官奏、一代一度奉幣使等ヲ定ム、小右記 左經記

廿一日、齋院御禊、野宮ニ入リ給フ、道長、中宮大夫藤原道綱ノ第ニ赴ク、日本紀略 左經記 小右記

廿二日、道長、室倫子ト共ニ石清水ニ參詣ス、日本紀略 百練抄 小右記 榮華物語 左經記

廿四日、道長等石清水ヨリ還ル、日本紀略 百練抄 小右記 左經記

廿五日、道長、馬ヲ攝政頼通ニ贈ル、左經記

廿六日、仁王會僧名定、小右記

廿七日、定考、一代一度奉幣使等ノ雜事ヲ仰ス、　小右記　左經記

廿八日、官奏、近江國司ノ申文ヲ定ム、　左經記

廿九日、大神寶宣命ノ草ヲ奏ス、　小右記　日本紀略

三十日、殿上一種物アリ、宇佐使ヲ餞ス、　左經記

十月小盡　丙寅朔

一日、平座見參、　日本紀略　小右記　左經記

二日、大祓ヲ行ヒテ畿內七道諸社ニ奉幣シ、神寶ヲ奉ル、是日、仁王會雜事等ヲ奏シ、大祓日時ヲ勘セシム、　日本紀略　小右記　左經記

三日、仁王會料米未進ニ依リテ、催納セシム、右中將藤原公成、春日祭使ヲ辭ス、　小右記

四日、仁王會僧闕請ヲ補ス、是日、五節舞姫ヲ定ム、　小右記　左經記

五日、弓場始、春日祭使ノコトヲ議ス、　日本紀略　小右記　左經記

六日、石清水御封半分ヲ以テ、修理料ニ充ツル宣旨ヲ下シ、府掌等ヲ補シ、仁王會僧闕請遺ヲ改補ス、是日、小一條院、僧都慶命ノ一條車宿ニ赴カセラル、　小右記

七日、大祓、　日本紀略

僧清梅寂ス、　拾遺往生傳　元亨釋書　沙石集

八日、一代一度仁王會、　日本紀略　左經記　小右記　立坊部類

九日、近江國司申請ノ納官綾絹見色ヲ以テ進濟スルヲ許ス、是日、諸卿大井河ニ遊ブ、　小右記　左經記

十日、神寶料ノ金銀ヲ下ス、是日、道長、宇佐使路次等ノコトヲ命ズ、　左經記

十一日、齋院奏狀、幷ニ國々召物ノコトヲ命ズ、是日、行幸御祈奉幣、御讀經ノ日等ヲ定ム、　小右記

十二日、攝政賴通御教書ヲ宇佐使路次ノ國司等ニ下ス、是日、牛、東宮ニ入ル、道長、桂山莊ニ赴ク、　左經記　小右記

十三日、小舍人姓闕ク友信ヲ以テ石清水使ニ充ツ、賀茂行幸雜事ヲ定ム、造宮御祈仁王會僧名、幷ニ

日時等ヲ定ム、定考、式日神事ノ日、臨時奉幣使ヲ立ツル例ヲ定ム、　小右記　小右記裏書

十四日、御禊、神寶ヲ石清水等ニ奉ル、　日本紀略　小右記　左經記

修理職ヲシテ、進物所舍ヲ造シム、是日、權僧正明救ヲシテ、新宮御修法ヲ奉仕セシム、　小右記

十五日、造宮御祈仁王會行事定、鹿、新造內裏ニ入ル、道長、新造內裏ヲ巡檢ス、　日本紀略　小右記　左經記

十六日、鹿、內裏ニ入ルニ依リテ、御卜ヲ行フ、大江通直ヲシテ、造宮仁王會呪願文ヲ作シム、是日、仁王會僧闕請ヲ補ス、　日本紀略　左經記

造宮延期ス、造宮仁王會御讀經御修法ヲ停止ス、　小右記　左經記

造宮料加徵米、幷ニ夫等ヲ停止スル宣旨ヲ伊勢ニ下ス、　醍醐雜事記

十七日、石清水御封支配宣旨ニ行幸施入ノコトヲ載セシム、季御讀經僧名定ヲ延引シ、公卿等大內還幸ノ事等ヲ議ス、是日、上東門大路南邊陽明門大路北邊等火アリ、　小右記　左經記

十八日、陰陽寮ヲシテ、八十島祭ノ日ヲ勘セシム、是日、諸陵頭姓闕ク內成ノ第燒亡ニ依リテ、攝政賴通第ノ廊ヲ賜フ、　小右記　左經記

十九日、行幸料米等ヲ召ス、　小右記

二十日、陰陽寮ヲシテ、八十島祭日時ヲ改勘セシム、是日、山陵使ヲ定ム、　左經記

行幸御祈奉幣、御讀經等ノ日ヲ定ム、是日、行幸料絹等燒失ニ依リテ、主殿屬姓闕ク久賴ヲシテ、中文ヲ上ラシム、　小右記

僧綱ヲ任ズ、是日、前相模守平考義申請ノ塡納等ヲ定ム、　小右記　僧綱補任　石清水祠官系圖　釋家初例抄

廿一日、上野介藤原定輔、馬ヲ前攝政道長、幷ニ攝政賴通ニ貢ス、是日、狐、御在所ニ入ル、　小右記　左經記

廿二日、賀茂上下社修造ニ依リテ、國々ノ材木ヲ召ス、　小右記

廿三日、外記政請印、幷ニ南所申文アリ、狐、御在所ニ入ルニ依リテ御占ヲ行フ、小右記 左經記
廿五日、賀茂行幸御祈、十社御讀經ヲ定ム、是日、道長、宇治ニ於テ作文ヲ行フ、小右記
廿六日、立太子ヲ山陵ニ告グ、鹿、新宮ニ入ル、日本紀略 小右記 立坊部類記
但馬守正四位下橘爲義卒ス、小右記 橘系圖 勅撰作者部類 權記 類聚符宣抄 本朝麗藻 後拾遺和歌集 詞花和歌集 續古今和歌集 玄々集
廿八日、陪膳ニ候スル者、病惱ニ依リテ、朝夕御膳ヲ女房ニ渡ス、上東門邊、燒亡ニ依リテ、絹ヲ女房以下ニ賜フ、左經記
圓珍ノ遠忌ニ依リテ、法華十講ヲ園城寺ニ修シ、始テ竪義ヲ置ク、道長、諸卿ヲ率テ之ニ詣ヅ、小右記 左經記 年中行事祕抄 濫觴抄 寺門高僧記 元亨釋書 三僧記類聚
廿九日、當宗社本祭使ヲ發遣ス、是日、大神宮別宮等損色文ヲ上ル、左經記 小右記

是月、近衞番長下毛野公時死ス、下毛野光武ヲ府掌ニ補ス、小右記 續本朝往生傳 古事談 古今著聞集

十一月大盡乙未朔

一日、忌火御膳ヲ供ス、是日、御暦奏、犬死穢アリ、左經記 日本紀略
二日、春日祭、穢ニ依リテ平野祭ヲ延引ス、日本紀略 小右記 左經記
三日、梅宮祭、春日祭還饗、日本紀略 小右記 左經記
四日、道長、隨身等ヲシテ、前太皇太后宮大進姓闕ク昌隆ヲ捕ヘシム、小右記
六日、齋院賀茂禊祭料等宣旨ヲ催スコトヲ申ス、行幸料不足絹ヲ申請ス、奉幣宣命草ヲ覽ルベキコトヲ議ス、是日、中宮御讀經發願、阿闍梨明覺寂ス、小右記 尊卑分脈
攝政賴通馬ヲ獻ズ、長門守高階業敏、牛六頭ヲ貢ス、人々ニ賜フ、左經記 小右記
八日、奉幣使卜串ヲ開ク、寅日ニ依リテ、宣命草奏

ヲ延引ス、七社奉幣使ヲ定メ、賀茂使春日使等ノ代官ノコトヲ議ス、内印アリ、道長二條第ニ赴ク、　小右記　左經記

九日、賀茂行幸ニ依リテ七社ニ奉幣ス、伊勢朝明郡ヲ大神宮ニ寄進ス、是日、行幸行事所、近江ノ材木ヲ召シ、陸奥ノ絹ヲ請フ、　日本紀略　小右記　左經記　類聚符宣抄

十日、御元服ノ事ヲ定メ、御冠筥等ヲ調ヘシム、十社ニ御讀經請僧領狀ヲ進メシム、賀茂社僧權律師成秀、伊豫ノ溫泉ニ向フニ依リテ申文ヲ進ム、國々召物成シ難キコトヲ申ス、飾物料絹ヲ請フ、是日、道長、二條第ニ移ル、　小右記　日本紀略

十一日、藤原灑子典侍ヲ辭ス、藤原美子ヲ典侍ニ補シ、官奏ヲ延引シ、賀茂行幸東遊調樂ヲ始メ、行幸料材木手作布ヲ進シメ、大納言實資ノ位田ヲ改ム、是日、攝政頼通等道長ノ第ニ參會ス、　左經記　小右記

十二日、伊勢ノ百姓等、前司藤原忠孝ノ重任ヲ申請ス、　左經記

十三日、行幸路ヲ巡檢ス、　小右記

十四日、吉田祭、平野祭、是日、砂金等進納ノ宣旨ヲ下ス、　日本紀略　左經記　小右記

十五日、直物、除目、伊勢ノ百姓等申文ヲ奏ス、諸社禰宜ヲシテ、御祈ヲ行ヒ、火災ヲ禳ハシム、　日本紀略　左經記　小右記　公卿補任

十六日、賀茂上下社蔀屋ヲ修造ス、　小右記

十七日、時杭紛失ス、　小右記

十八日、大原野祭、　日本紀略　小右記

左大臣顯光、大納言藤原實資ヲ呪咀ス、　小右記

十九日、五節舞姫御覽、時杭紛失ニ依リテ占方ヲ奏ス、伊勢造宮所覆勘ヲ行フ、道長、行幸雜事、御元服儀式ノ事、任太政大臣、大饗日ノ事等ヲ命ズ、　左經記　小右記

賀茂行幸ニ依リテ、神遊音樂人ニ酒食ヲ儲ケ賜ハシム、　小右記

二十日、內裏中宮鎮魂祭、殿上淵醉アリ、賀茂行幸

ニ依リテ、馬ヲ儲シメ、米未進、及ビ幣料絹韓櫃等ヲ召ス、日本紀略 小右記 左經記

廿一日、新嘗祭、殿上垸飯アリ、日本紀略 左經記

廿二日、豐明節會、是日、齋院邊小屋災ス、陰陽寮ヲシテ、時杭ヲ作ル日時ヲ勘セシム、日本紀略 小右記 左經記

小一條院、高松第ニ渡御アラセラル、道長ノ任太政大臣宣旨ヲ延引ス、小右記 左經記 榮華物語

行幸料大幔韓櫃幣料ノ絹ヲ上野ニ徴ス、內藏頭源頼光ヲシテ、饗ヲ儲ケシム、小右記

廿三日、賀茂行幸試樂、同召仰ノ事ヲ行フ、宣命草ヲ奏シ、賀茂社寄進ノ郡界ヲ議ス、是日、大祓、及ビ東宮鎭魂祭アリ、日本紀略 小右記 左經記

女王祿アリ、紛失ノ時杭ヲ求得ス、左衞門尉藤原宗相御馬ヲ上ル、左經記 小右記

廿四日、道長、宣命草ノ寫ヲ覽ル、賀茂行幸雜事ヲ議ス、是日、播磨國司、掃部允三善明善ヲ捕進ス、小右記 左經記

廿五日、賀茂社ニ行幸アラセラル、皇太后モ亦行啓シ給ヒ、愛宕郡八鄕ヲ賀茂上下社ニ寄セ給フ、禰宜縣主久清等ヲ加階ス、日本紀略 皇代記 小右記 左經記 賀茂注進雜記 類聚符宣抄 年中行事祕抄 榮華物語 後拾遺和歌集 續後撰和歌集

貴布禰神ニ正二位ヲ授ク、是日、權中納言藤原能信ニ帶劒ヲ聽ス、二十二社註式 公卿補任

廿六日、道長、攝政頼通ニ行幸ニ供奉セザル者ヲ罰センコトヲ命ズ、小右記

廿七日、賀茂臨時祭、是日、道長ニ任太政大臣宣旨ヲ下ス、日本紀略 小右記 左經記

佛舍利ヲ諸社ニ奉ル日時ヲ奏ス、是日、賀茂社祝縣主伊信、賀茂社祝縣主加階ヲ以テ舅安倍忠信ニ讓ランコトヲ請フ、小右記

廿八日、行幸供奉ノ諸司諸衞ニ見參ヲ進シム、小右記

廿九日、不堪佃田定、丹波安藝造宮所ヲ覆勘ス、是日、賀茂社ニ寄スル郡鄕ヲ分チ定ム、左經記 小右記

三十日、佛舍利壺、及ビ多寶塔等ヲ作シム、雜色姓闕ク貞任等ノ箇ヲ削ル、是日、前齋宮當子內親王御落飾アラセラル、左經記 小右記

十二月大盡 乙丑朔

一日、忌火御膳ヲ供ス、御元服ノ間、辨官方行事ヲ定ム、左經記

貴布禰、片岡、河合神ニ正二位ヲ授ケ、神人等ヲ加階ス、是日、愛宕郡內神社佛寺等ノ田地ヲ注セシムル宣旨ヲ下ス、日本紀略 小右記

右大將藤原實資、任太政大臣ノ古記ヲ道長ニ送ル、小右記

二日、位記請印アリ、御元服奉行ヲ定メ、行幸ノ賞及ビ造八省ノ賞ヲ行フ、左經記 小右記 公卿補任

駒牽、是日、宇佐使歸京ス、左經記

四日、道長ヲ太政大臣ニ任ズ、道長、大饗ヲ行フ、

是日、盜、右衞門志紀信明ノ馬飼ヲ射殺ス、日本紀略 小右記 左經記 初任大臣大饗雜例

五日、陸奧交易ノ御馬御覽アリ、是日、御馬乘ヲ補ス、小右記 左經記 江次第

七日、位記請印、初雪見參ヲ奏ス、小右記 左經記

九日、伊勢神人、民部卿藤原懷忠ノ第ニ濫行ス、小右記

十日、御體御卜、是日、安倍吉平ヲシテ、明年御元服ノ日時ヲ勘セシメ、府掌下毛野光武ヲ番長ニ補ス、播磨粮使看督使番長安倍守助ノ溺死ニ依リテ、實檢使ヲ遣ス、日本紀略 左經記 小右記

十一日、月次祭、神今食、是日、明年ノ御元服ヲ伊勢大神宮ニ告グ、日本紀略 小右記 左經記 西宮記

十二日、八十島使ヲ發遣ス、小右記

十三日、八十島祭、御元服雜事、元日擬侍從ヲ定ム、是日、近江國分寺、幷ニ尼寺火アリ、小右記 左經記

十四日、賀茂行幸供奉ノ諸司諸衞見參ヲ上ル、小右記

十五日、大神祭、八十島使歸京ス、是日、一條院御念佛、太政大臣道長ノ第ニ釋經アリ、日本紀略 小右記

十六日、荷前使、季御讀經ヲ定ム、是日、不堪佃田定アリ、 日本紀略 小右記
十七日、御元服朝拜宴會等ヲ議ス、 小右記
十八日、御元服奉告ノ山陵使、及ビ諸社ニ奉ル佛舍利度者使延引、秋季御讀經縮行ノ事等ヲ定ム、 小右記 左經記
十九日、山陵使ヲ發遣シテ、御元服ノ事ヲ告グ、御佛名アリ、是日、不堪佃田ヲ改定ス、 日本紀略 西宮記 江次第 小右記 左經記
二十日、御元服壽言ノ日ヲ定ム、御夢想ニ依リテ御讀經ヲ行フ、 小右記 左經記
廿一日、季御讀經發願、嚴寒ニ依リテ、佛舍利ヲ神社ニ奉ルコトヲ延引ス、 日本紀略 小右記
勸學院學生等、太政大臣道長ノ第ニ參賀ス、大饗雜事ヲ定ム、 日本紀略 左經記
廿二日、服御常膳等ヲ減ジ給フ、是日、不斷長日仁王經御讀經僧名、幷ニ日時ヲ定ム、 日本紀略 小右記 左經記

廿三日、禳災料米ヲ諸國ニ課召ス、 小右記
廿四日、季御讀經結願、御元服宴會ノ日ヲ定メ、左大臣顯光ヲ元日次侍從ニ補ス、 日本紀略 小右記
廿五日、皇太后宮御佛名アリ、僧綱ヲ任ジ、御倚子ヲ立ツ日時ヲ勘セシム、 小右記 僧綱補任 大鏡裏書 東寺長者補任 康平記
廿六日、荷前使ヲ發遣ス、僧綱召アリ、禊祭料勘文ノコトヲ議ス、是日、皇太后宮仁王經不斷御讀經アリ、東宮御佛名、攝政賴通上表ス、 日本紀略 小右記 左經記 僧綱補任 護持僧次第
廿七日、外記政、幷ニ申文、右近衞陣ヲ上達部座左近衞陣ニ移ス、太政大臣ノ倚子ヲ立ツ、 小右記 左經記
廿八日、請印、幷ニ位記召給、馬寮觸穢ニ依リテ、白馬列見延引ス、是日、興福寺僧徒等、太政大臣道長ノ第ニ參賀ス、 左經記 小右記
三十日、雷鳴アリ、大祓、追儺、 左經記
是歲、少僧都教靜ヲ園城寺長吏ニ補ス、

寛仁二年

正月大盡 乙未朔

一日、節會、小朝拜、御藥ヲ供ス、日本紀略 左經記

二日、中宮東宮大饗、道長、攝政頼通臨時客、日本紀略 左經記

三日、御元服ノ儀ヲ行ハセラル、是日、道長ニ輦車ヲ聽ス、日本紀略 百錬抄 左經記 西宮記 江次第 榮華物語 公卿補任

五日、御元服後宴、敍位、日本紀略 左經記 天子冠禮部類記 主上御元服上壽作法抄 西宮記 江次第 御遊抄 御元服雜抄 公卿補任

六日、中納言藤原能信、位記請印ヲ行フ、左經記

七日、白馬節會、公卿御元服ノ賀表ヲ上ル、是日、皇太后彰子ヲ太皇太后トナシ、大赦ヲ行フ、日本紀略 大鏡裏書 左經記 小右記 長秋記

八日、御齋會始、日本紀略 左經記

十日、女敍位、藏人右衛門尉藤原家經等ノ昇殿ヲ定ム、左經記 日本紀略

十四日、御齋會竟ル、內論義アリ、日本紀略 左經記

十五日、雨雪、兵部手結、日本紀略 左經記

十六日、踏歌節會、日本紀略 小右記 左經記

十七日、右近衛權少將藤原長家ヲ權中將ニ任ジ、近江介ヲ兼ネシム、公卿補任

十八日、賭弓、日本紀略

廿一日、政始、小右記 左經記

廿二日、舍人藤原季良刄傷セラル、小右記

廿三日、攝政頼通大饗ヲ行フ、日本紀略 小右記 左經記 榮華物語 後拾遺和歌集

廿四日、多武峯鳴動ニ依リテ之ヲ占フ、小右記

廿五日、除目始、日本紀略 小右記 公卿補任

廿七日、除目竟ル、參議源頼定勘解由長官ヲ辭ス、日本紀略 辨官補任 公卿補任

二月小盡 乙丑朔

一日、除目下名、日本紀略

三日、釋奠、大原野祭、陰陽寮ヲシテ遷宮ノ日ヲ奏

セシメ、散位源定良ヲ藏人ニ補ス、是日、太政大臣道長上表ス、 日本紀略 左經記 職事補任 公卿補任

四日、祈年祭、 日本紀略 左經記

五日、雨雪、太政大臣道長第二度上表ス、勅答アリ、 日本紀略 小右記 左經記

八日、春日祭、 日本紀略 左經記

九日、太政大臣道長第三度上表ス、勅許アリ、 日本紀略 公卿補任 小右記 續本朝文粹

十一日、雨雪、列見、 日本紀略 左經記

十二日、雨雪、 日本紀略

十三日、園韓神祭、 日本紀略

十四日、前太政大臣道長、攝政頼通ト共ニ鞍馬ニ詣ヅ、 左經記

十七日、內印、臨時祭ヲ定ム、 左經記

二十日、雷雨アリ、是日、祈年穀奉幣使ヲ廿一社ニ發遣ス、 日本紀略 小右記 左經記

廿二日、宇佐相規ヲ宇佐大宮司ニ任ズ、 左經記

廿三日、宇佐大宮司ヲ任ズル官符ヲ下ス、 左經記

廿四日、攝政頼通上表ス、勅答アリ、 左經記 公卿補任

三月大 甲午朔盡

一日、尚侍藤原威子ニ御書ヲ賜フ、 左經記

二日、雨雪、是日、臨時仁王會ニ依リテ、大祓ヲ行フ、 日本紀略 小右記 左經記

三日、密宴ヲ行フ、 日本記略

四日、臨時仁王會、 日本紀略 小右記

五日、尚侍藤原威子ニ御書ヲ賜フ、 左經記

七日、尚侍藤原威子入內ス、是日、季御讀經雜事等ヲ定ム、 日本紀略 大鏡裏書 小右記 左經記 榮華物語 婚記

八日、尚侍藤原威子ニ御書ヲ賜フ、 左經記

九日、新造內裏ニ御讀經、幷ニ御修法ヲ行フ、 日本紀略 左經記

十日、宮城四角祭、 日本紀略

十一日、石清水臨時祭試樂、 左經記

十二日、御馬御覽、是日、季御讀經闕請ヲ補ス、左經記 年中行事祕抄

十三日、石淸水臨時祭、日本紀略 小右記 左經記 榮華物語

十六日、季御讀經始、是日、僧行圓、行願寺ニ於テ六万九千餘燈ヲ供養ス、日本紀略 小右記

十八日、季御讀經僧名ヲ辨官ニ下ス、是日、盜、右大臣公季ノ廐ニ入ル、小右記目錄 小右記

十九日、季御讀經結願、是日、齋院ノ奏狀ヲ辨ニ付ス、小右記

廿一日、東宮御讀經、小右記

廿二日、攝政賴通、春日社ニ詣ヅ、是日、右大將實資家ノ尼寂ス、日本紀略 小右記 台記 水左記

廿三日、攝政賴通、春日社ヨリ歸京ス、是日、賴通馬ヲ大納言藤原俊賢等ニ與フ、小右記

前武藏守姓闕ク爲時興福寺所司ト鬪爭ス、是日、興福寺聲師登美助樹ヲ從五位下ニ敍ス、小右記

廿五日、皇后藤原娀子御出家アラセラル、一代要記

廿八日、直物延引ス、左經記

廿九日、道長、攝政賴通ト東山邊ヲ遊覽ス、左經記

是月、新造上東門第寢殿上ニ鴨集ル、小右記

四月小 甲子朔 盡

一日、旬ヲ停ム、平座見參アリ、伊豫ノ近衞府大粮米ヲ免ゼシム、是日、右近衞少將藤原兼房、藏人頭藤原定賴ヲ罵辱ス、日本紀略 小右記

三日、興福寺別當大僧都林懷ノ鞾務ヲ停ム、日本紀略 小右記

四日、廣瀨龍田祭、日本紀略 左經記 小右記

五日、賀茂神鄕定ヲ延引ス、小右記

七日、擬階奏、直物、小除目、敍位、是日、御禊前駈ヲ定ム、日本紀略 小右記 左經記 公卿補任

八日、灌佛、日本紀略 小右記 中右記

九日、平野祭、是日、前太政大臣道長病ム、日本紀略 小右記

十日、梅宮祭、馬寮御馬疲瘦ス、是日、申文ヲ定メ、

請印ヲ行フ、日本紀略　小右記　左經記
攝政頼通第三度上表ス、勅答アリ、公卿補任　小右記
左經記
十三日、吉田祭、是日、木材倒レ、造昭陽舍工匠壓死ス、日本紀略　小右記
十四日、遷宮ノ日ヲ定ム、小右記
十六日、伊勢以下八社ニ奉幣使ヲ發遣ス、日本紀略
小右記　左經記
十七日、位祿位記請印ヲ行フ、左經記
十九日、齋院御禊、日本紀略　小右記
二十日、警固、道長、攝政頼通等、賀茂祭使料等ノ馬ヲ撰定ス、左經記
廿一日、道長、攝政頼通賀茂社ニ詣ヅ、是日、右近衞少將藤原兼房等ノ勘當ヲ聽ス、日本紀略　小右記
廿二日、賀茂祭、日本紀略　小右記
左經記
廿四日、相撲使申文ヲ奏ス、小右記
廿五日、道長、攝政頼通、內裏ヲ巡檢ス、小右記

廿六日、諸卿不參ニ依リテ、諸國條事定ヲ延引ス、是日、吉田祭ノ事ニ依リテ、使部ヲ禁獄ス、小右記
廿七日、相撲使ヲ定ム、小右記
廿八日、新造內裏ニ遷御アラセラル、尙侍藤原威子ヲ女御ト爲ス、是日、道長、左大辨源道方ヲ勘當ス、日本紀略　小右記　左經記　類聚雜要抄
廿九日、贈太皇太后安子國忌、小右記

閏四月小盡 癸巳朔

一日、遷宮第三日ノ饗膳アリ、是日、大宰相撲使出立ス、日本紀略　左經記　小右記
五日、馬寮御馬走奏ヲ進ム、是日、僧行圓行願寺ニ四部講ヲ行フ、小右記
九日、左馬頭藤原保昌ノ牛童、上總介平維衡ノ草刈男ト鬪爭ス、小右記
十日、神祇少副從五位上大中臣佐俊卒ス、大中臣氏系圖　權記
十一日、大宮御方ニ渡御アラセラル、是日、新造內

裏政始、祈年穀奉幣使日時ヲ定メ、馬寮御馬競文ヲ進ム、日本紀略　左經記　小右記
十二日、道長、土御門第ノ造作ヲ覽ル、小右記
圓教寺災ス、日本紀略　小右記
十五日、道長病ム、小右記
十六日、祈年穀奉幣使ヲ發遣ス、道長ノ病惱ニ依リテ、室倫子、法性寺五大堂ニ參籠ス、日本紀略　小右記　左經記
十七日、內匠頭藤原有親出家ス、小右記
廿一日、瀧口藤原光任等鬪爭ス、小右記
廿二日、朝久法師兒童石犬丸、牛付童等ト鬪爭ス、小右記
廿三日、大風雨氷アリ、是日、內侍所板敷ノ下ニ狼死ス、日本紀略　左經記
廿四日、雷雨アリ、小右記
廿五日、內侍所神鏡鳴ル、小右記
廿八日、大炊頭菅原爲職ノ小舍人童死ス、是日、中將藤原兼綱ヲシテ、道長ノ病ヲ問ハシム、左經記
廿九日、道長、法性寺ヨリ二條第ニ歸リ、祓ヲ行フ、小右記　左經記

五月大　壬戌朔　盡

一日、道長ノ病ニ依リテ、法華三十講ヲ始ム、小右記　左經記
三日、大僧都尋圓ノ從童、右大將實資ノ牛童ト爭論ス、小右記
四日、右近衞府荒手結、小右記
五日、左近衞府眞手結、小一條院、藥玉ヲ禎子內親王ニ賜フ、小右記　榮華物語
六日、右近衞府眞手結、小右記
七日、道長ノ第、法華三十講論義アリ、小右記
九日、三條天皇御周忌法會ヲ修ス、小右記
十日、天台舍利會、小右記
十一日、大僧都深覺、大安寺釋迦堂ヲ造立センコトヲ請フ、小右記

十二日、瀧口陣雜仕女頓死ス、是日、道長孔雀經ヲ修ス、 日本紀略 小右記 左經記
十三日道長ノ第、法華三十講五卷日、 小右記
十四日、競馬、 小右記
十五日、常陸介平維時、道長ノ第法華三十講ニ馬ヲ贈ル、 小右記
十六日、位祿目錄ヲ奏ス、是日、道長、攝政賴通等病ム、 左經記 小右記
十七日、化德門內ニ恠異アリ、 小右記
十九日、旱魃ニ依リテ、神祇官ニ祈雨アリ、 小右記
廿一日、祈雨御讀經定、道長ノ第三十講論義アリ、僧ニ祿ヲ賜フ、內藏寮申請ノ奏狀ヲ辨官ニ下ス、是日、道長、病氣平癒ニ依リテ參內ス、大宰權帥藤原隆家ノ隨身等、參議藤原資平ノ從者ヲ刄傷ス、 日本紀略 小右記 左經記
廿二日、大宰權帥隆家ノ隨身等ヲ勘問ス、是日、行願寺四部講始、 小右記
廿三日、賀茂神鄕ノ事ニ依リテ、國司繪圖ヲ進ム、 小右記
廿四日、丹生貴布禰兩社ニ祈雨奉幣ス、又祈雨御讀經アリ、是日、右大將藤原實資ノ倉代災ス、 日本紀略 小右記
廿五日、道長ノ第法華三十講結願、 小右記 左經記
廿七日、堀河東邊災ス、是日、道長病ム、 小右記
廿九日、故太皇太后遵子、周忌法會ヲ行フ、是日、興福寺安潤ヲ維摩會講師ト爲ス、 小右記
三十日、丹生貴布禰兩社ニ再ビ祈雨奉幣ス、祈雨御讀經僧名定、是日、中宮領攝津宿御莊司大學屬藤原正邦、同國櫻原莊下人ヲ毆打ス、 日本紀略 小右記 左經記

六月小盡 壬辰朔

是月、少僧都心譽ヲ罷ム、 僧綱補任
一日、造酒司醴ヲ進ム、是日、御讀經僧闕請ヲ補ス、 小右記 左經記
三日、炎旱ニ依リテ、御卜ヲ行フ、是日、百口僧ヲシテ、大極殿ニ仁王經ヲ轉讀シテ雨ヲ祈ラシム、

日本紀略　小右記　左經記

四日、雷鳴アリ、旱災ニ依リテ、阿闍梨仁海ヲシテ、請雨經法ヲ神泉苑ニ修セシメ、安倍吉平ヲシテ、五龍祭ヲ同所ニ行ハシム、是日、旱災ノ爲ニ輕犯者ヲ免ズ、日本紀略　請雨經法記　小右記　左經記

五日、雷鳴、小右記

六日、雷電降雨アリ、大極殿仁王經御讀經延引、左經記　小右記　日本紀略　元亨釋書

八日、降雨アリ、大極殿仁王經御讀經結願、僧等ニ度者ヲ給ヒ、僧綱ノ請ニ依リテ、再ビ大極殿ニ仁王經御讀經ヲ行ハシム、日本紀略　小右記　左經記

十一日、內裏穢ニ依リテ、月次祭、神今食ヲ延引シ、八省東廊ニ大祓ヲ行フ、是日、大極殿仁王經御讀經結願、僧等ニ度者ヲ賜フ、日本紀略　小右記　左經記

神泉苑御修法結願延引、是日、左大史小槻奉親ヲシテ、賀茂雨社ニ寄スル鄉々ノ繪圖ヲ作ラシム、日本紀略　小右記

十二日、祈雨奉幣使ノ日時ヲ定ム、是日、仁王會ヲ行フコトヲ定ム、小右記　左經記

十三日、降雨、神泉苑御修法結願、日本紀略　小右記　東寺長者補任　祈雨法記

十四日、降雨アリ、祈雨靈驗ニ依リテ、諸社ニ奉幣ス、日本紀略　小右記　左經記

十五日、降雨、攝政賴通、祇園社ニ詣ヅ、小右記　左經記

十六日、彗星見ル、皇年代記　諸道勘文　小右記　左經記

二十日、御體御卜、是日、道長、土御門第ヲ修造ス、日本紀略　小右記

廿一日、月次祭、神今食、中宮大夫藤原道綱廢務ノ日東帶參內ス、是日、故太皇太后遵子ヲ改葬ス、道長病アリ、日本紀略　小右記　左經記

廿二日、一條天皇御忌日御八講始、小右記

廿三日、仁王會僧名定、是日、道長土御門第ノ垺ヲ結シム、道長物怪ヲ病ム、小右記

廿五日、一條天皇御忌日御八講終ル、是日、權大僧都林懷ニ寺務宣旨ヲ下ス、小右記

廿六日、大祓ヲ行フ、是日、道長ノ上東門第ニ石ヲ立テ水ヲ引ク、日本紀略 小右記

廿七日、旱魃天變ニ依リテ、大極殿ニ仁王會ヲ行フ、法興院御八講ヲ延引ス、是日、道長、上東門第ニ移ル、日本紀略 小右記 左經記 榮華物語

廿九日、暴雨大雷、大祓ヲ行フ、是日、道長饗宴アリ、日本紀略 左經記 小右記

七月小盡 辛酉朔

一日、暴雨、日本紀略

二日、法興院御八講、小右記

三日、諸寺施米ノコトヲ定ム、日本紀略

四日、廣瀨龍田祭、日本紀略

七日、旬、日本紀略 中右記

十一日、節會、造宮ノ賞ニ依リテ、敍位ヲ行フ、日本紀略 公卿補任 辨官補任 中古三十六人歌仙傳

十九日、丹生貴布禰兩社ニ奉幣ス、故太皇太后ノ御遺骨ヲ木幡山ニ移シ奉ル、日本紀略 小右記目錄

廿五日、相撲內取、日本紀略

廿七日、相撲召合、日本紀略 江次第

廿八日、相撲御覽、日本紀略

八月大盡 庚寅朔

八日、釋奠、日本紀略

九日、內論義、日本紀略

十一日、定考、日本紀略

十四日、小除目、日本紀略

十六日、大極殿仁王經結願、祈雨ノ賞ニ依リテ、阿闍梨仁海ヲ權律師ニ任ズ、日本紀略 僧綱補任 東寺長者補任 江談抄

十七日、信濃勅旨駒牽ヲ延引ス、樗嚢抄

十九日、伊勢齋宮群行雜事、幷ニ次第司等ヲ定ム、是日、東宮御惱、御惱御祈ノ賞ニ依リテ、法橋叡効ヲ權律師ニ任ズ、日本紀略 小右記目錄 僧綱補任

二十日、信濃勅旨駒牽、樗嚢抄

廿二日、攝政賴通病ム、小右記目錄

廿三日、信濃望月駒牽ノ御馬途中ニ斃ル、 槫嚢抄

廿七日、師明親王、僧正濟信ノ室ニ入ラセラル、 東寺王代記 仁和寺御傳

少僧都教靜寂ス、 僧綱補任 權記

廿九日、東宮御惱ニ依リテ、大僧正慶圓加持ヲ修ス、是日、師明親王御出家アラセラル、 日本紀略 小右記 東寺王代記 釋家官班記 諸門跡譜 仁和寺御傳 榮華物語 東寺長者補任

三十日、權律師叡効厭術ヲ施ス、 小右記目錄

是月、律師仁也寂ス、 僧綱補任 權記

九月 大盡 庚申朔

二日、齋宮寮除目、 日本紀略

三日、齋宮群行ニ依リテ廢務アリ、御燈ヲ停ム、 日本紀略

八日、齋宮群行ニ依リテ、八省院ニ行幸シ給フ、是日、伊勢例幣アリ、 日本紀略 編年殘篇 伊勢公卿勅使雜例

九日、平座見參、 日本紀略

十一日、例幣ヲ齋宮ニ付スルニ依リテ廢務ナシ、 日本紀略

十六日、小一條院、葛野河ノ邊ヲ遊覽シ給フ、 日本紀略

十八日、齋宮長奉送使等歸京ス、 日本紀略

廿二日、除目召仰、 小右記目錄

廿三日、除目、 日本紀略 小右記目錄

廿五日、地震、 日本紀略

廿六日、道長、攝政賴通等、公卿ヲ率ヰテ宇治別業ニ赴ク、 日本紀略

廿九日、僧永昭維摩會講師ノ宣旨ヲ蒙リ、辭退ス、 僧綱補任

是月、文章博士藤原資業ヲ罷メ、從五位下大中臣兼興ヲ權少副ニ任ズ、 辨官補任 大中臣氏系圖

十月 小盡 庚寅朔

一日、旬出御ナク、平座見參アリ、 日本紀略 小右記

五日、弓場始、駒牽、是日、尚侍藤原威子ニ立后宣旨ヲ下ス、 日本紀略 小右記

六日、右大將實資ノ從僕姓闕ク季武ヲ原免ス、 小右記

七日、行幸日、幷ニ駒馳等ヲ定ム、是日、維摩會講師安潤辭ス、 小右記

八日、賀茂社御封ヲ勘申セシム、是日、興福寺永昭ヲ維摩會講師ト爲ス、 小右記 僧綱補任

佛舍利使ノ童ヲ剃髮セシム、是日、小一條院、御息所ノ御惱ニ依リテ、法性寺ヨリ還御セラル、 日本紀略 小右記

十日、行幸日ノ走馬ヲ停ム、 小右記

十一日、佛舍利ヲ諸社ニ奉ル、是日、將監高扶宣ヲシテ、粮所事ヲ行ハシム 日本紀略 小右記

十三日、地震、 日本紀略

十四日、道長、隨身等ヲシテ騎馬セシム、 小右記

十六日、皇后藤原妍子ヲ皇太后ト爲シ、女御從一位藤原威子ヲ皇后ト爲ス、是日、宮司除目アリ、 日本紀略 皇年代記 大鏡裏書 一代要記 歷代編年集成 婚記 大鏡 中右記 續世繼 小右記 公卿補任 左經記 榮華物語 續古事談

十七日、御書ヲ中宮ニ賜フ、中宮饗宴、祿ヲ立明者ニ賜フ、是日、道長眼ヲ患フ、 小右記 左經記

二十日、行幸召仰、是日、勸學院學生中宮ニ參賀ス、 日本紀略 小右記

廿一日、皇太后、上東門院ニ行啓シ給フ、 小右記 左經記

廿二日、道長ノ上東門第ニ行幸アラセラル、東宮、太皇太后、皇太后、中宮、同ク行啓アラセラル、行幸ノ賞ニ依リテ、敍位、幷ニ女敍位アリ、 日本紀略 皇年代記 百練抄 續世繼 小右記 左經記 編年殘篇 後照念院殿裝束抄 公卿補任

廿四日、皇太后、上東門第ヨリ一條院ニ還御アラセラル、是日、道長、絹ヲ右大將實資ニ與フ、 日本紀略 小右記

廿五日、權中將藤原公成ヲシテ、粮所ノ事ヲ行ハシム、 小右記

廿六日、中宮入內シ給フ、饗祿アリ、是日、右近衞

權中將藤原長家ヲ從四位上ニ敍ス、日本紀略　小右記　公卿補任

廿八日、諸儒ヲシテ試詩ヲ評定セシム、是日、内文ヲ覽、請印ヲ行フ、日本紀略　小右記　左經記

中宮入内三箇日饗饌アリ、日本紀略　小右記

十一月大己未朔盡

一日、賀茂兩社ニ神戸ヲ寄セラルヽ事ヲ議ス、小右記

二日、平野祭、春日祭、是日、學生紀重利ノ詩ヲ召返ス、日本紀略　小右記

三日、梅宮祭、日本紀略　小右記

四日、道長、法華八講ノ日ヲ議ス、是日、道長、及第ノ詩ヲ下試ス、小右記　左經記

五日、御馬御覽アリ、是日、神戸ヲ賀茂兩社ニ寄スルノ日ヲ定ム、左經記　小右記

六日、大原野社修造ニ依リテ、御體ヲ假殿ニ移ス日時ヲ勘セシム、小右記

七日、賀茂上下社雜舍使ヲ注ス、是日、四條宮北町火アリ、小右記

九日、權中將藤原公成、粮所事ヲ始行ス、是日、道長ノ第ニ於テ、大將教通ノ女姉妹著裳、幷ニ饗饌アリ、小右記　左經記　榮華物語

十日、衣裳飯酒ヲ東西獄囚、幷ニ悲田者ニ賜フ、是日、民部封戸所ヲシテ大和國栖丁ヲ勘セシム、左經記　類聚符宣抄

十二日、大原野造營覆勘ノ宣旨ヲ下シ、同祭使ニ祿ヲ賜ヒ、秦弘行ノ位記ヲ作シメ、道長ノ法華八講日等ヲ定ム、是日、入道師明親王、東大寺ニ於テ受戒セラル、小右記　本朝皇胤紹運錄

十四日、吉田祭、日本紀略

十五日、内侍除目、日本紀略　編年殘篇　小右記

十六日、大原野社倉修造ヲ覆勘ス、小右記

十八日、大原野祭、日本紀略　小右記

十九日、園韓神祭、是日、五節舞姫參入ス、日本紀略　小右記

二十日、鎮魂祭、是日、殿上垸飯アリ、 日本紀略 左經記 小右記

廿一日、新嘗祭、是日、童女御覽アリ、 日本紀略 左經記 小右記

廿二日、豐明節會、是日、豐後守源經成赴任ス、 日本紀略 小右記 左經記

廿三日、東宮鎮魂祭、 日本紀略

廿五日、賀茂臨時祭試樂、是日、山城愛宕郡八鄉ヲ賀茂兩社ニ寄セ、右衞門督藤原實成ヲシテ、御馬ヲ分取シム、 日本紀略 小右記 左經記 類聚符宣抄 河海抄

廿七日、賀茂臨時祭、 日本紀略 小右記 左經記

廿八日、興福寺僧等中宮ニ參賀ス、 小右記

十二月大 己丑朔 盡

二日、大藏省新嘗祭祿代ヲ進ム、 小右記

六日、道長ノ第ニ於テ、大宰權帥藤原隆家ノ子經輔元服ヲ加フ、 小右記

七日、官奏、直物、小除目、長門守高階業敏ヲ解任シ、藤原文隆ヲ之ニ任ズ、 日本紀略 小右記 左經記 公卿補任

九日、小一條院ノ皇子御誕生アラセラル、是日、道長ノ法華八講ヲ延引ス、 小右記 榮華物語

十一日、月次祭、神今食、是日、中院ニ出御アラセラル、 日本紀略 小右記

十三日、荷前使、幷ニ元日擬侍從定、 小右記

十四日、道長、法華八講ヲ京極院ニ行フ、皇太后臨御アリ、 日本紀略 小右記 左經記 榮華物語

十五日、小一條院ノ皇子夭亡シ給フ、是日、式部卿敦康親王御惱アリ、 小右記 榮華物語

十六日、雨雪アリ、道長ノ法華八講五卷日、 小右記 左經記 榮華物語

十七日、式部卿敦康親王薨ズ、 日本紀略 小右記 左經記 一代要記 大鏡裏書 榮華物語 大鏡 愚管抄 權記 魚魯愚抄

十八日、道長ノ京極院法華八講結願、 日本紀略 百練抄 小右記 左經記

十九日、荷前使、日本紀略 小右記 左經記

二十日、御佛名始、是日、延暦寺領四至内ヲ賀茂神領トナス官符ヲ定ム、小右記

廿一日、外宮權禰宜度會康雄玉串ヲ兼任ス、是日、道長、敦康親王ノ薨去ニ依リテ、明春ノ公事等ヲ命ズ、豐受大神宮禰宜補任次第 小右記

廿二日、御佛名、及ビ慈德寺御八講終ル、小右記

廿三日、季御讀經始、太皇太后宮、東宮季御讀經始、是日、中宮御佛名、道長ノ第季讀經始、日本紀略 小右記 左經記

廿四日、權大納言藤原俊賢上表ス、日本紀略 小右記 左經記

廿五日、陣申文アリ、是日、敦康親王ヲ葬ル、左經記 日本紀略 小右記

廿六日、季御讀經結願、東宮、及ビ道長ノ第季讀經結願、太皇太后宮季御讀經ヲ延引ス、日本紀略 小右記 左經記

大法師覺源ヲ醍醐寺座主ニ補ス、紹運要略 醍醐寺座主譲補次第

廿七日、官奏、造大安寺長官等ヲ定ム、日本紀略 小右記 左經記 公卿補任

太皇太后宮、幷ニ皇太后宮、東宮御佛名、式部卿敦康親王ノ薨奏アリ、錫紵ヲ著シ給フ、是日、皇太后京極院ヨリ本宮ニ還御アラセラル、右馬寮ノ御馬斃ル、日本紀略 小右記 左經記

廿八日、道長病アリ、小右記

廿九日、錫紵ヲ除キ給フ、請印、幷ニ申文、太皇太后御讀經結願アリ、小右記 左經記

三十日、大祓、追儺、權大納言源俊賢重テ上表ス、小右記 左經記 公卿補任

是歳、備後備前旱損ス、小右記

法橋金昭寂ス、僧綱補任 小右記

法橋是等寂ス、僧綱補任 政事要略 釋家初例抄 權記

律師蓮海ヲ罷ム、僧綱補任

寛仁三年

正月大 己未朔盡

一日、節會、出御ナシ、小朝拜、御藥ヲ供ス、日本紀略 小右記 左經記 妙音院相國白馬節會次第

二日、中宮東宮大饗、道長臨時客アリ、攝政頼通臨時客ナシ、日本紀略 小右記

三日、皇太后宮ニ拜覲アラセラル、小右記

五日、敍位儀、日本紀略 公卿補任

七日、白馬節會、日本紀略

八日、御齋會、日本紀略

十六日、女踏歌、日本紀略

十七日、射禮、日本紀略

十八日、賭弓、日本紀略

廿一日、除目始、日本紀略 小右記 公卿補任

廿三日、除目終、日本紀略 小右記 辨官補任次第 公卿補任 除目申文抄

廿四日、除目下名、日本紀略

二月小 己丑朔盡

三日、大原野祭、日本紀略

四日、祈年祭、日本紀略

六日、皇太后宮ニ於テ蹴鞠アリ、大納言俊賢ノ辭表ヲ返還ス、是日、和泉守大江擧周ニ織符宣旨ヲ給フ、小右記

七日、陸奥權少掾於保宿禰公親ニ官符ヲ下ス、除目申文抄

八日、春日祭、內藏寮使右中辨藤原定頼ノ從者鹿ヲ射ル、日本紀略 小右記

九日、釋奠、日本紀略

十一日、列見、小右記 日本紀略 年中行事祕抄

十二日、圓融天皇國忌、小右記

十三日、園韓神祭、日本紀略

十六日、延暦寺領ノ租稅地子等ヲ議ス、是日、參議藤原資平ノ子資基ノ元服ニ依リテ、御冠ヲ賜フ、小右記

十九日、東宮御元服雜事ヲ定メ、日時ヲ勘セシム、 小右記 日本紀略

二十日、祈年穀奉幣、 日本紀略 小右記 朝野群載

廿二日、小一條院、白河雲林院ノ花ヲ覽給フ、 小右記

廿三日、季御讀經、日華門顚倒ス、紫宸殿仁壽殿西渡殿等ニ鳥巢アリ、 日本紀略 小右記 百練抄

廿四日、主計頭安倍吉平ヲシテ、火災疾疫ヲ占ハシム、 日本紀略

廿八日、尚侍藤原嬉子著裳ス、 一代要記

三月 大盡 戊午朔

一日、日食、 日本紀略 小右記

三日、御燈、 日本紀略

四日、小一條院ノ皇子敦貞、及ビ皇女儇子ヲ三條天皇ノ子トナシ、親王宣旨ヲ下ス、是日、禔子内親王等敍位、幷ニ著袴ノ儀アリ、尚侍藤原嬉子ヲ從三位ニ敍ス、 日本紀略 皇年代記 編年殘篇 小右記 大鏡裏書

五日、常陸等國司申請ノ雜事ヲ定メ、仁王會僧闕請ヲ定ム、 小右記

十一日、石清水臨時祭試樂、 日本紀略 小右記

十三日、石清水臨時祭、 日本紀略 小右記目錄

十四日、仁王會ニ依リテ、大祓ヲ行フ、是日、凝花舍南渡舍災ス、 日本紀略 樗嚢抄

十六日、臨時仁王會、興福寺僧經救ヲ維摩會講師ト爲ス、五臺山阿闍梨宣旨ヲ盛章ニ下ス、左兵衞尉橘義通ニ昇殿ヲ聽ス、 日本紀略 小右記 僧綱補任

十七日、穀倉院災ス、是日、道長病ム、 日本紀略 小右記

廿一日、皇太后宮御讀經、小一條院太皇太后京極第ニ行啓シ給フ、是日、道長出家ス、 日本紀略 公卿補任 小右記 江談抄 歷代皇記 愚管抄 榮華物語 大鏡

廿五日、皇后藤原娍子御落飾アラセラル、 日本紀略 小右記 大鏡裏書 編年殘篇

廿七日、刀伊ノ賊船對馬ニ襲來ス、伊豫三島社司越知近清戰死ス、伊豫三島緣起 朝野群載

三十日、道長御衣ヲ上東門院ニ上ル、　榮華物語

四條小家火アリ、是日、群盗、常陸介藤原惟通、舊妻ノ第ニ放火ス、女某燒死ス、　小右記

四月小　戊子朔盡

一日、旬出御ナク、平座見參アリ、　日本紀略　小右記

三日、復任、道長ノ病ニ依リテ非常赦ヲ行フ、是日冷泉院小道ニ火アリ、　日本紀略　小右記

五日、京中所々ニ放火アルニ依リテ、夜行セシメ且ツ道守舍ヲ造リテ宿直警戒セシム、　小右記

七日、擬階奏、是日、大納言源俊賢重テ上表ス、　日本紀略　小右記

刀伊ノ賊船五十餘艘對馬ヲ侵シ、轉シテ壹岐ニ入リ守藤原理忠ヲ殺シ島内ヲ劫略シ、又肥前怡土郡ヲ襲フ、　小右記　朝野群載

八日、灌佛、　日本紀略

大宰府、前少監大藏種材、藤原明範等ヲ遣シ、刀伊ノ賊ヲ防ガシム、是日、賊船筑前那珂郡能古島ヲ襲フ、　諸道勘文　皇年代記　小右記　朝野群載

九日、平野祭、　日本紀略

能古島防禦ノ兵士等奮戰シテ、刀伊ノ賊ヲ射殺ス、　朝野群載

十日、梅宮祭、齋院御禊前駈定、是日、主殿司ノ女、盗賊ノ爲ニ衣裳ヲ剝ガル、　日本紀略　小右記　江次第

小一條院御息所藤原延子卒ス、　小右記　尊卑分脈　和歌色葉集　大鏡裏書　榮華物語　世繼物語　勅撰作者部類　後拾遺和歌集

十一日、太皇太后、幷ニ中宮內裏ニ入御アラセラル、　日本紀略

筑前早良郡等ニ精兵ヲ遣シ、刀伊ノ賊ヲ防禦セシム、　朝野群載

十二日、盗、火ヲ襲芳舍等ニ放ツ、　小右記

筑前大神守宮、擬檢非違使財部弘延等、刀伊賊ヲ射、二人ヲ虜ス、　朝野群載

十三日、吉田祭、是日、檢非違使別當ヲシテ、道守舍ヲ造シメ、放火ノ賊徒ヲ捕進スル者ニ賞ヲ加

フベキ宣旨ヲ下ス、 日本紀略 小右記

前肥前介源知、肥前松浦郡ニ刀伊ノ賊ヲ防ギ、一人ヲ虜ス、 朝野群載

十七日、小除目、 小右記 公卿補任

大宰府飛驛使、刀伊賊徒襲來ノ解文ヲ奏ス、 日本紀略 編年残篇 小右記 朝野群載 大鏡 大藏氏系圖 菊池家譜

十八日、刀伊賊襲來ニ依リテ、諸道警固、幷ニ御禱追討ノ賞等ヲ定ム、 日本紀略 小右記 百練抄

十九日、齋院御禊、 日本紀略 小右記

右兵衞佐藤原經輔ノ牛童、過差ノ狩衣ヲ著スルニ依リテ、看督長ヲシテ召搦シム、 日本紀略 小右記

二十日、賀茂祭警固、 日本紀略

廿一日、刀伊ノ賊襲來ニ依リテ、諸社ニ奉幣ス、 日本紀略 小右記

廿二日、賀茂祭、 日本紀略 小右記

廿三日、解陣、 日本紀略

廿四日、道長、受戒雜事ヲ定ム、 小右記

廿五日、大宰府、刀伊賊合戰ノ解文ヲ上ル、 日本紀略 小右記

廿七日、大宰府ノ解文ヲ奏聞シ、報符ヲ議ス、是日、詔書覆奏アリ、 日本紀略 小右記

廿八日、天文博士安倍吉昌卒ス、 小右記 安倍氏系圖 權記 法成寺攝政記

五月小 丁巳朔 盡

一日、道長ノ第法華三十講始、 小右記

三日、相撲使ヲ定ム、 小右記

四日、左近衞府荒手結、是日、大宰府官符請印ヲ報ズ、 小右記

五日、右近衞府荒手結、 小右記

六日、左近衞府眞手結、 小右記

七日、右近衞府眞手結、 小右記

八日、道長ヲ三宮ニ准ジ、封戸ヲ給フ、 日本紀略 一代要記

九日、三條天皇國忌、是日、皇太后御落飾アラセラル、 小右記

十日、皇太后御惱、 小右記

十二日、祈年穀奉幣使定、是日、中務省内監物局板舍災ス、 小右記

十三日、道長ノ第、法華三十講五卷日、 小右記

十五日、東北院供僧ヲ補ス、 小右記

十六日、祈年穀、幷ニ祈雨奉幣使ヲ發遣ス、是日、左少辨藤原經賴ヲシテ、延暦寺領四至官符ヲ草セシム、 日本紀略 小右記

二十日、仁王會日時等ヲ定メ、孔雀經御修法料物宣旨ヲ下ス、 小右記

廿四日、丹生貴布禰雨社ニ祈雨奉幣使ヲ發遣シ、仁王會ニ依リテ、大祓ヲ行フ、是日、道長病ム、 日本紀略 小右記

出雲守從四位姓闕ク忠道卒ス、 小右記

廿五日、賑給使、幷ニ不堪佃ヲ定ム、是日、道長ノ第法華三十講結願、 小右記

廿六日、仁王會ヲ行ヒテ雨ヲ祈ル、 日本紀略 小右記

廿八日、賀茂神郷官符ヲ改正ス、 小右記

廿九日、復任奏、高麗人筑前志摩郡ニ漂著ス、 小右記

六月大盡 丙戌朔

一日、造酒司醴ヲ進ム、是日、道長、病ニ依リテ念佛ヲ始ム、 小右記

四日、天變、 小右記

五日、皇太后、道長ノ第ニ行啓シ給フ、 小右記

九日、主計頭安倍吉平ニ、天文密奏ヲ進メシムル宣旨ヲ下ス、是日、道長、十六羅漢ヲ供養ス、 日本紀略 小右記 類聚符宣抄

十日、御體御卜、 日本紀略

十一日、月次祭、神今食、是日、道長ノ病少ク愈ユ、 日本紀略 小右記

十七日、諸國解文ヲ請フ、 小右記

十九日、道長上表シテ、准三后ヲ辭ス、勅答アリ、是日、丹波氷上郡百姓等愁訴ス、 日本紀略 小右記 本朝續文粹

彗星見ル、 中右記

二十日、丹波守藤原頼任ヲシテ、愁訴ノ百姓ヲ搦捕ヘシム、 日本紀略 小右記
廿二日、一條天皇ノ國忌ニ依リテ、法華八講ヲ圓融寺ニ修ス、 小右記
廿三日、道長病ム、是日、太皇太后宮侍所雜仕女、后町井ニ落ツ、 小右記 日本紀略
廿四日、中宮御讀經發願、及ビ攝政頼通、季讀經發願、 小右記
廿五日、道長、法性寺參詣ニ依リテ、皇太后本宮ニ移御ヲ停メ給フ、 小右記
廿九日、諸國司、幷ニ將軍藤原永盛等申請ノ雜事、及ビ大宰府ノ解文、石清水別當定清權別當元命等ノ申文ヲ定ム、 小右記

七月 小盡 丙辰朔

二日、法興院法華八講竟ル、攝政頼通ノ侍所ノ男等、右大將實資ノ隨身近衞秦吉正ヲ搦捕フ、 小右記
三日、官奏、是日、大宰府解文、及ビ國々申文等ヲ定ム、 小右記
道長上表ス、是日、右大將實資ノ隨身近衞秦吉正ノ勘責ヲ免ズ、 小右記
四日、廣瀨龍田祭、 日本紀略 小右記
七日、賀茂神領公卿領ノ堺限ヲ定ム、 小右記
九日、天變、丹波ノ訴人ノ愁狀ヲ召シメ、夏ノ衣服ヲ相撲使隨身府生 姓闕 武晴等ニ賜フ、是日、石見守源頼信任國ニ下向ス、 小右記
十三日、直物、敍位、賑給定、造伊勢大神宮神寶行事所廻文等アリ、刀伊ノ賊追討ノ功ニ依リテ、大宰少監大藏種材ヲ壹岐守ニ、種材ノ子某ヲ大宰少監ニ任ズ、是日、大宰府、刀伊ノ賊ニ捕ヘラレシ多治比河古見、內藏石女等ノ歸參ヲ告グル狀ヲ上ル、 日本紀略 小右記 大鏡
十四日、丹波國司ノ訴ニ依リテ、相撲人ヲ選バシム、 小右記
十五日、雜事宣旨ヲ下ス、是日、石清水權別當法橋

元命ニ加署セザル文ヲ下ス、小右記 地藏菩薩靈驗記
鷲、興福寺金堂ノ上ニ集ルニ依リテ、占方ヲ行フ、小右記
十六日、相撲召仰音樂アリ、阿闍梨宣旨ヲ石山寺ニ下ス、小右記 東寺要集 石山寺緣起
東宮御元服ノ日時ヲ勘申セシメ、茨田光明位記幷ニ國用位記ヲ作ラシム、道長、阿彌陀堂ヲ京極東邊ニ造ル、小右記
十七日、佐賀昨丸ノ禁獄ヲ免ズ、朝野群載
十九日、相撲人ヲ隨身セザルニ依リテ、紀伊國使ヲ追遣ス、山陰道使相撲人ヲ將來ス、小右記
二十日、府生ク姓闕保重、相撲內取日時勘文ヲ進ム、小右記
廿一日、右大將實資相撲人裝束請奏文ニ加署ス、相撲傑出者ヲ選バシム、海道使府生ク姓闕扶武等諸國相撲人ヲ伴ウテ歸京ス、小右記
道長ノ上表文ニ勅答アリ、日本紀略

廿四日、相撲內取、舞人ヲ召ス、小右記
廿五日、相撲內取、是日、鷲羽五十枚ヲ伊勢大神寶行事所ニ進ム、日本紀略 小右記
廿七日、相撲召合、日本紀略 小右記
廿八日、相撲召出、日本紀略 小右記
是月、大田國武丸過狀ヲ上ル、朝野群載

八月小盡 乙酉朔

二日、陣定、將監ク姓闕保春相撲使ヲ怠ルニ依リテ、過狀ヲ召ス、小右記
三日、釋奠、是日、右近衞權中將藤原長家、相撲人幷ニ將監ク姓闕扶宣、府生ク姓闕保重等ヲ饗ス、日本紀略 小右記
大宰府、刀伊ノ賊ニ捕ヘラレシ多治比河古見、內藏石女等歸參ノ由ヲ奏ス、小右記
四日、釋奠、日本紀略 小右記
五日、政、幷ニ官奏アリ、僧綱ノ闕請ヲ補ス、左經記
六日、大極殿御讀經發願、日本紀略 小右記 左經記

七日、左近衞大將藤原教通、相撲人ニ還饗ヲ與フ、小右記

九日、大極殿御讀經結願、日本紀略 小右記 左經記

十一日、定考、申文請印、是日、左少辨藤原經賴、賀茂上社領四至田畠等ノ注進ヲ上ル、日本紀略 小右記 左經記

太皇太后御惱、是日、太皇太后大進源賴國等、宮中ニ濫入セル法師等ヲ捕フ、小右記

右近衞大將藤原實資、相撲人ニ還饗ヲ與フ、是日、安倍吉平天文古昔ノ奏案ヲ書寫ス、小右記

十二日、小定考、是日、小一條院、白河院ニ於テ管絃ヲ行ハセラル、左經記 小右記

十三日、春日行幸日時ヲ定ム、是日、太皇太后宮大進源賴國等ノ功ヲ賞シテ加階ス、小右記

天台座主大僧正慶圓、病ニ依リテ辭職シ、內供良圓ヲ律師ニ任ゼンコトヲ請フ、良圓公請ニ參ゼザルニ依リテ聽サズ、小右記 僧綱補任

十六日、信濃勅旨駒牽、是日、道長延曆寺房舍ヲ修理ス、小右記 左經記

十八日、白河院災ス、是日、馬部某殺サル、小右記

二十日、攝政賴通賀茂社ニ詣ヅ、左近衞大將教通ノ從者、左衞門督藤原賴宗ノ從者ト賀茂上社ニ鬪爭ス、日本紀略 小右記 左經記

廿一日、大宰府ノ兩度解文ヲ定ム、小右記

廿三日、申文、幷ニ內文アリ、左少辨藤原經賴國栖覆奏文ヲ進ム、右大將實資、大宰府ノ報符ニ捺印ス、檢非違使廳ヲシテ馬部某殺害者ヲ罪科ニ處セシム、是日、犬產穢ニ依リテ、諸陣ニ札ヲ立ツ、左經記 小右記

廿四日、皇嘉門、幷ニ大垣等修造ニ依リテ、造宮ヲ充テザル國々ヲ勘申セシム、小右記

廿七日、東宮御元服ニ依リテ、御修法ヲ仁和寺ニ行フ、左經記

廿八日、東宮御元服アラセラル、是日、六位以下位ヲ進メ、調庸未進ヲ免除ス、日本紀略 皇年代略記 小右

記　左經記　公卿補任

府生荒木武晴ヲ番長ニ補ス、殿上侍臣、嵯峨野ニ放遊ス、　小右記　日本紀略

廿九日、東宮饗饌、　小右記

九月大盡　甲寅朔

一日、東宮饗饌、　小右記

二日、皇嘉門、幷ニ大垣等ノ修造ヲ充ツル國々ヲ定ム、是日、御馬解文ヲ奏ス、　小右記

三日、御燈、　日本紀略

木工頭從四位下藤原周頼卒ス、　左經記　小右記　尊卑分脈　權記　榮華物語

前大僧正慶圓寂ス、　左經記　歷代皇記　僧綱補任　尊卑分脈　日本紀略　小右記　天台座主記　無動寺撿挍次第　元亨釋書　四大寺傳記　權記　法成寺攝政記　古事談　續本朝往生傳

四日、伊勢神寶使發遣ニ依リテ、大祓ヲ建禮門ニ行フ、伊勢遷宮ニ依リテ、內印請印等ヲ行フ、　小右記　左經記　樗嚢抄　日本紀略

五日、伊勢神寶使ヲ發遣ス、仍リテ諸司廢務アリ、

是日、權左中辨藤原重尹、朱雀門等ノ破損ヲ巡檢ス、　日本紀略　小右記　左經記

道長、安倍吉平ヲシテ、受戒ノ日ヲ勘申セシム、　小右記　左經記

七日、安倍吉平、郁芳門以南ノ大垣等ヲ修補スル日時勘文ヲ上ル、是日、攝政頼通庚申ヲ守リ、和歌管絃ヲ行フ、　小右記

八日、春日行幸ノ月日ヲ改定ス、　小右記

九日、平座見參、殿上作文アリ、　日本紀略

十一日、例幣、攝政頼通不參ニ依リテ、八省行幸ヲ停ム、是日、朱雀門損色文ヲ奏ス、　日本紀略　神宮雜例集　小右記

東宮御元服詔書覆奏アリ、　小右記

十二日、等身多寶塔ヲ行願寺ニ造ル、　小右記

十四日、山田重保ヲ官掌ニ補ス、　左經記

十五日、伊勢神寶使歸京ス、　左經記

十六日、大雨ニ依リテ、伊勢大神宮遷宮延引ス、　大神宮雜事記

十七日、伊勢大神宮遷宮、左經記　大神宮雜事記　皇代記　大神宮例文　伊夜彦社略記　園太曆

十八日、道長、前維摩會講師永昭ヲシテ、釋經、幷ニ作文管絃ヲ行ハシム、小右記

十九日、大宰府、高麗虜人送使對馬ニ來ル解文ヲ奏ス、小右記

廿二日、大宰府ノ解文ヲ定ム、是日、丹波百姓等陽明門ニ來リ、國守ノ善狀ヲ申ス、日本紀略　小右記　左經記

廿三日、春日行幸ノ停否、及ビ五節ヲ定メ、官奏、幷ニ內文アリ、小右記　左經記

廿四日、今明年ノ春日行幸ヲ停ム、小右記

廿五日、阿闍梨五人ヲ園城寺唐院ニ置ク、小右記　寺門高僧記

廿七日、道長、東大寺ニ詣ヅ、日本紀略　小右記　左經記

廿九日、道長、東大寺ニ受戒シ、興福寺ニ詣ヅ、是日、太皇太后宮春季御讀經アリ、日本紀略　編年殘篇　元亨釋書　小右記　左經記

三十日、風雨、道長、春日社、東大寺ニ參詣シ、卽日、歸京ス、左經記　小右記　日本紀略

十月小　甲申朔　盡

一日、平座見參、日本紀略

五日、弓場始、日本紀略　左經記

八日、除目召仰、土佐勘出文ヲ下ス、是日、攝政賴通野遊逍遙ス、左經記

十日、京官除目始、小右記目錄

十三日、權中將藤原長家ノ隨身紀元武等濫行ス、小右記

十四日、大垣ヲ築ク、小右記

十六日、園城寺阿闍梨、道長ノ第ニ參賀ス、左經記

十九日、立明近衞官人等ニ疋絹ヲ賜フ、小右記

二十日、僧綱ヲ任ジ、封戶ヲ法印院源ニ賜フ、是日、權大納言源俊賢上表ス、日本紀略　小右記　左經記　僧綱補任　歷代皇記裏書　天台座主記　天台座主次第　大鏡裏書　東寺長者補任　護持僧次第　仁和寺諸院家記　公卿補任

廿一日、季御讀經發願、御讀經僧ノ闕請ヲ補ス、是日、小一條院、石山寺ニ御幸アラセラル、攝政頼通上表ス、 日本紀略 小右記

廿三日、季御讀經結願、道長文人ト宇治別業ニ會シテ詩ヲ賦ス、是日、小一條院ノ石山御幸ニ奉仕セザル者ヲ搦メシム、 日本紀略 小右記

廿六日、太皇太后宮、幷ニ中宮御讀經始、 小右記

廿七日、越後守源行任五節舞姫ヲ獻ゼザルニ依リテ、釐務ヲ停ム、丹波守藤原頼任ヲシテ、五節舞姫ヲ獻ゼシム、參議藤原公信ノ子死ス、 小右記

廿九日、太皇太后宮、幷ニ中宮御讀經結願、 小右記

是月、安倍章親ヲ文章博士ニ任ズ、 朝野群載

十一月大盡 癸丑朔

二日、小一條院、石山寺ヨリ還御アラセラル、 小右記

三日、隨身高扶武ヲ番長ニ補ス、 小右記

四日、陣定、 小右記

八日、平野祭、春日祭、 日本紀略 小右記

九日、梅宮祭、春日祭使還饗アリ、 日本紀略 小右記

十一日、陣定延引、 小右記

十二日、攝政頼通、備後國造大垣ノ申文ヲ內覽シ、伊豫土佐ノ築垣ヲ怠ルコトヲ戒ス、 小右記

十三日、園韓神祭、 日本紀略

十四日、鎭魂祭、 日本紀略 左經記

賀茂上社ノ解文ニ依リテ、横尾八瀬等ノ田畠ヲ巡檢セシム、是日、左中辨藤原經通、饗饌ヲ殿上ニ設ク、 小右記

十五日、新嘗祭、 日本紀略 小右記

十六日、豐明節會、 日本紀略 小右記 左經記

東大寺、始テ僧正良辨ノ忌日ヲ僧正堂ニ行フ、 東大寺別當次第 東大寺要錄

十七日、東宮鎭魂祭、 日本紀略 小右記

二十日、吉田祭、 日本紀略

廿一日、賀茂臨時祭、是日、隨身紀元武、權中將藤

原長家ノ從者ノ爲ニ辱ヲ受ク、大中臣爲清ヲ大宮司ニ任ズ、二所大神宮例文、前少僧都心譽ノ奏狀ニ依リテ、園城寺唐院ニ阿闍梨五人ヲ置ク、諸門跡譜　日本紀略　小右記　左經記

廿三日、勘宣旨ヲ覆奏シ、公卿分配ヲ定ム、是日、不堪佃田定ヲ延引シ、大宰權帥藤原隆家ニ辭狀ヲ返還ス、　小右記　左經記

廿四日、大原野祭、　日本紀略　左經記

廿五日、大藏史生某、豐明節會ノ祿ヲ進ム、　小右記

廿六日、初雪見參アリ、不堪佃田、幷ニ國々ノ事等ヲ定ム、是日、攝政頼通讀經ヲ行フ、　小右記　左經記

廿八日、直物延引、　小右記

廿九日、位記請印ヲ召給フ、　左經記

三十日、入道性信親王、佛名ヲ仁和寺ニ行ヒ給フ、是日、道長、仁和寺ニ詣ヅ、　小右記　左經記

十二月大　癸未朔盡

五日、美作國司申請ノ白米ノ事ヲ定ム、　小右記

六日、大雪降ル、是日、小一條院ノ皇子御誕生アラセラル、　小右記

宣旨ヲ山城ニ下シテ、愛宕郡ノ公田神寺諸司所領、幷ニ繪圖等ヲ註進セシム、　類聚符宣抄

七日、南所申文、幷ニ官奏、　左經記

九日、申文、幷ニ官奏、　左經記

十日、美作國司申請ノ白米塡進ヲ停ムル宣旨ヲ下ス、　小右記

十一日、月次祭、神今食、是日、横尾八瀬等ノ田畠、神領寺領ヲ分定セシム、　日本紀略　小右記　左經記

十二日、小一條院ノ皇子七夜ノ御儀アリ、是日、故式部卿敦康親王ノ周忌法會ヲ行フ、攝政頼通ノ上表ニ勅答アリ、　小右記

十三日、元日擬侍從、荷前使、仁王會ヲ定ム、是日、伊豫土佐兩國ノ築垣ヲ怠ルコトヲ譴責ス、　日本紀略　小右記　樗嚢抄

十五日、攝政頼通、國々築垣勘否ノ勘文ヲ內覽ス、

是日、左衞門督藤原賴宗、上表シテ撿非違使別當ヲ辭ス、 小右記

十七日、上野守藤原定輔勘出ノ申文等ヲ下ス、 小右記

十八日、故大僧正觀修ニ謚シテ智靜ト曰フ、是日、道長ノ第ニ於テ釋經アリ、 日本紀略 小右記 左經記 拾芥抄 東寺要集

十九日、外記政申文アリ、是日、慈德寺御八講、賴通之ニ臨ム、 小右記

御佛名始、皇太后二條第ニ行啓シ給フ、 左經記 日本紀略 小右記

少納言ナキニ依リテ、外記政請印ナシ、御馬ヲ南廊ニ分ケ取シム、 左經記

廿一日、除目、直物、 日本紀略 小右記 左經記 台記 公卿補任 歷代皇記 職事補任 辨官補任

廿二日、攝政賴通ヲ關白ト爲ス、 日本紀略 百練抄 歷代皇記 小右記 左經記 公卿補任 攝關補任

園城寺阿闍梨慶祚寂ス、 日本運上錄 小右記 元亨釋書 明匠略傳 四大寺傳記 慈覺智證兩門徒確執記 撰集抄 十訓抄 寺德集 嚴神抄 續本朝往生傳

廿四日、荷前使、中宮御佛名、 日本紀略 小右記 左經記

廿七日、射場始、太皇太后宮御佛名、是日、道長ノ第ニ於テ懺法讀經アリ、 小右記

廿八日、關白賴通ヲ攝政ニ准ジ、官奏除目ヲ行ハシム、 日本紀略 小右記 左經記

廿九日、東北院大般若經轉讀、是日、諸國申文、幷ニ官符請印ヲ奏ス、 小右記 左經記

三十日、追儺分配アリ、是日、朱雀門ニ大祓ヲ行フ、 小右記 樗嚢抄

和泉信濃國司申請藏人所召物料ノ宣旨ヲ下ス、

大宰府、對馬到著漂船ノ解文ヲ奏ス、 小右記 左經記

是歲、少僧都如源ヲ寶幢院撿挍ニ任ジ、少僧都文慶ヲ園城寺長吏ニ還任ス、 寶幢院檢校次第 園城寺長吏次第

大宰少貳正五位下源道濟卒ス、 勅撰作者部類 尊卑分脈 諸源氏系圖 中古三十六人歌仙傳 續本朝往生傳 江談抄 權

記　小右記　今昔物語　袋草紙　本朝文粋　本朝麗藻　類集句題抄　勅撰作者部類　拾遺和歌集　後拾遺和歌集　金葉和歌集　詞花和歌集　千載和歌集　新古今和歌集　續後撰和歌集　續古今和歌集　玉葉和歌集　續千載和歌集　續後拾遺和歌集　風雅和歌集　新千載和歌集　續詞花和歌集　萬代和歌集　源道濟集

寛仁四年

正月大盡 癸丑朔

一日、小朝拜、節會、御藥ヲ供ス、是日、道長ノ第拜禮アリ、　左經記

二日、太皇太后宮、幷ニ東宮大饗、中宮大饗ナシ、　江次第　左經記

五日、敍位、是日、受領功課ヲ定ム、　左經記　公卿補任

七日、雨雪、白馬節會、　左經記　公卿補任　尊卑分脈

九日、女敍位、　左經記

十四日、道長、中河御堂ノ造營ヲ始ム、　左經記

十五日、申文、幷ニ覆勘文等、及ビ大江時棟國守ノ闕ニ任ゼラレンコトヲ請フ狀ヲ上ル、　左經記　本朝續文粹

十六日、踏歌節會、　左經記

十七日、政始、　左經記

十九日、道長ノ無量壽院上棟、　左經記　吾妻鏡

廿二日、關白賴通、上東門院ニ大饗ヲ行フ、　左經記

廿五日、道長、近江志賀郡々司等ヲシテ、最勝寺ノ鐘ヲ持來ラシム、　左經記

廿六日、政、幷ニ南所申文アリ、　左經記

廿九日、太皇太后御惱、　小右記目錄

三十日、除目、　辨官補任　公卿補任

是月、敦儀親王ヲ式部卿ニ任ズ、　皇年代記

二月小盡 癸未朔

一日、春日祭使ヲ發遣ス、除目召名ヲ二省ニ賜フ、　日本紀略　左經記

二日、春日祭、　日本紀略

四日、祈年祭、　日本紀略

五日、釋奠、敍位、是日、撿非違使ヲ補ス、　日本紀略　左經記　公卿補任　辨官補任　職事補任

七日、園韓神祭、 日本紀略

十一日、列見、是日、維摩會講師ヲ補ス、 日本紀略 左經記 僧綱補任

十二日、關白頼通無量壽院ニ詣ヅ、 左經記

十四日、祈年穀奉幣、左大辨源道方辭表ヲ上ル、是日、左衛門尉平致信、東宮ノ下部ニ斬ラル、 日本紀略 左經記 辨官補任

十五日、道長、無量壽院ノ佛壇ヲ築キ、關白頼通以下之ニ會ス、是日、道長、法性寺ニ修法ヲ行シム、 左經記

十六日、右大臣公季等、高麗國ノ事ヲ議シ、大宰府ヲシテ、返牒ヲ遣シテ捕虜ヲ放還セシム、 日本紀略 百練抄

十七日、仁王會ヲ定ム、是日、殿上作文アリ、 左經記

十八日、弓場殿ニ蹴鞠アリ、 左經記

二十日、道長、無量壽院ノ梵鐘ヲ鑄造セシム、 日本紀略 左經記

廿一日、美濃、絹解文ヲ奏ス、 左經記

廿二日、仁王會、 日本紀略 樗嚢抄

廿三日、公卿着座ノ儀アリ、 左經記

廿七日、大僧正濟信ニ牛車ヲ聽ス、是日、道長無量壽院入佛ノ儀ヲ行ヒ、太皇太后、皇太后、中宮之ニ臨ミ給フ、 日本紀略 東寺長者補任 釋家初例抄 如是院年代記 左經記

廿八日、外記政アリ、 左經記

廿九日、除目、 辨官補任 公卿補任

三月大 壬子朔 盡

六日、藥師寺最勝會、 左經記

七日、大僧正濟信、牛車ノ宣旨ヲ被ル後、始テ參內ス、 左經記

十七日、桓武天皇國忌、 左經記

十八日、石清水臨時祭試樂アリ、是日、無量壽院御堂會試樂、雨ニ依リテ延引ス、又同堂梵鐘破損ニ依リテ、之ヲ改鑄セシム、 小右記 左經記

十九日、石清水臨時祭、中宮、道長ノ京極第ニ行啓

シ給フ、日本紀略 小右記目錄 左經記

二十日、皇太后、二條宮ヨリ上東門院ニ行啓シ給フ、是日、無量壽院御堂會試樂アリ、日本紀略 左經記

廿一日、疱瘡等ニ依リテ、男女多ク死ス、左大辨源道方ノ子某死ス、左經記

廿二日、道長、無量壽院ヲ供養ス、太皇太后、皇太后、中宮行啓アラセラル、日本紀略 歷代皇記 百練抄 左經記 榮華物語 續世繼 舞樂要錄 無量壽院供養記

廿五日、御惱、是日、內裏穢アリ、季御讀經僧ノ闕請ヲ補ス、日本紀略 小右記目錄 左經記

廿六日、季御讀經延引、左經記

廿七日、御物忌、御遊アリ、左經記

廿八日、直物、小除目、省試ヲ延引ス、日本紀略 小右記目錄 左經記 辨官補任 公卿補任

是春、疱瘡疫疾流行ス、日本紀略 小右記目錄 皇年代記 類聚符宣抄 榮華物語

四月小壬午朔盡

一日、平座見參、日本紀略 左經記

三日、平野祭、日本紀略 左經記

四日、梅宮祭、廣瀨龍田祭、日本紀略

七日、擬階奏、是日、內藏頭源經頼、內藏寮返抄ノ署判請印ヲ行フ、日本紀略 左經記

左衞門督藤原頼宗、撿非違使別當ヲ辭ス、公卿補任 歷代皇記

八日、大神祭、灌佛ヲ停ム、日本紀略

十日、皇太后宮御竈神ヲ上東門第ニ移ス、日本紀略

左少將從五位下藤原誠任卒ス、小右記目錄 尊卑分脈 小右記

十一日、大宰府高麗國返牒官符ニ請印ス、日本紀略 左經記

十三日、齋院御禊アリ、是日、御疱瘡ニ依リ、四陣ニ於テ鬼氣祭ヲ行フ、日本紀略 百練抄 小右記目錄

十四日、御疱瘡、警固、日本紀略 左經記

十六日、賀茂祭、日本紀略 左經記

十七日、解陣、 日本紀略

十九日、吉田祭、内裏穢アリ、 日本紀略

二十日、御讀經僧闕請ヲ補ス、 左經記

廿二日、御疱瘡重キニ依リ、大般若不斷御讀經ヲ行ヒ、是日、大赦ヲ行フ、 小右記目錄 左經記 日本紀略 類聚符宣抄

仁王會ニ依リテ、大祓ヲ行フ、 日本紀略

右兵衞督源頼定ヲ撿非違使別當ニ補ス、 公卿補任 榮華物語

廿三日、臨時仁王會、季御讀經日時ヲ定ム、 日本紀略 左經記

廿六日、囚人放免ノ勘文ヲ奏ス、 左經記

廿七日、仁王會布施供養、大般若不斷御讀經結願、 左經記

廿八日、御疱瘡平癒シ給フ、臨時御讀經、季御讀經始、是日、道長十齋、幷ニ三昧堂等ヲ始ム、左中辨藤原定頼、内藏頭ヲ辭ス、 日本紀略 小右記目錄 左經記 公卿補任

是月、疱瘡流行ス、 日本紀略

五月大盡 辛亥朔

一日、道長病ム、仍リテ三十講ヲ延引ス、 小右記目錄 左經記

二日、季御讀經結願、是日、道長病癒ユ、 日本紀略 左經記

三日、小一條院御疱瘡ヲ病ミ給フ、 小右記目錄

六日、關白頼通病ム、 小右記目錄

七日、頼通病癒ユ、 小右記目錄

九日、紫野宮御靈會、 日本紀略

十一日、御疱瘡後、始テ御膳ニ著御、御沐浴、御髮ヲ浣シメ給フ、是日、防河事ヲ國々ニ課ス、 左經記

十四日、相撲ヲ停ム、 日本紀略 樗嚢抄

二十日、相撲節停止ノ官符ヲ伊賀ニ下ス、是日、民部權大輔某ノ牛飼、中宮大夫ク 姓闕 齊信牛飼ト闘爭ス、撿非違使ヲシテ、之ヲ糺問セシム、 左經記

廿四日、修子内親王、疱瘡ヲ病ミ給フ、 左經記

廿五日、賑給使定、位祿目錄ヲ奏ス、 左經記

廿六日、上野前司藤原定輔ノ從者、備前々司平維衡ノ從者ト鬪爭ス、 左經記

廿八日、東宮御瘧病、 小右記目錄

六月小盡 辛巳朔

四日、美作減省勘文遲怠ニ依リテ、主稅頭姓闕ク實國ヲ召問ス、是日、備前々司平維衡郎等ノ愁訴ニ依リテ、右衛門尉平時通、中文ヲ上ル、 左經記

五日、內文ヲ行フ、御體御卜ニ依リテ、官人等神祇官ニ忌籠ス、是日、皇太后宮宮主姓闕ク爲政、齋院前宮主姓闕ク仲遠ノ爲ニ刄傷セラル、 左經記

六日、關白賴通病ム、 小右記目錄 左經記

八日、左兵衛督源賴定出家ス、 日本紀略 公卿補任

九日、小一條院ノ皇子御名闕ク薨ズ、 小右記目錄

十日、御體御卜、是日、關白賴通、土御門院西對ニ赴ク、 小右記目錄

十一日、月次祭、神今食、 日本紀略 左經記

入道左兵衛督正三位源賴定薨ズ、 日本紀略 左經記 大鏡裏書 歷代皇記 一代要記 本朝皇胤紹運錄 公卿補任 大鏡 榮華物語 小右記 續本朝往生傳 本朝麗藻

十二日、主水司解齋ノ御粥ヲ供ス、 左經記

十四日、天台舍利會、皇后宮春季御讀經始、是日、關白賴通病ニ依リテ上表ス、勅答アリ、 日本紀略 左經記

十六日、一條天皇ノ御遺骨ヲ圓融寺ニ遷シ奉ル、是日、關白賴通、万僧供ヲ行フ、 左經記 小右記目錄

十七日、陰陽寮ヲシテ、四角四堺祭ノ日時ヲ勘申セシム、是日、皇太后宮春季御讀經結願、 左經記

十八日、法眼源賢寂ス、 僧綱補任 勅撰作者部類 後拾遺和歌集 源賢法眼集

十九日、陰陽寮、四角四堺祭料請奏ヲ上ル、臨時御讀經僧名日時定、 左經記

二十日、臨時御讀經行事故障アルニ依リテ、代官ヲ命ズ、 左經記

廿二日、疫癘ニ依リテ、大極殿ニ大般若經ヲ轉讀

シ、一條天皇ノ周忌ニ依リテ、講說ヲ太皇太后宮ニ行ヒ、陰陽寮ヲシテ、造圓教寺日時ヲ勘セシム、是日、道長十一面經ヲ無量壽院ニ講ゼシム、 左經記

廿三日、故大僧正觀修ノ門徒、諡號ノ慶ヲ申ス、 左經記

廿四日、大極殿ノ御讀經ニ依リテ、僧供等ヲ引シム、 左經記

廿五日、大極殿ノ御讀經ニ依リテ、諸僧布施ヲ引シム、 左經記

七月 大盡 庚戌朔

四日、廣瀨龍田祭、 日本紀略

五日、天台座主僧正明救寂ス、 日本紀略 左經記 愚管抄 諸門跡傳 天台座主記 僧綱補任 今昔物語 朝野群載 歷代皇記

十日、道長、無量壽院ニ於テ法華三十講ヲ始ム、 小右記

十三日、關白賴通病ム、 小右記目錄

十七日、法印院源ヲ天台座主ニ補ス、檢非違使別當宣下ヲ延引ス、是日、關白賴通、不斷御讀經ヲ始ム、 日本紀略 歷代皇記裏書 小右記 左經記 天台座主記 實幢院撿挍次第

十八日、陰陽寮ヲシテ、祈雨奉幣日時ヲ勘申セシム、是日、御馬宣旨ヲ左右馬寮ニ給フ、 左經記

十九日、關白賴通ノ第犬產穢アリ、仍リテ祈雨奉幣使ヲ停ム、 日本紀略 小右記 左經記

內大臣賴通上表ス、是日、伊豫守源賴光、無量壽院ノ三十講ニ非時ヲ儲ク、 小右記 左經記 公卿補任

廿一日、無量壽院三十講結願、是日、關白賴通病アリ、 小右記

廿二日、大風、內裏所々門舍等破壞ス、是日、道長、百僧ヲシテ、仁王經ヲ無量壽院ニ講ゼシム、 日本紀略 百練抄 左經記

廿三日、關白賴通ノ第、不斷仁王經結願、軍荼利法ヲ修ス、 左經記

廿五日、關白賴通、智足院ニ詣デ瘧病ヲ祈ル、 小右記

廿六日、關白賴通、大僧正深覺ヲシテ、孔雀經ヲ轉讀セシム、 小右記 左經記

廿七日、關白賴通、瘧病ニ依リテ、道長ト共ニ法性寺五大堂ニ詣ヅ、 小右記 左經記

廿九日、皇太后宮ニ於テ釋經アリ、是日、賴通、五大堂ニ修法ヲ行フ、 小右記 左經記

三十日、天台座主院源ヲ阿闍梨ニ補スル例ヲ議ス、 小右記

八月小盡 庚辰朔

三日、防河ヲ始ム、右大辨藤原朝經、大藏卿勘解由長官ヲ辭ス、 左經記 小右記 辨官補任

律師成秀寂ス、僧綱補任 護持僧次第 實幢院撿挍次第

七日、廿一社奉幣使ヲ定メ、日時ヲ勘セシム、是日、賴通、法性寺ヲ退出ス、 左經記

八日、釋奠、是日、山城葛野郡ノ水田ヲ大僧正濟信ニ賜フ、 左經記 日本紀略 東寺長者補任

九日、詔書覆奏、 左經記

十一日、定考、 年中行事祕抄 左經記

十八日、道長、賀茂社ニ詣デ、仁王經ヲ供養ス、故左兵衞督源賴定ノ室元子出家ス、 小右記 左經記

廿二日、大風雨、 日本紀略 諸道勘文 後愚昧記

廿五日、關白賴通、鹿島香取奉幣使ヲ發遣ス、是日、高麗國使鄭子良ノ祿物解文ヲ奏スルコトヲ延引ス、 小右記 左經記

廿九日、道長、舞樂御幣等ヲ松尾社ニ奉ル、是日、法性寺五壇御修法結願ヲ延引ス、 左經記

九月小盡 己酉朔

一日、大宰府貢朝物解文アリ、是日、道長病癒ユ、 左經記

三日、御燈、 日本紀略

四日、右兵衞督藤原公信ヲ撿非違使別當ニ補ス、是日、道長、鴨川堤ヲ巡檢ス、 公卿補任 一代要記 小右記

九日、平座見參、是日、狂女、比叡山ニ登ル、 日本紀略 左經記 古事談

十日、御瘧病發リ給フ、 日本紀略 小右記

十一日、例幣、 日本紀略 小右記

十二日、例幣後、齋御祓御讀經僧名定アリ、御惱ニ依リテ、前僧都心譽等ニ御加持セシム、是日、藏人頭藤原定頼源朝任等ヲ勘當ス、 小右記

十三日、御惱ニ依リテ、大般若經ヲ轉讀セシム、 日本紀略 小右記目錄

十四日、御惱平癒シ給フ、是日、米ヲ左右獄所ニ賜ヒ、大宰府言上解文、及ビ宋ノ商客ノ解文等ヲ定ム、 小右記

十六日、御惱重テ發リ給フ、是日、賀茂社神殿等ノ修造雜事日時勘文ヲ奏ス、 小右記

十九日、官奏、除目、 日本紀略 小右記目錄 左經記 公卿補任

二十日、御瘧病發セザルニ依リテ、御加持御讀經ノ僧等ニ祿ヲ賜フ、是日、關白頼通賀茂社修造日時等ヲ定ム、 小右記

廿一日、左中辨藤原定頼ヲ率分勾當氏院別當ト爲ス、 辨官補任

廿二日、御讀經結願、 小右記目錄

廿四日、關白頼通、賀茂社ニ詣ヅ、是日、左中辨藤原經通ヲ勸學院興福寺等ノ別當ト爲ス、 日本紀略 左經記

廿五日、御惱ニ依リテ、御讀經ヲ清涼殿ニ行フ、 小右記

廿六日、小一條院御瘧病、 小右記目錄

廿七日、萬僧供ニ依リテ、十五大寺等ノ僧名ヲ取ルベキ宣旨ヲ下ス、 小右記

廿八日、御惱ニ依リテ御受戒ヲ延引シ、御誦經アリ、道長モ亦、萬僧供ヲ行ヒ、右中辨源經頼ヲ御祓使トシテ、二條末ニ向ハシム、阿闍梨日增、幷ニ弟子、群盜ノ爲ニ刄傷セラル、 小右記 左經記

是月、右大辨藤原朝經ニ大藏卿勘解由長官ヲ辭スル狀ヲ返還ス、 辨官補任

十月大盡 戊寅朔

一日、平座見參、 日本紀略 左經記

二日、弓場始、 年中行事祕抄

内藏頭源經頼、御祈願料三百石ヲ上ル、是日、關白頼通ノ上東門第災ス、 左經記

五日、外記政、幷ニ申文アリ、是日、法華經、大般若經ヲ書寫シ御立願アラセラル、御惱ニ依リテ、道長、不動、大威德像ヲ造ル、是日、瀧口盜ヲ射ル、 左經記 小右記目錄

七日、七瀨御祓、是日、雉ノ怪ニ依リテ御卜ヲ行フ、 日本紀略 左經記

八日、御邪氣アリ、 小右記目錄

九日、源經長ヲ雅樂助ニ任ズ、 公卿補任

十一日、春宮、賀茂社ニ御祈アラセラル、 小右記目錄

十三日、大法師仁統ヲシテ、辛酉革命ノ當否ヲ勘セシム、是日、大納言藤原道綱出家ス、 日本紀略 革曆勘文大外記中原師緒勘文 公卿補任 左經記

十四日、賀茂社ノ神體ヲ假殿ニ遷ス、關白頼通、賀茂臨時祭ヲ定ム、 左經記

十六日、御惱ニ依リテ、御讀經ヲ七箇日延行ス、 小右記目錄

入道前大納言正二位藤原道綱薨ズ、 日本紀略 小右記目錄 一代要記 中右記 尊卑分脈 小右記 榮華物語 公卿補任 大鏡 蜻蛉日記 西宮記 拾芥抄 權記 法成寺攝政記 主上御元服上壽作法抄 寶物集 續古事談 詞花和歌集 新勅撰和歌集 玉葉和歌集 新拾遺和歌集

藤原道綱ノ薨去ニ依リテ、不堪佃田奏ヲ延引ス、 左經記

十七日、除目、 日本紀略 小右記目錄 左經記 公卿補任

十一月小盡 戊申朔

一日、平野祭、春日祭、 日本紀略

前大納言從二位藤原懷忠薨ズ、 小右記目錄 尊卑分脈 公卿補任 中右記 日本紀略 權記 江次第 續古事談

二日、丹生貴布禰兩社ニ奉幣ス、 日本紀略

五日、大原野祭、饗祿ヲ儲ク、 左經記

八日、官奏、　左經記

九日、宇佐使ニ餞ス、是日、賀茂臨時祭試樂、　左經記

十一日、宇佐、幷ニ香椎宮ニ奉幣ス、是日、官符等ヲ奏シ、內印外印ヲ行フ、　日本紀略　左經記　革曆勘文大外記中原師緒勘文

十三日、備後介藤原經任ヲ從四位下ニ敍ス、　公卿補任

十八日、五節帳臺試、　左經記

十九日、五節御前試、　左經記

二十日、新嘗祭、是日、五節舞姬御覽アリ、　左經記

廿一日、雷雨、豐明節會、是日、左大臣顯光別宣旨ニ依リテ、節會ノ見參ニ入ル、　左經記　妙音院相國白馬節會次第

廿四日、賀茂臨時祭試樂、　小右記目錄

廿六日、賀茂臨時祭、是日、故式部卿敦康親王ノ女源子女王著袴ノ儀ヲ行フ、　小右記目錄　左經記

廿七日、右大辨藤原朝經、大藏卿勘解由長官ヲ辭ス、　辨官補任

廿八日、除目始、　日本紀略

廿九日、除目、　小右記目錄　公卿補任　大鏡裏書　榮華物語　一代要記　辨官補任　魚魯愚別錄

十二月大盡丁丑朔

一日、左中辨源經賴、關白賴通、左大臣顯光等ノ第ニ慶賀ス、　左經記

六日、右近衞中將藤原公成ヲ藏人頭ニ補ス、　職事補任　公卿補任　歷代皇記

七日、權中納言源道方等ニ昇殿ヲ聽ス、　左經記

十三日、道長、比叡山ニ登ル、　左經記　編年殘篇　天台座主記

十四日、道長、延曆寺ニ於テ受戒ス、　皇年代記　編年殘篇　天台座主記　左經記　日本紀略　百練抄　歷代皇記　續世繼　和漢合符

無量壽院ニ阿闍梨、幷ニ所司ヲ置ク申文ヲ奏ス、　左經記

十五日、關白賴通、比叡山ニ登リ、延曆寺ニ誦經ヲ行フ、　左經記

十六日、仁王會ニ依リテ、大祓ヲ行フ、 日本紀略

十七日、關白頼通、絹ヲ讀經僧等ニ賜フ、 左經記

十八日、疫疾ニ依リテ、臨時仁王會ヲ行ヒ、御讀經僧ノ闕請ヲ補シ、殺生禁止ノ官符ヲ諸國ニ下シ、輕犯者ヲ免シ、無量壽院ニ阿闍梨三口ヲ置ク、道長モ亦、同院ニ封戸ヲ寄ス、延暦寺、道長ノ爲ニ、藥師經讀經ヲ行フ、 日本紀略 左經記 歴代皇記裏書 天台座主記 僧綱補任

二十日、法印院源ヲ權僧正ニ任ズ、延暦寺ニ道長ノ修法結願ニ依リテ、千僧供ヲ行フ、 僧綱補任 歴代皇記裏書 天台座主記 釋家初例抄

廿一日、道長、延暦寺ヨリ歸京ス、頼通、上卿ヲ率キテ西阪本ニ迎フ、 日本紀略 左經記 編年殘篇

廿二日、官奏、大粮申文、荷前使、幷ニ元日擬侍從等ヲ定ム、是日、御讀經僧ノ闕請ヲ補ス、位記請印アリ、 左經記 日本紀略

廿四日、季御讀經、 日本紀略 小右記目錄

廿六日、上卿一人政ヲ行フ、中務卿具平親王々子師房ニ源氏ノ姓ヲ賜フ、 左經記 公卿補任

廿八日、內侍所御神樂、 左經記

三十日、弓場始、內侍除目アリ、權大納言藤原行成ニ帶劍ヲ聽ス、是日、僧綱ヲ任ズ、太皇太后、中宮秋季御讀經、 日本紀略 僧綱補任 大鏡裏書 東寺長者補任 歴代皇記裏書 東大寺別當次第 天王寺別當次第 四大寺傳記 左經記 公卿補任

閏十二月大盡 丁未朔

一日、官奏、 左經記

十日、位記召給、 左經記

十一日、請印、幷ニ南所申文アリ、 左經記

十四日、荷前使ヲ發遣ス、 日本紀略 左經記

十五日、御讀經僧名日時ヲ定ム、 左經記

十六日、官奏、 左經記

十九日、南所申文、 左經記

二十日、奏文御覽、御佛名始、 左經記

廿三日、殿上所宛、直物、小除目アリ、御讀經僧ノ

關請ヲ補ス、左經記 日本紀略 小右記目錄 公卿補任 辨官補任
廿四日、關白賴通等大原ニ赴ク、左經記
廿五日、疫疾ニ依リテ、臨時仁王會ヲ行フ、是日、太皇太后宮御佛名、日本紀略 左經記
廿六日、外記政アリ、南所申文ヲ奏ス、是日、從五位下平爲幹ヲ撿非違使廳ニ召問ス、左經記
廿七日、請印、幷ニ南所申文アリ、無量壽院十齋堂供養、太皇太后中宮御佛名、左經記
廿八日、御讀經結願、左經記
廿九日、南蠻賊徒薩摩ニ來ルニ依リテ、大宰府解狀ヲ上ル、左經記
三十日、追儺、御馬解文ヲ奏シ、阿波班符解文ヲ進ム、關白賴通上表ス、勅答アリ、是日、僧觀眞ヲ律師ニ任ズ、左經記 僧綱補任 東大寺別當次第
是冬、疫疾流行ス、類聚符宣抄
是歲、法成寺藥師堂供養、伊呂波字類抄
律師蓮海寂ス、僧綱補任 護持僧次第
天下飢饉、和漢合符

治安元年

正月小 丁丑朔盡

一日、法成寺十齋堂修正始、年中行事抄
三日、法成寺阿彌陀堂修正始、年中行事抄
六日、敍位、公卿補任 榮華物語
廿一日、御前除目ニ依リテ服者退出ス、魚魯愚別錄
廿二日、御卽位後、始テ御前除目ヲ行フ、魚魯愚別錄 中右記 百練抄
廿三日、大宅守光給爵ヲ請フ、朝野群載
廿四日、除目、公卿補任 魚魯愚別錄 除目申文抄
廿六日、右少將源隆國ヲ藏人ニ補ス、公卿補任
廿七日、寺淸正給爵ヲ請フ、除目申文抄
廿八日、疫疾ニ依リテ、臨時仁王會ヲ行フ、日本紀略

二月大 丙午朔盡

一日、尙侍藤原嬉子東宮ニ入ル、 権記 皇年代記 大鏡裏書 一代要記 榮華物語 大鏡

二日、釋奠、 日本紀略

治安ト改元ス、仍リテ大赦ヲ行フ、 皇年代記 日本紀略 改元部類 元祕別錄 革暦勘文大外記中原師香勘文 水左記 北山抄

四日、祈年祭、 日本紀略

八日、園韓神祭、 日本紀略

十一日、列見、 日本紀略

廿五日、疫疾ニ依リテ、廿一社ニ奉幣ス、 日本紀略 上卿故實 革暦勘文大外記中原師香勘文

廿八日、上總介ク姓闕輔忠死ス、是日、阿闍梨因緣、日如、已講法修等寂ス、 小右記目錄 小右記

三十日、道長ノ室源倫子出家ス、 榮華物語 大鏡裏書 台記

三月大盡 丙子朔

三日、御燈、 日本紀略

四日、大宰權帥源經房赴任ニ依リテ餞ヲ賜フ、是日、左中辨藤原重尹ヲ氏院別當ト爲ス、 日本紀略 榮華物語 辨官補任

七日、疫疾ニ依リテ、大極殿ニ壽命經ヲ轉讀シ、東寺ニ於テ、僧正仁海不動法ヲ修ス、 日本紀略 東寶記

八日、右中辨藤原章信ニ內藏權頭ヲ兼ネシム、 辨官補任

十三日、季御讀經定、 小右記目錄

十八日、石清水臨時祭試樂、 小右記目錄

十九日、石清水臨時祭、 日本紀略 小右記目錄

廿五日、季御讀經、 日本紀略 小右記目錄

廿六日、疫癘熾ナリ、 小右記目錄 皇年代記

廿九日、道長、圖繪丈六ノ佛像ヲ無量壽院ニ供養ス、是日、權少僧都永圓內供奉十禪師ヲ辭ス、 日本紀略 今昔物語 朝野群載

是月、大友爲正紀伊掾ニ補セラレンコトヲ請フ、 除目申文抄

權中將藤原長家ノ室某卒ス、 榮華物語

四月小盡 丙午朔

一日、維摩會講師朝晴寂ス、 東大寺別當次第 僧綱補任 小右記

三日、平野祭、 日本紀略

四日、廣瀬龍田祭、梅宮祭、 日本紀略

五日、小除目、小一條院ノ高松殿災ス、 日本紀略 百練抄

十三日、齋院御禊、 日本紀略

十四日、警固、 日本紀略

十五日、關白頼通、賀茂社ニ詣ヅ、 日本紀略

十六日、賀茂祭、 日本紀略

十七日、解陣、 日本紀略

十八日、少僧都如源寂ス、 僧綱補任 歴代皇記裏書 尊卑分脈 榮華物語

十九日、吉田祭、 日本紀略

權律師叡効寂ス、 僧綱補任 護持僧次第 歴代皇記裏書 小右記目録 續古事談

二十日、疫疾ニ依リテ、宣旨ヲ諸社ニ下シ、仁王經ヲ轉讀セシム、 類聚符宣抄

廿三日、疫疾、幷ニ祈雨ニ依リテ、廿一社ニ奉幣ス、 日本紀略

廿六日、疫疾ニ依リテ、仁王經ヲ十六社ニ轉讀ス、 日本紀略

是月、少僧都永圓辭退ス、 僧綱補任

五月大盡 乙亥朔

一日、道長ノ第法華三十講始、 日本紀略

八日、不斷法華經ヲ轉讀ス、東大寺僧平能ヲ維摩會講師ト爲ス、 日本紀略 僧綱補任

九日、紫野御靈會、 日本紀略

二十日、顯光病ニ依リテ上表ス、 日本紀略 公卿補任

廿一日、顯光第二度上表ス、 日本紀略 公卿補任

廿二日、顯光第三度上表ス、 日本紀略 公卿補任

廿四日、顯光出家ス、 日本紀略 公卿補任

廿五日、左大臣正二位藤原顯光第四度上表ス、即日薨ズ、 日本紀略 小右記目録 歴代皇記 榮華物語 愚管抄 中右記 尊卑分脈 公卿補任 大鏡裏書 本朝皇胤紹運錄 寶物集

大鏡　權記　小右記　續古事談　宇治拾遺物語　拾遺和歌集
廿七日、大般若經ヲ大極殿ニ轉讀ス、是日、僧綱ヲ任ジ、故賀秀、覺運ニ大僧都ヲ追贈ス、　日本紀略　僧綱補任　歴代皇記裏書　僧官補任　三僧記類聚
三十日、故左大臣顯光ノ薨奏アリ、　小右記目錄
是月、河内守正四位下藤原方正卒ス、　尊卑分脈　類聚符宣抄　小右記

六月小　乙巳朔盡

十日、御體御卜、　日本紀略
十一日、月次祭、神今食、　日本紀略
十六日、疫疾ニ依リテ、廿一社ニ奉幣ス、　日本紀略
二十日、狂人北陣ニ入ル、　日本紀略
廿二日、延暦寺僧尋空ヲ權律師ニ任ズ、　僧綱補任　大鏡裏書
廿七日、小除目、　日本紀略　公卿補任　辨官補任
法成寺金堂五大堂立柱上棟ス、　法成寺金堂供養記
是夏、疫死者多シ、　日本紀略

七月大　甲戌朔盡

一日、日食、　日本紀略
四日、廣瀬龍田祭、　日本紀略
七日、乞巧奠、密宴アリ、　日本紀略
九日、仁王會ニ依リテ、大祓ヲ行フ、大納言藤原實資等任大臣宣旨ヲ蒙ル、　日本紀略　小右記
僧延鏡、再ビ近江關寺ヲ造ル、　四大寺傳記　伊呂波字類抄
十日、疫疾ニ依リテ、臨時仁王會ヲ大極殿ニ行フ、　日本紀略
十八日、右近衛府生姓闕ク公忠ヲ禁獄ス、　小右記
廿四日、攝津守正四位下源頼光卒ス、　尊卑分脈　源氏系圖　神皇正統錄　勅撰作者部類　日本紀略　小右記　古事談　歴代編年集成　榮華物語　今昔物語　古今著聞集　十訓抄　寳物集　異制庭訓往來　源平盛衰記　太平記　榻鴫曉筆　拾遺和歌集　後拾遺和歌集　金葉和歌集　新後拾遺和歌集　後葉集　小大君集
源綱ノ事蹟、　尊卑分脈　渡邊系圖　今昔物語　古今著聞集
廿五日、風雨雷鳴、是日、右大臣公季ヲ太政大臣ニ、關白頼通ヲ左大臣ニ、大納言藤原實資ヲ右大

臣ニ同敎通ヲ內大臣ニ任シ公季ニ牛車ヲ聽ス、日本紀略 公卿補任 歷代皇記 一代要記 大饗御裝束間事 小右記 榮華物語 經賴記 葉黃記 中右記 台記 大鏡裏書 江次第

廿六日、大雷風雨、是日、右大臣實資、內大臣敎通等慶賀ス、 小右記

廿八日、右大臣實資、內大臣敎通等ニ、舊ノ如ク大將兼任ノ宣旨ヲ下ス、 日本紀略 一代要記 公卿補任 小右記

是月、道長、十二神將ヲ造立シ、延曆寺根本中堂ニ安置ス、 天台座主記

八月小 甲辰朔 盡

一日、道長、一切經ヲ無量壽院經藏ニ移シ納メ、石山寺ニ參詣ス、是日、安倍吉平ヲシテ新任大臣等ノ著陣日時ヲ勘セシム、 日本紀略 百練抄 小右記

三日、右近衞府生姓闕ク公忠ヲ原免ス、 小右記

四日、釋奠、 日本紀略

七日、內大臣敎通等著陣ス、是日、關白賴通ノ第ニ勸學院學生參賀ス、 小右記

十日、關白ノ座次ヲ定ム、 日本紀略 歷代皇記

十一日、定考、 日本紀略 小右記

十四日、殿上ノ侍臣野遊ス、 日本紀略

十六日、廿一社奉幣、及ビ駒牽、是日、廢務ニ依リテ、關白ノ倚子ヲ造ルヲ停メ、任符ヲ式部史生安倍爲義ニ預ク、 日本紀略 小右記

十九日、勸學院學生、太政大臣公季ノ第ニ參賀ス、 小右記

廿一日、太政大臣等ノ座次等ヲ定メ、請印申文等ヲ行フ、是日、右大臣實資、家司侍所職事ヲ定ム、 小右記 台記

廿二日、勸學院學生、右大臣實資ノ第ニ參賀ス、 小右記

廿四日、僧被經ヲ捕フ、 小右記

廿八日、京官除目始、 日本紀略 小右記 除目申文抄

廿九日、京官除目竟、 日本紀略 小右記 公卿補任 大鏡裏書

九月大盡 癸酉朔

一日、御燈御卜、 年中行事祕抄

二日、除目下名、 日本紀略 小右記

三日、御燈、廢務、 日本紀略

四日、丹生貴布禰兩社ニ祈雨奉幣ス、 日本紀略

七日、伊勢豐受宮遷宮ニ依リテ、神寶等ノ官符ニ請印ス、 日本紀略

八日、伊勢豐受宮ニ神寶使ヲ發遣ス、 日本紀略 小右記

九日、平座見參、 日本紀略

十日、春日行幸ノ日時ヲ定ム、常陸介平維衡赴任ス、是日、皇太后宮女房等、寫經ヲ無量壽院ニ供養ス、 小右記 榮華物語

十一日、伊勢例幣、 日本紀略

廿八日、廿一社ニ奉幣ス、是日、大納言公任辭狀ヲ上ル、 日本紀略 小右記

廿九日、關白賴通、高陽院ヲ造營ス、 小右記

是月、伊勢豐受宮遷宮、玉串大内人忠雅等敍爵ス、 大神宮諸雜事記 二所大神宮例文 皇繼年序記

十月小盡 癸卯朔

一日、平座見參、是日、東大寺三昧堂供養、 日本紀略 東大寺別當次第

二日、關白賴通、高陽院ニ移徙ス、 日本紀略 編年殘篇

五日、弓場始、甲斐眞衣野駒牽、 日本紀略 樗嚢抄

八日、直物、侍從源師房ニ禁色ヲ聽ス、 日本紀略 公卿補任

僧明觀寂ス、 醍醐報恩院血脈

十三日、春日社行幸ニ依リテ、大祓ヲ行フ、 日本紀略

十四日、春日社ニ行幸アラセラル、太皇太后同ク行啓シ給フ、 日本紀略 西宮記 編年殘篇 日本運上錄 榮華物語 大鏡 千載和歌集

少僧都明憲寂ス、 僧都補任

十五日、春日社ヨリ還御アラセラル、 日本紀略 編年殘篇

大僧都林懷僧正ヲ辭ス、少僧都扶公ヲ大僧都ニ

任ス、是日、大安寺別當威儀師安脩、菓物ヲ上東門院ニ上ル、僧綱補任 榮華物語
十六日、右大臣實資上表ス、日本紀略
十八日、僧長勢ヲ法橋ニ敍ス、釋家初例抄
廿二日、右大臣實資第二度上表ス、日本紀略
廿六日、右大臣實資第三度上表ス、勅答アリ、日本紀略
廿八日、權大納言藤原行成ヲ齋院別當トナス、類聚符宣抄
是月、童舞御覽アリ、日本紀略

十一月小 壬申朔盡

一日、春日祭、平野祭、日本紀略
二日、梅宮祭、日本紀略
三日、參議藤原資平等ヲ加階ス、公卿補任 辨官補任
九日、右史生上村主重基ヲ裝束所史生ニ任ズ、類聚符宣抄
十三日、吉田祭、日本紀略
十八日、園韓神祭、五節、是日、大納言藤原齊信ノ第火アリ、日本紀略 榮華物語
十九日、鎭魂祭、日本紀略
二十日、新嘗祭、日本紀略
廿一日、豐明節會、御物忌ニ依リテ、出御ナシ、日本紀略
廿二日、東宮鎭魂祭、是日、道長、延暦寺ニ內論義ヲ行フ、日本紀略 天台座主記
廿三日、僧綱ヲ任ズ、日本紀略
廿四日、道長、十二神將ヲ延暦寺中堂ニ供養ス、天台座主記
是月、道長、及ビ室倫子等、關寺ニ詣デ靈牛ヲ覽ル、百練抄 伊呂波字類抄 今昔物語

十二月大 辛丑朔盡

一日、道長ノ室倫子、西北院ヲ供養ス、日本紀略 百練抄 扶桑略記 歷代皇記 濫觴抄 榮華物語
十日、御卜奏、日本紀略
十一日、月次祭、神今食、日本紀略

十三日、荷前使、幷ニ季御讀經定、律師明尊ヲ少僧都ニ任ズ、 日本紀略 樗囊抄 僧綱補任

十四日、童舞御覽アリ、 日本紀略 編年殘篇

十六日、隱岐國司姓闕ク時重ヲシテ、前々國司四箇年ノ公文ヲ越勘セシム、 朝野群載

廿三日、宇佐宮災ス、 日本紀略 百練抄 後愚昧記 永昌記

御佛名、中宮權亮藤原兼房ト少納言姓闕ク經隆ト出居座ニ拏攫ス、 日本紀略 皇年代記

是歲、旱魃飢饉、 一代要記

治安二年

正月大盡 辛未朔

一日、節會、

二日、中宮東宮大饗ヲ行ハセラル、 日本紀略

五日、敍位儀、 日本紀略 公卿補任 辨官補任

七日、白馬節會、 日本紀略 辨官補任

八日、御齋會始、 日本紀略

十一日、敍位、 日本紀略

十四日、御齋會竟ル、是日、宇佐大宮司宇佐相規、法橋元命等、神殿燒失ノ事ヲ奏ス、 一代要記 後愚昧記

十六日、踏歌、 日本紀略

十七日、射禮、 日本紀略

十八日、賭弓、 日本紀略

二十日、關白賴通、高陽院ノ第ニ大饗ヲ行フ、 日本紀略 三槐抄裏書

廿二日、造酒正源賴重、備中等ノ權介ノ闕ニ任ゼラレンコトヲ請フ、 魚魯愚抄

廿三日、右大臣實資、小野宮ノ第ニ大饗ヲ行フ、是日、正六位上姓闕ク爲正ヲ讚岐大目ニ任ズ、 魚魯愚抄

廿五日、內大臣教通大饗ヲ行フ、 日本紀略

廿七日、除目始、 日本紀略 公卿補任 除目申文抄 魚魯愚抄

廿八日、贈皇太后超子ノ國忌ニ依リテ、除目ヲ停ム、是日、前紀伊守源經相ヲ備前守ニ任ズ、 日本紀略 朝野群載

廿九日、凶會日ニ依リテ、除目ヲ延引ス、 日本紀略

三十日、除目竟ル、日本紀略 公卿補任 辨官補任
是月、太皇太后、皇太后ト和歌ヲ贈答シ給フ、榮華物語

二月小 辛丑朔盡

二日、宇佐宮ノ火災ニ依リテ、御卜ヲ行フ、右大臣實資等、同宮雜事ヲ定ム、後愚昧記
三日、大原野祭、日本紀略
四日、祈年祭、日本紀略
七日、釋奠、日本紀略 江次第
八日、春日祭、是日、宇佐使發遣ノ日時ヲ勘セシム、日本紀略 小右記 後愚昧記
十一日、列見、日本紀略
十三日、園韓神祭、日本紀略
十九日、石清水ニ奉幣ス、日本紀略 後愚昧記
廿二日、大僧正濟信、傳法灌頂職位ヲ性信親王ニ授ケンコトヲ請フ、東寺要集
廿四日、祈年穀奉幣、日本紀略
廿六日、宇佐宮ノ火災ニ依リテ、廢朝ノ日ヲ定ム、日本紀略 後愚昧記 百錬抄
廿七日、宇佐使ヲ發遣ス、是日、廢朝、日本紀略 後愚昧記 編年殘篇

三月大 庚午朔盡

三日、御燈、日本紀略
五日、備前守源經相著任ス、朝野群載
十一日、石清水臨時祭試樂、日本紀略 小右記目錄
十三日、石清水臨時祭、日本紀略 小右記目錄
廿一日、仁明天皇國忌、是日、季御讀經、西宮記裏書 日本紀略 小右記目錄
廿五日、仁王會ニ依リテ、大祓ヲ行フ、日本紀略
廿八日、臨時仁王會、日本紀略
是月、大納言藤原公任ノ女某卒ス、榮華物語 更科日記 玉葉和歌集

四月小 庚子朔盡

一日、平座見參、日本紀略

三日、直物、日本紀略　小右記目錄　公卿補任
四日、廣瀨龍田祭、日本紀略
七日、擬階奏、日本紀略
八日、灌佛、日本紀略
九日、平野祭、日本紀略
十日、梅宮祭、日本紀略
十三日、前鎭守府將軍平維良卒ス、小右記目錄　小右記
十六日、小除目、日本紀略　小右記目錄
十九日、齋院御禊、日本紀略
二十日、警固、日本紀略
廿一日、關白賴通賀茂社ニ詣ヅ、日本紀略
廿二日、賀茂祭、日本紀略
廿三日、解陣、日本紀略
廿八日、皇太后、幷ニ禎子内親王、新造枇杷殿ニ渡御アラセラル、編年殘篇　榮華物語

五月大己巳朔盡

廿五日、御惱、小右記目錄
廿六日、關白賴通、高陽院ノ第ニ競馬ヲ行フ、日本紀略　桃花蘂葉　百練抄　大鏡
廿八日、大僧正濟信、阿闍梨二人ヲ眞言院ニ置ンコトヲ請フ、東寶記
三十日、御惱、小右記目錄

六月大己亥朔盡

四日、御惱ニ依リテ、御讀經ヲ行フ、日本紀略　小右記目錄
十一日、月次祭、神今食、是日、前備前權守藤原景齊出家ス、日本紀略　朝野群載
十八日、宇佐宮神體ヲ新造宮ニ遷シ奉ル日時ヲ定ム、後愚昧記
廿七日、宇佐造宮雜事官符ヲ大宰府ニ下ス、後愚昧記

七月小己巳朔盡

四日、廣瀨龍田祭、日本紀略

八日、中宮、上東門院ニ行啓シ給フ、　日本紀略

十一日、七社ニ奉幣ス、　日本紀略

十四日、道長、法成寺金堂ヲ供養ス、仍リテ臨幸アラセラレ、三后、并ニ東宮、小一條院モ亦行啓アラセラル、大赦ヲ行フ、　日本紀略　小右記目錄　扶桑略記　法成寺金堂供養記　榮華物語　大鏡　舞樂要錄　古事談　寶物集

太政大臣公季ニ兵仗ヲ賜フ、法成寺金堂造營ノ賞ヲ行ヒ、大佛師定朝ヲ法橋ニ敍ス、　公卿補任　皇年代記　歷代皇記　法成寺金堂供養記　僧綱補任　釋家初例抄　歷代皇記裏書　如是院年代記

十五日、三后本宮ニ還御アラセラル、公卿等法成寺ニ詣ヅ、饗饌アリ、　榮華物語

廿三日、封戸ヲ天台座主院源ニ賜フ、　日本紀略　僧綱補任　釋家初例抄　天台座主記

廿五日、相撲內取、　日本紀略

廿七日、相撲召合、　日本紀略

廿八日、相撲拔出、　日本紀略

八月大盡　戊戌朔

二日、中宮、內裏ニ入御セラル、　日本紀略

四日、北野祭、　日本紀略

十日、釋奠、　日本紀略

十一日、定考、　日本紀略

十四日、臨時仁王會、　日本紀略

廿二日、法成寺法華八講五卷日、　日本紀略

廿三日、庚申會、　日本紀略

廿七日、小一條院御惱、　小右記目錄

是月、道長、上東門ノ第ニ法華三十講ヲ修シ、又文人ヲ會シテ詩ヲ賦ス、　日本紀略

法成寺ニ例時念佛等アリ、　榮華物語

九月小盡　戊辰朔

三日、御燈、是日、參議藤原資平ヲ正三位ニ敍ス、　日本紀略　公卿補任

八日、齋宮群行、例幣ヲ付ス、　園太曆

九日、平座見參、　日本紀略

十一日、伊勢例幣、　日本紀略

十五日、道長、法華八講ヲ法成寺ニ修ス、 日本紀略

十六日、平野大原野行幸定、 日本紀略

二十日、季御讀經定、 小右記目錄

廿二日、除目、 日本紀略 小右記目錄 除目申文抄 公卿補任 三槐抄裏書 江次第

廿七日、小一條院御惱、 小右記目錄

十月大盡 丁酉朔

七日、季御讀經始、 小右記目錄

十日、延暦寺僧覺空ヲ法橋ニ敍ス、 僧綱補任

十三日、太皇太后、仁和寺觀音院ヲ供養ス、內供延尋ヲ權律師ニ任ズ、 日本紀略 扶桑略記 編年殘篇 百練抄 僧綱補任 東寺長者補任

十九日、八社ニ奉幣ス、 日本紀略

廿三日、地震、 日本紀略

廿五日、平野社ニ行幸アラセラル、 日本紀略 西宮記 平野行幸次第

廿八日、伊豫交替使實錄帳ヲ上ル、 朝野群載

十一月小盡 丁卯朔

二日、內裏ニ犬死穢アリ、 日本紀略 園太暦

五日、春日祭使ヲ發遣ス、 日本紀略

六日、春日祭、穢ニ依リテ、平野祭ヲ延引ス、 日本紀略 左經記

十四日、豐明節會、 日本紀略

十五日、東宮鎭魂祭、 日本紀略

十七日、賀茂臨時祭試樂、 小右記目錄

十八日、平野祭、吉田祭、 日本紀略

十九日、賀茂臨時祭、 日本紀略 小右記目錄

廿二日、大原野祭、 日本紀略

廿三日、道長、延暦寺ニ內論義ヲ行フ、 日本紀略 天台座主記

廿四日、道長、延暦寺ニ十二神將ヲ供養ス、 僧綱補任 一代要記 日本運上錄 三僧記類聚 天台座主記 山門堂舍記 叡岳要記

廿八日、大原野社ニ行幸アラセラル、 日本紀略 皇年代記 西宮記

十二月大盡 丙申朔

八日、直物、下名、是日、行事ノ賞ヲ行ヒ、參議藤原定頼ヲ從三位ニ敍ス、以下敍位差アリ、 公卿補任 辨官補任 壬生家譜

十六日、荷前使ヲ定ム、 日本紀略

廿五日、荷前使ヲ發遣ス、 日本紀略 栲嚢抄

參議藤原通任ノ室尊子薨ズ、 大鏡裏書 日本紀略 一代要記 皇年代記 尊卑分脈 權記 榮華物語 大鏡

廿八日、興福寺僧智眞ヲ維摩會講師ト爲ス、 僧綱補任

是月、崇福寺火アリ、 日本紀略

治安三年

正月小盡 丙寅朔

一日、節會、國栖不參ス、 三節會次第 妙音院相國白馬節會次第

二日、中宮、東宮大饗、是日、太皇太后宮ニ朝覲行幸アラセラレ、東宮亦行啓シ給フ、 日本紀略 扶桑略記 編年殘篇 榮華物語 續世繼 江次第 公卿補任

六日、敍位、 公卿補任 魚魯愚抄

七日、白馬節會、法成寺金堂修正始、 日本紀略 辨官補任 公卿補任 三節會次第 年中行事抄

八日、御齋會、 日本紀略

十六日、踏歌節會、 日本紀略 古事談

十七日、射禮、 日本紀略

十八日、賭射、 日本紀略

廿一日、權中納言藤原兼隆、申文ヲ上ル、 魚魯愚抄

廿二日、修理權大夫源長經等、申文ヲ上ル、 除目申文抄 魚魯愚抄

廿三日、中務卿敦平親王、及ビ大納言藤原齊信、申文ヲ上ル、 除目申文抄 魚魯愚抄

二月小盡 乙未朔

二日、風雪、是日、春日祭、 日本紀略 小右記

三日、釋奠、 日本紀略

四日、祈年祭、 日本紀略

五日、參議藤原朝任申文ヲ上ル、 魚魯愚抄

十日、除目始、是日、內大臣教通等、申文ヲ上ル、 魚魯愚抄 除目申文抄

十一日、除目、 日本紀略

十二日、除目竟ル、 日本紀略 公卿補任 辨官補任 魚魯愚抄 榮華物語

中宮大夫藤原齊信ノ第火アリ、 日本紀略

十八日、侍從源資通ヲ藏人ニ補ス、 公卿補任

廿三日、列見、是日、入道無品性信親王、兩部傳法灌頂ヲ受ケンコトヲ申請セラル、 日本紀略 東寺要集

廿五日、麗景殿ノ東立蔀ニ放火アリ、 日本紀略

廿九日、右近衞少將藤原資房ヲ左近衞少將ニ轉ズ、 公卿補任

三月大 甲子朔盡

七日、入道無品性信親王、兩部傳法灌頂ヲ仁和寺觀音院ニ受ケ給フ、 東寺要集 東寺長者補任 諸門跡譜 仁和寺御傳

十日、法成寺萬燈會、 日本紀略

十三日、春日行幸行事ノ賞ヲ行ヒ、右中辨藤原章信ヲ從四位下ニ敍ス、 辨官補任

十四日、內侍除目、 小右記目錄

十八日、石清水臨時祭試樂、 小右記目錄

十九日、石清水臨時祭、仁王會ニ依リテ大祓ヲ行フ、 小右記目錄 日本紀略

廿二日、仁王會、 日本紀略

廿五日、季御讀經結願、 小右記目錄

廿八日、諸社ニ奉幣ス、 日本紀略

廿九日、直物、小除目、 日本紀略 小右記目錄 公卿補任

是春、近江掾ヲ改任ス、 魚魯愚抄

四月小 甲午朔盡

一日、禎子內親王、太皇太后ノ宮ニ於テ著裳ノ儀ヲ行ハセラレ、皇太后同宮ニ行啓アラセラル、 日本紀略 小右記 皇年代記 編年殘篇 大鏡 女院記 榮華物語

官符ヲ五畿七道ニ下シテ、相撲白丁ヲ貢セシム、 小右記

二日、皇太后、本宮ニ還御アラセラル、 小右記 榮華物語

三日、平野祭、松尾祭、是日、齋院御禊前駈、及ビ受領ノ功課ヲ定ム、 日本紀略 小右記

四日、廣瀬龍田祭、梅宮祭、 小右記

五日、賀茂社、延暦寺ト領地ヲ争フ、 小右記

七日、擬階奏、 小右記

八日、大神使發遣ニ依リテ、灌佛ヲ停ム、 小右記

十日、和泉國司ノ申請文ヲ定メ、返金使ノ官符ニ請印ス、是日、右衛門尉平直方ヲ撿非違使ニ補ス、 小右記

道長、萬燈會ヲ行フ、 榮華物語

十一日、御馬御覽ナシ、 小右記

十三日、齋院御禊、 小右記

十五日、關白頼通賀茂社ニ詣ヅ、 日本紀略 小右記

十六日、賀茂祭、是日、頼通封戸ヲ鹿島香取兩社ニ寄ス、 小右記

十七日、賀茂祭使還立ス、路頭濫行アリ、是日、解陣、 小右記 日本紀略

十九日、吉田祭、是日、道長ノ室倫子ノ病ニ依リテ、皇太后、中宮、太皇太后ノ宮ニ行啓アラセラル、 日本紀略 小右記

廿二日、武藏國分寺修造ノ勘宣旨ヲ下ス、 小右記

廿三日、位記請印アリ、但馬國郡司等ヲ勘問ス、是日、信濃守藤原惟任赴任ス、 小右記

廿五日、内裏犬死穢アリ、 小右記

廿七日、季御讀經ノ料物ヲ進納ス、 小右記

廿八日、位祿文ヲ奏ス、 小右記

是月、疫癘發ル、 今昔物語

五月 大盡 癸亥朔

二日、季御讀經定、 小右記

四日、右近衛府荒手結、東宮廳ニ菖蒲蓬ヲ上ル、 小右記

五日、左近衛府眞手結、御讀經行事所雜物ヲ請フ、 小右記

六日、右近衛府眞手結、 小右記

七日、三條天皇ノ國忌ニ依リテ、法興院ニ法會ヲ行フ、是日、雅樂頭姓闕ク爲成等申文、幷ニ過狀等ヲ上ル、 小右記

十一日、季御讀經、 日本紀略 小右記

十三日、市女笠、幷ニ襪等ヲ禁止ス、 小右記

十四日、皇太后、本宮ニ還御アラセラル、 小右記

十六日、東宮御讀經、馬寮馬競尻附文ヲ上ル、 小右記

二十日、關白賴通、仁王經ヲ高陽院ニ講ゼシム、 小右記

廿一日、太皇太后宮御讀經結願、皇太后宮御讀經發願、 小右記

廿二日、馬寮御馬競文ヲ上ル、 小右記

廿三日、賑給使定、 小右記

廿五日、位祿文ヲ上ル、 小右記

廿六日、賑給、太皇太后、中宮參內シ給フ、石見守藤原賴方赴任ス、備前紀伊國司等續文ヲ修センコトヲ請フ、 小右記

廿七日、皇太后ノ宮御讀經結願、 小右記

廿八日、道長、始テ逆修ヲ法成寺ニ行フ、 日本紀略 小右記 榮華物語

是月、太皇太后田植ヲ御覽アラセラル、 榮華物語

旱魃、 小右記

六月大盡 癸巳朔

一日、造皇嘉門勘文、及ビ用途帳ヲ奏ス、是日、造酒司醴ヲ進ム、 小右記

二日、鹿島香取使ヲ發遣ス、是日、但馬守姓闕ク實經ノ釐務ヲ停ム、 小右記 公卿宣下抄

五日、修理職ヲシテ、待賢門ノ瓦ヲ葺シム、大垣ヲ築クニ依リテ、御忌方勘文ヲ議ス、 小右記

七日、位祿定、 小右記

八日、內裏、幷ニ法成寺ノ觸穢ヲ定ム、是日、道長法成寺ニ新造スル長堂ノ礎石ヲ曳カシム、 小右記

十日、御體御卜、道長五口ノ僧ヲ請ジ、仁王講ヲ講

演ス、日本紀略 小右記
十三日、道長病ム、小右記
十五日、施米アリ、小右記
十七日、等身延命菩薩像ヲ供養ス、是日、東宮御讀經發願、小右記
十八日、宮中諸司懈怠ニ依リテ、道長、關白賴通ヲ勘當ス、小右記
二十日、關白賴通、宇治ノ第ニ法華八講ヲ行フ、榮華物語
廿二日、一條天皇國忌ニ依リテ、圓敎寺ニ御八講ヲ始ム、小右記 榮華物語
廿三日、除目、日本紀略 小右記 辨官補任
廿七日、官奏、施米文ヲ奏ス、修理職ヲシテ、待賢門ヲ修造セシム、小右記
廿九日、法性寺座主慶命ノ請ニ依リテ、攝津ノ某ノ罪ヲ優免ス、小右記
三十日、宇佐大宮司宇佐相規ニ重任ノ勘宣旨ヲ下ス、是日、道長、法興院ニ八講ヲ始ム、榮華物語

七月小盡 癸亥朔

二日、法興院八講結願、小右記
三日、諸國申請文ヲ定メ、東大寺別當ヲ定ム、皇太后御惱アリ、道長病ム、小右記
四日、大風雨、大地震、是日、廣瀨龍田祭、日本紀略 小右記
五日、大地震、日本紀略 小右記
六日、右中辨藤原章信ニ參議連署ノ中文諸國申請ノ條々ノ文書ヲ下ス、小右記
九日、御惱、御讀經ヲ定ム、小右記
十日、道長、法華三十講ヲ法成寺ニ修ス、扶桑略記 濫觴抄
十一日、大般若不斷御讀經始、法成寺講讀師ニ年分度者宣旨ヲ下ス、山陰道相撲使歸京ス、小右記
十二日、法成寺奏狀ヲ上ル、小右記
十三日、山陽道相撲使、播磨ノ相撲ヲ隨ヘテ歸京

ス、小右記

十四日、安倍吉平ヲシテ、造談天門ノ忌方ヲ勘セシム、小右記

十六日、高田牧絹米等ヲ貢ス、相撲音樂裝束等ヲ議ス、是日、道長ノ逆修結願、小右記

十七日、鹿島香取使社頭ニ參著ス、是日、相撲召仰アリ、小右記

前備前權守從四位下藤原景齊卒ス、小右記 尊卑分脈 權記 朝野群載

十八日、大般若不斷御讀經結願、小右記

十九日、相撲內取ノ日時勘文ヲ上ル、南海道相撲使淡路讚岐ノ白丁ヲ隨ヘテ歸京ス、小右記

二十日、相撲內取、九谷實資造大安寺杣司ノ解文ヲ覽ル、小右記

廿三日、相撲內取、是日、太政大臣公季病ム、小右記

廿五日、相撲御前內取延引、小右記

廿六日、相撲御前內取、官人以下紅色ヲ著シ、上達部二襲ヲ著スルヲ禁ズ、日本紀略 小右記

備中守藤原行任赴任シ、伯耆守藤原資賴入京ス、小右記

廿七日、雷雨、相撲召合、日本紀略 小右記

廿八日、相撲御覽アリ、是日、備前守源經相赴任ス、日本紀略 小右記 舞樂要錄 左經記

八月大盡 壬辰朔

一日、法橋元命ヲ石淸水別當ニ任ズ、僧綱補任 小右記

二日、仗座定延引、小右記

四日、民部大輔從四位下源顯定卒ス、小右記 本朝皇胤紹運錄 江談抄

五日、大安寺司、同寺造營ノ材木色目ヲ注進ス、小右記

六日、釋奠、日本紀略 小右記

七日、內論義アリ、小右記

九日、季御讀經、及ビ仁王會ノ料物ヲ召サシム、是日、伯耆守藤原資賴ニ昇殿ヲ聽ス、小右記

十日、将曹姓闕ク正方、月奏ノ過失ニ依リテ、過狀ヲ進ム、 小右記

十一日、定考、相撲還饗、是日、道長、法華八講ヲ宇治殿ニ行フ、 小右記

十三日、道長、作文管絃ヲ宇治殿ニ行フ、 小右記

十四日、道長、宇治殿ヨリ歸第ス、 小右記

十六日、案主府生隨身等ヲ補ス、 小右記

十七日、常陸交替使等ニ宣旨ヲ下ス、 小右記

十九日、禎子内親王御惱アラセラル、是日、中宮大夫藤原齊信ノ第災ス、 小右記

二十日、位祿官符ヲ上ル、 小右記

廿一日、祈雨使ヲ丹生貴布禰兩社ニ發遣シ、東大寺司定ヲ延引ス、 小右記

廿二日、諸國ノ申請文、及ビ東大寺司等ヲ定ム、 小右記 東大寺具書

廿三日、僧正深覺ヲ東大寺撿挍ニ、權律師觀眞ヲ同別當ニ補ス、 小右記 東大寺要錄 東寺長者補任 東大寺別當次第 東大寺具書

廿四日、藤原能通、姓闕ク恒基ト小一條院ニ於テ爭論ス、 小右記

廿五日、小一條院、童相撲御覽アリ、 小右記

廿八日、八省院豐樂院ノ損色文ヲ奏シ、國々ノ文書ヲ下ス、是日、造八省東廊ノ定ニ依リテ、方ヲ忌ム、 小右記

是月、太皇太后前栽ノ和歌ヲ詠ジ給フ、關白賴通大井河ニ祓ヲ行フ、 榮華物語

九月大盡 壬戌朔

三日、御燈、尾張守源則理赴任ス、 日本紀略 小右記

六日、鹿島使姓闕ク經孝、鹿島香取宮司等ニ神寶御幣封、幷ニ表衣笏請文ヲ上ル、是日、丹波ニ租穀ノ宣旨ヲ下ス、 小右記

九日、平座見參、 日本紀略

十日、主水令史清原清松ヲ後院藏人ニ補ス、五節殿上人ヲ内議ス、道長ノ第、法華三十講ヲ始ム、 類聚符宣抄 小右記 日本紀略

十一日、伊勢例幣、 日本紀略

十二日、法成寺ノ垣ヲ築ク、 小右記

當子內親王薨ズ、 小右記目錄 皇年代記 大鏡裏書 編年殘篇 大鏡 一代要記 榮華物語 後拾遺和歌集 十訓抄 寶物集

十三日、道長ノ室源倫子ノ年賀ヲ定ム、 小右記

十四日、道長高野詣ヲ延引ス、 小右記

十六日、右近衛中將藤原公成、粮所事ヲ辭ス、仍リテ同源顯基ヲシテ之ヲ行ハシム、 小右記

十七日、左中辨藤原重尹、大安寺解文等ヲ上ル、 小右記

十九日、陰陽師、偉鑒門造立ノ日時勘文ヲ上ル、 小右記

二十日、道長ノ第法華三十講五卷日、 小右記

前但馬守源國擧入道能忍卒ス、 小右記 尊卑分脈 權記 今昔物語

廿一日、偉鑒門造立ノ勘文ヲ奏ス、是日、和泉守藤原章信赴任ス、 小右記

廿二日、博奕ノ事ニ依リテ、近衛隨身ヲ府ニ召候セシム、 小右記

廿三日、大安寺所領ノ莊園田等收公免除ノ宣旨ヲ下ス、 洞院家六卷抄

廿六日、萬里小路東邊災ス、 小右記

廿八日、道長ノ第法華三十講中ニ競馬、幷ニ作文等アリ、是日、盜、齋院廳町倉代ニ入ル、 小右記 日本紀略

三十日、道長ノ第法華三十講結願、 小右記

是月、大江擧周ヲ侍讀トナシ、昇殿ヲ聽ス、 小右記

閏九月小 壬辰朔 盡

九日、一品禎子內親王御八講ヲ修セラル、 小右記

十日、前大宰權帥藤原行成、五節舞姬ヲ獻ゼス、 小右記

十一日、下總國司ノ不堪佃奏ヲ延引ス、 小右記

十三日、季御讀經定、 小右記

十八日、季御讀經、大宰府解文宣旨ヲ下ス、是日、中納言藤原隆家ノ室出家ス、 日本紀略 小右記

十九日、大安寺ニ莊園等ノ宣旨ヲ下ス、 小右記
廿二日、下總守惟宗貴重ノ妻死ス、 小右記
廿三日、彌勒寺大安寺等申請ノ宣旨ヲ下ス、是日、外記局烏ノ怪アリ、群盜、大舍人頭源守隆ノ第ニ入ル、 日本紀略 小右記
廿四日、美濃守藤原賴任入京ス、 小右記
廿六日、造大安寺材木分配文ヲ奏ス、 小右記
廿八日、群盜、大藏卿藤原通任ノ第ニ入ル、 小右記
廿九日、彌勒寺官符ヲ申請ス、 小右記
是秋、丹波忠明ヲ近江掾ニ任ズ、 魚魯愚抄

十月 大盡 辛酉朔

一日、平座見參、 日本紀略
四日、除目始、 日本紀略 小右記 小右記目錄
五日、除目入眼、 日本紀略 小右記目錄
七日、除目下名、 日本紀略
十日、小除目、 日本紀略
十二日、權中納言正二位源經房薨ズ、 日本紀略 小右記目錄 尊卑分脈 公卿補任 榮華物語 本朝麗藻 拾遺和歌集 千載和歌集 玉葉和歌集
十三日、太皇太后、道長ノ室倫子ノ六十算ヲ賀セラル、是日、皇太后、中宮、土御門院ニ行啓アラセラル、 日本紀略 百練抄 扶桑略記 大鏡裏書 小右記 大鏡 榮華物語
十七日、道長、高野山ニ詣デ、拜殿、幷ニ橋殿ヲ作ラシム、 日本紀略 曆代編年集成 元亨釋書 扶桑略記 高野御幸御出次第 高野山奧院興廢記 法隆寺別當次第 榮華物語

十一月 大盡 辛卯朔

一日、御曆奏延引ス、太皇太后ノ宮ニ犬死穢アリ、 日本紀略 樗嚢抄
三日、山科祭、是日、御曆奏アリ、又度緣請印アリ、 日本紀略
六日、平野祭、春日祭、 日本紀略
七日、梅宮祭、 日本紀略
十一日、園韓神祭、 日本紀略
十三日、新嘗祭、 日本紀略

十四日、月食、豊明節會、 日本紀略 扶桑略記

十五日、直物、除目、是日、大僧正濟信辭職ス、 小右記目錄 公卿補任 東大寺別當次第 釋家初例抄 僧綱補任 歷代皇記裏書

十七日、賀茂臨時祭試樂、 日本紀略 小右記目錄

十九日、賀茂臨時祭、 日本紀略 小右記目錄

廿二日、大原野祭、 日本紀略

廿五日、宇佐使ヲ發遣ス、 日本紀略

十二月大 庚申朔 盡

八日、權右中辨源經賴ヲ左中辨ニ轉ズル宣旨ヲ下ス、 公卿補任

九日、荷前使ヲ定ム、 日本紀略

十日、御體御卜、 日本紀略

十四日、權中納言源經房ノ薨奏アリ、 日本紀略 小右記目錄

十五日、除目、直物、 日本紀略 小右記目錄 公卿補任 一代要記 辨官補任 職事補任

十七日、荷前使ヲ發遣ス、是日、四角祭アリ、 日本紀略

廿九日、僧綱ヲ任ズ、 僧綱補任 大鏡裏書 東寺長者補任 釋家初例抄 天台座主記 歷代皇記裏書

三十日、文章生藤原實範ヲ得業生ニ補ス、 類聚符宣抄

是歲、宇佐宮災ス、 一代要記

物部則行等ヲ諸國ノ掾目ニ任ズ、 魚魯愚抄

但馬守從五位下橘則隆卒ス、 小右記 左經記

萬壽元年

正月小 庚寅朔 盡

一日、風雪、節會、小朝拜、御藥ヲ供ス、 小右記 江次第 三節會次第

二日、中宮、東宮大饗、關白賴通臨時客、 小右記

三日、太皇太后宮、皇太后宮、并ニ大饗ヲ行ハセラル、 小右記

五日、藏人藤原良賴ヲ從四位下ニ敍ス、 公卿補任

內大臣敎通ノ室卒ス、 榮華物語 大鏡 尊卑分脈 日本紀略

六日、敍位儀、 小右記

七日、白馬節會、 小右記 公卿補任

八日、御齋會始、道長法成寺ニ詣ヅ、 小右記

九日、藏人藤原良賴還昇ス、 公卿補任

十三日、女敍位、 小右記

十四日、御齋會終、內論義アリ、 小右記

十六日、踏歌節會、 小右記

十七日、射禮、左右衞門官人等陣ニ候セザルニ依リテ、過狀ヲ進メシム、是日、宇佐相規ヲ宇佐大宮司ニ任ズ、 小右記 類聚符宣抄

廿三日、除目始、兵部卿昭登親王等ニ巡給宣旨ヲ下ス、 三槐抄裏書 公卿補任 魚魯愚抄

廿五日、除目、 小右記

廿六日、除目竟ル、兵部卿昭登親王等巡給ニ預ル、從五位上藤原某年給ヲ請フ、 小右記 魚魯愚抄 公卿補任 朝野群載

二月小盡 己未朔

一日、除目下名、 日本紀略 權少外記重憲記

三日、道長、堂供養ノ日ヲ改定ス、 小右記

四日、祈年祭、春日祭、使代官ヲ定ム、 日本紀略 中右記 小右記

五日、道長、二月會ヲ修ス、雜人喧嘩シテ法師ヲ殺害ス、 小右記

六日、內裏ニ犬死穢アリ、右大臣實資安藝國司ノ申請文、及ビ小一條院ノ御申文ヲ辨官ニ下ス、 日本紀略 小右記

七日、淡路守從五位下源信成卒ス、 小右記 尊卑分脈

九日、釋奠、是日、僧念阿入壇灌頂ヲ行フ、 日本紀略 三僧記類聚

十一日、列見、道長、威儀師ノ饗ヲ設ク、 日本紀略 台記 小右記

十三日、權中納言藤原公信、檢非違使別當ヲ罷メ、參議藤原經通ヲ之ニ補ス、是日、讚岐守藤原長經赴任ス、 公卿補任 歷代皇記 一代要記 小右記

十六日、稻荷使、及ビ大宰相撲使等ヲ定ム、 小右記

十七日、土御門以南火アリ、 日本紀略

廿一日、諸道相撲使ヲ定ム、 小右記
廿五日、祈年穀奉幣、 日本紀略 小右記
廿七日、泰山府君祭ヲ行フ、是日、竊盜、運好房ニ
入ル、 小右記
廿八日、兎、外記局ニ入ル、 小右記
廿九日、犬死穢アリ、 小右記

三月大盡 戊子朔

一日、冷泉院小路南北火アリ、 日本紀略 小右記
二日、法成寺僧房ニ死穢アリ、道長、御堂會ヲ停止
ス、 小右記
前右近衛少將従五位下藤原時叙卒ス、 小右記 尊卑
分脈 榮華物語 拾遺往生傳 元亨釋書 古今著聞集
三日、御燈、是日、修子内親王御落飾アラセラル、
日本紀略 皇年代記 小右記 榮華物語
四日、兎、外記局ニ入ルニ依リテ、讀經等ヲ行フ、
是日、常陸介藤原信通申請ノ解文ヲ定ム、 小右記
五日、仁王會ノ日時僧名ヲ定ム、 小右記 上卿故實

十日、太政官、史生水取季武ヲ申請フ文ヲ式部丞
永職人ニ下ス、是日、檢非違使ヲシテ、京中ノ強盜
ヲ追捕セシム、 小右記 日本紀略
十四日、仁王會ニ依リテ、大祓ヲ行フ、 日本紀略
十五日、臨時仁王會、 日本紀略
十七日、地震、 日本紀略 扶桑略記
十九日、石清水臨時祭、 日本紀略
二十日、法成寺阿彌陀堂改造ニ依リテ、眞言供養
ヲ行フ、 百練抄
廿二日、法成寺僧房火アリ、 日本紀略 一代要記 榮華物
語
廿七日、道長ノ女、右近衛中將源師房ニ嫁ス、是
日、關白頼通等堂塔ノ柱石ヲ曳ク、 小右記 榮華物語
尊卑分脈
廿八日、衙政、并ニ申文アリ、軍領上道久頼ノ任符
ヲ鎭守府將軍藤原頼行ニ給ス、 小右記
廿九日、東大寺僧濟度ヲ維摩會講師ト爲ス、 僧綱
補任

是月、道長、法成寺藥師堂ノ入佛供養ヲ行フ、榮華物語

左近衞中將藤原公成、藏人源資通等鬪爭ニ依リテ、勘氣ニ處ス、小右記

四月小戊午朔盡

一日、平座見參、日本紀略

三日、平野祭、日本紀略

四日、廣瀬龍田祭、梅宮祭、日本紀略

七日、太皇太后、內裏ニ入御アラセラル、擬階奏、日本紀略

十一日、石清水賀茂社等ニ雨ヲ祈ル、小右記

十二日、檢非違使藤原顯輔、貴布禰社神體ノ事ヲ奏ス、小右記

十三日、齋院御禊、日本紀略 小右記

十五日、關白賴通賀茂社ニ詣ヅ、小右記

十六日、賀茂祭、日本紀略 小右記

十七日、解陣、御讀經僧ノ闕請ヲ補スルコトヲ仰セラル、日本紀略 小右記

十九日、吉田祭、日本紀略

廿一日、天台座主院源、舍利會ヲ行フ、日本紀略 扶桑略記 天台座主記 編年殘篇 榮華物語

廿二日、左中辨源經賴ニ造大安寺長官ヲ兼ネシム、公卿補任

廿三日、季御讀經、日本紀略

廿六日、直物、日本紀略

廿七日、丹生貴布禰兩社ニ祈雨奉幣ス、日本紀略

五月大丁亥朔盡

一日、日食、日本紀略

二日、太皇太后、內裏ヨリ上東門ノ第ニ還御アラセラル、日本紀略

十六日、月食、日本紀略

十七日、地震、是日、右大臣實資、紀伊未進米解文ヲ覽ル、小右記

廿一日、道長ノ第、法華三十講結願、日本紀略 榮華物

語

廿二日、道長、賴通、幷ニ病ム、　小右記

廿三日、內御讀經延引、參議藤原廣業年號勘文ヲ上ル、是日、盜、北對廊戶中ニ入ル、　小右記

廿七日、備前守ニ宣旨ヲ下ス、是日、道長、關白賴通ノ病ヲ訪フ、　小右記

廿八日、大雨、前少僧都永圓鴨河ニ溺レントス、法師某之ヲ救フ、道長、某ニ祿ヲ與フ、　日本紀略　小右記

廿九日、封戶ヲ少僧都心譽ニ給フ、　僧綱補任

六月小 丁巳朔盡

四日、左近衛府生姓闕ク弘近、番長姓闕ク武友ト鬪爭ノ事ニ依リテ、之ヲ陣戶屋ニ禁籠ス、　小右記

五日、弘近武友ヲ左右獄ニ下ス、　小右記

九日、改元定延引ス、　小右記　改元部類

十日、御卜奏、　日本紀略

十一日、月次祭、神今食、　日本紀略

十三日、陸奧國令ヲ定ム、　小右記

廿六日、道長、法成寺藥師堂ヲ供養ス、太皇太后行啓アラセラル、右衛門尉姓闕ク宣明ヲ從五位下ニ敍ス、　日本紀略　百練抄　小右記　扶桑略記　舞樂要錄　伊呂波字類抄　榮華物語　今昔物語

前少僧都心譽ヲ大僧都ニ任ズ、　藥師堂供養記　僧綱補任

七月大 丙戌朔盡

四日、廣瀨龍田祭、　日本紀略

九日、上野介藤原家業任符ヲ賜ハランコトヲ請フ、是日、法成寺金堂大破ス、　朝野群載　小右記

十日、高陽院行幸ノコトヲ定ム、　小右記

十一日、權大僧都文慶ノ任ヲ停ム、　小右記　僧綱補任

十二日、皇太后御惱、道長之ニ候ス、是日、道長文殊會料物ノ未納ヲ催サシム、隨身近衛信武、鷺ヲ射ル、　小右記

十三日、萬壽ト改元ス、大赦ヲ行フ、　日本紀略　扶桑略記　元祕別錄　愚管抄　小右記　權記　左經記

十六日、大隅雨氷アリ、 如是院年代記

十七日、紫宸殿前ニ於テ、殿上人侍臣ノ相撲アリ、右中辨藤原經輔、式部丞姓闕ク成任ヲ陵轢ス、 小右記

廿八日、降雨ニ依リテ、相撲召合延引ス、是日、東寺別當大僧正深覺、傳法灌頂ヲ内供奉十禪師深觀ニ聽サレンコトヲ請フ、 日本紀略 東寺要集

廿九日、相撲召合、 日本紀略 樗嚢抄 小右記

三十日、相撲御覽アリ、 日本紀略 小右記

八月大 丙辰朔盡

一日、法眼定清ヲ石清水撿校ニ任ズ、 僧綱補任

二日、釋奠、伴致堪、紀信孝ト爭フ、 日本紀略 小右記

九日、御書所雜仕女、后町井ニ入リテ死ス、仍リテ大宰大貳藤原惟憲、赴任奏ヲ延引ス、 日本紀略 小右記

十一日、定考、 日本紀略

廿五日、道長、關白賴通ノ高陽院ノ第ノ競馬ヲ觀ル、 小右記

廿八日、中宮、上東門第ニ行啓アラセラル、 日本紀略 小右記

九月小 丙戌朔盡

三日、御燈、 日本紀略

九日、平座見參、 日本紀略

十一日、例幣、是日、白雲坤ヨリ艮ニ亘ル、 小右記 日本紀略

十四日、關白賴通、高陽院ニ於テ競馬ヲ行フ、太皇太后行啓アラセラル、 日本紀略 榮華物語 小右記

十五日、大宰大貳藤原惟憲ヲ正三位ニ敍ス、 日本紀略 公卿補任

十七日、高陽院行幸ニ依リテ、道路ヲ造ラシム、 小右記

十八日、小除目、 日本紀略 公卿補任 小右記 江次第

行幸召仰、關白賴通、權大納言藤原行成ヲシテ、高陽院競馬ノ式ヲ作ラシム、是日、賴通童親王ノ念人ニ入ルヲ削ラシム、 小右記

十九日、高陽院ニ行幸アラセラル、東宮亦行啓シ給フ、是日、太皇太后ト共ニ競馬騎射ノ御覽アリ、仍リテ正三位藤原長家ヲ從二位ニ敍ス、其他加階差アリ、 日本紀略 百練抄 御遊抄 小右記 榮華物語 公卿補任 中右記

二十日、軒廊御卜、是日、賴通、文章博士慶滋爲政ヲシテ、高陽院競馬記ヲ作ラシメ、諸卿ヲシテ、和歌ヲ詠ゼシム、 榮華物語 殿宴和歌奥書

廿一日、太皇太后還御アラセラル、仍リテ、右近衛中將源師房ヲ從三位ニ敍ス、 日本紀略 扶桑略記 小右記 公卿補任 榮華物語

十月 大盡 乙卯朔

一日、平座見參、 日本紀略

十六日、京官除目、 日本紀略 小右記

十七日、除目入眼、 日本紀略

十九日、中宮、多寶塔ヲ供養セラル、 小右記 榮華物語

廿三日、中宮、多寶塔供養結願、 小右記

廿五日、道長、有馬ニ赴ク、 小右記

廿六日、季御讀經始、 日本紀略

廿九日、中宮、上東門第ヨリ内裏ニ入御セラル、 日本紀略

十一月 大盡 乙酉朔

一日、梅宮祭、 日本紀略 年中行事抄

八日、松尾北野社行幸ニ依リテ、八社ニ奉幣ス、 日本紀略

十日、大原野祭、是日、白河院ニ於テ作文アリ、 日本紀略

十七日、園韓神祭、 日本紀略

十八日、鎭魂祭、 日本紀略

十九日、新嘗祭、 日本紀略

二十日、豐明節會、是日、無品法親王性信、觀音院ニ於テ灌頂ヲ行フ、 日本紀略 仁和寺御傳

廿一日、東宮鎭魂祭、 日本紀略

廿三日、松尾社ニ行幸アラセラル、是日、近江勢田

橋災ス、 日本紀略 小右記 西宮記

廿四日、吉田祭、賀茂臨時祭試樂、 日本紀略 小右記

廿五日、賀茂臨時祭、 日本紀略

廿九日、不堪佃田定、 小右記

是月、道長、長谷寺ニ參籠ス、 榮華物語

十二月小 乙卯朔 盡

一日、穗坂駒牽、 樗嚢抄

二日、雷鳴、 日本紀略

四日、皇太后、幷ニ關白大饗定、 小右記

六日、花山天皇ノ皇女、弑害セラレ給フ、 小右記

九日、河內能登ノ減省文ヲ奏ス、 小右記

十日、權大納言藤原公任上表ス、 日本紀略 公卿補任 大鏡裏書 小右記

十一日、月次祭、神今食、 日本紀略

十二日、權大納言公任罷ム、 日本紀略 公卿補任 一代要記 朝野群載

十六日、小除目、直物、 日本紀略

廿二日、荷前使、 日本紀略

廿六日、北野社ニ行幸アラセラル、權中納言藤原長家ヲ正二位ニ敍シ、律師遍救ヲ少僧都ニ任ズ、 日本紀略 西宮記 公卿補任 僧綱補任

廿八日、敍位、 公卿補任 辨官補任 小右記

廿九日、前安藝守藤原良資申請ノ官符ヲ拘留ス、 類聚符宣抄

是月、大僧正濟信、權少僧都永昭ニ、傳法灌頂阿闍梨職位ヲ授與セラレンコトヲ請フ、 東寺要集

是歲、東大寺大佛殿ノ正面西脇柱ヲ替フ、 東大寺別當次第

史料綜覽 卷第一 終

史料綜覧 巻一

大正十二年八月七日初版
昭和三十九年十二月二十日覆刻版
平成二十一年十月十五日普及版

編纂者 東京大学史料編纂所
発行者 財団法人 東京大学出版会
代表者 長谷川寿一
振替 〇〇一六〇―六―五九九六四
電話 〇三―三八一一―八八一四
印刷所 株式会社 平文社
製本所 矢嶋製本株式会社

ISBN978-4-13-099251-0 C3321 Printed in Japan

史料綜覧

巻一　平安時代之一　仁和三年（八八七年）―萬寿元年（一〇二四年）

巻二　平安時代之二　萬寿元年（一〇二四年）―保安四年（一一二三年）

巻三　平安時代之三　保安四年（一一二三年）―文治元年（一一八五年）

巻四　鎌倉時代之一　文治元年（一一八五年）―建長七年（一二五五年）

巻五　鎌倉時代之二　康元元年（一二五六年）―元弘三年（一三三三年）

巻六　南北朝時代之一　元弘三年（一三三三年）―南朝文中元年 北朝応安五年（一三七二年）

巻七　南北朝時代之二　南朝文中二年 北朝応安六年（一三七三年）―南朝元中九年 北朝明徳三年（一三九二年）
室町時代之一　明徳三年（一三九二年）―文安五年（一四四八年）

巻八　室町時代之二　宝徳元年（一四四九年）―明応二年（一四九三年）

巻九　室町時代之三　明応三年（一四九四年）―天文五年（一五三六年）

巻十　室町時代之四　天文 六 年（一五三七年）―永禄十一年（一五六八年）
安土時代之一　永禄十一年（一五六八年）―元亀 三 年（一五七二年）

巻十一　安土時代之二　天正元年（一五七三年）―天正 十 年（一五八二年）
桃山時代之一　天正十年（一五八二年）―天正十一年（一五八三年）

巻十二　桃山時代之二　天正十二年（一五八四年）―文禄元年（一五九二年）

巻十三　桃山時代之三　文禄二年（一五九三年）―慶長八年（一六〇三年）

巻十四　江戸時代之一　慶長八年（一六〇三年）―慶長十九年（一六一四年）

巻十五　江戸時代之二　慶長十九年（一六一四年）―元和七年（一六二一年）

巻十六　江戸時代之三　元和八年（一六二二年）―寛永九年（一六三二年）

巻十七　江戸時代之四　寛永十年（一六三三年）―寛永十六年（一六三九年）

普及版二〇〇九年十月〜十二月　巻一〜十　各九〇〇〇円＋税
巻十一〜十七　各六〇〇〇円＋税